KB252985

환경
복지
국가

공생의 길

환경
복지
국가

공생의 길

최경구 지음

한국학술정보

머리말

　이 책은 32년간의 교수생활을 마감하면서 그동안 썼던 논문들 중에서 몇 가지 일관된 주제에 속한다고 생각되는 최근 20년 동안의 논문들을 선택하여 약간의 편집과 수정을 거쳐서 내놓은 것이다.

　책을 엮고 보니 그동안 내가 공부한 것이 결국은 '환경복지국가를 향하여' 왔던 것이구나 하는 생각을 갖게 되었다. 1997년에 '환경복지국가'와 '환경복지자본주의'라는 용어를 논문에 쓰기 시작할 때만 해도 환경문제와 복지문제를 연결시키는 학자들이 국내에는 없었다. 다행히 근래에 환경복지와 생태복지를 논하는 학자들이 생겨나서 관심을 공유하게 되었다.

　필자는 자연환경과 사회환경을 똑같이 중요하게 생각했다. 그리하여 이러한 환경문제를 생태적으로 해결하고 사회정의와 환경정의를 실현하여 다 같이 '공생'할 수 있는 국가를 '공생주의 환경복지국가'라고 부르는 것이 적당하다고 보았다. 그래서 이 책에서 '환경복지(environment welfare)'는 '환경적 복지(environmental welfare)'와 '생태복지(ecowelfare)'를 함께 포괄하는 의미의 개념으로 썼다. 도시의 미관이나 위생적이고 자연과 안전을 고려한 도시 계획 같은 것이 환경적 복지라면, 생태복지는 인간의 자연에 대한 수탈은 인간의 인간에 대한 수탈부터 금지해야 막을 수 있다는 입장으로부터, 인간과 생물을 하나로 보는 생물중심주의로 환경 문제를 해결하고자 하는 관점까지를 포괄한다. 필자의 입장은 두 관점을 포괄하고, 한 걸음 더 나아가 무생물까지도 하나의 생명체로서 취급해야 하며, 특히 복지 문제를 함께 해결하여야 한다고 보는 '환경복지'의 관점을 취하는 것이다.

그리하여 환경복지국가는 후세대와의 갈등 요인을 제거하면서도 현세대가 자연과의 조화 속에서 복지적 삶을 살 수 있도록 하는 제도적 과정과 결과를 의미한다. 환경복지국가를 지향하여 나가는 것은 무엇보다 20세기 복지의 문제가 아직 해결되지 않은 가운데, 21세기 환경의 문제가 겹쳐서 나타나고 있는 이 현실을 동시에 헤쳐나가지 않으면 안 되는 불가피한 상황에 인류가 직면하였기 때문이다. 우리나라도 그 예외가 아니다. 아직도 환경 문제가 시급한 것은 아니라고 생각하고 경제문제만 강조하는 경향이 있으나, 이는 경제 성장의 신화에 매달리는 과거지향적 구시대적 발상에 머물러 복지와 환경 문제의 위험성을 과소평가하는 근시안적 태도 때문일 것이다. 서민 중산층의 깊은 심리적 좌절과 회복 불가능한 사회적 피로나 천재지변에 해당하는 재앙을 겪고 나서 후회해도 소용없는 일이다.

이 책은 환경복지국가를 향하여 가는 길을 우리의 현실과 한국사회복지의 현실을 인식하고 의미를 찾는 것으로부터 시작하였다. 나아가 1950년대 냉전체제의 유산을 넘기 위해서 필요한 것은 남북한의 정치적 통일의 문제가 아니라 남북한 주민들의 사회문화적·경제적 통합이라고 인식하는 것이 중요하다는 점을 강조했다.

그것을 위해서는 사회복지의 위상이 높아져야 한다는 인식, 나아가 전통적 복지문제와 새로운 환경문제를 함께 고민하지 않으면 안 되는 우리의 시대적 과제 해결을 위하여 혁명적 사고의 전환이 필요하다는 점도 강조했다. 그것은 '경제보다 복지문제', '경제보다 환경문제'가 더 중요하고 절실하다는 인식의 전환을 의미한다. 지금까지 좌파나 우파나 다 경제성장을 중시하여 경제가 토대가 되고 그 위에 복지와 환경 등이 있다고 보았다. 그러나 이제는 환경복지가 토대가 되고 그 위에 경제성장이 있는 시대로 바뀐 것이다. 여성들이 아이를 마음 놓고 낳아 기를 수 있도록 복지환경을 확실하게 마련해주지 않으면 전반적으로 가족생활의 안정성이 흔들리고, 남성도 노인들도 다 불안해지며 결국은 노동시장의 불안정과 함께 나라의 경제도 어려워지는 것이다. 이 변화를 확실한 경험과 통찰로 받아들이지 않으면 안 된다. 이제는 환경복지가 되어야 경제성장도 가능한 시대로 돌입한 것이다. 그러나 이것을 모르고 아직도 경제성장과 금융물신주의를 우선시한다면 크나큰 화근을 키우는 셈이다.

이 책은 크게 네 가지 관심 분야를 중심으로 했다. 사회과학과 사회복지, 남북통일과 사회복지, 세계화와 한국사회복지의 발전 방향, 그리고 복지이념과 환경복지국가이다. 독자들이 순서대로 '환경복지국가를 향하여' 갈 수 있도록 편집한 것이지만, 분야별로 독자성이 있어서 개인의 관심분야에 따라 따로따로 읽어도 좋을 것이다. 특히 환경복지와 관련된 논문은 II부 7장, III부 13장, 15장, 그리고 IV부 18장이다. 15장은 한국사회복지정책의 발전 방향을 '공생주의 환경복지국가'로 두고 가장 최근에 작성한 글이다. 전체적으로는 1993년부터 2012년까지 20년간 쓴 글이다. 그래서 네 가지 관심분야의 글들은 다 20년간의 흔적을 지니고 있다. 나는 대부분 거시적인 글만 써왔으므로 전체를 엮어 하나의 책으로 만드는 데 큰 어려움은 없었다. 다만 약간의 중복은 글의 맥락상 피할 수 없었다. 독자의 양해를 바란다.

이 책의 제 I 부에서는 '사회과학과 사회복지'라는 주제 아래 먼저 사회학적 상상력을 정의하고 그것으로 산업문명의 변동을 가늠하고 비판해보는 작업을 소개했다. '산업주의의 쌍둥이인 자본주의와 사회주의'가 낳은 소외와 공해와 전쟁의 3대 문제를 해결하는 길만이 인류가 살길이라고 본다. 환경복지는 이러한 문제를 해결하기 위해 필요하다. 다음으로 사회학과 사회복지학의 관계를 학사적 맥락과 관계적 맥락에서 살펴봄으로써 두 학문의 친화성에 대해 논하였다. 나아가 한국사회복지의 구조와 특성은 어떠하며, IMF사태 이후 한국의 사회정책이 어떤 방향으로 나가야 할 것인가를 고찰하였다. 끝으로 사회과학과 사회복지학의 발전이 인간의 행복에 어떻게 기여할 수 있는지를 논하였다.

제Ⅱ부 '남북통일과 사회복지'는 통일과 복지에 대한 논문들이다. 무엇보다 사회복지가 통일에 어떤 위상과 의미를 가지는가, 한반도 통일에 대비해 사회복지정책의 이념과 제도는 어떻게 정비하는 것이 좋겠는가, 그리고 '통일복지'라는 용어의 사용에서 어떤 전망이 가능한가를 살펴보면서, 결국 '정치적 통일'보다는 '사회문화적, 경제적 통합'이 우선한다는 점을 강조하였다. 오스트리아의 통일 연구에서 우리가 받을 수 있는 시사점에 관해서도 살펴보았다. 오스트리아 지도자들의 주체적이고 사회조합주의적인 태도와 주변 열강에 대한 현명한 외교정책 등은 본받을 만하다.

제Ⅲ부 '세계화와 한국사회복지의 발전방향'은 먼저 세계화와 노동, 복지국가에 대해 살펴보고, 나아가 21세기 토대로서의 환경복지에 대한 논의를 통해서 이제까지의 경제를 토대로 하는 세상이 아닌, 환경복지를 토대로 하는 새로운 세상에 대한 논의를 소개했다. 아직도 경제를 토대로 해야 한다는 생각은 시대착오적이다. 물론 중요하기는 하지만, 이제는 환경복지를 토대로 하지 않으면 최소한의 경제성장도 하기 어려운 시대로 접어든 것이다. 이어서 신자유주의에 대한 확실한 비판적 극복을 통하여 새로운 세상을 여는 복지이념으로서 다양한 대안들을 살펴보고 그중에서도 결국은 환경복지국가를 지향하면서 공생하여야 할 것을 주장했다. 환경복지이념은 '공생주의(co-livism)'로, 복지국가체제는 환경복지국가로, 복지이념의 하위 가치로는 '정의, 조화, 보장'을 들고, 아홉 가지의 환경복지정책의 실천이 필요함을 강조하였다.

제IV부 '복지이념과 환경복지국가'는 우선 국민기초생활보장법의 제정이 복지이념적 관점에서 볼 때 기존과 달리 국가가 국민의 빈곤을 책임지는 방향으로 역사적 전환을 한 것이라는 점을 밝혔다. 이어서 생산적 복지를 경제체계와 사회체계의 환류체계로 정의하고 그 용어는 본래 스웨덴의 생산주의적 복지(productivist welfare)에서 비롯된 것임을 밝히면서 한국에서는 어떤 의미의 변화가 있었는지를 논하였다. 한편 환경복지국가란 지속가능성의 패러다임과 사회복지의 패러다임을 결합한 것임을 복지사적 관점에서 밝히고 환경복지국가는 어떤 것인지를 소개한다. 한편 21세기 패러다임으로서의 생태여성주의의 가능성, 그리고 대안 불교로서의 생태복지적 성격에 관해서도 고찰하였다. 독자들은 생태여성주의나 불교의 생태적 성격 등은 환경복지국가 내지는 환경복지 자본주의의 철학적 배경과 상통함이 크다는 점을 알 수 있을 것이다.

이 책을 냄에 있어 많은 분들의 도움을 받았다. 무엇보다 나를 가르쳐주신 스승님들과 지지해준 가족과 경기대학교 제자들, 그리고 동료 교수들께 깊은 감사를 전한다. 끝으로 책 출간에 힘써 준 한국학술정보(주) 관계자 여러분께도 감사의 말씀을 전한다.

이 책이 서가를 장식하는 책이 아니라 읽히는 책이 될 수 있으면 좋겠다.

2012. 12.

광교산(光教山) 충용당(沖用堂)에서

무외(無畏) 최경구 두 손 모음

CONTENTS

I.

사회과학과 사회복지

제1장 사회학적 상상력을 통해 본 산업문명의 변동과 산업문명 비판[1]
- 문명의 태양은 동에서 다시 뜬다. 게오르규 -

1. 서론

이 논문은 산업문명(industrial civilization)의 변동과 그 폐해에 대한 비판을 사회학적 상상력에 의하여 시도하고자 하는 것이다. 일찍이 밀스(Mills)는 『사회학적 상상력(sociological imagination)』이라는 저서를 통하여 사회현상에 대한 설명을 시도함에 있어서 적어도 인간과 사회와 역사라는 삼각의 축을 중심으로 하는 변동을 강조한 바 있다 (Mills, 1959). 오늘날의 세계는 어느 한 가지의 변수로만 설명하기 어려운 복잡다단한 변동의 모습을 보이고 있는 것이 사실이다. 특히 1989년에 동구 사회주의권의 몰락과 1990년의 독일통일, 1991년의 소련 해체는 단순히 공산주의의 실패와 자본주의의 성공이라는 도식으로만 설명할 수 없는 면들이 적지 않다. 그것은 인류역사 발전의 문명사적 대전환과 관련이 있는 것으로 보인다. 이러한 대변화의 시기를 맞이하여 21세기를 준비해야 하는 중진국 한국의 역사적 위상은

---

[1] 이 글은 20년 전 1993년에 경기대학교 행정대학원 『경기행정논총』 제7집(113~136)에 실린 논문, 「사회학적 상상력을 통해 본 산업문명의 변동과 산업문명 비판-문명의 태양은 동에서 다시 뜬다·게오르규」를 약간 수정하여 낸 것이다.

어떠해야 하는 것인가 궁금하지 않을 수 없다. 많은 미래학자들의 저서가 눈에 띄는 시점이기에 더더욱 동아시아의 세계적 역할과 관련한 우리의 문제를 심각하게 생각해보지 않을 수 없는 때이다. 그리하여 다시금 인간이란 무엇인가, 사회란 무엇인가, 역사란 무엇인가, 또 그들 간의 관련은 어떠하며 어떻게 변화되어 갈 것인가라는 질문을 중심으로 오늘날의 모든 현상을 포괄하는 용어, 즉 산업문명을 비판적으로 고찰할 필요가 생기는 것이다.

이와 같은 작업을 수행한다는 것은 일견 매우 거시 이론적 뒷받침을 요하는 것으로 보인다. 따라서 자칫하다가는 학문적 안목을 결여한 저널리스트의 작업으로 끝나 버릴 가능성조차 있는 것이다. 그러므로 필자는 먼저 밀스의 사회학적 상상력이라는 개념을 구체화하여 경험적 세계를 보다 잘 조명할 수 있는 이론적 틀로 꾸미는 작업을 하고자 한다. 그리하여 사회변동의 모형을 카리스마적 변동, 제도적 변동, 그리고 시대적 변동의 모형으로 유형화할 것이다. 그런 연후에 이러한 틀을 가지고 근대 이후 발전되어 온 산업문명의 변동에 관한 논리와 특징적인 사실들을 고찰할 것이다. 나아가 산업문명의 인간 비판, 사회 비판, 그리고 역사 비판에 관한 논의를 하게 된다.

첫째로 산업문명의 인간 비판을 다루어 인간소외의 문제를 제기한다. 기본적으로 산업문명은 자본주의 문명이다. 또한 사회주의 문명이기도 하다. 자본주의는 산업문명의 형이요, 사회주의는 그 동생이라고 비유할 수 있다. 둘 다 과학과 기술의 발전에 힘입어 인간의 물질생활을 풍요롭게 하고 편하게 하는 데 그 목적을 두고 있다. 그러나 결국 산업문명 사회는 물질생산의 도구적 과정에 휘말려 인간 소외라는 매우 중대한 문제를 만들어내게 된다. 그것은 마르크스가 일찍이 지적한 노동으로부터의 소외와 또한 제도로부터의 소외를 수반하면서 산업문명사회의 가장 중대한 결함으로 등장하게 되는 것이다.

둘째로, 산업문명의 사회 비판은 환경공해의 문제를 다룬다. 그것은 범죄와 자연 파괴의 환경에 관계되는 것이다. 하나로서의 지구, 폐쇄체계로서의 지구는 이러한 환경문제를 바로 해결하지 못할 때, 엄청난 재앙에 빠질 가능성이 매우 높다. 인위적 환경의 순화와 자연환경의 보호가 왜 중요한 문제인지를 밝혀보게 될 것이다.

끝으로 산업문명의 역사 비판을 다루게 되는데 근대사를 점철하는 전쟁문제가 핵심적으로 고찰될 것이다. 정치적·경제적·민족적·종교적 갈등으로 인한 세계대전의 모습과 새로운 핵전쟁의 문제와 인류의 생존에 관한 문제를 고찰한다. 여기서는 탈산업문명의 패러다임과 동양문명에 대한 고찰을 종합적으로 시도할 것이다. 그리하여 새로운 사회의 전망을 찾아보고자 하는 노력이 기울여질 것이다.

요컨대 필자는 산업문명의 인간, 사회, 역사 비판을 통해서 현대가 위기에 서 있음을 논증하고 이러한 위기가 근대 산업문명의 본질적 모순에 기인하는 것임을 밝히고자 하는 것이다. 이러한 산업문명의 패러다임은 통제 불가능한 상황의 빈발함과 함께 사라져가고, 새로운 문명의 패러다임이 불가피하게 등장하지 않을 수 없음을 결론적으로 제시하게 될 것이다. 그것은 반산업문명의 논리를 대변하는 지구 문화(global culture)의 등장과 그 성격을 규명하는 작업을 통해서 나타난다. 그리하여 그 가능성의 출발로서의 동양문명에 관한 발견적 가치(heuristic value)가 강조될 것이다.

2. 사회학적 상상력에 의한 변동모형

1) 사회학적 상상력의 개념

밀스는 사회학적 상상력에 관해 다음과 같이 말하고 있다(Mills: 6-8).[2] 사회학적 상상력은 역사와 개인의 일생(biography), 그리고 그 둘의 사회 내 제 관계를 파악할 수 있도록 해준다. 그것이 사회학적 상상력의 과업이며 약속이다. 이것을 인정했던 것이 고전 사회학자들의 특징이었다. …… 어떠한 사회연구도 개인과 역사, 그리고 이 둘이 사회 내에서 교차하는 문제를 다루지 않고서는 그 지적 탐구를 끝낼 수 없는 것이다. 고전 사회학자들은 …… 다음과 같은 세 가지 질문을 끊임없이 제기하고 있다.

(1) 어느 특정 사회를 하나의 전체로 볼 경우: 사회 내의 어떤 특정 요소가 그 사회의 존속 및 변화에 의미를 지니는가?
(2) 이 사회는 인간 역사의 어디에 위치해 있는가?: 이 시대의 본질적 특성은 무엇인가?
(3) 이 사회와 이 시대에서 가장 지배적인 사람들은 어떤 유형의 사람들인가?: 그들의 특성이 인간성에 대하여 가지는 의미는 무엇인가?

위와 같은 세 가지 물음을 총체적으로 파악해 낼 수 있는 사회학적 상상력의 도구는 '환경에 대한 개인적 문제'와 '사회구조에 대한 공적

---

2) 사회학적 상상력을 통한 사회변동 모형의 작성과 그 적용에 관해서는 졸저 「사회학적 상상력을 통해 본 북한 사회변동의 전망」(1992)을 참조할 것.

문제'의 특성을 구별해내는 것으로써 모든 사회과학의 고전에서 볼수 있는 특징이라고 할 수 있다. 밀스는 이와 같은 논의를 중심으로 하여 현대 사회과학의 경향을 비판적으로 검토하고 있다(Mills: 11-24).

이와 같은 그의 관심을 좀 더 단순화시키고 세 요소 간의 관련성에 비중을 두어 개념정의를 한다면, 사회학적 상상력은 결국 인간과 사회와 역사의 세 가지 축을 중심으로 이루어지는 상호관계를 총체적으로 파악할 수 있는 통찰력이자 방법이라고 말할 수 있다. 여기서는 밀스가 강조하는 사회, 역사, 인간의 순서를, 인간, 사회, 역사의 순으로 고쳐 사용하고자 한다. 그 이유는 고금을 통하여 모든 주의나 사상이 기본적으로 인간을 어떻게 보느냐에 따라 사회관도 역사관도 달라지는 경향을 나타냈다고 생각하기 때문이다.

그리하여 필자는 밀스의 인간, 사회, 역사의 상호관계를 사회변동적 측면에서 재구성하여 사회변동의 모형을 만들고 오늘날 산업문명의 인간, 사회, 역사에 비추어 봄으로써 산업문명의 전망을 다루어 보고자 하는 것이다. 그것은 다음 <그림 1-1>과 같은 사회학적 상상력의 모형에서 출발한다.

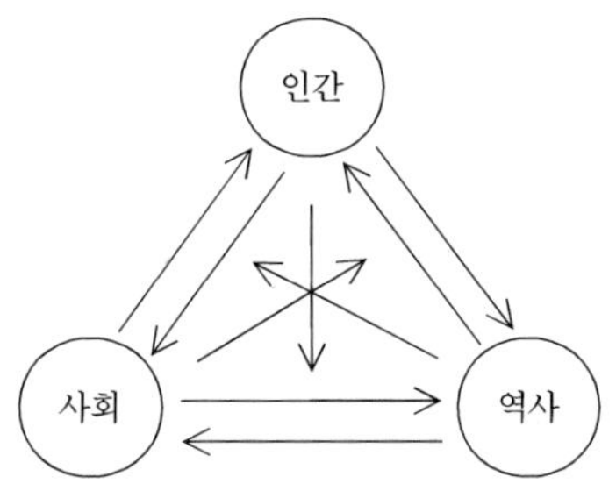

→ 화살표는 영향력의 방향

<그림 1-1> 사회학적 상상력의 모형

위 그림을 통하여 확인할 수 있는 것은 사회학적 상상력이 인간과 사회와 역사의 상호관계를 다음과 같이 아홉 가지로 구분하여 볼 수 있는 여지를 나타내고 있다는 점이다.

즉 ① 인간→사회→역사, ② 인간→역사→사회, ③ 인간→사회와 역사, ④ 사회→역사→인간, ⑤ 사회→인간→역사, ⑥ 사회→역사와 인간, ⑦ 역사→인간→사회, ⑧ 역사→사회→인간, ⑨ 역사→인간과 사회이다.

이와 같이 이념형적으로 세분된 사회학적 상상력의 관계 모형은 결국, ③ 인간→사회와 역사, ⑥ 사회→역사와 인간, ⑨ 역사→인간과 사회의 세 가지로 축약될 수 있을 것이다. 첫째는 인간이 사회와 역사에 영향을 미치는 경우이고, 둘째는 사회가 역사와 인간에게 영향을 미치는 경우이며, 그리고 셋째는 역사가 인간과 사회에게 영향을 미치는 경우이다. 이와 같은 세 가지 모형은 그대로 사회변동의 모형으로 사용될 수 있다.

2) 사회학적 상상력에 의한 변동 모형

사회변동의 모형에 관한 여러 가지 이론적 논의를 시도하는 것은 이 글의 목적이 아니다. 이미 언급한 바와 같이 필자는 밀스의 사회학적 상상력이라는 개념이 함축하고 있는 인간과 사회와 역사의 상호관계를 중심으로 하여 산업문명에 대한 총체적 전망을 시도해보고자 하는 것이다. 따라서 다음의 논의는 사회학적 상상력의 세 가지 모형을 사회변동의 유형으로 간주하여 좀 더 구체적으로 변동을 설명할 수 있도록 추상화의 수준을 낮추고 경험적 의미를 부각시키는 작업이 될 것이다.

(1) 카리스마적 변동 모형

인간이 사회와 역사에 영향을 미치는 모형은 카리스마적 변동 모형으로 부르고자 한다. 인간이 사회와 역사에 영향을 끼치는 정도가 된다면 그것은 개인의 카리스마가 있을 경우에만 가능하다. 즉 카리스마적 인간이 중심이 되어 사회와 역사를 만들어 나갈 때, 이를 카리스마적 변동이라 할 수 있다. 베버는 일찍이 카리스마가 창조적 혁명의 힘으로 역사에 작용할 수 있는 것이라 하였다(Weber, 1968: 1117). 예컨대 석가나 예수, 마르크스 등의 카리스마가 사회와 역사를 변화시킨 것과 같은 경우를 지칭한다.[3]

(2) 제도적 변동 모형

사회가 역사와 인간에 영향을 미치는 모형을 제도적 변동 모형이라고 부를 수 있을 것이다. 사회는 구체적으로는 사회제도를 의미하는 것으로 본다. 사회제도가 역사와 인간에 영향을 미친다는 측면이 부각되는 모형이다. 예컨대 해방 후 남한에 자본주의 제도가 이식되고 북한에 사회주의 제도가 이식된 후, 각각 확립된 사회제도에 따라 남북의 인간과 역사가 규정되어 온 경우를 들 수 있다.

---

3) 베버는 카리스마 승계 문제 해결의 유형을 여섯 가지로 나누었다. ① 똑같은 카리스마를 지닌 인물을 찾아 계승시키는 방법, ② 신탁과 같은 신성한 방법으로 후계자를 점지함으로써 합법화시킴. ③ 카리스마적 지도자의 후계 지명과 후계자들의 동의로 승계, ④ 카리스마적 능력이 있는 행정가가 올바른 후계자를 지명, 선거가 아님. ⑤ 유전적 카리스마를 인정하고 혈통 위주로 후계 계승, 동양사회에 많음. ⑥ 인격적 카리스마가 의례나 성물, 또는 성소의 카리스마로 옮겨짐. 그의 견해를 참고하여 볼 때, 카리스마가 일상화되기 위해서는 추종자들의 이념적, 물질적 동기가 충족되어야 하고, 그가 말하는 여섯 가지 카리스마의 승계 유형 중 적어도 가장 보편적인 방법, 즉 카리스마의 후계 지명과 추종자들의 합의에 의한 후계자 계승이 이루어져야 할 것으로 보인다. Max Weber, "The Routinization of Charisma", in *Social Change*, Amitai Etzioni at al., eds. (New York: Basic Books, 1973). 45~49.

(3) 시대적 변동 모형

　역사가 인간과 사회에 영향을 미치는 모형을 시대적 변동 모형이라 할 수 있다. 여기서 역사는 시대의 흐름과 요구를 나타내는 말로 풀이할 수 있다. 시대의 특성이 인간과 사회에 영향을 끼칠 수 있는 측면을 강조한 모형이다. 예를 들어 자본주의에 대한 사회주의의 도전, 사회주의에 대한 자본주의의 영향력 확장, 서양시대에 대한 동양시대의 도전, 선진국에 대한 제3세계의 입지 강화, 외래문화에 대한 전통문화의 강조, 민주화라는 시대적 특성이 인간과 제도에 영향을 주고 변화시키는 일 등을 의미한다.

(4) 사회변동 모형의 방향

　위와 같은 세 가지 변동 모형은 시대와 장소에 따라서, 그들 중 어느 한 모형이 보다 우세한 모습으로 나타나게 된다. 그러나 그 모형은 불변의 모습으로 존재하는 것이 아니다. 적어도 어느 하나의 모형이 또 다른 모형으로 변화하는 일이 발생할 수밖에 없다. 다만 그 변화의 방향에 따라 다음 <그림 1-2>의 화살표와 같은 여섯 가지 사회변동의 방향이 나타날 수 있다.

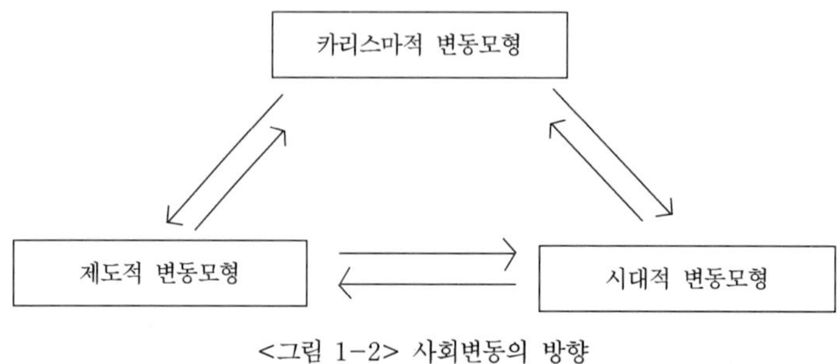

<그림 1-2> 사회변동의 방향

첫 번째 화살표는 카리스마적 변동에서 제도적 변동으로의 변화를 나타낸다. 김일성의 카리스마가 북한 사회의 제도를 바꾸어 나간 것을 예로 들 수 있다. 김일성은 집권 초기에 외세의 영향력을 제거하고 사회주의 김일성 독재국가를 제도적으로 만들어 갔고, 이것은 김정일과 김정은을 통해 세습되고 있다.

두 번째 화살표는 그 반대로 제도적 변동에서 카리스마적 변동으로의 변화이다. 이 경우는 역사 속에서 그 사례를 발견하기가 쉽지 않다. 현재의 북한과 같이 김일성, 김정일, 김정은의 3대 세습 체제가 안정된 제도적 변동의 모습을 띠고 있다가, 만약 어떤 카리스마적 권위와 힘을 지닌 군부 엘리트가 쿠데타를 일으켜 성공한다면, 이것은 제도적 변동에서 카리스마적 변동으로의 변화가 일어나는 것으로 볼 수 있을 것이다.

세 번째는 카리스마적 변동에서 시대적 변동으로의 변화이다. 박정희와 그의 카리스마를 중심으로 하는 군부는 쿠데타로 정권을 잡은 다음, 부족한 정통성도 메우고 백성들의 시대적 숙원사업인 가난도 해결하기 위하여 산업화를 성공시켜 나갔다. 이것은 카리스마적 변동에서 시대적 변동으로 나아간 경우라 할 수 있을 것이다. 박정희의 군사적 카리스마가 가난의 해결이라는 시대적 변동과 만나면서 성공했던 사례라고 생각해볼 수 있다.

네 번째는 그 반대로 시대적 변동에서 카리스마적 변동으로의 변화이다. 1979년 박정희 대통령이 암살되고 1980년은 민주화 시대의 봄을 맞는 듯했다. 그리하여 김대중·김영삼·김종필의 3김 시대가 시대적 과제인 민주화를 향해 나가는 듯했으나, 뜻밖에 전두환·노태우를 중심으로 하는 군부 쿠데타 세력의 등장으로 다시 전두환 중심의 카리스마적 변동으로 전환되었다. 한국은 광주 민주화 항쟁의 강제진압 등을 거치면서 다시 군부집단의 카리스마적 통치체제로 들어갔던 역사를 보여주었다. 시대적 변동에서 카리스마적 변동의 전형적 예다.

다섯 번째와 여섯 번째는 그 사례를 들기가 쉽지 않다. 제도적 변동에서 시대적 변동으로, 또는 그 반대의 방향은 사회와 역사, 역사와 사회의 관계인데, 사회를 나타내는 제도와 역사를 대변하는 시대정신, 즉 제도와 시대정신의 직접적인 관계를 찾아보기 어렵기 때문이다. 그러나 예컨대 미국과의 FTA 확대 내지는 군사적 동맹 확대와 같은 새로운 제도는 북한의 중국에 대한 귀속을 더욱 가속화시킬 가능성을 배제할 수 없다. 이러한 제도적 변동은 남북통일이라는 시대정신을 퇴조시킬 수도 있다. 한편 반대로 남북통일이라는 시대정신이 어떤 계기로 활활 타오른다면 미국과 일본과의 결속을 강화하려 하기보다는 남북 간의 긴장을 고조하는 어떤 제도적 협약도 맺지 않을 가능성이 커질 수도 있다.

이와 같은 여섯 가지 변동의 방향 가운데 어떤 것이 산업문명의 내용과 변동을 예견하는 데 도움이 될 것인지는 논의가 진행됨에 따라 밝혀질 것이다. 다만 이와 같은 논술은 사회나 역사가 인간과 마찬가지로 실재하는 것이라고 보는 전제 위에 서 있다. 물론 현실은 인간과 사회와 역사의 혼합물이지만, 분석적 구분은 설명적 이해를 강화하는 데 도움이 될 것이다.

3. 산업문명으로의 변동

1) 정신문명의 패러다임과 물질문명의 패러다임

산업문명의 변동을 이해하자면 그 이전의 서구문명이 중세 천 년이라는 긴 세월 동안 제도적 변동의 단계에 머물러 있었음을 주목할 필요가 있다. 즉 중세의 로마 가톨릭 교회의 세속에 대한 지배가 봉건제후를 중심으로 하는 신분질서 제도하에서 오랜 세월 동안 유지되면서 인간과 사회에 영향을 주어 왔던 것이다.

이러한 중세 천 년의 세월은 정신문명의 패러다임이 지배하던 시기였다. 이 말은 다른 어떠한 가치보다 신앙이라는 정신적 가치가 가장 중요한 것이라는 인식이 당시의 인간과 사회에 보편적으로 받아들여지고 있었다는 말이다. 중세 말기에 면죄부를 팔아 그것으로 구원을 보장했을 정도로 정신문명이 타락하기도 했으나, 신의 권위를 대표하는 로마 교황청은 모든 면에서 영향력을 행사하고 있었다. 심지어 과학의 세계까지를 종교재판이 간섭할 수 있었다. 갈릴레오가 종교재판을 받으면서 그의 지동설을 취소했다가 재판이 끝나고 나오면서 그래도 지구는 돈다고 말한 일화는 널리 인구에 회자된 바 있다. 신적인 것을 위해 모든 인간적인 것이 희생되어야 했던 시대, 정신적인 신앙을 지키기 위해 엄격한 교리만이 모든 행위의 규범이 되던 시대였다. 원시 기독교의 신앙적 수범이 스콜라적 엄격함과 함께 세속을 지배했던 당시는 정신문명의 패러다임이 지배했던 시대라 할만하다.

거기에 중대한 변화가 생겨나기 시작하였으니 그것이 바로 근대적 산업문명의 세속화(secularization) 과정을 타고 나타난 물질문명의 패러다임인 것이다. 신적 권위를 중시하는 중세적 규범과 가치관이 인간적 세속성을 중시하는 규범과 가치관으로 대체되면서 물질생활의 풍요로움과 안락함을 추구하는 근대 산업문명이 등장하게 되었다. 그것은 기본적으로 유럽 봉건사회의 해체와 그 맥락을 같이 한다. 즉 유럽의 봉건사회는 11~12세기경부터 크게 변질되기 시작하였는데, 특히 11세기 말부터 시작되는 십자군운동이 그 촉진제가 되었다(김학엽 외, 1966: 215~230). 십자군운동이 실패로 돌아가자 교황의 정신적 권위가 현저하게 손상되었을 뿐만 아니라, 그 세속적 지배권도 쇠퇴하게 되었다. 본래 교황의 세속적 지배권은 봉건제후로 하여금 세습적인 황제나 국왕과 대립하도록 조정함으로써 유지되어 왔다. 그러나 십자군운동 이후 제후나 기사들이 몰락하였고, 반대로 국왕의 권력이 강화되어 교황의 세속적 지배권은 약화되었던 것이다. 한편 십자군운동 이후 이탈리아를 중심으로 하는 지중해 무역과 발트무역이 발전함에 따라 두 개의 무역권을 연결하는 내륙의 상업로가 발전하게 되었다. 또한 그것을 따라 도시가 발전하게 되면서 화폐경제가 발달하고 부역 대신에 화폐로 공납징수가 강화되며 생산물 지대가 화폐 지대로 바뀌게 되었다. 한편 각지에서 일어난 농민반란의 결과로 농민의 자립적 경향이 강해지면서 장원제도도 해체되어 갔다. 아울러 길드가 변질되고 상업자본가들이 등장함으로써 사회 전반의 자본주의화가 진행되어 물질생활의 풍요와 안락함을 추구하는 물질문명의 패러다임이 형성되기 시작하였던 것이다.

이와 같은 패러다임의 변화는 르네상스, 종교개혁, 그리고 산업혁명과 시민혁명 같은 큰 분수령을 넘기면서 서구문명의 시대적 변동, 카리스마적 변동, 그리고 제도적 변동의 과정을 통하여 물질문명의 패러다임을 완성하게 되는 것이다. 이 내용은 다음의 2절과 3절에서 다루기로 하되 먼저 <표 1-1>과 같이 나타내볼 수 있다.

<표 1-1> 문명의 패러다임

중세의 정신문명	→ (변동의 계기와 변동모형) →	근대의 물질문명
관점의 절대성과 단일성	→ (르네상스, 시대적 변동) →	관점의 상대성과 다양성
신적 권위	→ (종교개혁, 카리스마적 변동) →	인간적 세속성
윤리성과 규범성	→ (산업혁명, 제도적 변동) →	합리성과 과학성
신분의 차별성	→ (시민혁명, 제도적 변동) →	신분의 평등성

2) 르네상스와 종교개혁: 시대적 변동과 카리스마적 변동

르네상스는 중세 천 년을 통하여 잠자다시피 했던 인간적 자유와 이성을 크게 깨어나게 한 14~15세기의 문예부흥운동으로 관점의 상대성과 다양성을 근간으로 한다. 그 당시의 작가, 시인, 예술가 등은 희랍과 로마의 인간적이고 세속적인 문명의 전통을 다시 복원시킴으로써 사회 일반의 가치관과 윤리를 신중심의 절대적이고 단일적인 것으로부터 상대적이고 다양한 모습으로 바꾸어 가는 역사적인 작업을 벌여 나갔다. 그들은 당시 무역의 발달과 도시의 발달로 인해 부유해진 제후들의 도움으로 생업을 유지할 수 있었으며, 문화적이고 정신적인 자유로움을 만끽하면서 문화예술활동에 전념할 수 있었다. 그 결과 인간의 자유와 평등, 그리고 합리주의 정신에 입각한 제반 과학활동이 활발히 진행될 수 있는 문화사회적 풍토를 조성할 수 있게 되었으며 이러한 모든 것은 인간적 세속화를 추구하는 데 큰 도움이 되었던 것이다. 이와 같은 현상은 시대적 변동 모형에 해당된다고 볼 수 있다. 즉 르네상스 시대는 중세적 질서와 이상이 더 이상 인간의 변화되는 다양한 생활과 상대적 관점 등을 담보할 수 없게 되자, 이를 대신하는 새로운 이상과 질서를 추구하던 시기였다. 이러한 작업은 지식인들의 지적 이상주의 운동에 의해 크게 발흥되었으며 계속 영향력을 확대해갔다. 이것은 시대의 흐름과 요구가 인간과 사회에 영향을 미치는 시대적 변동 모형으로 설명이 가능한 경우라 하겠다.

16세기의 종교개혁은 르네상스에 의하여 시작된 관점의 상대성과 다양성, 그리고 인간적 가치로의 회귀라는 시대적 흐름과 요구가 루터와 캘빈이라는 종교적 카리스마와 결합되면서 폭발적으로 나타난 것이다. 이를 통하여 신적 권위를 대변하는 가톨릭교회의 권위가 결정적으로 붕괴되고 인간적 세속성이 표출되는 계기를 맞게 되었던 것이다. 종래의 가톨릭은 신의 구원은 교회를 통하여야 하며 신을 대리하는 성직자에게 고해성사를 함으로써 가능하다는 입장을 취하였다. 또한 면죄부를 팔아 구원을 살 수 있다고 할 정도로 극도의 부패상을 연출하였다. 이러한 가톨릭교황청에 대하여 정면으로 도전한 인물이 바로 마르틴 루터였다. 그는 교황 레오 10세의 면죄부 판매에 반기를 들고 1517년에 95개조의 반박문을 발표함으로써 종교개혁을 불붙게 했다. 그는 가톨릭교회보다 성경 자체를 강조했고, 고해성사보다 신앙을 중시했으며, 모든 교인이 직접 신과 교통할 수 있음을 주장했다. 한편 캘빈은 세속적인 직업도 하느님의 소명(call)으로 보고 모든 생활의 성화를 추구했다. 세속생활 속에서 하느님의 섭리를 발견하려는 근대적 종교관을 확립한 것이다. 캘빈의 개혁파 교회는 루터의 교회와 함께 프로테스탄트의 2대 주류를 형성하였다.

이러한 종교개혁은 기독교 2000년 역사 중에서 가장 파고가 높았

던 변화였으니 이미 14세기부터 시작되었던 르네상스와 15세기의 종
교적 회의운동, 민족주의 등 다른 시대적 요인과의 상승작용 속에서
루터와 캘빈이라는 종교적 카리스마를 지닌 지도자들을 통하여 실현
될 수 있었던 것이다. 종교개혁은 시대적 변동 모형과 카리스마적 변
동 모형으로 설명이 가능한 역사적 사실이라 하겠다.

3) 산업혁명과 시민혁명: 제도적 변동

르네상스와 종교개혁을 통하여 발현된 관점의 상대성과 다양성,
그리고 인간 세속성의 표출은 합리성과 과학성을 근간으로 하는 근
대적 인간상을 확립하는 데 결정적 역할을 하였다. 그것들은 특히 물
질적 생활의 비약적 발전을 가져오는 산업혁명의 토대로 작용했던
것이다. 산업혁명은 공업화를 중심으로 물질적 재화의 생산에 있어서
무생물적 자원을 광범위하게 이용함으로써 물질생활을 혁명적으로
향상시켰다. 말하자면 중세적 윤리성과 규범성이 근대적 합리성과 과
학성으로 대체되면서 자본주의 생산양식이 확립되는 가히 경제혁명
이라고 볼 수 있는 경제제도의 대변혁이 일어났던 것이다.[4]

산업혁명은 18세기 영국에서부터 시작되어 19세기에 이르러 서구
사회 전체에 확대되었다. 와트의 증기기관 발명으로 이룩된 동력혁명
은 모든 산업의 진흥을 가져왔다. 그러나 특히 산업혁명을 주도했던
것은 면공업이었다. 증기력을 동력으로 하는 기계제 공장생산이 확립

---

4) 그러나 산업혁명이 갑작스럽고 격렬한 현상으로 나타난 것은 아니다. 토인비가 말한 바와 같이 그것은 그
  이전부터 시작되어 온 점진적이고 연속적인 기술혁신의 과정에서 나타난 것이라고 볼 수 있다(신용철,
  1985: 167~168).

되자 면공업은 급속히 발전되어 이와 관련된 모든 산업의 발전을 촉
진시키고 특히 기계생산을 중심으로 하는 생산부문에서는 철공업·석
탄업·기계공업의 발전이 현저하여 석탄과 철의 생산이 기술혁신과
더불어 급속히 증대하였다. 면공업 분야의 기술혁신은 노동절약적 기
술혁신이었는데 반하여 철공업의 기술혁신은 자본절약적 기술혁신으
로 대량생산을 가능하게 했다. 특히 1830년 이후에는 기계에 의한 기
계의 대량생산체제가 확립되었다. 또한 스티븐슨에 의한 철도의 발명
은 산업자본을 순환시키는 대동맥이 되었으며, 인구의 이동에도 큰 영
향을 주었다. 18세기 중엽에 영국의 경우 농업인구는 70% 정도였는데
19세기 중엽에는 22%로 줄었다. 이와 같이 합리성과 과학성을 근간으
로 하는 생산력의 발전에 따라 자본주의는 더욱 공고해졌으며, 자본주
의 제도가 인간과 사회에 지속적으로 영향력을 발휘할 수 있게 되었
다. 요컨대 제도적 변동의 모형으로 설명이 가능하게 된 것이다.

산업혁명의 결과는 단순히 자본주의를 확대 정착하였다는 데서 끝
나지 않았다. 이는 곧 시민혁명이라는 정치제도의 혁명을 수반하는
것이었다. 산업부르주아지가 발흥한 결과 종래의 귀족과 지주가 지배
하는 정치체제는 시민혁명을 통하여 서민이 권력을 잡는 자유민주주
의 체제를 정착시켰다. 중세적 신분질서의 차별성이 극복되고 근대적
의미의 평등성이 정치적으로 보장되는 변혁이 일어난 것이다. 시민혁
명은 18세기부터 19세기에 이르러 완성되었다. 영국은 1689년의 명예
혁명 이후 1832년의 선거법 개정으로 시민계급에게 선거권이 부여되
었다. 1775년 미국의 독립도 서구세계의 중요한 변화였다. 한편 프랑
스에서는 1789년의 대혁명 이후 나폴레옹의 등장 등 몇 차례의 보수
반동 세력의 집권 이후 1905년에 이르러 온전한 민주공화국을 수립

하게 된다. 이러한 시민혁명의 물결은 서구사회 전반의 민주주의적 평등의 실현을 이루게 하였다고 볼 수 있다. 민주주의 제도는 인간과 사회에 대하여 지속적 영향을 끼치는 근대적인 제도적 변동의 모습을 갖추게 되었다.

이와 같은 과정은 자유민주주의라는 정치체제가 서구세계에 자리 잡게 됨으로써 서구 근대화가 일단락되는 것을 의미한다. 중세에서 근대로의 변화는 르네상스, 종교개혁, 산업혁명, 시민혁명이라는 약 400여 년에 걸친 사회문화적, 경제정치적 변동의 과정이었으며, 정신문명의 패러다임이 물질문명의 패러다임으로 바뀌는 대역사였던 것이다.

4) 산업문명의 특성

산업문명의 특성에 관해서는 토플러의 견해가 가장 설득력 있게 보인다(유재천, 1981: 67~82). 그는 산업문명의 대두를 가리켜 제2의 물결문명이라 일컫고, 그전의 농업사회를 제1의 물결문명이라고 부르며, 컴퓨터와 전자기술의 혁명에 의한 후기 산업사회를 제3의 물결문명이라고 명명하고 있다. 그는 산업문명의 특성을 다음과 같이 매우 통찰력 있는 여섯 가지 견해로 제시하였다.

첫 번째 특성은 규격화로서 규격화된 상품생산이 사회경제적 파급효과를 미치게 됨에 따라 모든 사회생활의 영역이 규격화됨으로써 능률적이고 편리한 물질생활이 보장되는 특성이 나타나게 된다는 것이다.

두 번째 특성은 분업화로서 분업에 의한 생산력의 증대이다. 이것은 전문가와 과학자의 시대를 만들었고 효율의 극대화를 가능하게 했다.

세 번째 특성은 동시화이다. 분업에 따른 대량생산의 과정은 기계의 리듬에 따라 모든 노동인력이 동시적으로 동원되지 않을 수 없도록 했다. 모든 직장의 출퇴근 시간대가 같아지는 등 동시화의 메커니즘이 사회에 뿌리를 내리게 되었다.

네 번째 특성은 집중화이다. 공장생산은 불가피하게 도시화를 유발하고 그것은 인구의 집중화를 초래했으며, 자본의 집중화, 기업의 독점화 등이 산업문명의 주요 특성이 된 것이다.

다섯 번째 특성은 극대화이다. 공장 규모의 극대화가 결국은 효율적이라는 것이다. 극대화를 통해 모든 분야의 효율화가 이루어진다고 본다.

여섯 번째 특성은 중앙집권화이다. 중앙집권화는 교통과 통신의 분야는 물론, 정부조직 기타 모든 관료적 조직의 중앙집권화가 이루어짐으로써 효율적인 국가통치를 도모하였다.

산업문명 사회는 이와 같은 특성을 중심으로 역사상 유례없는 물질문명의 꽃을 피움으로써 전 지구를 변화시켰다. 자본주의 국가나 사회주의 국가를 막론하고 모두 물질적 풍요로움을 추구하였으며, 그것은 과학기술의 발달과 그 응용으로 가능하다고 보았던 것이다. 그러나 이러한 산업문명은 그 발전 속도가 너무 빠른 나머지 20세기가 가기도 전에 새로운 탈산업문명의 단계로 넘어갔던 것으로 보인다. 다음의 산업문명 비판에서는 산업문명의 폐해를 중심으로 산업문명에 대한 비판적 고찰을 시도해보고자 한다.

4. 산업문명 비판

1) 산업문명과 시대적 변동 모형

산업문명은 물질문명이라는 용어와 동일시될 수 있을 정도로 짧은 시간 동안에 크게 세계의 모습을 바꾸어 놓는 데 성공했다. 금세기의 모든 국가들이 앞을 다투어 선진산업국가들의 뒤를 따라가면서 근대화=산업화의 길을 달려왔다. 이것은 서구 자본주의가 전 세계로 팽창되어가는 것과 같은 궤적을 그리고 있으며, 특히 1991년 소련의 해체 등 사회주의권의 몰락이 그 길을 재촉하고 있는 것처럼 보인다. 이쯤 되면 산업문명은 자본주의 문명과 다른 것이 아닌 것처럼 보인다.

그러나 이것은 일방적으로 자본주의의 승리니 확장이니 하는 말로 치부할 수 없는 측면이 있다. 본래 자본주의와 사회주의는 근대화의 쌍둥이이기 때문이다(이원희, 1987:21). 말하자면 그것은 산업문명의 두 유형 중에서 사회주의가 먼저 몰락한 것에 지나지 않는 것이라고 볼 수 있는 것이다. 즉 다음 차례는 자본주의일 가능성이 높다는 말이다. 산업문명의 폐해가 점점 심각해지는 과정에서 상대적으로 물적 토대가 취약한 사회주의가 먼저 쓰러진 것이라고 말할 수 있다. 이는 오히려 몰락하는 산업문명의 한 양상이지 결코 자본주의의 승리요, 산업문명의 확대 과정이라고만 일방적으로 해석할 수는 없는 것이다. 그 이유는 산업문명의 폐해가 해가 갈수록 심각하게 확장되고 있는 반면에 개선의 노력은 상대적으로 매우 적은 것으로 보인다는 사실에서도 확인된다. 경우에 따라서는 인류의 장래를 매우 비관적으로 보지 않을 수 없는 징조가 널리 나타나고 있는 상황인 것이다(콘라드,

1982: 221~245). 그것을 극복하기 위한 새로운 국제적 차원의 운동과 제도화 노력이 아직은 미미한 실정이다.

이제 바야흐로 세계는 새로운 시대적 흐름과 요구를 반영하는 시대적 변동의 과정으로 전환되고 있는 것같이 보인다. 이미 제도로서의 자본주의와 사회주의가 근대산업문명의 결실로서 제도적 영향력을 행사하던 단계는 끝나가는 것으로 생각된다. 산업문명의 제도가 담보하지 못하는 새로운 시대적 흐름과 요구가 나타남으로써 시대적 변동의 단계로 접어든 것이다. 아마도 그것은 물질문명의 다음 단계로서의 새로운 정신문명이거나 또는 물질문명과 정신문명의 정반합과 같은 변증법적 지양의 형태를 취하는 어떤 탈산업문명의 패러다임일 가능성이 있는 것이다. 그것은 물질문명, 또는 자본주의 문명의 폐해를 비판적으로 고찰하는 가운데 좀 더 뚜렷하게 드러날 수 있을 것이다.

2) 산업문명의 인간 비판

사회학적 상상력의 3요소인 인간(개인), 사회, 역사의 세 축은 산업문명의 변동 메커니즘 속에서 어떻게 문제가 되었는지를 살펴볼 필요가 있다. 먼저 산업문명의 인간에 대한 비판적 고찰을 해보자. 그것은 말할 것도 없이 소외(alienation)의 문제와 관련된다. 합리성과 과학성만을 추구하면서 효율의 극대화를 꾀하는 인간, 그것이 산업문명의 인간상이다. 그것은 결국 인간이 노동의 과정과 결과로부터 인간 스스로를 소외시킴으로써 인간으로서의 가치를 상실하는 소외의 문제를 발생시킨다. 일찍이 마르크스가 분석한 노동 과정으로부터의 소외는 노동이라는 행위가 파편화됨으로써 노동의 전인격성이 파괴되는 결과를 초래하고 따라서 비인간화가 진행되는 일련의 과정을 의미하는 것이라 할 수 있다(Ollman, 1986: 97~186). 본래 노동이란 인간의 전인격적 가능성을 외화(externalize)시키는 것인데, 노동의 분업화와 규격화는 그것을 파편화시킴으로써 불가능하게 만든다는 것이다.

한편 노동의 결과인 상품생산의 경우를 보자. 산업문명 이전의 사회에서는 노동자가 무엇을 만든다는 것은 곧 그것을 사용하는 결과를 수반하는 것이었다. 그러나 그것이 대량생산을 통해 상품화된다는 것은 노동의 결과를 노동자가 향유하지 못하는 결과를 가져온다. 자신이 부분적으로 참여하여 만들어진 상품은 그 자체가 교환가치를 지닌 채 시장으로 팔려가기 때문이다. 이와 같은 결과는 파편화된 인격의 출현을 보편화시키며 기계적 인간의 존재를 등장시켜 도구적 합리성을 우선시함으로써 공동체적 가치를 붕괴시키는 데 기여하게 된다. 즉 인간이 편리하게 잘 살고자 만들어낸 모든 물질적 수단적 가치들이 거꾸로 인간적·목적적 가치들을 위협하고 인간 본연의 유연한 전인격성을 파괴하게 된다. 인간이 스스로 소외되지 않을 수 없게 되는 것이다.

그러한 결과는 인간으로 하여금 인간이 자기 행동의 근거를 어디다 두고 해야 하는지를 알 수 없게 하는 무의미성(meaninglessness)과 가치관의 불안정을 경험하게 하는 무규범성(normlessness), 생활의 주요부분이 개인이 아닌 조직에 의해 결정됨으로써 정치적 무관심과 함께 나타나는 무력감(powerlessness)을 갖게 한다(정문길, 1978: 216~226). 또한 자기 자신이나 집단 또는 사회적 가치로부터 떨어져 있다고 느끼게 되는 고독감(loneliness)을 수반하게 된다고 할 수 있다.

이와 같은 인간소외의 문제는 결국 탈산업문명 내지는 새로운 정신문명의 가능성을 모색하는 가운데 해결의 실마리를 찾을 수 있을 지도 모른다. 그것은 새로운 인도주의의 모습을 띠게 될지도 모르며, 동양적 의미에서 자연과의 조화를 추구하는 문명의 내용이 등장함으로써 그 가능성을 찾게 될 수도 있을 것이다. 벨(Bell)의 탈산업사회론이나, 토플러의 제3의 물결문명사회론 등은 산업사회의 폐해를 시정하여 첨단의 지식이 중요한 역할을 함으로써 더욱 합리적이면서도 인간적인 새로운 사회가 도래할 수 있을 것이라는 견해를 제시한 것이라 하겠다(Bell, 1973: 3~45; 유재천, 380~481).5) 근래에는 서구 사회의 위기를 배경으로 하는 탈근대주의(post-modernism)의 물결이 펼쳐지고 있다(정정호, 1991). 탈산업사회론이나 제3의 물결문명사회론이 사회학자와 미래학자의 학문적 주장이라면, 탈근대주의는 문학자나 예술가들이 그들의 분야에서부터 비인간적인 근대적 합리성을 우선 깨뜨리고 어떤 새로움을 추구해보자는 것이다. 그러한 창작행위를 통해 대중적 변화의 물결과 시대적 흐름과 요구를 담아내고자 하는 실험적 노력이 탈근대주의라는 이름으로 나타난 것이다. 그것은 산업문명에서 소외된 인간이 소외의 구조를 깨뜨리고 봄으로써 우선 인간적 해방의 길을 갈 수도 있으리라는 창작적 실험의 과정이라고 해석할 수 있다. 그러나 그들이 지향해야 하는 새로운 길은 아직 제시하지 못하고 있는 형편이다. 여기에 새로운 문명의 가능성으로서 물질문명과는 반대되는 정신문명 내지는 동양적 조화를 강조하는 문명의 의미가 나타날 수 있는 여지가 있는 것이다. 소외는 마음의 조화가 깨진 상태에서 오는 것이기 때문이다.

---

5) 토플러의 '권력이동'은 '제3의 물결'과 달리 미래에 대한 낙관론을 제시하고 있지는 않다(이규행, 1991: 563).

3) 산업문명의 사회 비판

산업문명의 사회 비판은 무엇보다도 환경공해(environment pollution)
의 문제와 관련된다. 현대 사회에 만연된 환경공해는 대체로 두 가지
로 나누어 볼 수 있다. 첫째는 자연환경에 대한 물리적 환경공해의
문제요, 둘째는 사회환경에 대한 인위적 환경공해의 문제이다. 전자
는 자연 파괴의 문제를 지칭하는 것으로 일반적으로 환경공해라 할
때 대상이 되는 분야이다. 후자는 범죄 환경의 증대와 왜곡된 지식의
오용 문제이다. 이것은 자연적 환경 못지않게 중요한 인간의 사회적
환경을 건전하게 유지하는 것이 매우 중요하다는 인식하에 문제가
되는 것이다.

과학기술의 발달은 공업의 발달을 급속히 하고 평균수명을 연장케
하는 등 인간의 생활을 편리하게 하고 또 인구의 증가에도 도움을 주
었다. 그러나 인간이 공업화에 따라 도시로 몰리고 대규모 공장이 가
동되자 점점 자연 생태계가 파괴되는 결과를 낳게 되었다. 매연과 폐
수, 핵폐기물 등은 점점 공기와 하천과 바다를 오염시켰다. 한편 점증
하는 핵실험의 결과 방사능재가 국경을 넘어서 다른 나라에까지 피
해를 주고 있는 실정이다. 로마 클럽 보고서에 의하면 현재와 같은
지구오염이 계속되는 경우에는 지구상에 생물이 존재할 수 없게 될
지도 모른다고 경고하고 있다(Meadows, 1972: 29). 중금속 등 공해물질
을 적기에 규제하지 못하면 모르는 사이에 극한치를 넘어설 수도 있
다는 것이다. 1992년의 지구 환경 보고서에 의하면 북반구의 오존층
이 불과 몇 년 전에 과학자들이 생각했던 것보다도 두 배 빠르게 고
갈되고 있으며, 매일 적어도 140종의 동식물이 사라지고 있다는 것이

다. 온실효과 기체인 이산화탄소의 대기 중 농도가 산업화 이전 시대보다 26% 높아졌고 해마다 계속 상승하고 있으며, 19세기 중엽 이후 1990년은 평균 기온이 가장 높은 해였다는 것이다(Brown, 1992: 16). 물리적 공간적 환경공해의 문제는 이미 어느 한 나라의 문제를 넘어서서 지구촌의 전반적 위기를 반영하는 심각한 문제가 되었다. 그러나 우리가 분명히 알아야 할 것은 지구 환경 오염의 주범은 아무래도 미국 등 선진국의 에너지 소비량이 엄청난 것이기 때문이라는 사실과 무관하지 않다는 점이다. 선진국은 환경문제에 관한 한 더욱 많은 책임을 져야 할 입장에 있는 것이 분명하다.

한편 범죄적 환경의 증대와 지식의 오용 및 남용과 관련되어 발생하는 사회적 환경의 파괴 문제도 매우 심각한 문제로 등장하고 있다. 베네블로는 세계의 으뜸가는 도시 모델은 고대 그리스의 도시인 폴리스라고 결론지었다. 그것은 역동적이면서도 자연과 조화를 이룬 것이었다는 주장이다(Brown: 218). 그러나 현대의 도시는 그렇지 못하다. 산업문명 이후 출현한 근대화된 도시는 인구의 폭발과 무계획적 비대화로 특징지어진다. 도시화는 바로 범죄의 증대화라는 도식으로 연결될 정도로 도시화가 비인간적, 범죄적 환경을 가일층 조성하고 있는 것은 틀림없다(신진규, 1987: 316~320). 인구의 밀집은 거래관계의 복잡성을 질적, 양적으로 증대시키고, 인간관계의 몰인격화(impersonalization)를 초래함으로써 익명성을 높인다. 익명성이 증대함으로써 범죄의 기회와 가능성이 높아지는 것은 당연하다. 또한 도시화는 핵가족화와 개인주의의 팽배현상을 가속화시킴으로써 사회연대의식에 의한 통제기능을 약화시키고 빈민지역을 만들어내는 등 비인간적이고 일탈적 환경을 조성하게 되는 것이다. 나아가 매스컴과 컴퓨터의 발달로 인한 대량정보의 남발과 더불어 도시는 더욱 복잡해지고, 익명성의 강화와 불건전한 대중문화의 범람과 각종 신종범죄의 증대는 사회적 환경의 통제불능성을 높이고 있는 것이라 하겠다. 오늘날 환경론자들이 인간적 도시의 실현을 강조하는 것도 그러한 심각성의 종합적 인식 위에 기초한 것이라 할 수 있다.

그리하여 공해를 추방하고 인간적 환경을 조성하기 위한 범세계적 운동이 일어나게 되었다. 1972년에 스톡홀름에서 열린 유엔인간환경회의는 공식적인 국제 환경시대가 개막되었음을 알렸고, 그 20주년 기념회의는 1992년 리우데자네이루에서 전 세계적 이목을 집중시키면서 개최되었던 것이다. 브라운은 이를 인류역사상 산업혁명에 비견할 환경혁명이라 부르면서 '환경혁명은 인간을 자연과 분리된 존재로서가 아니라 자연의 일부분으로서 인식하는 것으로부터 시작된다'고 주장하고 있다(Brown: 321). 정치이념으로서의 녹색주의도 점차 세계적 영향력을 확대해가고 있다. 이것은 기본적으로 지구를 하나의 폐쇄체계로 보고 자연의 메커니즘을 보존하자는 것으로 동양의 전통적인 철학이나 전통, 즉 자연에의 순응을 강조하는 것과 다를 바가 없는 것이다. 서구인들은 자연을 정복하는 것으로 물질문명을 발전시켜왔으나, 이제 그 한계에 도달하여 자연에의 순응을 기본으로 하는 동양적 의미의 자연관을 다시 찾지 않을 수 없는 지경에 이른 것이라고 볼 수 있다.

4) 산업문명의 역사 비판

인류가 과학을 중심으로 산업문명을 발전시켜 오면서 가장 큰 역사적 과오를 저질렀다면 그것은 제1, 2차 세계대전을 통하여 수많은 인명을 살상하였으며, 그 후 핵무기의 경쟁적 확보를 통하여 인류의 전멸은 물론 지구를 파괴하고도 남을 엄청난 핵무기를 보유함으로써 스스로의 무덤을 파고 있다는 사실이다. 이러한 양차 대전의 재앙은 모두 20세기에 이르러 발생한 것이다. 인류가 산업혁명을 이루고 부국강병 정책을 실시하여 물질적으로 풍요로운 세계를 만들어 보겠다고 한 것이 필연적으로 세계적 규모의 대전쟁을 두 차례나 발생시켰던 것이다. 그러한 비극을 겪고 국제연합을 탄생시킨 인류는 대소의 국제적 분쟁을 가능한 한 평화적으로 해결하려고 노력하고 있으나, 아직도 원시적 힘의 논리에 따라 움직이고 있으며 국가 간 전쟁의 위험성을 제거하고 있지 못한 형편이다. 제3차 세계대전과 핵전쟁의 위협으로부터 자유롭지 못한 상태에 있는 것이다.

더욱이 문제를 어렵게 만들고 있는 것은 구소련의 해체와 그로 인한 이데올로기적 대립의 와해가 새로운 민족분규와 종교적 갈등을 표면화시킴으로써 국지전적 양상을 끊임없이 드러내고 있다는 사실이다. 이미 이라크와 미국의 전쟁이 있었고, 아직도 전쟁의 재발 가능성이 도처에 남아 있다. 역사적으로 식량의 위기가 전쟁의 불씨가 되었던 것을 기억할 때 지구의 남반구에 위치한 저개발국들의 빈곤문제는 매우 중요한 전쟁의 가능성으로 남아 있다고 볼 수 있다.

결국 서구에서 시작된 산업혁명은 역사적으로 서구국가들의 세계지배를 가능하게 하였고, 자기들끼리의 투쟁과정에서 죄 없는 후진국 백성들이 전란에 휘말려 희생되는 어처구니없는 참변을 초래했던 것이다. 그뿐만 아니라 지금도 그러한 대전란의 가능성 속에서 가장 큰 희생자로 될 소지가 다분히 있다고 하는 점을 직시해야 할 것이다.

산업혁명은 서구에서는 끝났을지 모르나 저개발국에서는 아직도 진행되고 있으며 그것도 대부분이 '저개발의 개발'로 실패하는 경우가 많은 것이다. 아시아의 용이라고 불렸던 몇몇 나라를 빼고 근대화에 어느 정도 성공한 나라들은 거의 없다. 이것은 무엇을 의미하는 것인가? 아무래도 세계는 소위 서구 선진국들의 각축장으로서 그들이 전쟁을 만들고 인류의 비극을 만들어 가고 있는 것이 아닌가 하는 우려를 하지 않을 수 없는 것이다. 산업문명의 역사가 만들어낸 결과가 이것이라면 인류의 평화라는 것은 과연 어디서부터 가능할 것인지 심각한 문제가 아닐 수 없다. 인류는 자신의 멸망을 알면서도 서서히 파멸의 구렁텅이로 빠져드는 똑똑한 바보의 길을 가고 있는지도 모른다.

5. 탈산업문명의 패러다임과 동양

1) 탈산업문명의 패러다임

산업문명의 패러다임, 즉 근대 물질문명의 패러다임은 이미 언급한 바와 같이 관점의 상대성과 다양성, 인간적 세속성, 합리성과 과학성, 신분의 평등성의 네 가지 특성이 문화적·사회적·경제적·정치적 제 분야에서 주도적이고 상호의존적으로 나타남으로써 근대사회의 유지와 발전을 가능하게 했다. 그러나 세계는 이제 바야흐로 새로운 시대적 흐름과 요구를 반영하는 시대적 변동의 과정으로 전환되는 것같이 보인다. 이미 자본주의 제도와 사회주의 제도가 근대산업문명의 결실로서 제도적 영향력을 행사하던 변동의 시대는 끝나가는 것으로 생각된다.[6]

이제는 산업문명의 제도가 담보하지 못하는 새로운 시대적 흐름과 요구가 나타남으로써 시대적 변동의 단계로 접어든 것이라고 보아야 한다. 그 흐름은 물론 산업문명의 폐해인 인간 소외와 공해 문제와 전쟁의 위협을 시정하는 내용과 방향을 지닐 것으로 보인다. 이러한 시대적 변동의 과정에서 인간 소외의 문제는 새로운 인간적·문화적 공동체의 모색과 복지사회의 실현을 그 목표로 삼게 될 것이며, 공해 문제는 환경운동과 첨단의 과학기술 발전으로 그 해결의 길을 모색하게 될 것이다. 전쟁의 위협은 보다 새롭고 강력한 UN 내지는 그와 유사한 세계정부의 출현을 통해 마무리될 가능성이 있다. 아마도 그것은 물질문명과 정신문명의 정반합적인 지양의 형태를 취하는 탈산업문명의 패러다임이 될 것이다,

즉 소외를 극복하기 위해 인간적이고 문화적인 측면에서 새로운 공동체를 모색하는 과업은 동양적 조화를 중시하는 가치관의 확산과 복지국가를 넘어서는 이타주의적 복지사회의 실현을 통해 가능해질 것이다. 한편 공해 문제를 해결하기 위한 환경운동과 첨단 과학기술의 발전은 도구적 합리성을 배격하고 인간을 위한 목적적 합리성의 강조를 통해 서구 합리주의를 정화시키는 것으로부터 시작될 것이다. 끝으로 전쟁을 방지하기 위한 노력은 인류 공동의 적이 명확하게 규정될 때, 그것을 퇴치하기 위한 동서양의 협동으로 세계정부가 구성됨으로써 효과를 볼 수 있을 것이다. 거기에는 상당한 정도로 인류의 전반적 도덕 수준의 향상과 세계체계의 문제 해결 능력의 증대가 전

---

6) 산업문명의 논리를 공히 갖추고 있는 자본주의나 사회주의는 사회주의가 먼저 몰락하여 자본주의만이 세계화의 길을 갈 것처럼 보인다. 그러나 그것은 월러스틴의 말처럼 자본주의의 세계적 팽창이 무한히 계속되는 것을 보증하는 것은 아니다. 세계는 어쩌면 새로운 사회주의 문명으로의 길이 시작되고 있는지도 모른다는 것이다(Wallerstein, 1985: 171).

제되어야 한다. 아직도 국제적으로 통용되는 힘의 논리가 도덕과 명분의 논리로 대체되어야 하며, 폐쇄체계로서의 지구환경을 오염시키는 모든 형태가 인류의 적으로 규정되는 과정이 따라야 할 것이다. 이러한 탈산업문명의 패러다임은 다음과 같은 <표 1-2>로 나타내볼 수 있다.

<표 1-2> 탈산업문명의 패러다임

산업문명의 폐해	시대적 흐름	탈산업문명
소외 문제	동양적 조화 강조 인간적 문화적 공동체 운동	이타적 복지사회
공해 문제	자연에의 순응 강조 목적적 합리성의 강조 환경운동과 첨단과학기술발전	환경 혁명 실천
전쟁의 위협	도덕 수준의 향상 세계체계의 능력 증대 인류공동의 적 규정	세계정부 구현

물론 위와 같은 탈산업문명의 패러다임은 인류의 미래에 대한 긍정적 관점에서 마련된 것이라는 비판을 면치 못할 것이다. 그러나 어차피 미래는 불확실성이 지배하는 것이다. 다만 이 글에서 긍정적 입장을 취할 수밖에 없는 이유는 그러하지 못할 경우 취할 수 있는 선택의 가능성은 오직 인류의 멸망뿐일 것이기 때문이라는 점을 기억해두어야 한다.

2) 지구문화와 동양문명

지구문화(global culture)란 지구촌의 문화이다.[7] 로버트슨(Robertson)

은 지구문화를 중대한 세계사적 의미를 지니는 변동 현상으로서의 지구적 현상, 즉 하나로서의 세계형성에 밀접한 영향을 주는 문화라고 정의한다(Robertson, 1987). 그것은 지구라는 한정된 생활공간에서 삶을 영위하고 있는 지구인들의 생활양식이요, 그와 관련된 모든 지식과 신념의 체계이다. 지구화(globalization)가 오늘날 더 이상 서구화가 아닌 것은 명확하다. 지구문화도 물론 서구문화가 아니다. 그것은 하나로서의 세계를 추구하는 제 세력, 즉 그것이 강대국이든 다국적기업이든, 아니면 정치적 동맹이나 세계적 문화운동이나 종교운동이든 간에, 그것에 대하여 각개 사회나 국가 또는 조직들이 자신의 전통과 문화적 규범과 여건에 따라서 여러 가지로 다양한 반응을 보이는 가운데 전 세계적으로 형성되는 문화인 것이다. 이 글의 관점에서 본다면, 지구문화란 오늘날 세계를 지배하고 있는 물질문명의 역기능이 새로운 정신적 가치를 중시하는 문명의 출현을 필요로 하는 가운데 지구라는 생활공간 속에서 동시대의 삶을 살고 있는 지식인들이 형성하여 나가는 새로운 질서와 공존을 위한 삶의 방식이라고 할 수 있겠다(최경구, 1987: 474).

이러한 지구문화의 형성논리는 이 글의 핵심인 탈산업문명의 형성에 그대로 반영될 수 있다. 산업문명은 과학문명이요, 서구문명이요, 물질문명이다. 또한 월러스틴의 관점을 토대로 한다면 자본주의 문명이다(Wallerstein, 1979: 11~36). 자본주의 문명은 오늘날 지배자와 피지배자 모두의 사고와 행동을 지배하고 있다. 자본주의의 세계경제는 현존하는 유일한 생산양식인 것처럼 보인다. 그러나 그것이 영원히

---

7) 지구문화에 관한 자세한 논의는 졸저 『조합주의 복지국가』(1991)의 121~126을 참조할 것.

계속될 수는 없는 노릇이다. 이것에 대항하는 세계관은 이미 다양한 문명적 전통을 가진 여러 민족주의의 형태로 존재하며 자본주의의 한 국면을 차지하고 있다. 예컨대 동양문명으로서는 한국문명, 일본문명, 중국문명 등이 있고, 그 외에 인도문명, 아랍문명 등이 그러하다. 그러나 그것들이 언제까지나 자본주의의 구심력에 안주하고 있는 것은 아니다. 이미 성장의 한계를 지적하거나, 내지는 평등을 주장하는 혁신적 사고를 받아들이고 있는 정치 조직이나 국가 또는 민족적 전통과 새로운 이데올로기 등은 원심력의 논리에 따라 자본주의적 보편성 속에서도 다양한 특수주의적 논리를 주장하는 변화의 씨앗으로 성장하고 있는 것이다. 베버도 일찍이 주도적 문화가 쇠퇴하고 다른 어떤 새로운 문화의 의미가 부여될 수 있는 가능성을 지적한 바 있다. 세계 역사를 돌이켜 보면 중심적 문화권의 주변부에 사는 사람들의 삶의 이해가 위협받을 때, 기존의 문화에 대한 의문이 제기되곤 했던 것이다(박성환, 1992: 276~277).

자고로 동양문명은 자연의 정복보다는 자연에의 순응을 강조해 왔다. 유교와 도교, 그리고 불교가 그러하다. 이것은 인간의 사회적 관계에 있어서도 원만한 인격을 최고의 도덕성으로 간주하는 문화적 전통을 간직할 수 있게 하였다. 동양의 학문은 본래 인격적 수양과 동일시되었다. 서양과 달리 동양의 학문 그 자체는 성인의 말씀을 중심으로 하는 인격 수양과 깊은 관련이 있다. 학문을 깊이 한 사람들은 성인의 말씀을 인격적으로 실천하는 사람들이었다. 인과의 법칙조차도 자연과학적 발전을 위해 기여하기보다는 인격의 수양을 위하여 큰 역할을 했다.

원만한 인격, 자연과의 조화, 인과의 법칙 등 세 가지는 유교, 도교,

불교에서 각각 나타나는 동양문명의 진수이다. 오늘날 지구문화가 지향하는 바는 서구문명, 즉 물질문명의 폐해인 소외와 공해와 전쟁의 위협을 시정하기 위한 것이다. 이것은 말할 것도 없이 동양 전통문명의 진수를 배우고 익히며 실천하는 것으로부터 가능할 것이다. 오늘날 녹색주의 정치 이념은 후기 산업사회의 성장과 테크놀로지에 제동을 걸고 "더 많은 노동, 더 적은 물질적 목표(more work and fewer material object)"를 주장한다(Dobson, 1990: 225). 이것만 보아도 인류가 당면한 문제의 해결은 동양으로 돌아가는 데 있음을 알 수 있는 것이다. 지금은 그러한 방향으로의 시대적 흐름과 요구가 일어나고 있는 시대적 변동의 과정이라고 보아야 할 것이다.

6. 결론

이 글은 밀스의 사회학적 상상력 개념을 인간과 사회와 역사 간의 상호 작용으로 조작화하여 사회변동을 설명할 수 있는 모형을 만들고, 이를 중심으로 서구 산업문명의 변동을 재조명하여 그 특성과 문제점을 파악한 다음, 그것을 시정할 수 있는 새로운 탈산업문명의 논리를 동양문명에서 찾아보는 노력을 기울인 것이다.

사회변동의 모형은 시대적 모형, 제도적 모형, 카리스마적 모형으로 나누어 보고 서구 산업문명이 자본주의와 사회주의의 제도적 모형으로부터 이제는 새로운 탈산업문명으로의 시대적 변동 모형의 전환과정에 있는 것으로 보았다. 이러한 시대적 변동의 과정에서 나타나는 산업문명의 역기능인 인간 소외와 공해 문제, 그리고 전쟁의 위협 문제는 산업문명에 대한 인간 비판, 사회 비판, 그리고 역사 비판을 통해서 밝혀낼 수 있었다.

산업문명의 인간 비판을 통해 드러난 폐해인 인간 소외의 문제는 동양적 조화를 강조하고 인간적 문화적 공동체를 실현하기 위한 운동의 과정을 통하여 이타적 복지사회를 실현함으로써 극복될 수 있을 것이다.

한편 산업문명의 사회 비판을 통해 제기된 공해의 문제는 자연에의 순응과 목적적 합리성을 강조하는 환경운동과 첨단 과학기술의 발전을 통하여 환경혁명8)을 이룸으로써 극복될 수 있을 것이다.

끝으로 산업문명의 역사 비판을 통해 확인된 전쟁의 위협은 도덕 수준의 향상과 세계체계의 능력 증대로 인류 공동의 적을 퇴치할 수 있는 세계정부의 구성을 통해서 해결될 수 있다고 보았다.

이러한 논리는 동양문명에 대한 우리의 관심을 제고시킨다. 동양문명의 진수는 유교, 도교, 불교 등의 에토스로부터 나오는 원만한 인격, 자연과의 조화, 인과의 법칙이다. 서구 산업문명의 폐해인 소외와 공해와 전쟁의 위협을 제거하고 인간적이며 자연적이고, 평화적인 세계를 수립하는 일은 동양으로 돌아가 그 진수를 배우고 실천하는 것으로 가능하다. 오늘날 동양세계 자체도 서구 물질문명, 즉 자본주의 문명의 영향하에 있는 것이 사실이기는 하지만 그렇다고 하여 일방적인 영향만 받는 것은 아니다. 지구문화의 형성논리는 세계적인 영향력을 발휘하는 자본주의 문명에 대하여 저항하는 기존 문명권의 반응에 주목하고 있다. 특히 동양문명의 경우는 서구문명의 폐해를 시정하는 데 매우 중요한 시사점을 주고 있는 것이다. 탈산업문명의

---

8) 일본에서는 환업혁명(環業革命)이라는 말도 쓴다.

중심에 동양문명의 논리가 크게 자리 잡게 될 가능성은 얼마든지 있다. 탈산업문명은 서구문명과 동양문명이 변증법적으로 통합되는 문명이다. 기존의 서구문명이 지니는 도구적 합리성을 비판하고 목적적 합리성을 강조하여 첨단과학기술이 오히려 인간화를 돕는 메커니즘으로 등장하게 되며, 동양적 조화나 자연에의 순응을 강조하는 도덕적 규범이 더욱 중요하게 될 것이다.

동양으로 돌아가라는 이 글의 결론은 우리에게 한국으로 돌아가라는 메시지를 시사하고 있다. 한국 문명의 범세계성은 이미 우리 민족의 홍익인간 사상에 잘 나타나 있다(이근창, 1991). 그것은 또한 반만년을 외적의 침입과 지배층의 무능으로 인해 이중의 고통을 감내하지 않으면 안 되었던 우리 한국 백성의 계급성과, 20세기 자본주의 대 사회주의 최후의 대결장으로 남아 있는 한반도의 세계사적 모순성을 지양하기 위한 노력이 어디 다른 곳이 아니라 바로 우리 전통문명의 뿌리에서부터 시작되어야 함을 시사하고 있는 것이다. 그것은 또한 갈 곳을 잃은 서구 물질문명의 앞날을 밝혀주는 등불이 될 수 있을지도 모른다.

제2장 사회학과 사회복지학[1]

1. 서론

사회학과 사회복지학의 관계에 대한 논의는 여타의 사회과학과 사회복지학의 관계에 대한 전반적인 논의와 더불어 매우 중요한 의미를 지닌다. 그 이유는 한마디로 표현하여 사회학과 사회복지학이 다른 사회과학들 못지않게 인류의 현재와 미래에 기여할 수 있는 포괄적 가능성이 크다고 볼 수 있기 때문이다.

사회학은 기존의 사회과학들, 즉 정치학이나 경제학보다는 뒤늦게 확립된 학문이지만 산업사회의 출현과 더불어 등장한 것으로 산업사회의 특성을 가장 잘 탐구할 수 있는 학문이라 할 수 있다. 과학 기술의 발전으로 인한 현대 사회구조의 분화나 통합의 문제, 사회변동과 갈등, 그로 인한 억압과 소외의 문제 등은 거시사회학 또는 미시사회학의 제 이론을 떠나서는 그 논의 자체가 어려운 실정이다. 사회학은 그 이론과 방법론의 발달, 그리고 가치중립성의 강조와 더불어 사회과학의 기초과학적 성격을 강화해 왔으며, 오늘날에는 민속방법론이

---

1) 이 글은 1993년에 한국복지연구회 편 『사회과학과 사회복지학』(한울아카데미)에 실렸던 논문을 약간 수정한 것이다.

나 현상학적 사회학의 발전으로 더욱 그 내용을 풍부하게 하고 있는 것이다.[2]

한편 사회복지학은 산업자본주의 사회의 출현이 결과한 제 모순을 극복하기 위한 사회적·제도적 노력의 결과를 반영하는 학문으로서 제2차 세계대전 이후 꾸준히 발전되어 왔다(남세진, 2002).[3] 티트머스(Titmuss)는 일찍이 보상(compensation)의 원리를 주장한 바 있다. 그는 불행의 원인을 산업사회의 급격한 발전과정의 결과 감수하지 않을 수 없는 사회적 불안정과 사회적 학대, 또는 사회비용 때문이라고 보았다(Titmuss: 133; Harris: 34). 즉 산업화로 인하여 일터를 잃거나 산재를 당하거나 하는 사람들에게 국가나 사회가 일정한 보상을 해주는 것이 사회 도덕적 입장에서 마땅하다는 것이다.[4] 산업사회에 따른 사회문제의 새로운 양상은 사회복지의 제도적 발전과 동시에 사회정책학 또는 사회복지학의 발전을 가져오게 한 것이다. 오늘날 사회복

---

2) 가치중립성은 연구과정의 객관성을 의미하는 것으로 주제의 선택이나 그 응용에 있어서는 불가불 가치함의적일 수밖에 없다. 그러한 객관성의 유지를 위한 노력은 특히 사회학의 이론과 방법의 발달을 촉진하였다. 혹자는 사회학이 근래에 이르러 침체기에 접어들었다고 하기도 하나 그것은 사회학의 학문적 분화를 통한 발전과정에서 나온 말이라 하겠다.

3) 사회복지, 사회행정, 복지행정, 사회정책, 사회사업 등 용어의 뜻은 나라에 따라 학자에 따라 다양하게 쓰이고 있다. 그 이유는 사회복지학의 학문적 역사가 아직 일천하기 때문이기도 하겠지만 무엇보다도 영국, 미국, 독일, 일본 등의 학계에서 각국의 복지제도가 나름대로의 독특한 복지제도를 발전시켜 왔기 때문이라 할 수 있다. 김융일 교수는 1982년에 「사회복지와 사회사업의 개념정립과 상호관계 소고」라는 논문과 1986년 「사회복지 개념의 정의에 관한 연구」라는 논문을 통하여 유사개념의 사용이 주는 혼란을 정리하려는 노력을 하고 있다. 김상균 교수도 1987년 『현대사회와 사회정책』에서 제1장을 모두 유사개념의 정리를 위하여 사용하고 있다고 보아도 좋을 정도의 노력을 기울이고 있음을 볼 수 있다. 이 글의 목적은 유사개념의 차이를 논하고자 하는 데 있지 않으므로 상세한 논의를 생략하기로 한다. 다만 사회복지라는 용어는 다른 모든 유사용어를 포괄하는 광의의 의미로 사용하여 왔으며, 사회복지학은 사회복지를 연구하는 과학이라는 단순하나 가장 일반적인 의미로 사용하였다. 따라서 사회복지학은 사회정책과 사회사업(사회복지실천)을 포괄하는 용어로 보면 된다. 다만 필요에 따라 사회정책학, 또는 사회사업학이라는 용어도 사용하였는데, 이것은 인용에 따른 결과로서 사회복지학과의 뚜렷한 차이를 나타내기 위한 목적이 있는 것은 아님을 첨언해 둔다.

4) 사회복지의 발달에 관해서는 물론 여러 가지 학설이 있으나 여기서는 가치함의적 관점에서 산업사회의 등장에 따라 사회복지가 등장하게 되는 도덕적 측면을 언급한 것이라 하겠다.

지학은 가치함의적 입장을 보다 강조하는 응용과학적·실천적 성격을 지닌 사회과학의 하나로서 세계적인 복지국가화 추세와 더불어 향후 더욱 중요한 역할을 담당할 것으로 보인다.[5]

이러한 사회학과 사회복지학은 인류의 미래와 관련하여 특별한 의미를 지닌다. 그것은 인류의 미래와 관련된 문제의 해결에 두 학문이 기여할 수 있는 바가 적지 않기 때문이다.

인류의 미래에 관해서는 두 가지의 큰 가설적 견해가 있다(최경구, 1991: 117, 170~171). 하나는 인류는 인류의 미래를 낙관적으로 보는 것이요, 다른 하나는 인류의 미래를 비관적으로 보는 것이다. 낙관론의 대표적인 경우는 토플러(A. Toffler)라 할 수 있다(유재천, 1981). 한편 로마클럽 보고서에는 인류의 미래에 대한 비관적 서술이 잘 나타나 있다(Meadows, 1972).[6] 인류의 장래에 관한 이와 같은 상반된 견해는 어느 것이 옳고 그르고를 떠나서 현대 산업사회의 부정적이고 역기능적인 측면에 주목하고 있으며 그것을 극복하고자 하는 의지를 반영하고 있다는 점에서 공통적이다.

---

[5] 오늘날 인구에 회자되는 복지국가의 위기는 사회복지학의 중요성을 오히려 더 강조하는 것이라고 보아야 할 것이다. 요컨대 그 위기를 복지의 위기를 극복할 수 있는 길이 무엇인가를 더욱 첨예하게 궁구해야 할 필요성을 더해주고 있는 것이다.

[6] 토플러에 의하면 인류는 약 1만 년 동안 농업사회를 통하여 제1의 물결 문명사회를 이루었고, 약 400년 동안의 산업사회를 통하여 제2의 물결 문명사회를 이루었다. 그리고 이제 선진국들을 중심으로 자동화에 의한 소위 제3의 물결 문명사회가 시작되었다. 토플러가 말하는 농업 중심의 생산체계가 근본이 된 제1의 물결 문명사회의 특성은 육체적으로 힘들지만 인간적인 공동체 사회였다는 점이다. 그러나 공업 혁명과 함께 나타난 산업사회는 육체적 편리함과 함께 물질적 풍요로움은 제공해주었지만 집중화·대중화·관료화 등 산업사회의 특성이 초래하는 역기능적 폐해로 말미암아 인류에게 공해와 소외 등 치명적 폐해를 남겨주었다. 제3의 물결 문명사회는 이러한 폐해가 극복될 수 있도록 다양화와 분산화를 특징으로 하는 첨단 과학 기술의 발전과 인간적 공동체의 회복으로 특징지어진다. 한편 로마클럽 보고서에는 컴퓨터 시뮬레이션에 의한 인류의 장래는 매우 불안한 것으로, 만약 인류가 계속하여 성정과 개발 위주로 무한정의 발전을 지향하여 나간다면 그것은 파멸의 바벨탑을 쌓아 나가는 것과 다름이 없다. 그것은 결국 자원 고갈과 인류의 식량난, 기아, 그리고 공해와 전행의 가능성을 높일 뿐이다. 인류는 겸허하게 그 한계를 받아들이고 더 이상의 성장을 추구해서는 안 된다. 소위 선진국들은 담대한 사고의 전환을 통해서 정치적, 도덕적 결단을 내려서 더 이상의 성장을 멈추고 개발도상국들을 도와 지구촌의 공존을 모색해야 한다. 그렇지 않으면 인류는 결국 멸망할 것이라고 본다.

사회학은 사회의 구조와 변동, 계급과 문화 등에 대한 관심과 모든 당연한 것에 대한 폭로를 중시하는 특징을 가지고 있기 때문에, 그러한 현재 산업사회의 폐해를 직시하는 데 깊은 통찰력을 제공할 수 있을 것이며 가능한 대안의 마련에 기여할 수 있을 것이다. 한편 사회복지학은 빈곤과 부적응 등의 사회문제를 그 출발점으로 삼고 불평등과 사회정의의 문제에까지 적극적 관심을 가짐으로써 산업사회의 폐해를 시정하고, 복지사회의 경험을 바탕으로 진일보한 인간적 복지사회를 구현하는 데 깊이 관여할 수 있는 가능성이 있는 학문이라 할 수 있다.

이와 같은 가설적 견해, 즉 사회학과 사회복지학이 산업사회의 폐해를 시정하고 새로운 복지사회의 실현에 기여할 수 있는 가능성이 크다고 보는 주장을 뒷받침하기 위하여 필자는 먼저 사회학과 사회복지학의 학사적 배경을 고찰하여 그 공통적 의미가 과연 우리의 가설적 견해를 뒷받침할 수 있는 것인지 살펴보고자 한다. 그것은 첫째로 초창기 사회학의 역사 속에서 나타나는 사회복지사상의 맥락이 어떤 것이었나 하는 문제를 파악해보는 작업으로 나타날 수 있을 것이다. 두 번째는 사회복지학의 초창기 역사 속에서 사회학적 관점이 어떠한 맥락 속에서 어떤 역할을 했는가를 밝혀내는 작업이다. 그리하여 사회학과 사회복지학의 학사적 의미가 지니는 공통적 특성이 과연 우리의 가설적 견해와 합치될 수 있는 것인지를 확인해보고자 한다.

사회학과 사회복지학이 산업사회의 폐해를 시정하고 새로운 복지사회의 실현에 기여할 수 있는 가능성이 크다고 하는 가설적 견해는 또한 다음과 같은 검토를 필요로 한다. 즉 사회학과 사회복지학의 학문적 상호작용이 구체적으로 어떠한 관계에 있으며 또한 앞으로의 관계는 어떠할 것인가 하는 문제를 천착해보는 작업이 필요하다는 것이다. 이와 같은 작업은 사회학과 사회복지학의 위상에 관한 현대 사회학자 또는 사회복지학자들의 견해를 전체적으로 조명하고 정리해보는 가운데 두 학문 간의 생산적 관계 정립이 가능한가 하는 점을 점검해봄으로써 가능할 것이다. 필자는 이 부분에 관하여 사회복지학의 발달과정에서 나타나는 사회학에 대한 관계를 중심으로 하여 고찰해보고자 하였다. 그 관계는 종속적 관계, 갈등적 관계, 협동적 관계의 세 가지 관계 유형으로서, 차례로 그 내용을 검토하는 가운데 본고의 가설적 견해, 즉 사회학과 사회복지학이 산업사회의 폐해를 시정하고 새로운 복지사회의 실현에 기여할 수 있는 가능성이 있는지가 밝혀질 것으로 보았다.

전체적으로 보자면 이 연구는 사회학과 사회복지학의 관계를 학사적 측면과 학문적 상호작용의 측면에서 살펴보는 작업이 될 것이다. 그런 만큼 이 글에서 다룬 사회학자와 사회복지학자들의 견해는 두 학문 간의 상호 관련이 있는 경우에 한하여서만 언급이 될 것이다. 따라서 이 글에서 취급한 내용이 사회학자와 사회복지학자들의 일반적 견해를 대표한다고 볼 수는 없을 것이다. 다만 이 글은 사회학과 사회복지학이 상호 관련이 있을 것이라고 하는 일반적으로 상식적인 견해를 뛰어넘어 좀 더 학문적 이해가 가능한 공통분모를 찾아보자는 노력을 기울인 결과라고 말할 수 있을 것이다. 그것은 두 학문의 장(field)이자 공통적 특성이 자리하고 있는 '산업사회'를 출발점으로 한다. 또한 그러한 노력은 두 학문이 산업사회의 폐해를 시정하고 새로운 복지사회의 실현에 기여할 수 있겠는가라는 가설적 견해를 검토하는 데 기울여질 것이다.

아직도 사회학에 대하여 무관심 내지는 적대감을 가지는 사회복지학도나, 사회복지학에 대한 식견이 전무한 불행한 사회학자들을 위하여 이 글은 다소의 도움이 될 수 있을 것이다.

2. 학사적 고찰

사회학의 학사적 배경은 19세기로 거슬러 올라갈 수 있다. 그러나 사회복지학의 학사적 배경은 20세기에 들어와서 거론할 수밖에 없다. 특히 사회복지학의 경우는 아직 사회복지학사라고 하는 것이 체계화되어 있다고 보기 어려운 상태이므로 사회학과 사회복지학의 학사적 고찰을 동시에 한다는 것은 그만큼 힘들 수밖에 없다. 여기서는 다만 각 학문의 초창기에 기여한 학자들의 견해를 중심으로 사회학과 사회복지학이 어떠한 관계적 특성을 지녔는가를 이미 제시한 가설적 견해를 중심으로 살펴보고자 하는 것이다.

1) 사회학의 경우

사회학의 역사를 개괄하여 보면 사회학의 학문적 성격이 오늘날 사람들이 흔히 생각하기 쉬운 것처럼 그렇게 진보적이고 변혁 지향적인 특성을 지니고 있는 것만은 아니라는 사실이 분명해진다. 사회질서의 유지라고 하는 보수적 측면이 더 중요한 사회학의 배경이었음을 알 수 있다. 사회학은 계몽주의 사상으로부터 이성과 경험적 연구를 존중하며 전통적 권위를 거부하는 과학적 정신을 배웠다. 그러나 동시에 사회학은 반계몽주의 사상의 영향도 받아들여서 사회질서의 유지를 강조하는 일련의 보수적 주장들을 포괄함으로써 더욱 발전할 수 있었던 것이다(최재현, 1987: 27~31). 그뿐만 아니라 사회학의 역사 속에는 보수주의나 진보주의의 사상적 흐름 이외에도 개량주의적 또는 사회복지적이라는 용어로 표현될 수 있는 사상적 내용들이 존재하고 있음을 알 수 있다. 여기서는 사회학의 발달이 생시몽이후 콩트류의 보수주의 사회학과 마르크스류의 급진사회학으로 대별하여 전개되는 학사적 분기점에서 과연 생시몽이 강조했던 복지사상의 내용은 무엇인지, 그리고 그것이 뒤에 뒤르껭에게서 어떻게 나타나고 있는 것인지를 고찰하여, 사회학의 발전과정에서 더 이상 계속적인 논의가 없었던 이유 등을 간략히 살펴보기로 한다.[7]

주지하다시피 계몽주의가 사회학의 발전에 결정적인 계기가 되었다는 데에는 여러 연구자들의 견해가 일치하고 있다. 그러나 사회학에 미친 계몽주의의 영향은 직접적이고 긍정적이라기보다는 간접적이고 부정적인 것이었다. 짜이틀린에 의하면 서구 사회학의 많은 부분은 계몽주의에 대한 반동으로 발전하였다는 것이다(이경용, 1985: 75~88). 보날(Louis de Bonald)과 메스트르(Joseph de Maistre)로 대표되는 반계몽주의적이고 보수적인 가톨릭 사상가들은 계몽주의의 영향을 받은 프랑스 혁명에도 반대하는 입장을 취하였다. 그들은 중세 가톨릭의 사회질서를 이상으로 생각했다. 이런 입장에서 볼 때 혁명 후의 근대사회는 실로 허점투성일 수밖에 없었을 것이다. 그들은 프랑스 혁명 이

---

7) 일반적으로 콩트(Comte)가 1839년에 사회학이라는 용어를 창시하였다 하여 그를 사회학의 시조로 보고 있으나 실제로 그가 주창했던 거의 모든 중심적인 생각들은 생시몽이 1814년 이전에 이미 발전시킨 것이다. 생시몽은 실증주의, 산업주의, 국제주의, 새로운 종교 등과 같은 문제에 대한 독창적 접근으로 인해서 19세기의 가장 중요한 사회사상가의 한 사람으로 간주된다. 특히 그의 사상은 중세의 사회질서로부터 새로운 과학이 중심이 되는 산업사회의 질서가 확립되어 가는 과도기적 상황에서 형성되었기에 매우 포괄적인 성격이 강하다. 그로부터 이후의 사회학이 보수적인 것과 급진적인 것으로 나뉘어 발전되었다고 할 수 있을 정도로 새로운 산업사회에 대한 그의 분석은 통찰력이 있었다고 볼 수 있다. 필자는 그의 견해 가운데 분명히 존재하는 복지사상적 측면을 주목하고자 하는 것이다.

후의 무질서 상태에 대한 비판으로서 사회실재론적인 사회관을 바탕
으로 사회조직, 소집단, 지위와 위계, 욕구, 관습, 제도 등에 관한 명
제들을 발전시켰다. 한편 그들은 계몽주의자들이 주장하는 합리주의
를 순진한 것으로 여기고 그보다는 사회생활의 비합리적 측면을 중
시하고 가치를 부여하였다. 따라서 그들은 전통, 상상력, 감정주의,
종교 등이 사회생활의 필수적 구성요소라고 보면서 기존의 사회 질
서를 존속시키고자 했다.

이와 같은 관점은 생시몽(Saint-Simon)에게도 이어진다. 다만 그는
후에 마르크스로부터 공상적 사회주의자라고 불릴 정도의 사회주의
적인 이상을 갖고 있었다는 것이며, 필자의 견해에 의하면 복지사상
적이라고 생각되는 관점 또한 주장하였던 것이다.

생시몽(1760~1825)은 중세적 사회 질서를 이상적으로 생각한 점에
서 보날이나 메스트르와 같다. 그러나 그들과 다른 점은 그러한 중세
적 질서로의 복귀가 불가능하다는 것을 알고 새로운 사회의 전망을
제시했다는 사실이다(이경용: 92). 즉 인간의 지식은 세 단계를 통해
발전한다. 신학적 단계, 형이상학적 단계, 과학적 단계가 그것이다.[8]
새로운 산업사회는 과학의 발전에 의해 구조화되는데 중세의 성직자
를 대신할 계급은 과학자들이다. 또한 봉건영주를 대신하여서는 산업
가들이, 그리고 농민을 대신하여 노동자들이 등장하게 된다. 기본적
으로 가진 자와 가지지 않은 자 사이의 갈등은 계속되겠지만, 그러나
결국은 가진 자가 가지지 않은 자를 통제할 수 있게 될 것이다. 사실

---

8) 콩트가 신학적 단계, 형이상학적 단계, 실증적 단계로 학문의 3단계 발전 법칙을 말하였으나 이미 그 원
형은 생시몽에 의해서 주장된 것임을 알 수 있다. 세 번째의 과학적 단계가 실증적 단계로 바뀌어 있음을
알 수 있으나 그 내용은 같은 것이다.

상 생시몽은 유산계급이 지식인이라는 사회의 가장 계몽된 집단과 제휴할 것을 원했다. 그러한 제휴로 인해서 가지지 않은 자들을 통제할 수 있게 되고 혁명을 방지하고 질서를 유지할 수 있다는 것이다. 이와 같은 논의는 그가 보수주의적 사회사상을 가졌다는 충분한 논거가 될 것이다.

한편 생시몽이 공상적 사회주의자라는 마르크스의 지적은 그가 산업자본주의의 모순이 명백해지기 전의 시대에 살았다는 것, 즉 계급갈등이 일상화되기 전의 저술을 통해 이상 사회를 그렸다는 점을 의미한다. 실제로 그의 사상은 이미 소개한 바와 같이 마르크스류의 사회주의라고는 볼 수 없는 것이다. 즉 생산수단의 사회화나 계급투쟁의 고취 등은 생시몽에게서 찾아볼 수 없다. 그는 사유재산권을 옹호했다. 학자에 따라서는 생시몽은 전혀 사회주의와 관계가 없다는 주장도 있다. 다만 그가 이후에도 사회주의의 시조로 불릴 수 있었던 것은 그가 가진 자와 가지지 않은 자간의 갈등에 관해 언급하였다는 점과 경제체계에 대한 집중적 계획을 강조했기 때문이라고 할 수 있다. 그는 개인적 추구가 자연히 일반적 선을 가져올 수 있다는 고전경제학자들의 가정에 대해 반대했다. 또한 그는 추종자들과 더불어 비생산자들에 대하여 급진적인 비판을 가했고 상속제도를 비판하며 계획경제를 주창했던 것이다(이경용: 97).

계획경제를 주창했다는 것도 보기에 따라서는 복지적인 것이라고 하겠지만, 생시몽의 사상 중에서 가장 복지적이라고 생각되는 부분은 그가 형제애의 원칙에 기반하여 산업체계가 재구성되어야 함을 강조한 데 있다. 생시몽은 『산업체계』라는 저서에서 가난한 계급의 생활을 향상시킬 필요성을 역설했다. 그것은 산업체계를 형제애의 원칙에 따라 구성하고, 예술가들이 사회의 도덕적 통합에 공헌함으로써 가능하다고 주장했다. 즉 새로운 사회에서 과학은 사회발전, 진화, 진보의 법칙을 발견하는 것이다. 일단 발견된 사회진보의 법칙은 인류가 나아갈 방향을 제시해줄 것이다. 과학 엘리트들이 발견해낸 법칙에 따라 사회가 실현될 수 있으려면 가진 자들이 형제애의 원칙에 따라 협력해주지 않으면 안 된다. 만약 이런 협력에 실패한다면 가진 자들은 위험에 처할 것이다. 가지지 않은 자들은 다시 프랑스 혁명의 경우와 같이 새로운 반란을 꾀할 것이며, 반란의 지도자가 될 중립적 지식인들이 함께 할 것이기 때문이다. 생시몽은 그리하여 사회질서와 통합을 위한 필수적인 기반으로서 도덕적 통합의 필요성을 강조했다. 자선, 상부상조, 그리고 박애는 필수적인 것이다. 이와 같은 그의 주장은 요컨대 무산계급과 유산계급에 대한 혁명을 방지하기 위해서는 자선, 상부상조, 박애에 기초한 형제애를 유산계급이 앞장서서 실천하여 전 산업체계의 도덕적 통합을 이루어냄으로써 가능하다는 것이다. 이와 같은 주장이 매우 사회복지적인 것임은 말할 나위도 없겠다.

그러나 이와 같은 생시몽의 복지사상적 관점은 그의 제자인 콩트(1798~1857)에게 전승되지는 못했다. 콩트는 본래 생시몽의 제자로서 그의 사상을 거의 이어받았다. 그러나 우리가 주목하는 생시몽의 복지사상을 콩트는 더 이상 발전시키지 못했다. 그는 생시몽보다 더 보수주의적인 사회학을 만들었다. 그는 질서의 문제를 다루는 사회정학과 진보의 문제를 다루는 사회동학이라는 개념을 제시했는데 질서와 진보라는 대립적 이념이 반드시 종합되어야 한다고 주장했다. 질서는 존재의 다양한 조건들 사이에 퍼져 있는 조화를 말하는 것이고, 진보는 사회가 자연적인 사회법칙을 따라서 질서정연하게 발전하는 것을 가리킨다. 사회동학은 결국 '동적 질서'에 대한 연구를 지칭하는 셈이다(최재현: 115).9) 결국 그의 사회학은 실증주의와 질서에 대한 강조가 지나친 나머지 실증적·유기체적 조화를 이상시하는 보수주의적 경향을 강화하고 만 셈이다.

콩트의 강조에도 불구하고 당시의 서구 세계는 유기적이고 통합적이며 갈등이 없는 사회를 이루어내지 못했다. 이런 가운데 자본주의의 모순은 현실적으로 심화되고 그에 대한 가장 급진적인 결론을 내린 사람은 바로 마르크스인 것이다. 마르크스(1818~1883)는 심화되는 계급적 모순관계 속에서 프롤레타리아의 생활이 극도로 비참하고 비인간화되는 것을 목도하면서 혁명을 통해서만 인간다운 평등사회의 실현을 기할 수 있다고 믿었다(신용하, 1978: 73~93; 이종수, 1980: 128). 그는 계몽주의자들처럼 인간의 완전성에 대한 기대를 갖고 있었으며 따라서 정치적 투쟁을 통하여 자신의 이론을 실현시키고자 노력했으나 결국은 실패했다. 오늘날 적어도 자본주의의 모순이나 단점에 관한 마르크스의 지적을 오류라고 할 사람은 많지 않을 것이다. 그러나 그것을 개선해 나가는 혁명적 방법에 관해 동의하는 사람은 드물다. 프롤레타리아 혁명에 의해서가 아니라 의회민주주의와 정부의 개입, 혼합경제의 운용으로 복지국가를 만들 수 있었던 서구인들은 1980년대 말과 1990년대 초반의 사회주의권의 몰락을 확인하고 새삼 마르크스 혁명론의 무의미성을 반추하고 있는 것으로 보인다.

생시몽의 복지사상적 관점은 뒤르껭에 이르러 다시 나타나고 있다.

---

9) 동적 질서를 강조한 콩트의 입장을 사회복지적이라고 볼 수 있는 측면이 아주 없는 것은 아니다. 질서와 진보의 종합을 동적 질서라는 말로 표현할 때, 그것은 사회복지에서 강조하는 균형과 타협의 논리와 일맥 상통하는 것이라고도 볼 수 있기 때문이다.

뒤르껭은 사회주의가 번창하고 우세해지자 당시에 이미 풍미하고 있던 이론체계인 콩트주의와의 중재를 시도했다. 그리하여 그의 지적 스승이라 할 수 있는 생시몽을 연구함으로써 그 실마리를 찾았다. 사회주의와 콩트주의가 공통적으로 연유되고 있는 생시몽의 사상으로부터 뒤르껭이 발견한 해결책은 도덕적 가치였다. 뒤르껭은 거의 모든 저작을 통해서 이기주의를 극복할 것을 권하고 있다. 이기주의가 다듬어지지 않고 버려져 있게 되면 결국 필연적으로 사회의 해체를 초래할 것이기 때문이다. 이러한 관점은 이미 생시몽의 『산업체계』에서 나타난 것이다. 분업이 사회를 보다 높은 수준의 결속으로 유도한다는 뒤르껭의 주장은 단순히 인간들이 서로 더욱 의존하게 되리라는 의미만은 아니다. 그는 상호의존만으로 실제적 결속을 가져오기에는 불충분하다. 그것은 도덕적 교육과 아울러 전체로서의 사회에 대한 도덕적 헌신을 통해서만 얻어지는 것이라는 점을 인식했다. 그것은 '이웃을 형제처럼 생각하고 그들의 복지를 위해 가능한 한 완전하게 협동해야 하며…… 자신의 두 손 외에는 어떠한 존재수단도 갖지 않은 계급의 운명을 가능한 한 많이 개선하려면 새로운 자비심과 인류애가 요구된다'고 주장하는 생시몽의 견해를 인용하는 데서 잘 나타나고 있다. 또한 '불행한 위치에 있는 사람들이 사회질서에 미치는 위험들을 두려워하면서 동시에 이들을 불쌍히 여김으로써' 가능하다고 보았다. 한편 뒤르껭은 '사회질서가 자리 잡히기를 바란다면…… 대중들이 자기 몫에 만족하여야 한다. 사람들이 만족감을 느끼게 하는 데 필요한 것은 그들이 더 갖느냐 덜 갖느냐의 문제가 아니다. 대중들이 스스로 더 많이 가질 권리가 없다고 인식하는 태도가 필요하다. 그러기 위해서는 대중들에게 무엇이 옳다고 얘기해주는 권위 있는 강력한 도덕적 힘이 절대 필요하다'고도 했다(이경용: 324~326). 이와 같은 관점들은 오늘날 사회복지의 발전에 대한 사회양심론이나 음모론까지도 관련이 되는 포괄적인 성격을 지니고 있음을 알 수 있다.[10]

이와 같이 사회학사의 초창기에 분명하게 나타났던 복지사상들은 그 이후 사회학의 대상과 방법론을 둘러싼 첨예한 논쟁들에 가려져 더 이상의 발전을 보지 못했다. 특히 미국으로 건너가 발전한 사회학은 조사방법과 구조기능주의 등 이론과 방법론의 발전으로 인하여 사회공학적 성격을 띠게 되었다. 월남전 반대를 둘러싼 시위가 세계적으로 확산되면서 네오마르크시즘이 등장하여 일세를 풍미한 것도 복지사상의 사회학이 발전하는 데는 일정한 한계로 작용하였다고 보아도 틀림없을 것이다.

경제학이 경제학이론, 경제학사, 경제정책으로 세분되어 발전한 것과는 달리, 사회학은 사회학이론과 사회학사의 발전은 있었으나 사회정책적 발전은 거의 없었다. 이 분야는 오히려 사회복지학에서 독립적으로 발전되었던 것으로 보인다.

결국 사회학은 생시몽과 뒤르껭 이후 양극적 분화과정 속에서 보수사회학과 급진사회학으로 나뉘어 중용을 잃고 대립적 발전을 해왔다고 볼 수 있다. 사회학으로서는 이제 20세기의 이데올로기적 대립상태가 상대화되어 감에 따라 21세기의 환경과 공해의 문제에 대비하는 복지의 사회학 내지는 사회정책학에 적극적으로 관심을 가지지 않을 수 없는 입장에 처하게 된 것으로 보인다.

---

10) 사회양심론은 타인에 대한 사랑을 강조하는 입장이며, 음모론은 사회통제와 질서유지를 강조하는 관점이다(Higgins, 1981: 27~32; 1978: 15).

2) 사회복지학의 경우

사회복지학사라는 용어는 아직 한국의 학계에서 쓰이고 있지 않다.[11] 사회복지사라는 용어는 자주 쓰이며 사회복지제도나 사회복지서비스, 또는 사회복지사업의 발전과정을 소개하는 내용으로 채워져 있다. 그러나 사회복지학이라는 학문의 발전과정에 기여한 학자들의 일정한 학문적 정향성 내지는 학문적 추세나 변화에 관한 총체적 분석, 역사적 맥락과 의미 등에 관한 소개는 거의 없는 실정이다. 그 이유는 아직도 학문의 역사가 일천한 까닭일 것이다.

사회복지학사를 쓴다면 학문의 기원이나 그 기원을 수립한 학자들을 어떻게 어떤 관점으로 기술해야 할 것인지가 매우 중요한 문제가 될 것이다. 이 글의 목적은 그러한 광범위한 주제를 다루는 데 있지 않다. 다만 사회복지학의 성립기에 사회학이 어떤 영향을 미쳤으며 어떤 변화를 겪어 왔는지를 알아보고자 하는 것이다. 그러함에 있어 적어도 영국 사회정책학의 성립에 중요한 영향을 미쳤던 마셜(Marshall)에 대한 논의는 매우 큰 비중을 차지할 것으로 보인다. 마셜은 티트머스의 선임자로서 사회복지학 또는 사회정책학에 큰 족적을 남겼다. 마셜이 사회학자로서 어떻게 사회정책학의 정립에 기여했는가, 또 그 구체적 내용은 무엇인가를 살펴보자.[12]

---

11) 이와 같은 사정은 외국의 경우에도 마찬가지인 것으로 보인다. 다만 그들의 경우에는 적어도 사회복지학, 또는 사회정책학 내지는 사회사업학을 수립한 나라답게 학문적 체계를 부여한 초창기 학자들의 학문적 공헌에 대한 자료들을 어느 정도 체계화하고 있다는 정도의 차이가 있을 뿐이다.

12) 마셜에 관한 논의는 마셜의 논문들을 모아 출판한 *The Right to Welfare and Other Essays: With and Introduction by Robert Pinker*(The Free Press, 1981)에서 핑커가 쓴 서론을 주로 참작하였다. 핑커는 이 서론에서 어떻게 마셜이 일관된 학문적 관점을 유지하면서 사회학자로서 그리고 사회정책학자로서 탁월한 업적을 남길 수 있었는지를 잘 서술하고 있다.
마셜은 케임브리지 대학의 학부 시절에 역사학을 공부했으며, 제1차 세계대전 당시 민간인 포로로 독일

핑커(Pinker)는 사회정책과 사회행정에 관한 마셜의 공적에 대해 찬사를 보내고자 하는 사람은 먼저 사회학자로서의 그의 업적에 대해 찬사를 보내야 한다고 말하고 있다. 왜냐하면 마셜에 있어서 사회학자로서의 관점은 바로 사회정책학의 그것으로 이어지기 때문이다. 마셜을 잘못 이해하면 그의 학자로서의 경력을 1956년의 정년퇴임을 전후로 하여 전기를 사회학자로서, 그리고 퇴임 후를 사회정책학자로서 분리하기 쉬우나 그것은 그의 학문적 일관성에 대한 이해부족에서 기인한다. 물론 사회정책에 관한 마셜의 저서는 그가 정년퇴임한 이후에 주로 출판된 것이 사실이지만 그것은 그 이전에 출판되었던 저서들과의 학문적 일관성 속에서 쓰인 것이며, 오히려 더 원숙하게 다듬어진 것이라고 본다(Marshall: 3).

마셜은 사회학이 1940년대에 두 가지 길 사이에서 중대한 기로에서 있었다는 주장을 한 바 있다. 하나의 길은 '보편적 법칙과 궁극적 가치'를 탐구해가는 길이다. 그것은 '별나라로 가는 길과 같아서 어쩌다가 한 번 성과가 있을지 모르나, 한이 없는 길'이다. 또 하나의 길은 '모래 속으로 들어가는 것과 같아서 수많은 사실들을 수집하다 보면

에 구금되었다가 풀려난 뒤 1919년 케임브리지에 있는 트리니티 대학의 역사학과에서 특별 연구원으로 근무했다. 그는 1925년 런던 경제대학(London School of Economics)에서 사회사업학 강사로 발령받았다. 1929년에는 긴스버그(M. Ginsberg)의 사회학과에 소속되어 비교사회제도론을 강의했다. 그는 긴스버그에 의해서 해석된 홉하우스(Hobhouse)의 영향을 받아서 전문적 식견을 갖춘 사회학자가 되었다. 마셜은 홉하우스의 3중의 범주화, 즉 친척관계, 권위관계, 시민관계를 사회질서의 기본원리라고 한 바 있으며, 베버와 뒤르껭 그리고 만하임에 관한 연구를 통하여 그의 사회학적 체계를 확립했고 그것을 일관되게 사회정책에 적용했다. 1950년 런던 경제대학에서 사회행정학과를 만들고 티트머스가 취임하게 될 당시 마셜 중심의 사회학과는 이미 사회정책과 사회사업을 가르치는 중심이 되어 있었던 것이다. 마셜의 걸작들은 그의 정년퇴임(1956년) 후에 쓰였으나 티트머스의 저서를 제외하고는 사회정책학도들에게 가장 많이 읽히고 있다고 핑커는 말한다. 특히 1976년에 '공공사회행정을 위한 대학 공동위원회'에서 실시한 '사회행정의 기초 필독서 목록'에 대한 한 연구에 의하면 200권이 넘는 추천된 책들 가운데 겨우 ⅓정도가 두 대학 이상의 추천을 받았을 뿐이었으나 마셜의 『20세기의 사회정책』은 가장 많은 대학의 추천을 받은 교재였다. 대학들의 반수 이상이 추천한 세 권의 저서는 마셜의 『20세기의 사회정책』, 티트머스의 『복지국가론집』과 『사회정책학 개론』이었다.

엄청난 에너지가 소모될 뿐만 아니라, 수집되는 목적과 다른 의미를 지니는 사실들을 수집하게 되는 경우가 생기는 것'이다. 마셜은 이러한 두 길을 다 거부했다. 그는 '중도적인 길을 선택하여 굳건한 땅을 딛고자' 했다.[13]

이러한 중도적 성향은 그의 사회체계에 관한 분석적이고 설명적인 탐구에 잘 반영되어 있다. 그는 사회현상을 체계와 관련하여 다루면서도 또 다른 어떤 사회현상들은 체계와 관계가 없는 것임을 인정하고 있다. 그러나 그는 '사회가 체계적이 아니라면 사회과학이 존재할 수가 없다. 즉 사회체계를 이루는 기본요소들이 비록 사회에 따라 각기 다른 방법으로 배열되어 있을 수는 있다. 그러나 그 기본요소들이 모든 사회에서 본질적으로 같은 것이 아니라면, 그리고 이러한 기본요소들을 사용하는 가능한 방법들이 한정되어 있지 않다면, 소위 사회과학은 어떠한 보편적인 이론도 가질 수가 없을 것이라'는 점을 잘 알고 있었다. 사회체계의 특성은 '일련의 상호관계적이고 상호작용적인 활동'으로서, 질서 있고 목적이 있는 사회생활의 행위를 가능하게 하며, 변화 가운데서도 행위의 연속성과 정체성을 확실하게 해주는 것으로 묘사되고 있다.

마셜은 사회체계의 관념을 전체의 기능적 상호의존성과 같은 것으로는 보지 않는다. 모든 사회에서 '비체계적(non-system)' 요소가 발견될 수 있다고 본다. 즉 '체계'와 관련되지 않고 자유로운 선택으로 이루어지는 행위들을 볼 수 있다는 것이다. 또한 '친체계적(pro-system)'인 분야도 있다. 그것은 사회적 행위의 선택에 있어서 비교적 자유로

---

13) 이것은 머튼이 중범위 이론을 제창한 것과 그 입장이 매우 유사한 것으로 보인다.

운 형태의 선택을 할 수 있는 분야로서 '엄격하게 반복적인 것은 아니지만 그럼에도 불구하고 체계 내에서 자신들을 위한 여지를 갖고 있는 것이며, 사실상 체계가 잘 작동하도록 도움을 주는 것'이다. 끝으로 '반체계적(anti-system)' 요소들이 있다. 그것은 갈등과 일탈로서 사회체계의 질서 있는 작용과 양립할 수 없는 것들이라고 보았다. 마셜의 사회 모형은 따라서 고도의 예측 가능한, 반복적이며 협동적인 행위를 가정하고 있는 것이지만, 그러나 갈등의 실재성이나 갈등이 결국 사회체계를 파괴하게 될지도 모르는 가능성을 배제하고 있지 않으며, 또한 사회생활에는 비체계적인 요소들이 많이 있을 수 있다는 가능성도 인정하고 있는 것이다. 마셜은 사회학의 과업이 이러한 요소들 간의 상호관계와 그러한 관계의 실마리를 탐구하는 것이며, 그를 위하여 사회제도와 개인적 행위를 연구해야 한다고 주장한다(Marshall: 4).

이러한 마셜의 사회학적 준거틀 안에서 사회정책 연구가 설 수 있는 매우 중요한 입지가 있다. 그의 사회학적 준거틀은 사회복지의 공식적·비공식적 차원을 포괄하고 있으며 또한 사회사업의 개인적 관심에 대한 직접적인 암시와 동시에 사회행정에 대한 집단적 관심까지도 포함하고 있는 것으로 보인다.

마셜은 사회과학자가 지식을 위한 지식과 응용을 위한 지식 사이에 균형을 유지하고자 한다면 특정한 원칙을 고수하는 것이 매우 중요한 것이라고 항상 강조했다. '구체적인 사회구조 속에서 기본적 과정과 기능이 의미를 갖는다'는 사회학적 원칙은 '사회학은 유용하게 되는 것을 두려워할 필요가 없다'는 그의 말을 대동하고 있다. 왜냐하면 사회학은 사회생활의 실패와 관련될 뿐만 아니라 성공과 관련된 문제에 관해서도 관심을 가져야 하기 때문이다. 이것은 사회학의 사회정책적 응용에 의미를 부여하는 근거가 되는 것이다. 그러나 마셜은 또한 경계의 말을 잊지 않았다. 즉 사회학이 사회정책과의 밀접한 상호작용으로 인하여 오히려 지나치게 사회적 이상과 그 실현을 위한 정치적 목적에만 영구히 매달릴 위험성이 있다는 것이다. 참된 사회학의 원칙은 양쪽이 요구하는바, 즉 주요학파의 사상이나 이론에도 공헌하고 동시에 현대생활의 실제 사실, 특히 그 병리와 치료를 위한 열성적인 탐구를 통해 과학적 안정성을 줄 수 있어야 한다는 것이다. 이와 같은 마셜의 관점은 매우 일관된 모습을 띠고 있다. 그 결과 그의 저작은 보기 드문 학문적 성취의 예로 나타나고 있다. 그의 저작은 두 개의 사회과학 분야에 독창적이고 권위 있는 기여를 한 것으로 남아 있다. 사회학자들은 그의 저작을 사회학으로서 읽고 사회정책학자들은 그의 저작들을 사회정책학으로 읽고 있는 것이다(Marshall: 5~6).

다음으로 살펴보아야 할 것은 마셜이 주장하는 민주─복지─자본주의에 관해서이다.

그는 문명화된 집합주의적 사회정책이 수정된 자본주의 형태와 양립할 수 있다는 주장을 했다. 그는 분명히 개인주의 이데올로기와 집합주의 이데올로기 간의 중도적 입장을 선호하였다(Marshall: 8~12). 이와 같은 입장은 「시민권과 사회계급」이란 논문에서 계급의 명백한 불평등성과 시민권의 평등성 간의 관련에 대한 재해석에서도 나타나고 있다. 즉 시민권은 공동체의 온전한 성원에게 주어지는 자유권·재산권·정의권을 의미한다. 시민의 지위를 소유한 사람은 누구나 그 지위가 부여하는 권리와 의무의 측면에서 평등하다. 그러나 이러한 시민권적 평등의 이면에는 자본주의 발달과 함께하는 경제적·계급적 불평등이라는 모순이 자리하고 있다. 이러한 두 가지 측면은 양립할 수 없는 것이 아니다. 시민권은 자유시장경제의 불평등한 경향을 저지시키려 한다. 그러나 시장과 일정 정도의 경제적 불평등은 기능적으로 남아 있어서, 부의 생산에 기여한다. 마셜은 '원리상의 갈등'이 자본주의 사회유형의 뿌리로부터 비롯되는 것임을 인정하고는 있다. 그러나 그는 이러한 명백한 불일치는 사실상 안정의 근원으로서 논리에 의해서 지배받는 것이 아니라 '타협'을 통해서 성취되는 것이라고 주장했다.

마셜의 중심적 주장은 경쟁적 시장체계가 유지되는 한에 있어서 오히려 집합주의적·사회적 서비스와 같은 개입이 사회복지의 강화와 유지에 기여할 수 있다는 것이다.

마셜은 복지에 있어서의 주요 논점, 즉 세 가지의 각각 다른 가치와 목표를 가진 '사회시장'과 '경제시장'과 민주적 '정치시장'에서의 지속적 불균형을 해소할 수 있다고 보았다. 그는 우리가 이제까지 사회정의를 실현시킬 수 있는 공식을 발견해내는 데 실패했다고 본다. 즉 시장에서의 인간적 가치(자본주의 가치), 시민으로서의 인간적 가치(민주적 가치), 그리고 자신을 위한 인간적 가치(복지적 가치)들 간의 균형을 취할 수 있는 사회정의의 공식을 만들지 못했다는 것이다. 마셜의 관점에서 보면 이러한 문제들은 '순수하게 구조적인 해결책만으로는 풀리지 않는 구조적 문제'이다. 그의 결론은 다음과 같다. '차별을 줄이는 것이 아무리 필요하다 하더라도 단순히 차별을 줄임으로써만 차별을 받아들일 수 있다고 보는 것은 어리석은 일이다. 그것은 오직 차별에 대한 태도를 변화시킴으로써만 가능하다.' 그는 모든 사회성원이 원리상 같은 시민이기 때문에 집단주의적인 목표가 광범위하게 실현될 수 있다고 믿으면서도, 또 다른 측면에서는 불평등할 수도 있다고 본다. 이러한 평등의 요구와 불평등의 요구는 혼합경제 속에서 조화를 이룰 수 있는 것이며 나아가 우리에게 복지를 확실히 강화해주는 길을 제공할 것이라고 주장한다. 마셜이 하이픈으로 연결하는 용어, 즉 '민주-복지-자본주의'는 복지 시장과 경쟁적 시장 간의 관련성에 대해서 더 적극적인 의미를 갖고 있다. 경쟁적 시장은 혼합경제의 중심요소로서 사적 이윤의 추구를 장려하고 재화의 불평등을 받아들인다. 그러나 그것은 일정한 한계를 지닌다. 그 한계를 지나친 나머지 공공복지가 의존하고 또 일반적으로 공공복지를 강화해주고 있는 시민권의 평등성을 훼손해서는 안 된다는 것이다(Marshall: 13).

마셜의 입장을 기술함에 있어 우리는 전통적인 사회민주주의 정치사상의 뚜렷한 원리들이 나타나고 있음을 볼 수 있다. 그 입장은 일정한 결론과 동시에 몇 가지의 중요한 논쟁거리를 남겨두고 있다. 하나의 근본적인 질문은 어떤 정도까지 경쟁적 시장을 허용하여야 공공복지와 동시에 자본주의 기업의 필수적인 기능들을 책임 있게 수행할 수 있겠는가 하는 문제이다. 비록 결정적인 해답이 될 만한 것은 아닐지라도 오늘날 우리는 마셜이 그렸던 것과 유사한 다양한 종류의 현대 복지국가들을 살아 있는 증거로 제시할 수 있다. 우리는 이러한 사회들을 사회발전과 미래의 변화에 대한 비교와 평가와 예측을 위한 자료로 사용할 수 있는 것이다. 마셜은 '혼합경제로 자본주의를 대체하는 것은 가치에 관한 논쟁으로부터 특정한 역사적 사회체계에 관한 분석으로 시대의 흐름이 바뀌는 것을 나타낸다. 그 사회체계는 제2차 세계대전 이후 20년 동안 영국과 대부분의 서구 유럽 국가들에서 진화된 것이며, 아직도 인정할 만한 형태로 남아 있다. 영국에서는 다소 일그러진 모습이긴 하지만⋯⋯'. 마셜은 '이러한 체계를 일컬어 광의의 자본주의(혹자는 신-자본주의)로 보는 것은 매우 타당하다. 이것은 혼합경제의 특성이 존재하는 자본주의 유형이다'라고 주장한다(Marshall: 14).

마셜은 개인적 자유와 대의적 민주주의를 발전시키고자 한다면 경제시장의 생산능력과 요구, 그리고 사회시장의 분배능력과 요구 간의 균형이 반드시 유지되어야 한다는 점을 확실히 했다. 최적의 균형은, 주변적 변화나 적응은 자주 허용하지만, 심각한 정치적 자유를 훼손시키는 변화는 허용하지 않는 데서 나타난다. 정치적 자유 없이 진정한 의미의 복지는 존재할 수 없기 때문이다. 넓은 의미의 복지라는 것은 다양한 권리 주장과 다양한 욕구의 충족 간에 균형이 이루어져야 가능한 것이다. 경제적·정치적·사회적 권리는 모두 다른 차원의 복지를 표방한다. 이러한 권리 중 어느 하나를 확장한다는 것은 다른 권리를 희생한다는 것이 되기 쉽다. 또한 자유와 보장 간의 한계적 유용성을 감소시키는 결과를 가져오기도 쉬운 것이다. 마셜의 민주-복지-자본주의에서 하이픈이 갖는 의미는 세 개의 대비되는 요소를 함께 연결시킴으로써 하나의 새로운 단위를 만들어내는 데 있다. 그러나 그것은 각 요소의 화학적 용해의 결과가 아니고 각개 단위의 구체적 특성이 평등하게 보장되는 것이다. 즉 민주-복지-자본주의라는 용어의 하이픈이 갖는 의미의 중요성은 모든 부분적 제도들 각자가 자체의 원리로부터 나오는 상대적 자율성이라는 힘을 향유하고 있다는 점이다. 동시에 마셜은 민주주의와 사회주의 그리고 자본주의의 요구를 자유주의 사회가 어떻게 조화롭게 만드는가 하는 문제로 우리의 관심을 이끌고, 또한 실제로 단일적이고 보편적인 듯이 보이는 복지국가라는 이념을 둘러싼 정책들 간의 경계가 어떠해야 할 것인지에 대해 주의를 환기시키고 있다. '부분은 전체를 위해 의무를 다한다. 그리고 전체에 대해 스스로 권위와 자율성을 주장한다.' 거기에 바로 하이픈이 생길 여지가 있는 것이다. 전체의 부분에 내재한 권위는 자율적 상호의존성의 토대가 되는 것이다. 사회민주주의라는 금송아지는 신성한 세 마리의 소가 끄는 3두마차로 불릴 수 있다는 것이 마셜의 주장이다(Marshall: 15~16).

3) 학사적 의미

사회학의 학사적 배경으로부터 찾을 수 있는 의미는 요컨대 산업사회화 과정에서 발생하는 혼란과 무질서를 극복하고 새로 구성되는 사회계급 간의 문제점을 해결하고 질서를 유지하기 위해서는 가진 자들이 지식인과 함께 가지지 못한 자들을 형제애에 입각하여 도와야 한다는 당위적 측면의 강조이다. 이것은 콩트에게 지대한 영향을 미쳤으며 마르크스에게도 일정한 영향을 미쳤다고 보이는 생시몽의 결론이었으며, 후에 뒤르껭에게서도 사회의 도덕적 유대를 강조하는 사상이 나타나게 되는 진원지가 되었다. 그러나 산업사회는 계급적 대립이 완화되지 않은 상태로 발전해 갔다. 사회학은 질서유지를 강조하는 보수사회학과 질서전복을 강조하는 급진사회학으로 나뉘어 이론과 방법론 위주로 발전하는 모습이 대종을 이루게 되었다.

한편 사회정책적 발전은 사회학 분야에서 소홀히 되고 사회복지학 분야에서 독자적으로 발전하게 되었다. 그것은 기존의 사회사업과 사회정책이 지니는 실용적 성격이 필연적으로 결합된 결과라고도 볼 수 있을 것이다. 사회복지, 사회정책 또는 사회행정, 사회사업, 사회보장

등 여러 가지 이름이 나타나게 되는 것도 각개 사회의 현실적 입장과 차별적 측면이 반영될 수밖에 없는 연고라 하겠다. 그러한 가운데서도 마셜의 사회학과 사회정책학은 가장 보편적이고 중도적인 이론적 관점을 취함으로써 사회복지학의 중용적 특성을 확실하게 하고 혼합경제와 사회민주주의, 그리고 민주－복지－자본주의의 성격을 규정하는 매우 중대한 역할을 하였던 것이다.

이와 같은 사정을 종합하여 보자면, 초창기 사회학에서 제기되었던 산업사회의 폐해는 사회학 자체 내에서 해결되었다기보다는 사회복지학, 또는 사회정책학의 발전으로 인하여 해결되었으며 또 해결될 수 있는 전망을 갖게 되었다는 사실을 알 수 있는 것이다. 요컨대 사회학과 사회복지학은 산업사회의 폐해를 고발하고 시정하며 새로운 복지사회를 실현시키는 데 기여하여 왔음을 확인할 수 있는 것이다.

그와 같은 점은 폴라니(Polanyi)와 아이젠슈타트(Eisenstadt)의 연구에서도 거시적인 뒷받침을 받을 수 있다. 즉 폴라니는 인류역사에서 봉건시대까지의 사회경제체제는 호혜주의(reciprocity), 재분배주의(redistribution), 가족주의(householding)에 입각한 것이었다고 본다. 그 이후 산업사회가 되면서 이익(gain)에 입각한 시장경제체제가 등장하여 모든 비인간화를 주도하게 되었다. 그리하여 19세기는 이러한 시장경제의 확장과 그 해악에 저항하는 사회운동의 확산 과정으로 볼 수 있게 된다(Polanyi: 43~55). 이러한 견해에 동조하는 아이젠슈타트는 폴라니의 주장을 구체적으로 보완하는 입장에서 한 가지 견해를 더 내놓고 있다. 즉 복지국가는 그러한 시장경제의 해악을 시정하기 위한 노력의 결과로 나타난 것이라는 주장이다. 복지국가는 일련의 사회보장정책과 사회사업계획을 통하여 재분배주의를 다시 실현시키고자 하는 노력을 기울인 결과 성공한 것이라고 주장한 바 있다(Eisenstadt: 309~313).

3. 학문적 상호관계

제2차 세계대전 전부터 시작되어 1970년대까지 계속되었다고 볼 수 있는 사회복지학의 사회학에 대한 학문적 관계에 대한 논의는 대략 세 가지 유형으로 분류하여 볼 수 있다. 필자는 그것을 종속적 관계, 갈등적 관계, 그리고 협동적 관계로 정리하여 보고자 한다. 종속적 관계는 학문적으로 사회복지학이 사회학에 종속되어 있는 관계로 보는 입장을 의미한다. 즉 사회복지학이 아직 독립적 학문이라고 볼 수 없다는 관점을 나타내는 말이다. 갈등적 관계는 사회복지학이 사회학으로부터 벗어나 독립 학문임을 주장함으로써 사회복지학이 사회학에 부속되었다는 기존의 주장과 논쟁 상태에 있게 되는 것을 의미한다. 한편 협동적 관계는 사회복지학이 그 학문적 독립성을 확립하고 사회학과 대등한 입장에 서되 상호협동적인 관계를 유지하고 있다고 보는 관점이다. 이러한 세 가지 입장은 사회복지학이 발전하는 과정에 차례대로 나타나고 있음을 알 수 있다.

1) 종속적 관계

마키버는 1931년『사회사업에 대한 사회학의 공헌(The Contribution of Sociology to Social Work)』이라는 저서를 통해 사회학의 사회사업에 대한 관계에 대해 일정한 견해를 피력한 바 있다. 그는 사회관계를 다루는 하나의 '과학(science)'으로서의 사회학과, 특정한 사회적 상황에 처한 개인의 부적응 상태를 도와주고 해결하는 것을 목적으로 하는 '기술 (art)'로서의 사회사업의 구분을 분명히 하였다(MacIver, 1931: 1~21; 장인협, 1983: 35~37). 사회학은 사회사업가들의 사고를 통합시키거나, 그 방향을 통제하거나, 활동목표를 분명히 하는 데 필요한 사회철학을 발전시킬 수 있도록 그 기초를 제공하는 것이다. 또한 사회학은 실천이나 개혁에 직접 관계하는 것이 아니라 단지 사회문제가 어떻게 확대되며, 만일 개혁이 요청된다면 어떻게 수행되어야 할 것인가를 제기해줄 수 있을 뿐이며, 사회문제에 대해 어떠한 결정을 내릴 것인가 하는 문제는 가치의 영역에 관여하는 사회사업에 맡겨진 일이라는 것이다. 이러한 입장은 얼핏 보면 상호독립적인 것을 강조하는 것 같지만 요컨대 사회사업이 사회학의 이론적 지도하에 실천을 위주로 하는 기술이지 학문이 아니라는 견해라고 볼 수 있다.[14] 머튼 (Merton)은 사회학의 일반적 정향(general orientation), 또는 사회학적 관점이 오히려 구체적인 사회학적 지식보다 더 사회사업의 실천가들에게 유용할 것이라는 견해를 피력하였다. 즉 사회사업가들에게는 구체적 지식보다는 사회학적 정향성이 오히려 그들의 국지적 관점을 넓혀 시간적·장소적·문화적·상황적 여건을 뛰어넘어 효과적인 업무수행을 도울 수 있을 것이라는 주장이다(Loewenberg, 1974: 47).

이러한 견해는 한때 광범위한 지지를 얻었던 것으로 보인다. 사회학이 사회복지학에 이론적 지침을 주는 것이라는 전제하에 러셀 세이지 재단(The Russell Sage Foundation)은 1950년대에 수많은 연구를 진행시켰다. 그 연구들은 사회학적 지식을 사회사업의 실천을 위하여

---

14) 이러한 견해는 당시 사회사업의 학문의 기반이 매우 취약한 상태에서 사회학과 사회사업의 관계를 명확히 한 최초의 저서였다는 점에서 큰 의미를 지니는 것이다.

적절하게 변형(translate)시키는 것이었다. 이러한 연구는 상당한 파급효과를 나타냈다. 많은 사회학자들이 사회사업대학의 교수로 초빙되었으며, 사회학적 지식은 사회사업 문헌에서 얼마든지 접할 수 있게 되었던 것이다(Loewenberg, 1974: 64). 물론 이러한 사회학 이론들은 복지현상, 즉 복지행위와 복지제도 그리고 복지정책을 연구하는 핑커, 미쉬라 등 많은 사회복지학자들의 노력에 의하여 복지이론으로서의 정체성을 갖게 된다. 그러한 흔적이 오늘날 이미 확립된 복지이론들 속에 여러 가지 형태로 남아 있는 것이다. 예를 들어 포르더 등이 1984년에 저술한 『복지이론(Theories of Welfare)』이라는 저서에서는 마르크스주의와 기능주의, 그리고 상호작용주의와 같은 사회학이론들이 다른 경제학이론이나 정치학이론과 더불어 소개되고 있는 것이다(Forder, 1984: 87~181). 그 내용을 살펴보면 다음과 같다.

마르크스주의는 복지국가의 본질과 구조, 그리고 그 내생적 또는 외생적 관계를 이해하는 데 공헌하며, 노동자들이 직면하는 모순을 이해할 수 있게 해준다. 그리고 그것을 뒷받침해주는 가치체계는 어떤 것인지 알 수 있도록 도와주는 것이다. 한편 기능주의의 사회복지학에 대한 기여는 무엇보다도 사회복지서비스의 발전이 단순한 박애나 개혁의 소산이라고 설명할 수만은 없다는 사실을 나타내주고 있다는 데 있다. 그것은 또한 사회의 변화에 따라서 체계가 점차로 적응해가는 결과이기도 한 것이다. 기능주의는 한편 사회적 긴장과 스트레스를 국가적 차원, 또는 조직적 차원에서 분석할 수 있는 준거틀을 제공한다. 예컨대 머튼의 명시적(manifest) 기능과 잠재적(latent) 기능에 대한 강조와 사회체계 내에서의 이해관계에 따른 갈등의 가능성에 대한 강조는 상이한 여러 차원의 정책결정에 항상 관계가 있는 것이다. 이러한 마르크스주의 사회학 이론이나 기능주의 사회학 이론과 같은 거시 이론과 달리 상호작용주의 이론은 사회적 복지서비스의 정책과 실천이 어떤 방식으로 개인에게 직접 영향을 미치는가 조명할 수 있게 해준다. 상호작용주의는 '자아', '역할', '사회화' 등 일련의 유용한 개념을 통하여 개인과 환경 간의 관련성을 파악하는 데 큰 도움을 준다. 상징적 상호작용주의는 인간행위의 불확정성에 주목하는 관점을 제공하여 복지의 과정과 절차를 비판적으로 이해함으로써 현상유지를 위한 관료적 복지 관행을 새롭게 조명할 수 있는 가능성을 열어주고 있다.

한편 레오나드는 사회사업에 대하여 더욱 실질적으로 공헌할 수 있는 사회학적 지식의 영역으로서 세 가지를 들고 있다(장인협, 1983: 157~160). 첫째 영역은 사회사업가가 사회문화적 배경에서 수혜대상자를 이해하는 데 요구되는 자료를 포함하고 있는 영역이다. 즉 가족, 사회계급 및 전체문화로서 수혜대상자의 문제 또는 사회사업가가 제공하는 서비스나 기술에 대한 수혜대상자의 태도와 관련된 분야이다. 두 번째 영역은 수혜대상자와 환경 및 사회사업가 간의 사회적 상호관계를 이해할 수 있도록 하는 이론적 개념을 발전시키는 분야이다. 세 번째 영역은 사회사업기관의 공식적, 비공식적인 조직과 이 조직이 사회사업의 실제에 미치는 영향에 관한 것이다. 결국 사회학은 인간행동에 관한 가설을 발전시키고 검증하기 위한 조사연구를 부단히 추구하고 있다는 점에서 사회사업에 대하여 많은 시사점을 주고 있다는 것이다.

2) 갈등적 관계

사회학과 사회복지학의 잠재적 갈등상태는 오래된 것이라고도 볼 수 있다. 설리번(Sullivan)은 사회학과 사회사업의 관계가 역사적으로 볼 때 불편한 관계였음을 지적하고 있다. 사회학이 사회사업의 이론과 실제에 큰 도움을 준다는 주장에 대하여 회의를 표하거나 저항을 느끼는 사회사업 경영자들이나 사회사업가들은 한때 침묵으로 적대감을 나타내기도 했다. 사회사업학계의 원로인 먼데이(Munday)는 사회학의 사회사업에 대한 공헌에 대해 언급하면서도, 한편 사회사업학도들이 전통사회에 대한 총공격을 감행하는 위협적인 학문, 즉 사회학에 노출되어 있는 것은 유감스러운 일이라고 말하기도 했다(Sullivan: 168~175).15)

한편 설리번은 사회학과의 관계에 있어서 사회사업의 역사적 특성으로부터 나타나는 네 가지 문제점을 지적했다. 그것은 바로 사회학과의 갈등적 상황을 나타내는 요인들이라 할 수 있다.

첫째는 사회사업의 실제에 있어서 사회학의 유용성을 부인하는 경향이 남아 있다는 점이다. 그것은 사회사업의 실천문제를 오직 인간적이고 본능적인 측면에서만 파악하려고 하는 관점으로부터 비롯되는 것이다.

둘째는 이론에 대한 경험의 우위를 강조하는 경향이다. 사회사업이 인간적이고 본능적인 이타주의의 실천이라고 보는 한 사회학적 분석은 쓸데없는 것이 되거나 기껏해야 피상적인 것이 되고 마는 것이다.

---

15) 이러한 주장은 사회학을 기존의 사회질서를 위협하는 학문으로 보기 때문이라고 할 수 있다.

셋째는 인간과 인간의 문제를 해결하는 데 있어서 가장 포괄적인 준거틀은 심리학과 정신분석학이라고 보는 경향이다. 사회사업의 발전사에서 보면 1940년대와 1950년대는 영국의 사회사업이 전문직으로서의 정체성 획득을 위해서 몸부림치던 시기였음을 알 수 있다. 그 당시 개인과 가족치료에 대한 임상적 정신분석학적 접근은 사회사업과 동일시되는 경향이 강했으며, 그만큼 사회구조나 문화를 강조하는 사회학은 인간의 문제해결에는 별로 중요하지 않은 것으로 치부되었던 것이다.[16]

넷째는 사회학이 전통적 사회사업을 비판한 결과 불신을 받게 된 점을 들 수 있다. 사회학의 사회사업에 대한 비판은 사회사업이 불평등한 사회의 사회통제를 정당화시키고 사회적 결집을 위한 실천을 돕고 있다는 점에 가해진 것이다.[17] 사회학의 폭로적 특성은 사회사업에 트로이의 목마를 끌어들인 것과 같은 결과를 초래했다. 사회학은 개인적 치료로는 불가능한 구조적인 문제가 있음을 지적했던 것이다.

이러한 문제점들은 구체적으로 사회학의 영향을 벗어나 독립적인 학문으로서의 사회복지학을 정립하고자 하는 학자들의 노력이 가시화됨에 따라 더욱 구체적 갈등상태로 되었다. 이것은 사회복지학의 학문적 정체성 내지는 독립성 문제를 둘러싼 논쟁으로부터 비롯되는 것이라 할 수 있다.

사회학과 사회복지학의 학문적 갈등관계는 1964년 맥래(MacRae)가 사회행정학의 이론적 자원 결핍을 지적한 이후부터 본격화된 것으로

---

16) 임상심리학과의 동일시가 클수록 사회사업가들은 사회학이란 기껏해야 거시적 사회과정에 대한 다소 그럴듯한 설명을 제공하는 것 정도로 생각하는 경향이 있다.

17) 이와 관련된 주제로 John Clarke의 「비판사회학과 급진사회사업」이라는 논문이 있다(Clarke, 1979: 125~139).

보인다. 그는 사회행정학이 때때로 사회학과 동일시되며 사회학으로 부터 아이디어를 끌어내는 한편 사회학에 대해 사실과 기술의 측면에서 기여하고 있다면서 사회행정학이 자체 이론 개발에 실패했다고 주장했다(김상균, 1990: 83). 그에 대해 사회복지학의 학문적 정통성을 강화할 필요를 느낀 존스(Jones)는 '사회행정학은 일부 사회학자들이 사회병리학(social pathology)이라고 말하는 것으로부터 시작한다'라고 사회정책학에 대한 사회학의 영향을 인정하였으나, 그것으로 그치지 않고 '사회학은 다만 사회문제의 발견과 기술에 그치지만 사회행정학은 행동에 관심이 있다'고 주장함으로써 사회복지학을 사회학과 구분하였다.

사회행정학을 독립 학문으로 주장하는 본격적인 견해는 영국 사회행정학의 대부였던 티트머스에 의해서 공식화되었다. 티트머스는 1967년에 사회행정학회의 첫 번째 모임에서 '사회행정학의 주제'란 제목의 특강을 한 바 있다(Titmuss, 1968: 13~23). 1950년 런던경제정치대학(London School of Economics and Political Science)에 사회행정학과가 처음 창설되어 학과장으로 취임할 당시 사회행정학의 주제에 관해 고민하던 기억을 되살리면서 티트머스는 사회행정학이 단순한 기술의 혼합물이 아니라고 결론지었다. 그는 사회행정학의 주요 관심영역은 사회통합을 촉진하고 소외를 저지하기 위한 사회제도라고 정의했다. 그리고 그 영역을 다음과 같이 여덟 가지로 대별하였다.

(1) 정책형성과 그 의도된 결과 및 의도되지 않은 결과에 대한 분석과 기술.

(2) 제도와 기관의 구조, 기능, 조직, 계획 및 행정과정에 대한 역사

적 비교연구.

(3) 사회적 욕구와 욕구해결을 위한 방법에의 접근문제, 그리고 서
   비스 결과의 유형에 관한 분석.

(4) 사회비용과 비복지의 본질, 속성 및 분배에 관한 분석.

(5) 시대에 따라 복지자원의 통제권이 어떻게 분배 및 할당되며, 사
   회적 서비스의 특수 효과는 어떠한가에 관한 분석.

(6) 사회복지제도의 운영에 있어서 선출된 대표, 전문 사회사업가,
   행정가 그리고 이익집단의 역할과 기능에 관한 연구.

(7) 사회적 서비스의 기여자, 참여자, 그리고 사용자인 시민의 사회
   권에 관한 연구.

(8) 사회법과 행정법, 그리고 규칙의 제정과정으로 표출되는, 사회
   재의 가치와 권리 분배자로서의 정부역할에 관한 연구.

이와 같은 티트머스의 언명에도 불구하고 1970년대 초반에 사회복
지학의 학문적 정체성에 관한 논란은 그치지 않았다. 맥래는 다시 이
의를 제기하고 나섰다(김상균: 84). 그는 '사회행정학도들이 경제학이
나 심리학보다 사회학의 연구방법과 아이디어에 더 많은 관심을 기
울이는 것 같다'고 주장했다. 핑커는 사회행정학은 지적 통일성과 시
각을 제공해주는 일체의 이론적 재료를 결핍하고 있을 뿐 아니라 그
것의 주제와 관련된 전문적 기술의 다양성을 활용하기 위한 수단이
부족하다고 지적했으며, 한편 위햄(Warham)도 사회학자는 이론가이
며 사회행정학자는 경험론자라고 단정하면서 사회행정의 연구에서
사회학적 접근법을 더 장려해야 한다고 제안했다.

사회정책학이 사회학의 기생학문이 아니라는 점을 가장 강력하게

주장한 학자는 캐리어(Carrier)와 켄들(Kendall)이었다(김상균: 85). 그들은 사회학의 자원이 사회정책 연구에 널리 그리고 체계적으로 이용되지 않고 있다고 주장함으로써 맥래의 견해에 정면으로 맞서고 나왔다. 그들은 사회학의 원조들이 사회문제의 해결에는 별로 관심이 없었다는 사실을 강조했으며,[18] 사회학의 실증주의에 입학한 사회복지제도 발달론은 너무 결정론적인 성격을 가지고 있기 때문에 복지국가의 생성, 발달 및 변천이나 사회복지 제도의 발달을 적절하게 설명할 수 없다고 주장했다. 동시에 사회정책학의 이론 개발에 미친 사회학의 영향은 무시할 수 있을 정도라고 결론지으면서 한편으로 실증주의보다 현상학적 관점에 입각한 접근법의 도입을 제안했다.[19]

3) 협동적 관계

사회학과 사회복지학이 각각 다른 학문으로서의 독립성을 지니면서도 상호 불가분의 관계에 있다는 주장을 편 학자는 타운센드(Townsend)이다. 그의 관점은 독특하면서도 논리적 설득력을 지니고 있는 것으로 보인다. 그는 1975년에 발행한 『사회학과 사회정책』이라는 저서에서 다음과 같이 주장했다(Townsend, 1975: 1).

사회정책 연구를 사회학과 분리하는 것은 잘못된 것이라고 생각한

---

18) 사회학의 원조들이 사회문제의 해결에 대해 관심이 별로 없었다는 주장은 일견 맞는 주장이라 할 수 있을 것이다. 그러나 적어도 이 글의 I장에서 고찰한 바와 같이 사회학의 초창기에 생시몽과 뒤르껭의 경우에는 산업자본주의의 발달에 따른 폐해를 사회구조적 측면에서 근본적으로 시정하고자 하는 복지적 노력을 경주하였음을 간과해서는 안 될 것이다.

19) 그러나 이것은 사회학에서 현상학적 관점을 도입하여 슈츠(Schutz)가 이미 1967년 『사회세계의 현상학』(*The Phenomenology of the Social World*)이라는 명저를 내놓았다는 점을 생각해볼 때, 크게 사회학을 벗어난 새로운 시도라고는 볼 수 없을 것이다.

다. 그것은 어떤 무의식적인 정치적 이유로 많은 학자들이 사회정책의 의미를 복지행정에 한정시켰기 때문이다. 또한 많은 사회학자들이 사회학을 '몰가치적'인 것이라고 잘못 생각했기 때문이기도 하다. 그리고 많은 사회학자들이 사회변동에 관한 낙천적이고 손쉬운 이론들만 부적절하게 수용한 결과이기도 한 것이다.

이와 같은 주장은 사회정책학자들이 자신들의 영역을 확보하기 위해 사회정책의 의미를 복지행정에 한정시키는 경향이 있었다는 비판과, 한편 사회학자들이 사회변동에 대한 가치중립적이고 간편한 견해, 즉 질서와 균형에만 주된 관심을 가져왔다는 비판을 수반하고 있는 것이다. 그 결과 사회학과 사회정책학이 갈등적 분리 상태에 있게 되어 학문적 발전을 위한 협동적 연구가 바람직하게 이루어지지 못했다고 보는 것이다.

기존의 사회학자들에게 있어서 사회변동 연구는 시간이 흐름에 따라서 나타나는 사회구조나 관계, 규범, 역할과 지위의 차이를 그 수나 유형, 그리고 균형의 차원에서 규명하는 것이었다. 예컨대 가족과 공동체와 도시사회 간의 관련성, 인종 간의 관계, 사회적 불평등의 증대 또는 감소와 같은 것이다. 그러나 사회적 목적과 관련된 어떠한 변동의 의미가 천착된 적은 거의 없었다. 중요한 것은 예컨대 하나의 도시가 생겨난다고 할 때 어떠한 이유에서 일정한 사회적 목적을 가진 새로운 도시라는 개념이 공식화되고 소개되며 사회변동을 유발하는가 하는 문제라 할 수 있는 것이다. 즉 기존의 사회학자들의 연구에서는 질서와 균형 이외의 사회정책적 관심이 결여되어 있었다고 볼 수 있는 것이다.

타운센드는 사회학자들이 정책적 관심을 가지기 어려웠던 이유를 다음과 같이 들고 있다. 그것은 첫째, 복지자원의 할당에 관한 구체적 정보의 부족, 둘째, 그러한 자원의 최종적 할당을 결정하는데 작용하는 공사기관의 복잡한 개입문제 해결의 난점, 셋째, 정치적 또는 현실적으로 전국적 규모의 제도적 기관, 또는 정부기구에 대한 조사가 곤란하다는 점, 넷째, 객관적인 조건에 대한 조사보다도 주관적인 태도 조사가 용이하다는 점 등을 들었다. 그리하여 특수 분야의 사회학적 연구가 정책적 성격을 많이 지니고 있음에도 불구하고 사회학 전체적으로 보아서는 정책지향적 성격을 지니기 어려웠다고 본다. 그러한 이유로 해서 사회학은 이론적, 방법론적 지향 속에서 발전하게 되었다고 볼 수 있는 것이다(Townsend: 8~11). 타운센드는 앞으로의 사회학이 사회구조의 변동에 대한 보다 정책적 관심을 갖는 것이 바람직할 것이라는 점을 시사하고 있다 하겠다.

한편 기존의 사회정책학은 어떠했던가. 이 점에 있어서 타운센드는 당시에 많이 인용되고 있었던 마셜의 사회정책 개념이 일정한 한계점을 지닌 것으로 파악하고 그 한계를 넘어 순수과학으로서의 사회정책학이 될 수 있도록 사회정책을 새롭게 규정할 것을 제안하였다(Townsend: 2~4). 마셜은 사회정책이란 시민에게 서비스나 수입을 제공함으로써 시민의 복지에 직접 영향을 줄 수 있는 행위와 관련된 정부의 정책을 의미한다. 그 핵심은 사회보험, 공적부조, 주택정책, 교육 그리고 범죄문제와 관련된다. 이러한 정의가 지니는 한계점은, 첫째, 정부의 활동이 행정적 관례에 따라 규정되기보다는 정부의 의도나 유사성에 따라 결정될 우려가 있다. 그러다 보면 사회정책은 건강, 교육, 복지, 주택 그리고 사회보장이 아닌 것들을 포함하게 될 수도 있다는 것이다. 예컨대 저소득자에 대한 정부의 도움이 사회보장체계에 따른 행정에 의해 이루어지는 것이 아니라 정부의 세금정책이나 소득정책에 따라 이루어질 수도 있게 될 것이다. 그렇다면 세금정책도 사회정책이 아니라고 할 수 없게 되고 마는 것이다. 둘째, 마셜의 사회정책 개념은 정부의 정책보다도 사실상 제도적 정책을 포함하게 될 것이다. 제도화된 사회정책은 매우 광범위하다. 정부에 의한 것뿐만 아니라 민간의 모든 것을 포함하게 되기 때문이다. 사실상 그동안 자발적 기관에 의해서 발전되어 온 서비스가 많기 때문에 국가에 의한 서비스와 기관에 의한 서비스를 구분하여 전자만을 사회정책이라 하기에는 무리가 있다는 것이 타운센드의 주장이다. 그리하여 그는 사회정책의 정의를 사회변동과 관련하여 새롭게 내리게 되는 것이다.

타운센드는 사회정책을 지칭하여 '사회적 목적 달성을 위한 일종의 사회경영적 청사진'이라고 본다.[20] 구체적으로 정의하자면 '사회정책이란 사회제도와 집단이 사회보호와 발전을 위해 정립한 기본적이고 전문적인 원리'이다(Townsend, 1975: 6). 즉 '사회구조와 가치를 유지하거나 또는 변화시키기 위해 서비스와 조직, 그리고 기관을 제도적으로 통제하는 것'이라 할 수 있는 것이다. 간혹 이러한 통제는 아주 의식적으로 정부에 의해 표현되기도 하며, 때로는 인식되지 않기도 한다. 이러한 의미에서 볼 때 모든 사회는 사회정책을 가지고 있는 것이라고 말할 수 있게 된다.

요컨대 사회정책은 사회가 그 구조의 변동을 방지하거나 지연시키거나 유도하거나 관리하는 방법에 관한 연구를 하는 것이다. 이러한 연구는 기존의 통상적 관점에서 보더라도 응용과학이 아니라 순수과

---

20) 타운센드가 말하는 사회적 목적은 사회정의, 억압으로부터의 자유, 질병의 예방, 빈곤과 불결의 퇴치, 공동체의 통합, 인종 간의 조화, 교육기회의 평등, 완전고용과 사회적 평등을 내포한다(Townsend: 28).

학의 범주에 속한다(Townsend: 2).

사회정책학이 사회적 목적을 위한 변동의 제도적 관리에 대해 연구하는 것은, 사회학자들이 사회구조의 변동 연구 그 자체가 사회변동 이론의 발전에 필요한 것처럼 역시 필요한 일이라고 보는 것이 타운센드의 관점이라 하겠다. 다시 한 번 정리하자면 사회학은 사회변동의 '구조 연구'를 더 정치하게 해 나가고, 사회정책학은 사회변동의 '관리 연구'를 더욱 폭넓게 하여 나간다면 두 학문 간에 더욱 밀접한 협동관계가 형성될 수 있을 것이라고 보는 것이다.

이와 같이 사회학과 사회정책학 또는 사회복지학은 타운센드에 이르러 사회변동이란 개념을 매개로 하여 상호 독립성을 유지하면서도 밀접한 협동관계를 지속할 수 있는 논리적·실질적 근거를 확립할 수 있었던 것으로 보인다. 특히 우리가 주목하고자 하는 것은 사회변동의 개념이 함축할 수 있는 의미에 관해서이다. 그것은 사회학과 사회복지학이 산업사회의 폐해를 시정하고 새로운 복지사회의 실현에 기여할 수 있는 가능성이 크다고 보는 주장과 연결될 수 있는 것이다. 변동의 구조와 논리를 날카롭게 분석하여야 할 사회학과, 변동의 의도적 관리를 사회적 목적에 맞게 치밀하게 실천해가야 할 사회복지학은, 산업사회의 폐해를 시정하고 새로운 복지사회를 실현하는 데 가장 적합한 학문이 될 수밖에 없을 것이다. 결국 바람직한 사회변동이 사회발전이며 사회발전의 목표가 사회복지라고 한다면, 인류의 행복에 대한 두 학문의 중요성과 기여 가능성은 아무리 강조해도 지나치지 않을 것이다.

4. 결론

　이 글은 사회학과 사회복지학의 관계를 학사적 측면을 중심으로 고찰한 것이다. 그리하여 우리가 확인할 수 있었던 것은 사회학의 창시자들이라고 볼 수 있는 생시몽, 콩트, 그리고 뒤르껭을 통하여 이미 산업사회의 문제점을 드러내고 그 폐해를 시정하고자 하는 복지사상이 나타나고 있었음을 알 수 있었다. 한편 사회복지학의 초창기에 중대한 역할을 수행한 마셜의 견해를 고찰하는 가운데 산업자본주의 사회의 문제점을 해결하기 위한 사회학적 이론적 노력이 분명히 드러남을 보았다. 두 학문 간의 관련성을 고려하여 표현한다면, 사회학을 통하여 드러난 산업사회의 문제점은 사회복지학을 통하여 해결될 수 있었다는 역사적 연결점이 분명히 확인될 수 있었다는 말이다.

　한편 학문적 상호작용을 중심으로 한 고찰은 사회복지학의 사회학에 대한 관계가 어떠한 것이었나를 세 가지 관계유형으로 범주화하여 두 학문의 관계에 대하여 언급한 학자들의 견해를 살펴보았다. 그것은 종속적 관계, 갈등적 관계, 그리고 협동적 관계로 나누어 볼 수 있다. 종속적 관계는 사회복지학이 독립된 학문이 아니고 사회학의 이론적 지도하에 그 실천적 기술에 불과하다는 측면을 강조하는 관점이다. 이 점을 뒷받침하는 데 있어서는 주로 마키버의 견해를 참조하였다. 한편 갈등적 관계는 티트머스의 견해를 주로 소개하면서 사회복지학이 하나의 독립과학으로서의 정체성을 가지게 되는 과정에서 사회과학자들의 이견이 있었음을 논하였다. 끝으로 협동적 관계에 관해서는 타운센드의 사회변동 개념을 중심으로 사회학과 사회복지학이 상호 독립성을 유지하면서도 밀접하게 협조할 수 있는 가능성을 조명하여 보았다. 특히 사회학이 사회변동의 구조를 더 깊이 있게 다루려는 노력이 필요하다는 점과 사회정책적 관심을 갖는 것이 바람직하다는 점 등이 논의의 핵심을 이루었다. 사회정책학의 경우는 사회변동의 관리를 중심으로 바람직한 사회적 목적의 실현을 지향할 때, 보다 성숙한 순수과학으로서의 사회복지학이 가능해질 것이라는 논의가 대종을 이루었다. 이러한 논의를 통하여 사회학과 사회복지학이 미래 복지사회의 실현을 위해 기여할 수 있는 가능성을 다시 한 번 확인할 수 있었다.

결론적으로 우리의 이와 같은 논의가 갖는 한계와 의미에 대하여 일언해두고자 한다. 먼저 그 한계를 지적해본다면 그것은 다른 학문들과의 관계에 있어서이다. 이 글의 목적은 물론 사회학과 사회복지학의 관계에 대한 것이다. 그러나 그럼에도 불구하고 이 두 학문이 산업사회의 폐해를 시정하고 새로운 복지사회를 지향하는 특성을 지닌 것이라는 주장을 하는 한, 다른 학문들과의 학제적 접근이 더욱 긴요해짐을 지적하지 않을 수 없다. 특히 경제학과 정치학, 나아가 환경문제 등과 관련되는 자연과학과의 연계도 필요하다는 점을 지적하지 않을 수 없을 것이다. 어차피 그것은 이 글의 한계를 벗어난 것이며 차후의 과제로 미룰 수밖에 없는 문제라 하겠다.

끝으로 이러한 논의가 우리에게 시사하는 의미에 관해 한마디 첨언하고자 한다. 어차피 사회학이나 사회복지학은 서구에서 발전된 학문이다. 이 글에서 거론한 내용도 결국은 서구의 경험에 한정된 것이다. 그렇다면 그것이 우리에게 주는 시사점은 무엇인가? 필자는 평소에 산업문명＝서구문명＝물질문명＝자본주의문명이라는 생각을 가져왔다. 산업문명의 폐해를 시정한다는 것은 따라서 서구문명, 물질문명, 자본주의문명의 폐해를 시정한다는 것이 된다. 그것은 상당히 큰 과제이다. 그러나 그것은 어쩌면 그러한 것들의 반대명제를 제시해보는 학문적 실험을 꾸준히 함으로써 가능할지도 모른다. 예컨대 동양문명, 정신문명, 사회주의문명과도 같은 개념들이 갖는 특성들을 분석해보고 반추해보는 일이 필요한 것이 아닌가 하는 생각이다. 그러한 노력이 하나씩, 둘씩 모일 때 새로운 인간적 복지사회의 실현이 가능할지도 모른다. 사회학과 사회복지학이 그러한 노력의 중심이 될 가능성을 굳이 배제할 필요는 없을 것이다.

제3장 한국사회복지의 구조와 특성1)

1. 서론

　1960년대의 개발독재가 시작된 이후 30여 년이 흐르는 동안 우리 사회는 역사상 유례가 없는 물질적 생활상의 변화를 겪었다. 그것은 바로 근대화·서구화 등으로 불리는 일련의 산업화 과정으로 말미암은 것이었다. 서구에서도 그랬듯이 산업화 과정은 물질생활의 편리함은 가져왔지만 불가피하게 공업화, 도시화, 농촌 해체, 핵가족화 등 급격한 사회변동을 수반함으로써 많은 사회문제를 양산했다. 빈부격차, 도농격차, 지역격차와 함께, 도시빈민문제, 산업재해문제, 의료문제, 범죄문제, 장애인문제, 노인문제, 여성문제, 청소년문제, 아동문제 등은 모두가 사회복지의 대상이 된다. 따라서 그에 대처하기 위한 정치사회적 노력의 결과 미흡한 수준에서나마 각종 사회복지제도의 발전을 이룩하게 된 것이다.

　그러나 사회복지제도의 발전은 일정한 계획 아래 체계적으로 이루어진 것이 아니다. 각종 선거 때마다 집권당의 득표용 선물로서, 또는

---

1) 이 글은 1996년에 나온 『한국사회의 이해』(일신사)에 실렸던 것으로 약간의 교정을 본 것이다.

정부가 미루고 미루다가 국민들에게 떠밀려서 시행하였던 제도라 해도 과언이 아니다. 따라서 한국의 사회복지는 바람직한 발전을 이루었다고 보기에는 무리가 있다.

이러한 한국사회복지의 구조와 특성을 파악하여 전체를 조감할 수 있기 위해서는 부득이 사회복지란 무엇인가, 그 의의는 어떤 것인가 하는 기본적 물음에 대해 고찰해보아야 한다. 왜냐하면 사회복지의 개념에 대해 많은 학자들 간에 아직도 충분한 합의점이 이루어졌다고 보기 힘들기 때문이다. 그러므로 이 글에서 다루는 사회복지의 의미가 무엇인지 분명히 하는 것이 필요하다고 본다.

다음으로는 한국사회복지의 구조를 구조기능론적 관점과 갈등론적 관점에서 살펴보고자 한다. 한국사회복지의 구조를 이와 같은 이론적 관점을 전제로 하여 살펴보는 것은 어떤 하나의 관점으로 한국사회복지를 논하는 것보다 더 객관성 있고 의미 있는 분석이 될 수 있을 것으로 본다. 적어도 이 두 가지 관점은 사회학적으로 대표성 있는 이론들로서 한국의 사회복지라는 거시적인 분석의 대상에 접근하기에는 가장 적절하고도 설득력 있는 개념적 분석틀을 제공하고 있다고 볼 수 있다.

위와 같은 작업이 이루어지고 나면 한국사회복지의 특성을 논하는 작업도 비교적 쉽게 이루어질 수 있을 것이다. 왜냐하면 한국사회복지의 구조적 분석을 토대로 그것의 역사적 측면을 고찰함으로써 현재와 같은 구조를 갖게 된 인과적 특성을 부각시킬 수 있기 때문이다. 이 글에서는 그와 같은 한국사회복지의 특성을 '잔여적 기형성'과 '복지추동세력의 부재'로 나누어 설명코자 하였다.

끝으로는 한국사회복지의 전망에 대하여 논할 것이다. 먼저 전체적으로 한국의 사회복지가 복지자본주의의 이데올로기 아래에서 그 기본 틀을 확고히 할 것으로 보았다. 또한 지방자치제의 실시로 지역 사회복지의 중요성이 제고될 것이며, 사적 복지의 영역 중 기업복지의 중요성도 점증할 것으로 보인다. 이러한 현상과 더불어 시민들의 복지에 대한 인식과 욕구가 커지고 아울러 국가의 직접적 개입과 책임의 영역도 완만하게나마 확대되는 모습을 보일 것으로 전망하였다.

2. 사회복지의 개념과 의의

1) 사회복지의 개념

사회복지에 대한 개념 정의는 우선 사회복지의 대상에 따라서 협의와 광의로 나누어 볼 수 있다.[2] 광의의 사회복지는 제도적 측면에서 전체 사회성원의 인간다운 삶의 질을 보장하기 위한 사회적 노력의 과정과 결과라고 할 수 있다. 반면에 협의의 사회복지는 도움이 필요한 특정한 집단에 대하여 이루어지는 부조나 서비스를 말한다. 전자는 산재보험이나 건강보험, 또는 국민연금 등과 같이 전 국민을 대상으로 하는 경우로서 논자에 따라서는 보건, 주택, 또는 노동, 환경 등을 포함하는 경우도 있다. 한편 후자는 장애인복지나 노인복지, 아동복지, 청소년복지, 또는 국민기초생활 수급권자 등과 같이 특정 범주에 해당되는 경우라고 하겠다.[3]

---

2) 영국의 빅토리아 여왕 시대 이래로 빈자에 대한 자선사업과 같은 의미로 사용되던 사회사업이라는 용어는 1910년대에 미국에서 사회복지라는 용어와 함께 쓰이기 시작했다(Leiby, 1985: 324). 이때 사회복지는 정부의 개입이라는 의미를 내포하는 것이었다.

3) 우리나라의 사회복지사업법(2011년 8월 개정) 제2조를 보면 사회복지사업이라 하는 것은 국민기초생활보

이러한 사회복지의 개념은 사회복지의 주체가 누구냐, 즉 누가 도움을 줄 수 있는 자원이나 수단을 가지고 있느냐에 따라 공적(public) 복지와 사적(private) 복지로 나누어 볼 수 있다. 공적 복지는 그 주체가 정부인 경우이고, 사적 복지는 그 주체가 민간기업이나 단체, 또는 개인인 경우라 하겠다. 공적 복지에는 사회보험, 공공부조, 사회복지서비스 등이 포함되고, 사적 복지에는 기업복지와 자원적(voluntary) 복지, 그리고 개인적(personal) 복지가 포함된다. 대체로 사회복지의 두 축을 형성하는 것은 국가복지인 사회보험과 사적 복지인 기업복지라 할 수 있다. 선진 유럽에서 사회보험은 19세기 말부터 지금까지 약 100여 년에 걸쳐서 발전되어 그 수혜층이 전 국민에게 확대되어 있다. 이에 비해 기업복지는 20세기 초반에 독점자본주의의 등장과 함께 발전한 것으로 노동생산성과 노동자의 기업헌신도를 높이기 위한 관료제적 통제의 핵심을 이루고 있다(송호근, 1992: 93).

한편 사회복지의 주체가 지닌 자원을 어떻게 대상에게 전달하느냐 하는 과정에 따라 사회정책과 사회사업을 분류할 수도 있다. 즉 전달체계에서 정부의 정책결정을 하는 과정과 결정된 정책을 실행하는 과정으로 나누어 전자를 사회정책, 후자를 사회사업(사회복지실천)으로 볼 수 있다는 것이다. 정부는 자원을 가지고 이의 배분을 위한 정책결정을 할 수 있는 위치에 있다. 그러한 과정을 사회정책의 범주에 포함시킨다는 말이다. 정부의 사회정책 결정은 정부의 하부기관뿐만 아니라 민간기관에도 영향을 미친다. 어떤 경우에서건 일선에서 서비

장법, 아동복지법, 노인복지법, 장애인복지법, 한부모가족지원법 등 25개 법률에 따른 보호, 선도, 또는 복지에 관한 사업 등을 가리키는 것으로 되어 있다. 일본은 협의의 복지 개념을 사용하는 국가이다(김융일, 1986: 6).

스 전달은 대부분 사회복지 전담공무원 또는 사회복지사와 같은 전문인력들에 의하여 실시된다. 이러한 전달체계의 실천부문에서 수혜자를 대상으로 이루어지는 전문성을 지닌 구체적 사업들을 일컬어 사회사업 또는 사회복지실천이라 할 수 있다.

결국 사회복지는 사회성원들의 인간다운 생활을 보장하기 위한 사회적 노력의 과정과 결과로서 공적 복지와 사적 복지, 또는 사회정책과 사회사업으로 나타난다고 할 수 있겠다.4) 사회복지만큼 범위가 넓지는 않은 개념이지만 유사한 용어 중의 하나로 사회보장이 있다. 이것은 소득보장을 주로 의미하지만 의료보장을 포함하는 의미로도 쓰이고 있다(김상균, 1990: 30~31). 우리나라의 '사회보장기본법'은 사회보장에 사회보험, 공공부조, 사회복지서비스 및 관련 복지제도를 포함함으로써 사회복지와 거의 유사한 의미로 쓰이고 있다.

2) 사회복지의 의의

사회복지의 의의란 사회복지의 사회적 존재 가치를 가리키는 말이다. 그것은 사회체제의 유지와 발전에 기여하는 바로서 다음과 같이 네 가지 측면으로 나누어 설명할 수 있다. 상부상조의 제도화, 사회문제의 해결과 예방, 인도주의 고양, 사회발전의 방향제시가 그것이다.

첫째로, 상부상조의 제도화에 대해 살펴보자. 인간은 살기 위해서 상부상조하지 않으면 안 된다. 사람은 맹수처럼 힘이 세거나 발톱이

---

4) 사회정책의 개념은 논자에 따라 보건, 주택, 교육, 노동문제를 포함하는 경우가 있으며, 그 외에 인구, 환경, 교통문제를 포함하여 공공정책이라고 부르는 경우도 있다. 한편 사회복지정책이라 하여 사회보험, 공적부조, 사회복지서비스와 관련된 정책만을 가리키기도 하며, 사회사업은 전문사회사업, 사회서비스, 또는 사회복지서비스의 대인적 측면을 지칭하는 용어로도 쓰인다.

나 이빨이 억센 것도 아니다. 따라서 서로 협동해야만 생존할 수 있게 되어 있다. 길버트와 스펙트는 상부상조가 사회유지의 필수기능이라고 보았다. 상부상조는 사회복지로 제도화된다. 그들이 지적한 것처럼 사회복지제도는 경제제도, 가족제도, 종교제도, 정치제도와 더불어 인간사회의 유지를 위한 핵심적 제도 중 하나인 것이다. 즉 생산, 분배, 소비와 같은 기능은 경제제도가 수행하고, 사회화 기능은 가족제도, 통합기능은 종교제도, 사회통제 기능은 정치제도, 그리고 상부상조의 기능은 사회복지제도가 수행한다는 것이다. 상부상조의 기능은 경제, 가족, 종교, 정치제도 간의 기능을 원활하게 할 수 있는 기본적인 것으로 이를 통하여 다른 제도들이 원만하게 기능할 수 있다고 본다(Gilbert & Specht, 1974: 4~6). 사회복지는 상부상조의 기본적 기능을 통해서 그 존재가치를 드러내고 있다.

두 번째 의의는 사회문제의 해결과 예방이라는 구체적 결과와 관련된다. 사회문제의 발생은 기본적으로는 해당 사회의 체제적 성격과 관련된다. 자본주의 체제는 근본적으로 인간의 자유와 선택과 창의성, 그리고 공정한 경쟁을 기본 가치로 하고 있다. 그 결과로서 발생하는 빈부의 격차 문제 같은 것이 자본주의의 가장 큰 문제가 되고 있다. 이러한 문제에 대한 해결책은 사실상 사회복지 외에는 없는 것이다. 오늘날 사회복지가 없었다면 자본주의 체제는 일찍이 공산주의의 등장과 함께 소멸되었을지도 모른다. 사회복지의 등장과 함께 복지국가를 발전시킬 수 있었음으로 해서 계속 효율적이고 생산적인 자본주의가 유지될 수 있었다. 반면 공산주의 체제는 관료적 비효율성과 비생산성, 그리고 특권층의 무능과 부패를 초래한 나머지 스스로 붕괴하고 말았다. 1989년 루마니아의 독재자 차우셰스쿠가 공산주의 국가 내의 혁명이라는 아이러니 속에서 처형되고, 1990년 동구권이 무너지면서 드디어 1991년에 소련이 해체되었던 역사적 사실은 그것을 명백하게 드러내 주고 있다. 자본주의가 멸망하지 않고 존재하는 것은 사회복지를 발전시킴으로써 근본적인 사회문제의 해결과 예방을 가능하게 했기 때문이다.

세 번째는 인도주의의 고양이다. 사회복지를 통해 인간은 비로소 인간다운 사회체제를 운영하고 있다고 볼 수 있다. 인간이 여타 동물과 다른 점은 인류 일반에 대한 이타주의(altruism)를 실현할 수 있다는 데에 있다. 사회복지의 역사를 영국의 엘리자베스 여왕 시절의 자선에서 찾든, 또는 한국 역대 왕들의 책기사상에서5) 찾든 그 어떤 경우도 사회복지의 출발은 이타주의의 사회 일반에 대한 확대로부터 비롯되는 것이라 할 수 있다. 물론 사회복지의 역사적 발전을 설명하는 이론 중에는 음모이론이나 갈등이론과 같이 지배층의 지배를 영속화하고자 하는 음모적 동기나, 지배층과 피지배층의 갈등적 투쟁 속에서 사회복지가 발전한다고 보는 것도 있다(김상균, 1990: 86~101). 그러나 그러한 이론들이 사회복지 발전의 기본적 추동인 이타주의적 동기나 과정을 무시하거나 반박할 수는 없는 일이다.

네 번째 의의는 사회복지가 사회발전의 방향을 제시하고 있다는 점이다. 인류가 발전적 역사를 지향하여 오는 가운데 가장 궁극적 목표로 삼고 있는 것이 복지사회의 건설이라 할 수 있다. 인류가 이제까지 추구하여 왔던 이상 사회 중에서 가장 바람직한 것이 복지사회

---

5) 책기사상(責己思想)은 한국의 사회복지 역사를 설명코자 하는 한 관점이다. 우리나라의 역대 왕들은 흉년이 들면 침식을 검소하게 하고 스스로의 부덕함에 그 원인을 돌리면서 백성을 구휼하였다. 그것을 한국적 사회복지 발전의 시초로 보는 것이다(하상락, 1993: 29~35).

인 것은 분명하다. 대부분의 사회구성원들이 경제적, 사회적으로 풍요로움을 누리고, 정치적·문화적으로 충분한 기회를 보장받을 수 있는 사회라면 더 이상 좋은 사회는 없을 것이다. 물론 인간에 대한 정의나 가치가 시대에 따라 변하는 것이 사실이며, 복지국가의 이상이라는 것도 산업사회의 부산물임을 생각할 때, 앞으로 어떤 에너지혁명이나 정보혁명의 결과로 새로운 이상 사회가 생겨날 가능성을 배제할 수는 없을 것이다. 그러나 그럼에도 불구하고 그것 역시 복지사회라는 이름 아래 내용을 수정하면서 발전의 방향을 모색하는 것이 될 수밖에 없을 것이다.

3. 한국사회복지의 구조

1) 구조기능론적 관점

구조기능적 관점이란 어떤 사회현상을 볼 때 그것의 체계적 구조와 부분요소들 간의 기능적 상호의존관계를 중심으로 사회현상을 설명한다(Turner, 1978: 19~68).[6] 한국사회복지의 구조기능적 설명 역시 한국사회복지의 체계적 구조와 그 부분요소들 간의 상호의존관계가 어떠한가를 살펴보는 과정이 될 것이다.

구조기능론의 대가인 파슨스는 일찍이 어떤 체계이든지 체계가 유지되기 위해서는 반드시 달성되어야 할 네 가지 기능적 필수요건

---

6) 구조기능론의 대가인 파슨스(Talcott Parsons)는 이러한 체계의 변동은 체계를 둘러싼 환경과의 상호작용을 통해서 점진적 변동을 이루며 궁극적으로 안정과 균형을 지향한다고 지적한 바 있다(Parsons, 1951: 480~503).

(functional prerequisites)이 있다고 주장한 바 있다. 그것을 머리글자만 따서 AGIL이라고 하는데 A는 adaptation, 즉 적응기능으로서 체계가 환경에 적응하기 위해 필요한 자원을 확보하는 경제적 기능을 말한다. G는 goal attainment로서 체계의 목표를 정하고 이를 달성하는 정치적 기능을 의미한다. 한편 I는 integration, 즉 통합기능으로서 부분들의 활동을 조정하고 다른 기능들이 제각각 흩어지지 않도록 통합하는 사법적 기능을 담당한다. L은 latent pattern maintenance and tension management로서 잠재유형유지 및 긴장처리기능이다. 이것은 종교제도와 같이 사회성원들의 행동유형 유지와 스트레스 해소 기능을 맡는 것을 말한다. 이들의 관계는 상위 질서체계가 하위 질서체계에 대한 정보의 통제를 하는 반면, 하위 질서체계는 상위 질서체계에 대하여 그 존재의 바탕이 되는 에너지를 제공해준다. 상위 질서체계는 정보제공의 추상성이 높은 것으로부터 낮은 것으로 영향을 미친다. 따라서 정보통제는 L → I → G → A의 순으로 이루어진다. 반대로 에너지의 제공은 하위 질서체계로부터 상위 질서체계로 즉 A → G → I → L의 방향으로 주어진다. 이 이론은 거의 모든 체계에 적용해볼 수 있는 장점이 있다.7) 이러한 분석틀을 한국의 사회복지체계 분석에 적용하면 다음 <그림 3-1>과 같은 하위체계들 간의 관계로 나타낼 수 있다.

---

7) 이미 언급한 바와 같이 길버트와 스펙트는 사회체계 유지의 필수적 기능을 생산·분배·소비, 사회화, 사회통제, 사회통합, 상부상조의 다섯 가지로 나눈 바 있다. 그러나 이것은 기본적으로 파슨스 체계이론의 한 변형으로, 복지의 제도화를 설명하기 위한 사회분석으로는 유용하게 보이나, 모든 체계에 적용할 수 있는 보편적 성격을 지닌 것이라고 보기는 힘들다. 여기서는 파슨스의 본래 이론을 적용하였다.

<그림 3-1> 한국사회복지체계의 기능적 필수요건과 그 부분체계들

필수적 기능	사회복지체계	체계의 부분요소들
(하위 질서체계: 에너지 제공)		
적응기능(Adaptation)	사회복지자원체계	정부자원(정부예산), 민간자원
↓ ↑		
목표달성기능(Goal attainment)	사회복지전달체계	보건복지부, 행정자치부, 노동부, 사회복지관, 보건복지사무소
↓ ↑		
통합기능(Integration)	사회복지법체계	사회보장기본법, 공공부조법, 사회복지사업법
↓ ↑		
잠재유형유지 및 긴장처리기능 (Latent pattern maintenance & tension management)	사회복지연구와 실행체계	사회복지학회, 사회복지대학협의회, 사회복지사협회, 사회복지관협회, 각종 대회 등
(상위 질서체계: 정보 통제, 제공)		

<그림 3-1>은 사회복지체계의 하위체계로서 사회복지 자원체계, 사회복지전달체계, 사회복지법체계, 사회복지연구와 실행체계를 들고 있다. 이런 네 가지의 하위체계는 한국사회복지체계의 유지를 위한 필수적 기능인 적응기능과 목표달성기능, 통합기능, 그리고 잠재유형유지 및 긴장처리기능을 수행하고 있는 것으로 볼 수 있다. 정보의 통제는 사회복지연구와 실행체계(L) → 사회복지법체계(I) → 사회복지전달체계(G) → 사회복지자원체계(A)의 순으로 이루어진다. 즉 사회복지대학, 학회 등과 복지관 등 복지현장의 활동은 상위 정보생산의 원천지로서 사회복지법체계의 마련에 정보의 제공자가 된다. 그리고 사회복지법에 따라 사회복지 행정 공무원들이 움직이게 되며, 그들에 의해 사회복지 자원이 관리된다. 이것을 상위 질서체계의 하위 질서체계에 대한 정보통제라고 할 수 있다.

반대로 체계의 존재 바탕이 되는 에너지 제공은 사회복지자원체계

(A) → 사회복지전달체계(G) → 사회복지법체계(I) → 사회복지연구와 실행체계(L)의 순으로 주어진다. 즉 정부가 복지재원이라는 물질이나 서비스, 곧 에너지를 마련하여 복지행정공무원을 통해 법에 따라 국민들에게 분배함으로써 복지에 관한 잠재적 행위유형을 유지시키고 복지욕구를 충족시킴으로써 긴장을 처리하는 것이다.

좀 더 자세히 살펴보자면, 첫째로 사회복지 자원체계는 사회복지체계의 적응기능을 수행하는 하위체계로서 주위환경에 적응하여 존재하기 위한 에너지 곧, 자원의 확보와 동원에 관련된다. 사회복지의 대상자들에게 서비스를 제공하자면 먼저 물질적 자원의 확보가 필수적이다. 그 자원은 정부자원과 민간자원으로 나누어 볼 수 있다. 정부자원으로는 사회복지와 관련된 정부의 예산이 대표적인 것이다.[8] 민간자원으로는 민간복지시설이나 단체, 또는 기관의 자체부담금, 회원, 각종 후원금 등이 있다. 그러나 기본적으로 가장 중요한 것은 정부자원이므로 이 부문의 현황에 대해서만 간단히 살펴보자.

우리나라의 정부 재정지출 중에서 사회복지지출은 1995년에 GNP의 0.86%로서 1989년에 OECD 국가들이 GDP의 평균 13.3%를 지출했던 것에 비해 턱없이 적다.[9] 이 국가들이 한국과 GNP 수준이 비슷했던 1960~1970년대에 이미 평균 7%의 사회보장비[10]를 지출했던 것을 본다면 현재 1%도 안 된다는 것은 한국의 복지수준이 얼마나 열악한가를 상대적으로 드러내 주는 것이라 하겠다. 한편 정부예산에서

---

8) 사회복지자원에 사회복지 관련 자산으로서 부동산 등을 넣을 수도 있겠으나 여기서는 생략한다.

9) GDP(국민순생산)는 GNP(국민총생산)에서 외국에 있는 국민들이 벌어들여오는 돈을 뺀 것이다. GDP의 평균 13.3%는 GNP의 평균 30~40%에 해당된다.

10) 우리나라에서 사회보장비는 의료보호, 국민연금, 생활보호, 사회복지, 근로자복지, 보훈을 포함한다. 이 경우 사회복지의 의미는 협의로 사용되고 있다.

사회개발비가 차지하는 비율은 1990년대를 전후하여 약 30%로써 미국, 영국, 독일, 프랑스의 평균 약 60%에 비해 반 정도에 지나지 않는다. 여기서 사회개발비란 사회보장비, 인력개발비, 보건·생활환경개선비, 주택·지역사회개발비의 합을 의미한다(이영환, 1996: 35~42; 평화연구소·사회와 복지연구회, 1991: 24~31).

이러한 경향은 문민정부에 들어와서도 신경제 5개년계획을 중심으로 분배와 복지보다는 경제성장정책을 기본으로 하고 있기 때문에 복지관계의 예산 증액이 억제된 결과라 하겠다. 이것은 세계적으로 신보수주의(neo-conservatism)의 이데올로기가 득세하는 상황 속에서 복지예산이 축소되는 경향이 우리나라에도 반영된 것이다. 그러나 이미 예산의 차이에서도 알 수 있는 바와 같이, 복지국가가 되어 보지도 못한 상황에서 복지비를 동결한다는 것은, 어른이 되어보기도 전에 늙기 싫다고 어른이 되기를 거부하는 것같이 우스꽝스러운 일이라 하겠다.[11]

둘째, 사회복지전달체계는 사회복지체계의 목표달성기능을 수행하는 하위체계로서 사회복지체계의 목표를 정하고 이를 실행하기 위한 체계이다. 그것은 기본적으로 정부의 복지에 대한 의지와 기본철학에 따라 지원을 배분해 나가는 실천체계라 하겠다.[12]

우리나라의 사회복지전달체계는 보건복지부 소관의 정책을 행정자치부 산하의 시·도→시·군·구→읍·면·동의 체계를 통하여

---

[11] 복지라는 것은 생산을 하지 말자는 것이 아니라, 그야말로 생산적인 노동을 하기 위한 기본적 환경부터 만들자는 것이다. 예컨대 노동자가 아이를 맡겨둘 데가 없으면 생산적인 노동을 할 수가 없으며, 거동이 불편한 노인을 집에도 남겨 두고 생산적인 작업을 하기는 어렵다는 말이다.

[12] 민간복지의 전달체계도 중요하지만 더 중요한 것은 정부의 공공복지전달체계라 하겠다. 여기서는 정부의 복지전달체계에 대해서만 한정하여 논하기로 한다.

일반 공무원이 수행하는 일방적이고 수직적인 전달체계이다. 1987년 이후 사회복지 전문요원(사회복지 전담공무원)을 읍면동 사무소에 배치하여 1995년 현재, 약 3,000여 명이 생활보호와 기타 사회복지서비스를 담당하고 있다. 그러나 이와 같이 정책결정 기관과 이의 실행기관이 분리된 전달체계의 문제로 전문적 서비스의 제공이 어렵고 그 효율성과 효과성이 의문시된다는 문제점이 항상 지적되어 왔다. 그리하여 그 문제를 해결하기 위하여 현재 보건복지사무소 시범사업을 대도시, 중소도시, 농촌지역으로 나누어 5개 지역에서 실시하고 있다. 이 제도는 1995년부터 2년간의 시범사업이 끝나면 그 문제점을 보완하여 확대 실시될 예정이었다(강혜규, 1995: 316~321). 그러나 그 사업에 대한 평가가 부정적으로 드러나게 됨에 따라 새로운 대안을 모색하고 있다.13)

셋째, 사회복지법체계는 사회복지체계의 통합기능을 수행하는 하위체계로서 사회복지체계의 다른 기능들이 분산되거나 중복되지 않도록 하는 법적 장치를 말한다. 우리나라의 헌법 제10조에서 '인간으로서의 존엄과 가치 및 행복추구권'을 규정하고, 전문에서는 '국민생활의 균등한 향상'을 기할 것을 선언하고 있다. 또한 헌법 34조 2항에서 '국가는 사회보장·사회복지의 증진에 노력할 의무'가 있다고 규정하고 있다(김근조, 1994: 36).

이에 근거하여 제정된 사회보장기본법은 '모든 국민이 인간다운 생활을 할 수 있도록 최저생활을 보장하고 국민 개개인이 생활의 수

---

13) 보건복지사무소는 물론 그 후 사회복지사무소 시범사업도 실패한 것으로 드러났으며, 2012년 현재 주민 생활 통합지원서비스 제도도 접근성이 떨어진다는 문제와 전문성이 부족하다는 등의 문제로 아직 제도 정착이 안 되어 있다. 부처이기주의를 뛰어넘어 진정한 사회복지전달체계의 정리가 시급하다.

준을 향상시킬 수 있도록 제도와 여건을 조성하여 복지사회를 실현하는 것을 기본이념으로 한다'고 되어 있다. 이러한 사회보장의 정의는 '질병·장애·노령·실업·사망 등의 사회적 위험으로부터 모든 국민을 보호하고 빈곤을 해소하며 국민생활의 질을 향상시키기 위하여 제공되는 사회보험·공공부조·사회복지서비스 및 관련 복지제도'로 규정된다(사회보장기본법, 1995). 이러한 사회보장의 의미는 넓은 의미로 사회복지 개념에 근접하는 것이라 할 수 있겠다.

'사회보험'은 국가가 국민에게 발생하는 사회적 위험에 대처하여 국민건강과 소득을 보장하는 제도로서 국민연금법이나 산업재해보상보험법, 최저임금법, 의료보험법 등으로 구체화되어 있다. '공공부조'라 함은 국가와 지방자치정부가 책임을 지고 생활유지능력이 없거나 생활이 어려운 국민의 최저생활을 보장하고 자립을 지원하는 것으로 국민기초생활보장법, 의료보호법, 재해구호법 등으로 제도화되어 있다. 한편 '사회복지서비스'라는 것은 국가, 지방자치단체와 민간부문의 도움을 필요로 하는 모든 국민에게 상담·재활·직업소개 및 지도·사회복지시설 이용 등을 제공하여 정상적인 사회생활이 가능하도록 지원하는 제도로서 사회복지서비스법, 사회복지사업법, 아동복지법, 노인복지법, 장애인복지법, 모자복지법 등으로 나타나고 있다. 끝으로 '관련 복지제도'는 보건·주거·교육·고용 등의 분야에서 인간다운 생활이 보장될 수 있도록 지원하는 각종 복지제도를 가리키고 있다. 이와 같은 제도들이 제구실을 하자면 국가의 복지재원이 제공되어야 하는데 이미 언급한 대로 매우 부실한 실정이다. 예컨대 생활보호법에 의한 거택보호자의 월 급여가 1995년에 65,000원이었다(남세진, 1995: 417). 2012년 현재 기초생활수급자 현금급여기준액은 1인 가구 453,049원이다(보건복지부 국민기초생활보장안내, 2012).

넷째, 사회복지연구와 실행체계는 사회복지체계의 잠재유형유지와 긴장처리기능을 달성하는 하위체계로서 사회복지학과 또는 사회사업학과가 회원이 되는 한국사회복지대학협의회, 사회복지학을 연구하는 학자들의 모임인 한국사회복지학회, 사회복지 기관이나 단체들의 연합체 성격을 지닌 한국사회복지협의회, 한국사회복지관협회 등과 사회복지의 수혜대상자인 국민 일반을 가리킨다. 사회복지학과에서는 사회복지 학생들을 가르쳐냄으로써 사회복지 행위자들의 기본적인 행동유형을 유지하는 역할을 수행하고 있다. 그러한 교육을 위하여 연구하는 학자들의 모임이나 학과들의 연합체가 사회복지체계의 행위자들에게 일정한 복지적 지향성을 갖게 할 것은 틀림없는 일이다. 한편 그러한 사회복지체계의 기능 실행은 일정한 긴장을 수반할 것이다. 긴장이 고조되고 사회복지체계의 스트레스가 쌓이면 그것을 해소해야 한다. 그러한 긴장처리 기능은 여러 가지 실천과 행사로 수행된다. 예컨대 구체적인 구제활동이나 복지서비스의 제공을 통한 복지욕구의 충족, 각종의 학회와 세미나, 사회복지대회 등이 그것이다.

현재 우리나라에서는 이와 같은 사회복지체계의 하위체계들 간의 기능적 상호의존관계가 그렇게 효율적으로 작용하고 있는 것 같지는 않다. 그것은 무엇보다도 정보의 통제가 L, I, G, A의 순으로 전혀 이루어지지 않고 있기 때문이다. 사회복지학회나 대학에서 연구와 교육이 제대로 이루어지지 못하여(L), 사회복지법체계(I)의 마련에 영향력을 주기는커녕 거꾸로 영향을 받고 있다. 또한 사회복지법에 따라 사회복지전달체계(G)가 올바로 통제되지 못하고 있다. 즉 많은 복지관련법들이 '~할 수 있다'라는 임의조항이 많아서 반대로 안 할 수 있는 가능성이 더 많은 실정이다. 전달체계상 공무원의 자의적 해석에 따라서 또는 현실적인 예산 확보의 어려움 등으로 얼마든지 시행하지 않을 수 있는 것들이 많기 때문이다. 사회복지전달체계(G)가 사회복지자원체계(A)에 정보통제를 못하고 있는 것도 사실이다. 사회복지정책은 보건복지부가 결정하는데 구체적으로 그것을 실행하는 공무원은 행정자치부 소속으로 되어 있어 업무의 전문성이나 효과성이 확보되기 어려운 실정이다. 더 근본적인 원인으로는 사회복지부가 독립되어 있지도 않다는 사실과 현재의 보건복지부조차 경제적으로는 기획재정부에, 행정적으로는 이미 말한 것처럼 행정자치부의 부속기구라 할 정도로 실제적 힘이 없다는 점을 들 수 있다.

2) 갈등론적 관점

갈등론의 핵심은 지배층과 피지배층이 사회적으로 희소한 자원의 배분을 둘러싸고 어떠한 갈등적 구조를 보이는가 하는 점이다.[14] 이 글에서 갈등론적 관점이란 사회복지의 발전을 설명하는 데에 가장 중요한 세력집단이라고 볼 수 있는 자본과 노동, 그리고 정부의 삼자 관계 갈등이 어떻게 처리되었는가, 그리고 그것이 사회복지의 기본 성격을 어떻게 규정하였는가 하는 점을 살펴보는 것이다. 사회복지의 발전은 자본가와 정부의 지배연합에 노동자와 일반 민중이 대응하여 지배층의 양보를 강제해낼 때 대체로 가능했다는 것은 역사가 증명하는 바이다. 이 관점에 따르면 적어도 지배층의 자발적인 양보 아래

---

14) 갈등이론의 대가인 다렌도르프(Ralph Dahrendorf)는 지배층의 불평등한 권위의 배분결과가 사회적 갈등의 본질을 이룬다고 보았다. 권위의 불평등한 배분은 희소한 사회적 자원의 불평등을 초래할 수밖에 없는 것이다(Dahrendorf, 1959: 206~240).

피지배층의 사회복지가 향상된 적은 거의 없다는 것이다.[15]

한국의 근대적 발전은 1960년대부터 시작되었다. 이때부터 시작하여 1987년의 민주화운동과 노동자 대투쟁, 그리고 노태우 대통령의 6공화국에 이르기까지 자본가와 정부의 밀월관계는 상당기간 동안 개발독재를 가능하게 하였으며, 그 결과는 노동에 대한 끊임없는 탄압과 저임금에 근거한 경제성장이라는 것으로 나타났다. 반면에 사회복지의 발전은 매우 저조하였으며 정권이 바뀔 때나 민심 무마용 또는 선거 득표용으로 약간의 제도적 외양을 갖추는 데 급급한 실정이었다. 그나마 1987년 민주화 운동 이후 6공화국에 들어와서 복지제도가 법적인 측면에서나마 어느 정도 자리를 잡게 되었다. 그 과정을 살펴보면 다음과 같다.

1961년 군사쿠데타로 정권을 잡은 제3공화국 박정희 정권은 1963년 노동법의 개정을 통해 노동조합의 정치활동을 금지시키고, 제2노조를 사실상 불법화시켰으며, 노조설립과 쟁의 행위를 허가제로 바꿨다. 또한 공무원의 노동 3권을 금지시켰다(임혁백, 1994: 376~379).[16] 한편 박 정권은 국민들의 지지를 얻기 위하여 1961년에 생활보호법, 아동복리법, 군사원호보상법을 만들었고, 1962년에 재해구호법, 1963년에 산업재해보상보험법, 의료보험법, 군인연금법, 사회보장에 관한 법 등을 만들었다. 이것은 전시적 성격이 강한 것으로 1960년에 공포되었던 공무원연금법과 더불어 군인연금, 산재보험, 생활보호법만이 실제 시행에 들어갔다. 그러나 그 수준은 매우 낮은 것이었다(이혜경,

---

15) 이 관점을 적용하면 한국의 역대 왕들이 흉년을 당하여 본인의 부덕을 운위하면서 빈민에 대한 구제를 행한 것도 왕권을 영속화하기 위한 음모가 되거나 난민의 폭도화에 대비한 술책이 된다.

16) 당시의 노동자들은 농촌에서 전입한 1세대 프롤레타리아로서 조직적인 노조운동을 하기에는 미약한 상태였다(최장집, 1988: 89~96).

1992: 376~388). 예컨대 산재보험 같은 것을 보자면, 1964년부터 실시되었는데 500인 이상의 사업장에만 국한된 것이었다.[17]

1971년 12월에 '국가보위에 관한 특별조치법'은 유신체제의 노동에 대한 가일층의 탄압을 하도록 만들어졌다. 그 내용은 단체교섭권, 또는 단체행동권의 행사는 미리 주무관청에 조정을 신청해야 하며, 그 조정결과에 따라야 한다고 규정함으로써 노조의 자율적인 단체교섭권, 단체행동권의 행사를 사실상 박탈하였다. 뒤이은 유신헌법에서는 공무원, 공공부문의 노동자, 전략산업에 종사하는 노동자들의 단체행동권을 박탈하였고, 1973년에 개정된 노동조합법에서는 산별체제를 지향하는 규정을 없애버렸다. 이렇게 박정희의 독재가 영속화되는 시점을 맞이하여 1973년에는 국민복지연금법이 만들어졌다. 이것역시 전시적 성격이 강한 것으로 15년 뒤에 1987년 '민주화의 봄'을 지나 1988년에나 실시되었다.

1979년 10월 박정희의 피살과 함께 찾아온 1980년 5월의 봄은 전두환의 군사쿠데타로 또 한 차례의 군사정권과 5공화국이라는 사생아를 1981년에 낳았다. 이 과정에서 노동탄압은 가일층 가혹해졌다. 1980년 7가지 정화 지침을 통해 노동조합 지도자들에 대한 정화를 추진하였다. 노총과 산별노조의 부패한 지도자들의 정화가 포함되어 있다지만, 실제로는 산별 민주화운동과 노동운동에 적극적으로 참여했던 노조간부들이 거세되었다. 한편 1980년 말의 노동조합법 등 노동관계법의 개정을 통하여 신군부는 산업별 노조체계를 부정하고 기업별 노조체계를 명문화하였다. 또한 제3자 개입금지를 신설하여 노조

---

17) 산재보험은 1993년 말 현재 5인 이상의 사업장에 적용되고 있다(남세진 외, 1995: 209~211).

외부의 노동운동단체, 사회단체들의 지원, 상담 등을 금지시켰으며, 노조의 해산명령권, 노조지도자의 자격제한, 결의취소 명령권 등도 명문화하여 통제를 강화했다. 그해에 1973년부터 1979년까지 2배나 증가했던 노동조합원의 수가 14만 명이나 감소하였다(신광영, 1994: 202~209). 이러한 노동탄압과 함께 새로운 지지의 근거가 필요했던 전 정권은 '민주·복지·정의사회 구현'이라는 구호와 함께 1981년 노인복지법, 아동복지법, 장애자복지법, 1982년에 유아교육진흥법을 제정하였다. 이와 같은 과정을 통하여 등장한 복지관계법들의 내용은 실제적으로 서비스 대상 전체를 포함하는 복지의 보편성이나 서비스 내용의 포괄성을 충족시키지 못했다.

이러한 노동에 대한 탄압과 자본에 대한 특혜를 중심으로 하는 성장 위주의 정책은 1987년 6월의 민주화운동 이후 잠시 주춤하는 듯했다. 왜냐하면 노동에 대한 탄압이 심할수록 노동자들의 저항도 격렬해졌기 때문이다. 같은 해의 노사분규 건수는 3,749건으로 전년의 276건에 비하여 3,473건이나 증가했으며, 1988년에는 1,873건, 1989년에는 1,616건이나 되었다.[18]

그런 와중에 1987년에는 노동관계법 개정으로 국가의 노조해산권이나 노조임원 자격 제한 등이 삭제되었다. 그러나 노조의 정치활동과 복수노조는 여전히 금지되었다. 한편 1988년부터 출범한 6공화국의 노태우 정권은 5공화국과의 단절을 의식하기라도 한 듯 선거공약과 이전부터 미루어왔던 복지관계법들을 실행해 나갔다. 이때부터 우리나라는 이른바 복지국가의 기본골격을 갖추어 나가기 시작했다. 그

---

18) 이것은 1987년 당시 민정당 노태우 대통령 후보의 6·29선언으로 민주화 요구가 폭발적으로 터져 나왔기 때문이며, 정부도 과거와 달리 불간섭주의를 채택, 노사 당사자 간의 임금해결을 종용했기 때문이다.

것은 1986년에 제정된 최저임금법과 국민연금법의 시행령과 시행규칙이 1987년에 제정되어 모두 1988년부터 실시되었다는 점, 그리고 1987년의 의료보험법 확대 개정, 1989년의 산업재해보상보험법 확대 개정 등 복지국가의 근간을 이루는 복지관계법의 시행을 통해서 확인된다(김태성 외, 1993: 318~332).

다음으로 6공화국의 연속선상에서도 문민정부의 차별성을 강조하는 김영삼 정권의 경우를 살펴보자. 김영삼 정권은 1993년 집권 초기에 노사관계의 개혁을 주장하여 사회 조합주의적인 방향으로 그 틀을 잡았으나 보수세력의 반대로 뜻을 이루지 못하였다. 그리하여 노동법의 전향적 개정 등이 수포로 돌아가는 듯했으나 집권 후반기에 들어서서 총선 승리를 계기로 다시 사회 조합주의적 노사관계를 실현시키려는 시도를 하고 있다. 더구나 OECD 가입을 계기로 노사관계개혁위원회가 가동된 바 있고 IMF 환란위기 시에는 노사정위원회가 위기해결에 기여하였다.

위와 같은 정부·자본·노동 간 갈등구조는 1960~1970년대에 정부의 강제 아래 정부가 자본과 지배연합체제를 구축하여 노동 일반을 억압하던 관료적 권위주의 상황에서 1980년대 후반에는 불간섭주의로, 그리고 1990년대에는 정부·자본·노동의 사회적 합의를 도출하려는 조정적 입장으로 변화되어 왔다고 볼 수 있다. 그것은 노동의 힘이 강화되어서라기보다는 정부가 OECD 가입을 위한 명분을 토대로 협동적 노사관계를 구축함으로써 생산적 경제를 운영하려 하는 의지의 발현이라고 볼 수 있다. 이것을 국가 조합주의(state corporatism)적 갈등구조에서 미미하나마 사회 조합주의(societal corporatism)적 협의구조로의 변화라고 부를 수도 있겠다(최경구, 1993: 270~280).[19]

4. 한국사회복지의 특성

1) 잔여적 기형성

한국사회복지의 첫 번째 특성은 한 마디로 '잔여적(residual) 기형성'이라 할 만하다.[20] 여기서 '잔여적'이라는 의미는 우선 개인과 가정이 복지를 책임지도록 하되, 그래도 복지적 삶이 되지 못하면 부족한 '나머지'에 대한 도움을 국가가 책임진다는 것이다. 따라서 한국의 사회복지가 잔여적이라 함은 국가가 겉으로 표방하든 안 하든 실제로 복지의 일차적 책임을 지지 않고, 이차적 또는 최소한의 책임을 지는 위치에 머물러 있다는 뜻이다. 한편 기형성이라 함은 그나마 최소한의 복지를 책임지겠다는 국가가 사실 그것도 체계적으로 하지 못함으로써 한국의 사회복지가 합리적인 발전을 하지 못하였다는 뜻을 지닌다. 즉 복지에 관한 정책이 복지주체의 필요에 따라 체계적으로 결정되지 못하고 복지 외적 요인이라 할 수 있는 국가의 복지책임 회피, 또는 정권유지 차원의 방편이나 행정편의주의의 영향을 받음으로써 필요한 곳에 적절한 수준의 복지공급이 되지 못하고 있다는 것이다. 사회복지에 대한 국가의 책임이 최소한으로 축소되어 있는 상태

---

19) 슈미터는 자본, 노동, 정부 간의 3자 관계에 입각한 정치체제를 국가 조합주의와 사회 조합주의로 나누어 설명했다(Schmitter, 1974: 20~22). 국가 조합주의는 정부가 자본과 노동의 협동을 강제하는 체제인 반면, 사회 조합주의는 정부의 지원 아래 자본과 노동의 자발적 합의와 조정이 이루어지는 체제이다. 국내에서는 사회적 합의주의라고도 부른다.

20) 잔여적이란 말은 윌렌스키와 르보가 사회복지의 모형을 잔여적 복지 모형과 제도적 복지 모형으로 분류함으로써 소개한 용어이다(Wilensky and Lebeaux, 1965: 138~140). 국가나 사회가 보편적으로 모든 사회성원을 복지의 대상으로 생각하고 복지서비스를 제공하는 것이 아니라 일차적으로 개인이나 가정이 복지를 책임지고 안 되면 선택적으로 도움이 꼭 필요한 사람에게만 도움을 주겠다는 것이 잔여적 복지 모델이다. 반대로 국가가 모든 국민을 대상으로 보편적이고 제도적인 차원에서 복지서비스를 제공하는 것이 제도적 복지이다.

에서 사회복지체계를 이루는 구성요소들 간의 관계가 복지 외적 요인에 따라 결정되는 상태를 가리켜 잔여적 기형성이라 할 수 있겠다. 말하자면 국가복지의 저발전과 비체계성이 잔여적 기형성의 내용이 되는 것이다. 이 경우에는 물론 국가복지가 확대되는 것이 복지국가화의 조건이라는 것을 전제하고 있다.[21]

복지국가화의 정도를 가늠해줄 수 있는 에스핑 앤더슨의 탈상품화 점수를 계산해보면 한국의 경우는 0점, 덴마크 38.1, 오스트리아 31.1, 독일 27.7, 일본 27.1 등이다. 탈상품화란 자본주의가 모든 것을 상품화하고 있는 데 반하여 인간화를 지향하는 연금이나 보험 등 복지국가화를 가늠할 수 있는 내용을 의미한다. 이 점수는 1988년을 기준으로 한 것으로 당시의 한국은 국민연금은 입법화되었으나 아직 범국민적으로 시행되지 않은 상태였고, 의료보험이나 고용보험이 본격화되기 전이었으므로 1990년대 중반 이후를 기준으로 하면 한국의 탈상품화 점수가 5 이상일 것으로 짐작할 수 있으나 다른 복지선진국에 비할 바가 아니다(송호근, 1992: 100~110). 논자에 따라서는 한국에서도 산재보험, 최저임금제, 고용보험, 의료보험, 연금보험 등 주요 사회보험제도가 성립되어 있으므로 이제는 복지국가의 틀을 갖추었다고 보기도 한다. 그러나 아직도 그 내용에 부응하는 실질을 갖추지 못하고 있는 것이다.

의료보험과 국민연금의 경우만을 보더라도 그러한 점은 분명해진

---

21) 이런 전제가 달라진다면, 다시 말해서 복지국가에서 국가의 역할이 이차적인 것으로 바뀌는 경우가 생긴다면 이와 같은 전제가 달라질 수도 있을 것이다. 그러나 아무리 세계화 시대라 하더라도, 그리고 국경의 의미가 점점 희박해진다 하더라도 복지국가의 이상이 사라지지 않는 한 국가복지의 중요성은 사라지지 않을 것이다. 왜냐하면 국가가 존재하는 한 사회정의나 형평성의 문제, 또는 사회적 기회의 평등이 갖는 중요성이 변하지는 않을 것이기 때문이다.

다. 전국민의료보험제도는 1989년 7월에 완성되어 지금까지 세 번의 의료보험 통합논쟁을 겪으면서 조금씩 변화의 모습을 보이고는 있으나 계속 조합방식을 고수함으로써 문제점이 심화되는 양태를 보이고 있다. 조합방식이란 현재와 같이 직장별·지역별로 의료보험조합을 독립적으로 운영하는 것을 말하고 통합방식이란 전국을 하나의 단위로 통합하여 운영하자는 것이다. 조합방식은 조합 간의 빈부격차가 발생하고 인건비나 운영비가 많이 들어서 국가 전체로 보면 낭비적인 측면이 있다. 반면에 통합방식은 전국을 하나의 단위로 통합하여 운영함으로써 인건비의 절감효과와 합리적 경영과 분배를 가능하게 하는 장점이 있다. 조합방식은 직장의료보험과 공무원·교원의료보험의 재정 과잉 안정과 지역의료보험의 재정불안정이라는 문제 등을 나타내고 있다(김연명, 1995). 이후 김대중 정권은 1999년 국민건강보험법을 제정, 2000년부터 전국을 하나의 국민건강보험제도로 통합하여 운영함으로써 통합방식을 실현하였다.

국민연금은 1975년 법제정 당시 30인 이상 사업장에서 시행하도록 하였으나 시행이 보류되어 13년후 1988년부터 10인 이상 사업장에서 시작되었다. 1992년 5인 이상 사업장, 1995년에 농촌지역으로, 1999년에 도시지역 자영업자도 가입대상이 됨으로써 1988년 당시 420만이던 가입자는 2011년말 현재 2,000만 시대에 이르렀고 전 국민을 대상으로 하는 연금제도로 자리 잡았다. 그러나 대기업부터 시작하여 중소기업 사업장으로 가입대상자가 확대되어 오는 동안 연금제도가 소득히 많은 사람들을 위하여 실시되는 역진적 특성이 지속되었으며, 아울러 2011년 현재 납부예외자가 487만에 이르는 등 관리운영상의 문제점이 나타나고 있다. 특히 1998년 국민연금 기금운용위원회 위원장이 경제기획원 장관으로부터 보건복지부 장관으로 바뀌면서 가입자 대표가 과반수가 되는 등, 국민의 대표성과 민주성이 확보되는 듯했으나, 사실상 관료들과 금융전문가들이 좌우하면서 국민의 대표성과 사회적 책임성이 위협받고 있는 실정이다(주은선, 2012: 99~143).

이와 같은 잔여적 기형성이 우리나라 사회복지의 특성으로 자리하게 된 역사적 배경을 살펴보면 대략 세 가지로 설명할 수 있다.

첫째, 일제 강점기 말에 만들어졌던 '조선구호령'이 해방 후 1961년에 이르러 생활보호법이 만들어질 때까지 계속 시행됨으로써 최소한의 구제와 불만세력의 무마라는 식민통치의 논리가 청산되지 못한 채 자리 잡게 된 점을 들 수 있다. 일제가 노렸던 점은 오직 식민통치에 있는 조선민중의 불만을 무마하고 전시에 필요한 인력과 물자를 효과적으로 동원하고자 하는 것이었다. 해방 후 미군정의 기본정책도 그 범주를 벗어나지 못했고 이승만 정권도 그러하였다.[22]

둘째, 30여 년간의 군사정권 시절을 통하여 모든 사회정책이 경제성장 위주로 이루어지는 가운데 사회복지란 마치 경제성장의 부산물인 것처럼 인식되는 풍토가 지배적이 되었다는 사실이다. 경제성장과 사회복지의 관계는 마치 물이 그릇에 가득 찬 다음 흘러내리면서 주변을 적시는 것과 같이 생각되었다. 성장만 되면 그 성장의 열매가 흘러 넘쳐 자연히 하층계급도 잘 살게 된다는 것이다. 흔히 말하듯 파이가 커야 나누어 먹을 것도 많다는 논리이다. 그러므로 우선은 참고 파이를 크게 만들자는 것이다. 그러나 사회복지란 파이를 만든 후에만 적용되는 개념이 아니다. 파이를 만들 때부터 기분 좋게 만들 수 있는

---

22) 4·19학생 혁명으로 10개월간 집권하였던 장면 정권이 1960년 공무원연금법을 통과시켰던 것은 기억해둘 만하다.

여건과 분위기를 조성하는 것 자체가 이미 복지의 시작인 것이다. 사후적 복지의 개념이 아니라 사전적, 예방적 차원의 복지가 더 중요한 것임을 잊어서는 안 될 것이다. 우선 파이를 크게 만들자는 미명 아래 노동자들의 임금 상승을 억압하는 풍토가 1960~1970년대를 지배하였으나, 1987년 민주화 대투쟁 이후 노동자들의 임금 인상이 대폭적으로 이루어진 역사가 그것을 증명하고 있다. 예방이 중요한 것이다.

셋째, 사회복지가 세인으로부터 주목의 대상이 된 배경 자체가 선전적 차원에서 비롯된 것이었기 때문에 사회복지 본래의 목적이나 이념에 따라 체계화되기가 어려웠다는 사실을 지적할 수 있겠다. 사회복지라는 용어가 국민적 관심을 끌게 되었던 것은 1979년 전두환이 12·12 불법 군사쿠데타로 정권을 탈취하고 그 후 정권의 정통성을 만들어내는 과정에서 주창한 '민주·복지·정의사회 구현'이라는 구호에서부터였다. 그전까지는 복지라는 용어가 세인의 관심을 끌지 못하였다. 대학의 학과 이름조차도 사회사업학과가 더 많았다. 그러나 그 후 1983년 사회복지사업법이 개정되면서 사회복지사업 종사자가 1, 2, 3급의 사회복지사로 개명되는 일이 발생하였다. 그 후에 한국사회사업학회가 한국사회복지학회로 명칭을 바꾸고 한국사회사업가협회도 한국사회복지사협회로 명칭을 바꾸었다. 관료집단의 결정에 영향을 받아 사회복지라는 용어가 각광을 받게 되는 이상한 현상이 벌어진 것이다. 이 자체가 바로 복지의 한계로써 기형적인 모습을 갖게 되는 이유가 된다.

2) 복지추동세력의 부재

한국사회복지의 두 번째 특성은 사회복지를 실현하는 데 핵심적인 역할을 담당해야 하는 사회세력이 부재하다는 데 있다. 사회복지란 인간다운 삶을 국민들에게 담보해주기 위하여 필요한 자원을 동원하고 배분하는 일련의 체계이다. 이러한 복지자원의 동원과 분배는 가진 자들의 시혜나 어느 개인의 자비심만으로 이루어질 수 있는 것이 아니다. 사회복지의 역사상 복지의 획기적 증대는 복지의 추동세력이 자본가나 정부로부터 일정한 양보를 강제해 낼 수 있을 정도의 힘이 있을 때에 가능했던 것임을 알 수 있다. 그 방법에는 정당을 만들어 정권을 장악하거나 아니면 조직화된 힘을 바탕으로 유사집단 간의 연대를 모색하고 압력을 가하는 등 여러 가지가 있을 수 있다.

한국에서는 그러한 힘을 가진 집단이 아직 없다. 스웨덴을 비롯한 유럽 여러 나라들은 노동자들을 대변하는 사회민주당 또는 노동당이 장기간 집권함으로써 복지국가를 실현시켰다. 우리나라에서는 그것이 원초적으로 불가능하다. 왜냐하면 남북이 분단된 이래 남한에서는 이른바 'red complex'가 생겨나 노동이라는 말만 들어도 알레르기 반응을 일으키는 풍토가 만연되었기 때문이다. '노동자'라는 용어 대신 굳이 '근로자'라고 써야 마음이 놓이는 소아병적인 분위기가 있는 것도 사실이다. 실제로 그동안 일부 진보적인 인사들이 몇 차례의 선거에서 진보정당을 통한 의정활동을 시도한 적이 있으나 1996년 현재 전부 실패했다. 그 뒤 2012년 현재 통합진보당이 존재하고 있으나 19대 국회의원 전체 300명 중 13명에 불과하다. 그것도 자체 조직 계파 간 분열상을 나타내고 있는 형편이다. 이런 상황에서는 사회복지가 발전하기 어렵다. 물론 1990년대에 들어와 소련이 붕괴되고 김일성이 사망하는 등 결정적으로 남한이 우월한 위치에 서기는 했지만 아직도 국민들에게는 마음을 놓고 사회민주당이나 노동당을 받아들일 수 있는 아량이 생기기를 기대하기는 어려운 것이다. 물론 진보정당의 출현이 반드시 사회복지의 확대나 복지국가의 등장을 의미하는 것은 아니다. 다만 상대적으로 복지를 강조한다는 의미가 있을 뿐이다.

그 외에 복지의 추동세력이 될 수 있는 조직력 있는 집단은 상대적으로 복지를 여당보다 좀 더 강조하는 야당이나 조직화된 노동조합 세력 정도라고 볼 수 있으나 그마나 정치적 영향력이 크지 않다. 그 동안에도 그러했지만 결국 가능한 것은 정부의 의지에 따라 '위로부터의 사회복지'가 이루어지기를 기대할 수밖에 없는 것이 우리의 형편이 아닌가 생각한다.

그러나 근래에 복지추동 세력의 또 다른 형태로 몇 가지 운동이 있었음을 주목할 필요가 있다. 그것은 1991년에 있었던 '최저생활을 위한 헌법소원 청구운동', 그리고 '국민생활 최저선 확보운동'이다(남세진, 1995: 415~419). 예산 삭감 저지운동은 1991년 한국사회사업(복지)대학협의회, 한국사회복지학회, 한국사회복지사협회 등 세 기관의 연합 대토론회로 시작되었다. 이들은 삼자연합으로 공동선언문과 국회에 보내는 결의서와 성명서 등을 채택하고 서명작업도 하였다. 또한 사회복지계열 대학과 대학원의 학생들도 1992년 사회복지 예산삭감 저지를 위한 공동대책위원회를 열고 국회 앞에서 평화적인 시위와 농성을 벌인 결과 어느 정도의 성과를 얻을 수 있었다. 한편 최저생활 보호를 위한 헌법소원 청구운동은 한국사회정책학회의 이남진 변호사가 서울 중구 중림동 305번지에 사는 심창섭(88), 이금순(82) 두 노인을 도와 1994년 2월에 우리나라에서 처음으로 생활보호급여의 적정기준 문제에 대하여 헌법재판소에 헌법소원심판청구를 냈던 것을 말한다. 국민생활최저선을 확보하기 위한 운동도 참여연대의 사회복지위원회가 1994년 12월에 정부를 상대로 국민연금기금운용 손실액에 대한 손해배상소송을 내는 등 새로운 운동을 시작하였다.

이와 같은 일련의 움직임은 시민운동으로서 복지추동세력이 전문가집단을 중심으로 새롭게 형성되는 것으로 보여 귀추가 주목된다고 하겠으나 그 대중적 조직에는 한계가 있을 것이다.

5. 한국사회복지의 전망

1) 복지자본주의

앞으로의 사회를 후산업사회, 또는 정보화 사회, 또는 후물질주의 사회라고 할 때, 그 목표는 분명히 산업사회의 폐해를 시정하는 방향이 될 것이다. 그것을 복지와 관련된 용어로 설명한다면 로브슨(Robson)이 지적한 바와 같이 '복지국가를 넘어선 복지사회의 실현'이라고 표현할 수 있다(김영모, 1979: 201~207). 그의 말대로 복지의 관료화나 비인간화를 넘어선 이타주의적, 인간적 복지의 실현을 주도할 복지적 삶의 장이 만들어지는 이상 사회의 실현이 가능할 것인지는 오직 인간의 노력에 달린 문제이다.

한국의 사회복지는 그러한 이상에 도달하려면 아직도 가야 할 길이 멀다. 무엇보다도 한국의 실정은 복지추동세력이 부재하거나 아주 허약한 상태이기 때문에, '위로부터의 복지'를 당분간 더 기대할 수밖에 없는 형편이다. 그런데 현재는 그것을 기대하기도 어렵다. 왜냐하면 과거의 군사정권들은 그나마 자기들의 부족한 정통성 확보를 위한 수단으로 복지에 대한 관심을 표명하였으나, 현재의 문민정부는 정통성 시비를 떠나 있고, 또 마침 정권이 출발할 때 경제적 위기설이 파다하여 '신경제5개년계획'을 통하여 경제에만 신경을 쓰고 복지에 대해서는 오히려 그 관심이 부족한 상태에 있다. 그것은 복지예산의 확보율이 해마다 제자리걸음을 하거나 어떤 경우에는 떨어지는 것으로 나타나고 있다. 1992~1994년의 연도별 보건사회부 예산 증가율은 평균 7% 정도로서 일반회계예산 평균 증가율인 15%의 반도 안 되고 있다. 1993년도 사회복지서비스 예산과 1994년도 보건의료 예산만이 평균등가율을 상회하고 있을 뿐이어서 사회복지 발전이 정체되고 있는 것을 알 수 있다(이영환, 1995).

이러한 상황은 결국 복지자본주의의 이데올로기 아래 영리추구를 인정하는 복지체제의 발전을 가져올 것이라는 전망을 가능하게 한다. 가까운 일본에서 노인복지사업과 장애인복지사업이 복지산업으로 발전하고 있는 것을 보면 우리나라에서도 그와 같은 복지산업이 발달할 가능성이 많다. 이미 유료양로원이나 요양원 등이 들어서고 있고 각종의 전문사회사업서비스가 계획되고 있는 상황이다. 그렇게 되면 가난한 요보호 노인이나 장애인은 서비스의 질이 상대적으로 낮은 국가의 서비스를 받게 될 가능성이 높아질 것이다(김영모, 1993: 300~302). 국가의 복지서비스가 민간의 복지서비스에 비해 그 질이 떨어진다면 국민적 위화감의 조성 등 새로운 사회문제가 제기될 가능성도 배제할 수 없다. 국가는 사회통합과 사회정의의 실현이라는 차원에서 가능한 한 서비스의 차별을 줄이도록 노력하여야 할 것이

며, 또한 전반적인 사회복지의 실현에 대한 1차적 책임을 확실하게
져야 할 것이다.

2) 지역사회복지

지방자치 시대의 도래는 민주주의와 특히 사회복지의 실현이라는
측면에서 매우 바람직한 것임에 틀림없다. 선진국의 예를 보아도 지
방자치의 전통이 확고한 나라들이 사회복지가 발달되어 있음을 알
수 있다. 스웨덴 같은 경우에는 지방자치단체의 예산 중에서 50% 이
상을 사회복지와 교육에 충당하고 있다(최경구, 1994: 283~287).

혹자는 우리나라가 권위주의 문화에 길들여져 지방자치가 맞지 않
다는 주장을 펴기도 한다. 그러나 필자의 견해로는 우리나라의 전통
적 사회적 성격은 오히려 지방을 중심으로 형성된 것이 많고 그 결과
그것이 지나쳐서 요즘의 지방색이니 지역갈등이니 하는 것이 문제가
되는 상황이라고 본다. 따라서 지방자치의 과도기만 지나면 오히려
지방을 중심으로 발달하였던 역사를 상기해볼 때 복지 역시 지방화
시대를 맞아 얼마든지 바람직한 방향으로 발전할 수 있을 것이다. 다
만 현재 열악한 지방 재정문제를 해결하기 위하여 현재보다는 좀 더
큰 지역자치 구획을 만들어야 할 것이다. 장기적으로 좀 더 큰 지역
자치 구획을 만들어 재정문제를 해결하면서 동시에 지방에서 큰 인
물이 전국적인 인물로 커 나갈 수 있는 정치적 훈련의 장도 될 수 있
도록 되어야 할 것이다.

지방화시대에 사회복지사업은 무엇보다 주민참여가 활발하여야 한
다. 이의 조직화는 지역사회복지협의회의 결성과 밀접히 관련된다. 특

히 시단위의 사회복지협의회의 결성이 시급하다 할 것이다. 1996년 현재 시단위의 사회복지협의회는 원주에 원주시사회복지협의회가 결성되어 있다. 앞으로 더 많은 지방자치단체의 사회복지협의회가 결성되어야 할 것이다. 동시에 사회복지와 관련된 자원봉사자인 법정위원, 예컨대 복지위원, 생활보호위원, 아동위원 등 실제적 역할과 기능을 활성화해서 지역사회에 봉사할 수 있도록 하여야 한다. 민간의 자원봉사인력도 사회복지기관이나 각종 사회복지 관련 단체들이 어떻게 동원하고 활용하느냐에 따라 자원의 동원이나 아동복지, 청소년복지, 노인복지, 장애인복지 등 지역사회복지 발전의 견인차 역할을 담당할 수 있을 것이다.

3) 기업복지

선진국들과 비교해볼 때 일본과 한국은 기업복지가 상대적으로 중요시되고 있는 나라들이다. 그것은 국가가 사회복지의 2차적 또는 3차적 책임을 지는 잔여적 형태를 취하는 결과로 나타나는 현상이다. 즉 개인과 가족이 복지의 1차적 책임을 지고, 그래도 부족한 부분을 국가가 2차적으로 책임을 지게 되는데, 이 경우에 국가가 그 책임을 확실하게 지지 않고 기업에 떠넘긴 결과로 기업복지가 발전한다는 것이다. 결국 국가가 3차적 책임을 지는 셈이다.

한국에서 기업복지가 상대적으로 중요해지는 이유는 간단하다. 국가가 경제성장을 위하여 기업을 옹호하고 온갖 혜택을 준 결과 기업이 성장했으므로 이제는 기업이 국가의 그러한 혜택에 대해서, 다른 말로 하면 국가의 지대추구행위(rent-seeking behavior)에 대해서 대가를 지불해야 한다는 것이다(송호근, 1992). 국가를 대신하여 국민 일반에 대한 복지서비스를 하라는 국가의 압력에 대하여 기업은 할 수 없이 종업원들에 대한 복지를 강화함으로써 기업복지를 발전시키게 된다는 것이다. 이에 더하여 우리나라의 경우에는 1960~1970년대에 저임금을 바탕으로 경제성장이 이루어졌으므로 그것을 감내했던 노동자들에 대한 보상의 의미로서도 기업복지를 강화해야 한다는 논리가 가능하다. 복지에 대한 국가 책임을 회피하는 논리라 하겠다.

1987년 이후 기업복지가 대폭 증가되었다고는 하나 아직도 형식에 그치는 경우가 많다. 앞으로도 기업복지를 강화하여 형식적 수준 이상으로 그 실질적 내용을 확보하려는 추세는 계속될 것으로 보이며 어느 정도의 효과도 있을 것이다. 다만 기업이 언제까지나 그 부담을 무제한적으로 지려 하지는 않을 것이기 때문에 일정한 단계를 지나고 또 국가의 복지에 대한 책임의식이 좀 더 적극적인 방향으로 바뀔 때에는 기업복지 대신에 국가복지가 발전하게 될 것이다. 따라서 국가와 기업, 기업과 기업, 또는 대기업과 중소기업 간 입장이나 이해관계의 차이 등이 새로운 문제를 일으킬 가능성을 배제할 수 없다. 현재로서는 기업복지의 확대와 내실화에 기대를 할 수밖에 없는 것으로 생각된다. 또한 각 재벌기업들이 복지재단을 설립하여 복지사업을 지원하는 추세도 바람직한 것으로 계속 지지되어야 할 것으로 보인다.

6. 결론

한국사회복지의 구조와 특성, 그리고 그 전망에 관한 이제까지의 논의를 통하여 우리는 한국의 사회복지가 바람직한 수준을 유지하고 있지는 못한 것으로 평가할 수 있을 것이다. 그것은 사회복지의 자원체계, 전달체계, 법체계, 교육체계가 상호 기능적이지 못하다는 점과, 1987년 민주화 대투쟁 이후 전반적인 사회복지의 발전이 이룩된 것이 사실이지만 내용이 따르지 못하는 형식적 측면이 크다는 사실, 그리고 복지추동세력의 부재로 결국 위로부터의 복지를 기대할 수밖에 없는 구조인데도 정부는 경제우선주의 정책을 별로 개선할 의지가 없다는 점 등을 통하여 내릴 수 있는 결론이다.

그러나 위와 같은 다소 비관적 결론만이 전부는 아니다. 적어도 그동안의 복지발전은 미흡하나마 산재보험, 의료보험, 국민연금, 고용보험 등 기본적 복지제도의 마련과 공공부조와 사회복지서비스의 최저한을 보장하기 위한 노력을 기울이고 있는 것만은 사실이라는 것 등을 긍정적으로 평가할 수 있다. 즉 초보적 복지국가의 면모는 나타내고 있는 것이다. 중진, 또는 선진복지국가가 되려면 복지예산의 획기적 증대와 복지전달체계의 독립성 보장, 최저생활 보장, 사회복지서비스의 확대 등 할 일이 많이 남아 있다.

1995년 3월에 나온 '삶의 질의 세계화를 위한 대통령의 복지구상'이라는 것을 보면 생산적 복지의 원칙이라는 것이 있다. 이것은 '사후적 복지가 아니라 예방적 복지이며, 소비적 복지가 아니라 생산적 복지이다. 복지는 소비가 아니라 미래를 위한 투자이어야 한다'고 말하고 있다(세계화추진보고회의자료, 1995). 또한 생산적 복지는 지적 자산의 수준을 높이는 투자형 복지여야 하며 그것은 수혜자 스스로의 자구 노력이 전제될 때 효과적이라고 주장하고 있다. 이러한 주장은 매우 합리적으로 보인다. 다만 수혜자의 자구 노력이 전제되어야한다든지, 미래를 위한 투자형 복지여야 한다는 견해는 적극적으로 복지의 수준을 강화하겠다는 의지의 반영이라기보다는 잔여주의적 입장을 견지하겠다는 것으로 풀이할 수 있는 것으로 소극적 측면을 드러내고 있다. 이러한 입장은 최소 수준 보장의 원칙에서 '국민최저 수준 이하로 생활하는 취약계층의 기본적 생활조건인 소득, 의료, 교육, 주거 문제에 대해서는 국가가 반드시 책임져야 한다'고 못 박고 있는 것에도 반영되어 있다. 말하자면 국가의 책임은 취약계층의 생활에 한정되어 있다는 의구심을 갖게 한다. 이와 같은 정부의 입장은 결국 경제성장에 조금이라도 피해가 되지 않도록 하겠다는 경제우선주의의 입장을 반영하고 있다.

그러나 최소한 경제와 복지가 다 같이 균형을 이루어야 한다는 정도로 생산적 복지의 내용이 진일보해야 한다. 자본주의 사회의 기본은 자유로운 영리추구의 생산 활동이라는 것을 부정할 사람은 없다. 그러나 이에 못지않게 중요한 것은 인간다운 삶의 보장이다. 영리추구가 인간적 삶의 보장을 위해서 도움이 되어야 하고 반대로 인간적 삶의 보장이 영리추구의 생산 활동을 돕는 것이어야 할 것이다. 이것이 이른바 생산과 복지의 결합으로서 생산적 복지의 실제 내용이 되는 것이 바람직할 것이다. 경제와 복지의 균형을 맞추어 국가발전의 두 수레바퀴가 함께 굴러가야 한다.

이런 과제들에 더하여 한국은 더 근본적이고 역사적인 도전을 맞고 있다. 그것은 남북통일의 문제와 관련된다. 이제 통일은 눈앞에 다가오고 있다. 점진적·평화적 통일이 바람직한 것은 두말할 필요도 없으며 그러기 위해서는 북한을 슬기로운 방법으로 원조해줌으로써 독일처럼 갑작스러운 통일이 되지 않게 해야 한다. 이 점에서는 통일과 사회복지 문제가 심도 있게 이루어져야 한다는 현실적, 당위적 요청이 존재하고 있다. 미리부터 북한과 남한의 사회복지에 관한 연구

를 통하여 유사점과 차이점을 확인하고 복지의 통일을 이루기 위한
제도적 가능성에 대해 연구해야 할 것이다. 이것은 또한 인간사회의
질서가 어떻게 가능한가라는 해묵은 사회학적 테제와도 관련하여 많
은 시사점을 우리에게 던져 주고 있다. 통일에 따른 새로운 국가복지
의 형성은 사회질서 확립에 매우 중대한 기여를 할 수 있을 것이기
때문이다. 경찰의 물리적 강제에 따른 질서가 안정적일 수 있기 위해
서라도 복지제도의 확립이 무엇보다도 필수적이다. 복지가 주는 마음
의 평화가 질서의 근본이 되기 때문이다.

제4장 IMF체제 이후의 한국 사회정책 방향[1]

1. 서론

1960년대부터 시작되어 온 한국의 근대화 40년은 자본주의의 경제 성장 위주로 일관되어 왔다. 그동안 괄목할 만한 경제성장을 중심으로 사회경제적, 정치문화적 발전이 되어 온 것도 사실이다. 아시아의 용 네 마리 중 하나로 세계의 주목을 받았으며, 여타 개발도상국들의 부러움을 사기도 했다. 이와 같은 발전은 서구 근대화 400년의 역사를 10분의 1로 단축시키는 혁명적 변화를 수반하는 것이었다.[2] 동시에 그것은 개발 독재와 정경유착과 재벌의 족벌식 문어발식 경영으로 천민자본주의의 표본인 부정과 부패를 이 사회에 만연시켰다.

설상가상으로 1997년 말에 찾아 온 환란위기는 한국이 IMF(국제통화기금)의 구제 금융을 받지 않을 수 없는 상황을 초래하였다. IMF체제는 신자유주의적 구조조정을 강제함으로써 2년 만에 환란위기를 극복하고 다시 성장의 궤도에 진입할 수 있게 하였으나, 반면에 빈부격차

---

1) 이 글은 『한국행정연구』 9권 2호에 2000년에 실렸던 것을 약간 수정한 것이다.

2) 서구 근대화의 시작을 보는 관점은 산업혁명기부터 보는 관점과 르네상스기부터 보는 관점의 두 가지가 있다. 인간중심주의 가치관의 시작이라고 보는 르네상스기부터 본다면 서구 근대화의 과정은 400년 정도가 된다고 볼 수 있다.

를 심화시키고 실업을 증대시키는 중대한 사회적 문제를 야기하였다.[3]

이 글에서는 먼저 IMF체제와 신자유주의에 대한 논의를 통하여 위기의 환경에 대한 기본적 이해를 하고자 했다. 다음으로 그동안 IMF체제가 경제정책을 강조함으로써 초래할 수밖에 없었던 사회통합의 위기를 빈부격차의 심화와 소외계층의 증대에 두고 그 대안적 방향을 찾아보고자 하였다. 현재 한국의 자본주의가 천민자본주의가 아닌 건전한 민주자본주의로 성숙하게 거듭나기 위해서도 빈부격차가 심화되거나 소외계층이 증대되는 것은 지양해야 한다.

이를 위하여 필자는 각각의 과제에 대하여 먼저 그 원인과 관계되는 선행적 정책 방향을 모색해보고 그런 다음에 그 과제의 해결을 위한 직접적 정책 방향을 제시해보는 방법을 취하였다. 즉 빈부격차의 원인과 관계되는 선행적 정책 방향으로는 조세문제를 거론하여 탈세를 방지하고 사회통합의 재원 마련을 위한 기본적인 토대를 세우는 것이 필요하다고 보았다. 그리고 직접적인 정책 방향으로는 사회적 안전망의 구축과 사회보험의 내실화를 들었다. 한편 소외계층의 문제와 관련하여서는 부정부패의 척결을 선행적인 정책 방향으로 그리고 직접적인 정책 방향으로는 적극적 노동시장정책과 사회적 배제 계층 지원과 관련된 정책 방향 등을 제시하고자 했다.

이 글에서 필자는 이와 같은 정책 방향이 국민의 정부에서 말하는 '생산적 복지'를 실현할 수 있는 길이라고 생각했다. 그것은 생산적 복지를 '경제체계의 효율성과 사회체계의 형평성을 가능하게 하는 통합적 환류체계'로 정의할 수 있기 때문이다. 그런 의미에서 조세정

---

3) 신자유주의는 김영삼의 문민정부 때부터 시작되어 결국 외환위기를 초래하는 중요한 원인의 하나가 되었다. 김대중 대통령 당선자 역시 신자유주의 정책기조하에서 외화를 빌려 오고 투자를 국내에 유치해야 했다.

의의 실현과 부정부패의 척결도 생산적 복지의 논의 구조에 포함시킬 수 있다고 보는 것이다.

2. IMF체제와 사회통합

1) 신자유주의의 등장과 IMF체제

경제체제와 사회체제는 각각 효율성과 형평성을 추구하는 바를 목적으로 하며 상호보완적이기도 하면서 동시에 상호모순적 메커니즘을 지니고 있다. 효율성은 자유와 경쟁을 전제로 하여 그 목적이 달성될 수 있으나 형평성은 질서와 협동을 전제로 하는 모순적 측면이 있는 것이다. 그러나 효율성을 추구해야 경제 발전이 되고 사회성원들의 삶의 질을 높일 수 있다. 한편 사회성원들의 형평성이 바탕이 되어야 경제발전의 원동력을 제공할 수 있다. 그러므로 어느 하나를 위한 정책이 다른 하나를 위한 정책보다 과도하게 앞서 나가면 전체적으로 통합적 균형을 상실하게 됨으로써 국가적 위기를 맞게 되는 것이다. 신자유주의는 복지국가가 사회적 형평성보다 경제적 효율성을 더 중시하게 되는 세계적 변동 과정에서 등장했다.

1973년과 1979년의 석유위기는 당시의 중동산유국들이 자원민족주의적 입장에서 원유의 단가를 갑작스럽게 높임으로써 전 세계에 경제공황을 초래한 사건이었다. 그때까지 꾸준한 경제성장률을 자랑하던 OECD국가들은 마이너스 성장을 감수하지 않을 수 없었으며 세계적 공황이 발생했던 것이다. 당시 대부분의 선진국들은 복지국가를 발전시키기 위한 복지의 확대 정책을 실시하고 있었으며, 이른바 '복지국가의 황금기'(1945~1975)를 누리고 있던 시기였으므로 석유위기로 인한 경제적 타격은 거의 치명적이라 해도 좋을 정도였다. 이 시기에 등장한 신자유주의는 대처리즘과 레이거노믹스로 대표되는 이데올로기로서 사회민주주의적 복지국가의 황금기가 쇠퇴하면서 영향력을 더해갔다. 신자유주의는 복지비의 삭감과 세금의 삭감, 민영화 정책 등을 전제로 국가예산을 줄여 작은 정부를 지향하되 자유로운 기업 활동과 자유무역을 지원한다. 신자유주의 정책의 핵심사상은 시장의 이윤 추구를 제한하는 국가의 개입을 철폐하고 사적 자본과 시장에 자본주의 재생산의 자기 규제 기능을 보장해야 한다는 것이다. 신자유주의는 세계화를 통한 생산의 국제화와 초국적 국제금융 기구를 통하여 국민국가의 경계를 넘어서서 자본주의적 무한경쟁을 부추겨 왔다(최경구, 1993).

IMF는 이러한 신자유주의 이데올로기의 전도자로서의 성격을 지닌 국제적 금융기구로서 현재 181개 회원국 간의 통화문제에 대한 국제적 협조, 국제무역의 균형성장 촉진, 환율안정 도모, 다자간 결제기구의 형성을 돕는다. 미국은 IMF에서 다른 국가들에 비해 지분이 많다는 점과 막강한 초국적 금융자본을 배경으로 하고 있다는 점에서 그 헤게모니를 잡고 있다. 근래에 IMF구제 금융을 받는 나라들이 늘어나면서 IMF는 세계은행(IBRD)과 1995년에 출범한 WTO(세계무역기구)와 더불어 세계의 자본주의 질서를 유지하는 역할을 하며 특히 제3세계 국가들에게 신자유주의 정책을 강요하는 입장을 선도하고 있다. 이들의 국가개입철폐는 결국 국가의 복지기능의 철폐에 다름 아니며 국가의 축적기능의 강화로 나타나고 있는 형편이다(권혁창·여유진, 1999: 13~45).

2) IMF체제와 사회해체

IMF구제금융을 받을 때 회원국에 부과되는 자금지원 조건은 회원국의 의무사항으로 IMF가 해당 국가에 기대하는 정책이다. 이러한 정책은 대개 IMF와 회원국 간의 의정서로 작성된다. IMF가 요구하는 구조조정의 프로그램은 모든 무역제한을 철폐하여 다국적기업의 자유로운 접근을 보장하는 내용으로 이루어져 있다. 이러한 프로그램은 한국에도 적용되었다. 한국의 경우 IMF 구제금융에 수반하는 경제조정 프로그램은 'IMF 자금지원에 따른 이행각서'에 나와 있다. 그 내용은 경제개방과 자유경쟁 환경에 맞는 거시경제 운영, 국가개입의 차단, 경쟁친화적인 법규와 제도의 정비, 유연한 노동시장 환경, 시장경쟁에 부합되는 산업구조 정비 등으로 정리할 수 있다(권혁창·여유진, 1999: 25). 한국의 IMF체제는 결국 자본주의의 자유로운 발전을 도모하기 위하여 과도한 국가의 개입을 막고 유연한 노동시장을 조성하며 기업의 구조조정을 통한 국내외 경쟁력을 향상시킴으로써 경제 활성화를 도모하는 전략적 체제라 할 수 있겠다.[4]

이러한 IMF체제가 강제하는 신자유주의적 정책프로그램은 일반적으로 멕시코를 비롯한 남미국가들 그리고 아프리카 국가들과 같은 제3세계의 빈곤과 실업사태를 악화시킴으로써 사회통합을 저해하는 영향을 미쳤다. 한국의 경우에도 예외는 아니어서 전반적으로 빈곤과

---

4) 그러나 한국은 국가의 개입을 막는 정책 자체나 기업의 구조조정 역시 강력한 국가의 힘이 뒷받침되어야 할 수 있는 것임을 과거 2년간의 IMF체제 극복을 위한 노력에서 확인할 수 있었다. 재벌해체나 규제완화라는 일련의 과정이 그러하였음은 신자유주의가 자체적으로 지닌 모순의 결과라 하겠다. 즉 건전한 민주자본주의가 작동하기 위하여서는 정경유착의 뿌리를 끊고 기업 자체가 자생력과 경쟁력을 가질 수 있도록 구조조정을 해야 하는데 이것 역시 국가의 개입이 없이는 안 되는 일이라는 것이다.

실업이 증대하는 결과를 낳았다. 경쟁적 시장전략을 중심으로 하는 기업의 구조조정과 노동시장의 유연화는 소득분배의 불평등구조를 심화시켜 빈부의 격차가 늘어나게 되는 영향을 미쳤으며 중하류계층에 속하는 실업자들의 수를 증대시키고 전반적으로 소외계층을 양산하여 사회적 위화감을 조성하게 되었다. 나아가 노숙자의 사회문제화, 결식아동의 증대, 범죄와 일탈의 증가, 이혼의 증가, 가족해체 등과 같은 사회해체 현상을 가속화시켰다(양춘, 1999; 김승권 외, 1999: 148~189).

IMF사태를 전후하여 상류층과 저소득층은 늘고 중산층은 줄어드는 양상은 다음과 같은 조사를 통하여 알 수 있다. 즉 1998년 9월 도시근로자 3,600여 가구를 소득수준에 따라 5분위로 나눠 분위별 소득과 지출을 조사한 결과에 따르면, 최하위 1분위부터 4분위까지 근로자 80%의 소득이 상반기에 14.9%~5.5%씩 줄어든 반면 최상위 1분위만은 2.3% 증가하였다. 1998년의 빈곤수준은 1997년보다 약 2배 증가한 것으로 계측되었으며, 1999년에도 그 수준이 줄어들지 않은 것으로 나타났다(박찬용 외, 1999: 187~192).

한편 통계청이 발표한 고용동향 자료에 의하면 1998년 9월 중 실업자는 157만 2천 명으로 1997년에 비해 약 100만 명이 늘은 것으로 나타났다. 실업률은 7.3%로 1997년 4/4분기의 2.6%에 비해 4.7% 증가한 것이다(정연택, 1999: 81). 이는 1999년 2월 8.6%를 정점으로 하여 감소추세를 보이고 있으며, 1999년 11월 현재 4.4%의 실업률을 나타내고 있다(김교성, 2000: 337). 실업률의 감소는 IMF위기를 극복한 것으로 평가되는 상황을 반영한 것으로 보이나 여전히 장기실업자의 문제는 미해결의 상태로 남아 있다. IMF의 충격은 1997년과 1999년을 비교해볼 때 남성의 경제활동 참여율을 3.2% 축소시킨 데 반해, 여성의 경제활동 참여율은 5.2%로 더 위축시켰다(손장권, 1999).

이 글에서는 IMF체제가 결국 한국사회에서도 빈곤과 실업이라는 사회문제를 심각하게 제기함으로써 사회통합을 저해하고 있음을 인식하고, 주로 이 문제들에 대한 대안적 정책방향을 모색하여 보고자 하는 것이다. 빈곤과 실업의 문제는 사회 전체적으로 빈부 격차와 소외계층에 대한 거시적 문제 해결을 필요로 하는 것이다.

3. 빈부격차의 완화

1) 조세정의의 실현

이 사회의 빈부격차 문제를 완화하고 사회성원들이 박탈감을 느끼지 않고 사회통합을 이룰 수 있기 위해서는 무엇보다 조세정의의 실현을 통하여 투명한 사회를 만들어야 한다. 사회통합은 국가가 시장경쟁에서 탈락한 계층의 삶의 질을 보장해주기 위하여 기득권자나 가진 자로부터 일정한 부분을 제도적으로 양보해냄으로써 가능한 것임은 역사가 증명하는 바이다. 그러함에 있어 복지재정의 규모를 확충하는 것이 무엇보다 중요하다. 특히 조세가 지니는 재분배적 기능을 강화하기 위하여 형평과세를 통한 탈세의 방지와 복지재정의 확보가 매우 필요하다.

이러한 목적을 위해서 무엇보다도 조세행정을 강화하여 세원의 탈루를 없애고 고소득자에 대한 과세를 강화하여 투명성과 형평성을 기하여야 한다. 구체적으로 금융소득종합과세의 도입, 부가가치세의 과세특례제도 폐지에 따른 후속조치, 상속·증여세 과세 강화, 그리

고 조세범에 대한 처벌 강화 등이 이루어져야 한다.[5]

  금융소득 종합과세는 금융실명제 도입과 더불어 1996년과 1997년
에 실시되었으나 1997년 말 금융위기가 발생하자 국회는 금융소득종
합과세가 자금시장의 경색을 초래한 원인이라 하여 이 제도의 실시
를 유보하였다. 그러나 IMF사태 이후 소득분배가 악화되자 국민들의
불만이 높아지면서 다시 금융소득 종합과세가 부활되어야 한다는 주
장이 대두되었고, 정부도 이와 같은 주장을 받아들여 2001년부터 실
시할 예정으로 있다. 우리나라의 경우에는 세원포착률이 매우 낮으
며, 음성·탈루 소득의 많은 부분이 자본소득으로 집약된다는 인식이
팽배해 있는 상황에서 금융소득 종합과세는 과세기반의 확충을 위해
매우 중요하다. 그 실시 시기는 빠를수록 좋다(김동건, 1999).

  둘째, 부가가치세 특례제도의 폐지에 따른 밀도 있는 세무행정이
필요하다.[6] 2000년 7월부터 과세특례 제도를 전면적으로 폐지하고
구체적인 과세제도 변경 방안을 확정 발표한 것은 예고되었던 일이
기는 하지만 만시지탄의 감이 있다. 세제의 중심축인 부가세의 가장
큰 문제점이 바로 과세특례 제도였다는 점에서 더욱 그러하다. 그러
나 과세특례 제도를 없앤다고 자영업자의 매출과 소득이 그대로 드
러나는 것은 아니기 때문에 이번 조치는 부가세 정상화를 위한 시작
일 뿐 당장 문제의 해결을 의미하는 것은 아니다. 과세특례는 매출액

---

5) 참여연대 납세자운동본부에서는 2000년도 조세부담의 형평성 실현을 위한 과제로 재벌의 변칙 증여·상
  속 방지를 위한 비상장주식 평가방법 보완, 상장주식 양도차익에 대한 과세, 순자산증가에 의한 소득 추
  정, 소득세 포괄주의로의 전환 등을 주장했다.

6) 국세청 발표에 따르면 이번 제도 개선으로 과세유형이 전환되는 사업자 수는 전체 사업자 420만여 명의
  40% 정도에 달하는 165만이다. 그중 과세특례자(연간 매출액 2,400만 원~4,800만 원) 134만 명 중 간
  이과세자(4,800만 원~1억 5천만 원)로 전환되는 사업자가 131만 명, 일반과세자로 전환되는 사업자가
  2만 1천 명에 달하고, 이외에 간이과세자에서 일반으로 전환되는 사업자가 27만 명, 일반에서 간이로 전
  환되는 사업자가 4만 7천 명이라고 한다(한국경제신문, 2000.6.9.).

이 적고 기장능력이 없는 소액사업자들에게 부가세 과세에 따른 여러 가지 불편을 덜어주자는 목적에서 1977년에 부가가치세 시행과 동시에 도입된 제도지만 상당수의 능력 있는 사업자들이 세금을 회피하고자 하는 목적으로 이를 악용해 왔다는 것이 무시할 수 없는 현실이었다. 따라서 이번 제도 변경으로 부가세 과세 제도가 획기적으로 바뀌는 만큼 업종별 품목별로 정확한 과세 근거를 확보할 수 있도록 사업현장을 일일이 확인해가는 세무행정이 되도록 해야 하며, 특히 신용카드 사용 등 각종 과세 인프라 구축작업들도 차질 없이 시행하여 투명 과세가 되도록 해야 할 것이다.[7]

셋째, 상속·증여세에 대한 과세를 강화해야 한다. 현행 우리나라의 납세인원은 연간 사망자의 1%에 불과하며, 세수입도 국세수입의 1% 수준으로 일본의 경우 과세자 5.5%, 세수입 비중 4.7%에 비해 매우 낮다. 특히 새로운 금융기법을 이용하여 세법을 교묘하게 회피하는 등 변칙적인 방법으로 사회적 소득 불평등을 확대하고 있는 실정이다. 특히 재벌의 경영권 대물림으로 많은 사회적 문제가 발생하고 있다. 정부는 1999년에 세제개편의 일환으로 상속·증여세를 강화하였는데 최고세율을 45%에서 50%로 인상하고 적용 기준금액을 50억 원 최과에서 30억 원 초과로 하향 조정하였다. 한편 대주주의 주식거래에 대한 양도소득세 과세를 강화하였는데 주식보유기간이 1년 미만이면 20~40%의 누진율을 적용하고 1년 이상일 경우만 종래처럼 20%의 단일세율을 적용토록 하였다. 그런데 기존의 상속·증여세의 기본 틀은 소기의 목적 달성에 한계가 있다. 그러므로 모든 재산권리 및 경제적 이익의 무상 이전 행위에 대하여 법에 구체적으로 그 유형이 규정되어 있지 않더

---

7) 이것이 제대로 되어야만 자영업자들의 소득파악에 따른 연금 등 보험료 부과의 근거가 확실하게 될 수 있다.

라도 과세할 수 있는 완전포괄주의에 따른 상속·증여세제의 도입이 필요하다(김동건, 1999; 성명재·김영준, 1998: 56~59).

넷째, 조세범 처벌에 대한 분명한 원칙과 기준을 확정하여야 한다. 정부는 올해 보다 엄중하고 일관된 처벌기준을 마련할 계획임을 밝히고 있다. 그러나 현재의 조세범 처벌법도 결코 처벌 조항이 약해서 문제인 것은 아니다. 오히려 지나치게 형량이나 벌금이 높아서 제대로 시행되지 않고 있다는 지적이 있을 정도이다. 그러므로 조세범에 대한 보다 분명한 원칙과 기준에 따라 일관되게 처벌이 이루어지는 것이 더 중요하다 할 것이다. 탈세의 금액이나 행위유형에 대한 분명한 명시를 통해 그 기준에 해당될 경우 정치적 고려나 타협 없이 엄정한 처벌이 이루어져야만 공정성이 확보될 수 있다. 이를 위해서는 우선적으로 세무조사의 기준이 공개되고 체납이나 탈세에 대한 과세당국의 사후 조치의 일관성이 유지되고 있는가를 납세자들에게 밝혀야 할 것이다(참여연대, 2000).

2) 사회안전망의 제도화

사회안전망이란 IMF위기로 만들어진 개념이다. 이 용어는 원래 1980~1990년대 초반에 구동구 국가들의 시장경제로의 이행과정, 아프리카와 남미 국가들의 구조조정과정에서 비롯되는 대량실업과 빈곤의 심화를 겨냥해서 시장에 개입하는 긴급조치와 같은 전략이라는 의미로 사용되어 왔다(김연명, 1998). 사회안전망 중에서도 가장 효과적인 제도는 국민기초생활의 보장과 복지 인프라의 구축, 즉 사회복지전달체계와 관련된 것이다.

국민의 정부에서는 국민기초생활보장법을 제정하고 이를 2000년
10월부터 실시할 예정으로 있다. 이는 기존의 생활보호법에 담긴 시
혜적 단순보호 차원의 시책으로부터 수급권자의 권리를 바탕으로 빈
곤에 대한 국가의 책임을 강조하는 복지정책으로의 대전환을 의미한
다. 국민기초생활보장은 최저생계비 이하의 모든 국민들의 의식주,
교육, 의료를 포함한 기초생활을 국가가 보장하는 것이다. 근로능력
이 있는 빈민에게도 일단 최저생계비를 정부가 보조함으로써 인간적
생활을 가능하도록 하였다는 데 그 역사적 의미가 있다.[8] 즉 소득이
최저생계비에 못 미치는 가구는 최저생계비(대도시 4인 가구 기준 월
99만 원)에서 부족한 만큼의 생계급여를 정부로부터 받을 수 있게 된
다(선한승, 2000: 34). 또한 주거급여 제도의 실시는 최저주거기준을
도입하고 공공주택의 공급을 늘리는 등 주거복지정책을 내실화하는
계기가 될 것으로 보인다.

그러나 문제는 아직 남아 있다. 2월 17일 입법예고된 시행령, 시행
규칙의 내용에는 보건복지부 이외의 정부기관에서 요구한 제안이 대
폭 수용되어 있는데 이 내용에 대한 시민단체들의 항의가 계속되고
있다. 참여연대에서 지적한 국민기초생활보장법 시행의 문제점 중에
서 다음의 두 가지가 특히 중요하다고 생각된다(참여연대, 2000, 5).

첫째, 재산기준에 대한 전면적인 재고가 있어야 한다는 주장이다.
국민기초생활보장제도는 기존의 생활보호법에 비하여 주거면적, 토
지소유, 자동차소유 기준을 새롭게 마련하여 선정기준이 강화되었다.
특히 기존 생활보호법상의 생보가구 재산 기준은 2,900만 원이었는데

---

8) 모든 사회복지의 출발이 사실상의 빈곤 문제로부터 출발했다는 사실을 상기할 때 이제야 비로소 한국이
   복지국가로서의 면모를 갖추게 되었다고 할 수 있을 것이다.

현안은 1~2인 가구 2,900만 원, 3~4인 가구 3,200만 원, 5~6인 가구 3,600만 원으로 되어 있어, 오히려 재산상의 수급자격 요건을 두 배 이상 강화한 셈이 되어, 실제로 농어촌지역에서는 다수가 탈락의 위험에 처해 있다는 것이다. 또한 주택가격이나 전세보증금, 그리고 소득 유무와 관계없이 일정 평수 이상(자가 15평, 전세 20평)에서 거주하는 가구는 무조건 수급자가 될 수 없게 되어 현 생보자 중에서도 탈락할 가구가 많아질 가능성이 높다는 것이다.

둘째, 소득공제율 도입 유예 방침이 철회되어야 한다는 것이다. 국민기초생활보장법은 근로소득에 공제율을 적용함으로써 근로를 유인하고 빈곤층의 실질적인 자활을 돕기 위한 제도적 장치를 마련하고 있다. 그럼에도 불구하고 경제부처에서는 이에 대한 소요 예산이 막대하고 규모에 대한 정확한 예측이 불가능하다는 이유를 들어 일반 근로소득에 대한 소득공제율을 축소하자는 주장을 하다가 결국은 공제율의 적용을 2002년으로 유예함으로써 국민기초생활보장법이 담보하고 있는 근로유인 효과의 제도적 안착을 가로막게 된 것이다. 이의 시정을 통하여 실질적으로 생산적 복지의 내용이 가능할 수 있도록 해야 할 것이다.

국민기초생활의 보장 이외에 특히 중요한 것은 복지인프라의 구축이다. IMF사태 발생 시 9조 5천억 원을 투입하였으나 별 효과 없이 실업상태를 고착화시켰던 것은 적절한 복지인프라인 사회복지전달체계가 제대로 수립되어 있지 않기 때문이다. 수백만이나 되는 잠재적 수급 대상자의 소득과 재산 파악 및 부양의무자를 조사하고 확인하며 조건부 수급자의 가구별 자활계획을 수립해야 하는 등 엄청난 행정업무를 수행해야 할 사회복지 전문요원의 수가 턱없이 부족한 상태(현재 3,900명)도 시급히 보완해야 할 과제이다.

더 근본적으로는 보건복지부에서 수립한 기본 정책의 수행을 내무부 계통의 동사무소에 있는 사회복지 전문요원들이 하고 있다는 점이 시정의 대상이다. 보건복지사무소의 실험적 운영이 실패했다면 새로운 전달체계체로서 전국의 모든 동사무소를 복지사무소로 운영하는 방안을 검토, 실시해야 한다고 본다. 앞으로 동사무소에서 보던 주민등록업무나 호적 업무 등이 정보화의 발전으로 구청이나 백화점 등에서 손쉽게 할 수 있게 된다면 동사무소야말로 주민들의 복지사무소로 활용하는 것이 필요하다. 내무부의 부처이기주의와 보건복지부의 무력함이 현실로 드러나 국민에 대한 복지서비스가 뒷전으로 밀려서는 안 될 것이다.

3) 사회보험의 내실화

사회보험은 사회적 위험에 대비하여 국가가 전 국민을 대상으로 실시하는 강제보험이다. 국가가 적극적으로 국민을 보호한다는 차원에서 만들어진 사회보험은 통상 연금보험, 의료보험, 산재보험, 고용보험을 든다. 이것은 필수적으로 재분배적 성격을 띠지 않을 수 없다. 왜냐하면 사회통합은 계층 간의 갈등이나 위화감을 해소하지 않고서는 이루어질 수가 없는 것인데 바로 그것을 가능하게 하는 협동과 양보의 메커니즘이 사회보험을 통해서 기능적으로 작용할 수 있기 때문이다.

사회보험의 내실화를 위해서는 각 보험별로 따로 운영되는 제도의 단점을 최소화하고 운영의 효율화를 기할 수 있는 제도의 통합이 필요하다. 통합의 방안은 사회보험제도의 기능과 특성에 따라 업무 유형별로 나누어 볼 수 있다. 이에는 적용·부과징수업무 통합방안, 부과·징수, 자격관리, 급여 일부의 통합방안, 부과·징수·급여업무 통합방안의 세 가지가 있고, 각각의 장단점이 있으나 어디까지나 현실을 고려하여 추진되어야 한다. 그중에서 적용·부과징수업무 통합방안을 취하되 우선 연금보험과 의료보험의 통합, 산재보험과 고용보험의 통합이 필요할 것으로 보인다(윤병식 외, 1998).

여기서는 연금보험, 의료보험, 산재보험, 그리고 고용보험의 현안 중에서 우선적으로 개선되어야 할 정책들을 짚어보도록 했다.

(1) 연금보험9)

모든 연금보험의 기본적 문제점은 연금 종별로 차이가 나지만 재정적으로 충실하지 못하다는 점이다. 군인연금의 경우 이미 적자누적으로 기금고갈이 이루어진 상태로 매년 8,000억 원 수준의 국고보조로 유지되고 있다(경실련, 2000). 공무원연금은 1994년부터 당해 연도 수지가 적자로 돌입하여 누적기금 사용이 불가피해졌으며, 2000년이 넘으면 재정적자가 예상되며 2010년이면 기금이 고갈될 전망이다. 사학연금은 1997년 현재 누적적립금이 3조 1,904억 원에 달하고 있어 흑자기조를 유지하고는 있으나 지출 증가율이 수입 증가율을 상회하고 있어(1975~1995년 연평균 수입 증가율 30.9%, 지출 증가율 50.7%) 안심할 수 없다. 다음으로 국민연금은 제도의 연륜이 짧아(1988년 시작) 2008년에 가서야 본격적인 연금이 지급될 예정이어서 당분간은 적립기금이 빠른 속도로 누적될 전망이다. 그러나 제도의 성숙기

---

9) 이 부분은 2000년 당시의 상황과 예측을 나타내고 있어 그대로 참고할만하다. 물론 그 뒤에 연금제도의 상당한 개선이 있었다.

에 들어서면 재정문제가 대두될 것이 확실하다. 국민연금관리공단의 자체 추계에 의하면 2033년이면 재정이 고갈될 것으로 예상된다(원석조, 1999). 이와 같은 문제점은 향후 연금재정 부담 세대의 반발과 연금수급세대의 기득권 주장으로 사회적 갈등과 혼란으로 사회통합을 해치는 원인이 될 가능성이 많다.

따라서 이 문제를 해결하기 위해서는 저부담·고급여체계를 반대로 바꾸고, 현행의 공적 연금을 이원화하여 전 국민 가입자에 대하여 기초보장을 하도록 하는 기초연금보험과 각각의 가입계층별로 소득비례연금을 재구성하여 이층체제로 하는 것이 바람직하다는 견해가 일반적이다. 이를 위한 선행작업으로 특수직역연금과 국민연금과의 연계를 통하여 급여수급권 발생 여부를 총가입기간에 의하도록 함으로써 중복급여나 탈루를 없애도록 해야 한다는 것이다(경실련, 2000연도). 그러나 이것으로 충분하지 않다. 더 근본적으로 실천해야 할 일은 현행 연금제도의 적립방식을 부과방식으로 바꾸는 근본적 개혁작업이 있어야만 향후의 재정고갈을 면할 수 있을 것이다(원석조, 1999).[10]

(2) 의료보험

의료보험은 2000년 7월 국민건강보험으로 다시 태어나며, 2000년 1월 직장보험과 공무원·교원보험의 재정통합, 2002년 1월 지역보험을 포함한 전체 재정통합을 앞두고 있다. 또한 2000년 7월 직장조합 통합, 의약분업제도의 도입을 앞두고 관련 단체들의 반발이 나타나는 등 문제점이 제기되고 있다. 그러나 의료보험의 통합이나 의약분업제

---

10) 사보험에서는 완전적립이 필요하지만, 사회보험에서는 그렇지 않다. 그 이유는 사회보험은 정부에 의해 강제 적용되는 영속적인 프로그램이기 때문에 항상 정부에 의해서 유지될 수 있기 때문이다.

도는 오랜 기간 동안의 논의 끝에 비교적 합리적으로 도출된 제도라 할 수 있으므로 시행해 나가면서 부작용을 최소화해 나가는 노력이 필요할 것으로 보인다(경실련, 2000: 240~257).

현재 의료보험의 가장 큰 문제는 최근의 진료비 급증으로 보험재정의 위기를 초래할 가능성이 높아지고 있다는 점이다. 그것은 지출 증가에 대한 통제장치가 거의 없다는 데서부터 비롯되고 있으며, 보험료나 국고지원 등 재원 증가에도 한계가 있다. 재정안정을 위해서는 포괄수가제의 실시(2000년 7월 예정), 의료보험과 의료보호의 통합운영은 물론이고, 급증하는 의료비에 대처하여 의료보험 통합 초기에 약제비의 '실거래가 상환제'를 정착시키고, 부당, 과잉청구를 근절하여야 한다. 또한 진료내역에 대한 이중 확인 시스템을 갖추어 의료공급자의 도덕적 해이를 방지하여야 한다.

일반적으로 병원의 공익성과 국가의료보험 재정에 미치는 영향이 큼에도 불구하고 그동안 병원 경영 실태는 외부에 노출되지 않은 채 철저히 비밀에 가려져 왔다. 병원회계에 대해서는 외부감사가 전혀 이루어지지 않고 병원의 재무제표는 소유경영자 외에 아무도 접근할 수 없는 형편이다. 특히 비보험 진료에 대한 매출누락이 많고, 따라서 탈세의 혐의가 짙다. 향후 병원회계감사와 재무제표의 공개 의무화, 신용카드 결제 의무화의 정책이 반드시 실행되어 병원 경영의 투명성을 확보해야 할 것이다.

국민건강의 1차 진료기관인 동네의원의 기능이 약화되고 3차 병원이 확대되고 있는 것도 문제이다. 이러한 의료전달체계상의 혼란을 막기 위해서는 1, 2, 3차 의료기관의 기능과 역할을 다시 다양화하고 명백히 하여야 할 것이다. 단골의사제도의 실시, 방문간호사제의 도입 등으로 1차 의료기관의 특성을 살리고, 2차 의료기관은 재활이나 만성질환자를 위한 요양시설로 기능전환을 하는 정책을 실시하고, 3차 의료기관은 본래의 기능대로 연구, 교육기능을 강화해야 할 것이다.

(3) 산재보험

우리나라는 1964년에 산재보험제도를 도입함으로써 사회보험제도로서는 최초로 시행했으나 연금보험이나 의료보험보다 그 발전이 더 디었다. 도입 초기에는 500인 이상의 사업장에만 적용되었으나 1988년부터 5인 이상의 사업장으로 확대되었다. 그러나 적용대상자는 1998년 현재 40.8%에 머무르고 있다. 다행히 2000년 7월부터는 5인 미만 사업장에도 적용할 수 있게 되어 모든 근로자가 적용대상으로 되었다.

우리나라 산재보험의 부담체계를 살펴보면, 사회보험이라기보다는 사보험적 특성이 강하다. 현 산재보험부담체계는 67개의 위험등급에 따라 업종을 분류하여 차등화된 요율을 적용하고 있으며, 같은 업종 내에서도 개별사업장의 산재발생 정도에 따라 개별실적요율을 동시에 적용하고 있다. 이와 같이 세분화된 보험부담체계는 사고위험 및 부담에 대한 분산이라는 사회보험적 기능보다는 수지상등의 원칙에 입각한 사보험적 특성을 강하게 내재하고 있어 재분배의 역진적인 경향마저 보인다. 향후 이의 시정을 요한다.

한편 급여수준을 보자면 OECD국가들과 비교해볼 때도 결코 낮지 않은 수준에 와 있다. 그러나 우리나라 산재급여의 내용은 주로 의료적 치료와 현금 위주로 제한되어 있다. 따라서 산재장애인들의 사회통합에 꼭 필요한 재활서비스는 희망자에게 임의로 제공되고 있는 실정이다. 향후 더 적극적인 예방사업이나 다양한 재활서비스 등을 제공하는 산재보험급여의 내용을 다양하게 할 필요가 있다.

산재보험급여는 현재 산재보험급여 이외에도 민사상의 배상책임에 따른 보상이 가능하도록 이중 구조화되어 있어 사회보험으로서의 기능 및 성격 규명을 어렵게 만들고 있다. 산재보험의 본래 취지에 맞게 산재보험을 통한 보상을 받은 근로자가 다시 사용자에게 민사상의 배상책임을 청구할 수 없도록 하는 것도 중요한 문제일 것이다 (박수경, 1999).

(4) 고용보험

우리나라에서 고용보험은 1995년 7월부터 시행되었다. 처음에 실업급여는 30인 이상의 사업장에, 그리고 고용안정사업과 직업능력개발사업은 70인 이상의 사업장에 적용하였다. 1998년 10월부터는 근로자를 사용하는 모든 사업장에 위 세 가지 사업이 다 적용되게 되었다.

이러한 한국의 고용보험은 다음과 특징을 가지고 있다. 첫째는 실업정책과 고용정책을 통합 운영하고 있는 점이며, 둘째는 취업촉진수당의 도입이다. 이는 근로자의 조기재취업을 촉진하기 위하여 급여기간이 만료되기 전에 안정된 직업에 재취직한 피보험자에게 보상하는 제도이다. 셋째, 연장급여가 고용보험제도 내에서 운영되고 있다. 보통 연장급여는 고용보험이 아닌 공공부조인 실업부조에서 행하는 것이 일반적이다.

향후의 과제로서는 첫째, 고용보험의 대상이 일단 취업을 하고 이직한 경우에 한정되어 있으므로 처음부터 실직자인 사람들에게는 적용이 되지 않는다는 점을 들 수 있다. 이는 향후 원활한 고용시장 형성을 위하여 정책적으로 시정되어야 할 부분이다. 둘째, 고용촉진 정책에 있어서 그 대상을 적어도 일정 기간 취업한 근로자로 한정하는 것도 문제다. 여기서는 예컨대 여성 유휴 노동력은 매우 제한될 수밖에 없는 것이다. 셋째, 고령이직자에 대한 실업급여지급의 문제점, 퇴직금 및 명예퇴직자에 대한 생계보장성 금품과 실업급여와의 연계제도 등이 시급히 마련되어야 한다. 넷째, 현재 고용보험이 정부의 실업대책 강조로 급속한 변화의 과정을 겪고 있는데 이로 인한 제도와 행정 간의 괴리 현상이 나타나고 있다. 또한 장기적으로 안정적 재정을 확보하는 것 등이 중요한 과제라 하겠다(김진수, 1999).

4. 소외계층의 축소

1) 부정부패의 척결

소외계층이라 함은 사회에서 마련한 정당한 제도적 기회구조로부터 배제된 이른바 사회적 배제 계층, 즉 근로능력이 있는 빈민 내지 장기실업자, 노인, 여성, 장애인 등을 의미한다고 할 수 있다. 어느 사회나 일반적으로 취업의 기회구조가 누구에게나 공정하게 열려 있으면 그 사회는 제도적 기회구조가 정당하다고 말할 수 있을 것이다. 그러나 그런 중에서도 탈락된 사회성원들이 존재하게 마련이며 국가는 그들을 위한 정책을 펴야 하는 것이다. 왜냐하면 자유민주주의 사회에서 취업의 기회구조가 모든 사람들을 다 만족시킬 수는 없는 노릇이기 때문이다.

먼저 이러한 취업의 기회구조를 원천적으로 불가능하게 하는 부정부패를 사회적으로 제거하는 것이 제일 중요한 일임을 강조하고자 한다. 부정부패는 이 사회에 불로소득 계층을 살찌우며, 부당이득 계층을 독버섯처럼 자라나게 하여 급기야는 전체 사회를 망하게 하는 것이다.11) 부정부패가 물론 사회적 소외계층을 만들어내는 직접적 원인은 아닐지라도 간접적인 환경으로서는 가장 큰 영향을 미친다.

김대중 대통령은 총선이 끝난 후, 금년 내로 부정부패방지법을 국회에서 처리하도록 당에 지시했다. 그러나 여당 내 의원들조차 소극적이라고 한다. 이는 정치인들 자신이 부패의 중심에 서 있기 때문이라 하겠다. 이 법은 매우 필요한 것임은 두말할 여지가 없다. 다만 우리 사회의 반부패운동의 실효는 법만 제정한다고 될 일은 아니다. 이미 부패방지와 관련된 법령이 없는 것은 아니기 때문이다. 국가공무원법, 형법, 공무원범죄에 관한 몰수특례법, 공직자윤리법 등 10여 개에 달하는 법이 있어도 이를 엄격히 집행할 수 있는 사회적 여건이 조성되지 못한 것이 더 문제였다. 향후 부정부패방지법의 실효성은 전 사회적인 운동이 수반되어야 가능할 것이다. 시민들의 윤리의식이 제고되어야만 제도적 비합리성을 개선하고자 하는 의지가 강해질 수 있다. 부정부패방지법의 내용 중에는 '내부고발자보호규정'도 들어있다. 앞으로는 우리나라에서도 부정부패에 대한 내부자의 신고나 고발이 어떤 불이익을 당하지 않도록 보호하는 것이 무엇보다도 중요하다 할 것이다. 미국은 1989년 '내부고발자 보호법'을 제정하여 효과를 보고 있다.

다음으로는 규제완화와 민원처리시스템의 개선이 요구된다. 인·

---

11) 모든 국민이 능력에 따라 일하고 그에 부응하는 정당한 대가를 받을 수 있어야 할 것이다. 일하지 않고 불로소득을 취하는 사람들이 많다거나 편법과 탈법적 수단을 동원하여 부당이득을 보는 사람들이 많다면 국민들이 느끼는 절대적 내지는 상대적 박탈감은 사회통합을 깨는 차원을 넘어서서 종종 폭동에 준하는 사태를 초래할 수도 있는 것이다.

허가 등 사전 규제의 기준을 명확히 하여 공직자의 재량을 최대한 줄이는 것이 중요하다. 그러나 재량을 줄인다고 지나치게 상세하게 규정된 나머지 비현실적인 규정이 되는 경우도 있으므로 현실에 맞게 적절하게 해야 한다.

그 외에도 경실련이 제안하는 부정부패의 방지책들은 효과가 있을 것으로 생각된다(경실련, 2000: 434~463). 정보공개제도, 시민감사청구제도, 공직자 재산등록제, 뇌물 방지제, 반부패특별위원회의 활성화, 공직사회 윤리기반의 강화, 감사원의 부패방지, 자금세탁방지법의 제정 등이 그것이다. 모두가 다 중요한 방지책이 되겠으나 필자의 생각으로는 자금세탁방지법이 제일 중요할 것 같다. 자금세탁방지법은 금융실명법상의 차명거래까지를 차단하면서 정치자금을 투명하게 하여 불법한 떡값을 정치자금으로 가장하는 정치인들의 행태에 쐐기를 박고, 공직자의 뇌물부패의 고리를 끊을 수 있고, 국제범죄단체의 범죄자금의 세탁을 방지할 수 있을 것이다. 아울러 경제거래를 투명하게 하여 조세정의를 실현하는 데 큰 도움을 줄 것으로 생각된다. 그래야 국민들의 상대적 박탈감도 해소될 수 있는 것이며 소외계층이 발생할 수 있는 구조나 환경이 축소되는 것이다.

2) 적극적 노동시장 정책

적극적 노동시장 정책은 생산적 복지의 근간이 되는 정책이다. 왜냐하면 이를 통하여 소극적으로 근로능력이 있는 실업자 내지 빈민을 '빈곤의 덫'에 안주시키기보다는 적극적으로 구출한다는 정책을 지향하기 때문이다. 저임금, 비숙련, 저학력 실업자를 위한 기술교육과 직업안정정책은 실업자 자신들의 능력개발과 고용기회의 확대로 빈곤을 극복하는 장기적 포석이 된다. 이들을 위한 직업훈련, 직업소개, 직업창출로 요약될 수 있는 적극적 노동시장정책은 정부의 재정부담과 정책추진만으로는 해결될 수 없으며, 직능단체와 민간단체의 적극적 동참을 전제로 추진될 수 있다(주성수, 1999: 193~196).

기본적으로 정부는 직업훈련 인프라와 관련되는 정보를 수집·분석·제공하고, 훈련기법과 훈련 프로그램의 개발 등을 지원하는 시스템을 구축해야 한다. 한편 취약 근로계층의 다양한 교육훈련 기회를 제공하는 각종 인센티브제의 도입 등을 추진할 수 있을 것이다. 특히 높은 이직률을 보여주는 저임금 중소기업 근로자들의 안정적이고 지속적인 직업훈련을 실시할 수 있도록 제반 여건을 마련하는 적극적 노동시장정책을 중시할 때, 생산적 복지의 기초가 마련될 수 있을 것이다. 다만 직업훈련을 마치고도 일자리가 없어서 대기하는 사태가 장기화되지 않도록 하기 위해서는 직업교육 훈련이나 직업안정사업이 제때에 연결될 수 있도록 매우 세밀한 프로그램 및 소프트웨어가 개발되어야 한다.

시장과 국가가 아닌 제3섹터에 의해 개발되는 민간서비스 분야에서 새로운 직종과 그에 따른 훈련 프로그램을 개발해내는 노력은 대단히 중요하다. 과거와 달리 작금의 현실은 컴퓨터 기술의 혁신과 다품종소량생산을 기본으로 하는 생산양식의 다양화로 정부만으로는 따라가기 힘든 복합적·산업구조적 상황이 된 것이다. 그러므로 민간단체들이 주도하는 자율적 직업훈련제도가 정착될 필요가 있다. 특히 근로연계복지를 추진함에 있어서 근본적으로 사회적 연대를 강화하는 정책이 병행되어야 한다. 복지선진국에서도 장기실직자의 문제는 여전히 미해결의 과제이며, 유럽에서는 이미 10% 내외의 실업률이 20년 가까이 지속되고 있다. 1980년대 후반부터 제3섹터 혹은 '사회적 기업' 정책이 유럽 사회에서 부각되고 있는 것도 이러한 이유 때문이다. 빈곤과 소외의 문제를 국가나 시장에만 맡겨 둘 것이 아니라 이웃과 공동체가 나서서 해결해야 한다는 연대의식이 확산되고 있다. 수많은 사회적 기업들이 독거노인 생활보조, 저소득 자녀 방과 후 학습지도, 각 지역의 문화와 레크리에이션 활동 보조, 자연재해 복구와 예방활동, 등하교 안전요원 채용과 같은 활동을 통해 제3섹터 분야에서 일자리를 창출하고자 노력하고 있다.

우리나라에서도 제3섹터형 자활사업을 더욱 활성화하여야 한다. 정부의 많은 복지와 고용정책 중 직업훈련, 취업알선, 생업자금 융자나 실업자 대부사업, 그리고 IMF 이후 도입된 공공근로사업도 크게 보면 근로연계형 복지정책이자 자활지원사업이다. 또 국민기초생활보장법에서는 자활사업을 보다 활성화하기 위해 자활공동체 및 자활후견기관을 규정하고 있다. 필요한 경우 생산품 우선 구매나 국공유지 임대와 같은 지원책을 펼 수 있게 되어 있다. 근로능력이 있는 사람들에게도 생계보호를 실시하는 한편 적극적인 근로활동을 촉진하기 위한 다양한 지원책이 필요하다. 단순한 소득이전정책만으로는 별다른 효과를 기대할 수 없다. 상담, 교육, 기술지도 등 복합적인 서비스가 동시에 진행되어야 할 것이다(박능후, 1999).

그러나 아직까지는 생계보호와 근로연계 프로그램이 유기적으로 연결되지 못하고 있다. 직업훈련과 취업알선이 연계되지 못하고, 생업자금 융자와 창업을 위한 기술, 경영지도가 병행되지 않고 있다. 더구나 지역사회 차원의 자활사업에 대한 인식부족으로 기초자치단체

범위에서 자활공동체에 대한 지원이 제대로 이루어지지 못하고 있다. 생업자금 융자도 정작 필요한 사람들은 담보나 보증인이 없어 포기하고 있다. 향후 정부는 전국적으로 20여 개에 불과한 자활지원센터를 대폭 확충하여 전국적인 조직체계를 갖춘 교회, 사찰, 사회단체, 노동조합 등이 참여하게 하여 상담에서부터 직업훈련, 취업알선, 공공근로사업에의 참여기회 제고, 창업지원 등의 주민밀착형 복지 사업이 활발하게 진행되도록 해야 할 것이다(삶의질향상기획단, 1999).

3) 사회적 배제계층 지원

전통적인 사회적 배제계층에 속한다고 볼 수 있는 노인, 여성, 장애인의 실업상태를 보면 다음과 같다.[12] 1997년 현재 65세 이상 노인 중 경제활동 참여 노인 수는 약 30%로서 전체 인구의 경제활동 참여율 약 60%의 절반 수준이다. 그들의 직종은 대개 농어축산업이 약 60%, 단순노무직이 약 21%이다. 노인을 위한 고용서비스로는 고령자 취업알선센터, 노인공동작업장, 노인인력은행 등이 있으나 예산의 부족, 전담인력의 부족, 사후관리의 부족 등의 문제가 드러나고 있다.

노인인력은행의 본래 기능이 노인을 위한 직종개발과 인력정보의 제공에 있으므로 이러한 기능을 충실히 수행할 수 있도록 관계부처의 노력이 필요하다. 즉 현 보건복지부 산하의 노인인력은행과 노동부 산하의 고령자 인재은행을 통합하여 이러한 기능을 효과적으로 수행하도록 하여야 한다. 취업알선센터 역시 구직하는 노인에 대한 홍보

---

12) 근로능력이 있는 빈민에 대한 부분은 이미 적극적 노동시장정책에서 다루었으므로 여기서는 노인, 여성, 장애인의 경우만 다루기로 한다(경실련, 2000: 226~235).

는 물론 구인하는 기업체와의 협력이 필요하다. 이를 위한 전담인력이 필요하고 취업한 노인에 대한 사후관리도 필요하다. 노인공동작업장 또한 정부의 재정지원을 바탕으로 현실적인 소득이 가능하도록 작업장의 일을 개발해야 한다. 특히 여성노인에 대한 고려가 필요하다.

빈곤여성에 대한 자립지원대책은 다음과 같다. 성차별적 노동시장 구조를 개선하여 저임금, 하위직으로부터 고임금, 중상위직으로의 상층이동을 할 수 있도록 가사와 직장의 이중역할 수행의 어려움을 돕는 정책이 필요하다. 21세기 정보화 사회에는 3F(female, feeling, fiction)가 중요해질 것이라는 말과 같이 여성의 섬세함이 앞으로의 시장을 지배할 것이라는 예측이 가능하다면, 특히 여성들의 직업개발에 정부가 앞장서야 할 것이다. 그것을 뒷받침하기 위해서는 특히 근로 여성을 위한 육아 복지시설을 국가가 적극적으로 도와야 할 것이다. 빈곤여성을 위한 기타의 정책대안들로는 직업훈련개발과 직업훈련기간 동안의 생계비 지원, 직업훈련 알선 및 취업연계 정보의 효과적 구축, 가사노동의 경제적 가치 인정, 육아휴직제도를 생후 3년 미만의 영유아를 가진 남녀 근로자로 대체, 제도적인 복지정책으로 가족수당 신설 등의 정책적 지원이 절실하다. 아직도 여성 차별의 풍토가 남아 있는 우리 사회에서는 무엇보다도 여성을 단지 피부양자가 아닌 남성과 동일한 부양자로 보는 사회체계로 전환하는 것이 필요하다 하겠다.

끝으로 장애인에 대한 문제는 우선 장애개념의 재정의로부터 시작되어야 한다. 즉 신체적 상실만을 장애로 고려한 장애등급은 직업재활이나 고용에 있어서 현실적이지 못하다. 따라서 제도나 법률, 서비스에 따라 개인의 일상생활 능력, 경제활동 능력, 학습 능력 등을 고려한 장애 정도를 적용할 필요가 있다. 이에 근거하여 직업재활 훈련

시설의 확충, 다양한 직업훈련 프로그램의 개발, 장애인 직업재활을 위한 전문인력의 배치, 통합적인 재활시스템의 구축, 즉 재활공학서비스와 사회심리재활과의 연계 구축 등이 필요하다.

　이외에도 장애인들의 경우에는 인권문제 또한 심각하다. 따라서 다음과 같은 정책적 대안이 요청된다. 먼저 언론이나 대중매체를 통하여 장애에 대한 사회적 편견을 감소시키는 프로그램을 활성화시켜야 한다. 다음으로 장애로 인한 불합리한 차별적 처우를 받지 아니하는 평등권이 보장되어야 한다. 기본적 사회생활에서의 평등이 보장되기 위해서는 제정된 법의 효율적인 집행을 통하여 실질적인 기회를 장애인들에게 부여하여야 한다. 끝으로 장애인 시설 운영의 투명성이 보장되어야 한다. 과거에 폐쇄적인 기관 운영이 끊임없이 지탄의 대상이 되었었다. 향후 보다 투명한 운영으로 장애인뿐만 아니라 일반 사회에서도 잘 알 수 있도록 해야만 장애인의 인권을 유린하는 사태를 미연에 방지할 수 있는 것이다. 특히 장애인들에게 무보수 노동을 시키는 편법들이 사라져야 하며 정당한 보수를 지불해야 한다. 장애인들에 대한 인권을 지키는 감시단을 설치하여 시민단체와 연합하여 시설 현장을 감시하여 비민주적·비복지적·반인권적 문제를 미연에 방지하여야 할 것이다.

5. 결론

　환란위기라는 전대미문의 사태를 맞이하여 할 수 없이 받아들인 IMF체제는 2년간 국민들의 뼈를 깎는 노력으로 극복할 수 있었다. 그러나 그 과정에서 받아들이지 않을 수 없었던 신자유주의의 시장논리는 우리에게 예전에 볼 수 없었던 대량실업과 빈부격차의 충격을 안겨주었다. 이제 국민의 정부도 그러한 문제점을 해결하기 위하여 '민주주의'와 '시장경제'에 이어 '생산적 복지'를 국정이념으로 추가함으로써 IMF사태로 인하여 충격을 받은 중하류계층의 삶의 질을 다시 제고시키고자 노력하고 있는 것이다.

이 글에서는 그러한 환란의 결과가 우리 사회의 통합에 미친 여러 가지 부정적 영향 중에서 빈부격차와 소외계층 문제에 한하여 그 정책 방향을 개괄적으로나마 모색해보았다. 그러한 논의의 과정에서 필자가 결론적으로 강조하고 싶은 것은 빈부격차의 완화와 소외계층의 축소라는 과제는 기본적으로 한국이 부정부패가 없는 투명한 사회가 되어야만 해결될 수 있을 것이라는 사실이다. 특히 조세정의의 실현으로 국민들의 소득파악이 명확하게 되고 이를 바탕으로 형평성 있는 세금의 책정과 자진납세의 풍토가 조성되는 것이 무엇보다도 필요하다는 점을 강조하고 싶다. 그것이 안 되면 사실상 의료보험이나 연금보험 등의 보험료 책정도 쉽지 않게 됨으로써 국민적 불만과 저항의 불씨를 안고 가는 결과가 되는 것이다. 사회적 약자들에 대한 사회복지서비스의 확충도 어렵고, 사회적 위험에 처한 자들에 대한 사회보험도 효과적으로 수행해가기가 어려운 것이다.

한편 한국의 사회보험이 계속적으로 개혁되어 나가야 한다는 점을 강조하였다. 첫째, 재정고갈의 문제를 근본적으로 해결하기 위해서 연금보험과 관련하여 적립방식보다는 점차로 부과방식으로 전환하는것이 다가오는 재정위기를 넘기는데 유리할 것이라는 점, 둘째, 행정적으로 각부에 분산되어 있는 복지제도의 난맥상을 해결하고 운영의 효율성을 기하여야 한다는 점도 강조했다. 그러기 위하여 의료보험과 연금보험의 통합, 산재보험과 고용보험의 통합 등을 단계적으로 이루어 내야 하며, 국민기초생활의 확실한 보장을 위한 시정조치도 서둘러야 할 것을 주장했다. 셋째, 특히 사회복지전달체계를 동사무소에서 복지사무소로 개편함으로써 근본적으로 복지인프라를 갖추는 것이 매우 필요한 일이라는 것도 강조하는 바이다.

그리하여 우리 사회의 위기를 복지선진국을 만드는 기회로 전환시켜 민족통일의 앞날에 대비해야 할 것이다. 한마음 복지공동체 건설의 기초가 이를 통해 이루어질 수 있을 것이다(이성기, 1998). 사회통합은 가장 기본적인 문제의 가닥을 잡고 미리 준비해갈 때 가능하다. 때를 놓치면 모든 것을 놓치는 것이다. 시간은 인간을 기다려 주지 않기 때문이다.

제5장 사회과학 발전의 의미[1]

1. 서론

사회과학은 경제학, 사회학, 정치학, 인류학, 심리학을 기본으로 하고 여타의 응용사회과학들을 총칭하는 것이라 하겠다.[2] 이들 간의 차이는 학문의 대상과 방법을 둘러싸고 발생하는 것이며, 학문의 발전은 시대적 필요에 따라 분화와 통합을 거치면서 이루어지는 것이라 하겠다.

사회과학은 사회현상을 과학적으로 설명, 예측, 통제하고자 하는 일련의 목적을 지니고 사회현상에 내재한 법칙을 찾고자 하는 학문이다. 사회과학의 연구대상인 사회적 관계나 사회현상은 인간과 집단, 그리고 조직, 국가 등이 함께 일구어내는 일련의 정태적 구조와 동태적 변동의 과정이다. 이것은 자연과학의 방법을 사회의 연구에 활용하여 사회현상을 과학적으로 설명하고, 예측하고 통제하는 데 필

---

1) 이 글은 2006년 경기대학교 사회과학연구소 발행 『사회과학논총』 제9집에 실린 논문으로 약간의 교정을 본 것이다.

2) 인문학은 전통적으로 문·사·철이라 하여 문학, 사학, 철학을 일컫는 용어로 쓰이며, 기타의 응용적 성격을 띤 학문들을 포함하여 인문과학이라는 표현으로도 쓰이는 것 같다. 한편 자연과학은 수학, 물리학, 화학을 기본으로 각종의 응용 공학을 의미하는 것이라 할 수 있다.

요한 이론의 발전을 추구하면서 발전되어 왔다. 이 중에서도 기본이 되는 것은 설명이다. 설명이 가능하면 예측도 가능하고 통제도 가능해지기 때문이다. 사회현상을 설명하는 방법은 여러 가지가 있으나 크게 보아 두 가지 방법이 가장 많이 사용되어 왔다. 하나는 현상을 구성하고 있는 요소들을 분석적으로 파악하고 그들 간의 관계를 인과적으로 고찰함으로써 그 과정과 결과를 설명하는 것으로 경험적, 실증주의적 논리를 사용하는 방법이다. 다른 하나는 현상을 하나의 전체로 보고 그 현상을 상징하는 가장 기본적 명제를 파악하여 그것과 외부 환경과의 정·반·합의 역사적 과정과 결과를 설명하는 변증법적인 방법이다. 전자를 주류 사회과학의 방법론적 개체론이라 한다면 후자는 마르크스 사회과학의 방법론적 전체론이라 할 만하다.

1989년 동구의 몰락과 1990년 동독의 서독으로의 흡수통일, 그리고 1991년 소련의 해체 등 사회주의권의 몰락은 마르크스 사회과학의 쇠퇴를 초래했고, 반면에 실증주의 사회과학은 주류 사회과학으로서의 위상을 더욱 높여가고 있다. 그렇다면 사회과학의 발전은 실증주의로 완성되는 것인가? 물론 그렇지는 않을 것이다. 이미 프랑크푸르트학파의 도구적 이성 비판이나 포스트모더니즘 계열의 근대성 비판 등 사회과학 전반에 대한 성찰은 시작된 지 오래이며, 더불어 양적 방법에 대한 질적 방법의 강조 현상이 나타나는 등 대안을 찾는 노력도 다양하게 이루어지고 있다(김두섭, 2004; 정정호, 1991).

이 글은 이러한 사회과학의 발전은 어떤 것인가, 그리고 그 한계는 무엇이며 이를 극복하기 위한 대안은 어떠한가, 또 그 의미는 무엇인가를 동양적 내지는 인간적 맥락에서 탐색해보고자 썼다.

2. 사회과학의 패러다임

1) 패러다임의 정의와 유형

사회과학이 발전한다는 것은 대개 방법론의 발전과 그 궤를 같이한다. 연구의 대상은 사회현상 또는 사회적 관계로 정해져 있다고 보아도 무방하므로 그 대상에 접근하는 방법론 또는 관점에 따라서 새로운 설명이 가능해지는 것이다. 이러한 새로운 관점과 방법론을 일컬어 패러다임이라 할 수 있다. 따라서 패러다임이 발전하면 사회과학도 발전하는 것이라 할 수 있다.[3]

패러다임에 관한 쿤(Thomas Kuhn)의 정의는 '어느 주어진 학문 공동체의 구성원들에 의해 공유되는 신념, 가치, 기술 등을 망라한 총체적 집합'을 가리킨다(조형, 1980). 이것은 일세를 풍미하는 사고방식 내지는 과학적 설명의 체계로서 정상과학(normal science)을 규정하는 것은 학자들의 공동체에서 이루어지는 것임을 의미한다. 그러나 이러한 정상과학의 패러다임은 영원한 것이 아니다. 하나의 패러다임에 동의했던 학자들의 학문공동체는 새로운 문제에 봉착함으로써 기존의 패러다임으로 해결할 수 없는 정상과학의 위기를 맞게 되며, 이러한 위기의 축적은 새로운 패러다임의 등장을 촉발시킨다. 드디어 학문공동체의 동의를 깨고 새로운 패러다임이 등장하여 위기의 문제들을 해결하고 학문공동체의 새로운 인정과 동의를 얻으면 다시 일세

---

3) 엄격하게 말하면 패러다임의 발전이란 말보다는 패러다임의 변화라고 하는 것이 더 사실에 부합되는 것인지도 모른다. 다만 그것을 통하여 사회과학적 지식이 축적되고 설명할 수 없던 사회현상을 설명할 수 있게 되는 것은 적어도 발전이라 할 수 있을 것이다.

를 풍미하는 정상과학의 패러다임으로서 자리를 굳히는 것이다. 이와 같은 패러다임의 발전은 점진적인 것이 아니며 혁명적 성격을 띤다고 쿤은 말하고 있다. 거인의 어깨 위에 서서 보면 조금 더 멀리 볼 수 있으리라는 점진적 발전이 아니라, 기존의 패러다임을 대체하는 새로운 전제와 개념과 논리로 보아야 새로운 문제를 해결할 수 있다는 것이다. '인생은 사회과학자들보다 더 영리하기 때문'에 언제나 새로운 문제를 만들어내는 것이며 그러한 문제의 집적이 드디어는 새로운 패러다임의 등장을 가능하게 하는 셈이다. 뉴턴 역학의 패러다임이 한계에 노정되었을 때, 아인슈타인의 상대성원리의 패러다임이 등장하여 많은 문제를 해결할 수 있었다고 본다.

적어도 자본주의가 등장하는 근대사회의 형성기에는 계몽주의 패러다임이 존재했다. 그 내용은 이성, 경험주의, 과학, 보편주의, 진보, 개체주의, 관용, 자유, 인간 본성의 일률성, 세속주의를 중시하는 일련의 가치관과 신념의 총체이다(김진철 외, 2000: 94~97). 이러한 계몽주의 패러다임은 이성과 합리주의를 근본으로 하는 근대주의의 핵심을 이룬다. 계몽주의 패러다임은 근대사회와 국가의 형성과 더불어 사회과학의 두 가지 큰 흐름으로 분화 발전되었다(이경용, 1985). 하나는 실증주의 사회과학의 패러다임이요, 다른 하나는 마르크스 사회과학의 패러다임이다. 실증주의 사회과학은 미국에서 조사방법과 사회통계의 발전으로 오늘날 주류 사회과학으로 등장하였다. 그러나 마르크스 사회과학은 1989년 동구의 몰락, 1990년 독일 통일, 1991년 소련의 해체와 함께 쇠퇴의 길로 들어섰다.

한편 세계체계론으로 유명한 월러스틴(Immanuel Wallerstein)의 해석에 따르면 근대성은 두 가지 함의를 지닌다. 첫째는 기술의 근대성으로 물질적 형태의 진보를 추구하는 것으로, 비행기, 텔레비전, 컴퓨터 등의 등장과 관련된다. 둘째는 해방의 근대성이다. 이는 구속으로부터의 해방을 상징하는, 즉 악과 무지의 세력에 반하는 인간의 해방이었다(김진철 외: 141, 155~159). 전자를 기술의 패러다임, 후자를 해방의 패러다임이라 부를 수도 있을 것이다.[4] 자유주의 사회과학이든 마르크스 사회과학이든, 둘 다 근대 사회의 형성기에는 신분적 제도적 구속으로부터 인간을 해방시키는 것이 주요 과제였다. 말하자면 사회과학의 패러다임 역시 기술의 패러다임과 해방의 패러다임을 공유하고 있었다고 하겠다.

그러나 근대 사회의 발전과정에서 자유자본주의 사회에서는 상대적으로 기술의 패러다임을 중시하였고, 공산사회주의 사회에서는 명목적으로 해방의 패러다임을 중시하였다. 그러나 실질적으로는 자유주의자나 사회주의자나 경쟁적으로 기술의 패러다임에 몰두하였다. 체제 경쟁에서 밀린 사회주의권은 1991년 소련의 해체와 더불어 사라지고 있는 것처럼 보인다. 그러나 그렇다고 하여 해방의 패러다임이 함축하는 중요성이 사라진 것은 아니다. 근대성은 기술의 패러다임과 해방의 패러다임을 다 같이 목표로 하고 있었으므로 해방의 패러다임이 성취하지 못한 구속으로부터의 해방은 근대성의 완성을 위하여서도 계속 중요하게 남게 되는 것이다. 근대성의 완성을 위하여 해방의 패러다임이 역사적으로 소홀히 취급되었음을 기억할 필요가 있다. 해방의 패러다임은 여전히 중요한 것이다.

---

4) 해방의 근대성을 해방의 패러다임이라도 고쳐 부르는 이유는, 근대성의 한 요소로 해방을 보기에는 그 개념적 외연이 크기 때문이다. 마찬가지로 기술의 근대성도 기술의 패러다임이라고 부르는 것이 적당하다. 기술의 근대성도 실증주의가 주류사회과학의 내용으로 발전한 점과 사회주의권의 몰락 등으로 그 개념적 외연이 확장되었다.

2) 사회과학 패러다임의 한계

근대 사회과학의 패러다임은 사회적 관계로부터 비롯되는 모든 문제의 해결을 근대성, 즉 과학적 이성과 경험적 합리성을 근간으로 가능하다고 보며 다음과 같은 가정을 갖추고 있다.

(1) 사회과학은 사회현상에 대한 과학적 탐구이다.

(2) 이성과 과학의 범주를 벗어나는 현상은 과학적 분석의 대상에서 제외된다.

(3) 이성과 과학은 모든 곳에 어느 때라도 동일하게 보편적으로 적용된다.

(4) 세계를 이루는 개별 사회들은 자율적이고 독립된 실체이다.

(5) 개인의 정신적 사건이 사회행위의 기초이다.

(6) 사회와 역사의 발전은 진화론적이며, 사회질서는 분화와 통합의 균형에 의해 좌우된다고 본다.

(7) 사회변동은 하나의 일관성 있는 일반현상이며, 매 단계를 거쳐 발전한다. 정치발전, 사회발전, 경제발전 등은 단계적으로 일어나며, 인간체험은 표준화되어 있고 일관성을 유지하고 있다(김진철: 191~193).

위와 같은 가정을 갖고 사회과학은 분화와 통합을 거듭하면서 발전했다. 이러한 사회과학적 탐구는 여러 가지 계량적 기법과 통계자료 등 과학적 요소들을 창안했고 이를 토대로 한 사회분석이 많이 이루어졌으며 사회과학의 주류로 등장하게 되었다.

그러나 20세기 말에는 근대성에 대한 회의가 무성한 시기였다. 이 시기에는 사회과학의 패러다임에도 이성과 합리성에 대한 회의가 여러 가지 형태로 나타났던 것이다(김용학·전효관, 1994: 21). 그중에서도 포스트 분석철학은 과학적 언어의 분석을 통해서 경험론적 인식론을 과학화하려고 했던 논리실증주의의 전제를 해체시킴으로써 언어와 실재 사이의 조응관계를 무너뜨려 근대과학의 방법론적 우월성에 큰 손상을 입혔다. 콰인(Quine)은 언어가 과학적 방법으로 분석될 수 있다는 분석철학의 낙관을 파괴하고, 언어의 불확실성 문제를 제기했다. 관찰과 이론의 엄격한 구별은 불가능하다는 것으로 결국 과학의 개념들이 경험적인 사실들을 나타내는 관찰 용어와 연결됨으로써 의미를 가진다기보다는 과학의 전체적인 이론적 틀 안에서 그 의미가 밝혀진다는 전체론적 입장을 부활시킨 것이다. 한편 포스트모던 이론가들은 해체와 직관적 해석 등을 주요한 방법으로 제시한다. 이러한 방법들은 기본적으로 탈실증주의적 성격을 띤다. 객관적 관찰과 가설 검증 등의 과학적 방법을 지식의 보편성을 확보해주는 기준으로 간주했던 근대적 보편주의를 해체하여 포스트모던 이론가들은 개인적 경험과 감정, 상상력을 중시하고 주변성, 특이성, 모순, 다원성, 애매성, 불확실성 등의 측면을 부각시키면서 획일적 지식의 획득 가능성에 대해 회의적인 태도를 보였다. 그들은 차이의 옹호자들이며 해체의 명수들인 것이다(전영백, 2005).

사회과학 패러다임의 한계는 결국 서구의 학문적 패러다임의 한계를 나타내는 것으로 여성운동이나 반핵운동, 급진적 환경운동, 소수인종운동, 동성연애자운동, 반문화운동 등 신사회운동의 등장으로도 나타나고 있다(이병천, 1993). 즉 과거의 이성과 합리성에 근거한 근대성의 패러다임으로는 해결할 수 없는 문제들이 나타남으로써 새로운 설명체계가 필요했던 때문으로 풀이할 수 있다.

이러한 운동들은 크게 세 가지 문제들과 관련된다. 그것은 첫째, 핵전쟁의 문제와 관련된 것이다. 서구 사회가 근대적 합리성을 기치로 과학을 발전시키고 산업사회를 일구어내면서 인간 생활의 편리성을 증대시켰지만, 결국은 양차 대전의 결과로 수많은 사람들을 희생시켰으며 이제 핵전쟁이 발발하면 인류가 전멸할 수도 있는 위험사회를 초래했다는데 근본적인 문제 제기를 하는 것이다.

둘째, 자본주의적 이윤추구의 합리성은 무한정의 자연개발을 촉진하여 공해문제의 악화를 초래하였다. 공기와 물과 땅의 오염은 물론, 환경공해는 지구온난화를 가속화시킴으로써 남극과 북극의 빙하가 녹기 시작하고 해수의 수면이 올라감으로 인하여 전 지구적 기상 이변을 가져와 해마다 태풍과 해일, 폭설과 폭우를 동반하는 재해를 야기하고 있다(정대연, 2002). 언젠가 기후 이변으로 인한 대재앙이 닥칠 것은 충분히 예상할 수 있는 일이 되고 있다.

셋째는 인간 소외의 문제이다. 자본주의 세계체계의 무제한적 팽창은 전 세계적으로 빈부의 격차를 심화시키고 있으며 사회적 주변부에 있는 사회적 약자, 즉 여성, 소수민족, 가난한 노동자 등의 소외를 더욱 조장하고 있다.

이와 같은 핵전쟁과 공해와 소외의 문제는 20세기가 남긴 인류 최대의 숙제이며 이미 서구의 근대화가 전 세계적으로 팽창하여 가면서 예약되었던 재앙이라 할 수 있는 것이다. 오늘날 사회과학의 패러다임이 봉착하고 있는 난관은 이러한 근본적인 문제를 해결할 방법이 기존의 패러다임하에서는 거의 찾아볼 수 없다는 데 있다. 과거와 같이 과학적 이성과 경험적 합리성만을 중시하는 기술의 패러다임만 가지고서는 핵전쟁과 공해와 인간 소외의 문제를 해결하는데 한계가 너무 명백하다는 것이다. 과거와 같이 인간 중심적 사고방식(anthro-pocentrism)이나 기술 중심적 사고(technocentrism)만으로는 해결되기 힘들다. 이것은 인간의 태도나 가치관의 변화를 수반하는 인격의 완성을 지향함으로써만이 해결될 수 있는 것처럼 보인다.

3. 역사적 사회과학

1) 역사적 사회과학의 대두

역사적 사회과학은 월러스틴(Immanuel Wallerstein)에 의해서 제창되고 있다. 여기서는 그의 관점을 기초로 역사적 사회과학에 관해 논하고자 한다. 그는 기존의 사회과학의 문제점을 지적하면서 다음과 같이 말한다. "19세기 사회과학의 핵심 개념이면서도 가장 의문의 대상이 되는 개념은 발전(development)이라는 개념이다. 1945년 이후 이 개념은 세계적으로 보편화되어 제3세계나 자본주의 세계 경제의 주변부의 발전을 설명하는 개념으로 되었다. 나는 발전이란 개념은 산업혁명의 아바타에 지나지 않는 개념이라고 생각한다. 그럼에도 이 개념은 역사학이나 다양한 보편적 분석의 축이 되고 있다. 이 개념은 매우 잘못된 방향으로 영향력을 크게 행사하고 있으며, 결과적으로 지적, 정치적으로 잘못된 기대를 확대 재생산하고 있는 것이다. …… 또 하나 지배적인 사회과학이 잘못하고 있는 점은 그것이 시공간(Time Space)을 연구 분석 과정에서 제거하여 버렸다는 데 있다. 오늘날 지리학이나 연대기학은 거론조차 되지 않으며, 물질적이고 변하지 않는 외생변수로 간주되고 있다. 그리하여 오늘날 우리가 당면한 시공간을 주목하지 않음으로써 우리의 사회적 현실을 해독하는 데 실패하고 있는 것이다"(Wallerstein, 2001: 1~3).

예컨대 그의 방법론적 입장은 프랑스 혁명을 해독하는 데 유용하다. 그는 프랑스 혁명을 세계체계 속에서 서민이 권력을 잡은 획기적이고 역사적인 사건으로 본다. 기존의 사회과학자들은 프랑스 혁명을 '부르주아 세력'의 정치 혁명으로 보거나, 또는 그와 달리 반 독재적 '자유주의'적 가치가 정치적으로 폭발한 것으로 풀이하였으나,[5] 그는 프랑스 혁명 당시의 부르주아 지배계층은 이미 자본주의자들이었기 때문에 그들의 기본이익을 추구하기 위하여 정치혁명을 할 필요가 거의 없었다고 말한다. 또한 그의 세계체계이론적 관점에 의하면 당시의 자유주의는 핵심국 지배계층의 전략으로나 이용가능한 것으로서 영국이나 프랑스도 자유주의적이라 할 만한 제도적 구성이 마련되어 있지 않았다는 것이다. 그는 프랑스 혁명을 16세기 이후 역사에 등장한 자본주의 세계경제체계의 핵심국가인 네덜란드의 주도권이 18세기 말에 영국으로 넘어가면서 영국보다 확실한 열세에 놓이게 된 프랑스가 경제적 정치적 구조개혁의 소용돌이에 빠지면서 서민이 권력을 잡은 대사건으로 본다. 그 과정에서 등장한 나폴레옹의 유럽 팽창정책은 자유, 평등, 박애와 같은 혁명의 메시지를 전하는 것이었으며 그 핵심은 세계사상 처음으로 서민들이 국가권력을 잡게 되었다는 것과 이전의 세계체계와 달리 자본주의 세계체계의 정치구조가

---

5) 그들의 공통점은 '발전'을 당연한 것으로 그리고 발전의 주체는 국가로 간주한다는 데 있다.

새롭게 대전환을 맞이하게 되었다는 점이었다. 그것은 자본주의 지배 계층인 부르주아들이 받아들이지 않을 수 없었던 시대적 추세요, 정상성의 변화요, 근대성(modernity)의 핵심이었던 것이다(Wallerstein, 2001: 7~16).

이와 같이 프랑스 혁명을 세계사적 대사건으로 규정하면서 새로운 의미를 도출하는 월러스틴의 방법론적 입장은 19세기의 사회과학이 '발전'이라는 개념에 사로잡혀 있으면서, '시공간'이라는 역사성을 소홀히 하는 방법론적 약점을 극복하고 새로운 역사사회과학의 패러다임을 지향하는 하나의 새로운 시도라 할 만하다. 그는 기존의 사회과학과 다른 패러다임을 제시하려는 것은 아니라면서도 그러나 그것을 지향하는 것임을 분명히 했다.

월러스틴의 역사적 사회과학의 방법론적 입장은 역사학과 사회과학을 전체적이고 발견적 측면에서 하나로 보는 세계체계 분석을 중시한다. 즉 중도적 입장에서 체계적 분석틀을 연구하되 시간적으로나 공간적으로 논리가 통하면서도 연속적 실체의 시작과 끝을 설명할 수 있는 역사적 사회과학이 되어야 한다는 것이다.[6] 이러한 역사적 사회과학의 분석단위는 당연히 역사적 체계이다. 이것은 사회나 국가가 갖는 애매하고 설명하기 어려운 문제들을 포괄적으로 해결해준다. 역사적 체계의 다양함은 두 가지를 기준으로 한다. 하나는 논리와 형식의 연결이고, 다른 하나는 그 형식의 공존 기간이다. 논리와 형식의 기준은 일정한 체계의 성원들이 지속적인 노동 분업으로 규칙적인 재생산을 하는 것을 말한다. 그러한 역사적 체계 중에서 가장 현실적 힘을 가진 것이 최근의 세계경제체제인 자본주의로서의 논리와 형식

---

6) 역사적 사회과학의 전조는 역사사회학의 등장과도 연관이 있다(Burke, 1980; Skocpol, 1984).

이다. 그것은 잉여의 축적이 시장에 유리한 사람들에 의해서 불균등
하게 배분되는 체제를 의미한다. 월러스틴의 역사적 사회과학은 단선
적 역사발전관을 거부하고 확률론적 역사관을 제시하면서, 기존의 사
회과학처럼 구체에서 추상을 지향하던 것을 거꾸로 하여, 추상에서
구체적인 것으로, 전체적이고도 발견적인 방법론을 지향하고 있다
(Wallerstein, 2001: 244~256).

월러스틴은 미국이 핵심국가(core state)에서 이미 영향력을 잃어가
고 있다고 본다.7) 서구의 역사 속에서 세계 자본주의 경제체제의 핵
심국은 네덜란드로부터 영국, 영국에서 미국으로 이동했으나, 이제
그 핵심국가로서의 역할은 다시 아시아 국가로 넘어가고 있다는 것
이다. 그것은 중국이 될지 인도가 될지 알 수 없으나 적어도 아시아
국가라는 것만은 역사 사회과학적 관점에서 확실한 것 같이 보인다.

2) 역사적 사회과학의 전망

월러스틴은 향후의 사회과학이 지식체계의 파편화와 분과주의를
극복하고 통합과학으로 나가기 위해서는 다양한 문화와 정체성을 인
정하는 공개적이고 객관적인 과학, 지식의 사회적 기초와 역사성을
염두에 두는 역사적 사회과학으로의 재구조화가 필요하다고 말한다.
이를 위하여 세 가지 이론적 방법적 쟁점들에 대해 언급하고 있다(김
진철, 274~275).

첫째는 연구자와 연구의 관련성에 관한 것으로, '세계의 재주술화

---

7) 월러스틴은 핵심국(core), 반주변국(semi-periphery), 주변국(periphery) 간의 헤게모니가 변화하는 과정을
자본주의 세계체계의 변동으로 본다(Wallerstein, 1974: 347~357).

(reenchantment)’이다. 이것은 인간과 자연 사이에 존재하는 인위적인 경계선을 부숴버리자는 요구이다. 또한 인간과 자연 양자가 시간의 화살에 의해 형성된 단일 우주의 부분을 이루고 있다는 점을 인정하자는 요구이다. 세계의 재주술화는 인간 사상을 한껏 더 해방하고자 하는 의도를 갖는다.

둘째, 시간과 공간을 분석의 내적 변수로 삽입시킬 수 있도록 하는 방법의 문제이다. 시간과 공간은 세계와 사회적 현실을 분석하고 이해하는데 중심적 역할을 할 수 있도록 해야 할 것이다. 역사와 사회과학의 통합 내지는 긴밀한 협력을 의미하는 말이다.

셋째, 19세기에 정립된 정치, 경제, 그리고 사회라는 세 자율적 영역의 인위적 분리를 어떻게 극복할 수 있는가 하는 문제이다. 이들 분리된 세 영역의 존재에 관한 문제는 직접적으로 공격할 필요가 있으며, 그도 아니면 아주 완전히 개방할 필요가 있다고 본다.

이러한 세 쟁점을 둘러싸고 사회과학을 재구조화하는 과제는 학자들 간의 교류로부터 가능할 것이며, 이러한 교류는 실질적이어야 하고 동료에 대한 기본적 상호 존중이 전제되어야 한다. 역사적 사회과학은 분명히 격동하는 세계의 본질을 더 잘 이해하기 위하여 필요한 분야라 할 수 있을 것이다.

끝으로 역사적 사회과학의 전망과 관련하여 하나 더 고려해야 할 점이 있다. 그것은 해방의 패러다임과 관련된 것이다. 사회과학의 초창기에 사회과학이 근대성과 함께 공유했던 기술의 패러다임과 해방의 패러다임 중에서 기술의 패러다임은 현실적으로 논리실증주의의 발전에 힘입어 그 꽃을 피우고 주류 사회과학의 자리에 올랐다. 그러나 해방의 패러다임은 명목적으로는 사회주의 사회의 인간 해방으로 표출될 수 있었으나, 현실사회주의가 기술의 패러다임에 몰두하는 전략을 취함에 따라 체제경쟁에서 좌절하게 되고 그 결과 마르크스 사회과학이 쇠퇴하게 됨으로써 사실상 역사 속에서 철회되었다. 그러나 근대성의 두 가지 패러다임 중에서 인간해방의 패러다임은 인간을 억압하는 제도나 구속으로부터의 해방을 의미하는 것으로 근대성의 완성을 위하여 중요한 위상을 점하고 있는 것이다. 근래에 포스트모더니즘 이론가들이 근대적 이성과 합리성에 많은 비판을 하고 있지만 그래도 사회과학이 존재함으로써 사회의 통합과 유지에 기여하는 등의 가치를 버릴 수는 없는 것이다(정정호, 1991: 113). 그런 측면에서 볼 때 해방의 패러다임을 추구하는 것은 여전히 중요하며 어떤 의미에서 근대성의 완성에 기여할 수 있는 측면이 있는 것이다. 기술의 패러다임에 입각한 논리실증주의가 지나치게 발전함으로써 인간을 보이지 않게 구속하는 제도나 지식의 발전에 도움을 주는 상황을 방지하기 위해서도 해방의 패러다임은 지속적으로 추구되어야 할 것이다.[8) 역사적 사회과학은 경제학, 사회학, 정치학의 경계 완화와 역사를 분석의 중심에 놓는 총체론적 입장에 서서 해방의 패러다임을 의미 있게 반영할 수 있을 것으로 보인다. 틸리(Tilly)는 거시적 관점으로 국가 사회 간의 포괄적 비교의 방법으로 기존 사회과학 패러다임의 한계를 극복하고자 노력한다. 이 역시 비교역사사회과학의 한 방법으로 주목할 필요가 있을 것이다(안치민, 1999: 231~236).

---

8) 그렇다고 하여 이 말이 기술의 패러다임에 입각한 자연과학의 선진적 이론을 사회과학연구에 응용하는 것을 배제하자는 말은 아니다. 물리학의 복잡계이론 등을 사회과학에 적용하는 노력에 비하여(이용필, 1999) 사회과학 상호 간에 내지는 인문학과 사회과학 간에 더 쉽게 벽을 허물고 소통할 것 같지만 사실은 그렇지도 않다는 점에 유의할 필요가 있다.

4. 사회과학 발전의 의미

1) 사회과학과 행복 – 기술의 패러다임에서 해방의 패러다임으로

인간은 누구나 행복하기를 원한다. 그러나 행복은 주관적인 것이라서 객관적으로 파악하기 어렵다. 그럼에도 불구하고 오늘날 주류 사회과학은 인간의 행복을 객관적으로 파악할 수 있는 지표들을 만들어내고 있다. 사회과학은 인간의 행복을 위하여 얼마나 기여했으며 또 기여하고 있는가? 예나 지금이나 인간의 고민의 총량은 마찬가지가 아닐까? 하늘 아래 새로운 것은 없다는 성경구절도 있듯이, 인간들의 삶이 편리해진 것은 사실이지만 그것 자체가 또 다른 문제의 원인 제공을 하는 것도 사실인 것이다. 이 세상은 옛날 사람이나 현대인이나 항상 고민이 있으며, 어떤 의미에서는 현대인들이 종말론적 인생을 살고 있는 것이라고도 할 수 있는 것이다.

그러나 근대적 인간이 이성과 합리성을 추구하게 됨으로 인하여 고대나 중세의 노예제 사회를 벗어나 왕과 지배계층만 자유롭던 사회에서 만인이 자유롭고 평등한 사회로의 인간 해방을 꿈꾸고 이를 실현시켜 올 수 있었던 것은 사실 다행스러운 일이라 아니할 수 없다. 또한 인명을 경시하던 과거의 시대에 비하여 인명을 중시하고 천부의 인권을 보장하는 민주사회가 된 것도 사실상 다행스러운 일이라 하겠다. 이러한 역사의 발전에 사회과학이 기여한 것 또한 사실인 것이다. 그런 의미에서 기술의 패러다임이나 해방의 패러다임이 모두 근대성의 완성에 필요한 것이며 동시에 인간의 행복을 위해서도 큰 기여를 한 것임을 인정하지 않을 수 없다.

다만 이제는 상대적으로 해방의 패러다임에 좀 더 관심을 기울여야 할 때라는 점을 강조할 필요가 있다. 왜냐하면 기술의 패러다임은 이미 실증주의 방법을 통하여 사회과학의 주류로 떠올랐기 때문에 균형을 위해서도 해방의 패러다임이 좀 더 부각되어도 좋을 것이기 때문이다.

그러나 우리는 이러한 서구의 사회과학이 기본적으로 과학적 이성과 경험적 합리성에 기대어 지나치게 인간을 물질주의적 가치에 빠지게 만든 것에 대해 비판하지 않을 수 없다. 오늘날의 주류 사회과학은 실증적 가치의 확보만이 학문의 목적이자 보람이라고 본다. 이러한 태도는 학문과 인격을 분리시키는 데에도 드러난다. 베버가 가치중립성을 주장하면서 동시에 학문의 탈주술화를 주문했을 때 오직 남는 것은 차가운 이성의 계산가능성 뿐이었다. 베버 자신도 그러한 결과가 관료주의의 경직성으로 나타나 결국은 인간의 비인간화를 초래할 것을 우려한 바 있다. 그리하여 이제 주류 사회과학은 재주술화가 필요한 것이며 이를 통하여 인간적인 사회과학의 출현이 필요하며 또 가능해진다고 볼 수 있다. 서구의 주류 사회과학에서는 인격이 없고 행복이 없다. 즉 사회과학을 공부하고 발전시키는 것은 인격의 완성이나 행복하고는 아무런 관계가 없다는 말이다. 그러나 이제는 사회과학에 인격을 부여할 때다. 사회과학을 공부하면 인격도 성숙하게 되는, 즉 인간의 완성에 한 걸음 더 다가설 수 있으며 행복해지는 사회과학을 만들어야 할 때가 온 것이다. 행복은 욕망 분의 충족으로서, 욕망을 분모로, 충족을 분자로 하는 개념이다. 전통적으로 서양에서는 분자인 충족을 최대화하는 방법으로 행복을 추구했다. 그러나 동양에서는 분모인 욕망을 최소화하는 방법으로 행복을 추구했다고 볼 수 있다. 이제 어떤 길을 취해 가는 것이 현명한 것인지 결단하고 실천해야 할 때가 온 것 같다.

2) 동양적 사회과학－도통, 인격 완성의 길

이제 인격적 사회과학, 행복의 사회과학을 만들어야 할 때가 되었음을 알았다. 그것은 서구의 사회과학에 동양적 요소를 가미시켰을 때 가능할 것으로 보인다.[9] 자고로 동양의 학문은 유교적 성격이 강한 것으로 논어, 맹자, 중용, 대학의 4서에 남아 있는 것으로 알려져 왔다. 이것은 한국이나 중국, 일본 등 아시아 지역에서 아직도 남아 있는 유교의 흔적이 매우 큰 것을 보면 알 수 있는 일이다. 나아가 불교나 도교의 흔적에서도 확인되는 것은 동양에서 공부한다는 것은 바로 인격의 완성과 직결되는 학문을 배우는 것이었다는 사실이다. 도와 학의 일체를 일컫는 도학군자라는 말은 학문을 공부하는 선비는 그 인격도 매우 훌륭하여 당시 사회의 엘리트가 될 수 있었다는 말이다. 사농공상의 가치 서열도 인격을 갖춘 선비를 예우하는 사회적 가치관의 반영이었다고도 볼 수 있다.

그러나 서구의 실증주의 사회과학을 아무리 배워도 인격의 완성하고는 거리가 멀다. 이미 가치가 사상(捨象)된 사회과학적 지식은 인격의 성숙과는 거리가 멀 수밖에 없다. 이러한 사회과학의 경계를 흔들어서 동양적 요소를 가미한 사회과학을 정립하여 가르친다면 인간의

---

9) 서구 과학의 한계를 극복하는 길을 동양사상에서 찾아보고자 하는 노력도 적지 않다. 예컨대 복잡계 과학과 동양사상에 대해서 본격적인 접근 시도는 아니지만, 현대과학이 300여 년에 걸쳐 규명한 생명의 신비와 복잡계 과학은 동양에서는 무려 3,000여 년 전부터 시작하여 1,000년 전부터 실생활에서 이용되었다는 보고도 있다. 그 예로 주역과 한의학을 든다(민병원·김창욱 편, 2006: 407).

품격도 같이 올라가는 행복하고 성숙한 인격의 소유자를 길러 낼 수 있을 것이다. 아니 그렇게 되도록 사회과학의 내용을 동양화 내지 한국화할 필요가 있다. 이미 아시아적 가치, 즉 유교의 가치가 아시아의 네 마리 용을 성공적인 근대화로 이끌었다는 연구결과도 있다. 이것은 아시아인의 유교적 교육열이 근면, 성실, 성취동기와 더불어 자본주의적 제도화에 성공할 수 있었다는 내용을 담고 있는 것이다.

동양적·인격적 사회과학은 사회과학 발전의 의미를 동양적 사회과학의 정립과 그러한 사회과학 공부를 통하여 인격의 성숙과 행복을 추구하는 것에서 찾는다. 그러함에 있어 사회과학적 관점에서 인격의 성숙과 관련한 동양의 고전을 다시 보고 재해석하여 새로운 동양적 사회과학의 분야를 개척하여야 할 것이다. 약간의 예를 들어보기로 한다.

예컨대 대학(大學=大人之學)에는 '大學의 道는 明德을 밝히는 데 있으며, 백성을 새롭게 하는 데 있으며, 至善(최선의 도리, 中正)에 머무름에 있다(大學之道는 在明明德하며, 在新民하며, 在止於至善에 머묾이니라)'는 말이 있다.10) 이것은 크게 배우는 것은 밝은 덕을 더욱 밝히는 것이며, 백성을 새롭게 하며, 최선을 다함에 머무는 것이라는 뜻이다. 밝은 덕을 더욱 밝힌다는 것은 대인의 덕을 확대하여 국가 사회에 이름을 의미하는 것이다.

한편 중용(中庸)에는 하늘이 명부(命賦)한 것이 성이요(天命之謂性), 본성에 따르는 것이 도(率性之謂道)이며, 도를 마름하는 것이 교(修道之謂敎)라고 가르친다(이동환, 1970: 19~28, 126). 이것은 항상 하늘이

---

10) 在新民은 在親民으로도 풀이한다. 백성과 친하다는 뜻이다.

준 본성에 따라 수양하고 배울 것을 강조하는 것이며, 행복해지는 비결을 말하고 있는 것이라고 해석할 수 있겠다. 하늘이 준 각각의 그릇에 따라 수양하며 배우며 사는 것이 행복의 지름길이라는 말이다.

도덕경(道德經)에는 곡즉전(曲則全)이라 하여 '둥글면 온전하다'는 것을 가르치고 있다(박영호, 1999: 119). 이는 단선적 사고에서 곡선적 사고로의 유연한 전환이 필요함을 가르치는 것이며, 자연순환적 사고 방식을 가르치는 것이라고도 해석할 수 있다. 직선인 줄 알고 곧바로 가면 지구를 한 바퀴 돌면서 원을 그리게 되는 이치를 말함으로써 원융무애, 자연순환의 지혜로운 삶을 깨닫게 한다.

이와 같은 동양적 가르침을 사회과학적 관점에서 본다면, 대학은 자아의 확대를 통한 엘리트의 길을 제시하고 있고, 중용은 모든 개인이 행복해지는 길을 가르치고 있다. 한편 도덕경은 온전한 삶의 지혜를 가르쳐줌으로써 모든 인간이 행복하기 위해서 어떠한 마음가짐을 갖고 살아야 하는가를 가르친다.

5. 결론

근대의 계몽주의 패러다임은 실증주의 사회과학과 마르크스 사회과학으로 분화 발전하였다. 근대 전기에는 실증주의 사회과학이나 마르크스 사회과학이나 다 기술의 근대성과 해방의 근대성을 추구하였으나, 근대 후기에는 둘 다 기술의 근대성을 추구하면서 체제경쟁을 하였다. 그 결과 사회주의 진영이 패퇴함으로써 자본주의적 기술의 근대성을 추구하는 것이 전 세계의 목표가 되어버렸다.

이 글에서는 사회과학 발전의 의미를 인간을 구속하는 전통이나 제도, 또는 집단이나 무지로부터의 해방을 추구하는 해방의 패러다임이 추구되어야 한다는 데서 찾았다. 이것은 실증주의 사회과학이나 마르크스 사회과학이 다 소홀히 했던 해방의 패러다임을 강조함으로써 근대성의 완성을 지향하는 것이다. 동시에 필자는 동양적 인격적 사회과학의 정립을 통하여 인생의 수양을 겸하는 사회과학이 되도록 준비해야 사회과학 발전의 의미가 완성되는 것이라고 보았다. 전자는 해방의 길이며 후자는 도통의 길이다.

동양적 사회과학 내지 인격적 사회과학에서는 사회과학을 배우면서 자연스럽게 도통하기를 인생의 목적으로 삼고 구도자의 길을 가도록 하는 작업이 병행되어야 한다. 동양사회에서 도통이란 개념은 대단히 광범위하게 일상적으로 쓰이는 용어이다. 도사라는 말과 함께 자주 쓰이는 도통이란 용어는 어떤 일에 물리가 트이고 정통하여 막힘이 없는 경지를 말한다. 도가 통한다는 것은 따라서 즐겁고 편안해지는 것이다. 몸 건강하고 마음 편한 사람이 도사이다.

영화 매트릭스의 주인공 네오가 자신이 '그'임을 자각하는 것처럼, 자신이 누구임을 알게 되는 것이 행복의 길이다. 자신이 누구임을 믿고 깨닫는 데에는 트리니티 등의 인정과 사랑이 필요하듯이 도통에는 이웃(인간과 자연)과의 인정과 사랑이 필수적이다. 이런 것을 사회과학에서 가르쳐야 동양적 내지는 인격적 사회과학이라 할 수 있다. 이를 위해서는 사회과학끼리는 물론 특히 인문학, 구체적으로는 동양철학과 사회과학의 영역 허물기와 같은 공동의 노력이 절실하다고 하겠다.

II.

남북통일과 사회복지

제6장 21세기 민족통일 운동과 사회복지의 위상[1]

1. 서론

21세기는 세계화(globalization)의 시대이다. 세계화의 시대는 정보화 사회, 또는 후기 산업사회, 내지는 후기 근대주의사회로서 컴퓨터 혁명에 의한 첨단의 과학기술 발전에 힘입어 새로운 생산 양식과 생활 규범이 지배하는 사회이다. 과거의 근대화, 산업화, 과학화 시대의 특징인 소품종 대량생산이 다품종 소량생산 체제로 바뀜에 따라, 보다 빠른 사회적 변화를 특징으로 하는 사회가 되었다. 유연적 전문화에 기초한 다양한 정보와 새로운 통신수단의 발전은 엄청난 양의 정보생산과 함께 변화를 재촉하면서 국가나 국경의 의미를 상대화하고 있으며 지방화와 지역화의 중요성을 드러내고 있다(Jessop, 1991; 이영희, 1994).

이러한 급격한 변화의 와중 속에서도 우리가 확인할 수 있는 세계화의 일정한 경향은 존재한다. 그것은 자본주의의 확대 과정과 하나로서의 지구문화 형성 과정이라고 말할 수 있다(Robertson, 1992: 8~15). 즉 정치경제적 측면에서의 자본주의의 확대와 사회문화적 측면에서

---

[1] 이 글은 1997년 10월에 경기대학교 사회과학연구소 한국사회복지연구실 발간 『한국사회복지논총』 제5호 1~16쪽에 실렸던 논문을 약간 교정하여 낸 것이다.

의 지구문화 형성이 바로 세계화의 내용이 되는 것이다. 정치경제적 의미의 세계화는 초국적 기업이 중요한 행위자로 등장함으로써 기업과 국가, 국가와 국가, 또는 국가와 국경을 넘어서는 소위 무한경쟁의 시대가 전개되는 것을 말한다. 전 지구적 차원의 원시적 경쟁적 자본주의의 확대 과정은 마치 세계적 경쟁의 무대에서 오직 살아남아야 한다는 약육강식의 논리를 더욱 부채질하는 것처럼 보인다. 이는 초기 자본주의 시대의 중상주의적 성장 논리가 부활한 것과 유사하며, 1980~1990년대의 신자유주의 사상이 아예 원시자본주의의 정글로 회귀하는 것이 아닌가 우려되는 상황이라고 말할 수 있다(최경구, 1996: 67~69).

한편 사회문화적 측면에서의 지구문화 형성 과정은 자본주의 문화, 즉 과학문화, 물질문화, 기독교문화 등 다양한 표현으로 불리는 서구문화가 여타의 세계에 확대되어 가는 과정 속에서 기존의 여러 문화들, 예컨대 동양문화, 정신문화, 불교문화, 유교문화, 이슬람문화 등과의 갈등 속에서 새롭게 세계인의 생활양식과 규범이 형성되는 것을 말한다. 헌팅톤은 '문명의 충돌'을 우려했지만 그것으로 끝나는 것은 아닐 것이다. 갈등 속에서 잉태한 새로운 조화의 가능성은 하나로서의 지구문화를 예고하는 것일 수 있다. 문제는 이것이 정치경제적 의미에서 자본주의적 성장 제일주의의 세계화와 실제로 어떻게 조율될 수 있을 것인가 하는 점이다.

이것이 문제가 되는 것은 그동안 서구의 자본주의가 성장과 과학과 물질적 풍요의 이름으로 소외와 공해와 전쟁의 세계적인 사회 문제를 양산해 왔기 때문이다(최경구, 1993). 소외는 민주복지국가의 등장과 함께 상당한 해법을 발견한 듯했으나 1970년대 중반 이후 복지국가의 위기가 거론된 이후 재조정의 과정을 겪고 있다.[2] 한편 공해의 문제는 이미 단순한 문제의 정도를 넘어 인류의 사활이 걸린 절대절명의 과제로 등장하고 있다. 전쟁의 문제는 제1, 2차 세계대전과 같은 대량 살육의 과정을 거쳐 이제는 온 인류를 말살하고도 남을 파괴력을 지닌 핵무기의 개발로 더욱 큰 문제가 되어 있으며, 특히 우리나라는 분단 50여 년의 벽을 넘어 평화적인 민족 통일을 해야 하는 역사적 과제를 안고 있기에 더욱 전쟁의 문제는 절실하게 극복되어야 할 지상의 명제가 되어 있다.

21세기 세계화의 과정 속에서 우리가 해결하여야 하는 세계적 사회문제와 더불어 우리 민족 통일의 문제를 어떻게 연결 지을 수 있을 것인가? 그런 가운데 사회복지는 어떤 위상을 차지하고 있으며 어떤 역할을 할 수 있을 것인가? 이 글은 이런 물음에 답하고자 하는 취지에서 쓴 것이다. 통일 이후의 구체적인 복지제도를 마련하려는 작업이라기보다는 그전 단계로서 통일에 있어서의 사회복지 위상을 가늠해보는 작업부터 해보고자 하는 것이다.

---

2) 제2차 세계대전 후 약 30년 동안의 '복지국가의 황금기'는 1970년대 중후반 이후 발생한 석유위기로 인하여 세계적인 공황이 발생하고 선진국들의 경제성장이 급격히 하락하면서 '복지국가의 위기'로 대체되기 시작하였다. 그리하여 1980~1990년대는 세계적인 복지국가의 조정기로서 신보수주의 이념에 근거, 낮은 성장률에 맞게 복지비를 삭감하고, 국가 부담을 줄이면서 민영화 등을 통한 민간복지의 활성화로 방향을 틀고 있는 형편이다. 이른바 복지혼합(welfare mix)이 주가 되고 있는 것이다(Mishra, 1991: 김영순, 1996). 그러나 산재보험이나 의료보험, 연금 등 기본적 사회보험과 장애인이나 노인 등 사회적 약자들에 대한 복지서비스 등은 여전히 국민의 지지를 받음으로써 복지국가의 근간은 지속되고 있는, 이른바 복지국가의 조정기에 들어서 있다고 볼 수 있다.

2. 21세기 사회운동의 방향과 민족통일 운동

1) 복지환경운동

　21세기 사회운동의 방향은 기본적으로 자본주의의 폐해를 시정하는 방향으로 전개될 것이다. 이러한 상황인식은 세계화가 진전되고 있는 21세기도 결국 자본주의의 연장선상에서 볼 수밖에 없기 때문이다. 근대화 이후 20세기에 본격적으로 발전하기 시작한 자본주의의 누적된 사회문제인 소외와 공해와 전쟁의 문제가 역시 21세기에도 계속될 것이라는 말이다. 어쩌면 과거보다 더 빠른 과학적 변동의 속도가 이전보다 더 나쁜 상황을 만들지도 모르는 일이다.[3]

　적어도 자본주의의 발전은 그 물질적 풍요에도 불구하고 빈익빈, 부익부의 현상을 초래함으로써 사회적 소외계층을 양산하여 왔으며, 빈곤을 고질적인 구조적 문제로 만들었고 각종의 사회적 문제들을 만들어냈다고 볼 수 있다. 복지국가의 발전은 이러한 문제를 어느 정도 해결하는 듯했으나, 결국 1970년대 중후반의 석유위기 이후 등장한 신보수주의 이데올로기로 말미암아 상당한 재조정의 진통을 겪고 있으며, 정보사회의 등장은 정보부자(the information rich)와 정보빈자(the information poor)의 새로운 계급갈등을 유발하고 있는 상황이라고도 말할 수 있는 것이다(21세기위원회, 1992: 193). 소외계층의 문제는 계속될 전망이며, 소외의 극복을 지향하는 복지운동도 중요한 사회운

---

[3] 물론 첨단 기술의 발전으로 인하여 이전 세기의 문제인 빈곤이나 공해 등 제 문제가 해결될 수 있을 것으로 보는 낙관론도 있으나, 새로운 미래가 결코 밝지만은 않다는 비관론도 있는 것이다. 오히려 비관론에 더 비중을 두고 문제 해결의 노력을 가일층 강화해야 그나마 인류의 살길이 마련될 수 있을 것으로 보인다.

동으로의 자리를 확대해 나갈 것이다.

또한 자본주의의 발전은 심각한 공해문제를 유발하였다. 무차별적인 개발과 자동차 가스나 핵연료 폐기물 등 공해물질의 증대는 공기와 물을 오염시키고 있으며, 그 결과는 오존층의 파괴와 지구의 온난화와 사막화를 초래함으로써 이상 기후의 등장과 홍수나 지진의 발생이 가속화되는 등 인류의 미래를 불안하게 하고 있는 실정이다. 노스트라다무스의 예언이 아니라 해도 현재와 같은 공해현상이 계속될 경우 인류는 멸망하는 길 외에 다른 대안이 없을 것이다. 21세기의 첨단 과학기술의 발달이 이와 같은 공해문제를 해결해 줄 것으로 기대되고 있으나, 그렇다고 하여 그것을 믿고 자연 파괴를 계속해서는 안 되는 것이다. 환경운동의 중요성은 아무리 강조해도 지나치지 않다. 더구나 21세기에는 사회복지정책과 경제정책과 환경정책의 목표가 상호 긴밀히 연결되어 하나로 수렴될 것이 확실하다는 것을 잊어서는 안 된다(McNutt, 1995: 46~47; 정구현 외, 1994).

위에서 강조한 바와 같은 21세기의 복지환경운동은 민족통일운동과도 밀접한 관계가 있다. 첫째로 남북한 간의 관계를 복지적 차원에서 긍정적인 방향으로 풀어나갈 수 있는 계기로서의 북한빈민돕기운동을 들 수 있다. 이미 북한의 식량 문제는 심각하다는 정도를 넘어서서 연일 탈북자가 증대하고 있는 실정이다(이정우 외, 1996: 33-35). 영양부족에 걸린 아동들의 모습이 보도되고 북한 주민의 1/3이 아사할 가능성도 있다는 내용이 뉴스로 등장하고 있는 실정이다. 이에 따라 남한에서는 북한에 쌀보내기운동을 전개하고 있는 상황이다. 이것을 일컬어 민족 복지적 차원의 통일운동이라 할 만하다.

둘째, 휴전선을 중심으로 한반도를 남북으로 가르고 있는 비무장

지대는 1953년부터 지금까지 동식물의 천국이 되어 세계적인 환경의 보고로 자리매김하고 있다. 남북한이 함께 비무장지대를 어떻게 보호 관리할 것인가에 대하여 '한반도 환경생태 보호위원회' 같은 것을 만들어 남북한의 환경보호와 과학적 관리에 나서야 할 것이다.

셋째, 한반도 환경을 어떤 정치적 또는 기타의 목적으로 피폐하게 만들어서는 안 된다. 1997년에 대만이 핵폐기물을 돈을 주고 북한에 매립하려는 시도를 한 바 있다. 다행히 한국의 환경운동단체들과 세계적인 환경운동단체들이 함께 적극적인 반대운동을 하여 이를 저지시켰다. 향후에도 이런 시도가 또다시 발생하지 않도록 지속적으로 남북한 환경에 대해, 특히 북한의 환경에 대한 감시를 게을리해서는 안 될 것이다.

이와 같은 내용들이 민족 통일을 위한 21세기 복지환경운동이 될 수 있다. 복지환경운동은 인간 소외를 극복하여 인간적인 사회 환경을 만들자는 것이며, 한편 공해를 극복하여 자연을 보호하고 아름다운 자연환경을 만들자는 것이다.

2) 평화통일운동

위와 같은 복지환경운동이 결실을 맺기 위한 전제는 전쟁이 일어나서는 안 된다는 것이다. 21세기의 사회운동으로서 전쟁 문제를 해결하기 위한 평화운동은 대단히 중요하다. 핵전쟁의 위협이 아직 상존하고 있으며, 걸프전과 같은 국지전이 오히려 증가하는 듯한 경향이 소련의 와해 이후 미국 중심의 다극체제가 지니고 있는 세계문제인 것이다(21세기위원회: 106~109). 미국과 러시아가 보유하고 있는 핵무기만 해도 지구를 완전히 파괴하고도 남을 가공할 위력을 지니고 있다는 것은 이미 하나의 상식이며, 군축을 위한 회담이 진행되었다고는 하나 그것이 인류의 평화적 미래를 보장해줄 정도의 신뢰를 주고 있는 형편은 아닌 것이다. 미국에 존재하는 무기 재벌이 계속 존재하기 위해서는, 그리하여 미국 경제가 계속 원활하게 작동하기 위해서는 지구상의 어디에선가는 항상 국지전이 계속되고 있어야 한다는 논리가 인구에 회자되고 있는 것도 이미 어제 오늘의 일이 아니다. 이러한 상황은 미국 주도의 다극체제가 오히려 국지전의 증가와 맞물려 있다는 바람직스럽지 못한 추론을 가능하게 하고 있다. 21세기에도 평화운동이 더욱 강력하게 추진되어야 함은 이미 하나의 당위이며 많은 노력이 세계적으로도 이루어지고 있다.

평화운동이 한반도의 통일운동과 접목이 되는 것은 지극히 자연스러운 일이다. 잘 알려진 바와 같이 새로운 국지전의 가능성이 가장 많은 지역의 하나가 한반도이며, 복지를 위한 평화운동이 가장 절실한 지역도 역시 한반도라 하겠다.[4] 나아가 민족통일이 역사적 지상과제인 한반도에서는 결국 평화적 통일만이 민족의 살길이라는 결론이 나고 마는 것이다. 그리하여 전쟁 방지를 위해 21세기 사회운동으로서의 평화운동과 21세기 민족의 숙원인 통일운동이 하나 되는 평화통일운동이 강조된다.

우리의 평화통일운동은 아무리 강조해도 지나치지 않다. 왜냐하면 지금 한반도를 둘러싼 미·일·중·러의 열강들은 본질적으로 한반도의 통일을 원하지 않는다고 보아야 할 것이기 때문이다. 그러므로

---

4) 남북한의 체제 경쟁으로 인한 군비 때문에 결과적으로 남북이 다 사회복지에의 투자가 낮을 수밖에 없는 형편이다(오정수, 1993; 김연명, 1993).

더욱 용의주도하고 치밀한 통일의 전략이 필요하다. 어떻든 미국과 일본은 자본주의의 상징처럼 되어 있고, 중국과 러시아는 자본주의를 받아들이고는 있으나 사회주의적 뿌리가 깊은 나라들이며, 무엇보다도 한반도가 통일이 되어 힘이 강성해지면 그들의 영향력이 감소되는 것이 당연한 귀결일 것이기 때문이다. 그러므로 한반도의 평화통일은 남북한 당사자뿐만 아니라 바로 세계적인 여론과 세계 각국의 협조가 반드시 필요한 것이다. 그런 의미에서 민간 차원의 평화통일운동이 전개되는 것이 필요하며 그것도 세계 각국의 사회운동 단체인 비정부조직(non-governmental organization)들과의 연계 속에서 추진되는 것이 요청된다. 민간 차원의 평화통일운동은 정부의 한계를 보완해줄 수 있다.

이상과 같이 21세기의 사회운동은 소외·공해·전쟁의 문제를 해결하기 위한 복지·환경·평화 운동으로 정리될 수 있다. 여기에 한반도의 통일이란 특수한 문제가 추가되어 우리의 사회운동은 복지환경운동과 평화통일운동으로 정리할 수 있는 것이다. 복지환경운동은 인간적인 사회환경과 자연환경을 만들자는 것이며, 평화통일운동은 전쟁과 같은 급진적이고 살육을 수반하는 통일이 아니라 점진적인 통일, 그리고 민족 동질성을 회복하는 문화적 통일인 것이다. 복지환경운동은 평화통일운동을 촉진시켜주는 역할을 할 수 있다. 반면에 평화통일운동은 복지환경운동의 외연으로서 복지환경운동이 활발하게 진행될 수 있는 토양을 만들어주는 것이라고 할 수 있다. 이와 같은 점은 민족통일에 있어서의 사회복지 위상을 논하면서 더 구체적으로 드러날 수 있을 것이다.

3. 민족통일에 있어서의 사회복지 위상

1) 민족 화합

　남한의 사회복지는 북한에 어떤 영향을 줄 수 있을 것인가? 이러한 물음은 현재의 한국사회복지의 수준만을 전제할 때 별 의미가 없을지도 모르겠다. 1997년 현재의 수준은 사회복지비의 지출이 아직도 국민총생산의 1% 정도에 불과한 실정으로 복지국가의 초보적 수준을 겨우 따라가는 수준이기 때문이다. 그러나 그럼에도 불구하고 우리는 공적부조 제도와 산재보험, 의료보험, 국민연금 등의 사회보험과 각종 복지서비스를 제도적으로는 갖추고 있다. 앞으로 현재 우리가 갖춘 사회복지 제도의 내실을 기할 수 있도록 사회복지비의 지출을 늘리고 소득보장, 의료보장, 주거보장, 교육보장을 통한 인간으로서의 평균적 삶의 질을 높여 나갈 가능성을 배제할 필요는 없을 것이다. 이런 가능성까지를 포함하여 사회복지가 지니는 위상, 즉 사회적 역할과 의미에 대해 논해보고자 한다.

　첫째로 남한의 사회복지를 잘 발전시키면 북한 주민들에게 통일에의 희망을 줄 수 있을 것이며 민족 화합에 기여하고 결과적으로 통일을 앞당기는 데 도움이 될 수 있을 것이라는 점을 지적할 수 있겠다.[5] 사회복지가 사회적 약자에 대한 보호를 위주로 하는 것이며, 또한 분배적 측면에서 평등을 상대적으로 중시하기 때문에 북한의 관심을

---

[5] 남북 간의 경제 협력은 이미 오래전부터 시작되었기 때문에 남한의 경제는 물론 복지 정도에 대해서도 북한 측에서 상당한 관심이 있을 것이다. 남북 간의 경제 협력에 대해서는 한국개발 연구원에서 나온 보고서를 참조하면 좋을 것이다(한국개발연구원, 1991).

끌기 쉽다는 장점이 있는 것이다. 이를 통해 역사적 대화합의 단계로 나갈 수도 있는 것이다. 역사적인 예를 들어 보자. 1985년부터 시작된 고르바초프의 개혁과 개방정책은 1980년대 후반의 동구의 변화와 아울러 1990년 독일의 통일, 1991년 소련의 해체를 결과하였다. 이것은 물론 사회주의 사회의 관료적 부패와 비효율성으로 인하여 생산성이 떨어지고 실업이 늘어나는 등 경제가 마비됨으로써 비롯된 것이었다. 당시 고르바초프 자신은 물론 소련의 와해를 목표로 한 것은 아니었다. 그는 자본주의를 받아들이되 어느 정도의 사회주의적 평등을 보장할 수 있는 스웨덴의 사회민주주의를 그 이상으로 삼고 있었다. 그의 뒤에 등장한 급진적 자유주의자 옐친도 집권 초기에는 그의 사상적 이념을 사회민주주의라고 한 바 있다. 그들에게 있어서 사회주의의 동맥경화증을 치유할 수 있는 계기를 만들어 준 것은 스웨덴과 같은 사회민주주의 복지국가였던 것이다. 자본주의를 근간으로 하되 누진적 세제와 진보적 복지제도를 통하여 이상적 복지국가를 실현할 수 있었던 사회민주적 조합주의 복지국가가 그들에게 변화의 유인을 제공하였던 것이다. 이러한 변화의 바람을 타고 동독이 서독으로 흡수 통일될 수 있었던 것도 기억해야 할 일이다. 서독의 사회적 시장경제 체제도 사회민주주의의 일종이라고 볼 수 있다.

이러한 역사적인 예를 보면 남한에서 잘 발달된 복지제도가 북한에게 어떠한 영향을 미칠 수 있을 것인가를 충분히 짐작할 수 있는 것이다. 현재는 북한이 너무 못사는 상황이기 때문에 그 자체가 북한주민들의 탈북 사태를 초래하고 있지만, 상대적으로 남한이 더욱 잘사는 복지국가가 된다면 그만큼 북한을 도울 수 있는 역량이 강화되는 것이며 민족 화합과 통일의 길은 더욱 빨리 이루어질 수 있을 것이다.

둘째, 한국적 복지이념의 개발이 필요하며, 이것이 또한 민족의 화합에 기여할 것이라는 점을 기억해야 한다. 즉 박애나 평등을 강조하는 서구적 복지이념은 물론 그 자체가 중요한 것이다. 그러나 민족의 화해와 화합을 위한 한국적 복지이념의 개발은 그만큼 남북 간의 역사적·문화적 뿌리 의식을 강화하는 작용을 할 것이므로 의식적인 노력을 할 필요가 있다.

한국적 복지이념의 개발을 위하여 먼저 복지이념에 대한 기존의 견해를 살펴보자. 복지이념은 미슈라(Mishra)가 <표 6-1>에서 지적한 바와 같이 많은 학자들이 언급하였음에도 불구하고 대개가 전통적으로 좌파와 우파, 그리고 그 중간의 수정자본주의 또는 사회민주주의를 고려하는 연속선상의 어느 지점에 있는가를 중심으로 하고 있다 (Mishra, 1986: 34). 아래 <표 6-1>의 분류에서 왼쪽(잔여적·자유방임적·반집합주의적·시장적·자유주의·개인적)은 자유자본주의, 그리고 오른쪽(제도적·사회주의적·구조적·사회주의·마르크스주의)은 사회주의에 가까운 것이다.

<표 6-1> 복지이념의 분류

분류자	분류		
Wilensky & Lebeaux(1958)	잔여적		제도적
Pinker(1971)	잔여적		제도적
Titmuss(1974)	잔여적	산업적-성취적-업적적	제도적 재분배
Parker(1975)	자유방임적	자유주의적	사회주의적
George & Wilding(1976)	반집합주의, 소극적집합주의, 페이비언사회주의, 집합주의		
Mishra(1977, 1981)	잔여적	제도적	구조적(규범적)
Pinker(1979)	시장적	중상적 집합주의	사회주의
Room(1979)	자유주의	사회민주주의	마르크스주의
Taylor-Gooby & Dale	개인적	개혁적	구조적

　이러한 복지이념 분류의 공통점은 기본적으로 좌파냐 우파냐 또는 그 중간의 어디쯤에 위치하느냐에 따르는 1차원적 분류에 그치고 있다. 피터 조지는 그러한 복지이념의 1차원성을 극복하고 다차원적 접근을 강조한 적이 있다(George, 1985: 33~47). 이제 소련의 와해와 함께 복지이념의 1차원성은 극복되어야 할 시대가 되었다. 이제는 그러한 서구적 개념에 굳이 매달릴 필요는 없다고 본다. 한국적 이념이 우리에게는 더 의미가 있는 것이다. 다만 사회복지라는 개념 자체가 서양에서 비롯된 것이므로 한국적 복지이념이라는 단어 자체가 어색하게 들릴 수도 있으나 그러나 그렇다고 하여 한국 복지이념 모색을 중단해야 한다는 법은 없다.[6]

　필자는 민족 통일과 관련하여 탈이데올로기적 민족화합을 위한 한국적 복지이념으로서 자비(慈悲)와 중용(中庸)과 조화(調和)를 생각해 볼 수 있다. 사회복지란 일반적으로 '개인적으로 해결하기 어려운 사회적 욕구나 문제의 해결을 지향하는 사회적 과정과 결과'라고 정의할 수 있으며, 좀 더 구체적으로 표현하여 '사회복지란 사회적 약자나 사회적 위험에 처한 자를 보호하여 인간적인 삶의 질을 누릴 수 있도록 도와주는 사회적 협동의 과정과 그 결과'라고도 정의할 수 있다. 이러한 사회복지가 실현된 사회가 복지사회이다. 자비와 중용과 조화의 복지이념은 이러한 복지 사회의 개념과 잘 부합된다고 할 수 있다.

　먼저 자비는 삼국시대부터 신라와 고려를 통하여 우리 민족의 국교였던 불교의 근본이념으로서 인간에 대한 연민과 사랑을 뜻한다. 인간을 불쌍히 여기고 살게 하는 힘이 바로 자비이다. 복지사회가 '사

---

6) 이런 관점에서 볼 때 하상락의 『한국사회복지사론』에서 주장하는 '책기론'과 같이 한국의 특수한 복지 발전의 이론을 탐구하는 노력은 매우 높이 평가할 수 있을 것이다(하상락, 1989).

회적 약자나 사회적 위험에 처한 자를 보호한다'고 할 때, 그것이 바로 자비의 복지이념이 표현된 것이 아니고 무엇이겠는가?

한편 중용은 유교의 근본 규범으로서 모든 일에 있어서 치우치지 않고, 지나치지 않게 평균적 삶을 살아가는 것을 의미한다. '인간적인 삶의 질'을 누릴 수 있도록 도와준다는 것은 사회적 약자들이나 사회적 위험에 처한 사람들도 사회의 평균적 삶의 질을 영위하면서 살아갈 수 있도록 배려한다는 뜻으로 해석할 수 있다. 즉 중용의 복지이념을 실천하는 복지사회를 이룩하겠다는 의미이다.

끝으로 조화는 우리 민족 고유의 심신수련체계인 선도의 근본이념으로서 복지사회의 '사회적 협동의 과정과 그 결과'를 담보함에 있어 필수적인 복지이념이 될 수 있다고 본다.[7] 본래 유·불·선 삼교를 포괄하는 우리 민족 고유의 선도는 인간과 인간, 인간과 자연과의 조화를 기본 이념으로 하고 있다. 이와 같은 복지이념이 복지 사회의 '사회적 협동'의 기본 이념이 될 수 있다. 진정 조화로운 상태를 유지하기 위해서는 기본적으로 사회적 협동이 되지 않으면 안 된다.

이와 같이 자비와 중용과 조화의 복지이념을 우리 민족의 전통사상적 뿌리에 근거하여 찾아보는 노력은 매우 중요하다. 민족 통일에 있어서 사회복지의 위상을 정하는 복지이념의 문제는, 그것이 첫째로 탈이데올로기적이어야 하고, 둘째로 민족의 화합을 가능하게 하면서도, 셋째로 복지의 본질과 상통하는 것이어야 하기 때문이다. 우리 민족의 전통인 유·불·선 3교의 합일이라 할 수 있는 자비와 중용과

---

7) 한국의 선도(仙道)는 최치원에 의하여 풍류(風流)라고 표현된 것으로, 중국의 노자나 장자의 사상에 기초한 선교와는 다르다. 최치원은 난랑비 서문에 "우리나라에는 현묘한 도가 있다. 이를 풍류라 하는데, 이는 삼교(三敎: 儒敎, 仙敎, 佛敎)를 포함한 것으로 모든 민중과 접촉하여 이를 교화하였다"고 하였다(동아대백과사전 30, 1985: 360).

조화의 사상이야말로 우리에게 가장 적절한 복지이념이 될 수 있다.

2) 사회 질서 유지

민족 통일에 있어서 두 번째로 중요한 사회복지의 위상은 사회복지가 사회 질서 유지에 확실하게 기여할 것이라는 측면이다. 따라서 사회 질서를 유지하는 데 있어서 가장 중요한 것 중의 하나가 사회복지 제도를 어떻게 만들 것인가 하는 문제이다. 사회복지란 사회적 욕구나 문제의 해결을 지향하는 것이기 때문에 사회복지 제도를 잘 만들고 못 만드는 데 따라 결과적으로 사회질서 유지가 가능하냐 아니냐가 결정될 수 있다. 그것이 잘된 국가가 복지국가이다.[8]

우리나라에서 통일 후의 사회복지 제도와 관련된 기존의 대안들을 살펴보면 대략 세 가지 정도로 나누어 볼 수 있다.

첫째는 균형적 복지국가 모형이다. 균형적 복지국가 모형은 한국보건사회연구원에서 정경배 등이 1993년에 공저한 '남북한 사회보장 및 보건의료제도 통합방안'이라는 보고서에 소개되고 있다(정경배 외, 1993). 이들은 통일 한국의 사회보장체제가 지향해야 할 통합적인 이념형으로서 '균형적 복지국가'를 들고, 이는 자유적 복지국가(liberal welfare state)와 통합적 복지국가(integrated welfare state)의 중간 형태라고 주장했다. 즉 '편파적인 시장경제에의 의존이나 과도한 국가 개입을 지양하고, 경제정책과 사회정책 간에, 경제성장과 사회통합 간에,

---

8) 일반적으로 복지국가는 주로 국가가 시장에 개입하여 누진세 제도 등을 적용하고 대체로 GNP의 20～30%에 해당하는 사회복지비를 지출하고 있으며, 사회적 위험에 대처하는 복지제도는 제도적 안전장치로서의 보편성과 포괄성과 적절성을 그 특징으로 하고 있다.

그리고 사회권의 보장과 개별적 경쟁 간에 적절한 균형을 이루어야 한다'는 것이다. 한편 균형적 복지국가의 복지프로그램은 보편적으로 다양하여야 하며, 사회복지 보장 수준은 사회적 최저 수준 이상이 되어야 하고, 국민경제의 성장을 해치지 않는 범위의 적정한 수준이어야 한다. 기초보장의 범위는 기초소득보장, 기초의료보장, 기초주거보장, 기초교육보장이 이루어져야 한다고 본다.

균형적 복지국가 모형의 구체적 사회보장의 원칙은 사회적 위험에 대비한 체계적 안전망 제공, 남북한에 통일된 사회보장체제 수립, 자유민주주의와 시장경제 원칙의 발전적 적용, 효율성과 평등성의 적절한 조화, 한국의 전통적 가치의 반영, 남북한 각 제도 중, 발전적 요소의 수용, 적극적 노동사회정책을 통한 산업의 구조 조정 등이다. 이러한 원칙에 입각하되 통일이 급진적으로 이루어질 경우와 점진적으로 이루어질 경우를 대비하여야 한다고 본다.

둘째, 자유 자본주의 모형이다. 이것은 한국개발원에서 박진·이유수가 공저한 '남북한 사회보장제도의 비교 및 통합 방안'에 나타난 관점과 내용을 자유 자본주의 모형으로 축약해서 나타낸 것이다(박진·이유수, 1994). 물론 저자들이 자신들의 입장을 자유 자본주의 모형이라고 부르고 있지는 않으나 그 내용이 현재 남한에서 시행되고 있는 자유 자본주의와 같은 내용이기 때문에 그렇게 부를 수 있을 것이다.

이러한 자유 자본주의 모형에서는 통일 후 사회보장제도의 통합은 북한 주민이 북한에 잔류하는 경우가 남한으로 이주하는 경우보다 유리하도록 설계되어야 한다고 본다. 북한 주민의 대거 남하는 주거, 식량, 실업, 교통 등 대단한 혼란을 야기할 것이기 때문이다. 이러한 원칙을 시행하는 방안은 북한지역에 대해 사회보장 보조금을 지급하거나, 이주민에 대하여 특수한 규정을 적용하는 것이다.

통일 후에도 수년간은 사회보장제 통합을 유보하는 것이 좋다고 본다. 그 이유는 첫째, 경제상황이 상이함으로 적용대상, 급여, 재원 조달에 있어 같은 조항이 적용되기 어렵다는 점 때문이다. 북한의 경우 공무원, 군인, 기업소 지배인 등 상대적으로 고소득층을 중심으로 대규모 실업이 발생할 것으로 보여 재정의 악화가 우려되므로, 북한지역에서는 소득 수준에 관계없이 최저생계비를 일괄 지급하는 것이 바람직하다는 것이다. 둘째, 사회보장의 분리 운영이 재정안정을 위해서도 필요하다. 사회보장 지출이 많아지면 여타 부문에 대한 지출 여력이 없어진다. 기본적으로 북한지역에 대한 지원은 사회보장보다 투자를 통하여 고용 창출을 하는 방향으로 해야 재정 안정에 도움이 된다. 셋째, 사회보장제통합 유보는 이주문제를 완화하는데도 도움이 된다. 경제통합으로 인한 북한주민의 어려움은 사회보험의 형태를 취하기보다 공적부조로 해결하는 것이 좋다. 사회보험은 그 파급효과가 크고, 법 개정 등의 절차가 요구되며, 일단 상향조정되고 나면 추후에 하향조정이 어렵다. 북한 주민의 어려움은 단기적으로는 공적부조, 장기적으로는 고용창출로 해결하는 것이 바람직하다. 이것이 남한으로의 이주 문제 완화에 기여할 것이라고 본다.

셋째, 시민적 권리 모형을 들 수 있다. 이것은 김연명·김형식이 공저한 「통일국가의 사회복지」란 논문에서 주장한 내용을 가장 잘 대표하는 용어라고 보아 그대로 사용한 것이다(김연명·김형식, 1995). 논자에 따라서는 사회민주주의 모형이라고 부를 수도 있을 것이다. 그들은 마셜의 시민적 권리(social rights) 개념을 인류가 지금까지 사회복지와 관련하여 발전시켜온 개념 중에서 가장 진보된 것이라고 보고,

그 내용에 대한 천착을 통하여 '통일국가의 사회복지 모형'의 기본 원칙을 그려내고 있다. 시민적 권리는 공민권, 정치권, 사회권의 세 가지가 균형 있는 발달을 이루어 법적인 인정을 받는 단계에서 완성되는 개념이다. 한편 시민적 권리는 사회복지제도의 네 가지 세부 원칙을 통해 구체화된다고 본다. 그것은 (1) 사회복지제도 적용에서의 '보편주의 원칙', (2) '적정한 수준'의 사회복지 급여 보장의 원칙, (3) 사회복지 운영 과정에서의 '국민참여 원칙', (4) 생존권과 평등권 보장을 위한 '국가책임의 원칙' 등이다.

그들은 위와 같은 원칙에 입각하여 현재의 남북한 소득보장체계를 통일국가의 소득보장구조로 바꾸어 나가야 한다고 주장한다. 통일국가의 소득보장구조는 고용보장제도, 단일한 연금제도, 산재보상제도 및 기타 단기급여로 단순화되는 것이 바람직하다. 예컨대 중앙기구로서 가칭 사회보험관리공단을 두고, 광역행정단위인 시도에는 사회보험관리공단지부, 그리고 기초 행정단위에는 '사회보험사무소'를 설치, 각급의 행정단위에 노동자, 자영자, 농어민대표, 전문가, 공익위원, 각급 의회의원 등이 참가하는 '위원회'를 만들고, 이들은 각급 행정단위의 의회(국회, 도의회, 시군의회)에서 선출하도록 하는 것이 바람직하다. 한편 재원조달은 가입자와 기업, 그리고 국가가 사회보장의 재원을 균형적으로 부담하는 것이 바람직하되, 단, 재정의 운영은 제도별로 독립된 재정운영이 바람직하다고 주장한다.

이 연구들은 각각의 관점에서 충실한 연구를 했음에도 불구하고 사회질서의 유지라는 측면에서 보아 몇 가지 점을 보완하는 것이 필요할 것으로 보인다.

첫째, 정부 차원과 민간 차원을 총동원하는 획기적인 구호사업을 통한 사회질서 유지의 문제를 집중적으로 탐구해야 할 것이다. 통일 전에는 현재와 같이 북한의 식량난을 도와주는 복지 프로그램이나 공동모금을 통하여 그들을 도움으로써 사회 질서의 유지에 간접적으로 기여할 수 있을 것이다. 만약 기아로 인하여 북한체제가 그대로 와해된다면 그것은 심각한 무질서를 초래할 것이며, 북한의 연착륙을 원하는 남한의 입장에 전혀 도움이 되지 않을 것이다. 한편 통일 후에 사회복지는 사회 질서 유지에 직접적으로 중요한 역할을 할 것이다. 물론 통일 후의 사회복지 제도가 남한에서의 내용 그대로 북한에 적용되지는 않을 가능성도 있는 것이며 많은 연구를 해야 할 부분이다. 그러나 어떤 형태가 되었든 현재의 북한 사정이 식량난으로 매우 나쁜 것은 사실이며, 그것이 단기간에 해결될 가능성은 없다고 보아야 한다. 그렇다면 결국 획기적인 구호 사업이 필요할 것이며, 그것이 없이는 사회 질서가 근본적으로 흔들릴 가능성이 높다고 하겠다. 식량문제가 안정되어야 다른 모든 질서도 설 수 있다.

둘째, 통일 후에 이산가족들의 재결합이나 또는 그와 관련된 가족 복지 제도의 개발을 통하여 사회복지 질서의 확립을 도모하여야 할 것이라는 점을 지적할 수 있겠다. 천만 이산가족들의 복지와 그 관련 업무는 통일에 앞서 가장 미리 준비해두어야 할 민감한 문제의 하나로서 사회질서 유지에 매우 중요한 요소라 하겠다. 이것은 토지 정책의 문제와도 관련될 수 있는 것으로 토지 소유권을 우선시할 것인가 또는 토지 이용권을 우선시할 것인가의 문제 등을 포함한다.[9]

---

[9] 위의 세 연구들에서는 대체로 소유권보다는 사용권 우선의 정책을 펴야 한다고 본다. 그렇지 않으면 북한의 땅문서를 소유한 사람들이 그 소유권을 다시 주장하고 나설 때 이를 궁극적으로 부정할 수는 없겠지만 큰 혼란이 일어날 가능성조차 있다는 것이다. 그러므로 일단 사용권 우선 정책을 통하여 북한 주민의 동요를 막고 질서를 유지해야 한다는 것이다.

셋째, 사회질서 유지 차원에서뿐만 아니라 통일 후 한반도의 발전을 위하여 북한의 개발 계획에 관한 논의도 필요하다는 점을 지적하지 않을 수 없다. 앞으로의 사회개발을 통한 성장의 문제는 복지와 환경문제를 함께 고려하여야 한다. 북한 사회의 성장과 복지와 환경을 고려한 경제 개발 계획을 수립하여 공표하는 일이 중요하다고 하겠다. 북한지역의 지하자원과 관광자원, 세계화의 전진기지로서의 지역적 특성과 지역복지와 환경문제까지를 고려하여 한반도 전체와 유기적인 지역개발계획을 수립하고 공표함으로써 북한 주민들이 자기 지역에 대한 비전을 갖게 해주는 것이 필요할 것이다.[10] 그리하여 지역 개발의 이익과 복지를 지역주민들이 누릴 수 있도록 되어야 한다. 남한의 지역 개발은 외부의 자본이 침투하여 지역 주민을 밀어내고 자연을 파괴하는 역기능을 수반하였다. 북한의 경우에는 그 시행착오가 없이 환경의 보호와 더불어 개발의 이익이 바로 주민들에게 복지의 혜택으로 돌아갈 수 있도록 체계적인 지역 개발 계획을 세우는 것이 바람직하다. 물론 남한 자본의 투기성 투자는 금지해야 할 것이다.

넷째, 민족 동질성 회복을 위한 복지사업을 통하여 또한 사회 질서가 유지될 것이라는 점을 기억하여야 한다. 특히 북한 주민들과의 대면적 접촉이 이루어질 생활보호사업이나 보건사업의 경우에는 정부 기구의 차원에서뿐만 아니라 민간 기구의 차원에서도 상당한 역할이 있을 것으로 생각할 수 있다. 국가 복지가 미처 돌아보지 못하는 부분에 대한 민간 복지의 지원이 필수적으로 요청될 것이기 때문이다. 이러한 정부 차원의 복지와 민간 차원의 복지가 무리 없이 통합적이

---

10) 기술적으로 북한의 개발 계획을 세우는 일이 어렵다 하더라도 최소한의 지역적 특성을 살려주는 지역 개발과 복지의 청사진을 만드는 일은 미리 준비해야 한다.

고 효율적으로 집행될 수 있는 체제를 갖추어야 한다. 우선은 국가 복지의 구체적 실천기구인 보건복지사무소 같은 것을 최대한으로 설치하여 구체적으로 주민 보건과 복지에 관한 상담 사업을 실시함으로써 상호 간의 문화적 이질성에 대한 문제 파악과 이에 대처할 수 있는 있는 프로그램의 개발 등이 긴요하다고 할 수 있다.11) 보건복지사무소가 실질적으로 북한 주민들의 보건과 복지에 대한 일차적인 접촉 창구가 되게 함으로써 실제적 도움을 주는 데 이바지하여야 하며, 동시에 민족의 동질성 회복에 무리 없이 기여하여야 할 것이기 때문이다. 다음으로 민간복지 기관들인 사회복지관이나 각종 종교단체나 기업들의 복지재단 등이 담당해야 할 역할과 중요성에 관해 살펴보자. 앞으로는 민간 복지로서의 기업복지와 종합사회복지관의 역할이 더욱 중요해질 것이다. 통일 이후 북한 사회에서 기업의 중요성이 더욱 더 커질 것은 분명하다. 즉 기업의 북한 투자를 통하여 고용창출 효과가 나타나야 인구 이동의 혼란을 예방할 수 있을 것이며, 국가 또한 발전할 것이기 때문이다. 따라서 기업복지가 북한 주민들에게 어떤 내용으로 전달되어야 실질적으로 도움이 될 것인지 연구가 필요하다. 현재로서는 주로 생활필수품과 관련된 현물급여나 주택과 의료서비스, 기술교육의 전달이 매우 중요할 것으로 보이나, 더욱 다양한 서비스가 제공될 수 있을 것이다.

---

11) 이를 위하여 북한 귀순자들 가운데 사회복지를 전공하여 사회복지사로서의 전문적 지식과 기술을 가진 이들을 많이 배출하여 통일 후 북한의 보건복지사무소나 사회복지관에 우선적으로 배치함으로써 북한 주민들과의 원만한 협조를 해 나갈 수 있도록 준비하는 것도 좋을 것이다.

4. 결론

이제까지 21세기 민족통일 운동의 과정에 있어서 사회복지가 어떤 위상을 점할 수 있을 것인가를 중심으로 논의를 전개해보았다. 그것은 기본적으로 사회복지가 통일 이전의 단계에서나 통일 이후의 단계에서 민족의 화해를 위하여, 즉 민족의 진정한 통일을 위하여 매우 중요한 역할을 수행할 수 있으리라는 다소 희망적인 관측을 수반하는 것이었다. 우리 민족의 통일이 6·25 한국전쟁과 같은 비극적 한을 극복하면서 이루어지기 위해서는 피차의 상처를 어루만져주고 진정한 화해가 이루어져야만 한다. 또한 북한의 처지가 국제적으로 식량을 지원받아야 할 정도로 어려운 만큼 그들의 자존심이 더 이상 상처받지 않도록 대주민 접촉의 방식을 사회복지적 차원에서 하는 것이 매우 중요하다는 것이다.[12]

이와 같은 일은 21세기의 복지환경운동과 평화통일운동의 과정에서 이루어질 것이다. 복지환경운동은 인간적인 사회환경과 인간적인 자연환경을 만들자는 것이며, 평화통일운동은 전쟁이나 급격한 재난을 수반하지 않는 점진적 통일을 하자는 것이다. 민족 복지의 차원에서 전쟁과 급진적 통일을 반대하고 점진적 통일을 지지하는 것이다. 이것은 서구인들이 만들어낸 과학문명, 물질문명의 역기능인 제 사회문제, 즉 소외와 공해와 전쟁을 방지하면서 민족 통일을 지향해 나가는 길이다.

민족 통일에 있어서의 사회복지 위상은 무엇보다도 민족의 화합을

---

12) 북한 사람들은 어찌 보면 자존심과 체면 하나로 사는 것인지도 모른다. 이것을 잘 파악하고 있어야만 그들과의 접촉에서 오해나 불필요한 일들을 최소화할 수 있을 것이다.

촉진시킬 수 있다는 데서 찾을 수 있다. 사회복지가 사회적 약자를 보호하고, 상대적으로 평균적 삶의 질을 강조하는 것이므로 한국의 사회복지가 발전하는 그만큼 북한 주민들의 민심을 살 수 있을 것이며, 또한 민족의 통일을 앞당기는 역할을 할 수 있다고 보는 것이다.

그러한 노력은 복지이념적 차원에서 민족의 평화적 통일을 지향함으로써 배가된다. 그것은 한국적 복지이념을 찾는 노력으로부터 시작되어야 한다. 과거 남북 간에 증오의 대명사였던 공산주의와 자본주의의 대립적 용어가 아닌 이념으로서 남북이 공통분모를 찾을 수 있는 우리 민족의 뿌리로부터 복지이념을 설정하는 것이 필요하다는 말이다. 그것은 우리의 전통 종교인 불교와 유교와 선교로부터 가능하다. 즉 자비와 중용과 조화의 복지이념을 생각해볼 수 있는 것이다. 자비는 서구의 평등이나 사랑을 대신할 수 있는 말로서 경제적 측면의 복지정책의 기저를 이룰 수 있는 복지이념이 될 수 있다. 한편 중용은 정치적, 교육적 측면에서 민주적 기회의 보장을 의미하는 복지이념으로서 손색이 없다. 끝으로 조화는 사회적으로 공정한 경쟁의 원칙이 지켜지도록 하는 정의와 협동의 원리로서 우리 민족의 통일을 위한 복지이념으로서 매우 중요한 위상을 점하고 있다고 평가할 수 있다.[13]

한편 사회복지는 사회질서의 유지라고 하는 또 하나의 위상을 지닌다. 이는 복지 제도적 차원에서 민족 통일을 지향하는 것으로 균형적 복지국가 모형, 자유 자본주의 모형, 또는 시민적 권리 모형 등에

---

[13] 사회복지를 '사회적 약자나 사회적 위험에 처한 자를 보호하여 인간적인 삶의 질을 누릴 수 있도록 도와주는 사회적 과정과 그 결과라고 정의할 때, 그것이 이루어진 사회는 경제적 측면에서 가능한 한의 보호와 평등, 그리고 정치적이고 교육적인 측면에서의 기회의 평등, 그리고 사회문화적 측면에서의 공정한 경쟁의 원칙과 사회적 협동의 원칙이 작동하는 사회라 할 수 있을 것이다.

서 제시되고 있는 바와 같이 점진적이면서도 현실적으로 급진 통일의 가능성까지도 고려하는 다양한 접근이 가능하다. 무엇보다도 남북의 화해를 위한 민족복지의 차원에서 획기적인 제도를 마련하는 것이 중요하다. 이를 위해서는 우선 정부와 민간 차원에서 공동의 대규모 생활 구호 사업을 계획하는 일과 남북 이산가족의 재결합이나 그와 관련된 상호부조를 지원하는 특별한 가족복지 제도의 제시 등이 필요할 것이다. 나아가 북한 지역의 성장과 복지와 환경을 고려하는 경제 개발 계획도 세워서 북한 주민들이 스스로의 지역 사회에 대한 비전을 가질 수 있도록 해주는 것도 필요할 것이다. 다만 지역 복지의 차원에서 개발의 이익이 지역 주민에게 돌아가도록 하는 제도가 마련되어야 한다. 복지 사업적 차원에서의 모든 프로그램의 목표는 남북 간의 민족 동질성 회복과 관련되는 것이 좋다. 특히 북한 주민에게 일차적인 접촉창구가 될 보건복지사무소의 사회복지 전문요원이나 각종 사회복지관의 사회복지사들의 역할과 기능이 매우 중요할 것이므로 그에 대한 특별 교육 등이 실시되어야 할 것이다. 사회문화적 차원의 동질성 회복은 복지 상담사업을 활성화함으로써 가능할 수 있을 것이다. 또한 재사회화 역시 공적 사적 기관들의 복지사업을 통하여 이룰 수 있는 목표이다. 특히 각종 종교집단의 복지 기관들이 상당한 역할을 수행해낼 수 있을 것으로 보인다.

새로운 시대의 복지 모형 내지는 통일 한국의 복지 국가 모형이 어떠한 이상적 내용을 갖추어야 할 것인가에 대한 논의는 여러 가지로 다양할 수 있으나, 기본적으로는 민주복지자본주의의 틀을 벗어날 수는 없을 것이다.[14) 즉 자본주의적 생산양식을 근간으로 자본가들의 이윤을 보장하면서도, 동시에 노동자들의 인간적인 삶의 질을 보장해

주며, 아울러 산업자본주의의 발전 과정에서 발생하는 사회적 약자들
에 대한 보호 또한 보장하는 것을 목표로 한다. 이러한 일련의 과정
에서 정치적 민주주의의 의사결정 과정을 충실하게 담보함으로써 사
회적 공정성을 확보하고자 하는 것이 민주복지자본주의라 할 수 있
다. 이와 같은 기본적인 사회구조 속에서 가능한 한 경제적으로 평등
하며, 정치적 사회적으로 안전하고, 문화적인 삶을 누릴 수 있으면 그
것이 바로 복지국가인 것이다. 공공부조 대상자들에 대한 인간적 환
경과 생활의 보장, 모든 국민들에 대한 건강보험과 산재보험, 그리고
연금의 제공이 이루어지고, 노인, 장애인, 아동 및 여성복지서비스의
제공 등이 원활하게 이루어지는 사회가 바람직함은 두말할 나위 없
는 일이다. 통일 한국의 복지 모형은 결국 현재와 같은 체제를 유지
하면서 가능한 한 많은 남한 국민의 참여와 지지 속에서 북한의 어려
움을 해결하는 방향으로 나갈 수밖에 없을 것이다.

---

14) 한국적 복지 모형으로 '생산적 경제복지 모형'이라는 것이 한국보건사회연구원에서 제시된 것이 있다.
   마셜의 민주복지자본주의의 사회복지 모형과 흡사한 것이라 하겠다(한국보건사회연구원, 1995; Marshall,
   1981).

제7장 통일시대의 복지 이데올로기: 패러다임의 전환과 환경복지자본주의[1]

1. 서론

남북통일이라는 민족의 지상 과제가 1994년 김일성의 사망 이후 금방 이루어질 것같이 보였으나 어언 3년이 지나 4년째 들어서면서 김정일이 명실공히 북한의 최고지도자로 등장하고 있다. 한편 나진·선봉지구의 경제특구 설정과 개방 등 북한 사회의 매우 신중한 자본주의 실험도 시작되었다. 그러나 북한의 경제사정은 매우 어려워서 굶어 죽는 사람들이 속출하고 있으며 세계적으로 식량원조를 받아야만 하는 지경에 이르러 있음은 만인이 주지하고 있는 바와 같다.

이와 같은 상황은 우리에게 두 가지 기억해두어야 할 문제점을 제시하고 있다고 할 수 있다. 하나는 지금까지도 북한이 붕괴되지 않은 것으로 보아 북한이 그렇게 쉽게 무너지지는 않을 수도 있다는 점과 또 하나는 북한의 붕괴가 남한 중심의 흡수통일을 전제로 하는 것이라면 그것은 남한을 위해서도 바람직한 일이 못 된다는 사실이다. 독일의 급진적 흡수통일이 경제적으로 엄청난 희생을 수반했을 뿐만

---

[1] 이 글은 1997년에 성균관대학교 사회과학연구소에서 발간한 『사회과학』 제36권 제2호에 실린 논문을 약간 교정한 것이다.

아니라 동시에 민족의 내부적 사회통합을 저해하고 있는 현실을 볼 때, 이와 같은 흡수통일이 지닌 문제가 매우 심각한 것임을 알 수 있다.[2] 게다가 우리는 서독처럼 경제적으로 선진국가도 아니며, 또한 서독처럼 상대와의 내왕이 허락되는 처지도 아니다. 요즘 남한의 경제 위기는 오히려 북한과의 흡수통일을 걱정하는 사람들을 더 많이 만들어내고 있는 듯하다. 사실상 중요한 것은 민족 성원들 간의 사회문화적·인간적 통일이라는 점을 생각할 때, 정치 경제적이고 제도적인 흡수통일이 급격하게 이루어지는 것은 문제가 있다.[3]

두 번째로 기억해두어야 할 것은 북한의 식량 사정이 매우 어렵기 때문에 인도적이고 복지적인 차원에서의 원조와 구호가 대폭적으로 이루어진다면 남북통일이 좀 더 바람직한 사회통합의 방향으로 진행될 수 있으리라는 점이다. 식량난과 같은 근본적 문제에 대한 구호와 원조가 남한 주도로 이루어질 수 있다면, 그것이 민족적 신뢰감과 동질성을 회복하고 휴머니즘에 입각한 평화통일을 이룩하는 데 큰 도움이 될 수 있다는 것이다. 나아가 적극적으로 북한을 도와서 그들의 붕괴를 막고 그들의 체제 개방과 개혁이 점진적으로 이루어지도록 유도하는 것이 오히려 더 바람직하다는 것이다.

결국 바람직한 통일의 길은 민족적 신뢰감과 동질성의 회복, 남북한의 상호보완적 경제발전, 그리고 정치적 제도적 통일을 이루어내는 단계적 접근을 통하여 이루어져야 할 것이다.

---

2) 독일 통일 후 7년이 지난 오늘날 동독인들은 '2등 국민'이라는 콤플렉스와 '낙인찍힌 자들'로서 사회적 차별 대우를 받는 것에 대해서 많은 불만을 가지고 있다. 또한 서독에 대한 통일 직후의 기대와 호감이 변하여 열등감과 자조의식이 많이 나타나는 것으로 보인다(전성우, 1997).

3) 그러나 북한이 식량난으로 인하여 자체 붕괴할 가능성은 여전히 존재하므로 이러한 변동에 대비하는 자세는 필요하다.

이 논문은 위와 같은 입장에서 통일 시대를 예비한 복지 이데올로기를 탐구해보고자 한다.4) 복지 이데올로기란 복지에 대한 철학적 판단과 현실적 복지제도를 연결시키는 자유, 평등, 정의, 욕구 등을 중심으로 하는 일련의 이념 체계이다(Clarke, 1987: 15). 점진적 통일의 길에서 우리가 예비할 수 있는 복지 이데올로기가 무엇인지를 탐색하여 보는 것은 현재의 시점에서 필요한 것으로 보인다. 그동안 한국 사회에서는 통일시대의 복지 이데올로기 자체에 대한 논의는 별로 많지 않았다고 볼 수 있기 때문이다. 이 논문은 그런 면에서 복지 이데올로기에 대한 좀 더 직접적이고 미래지향적인 논의를 시도하여 보고자 한다.

결론부터 미리 말하자면 이 논문의 주장은 환경복지자본주의를 통일시대의 복지 이데올로기로 하자는 것이다. 필자가 보기로는 19세기가 자유 자본주의의 시대였다면 20세기는 민주복지자본주의의 시대요, 21세기는 환경복지자본주의의 시대가 되리라는 것이다.5) 이와 같은 논의가 객관적이기보다는 주관적 가치 함의가 짙다는 비판을 받을 수도 있을 것이다. 그러나 이미 많은 사회과학자들이 언급하고 있다시피 사회현상에 대한 연구는 객관적이어야 하나 그 변화의 방향에 대해서는 가치함의적일 수 있다. 따라서 이 논문에서는 현재 남북

---

4) 복지 이데올로기라는 용어는 정치이데올로기나 경제이데올로기와 차이가 있다. 복지 이데올로기라고 쓸 때에는 사회성원들의 사회적 위험을 제거하고 안전을 보장하며, 사회적 약자를 보호하는 데 있어서의 사회적 평등을 우선적으로 고려한다. 이에 비하여 정치이데올로기는 권력과 권위의 생성과 행사에 있어서의 정통성을, 그리고 경제이데올로기는 자원과 상품의 생산, 유통, 분배에 있어서의 효율성을 우선적으로 고려하는 차이가 있다고 할 수 있다.

5) 물론 자유 자본주의나 민주복지자본주의, 또는 환경복지자본주의가 복지 이데올로기라고 보기보다는 정치 경제 이데올로기라고 하는 주장도 있을 수 있다. 다만 필자는 복지의 관점, 즉 사회적 약자를 보호하고 사회적 위험을 방지하여 사회성원들의 일상적 안전을 보장해줌으로써 삶의 질을 제고시키는 전략과 방안의 기본적 이념 체계를 복지 이데올로기라고 본 것이다.

한의 복지 이데올로기에 관하여 검토하고, 아울러 20세기 선진복지국
가들의 이데올로기였던 민주복지자본주의가 어떠한 한계에 봉착하
였는가를 밝히고자 한다. 그리하여 남북한이 같이 할 수 있는 한국적
복지이념을 탐색하여 보고 세계적 추세와 관련하여 그 귀결점으로서
의 환경복지자본주의를 미래의 한반도 통일복지국가의 복지 이데올
로기로 제시하여 보고자 한다.

2. 남북한의 복지 이데올로기

　본시 자본주의와 사회주의는 근대화의 쌍둥이이다(이원희, 1987: 21).
그중에서 자본주의가 산업사회의 태동기에 태어난 형이었다면 사회
주의는 자본주의의 모순을 시정하기 위하여 뒤이어 태어난 동생이라
할 만하다. 자본주의가 산업사회를 이루면서 부익부 빈익빈의 계급적
격차를 나타내고 인간소외를 가중시키자 그 문제를 해결하기 위하여
사회주의가 등장하고 평등의 가치를 강조하게 되었던 것이다. 그러나
사회주의 역시 산업사회의 모태에서 나온 이데올로기로서 과학주의
와 합리주의를 근간으로 물질적 풍요와 함께 근대화의 이상인 자유
와 평등을 동시에 지향하였다. 다만 현실적으로 단순화시켜서 본다면
자본주의는 모든 개인의 자유를 강조하였고, 사회주의는 전체 노동자
의 평등을 강조하였던 차이가 있다 하겠다. 사회주의가 베른쉬타인에
의해 사회민주주의로 개량화되자 레닌은 자신들을 '공산주의자'로
명명하였다(박호성, 1991: 9). 이와 같은 사회주의 세력은 제2차 세계
대전 후 소련과 중공, 동구유럽, 북한, 쿠바 등 지구의 반을 지배하였
다. 그러나 1990년을 전후하여 동구 유럽의 몰락과 독일의 통일, 그리

고 소련의 해체는 20세기 사회주의의 실험이 현실적으로 실패하였음을 증명하는 것이었다. 그러나 이것은 그동안 자본주의가 사회복지제도를 발전시켜 옴으로써 자본주의의 불평등이라는 모순을 시정하고자 하는 노력을 꾸준히 하여 온 결과로서 체제의 우위를 지킬 수 있었기 때문이라 할 수 있다. 반대로 소련 등 동구 유럽의 몰락은 비민주적이고 전제주의적인 의사소통의 단절이 관료적 비효율성과 맞물려 오히려 사회적 불평등을 조장한 결과였다.

북한에서도 그와 같은 현상이 일어날 가능성이 있을까? 아직까지 그러한 일이 발생하지 않았다는 것은 북한의 철저한 주민 통제와 오래전부터 김정일의 후계자 상속 작업이 이루어져 왔고 핵심계층이 견고하기 때문인 것으로 보인다. 식량난만 아니라면 체제 위기를 넘기는 것이 그렇게 어렵지는 않다고 볼 수 있는 상황이다. 현재는 김정일 정권의 조기 붕괴의 가능성보다는 중장기적인 변화의 가능성이 높아졌다고 볼 수 있다. 붕괴하더라도 체제붕괴가 아닌 정권교체의 가능성(즉 사회주의 지향정권, 혹은 자본주의 지향정권)이 높다는 것이다(이종석, 1977: 333). 북한사회의 변동이 카리스마적 변동에서 제도적 변동으로, 그리고 자본주의의 실험에 이르러서는 시대적 변동모형으로 바뀌어 가는 것으로 나타나고 있다고 해석할 수도 있다(최경구, 1992).

이러한 판단은 남한 사회복지제도의 내실화가 더욱 필요하다는 것을 반증하여 준다. 이를 통하여 북한에게 상대적으로 사회적 평등이 보장되는 복지국가의 모범을 보여주어야 한다. 동시에 점진적인 사회통합을 위한 남북한 간의 복지 이데올로기 수렴을 위한 작업도 필요할 것이다. 현재 남북한 간의 복지 이데올로기는 많은 차이가 있다.

남한은 1960년에 박정희의 군사정권이 들어서면서 부족한 정통성을 보완하기 위해서 많은 복지관계법을 제정하였지만. 실제로는 1980년대에 가서야 어느 정도의 복지 제도를 정비할 수 있었다. 이는 기본적으로 1987년의 민주화 투쟁의 결과이기도 하겠지만 구조적으로는 지난 30여 년의 경제성장이 뒷받침된 결과라고 할 수 있겠다. 그러나 아직도 그 실제적 내용은 매우 부실한 편이다. 즉 남한의 경우에는 국가가 국민의 복지에 대해 일차적 책임을 지기보다는 가족과 시장에서 일차적으로 복지문제를 해결하게 되어 있다. 가족과 시장을 통해서 자신의 복지문제를 해결하지 못하는 나머지 사람들에 대해서만 국가가 개입하여 생활보호대상자로 정하고 그들의 생활을 공공부조의 형태로 보장하는 최소한의 책임을 지고 있다. 물론 산재보험, 의료보험, 연금보험, 고용보험 등 4대 사회보험제도의 틀을 갖추고, 각종 사회복지서비스를 통하여 도움이 필요한 노인, 장애인, 아동, 부녀자에 대한 복지 혜택을 주고 있으나 그 실질이 아직 부족한 실정이다. 아직도 남한의 사회복지비는 GNP의 1%에 불과하여 선진국의 20∼30% 수준에 비하여 매우 떨어지고 있으며 같은 중진국의 5∼7% 수준에도 못 미치고 있다(이영환, 1993). 한국 정부의 '생산적 복지모형'이란 것의 내용은 국가의 최저 보장 수준의 확충 위에 민간의 자구노력을 최대화하는 복지제도를 구축하자는 것이다(문형표, 1997). 이러한 남한의 복지 이데올로기를 일컬어 '잔여적 개입주의(residual interventionism)'라고 불러도 좋을 것이다.

한편 북한의 복지 이데올로기는 '전제적 집합주의(despotic collectivism)'라고 부를 수 있겠다. 전제적 집합주의라고 부르는 이유는 복지뿐만 아니라 북한에서의 모든 의사결정이 매우 독재적인 방법에 의해서 정해지고 그것이 모든 인민 일반에 대하여 적용되는 것을 원칙으로 하고 있기 때문이다. 그것은 북한을 움직이는 주체사상이 김정일에 의하여 김일성주의로 체계화 내지는 변질되면서 더욱 강화된 것이다. 즉 김일성 자신은 자신이 주체라는 개념을 처음 발견한 것이 아니고 진정한 마르크스주의자라면 누구나 다 알고 있는 것인데 자신이 이를 강조한 것이라고 말한 바 있다. 이는 마르크스-레닌주의에 대한 자신의 계승성을 강조한 것이다. 그러나 김정일은 독창성에 비중을 두어 '김일성주의화'하는 과정에서 결국 혁명적 수령관을 강조하는 변화된 입장을 보였다. 이것은 권력승계와 관련하여 김정일에게 부족한 카리스마를 이론적으로 보강하는 작업이라 할 수 있는 것이다(고성준, 1989: 51~63). 북한의 주체사상에서 나타나는 혁명적 수령관에 따르면 수령은 사회생명체의 최고뇌수이며 당은 그 중추를 이룬다(김정일, 1989: 264). 여기서 최고뇌수라고 하는 것은 생각하고 판단하고 결정을 내리는 역할과 기능을 하는 것이며, 당은 그것을 실행하는 중심이 된다는 의미이다. 따라서 일반 인민들은 오직 충성을 다하는 것밖에는 할 것이 없다. 말하자면 혁명적 수령관에 의하면 생각은 오직 한 사람만 하면 되는 것이다. 이러한 사상은 매우 모순적이고 극단적인 사회유기체론이라 아니할 수 없으며 비민주적이고 전제적인 특성을 지니는 것이라 하겠다.

따라서 일반적으로 북한에서는 사회생명체의 중추인 당원들이 누리는 복지적 위상이 일반 인민과는 다른 특별한 것이다. 그들은 대개 귀속성이 강한, 즉 출신성분이 좋은 '핵심계층'(인구의 약 28%)으로서 타 계층과 분리되어 진학, 승진, 배급, 거주, 의료 등의 각종 분야에서 특권을 누리고 있다. 여타의 '기본계층'(또는 동요계층이라고도 함. 인구의 약 45%)과 '복잡계층'(적대계층으로서 인구의 약 27%)은 상대적으로 불이익을 당한다. 예컨대 북한은 80년대에 고층 아파트를 많이 지었는데 평양의 경우 신형 아파트는 기존의 아파트보다 2~3배 넓고 온수까지 공급되므로 새 아파트를 지을 때마다 당간부들이 이사를 하여 8~9번씩이나 이사를 했다는 것이다(안계춘, 1989; 통일원, 1990). 이러한 불평등이 식량난과 더불어 북한 체제의 현실적 위협이 되고 있는 것도 사실이라 하겠다.

북한은 1950~1960년대에 경제성장이 남한보다 앞서고 있을 때에 복지관련법들이 제정되어 실시되었다. 북한에서는 1945년부터 1960년대까지 복지 관련 법들의 77%가 제정 내지 개정되었다. 남한에서는 1960년대 이후에 96.6%가 제정 내지 개정되었다(김연명: 140). 북한에서는 1946년부터 1964년 사이에 '사회보험법, 노동자사무원 노동법령에 관한 결정서, 탁아소규칙, 국가사회보장에 관한 결정서, 무상치료를 실시할 데 관한 결정서, 위생사업을 전인민적운동으로 조직전개할 데 관하여, 사회급양사업을 개선강화할 데 대하여, 인민보건사업을 강화할 데 관한 최고인민회의 결정, 유치원사업을 개선강화할 데 대한 내각결정' 등의 법을 통하여 복지 전반에 관한 법의 대부분을 정하였다. 이러한 법들은 1972년의 신헌법에 수용되어 있으며 집단주의 원칙에 기초한 인민의 기본권리로 표현되고 있다(오정수, 1993: 134~136). 그러나 이러한 법들의 정비가 무력하게 되는 것은 경제성장이 저조하게 되면서부터이다. 1970년대 중반부터 북한의 경제성장은 남한보다 떨어지기 시작하여 1990년대에 들어서서는 계속 마이너스 성장을 기록하고 아사자가 속출하고 있는 형편이라서 북한의 복지제도라고 하는 것이 무의미해지는 상황이 전개되고 있다. 어쨌든 그들의 복지 이데올로기는 그 복지의 내용이 결정되는 과정이 전제적이며 그 실행이 국민 전체에게 집단적으로 미친다는 점에서 전제적 집합주의라고 부를 수 있을 것이다.

위에서 살펴본 바와 같이 남한의 복지 이데올로기인 잔여적 개입주의와 북한의 복지 이데올로기인 전제적 집합주의는 공통점을 발견하기 어렵다. 다만 공통점이 있다면 그것은 어찌되었든 양쪽이 다 일반 대중의 복지, 특히 소득보장과 의료보장 등 사회적 약자에 대한 관심을 갖고 정책적 배려를 하고 있다는 사실일 것이다. 그 종류의 포괄성과 범위의 보편성, 방법의 타당성 및 정도의 적절성 등은 매우 다른 것이 사실이다. 이 논문은 그러한 자세한 차이를 분석하는 것에 목적이 있지 않다. 따라서 더 이상의 언급은 별도의 논문에서 다루어야 할 것이다. 다만 남한은 국가의 책임이 대부분의 복지제도를 포괄하고는 있으나 그 적용범위가 선택적이고, 방법이 잔여적이며, 복지의 정도 역시 적절하지 못하다는 총체적 평가는 할 수 있을 것으로 본다. 그것이 잔여적 개입주의의 내용이 되는 셈이다. 한편 북한은 국가의 책임하에 모든 복지제도를 포괄하게 되어 있고 그 적용범위도 보편적이다. 또한 그 방법이 제도적이다. 그러나 복지의 정도는 오늘날의 식량난이 웅변으로 증명하고 있다. 어쨌든 북한의 복지 이데올로기는 전제적 집합주의라고 부를 수 있을 것이다. 이와 같은 현실이 시사하는 것은 향후의 남북통일시대를 대비하여 좀 더 적극적으로 복지 이데올로기의 공통점을 찾아보는 노력이 절실하다는 점이다. 또 한 가지 고려하여야 할 것은 통일시대의 복지 이데올로기가 세계화의 시대적 조류에 맞아야 한다는 점일 것이다.

3. 선진국의 민주복지자본주의

선진국의 복지 이데올로기는 대체로 마셜에 의하여 지적된 민주-복지-자본주의라는 용어에 잘 표현되어 있다. 그는 개인적 자유과 대의적 민주주의를 발전시키고자 한다면 경제시장의 생산능력과 요구, 그리고 사회시장의 분배능력과 요구 간의 균형이 반드시 유지되어야 한다는 점을 확실히 했다. 최적의 균형은 정치적 자유를 심각하게 훼손시키지 않아야 가능하다. 정치적 자유 없이 진정한 의미의 복지는 없기 때문이다. 또한 자본주의적 생산능력이 전제되지 않는다면 역시 복지가 설 자리는 없는 것이다. 그러나 동시에 사회적 분배가 적절히 이루어지지 않는다면 정치적 자유와 경제적 재생산이 보장될 수 없다. 이러한 문제들은 마셜의 민주-복지-자본주의에서 화학적 용해로 해결되는 것이 아니다. 오히려 각 부분들의 상대적 자율성이 원활하게 살아나는 데서 조화를 이루는 것이 중요한 것이다. 부분은 전체를 위해서 의무를 다한다. 그리고 전체에 대해서 권위와 자율성을 주장한다. 거기에 바로 하이픈이 생길 여지가 있는 것이다. 전체의 부분에 내재한 권위는 자율적 상호의존성의 토대가 되는 것이다. 사회민주주의라는 금송아지는 신성한 세 마리의 소가 이끄는 삼두마차에 실려질 수 있다는 것이 마셜의 주장이다.

정치적 자유와 경제적 생산, 그리고 사회적 분배의 균형은 어떻게 이루어질 수 있는가? 이에 대한 마셜의 대답은 이러한 문제들이 '순수하게 구조적인 해결책만으로는 풀리지 않는 구조적 문제'이다. 따라서 그의 결론은 '차별을 줄이는 것이 아무리 필요하다 하더라도 단순히 차별을 줄임으로써만 차별을 받아들일 수 있다고 보는 것은 어리석은 일이다. 그것은 오직 차별에 대한 태도를 변화시킴으로써만 가능하다'는 것이다. 이러한 문제는 논리에 의해서 지배받는 것이 아니라 '타협'을 통해서 성취되는 것이며, 일정한 경제적 불평등은 기능적으로 남아 있게 됨으로써 부의 생산에 기여한다는 것이다(Marshall, 1981: 14~16).

그의 이론은 대표적인 선진복지국가들의 역사적 경험을 잘 설명해 주고 있다. 스웨덴이나 오스트리아, 영국, 독일 등은 그 발전의 과정을 볼 때, 사실상 사회민주주의 국가로서 정치적 민주주의와 경제적 생산과 사회적 복지를 '대타협'과 '태도를 바꿈'으로써 실현시킬 수 있었다. 그러나 문제는 이러한 복지국가들이 '복지국가의 황금기'를 지나 1973년과 1979년의 두 차례에 걸친 석유 위기를 겪는 동안 경제성장이 퇴조하자 신보수주의로 돌아서게 됨으로써 복지비를 삭감하고 민영화 정책을 실시하는 등 복지국가의 위기와 조정 국면을 연출하게 되었다는 사실이다.

미쉬라에 의하여 널리 지적된 복지국가의 위기는 다양한 모습을 나타냈으나 결국 복지 혼합(welfare mix)의 형태로 정리된 것으로 보인다. 이를테면 산재보험이나 연금 등 사회보험과 같은 것은 부분적 변화를 겪고 제도적 복지의 형태로 그대로 존속하는가 하면, 복지서비스나 공적부조, 또는 국영기업 등은 상당한 부분의 민영화를 통하여 잔여적 복지의 형태로 공존하게 되는 것을 말한다. 복지국가는 아직도 국민들의 지지를 받고 있으며, 복지예산 삭감은 그렇게 엄청난 영향을 미친 것은 아니었다. 향후 복지국가들은 노령인구의 증가와 의료비의 증대 등으로 인한 재정적 문제 등을 해결하여야 할 것이지만 복지국가를 유지하고자 하는 노력은 삶의 질에 대한 관심의 제고와 더불어 계속될 것이다.

그러나 이러한 현상과 더불어 우리가 주목하게 되는 것은 신보수주의 정책을 주도한 미국과 영국의 레이건과 대처는 현직을 떠났지만 아직도 신보수주의적 정책은 여러 나라에서 답습되고 있다는 사실이며, 적어도 미국과 영국은 당시의 경제적 어려움을 극복한 것으로 보도되고 있다는 점이다.6) 그러나 그들의 경제성장은 10% 내외의 고실업률을 수반하는 것이었으며, 1980~1990년대를 통하여 이루어진 세계적인 정보화 사회의 도래와 함께 새로운 정보부자(the informa-tion rich)와 정보빈자(the information poor)의 빈익빈 부익부의 문제를 발생시켰다(21세기위원회, 1992: 193). 이러한 신우파의 사회정책은 '한 사회 속의 두 국가'라고 표현되는 직업구조와 임금구조의 양극화 현상으로 인한 이중경제(dual economy)와 이중사회(dual society)의 문제로 나타나고 있기도 하다(Mishra, 1991). 이것은 세계화(globalization)의 과정 속에서 무한경쟁을 지향하는 초국적 기업들의 세계적 이윤추구 행위와 무관하지 않다. 그들은 이미 국경 없는 사회(borderless society)를 살아가고 있으며 전 지구적 기업 활동을 통하여 임금이 싼 후진국과 노동조합이나 환경문제에 관한 법적 규제가 없는 경제특구들을 찾아다니면서 이윤을 축적하고 있다. 자국에 투자를 꼭 해야 할 필요가 없으니 자국의 노동조합이 무력화되고 따라서 노조의 힘에 의한 복지의 추구라는 명제는 이미 고전이 되어 버린 것이나 다름없게 된 것이다. 세계의 100대 경제 단위 중 반이 초국적 기업이라는 사실이 이미

---

6) 영국 노동당의 당수 토니 블레어가 선거에 이겨 정권을 잡았으나 그의 정책기조는 여전히 대처리즘을 승계하여 존 메이어의 보수당과 거의 같은 신보수주의 노선을 견지하고 있다. 한편 프랑스의 사회당 당수 조스팽은 진보적 노선을 표방하고 있어 이들의 정치적 목표가 어떻게 귀결될 것인지 관심의 대상이 되고 있다. 유럽의 다른 나라들은 대체로 아직도 신보수주의 노선을 취하고 있다. 한국 같은 나라도 복지국가에 진입해보지도 못한 상태에서 민영화니 뭐니 하면서 신보수주의 노선을 취하고 있다.

국경의 의미가 상실된 세계화 사회를 우리에게 보여주고 있는 것이다.

이쯤해서 우리가 살펴볼 일은 선진복지국가들의 민주복지자본주의라는 복지 이데올로기가 지니고 있는 근본적인 한계에 관한 것이다. 그것은 민주복지자본주의가 국경 있는 사회의 복지 이데올로기였다는 사실이다. 그리고 그것은 노동조합의 힘에 의한 뒷받침을 통해 사회적 분배가 가능했던 시대의 이데올로기라는 사실이다.[7] 지금은 그것이 힘들어지는 국경 없는 사회가 도래한 것이다.[8] 현재의 세계적 상황은 마치 자본주의의 초창기에 자본가들이 아무런 국가의 제재도 그리고 노동자들의 도전도 받지 않고 마음껏 부를 축적하였던 상황과 유사한 형국을 나타내고 있다는 점이다. 원시 자본주의가 다시 부활한 것과 흡사한 상황이다. 무한경쟁을 지향한다는 것 자체가 이미 빈익빈 부익부의 현상을 개인 간에 또는 국가 간에 자유방임적으로 정당화시켜 놓고 있는 것이나 다름없다. 결국 무한경쟁을 통한 이익의 추구를 통하여 다시 경제를 살려야 한다는 것이 모든 선진복지국가들의 기본 전략이라고 한다면 이것이 바로 다름 아닌 원시자본주의의 부활인 것이다. 따라서 과거에 민주복지자본주의의 복지 이데올로기가 자본주의의 빈익빈 부익부의 문제를 해결하는 데 동원되었던 것과 같이 새로운 어떤 복지 이데올로기가 다시 부활한 원시자본주의의 망령을 잠재울 수 있게 되지 않겠는가 생각된다.

그것은 현실적으로 무한경쟁시대에 초국적 기업의 이윤추구활동

---

7) 그것은 색다른 관점에서의 접근도 가능하다. 즉 이제까지의 선진복지국가들의 성공은 성장주의에 기초하고 있었으며, 또한 후진국들을 세계체계 속에서 경제적으로 착취함으로써 가능했다고 보는 것이다. 그러나 이제는 성장의 패러다임을 버려야 할 때이며, 후진국들도 과거와 같이 일방적으로 선진국들에게 착취만 당하고 있지는 않을 것이라는 점이 새로운 시대에 지속의 패러다임이 지니는 전제가 될 수 있는 것이다.

8) 물론 아직도 국경의 의미는 국가가 중요한 것처럼 중요하게 남아 있다. 다만 여기서는 국경의 의미가 상대화되는 것을 강조하는 것이다.

을 제어할 수 있는 어떤 메커니즘의 출현을 필요로 한다. 필자는 그것을 환경복지자본주의의 복지 이데올로기라고 본다. 그것을 추진할 수 있는 세력은 환경 문제와 복지 문제를 인류의 생존과 관련되는 문제로 인식할 수 있는 국제정부조직(IGO: International Governmental Organi-zation)을 비롯하여 국제 비정부조직(INGO: International Non-Governmen-tal Organization)의 운동에 의해서 가능할 것이다. 어차피 국경의 의미가 약화된 시대의 힘은 세계적인 조직에서 나올 수밖에 없을 것이기 때문이다.

환경과 복지의 문제를 인류 생존의 문제로 인식하는 자본주의가 출현해야 하는 이유는 다음과 같다. 자본주의가 근대화와 산업화의 상징으로 등장한 이래 약 400년이 흘렀다. 그 이전까지 인류는 약 일만 년 동안을 농업이나 목축을 하면서 자연에 순응하면서 살아왔다. 그러나 서구인들이 과학과 합리성을 근간으로 자본주의를 발전시켜 지구를 정복하기 시작하면서 동양인들의 평화는 깨졌으며, 세계에는 소외와 공해와 전쟁의 문제가 점점 심각하게 대두되었다. 왜 그런가?

먼저 소외의 심각성은 기본적으로 자본주의가 통제되지 않을 경우에 빈부의 양극화가 발생하기 때문이다. 따라서 사회의 평균적 삶의 수준을 향유할 수 없는 다수의 소외된 계층이 등장하게 되는 것이다. 이들을 위한 복지가 더욱 중요해지는 것은 다시 강조할 필요도 없다.

공해의 심각성은 어떠한가? 자본의 이윤 추구 행위는 기본적으로 공해방지 시설과 같이 원가를 높이는 일을 하지 않으려 하기 때문에 통제할 수 없을 정도의 공해가 발생하게 된다. 특히 공해는 당장 인간에게 해가 되지 않는 것처럼 보이기 때문에 이를 소홀히 다루기 쉬운 것이다. 이미 남극의 오존층 파괴는 매우 심각한 지경에 이르고 있다는 것이며, 후진국의 무절제한 삼림의 파괴가 지구의 산소를 감소시키고 있다는 것이다. 공해에 의한 대기의 온난화는 수온을 상승시켜 때 아닌 엘니뇨현상으로 인한 자연 기후의 이변과 사막화 현상이 점점 빨라지는 등 생태계의 파괴가 걷잡을 수 없이 진행되고 있는 상황이다. 환경문제는 아무리 강조해도 지나치지 않다.

전쟁의 문제 역시 자본주의의 확대와 긴밀하게 관련되어 있다. 미국의 무기재벌들은 세계의 어디에선가 전쟁이 지속되어야만 하며 이들이 호황을 누려야 미국 경제가 돌아가게 되어 있다는 소문은 익히 들어 알고 있는 바인 것이다. 현재 지구 상에 만들어 놓은 핵무기만해도 지구를 몇 번이라도 파괴할 수 있는 정도라고 하니 자칫하면 제3차 세계대전을 통한 지구의 종말을 보게 될지도 모르는 지경에 있는 것이다.

이렇게 보면 결국 서구의 자본주의의 확대라고 하는 세계화는 인류의 멸망을 앞당기기 위한 과정이라 아니할 수도 없는 것이다. 이럴 때 필요한 것이 바로 환경복지자본주의의 복지 이데올로기인 것이다. 환경복지자본주의는 근본적인 패러다임의 변화를 요구한다. 인류의 공적(public enemy)인 환경문제를 해결하고, 소외문제와 전쟁의 문제를 해결하여 모든 인류에게 인간다운 생활을 보장해주는 복지 이데올로기가 되려면 이제까지 성장(growth)의 시대에 필요했던 모든 가치를 바꾸어 지속가능성(sustainability)의 가치에 맞추어야 한다. 새로운 시대의 새로운 패러다임이 필요한 시기가 된 것이다.

4. 환경복지자본주의

성장의 패러다임이 지속가능성의 패러다임으로 바뀌게 되는 이유는 이미 언급한 바와 같이 하나밖에 없는 지구의 환경을 보존해야 하기 때문이다. 지구 삼림의 삼 분의 일을 차지하는 아마존 강 유역의 개발이 어떤 결과를 초래할지는 상상하기 어렵지 않으며, 기상이변과 사막화 현상, 오존층의 파괴와 지진과 해일 등 어떤 것도 자연 생태계의 보존을 통하지 않고는 해결될 수 없는 것들이다.[9]

환경복지자본주의란 절제된 자본주의를 통하여 환경문제와 복지문제를 동시에 풀어나감으로써 이룰 수 있는 지속가능한 사회(sustainable society)이다. 이를 다음 그림과 같이 나타내 볼 수 있을 것이다.

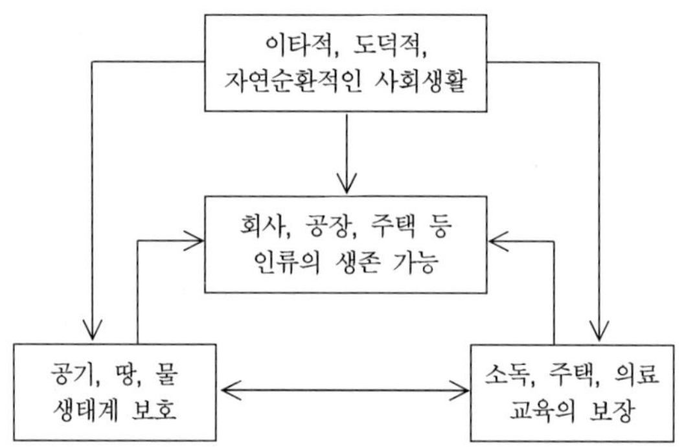

<그림 7-1> 환경복지자본주의의 모형

환경복지의 구체적 실현은 자연환경과 사회환경을 깨끗이 하겠다는 것이다. 즉 땅과 물, 공기와 생태계 보호는 물론, 빈곤과 범죄의 온상을 타파하기 위하여 사회복지적 기본수준(소득, 의료, 교육, 주택보장)을 보장함으로써 지속가능한 사회를 만들겠다는 것이다.

땅과 물과 공기와 생태계가 깨끗해야 공장을 지을 수 있고, 거기서

---

9) 혹자는 과학의 발전으로 이러한 문제를 해결할 수 있다고 하나 이는 과학이 지닌 근본적 모순을 간과한 탓이다(이명우, 1989: 202~243).

일하는 근로자들의 사회복지적 기본수준이 보장이 되어야 빈곤과 범죄 등이 타파될 수 있다. 빈곤과 범죄 등이 타파되어야 깨끗한 사회, 희망 있는 사회, 도덕적인 사회가 되며, 그래야 다시 땅과 물과 공기와 생태계가 유지될 수 있다. 이러한 자연과 사회의 순환을 유지하는 것이 지속가능한 환경복지사회인 것이다. 여기서 중요한 것은 이타적, 도덕적, 자연순환적인 생활을 하는 것이 우선적으로 이루어져야한다는 점이다. 인간만이 악순환의 고리를 끊고 한 단계 더 높은 사회로의 진입을 가능하게 하는 것이다. 더구나 이것은 패러다임의 전환을 요구하는 문제로서 더더욱 인간의 이타적인 속성이 강조될 수밖에 없는 것이다.

환경복지사회는 서구의 무한경쟁이 빚어내는 모순과 불안을 극복하고 조화와 안정을 되찾음으로써 인류의 생존과 희망을 가능하게하는 매우 동양적인 대안이며, 사실상 이 길 외에는 인류가 살길이없다는 것이다.

과거의 사회복지가 산업화사회의 산물로서 경제체계에 예속된 속성을 지닌 것이라면, 환경복지란 지속가능한 사회복지체계(sustainable social welfare system)로서 경제체계의 토대가 되는 것이다. 지속가능한 사회란 사회의 자원 토대(resource base)에 의한 구속을 받아들이는 사회이다. 이것은 소비의 감축, 환경파괴의 제한, 그리고 지구의 규모에 알맞은 적절한 미래의 설계를 의미하며, 사회의 생물학적 토대와 조화를 이룰 수 있는 경제적 정치적 질서를 수립하는 것이다(McNutt, 1995: 36~49). 지속가능한 사회를 만들기 위해서는 선진산업국가의 개인들에 의한 물질적 과소비를 줄여야 하며, 무제한의 개발에 기초한 경제 성장으로는 인간의 욕구가 극대화될 수 없다는 사실을 잘 알아야만 한다(Dobson: 29~30).

1960~1970년대만 해도 자원의 유한성이라는 것이 사회과학자들이나 사회복지정책학자들에게 큰 문제가 되지 않았다. 그러나 1980~1990년대에 와서는 자원의 유한성이 강조되고 자본주의적 성장의 논리가 땅과 물과 공기와 생태계의 파괴를 초래함으로써 인간 생존을 위협하는 지경에 이르렀음을 누구나 알게 되었다. 자원의 유한성은 빈곤, 실업, 기근, 강제 이주, 난민, 장기침체 등을 초래함으로써 사회복지 모금운동과 사회복지 프로그램을 수행하는 사회복지 기관과 그 종사자들의 직접적 도움을 필요로 하고 있다. 이제 21세기에는 경제가 아니라 바로 환경복지가 토대가 되는 사회가 도래할 것이다. 경제체제보다는 환경복지를 근간으로 하는 사회체제가 더 중요하다고 동의할 수 있는 시대가 와야 인류가 생존할 수 있다. 이른바 지속가능한 사회를 위한 '지속가능한 사회복지정책(sustainable social welfare policy)'의 수립이 필요하게 된 것이다.

이를 위하여 앞으로는 사회발전의 척도도 혁신적으로 바꿔어야 한다. GNP 성장 같은 것이 아니라 '물질적 삶의 질 지수(the physical quality of life index)', 또는 '지속성 있는 경제 복지 지수(index of sustainable economic welfare)'와 같은 것이 사회발전의 지표가 되어야 한다. 또한 GNP 수준에 맞는 '사회적 기본수준(BSS: Basic Social Standard)'을 국제적으로 정하는 노력도 경주되어야 할 것이다. UN과 세계은행, IMF 같이 성장의 패러다임하에서 작용하던 기구들은 새로운 패러다임이 지배하는 사회에 맞추어 개혁되어야 한다(이용필, 1996: 124~127). 이러한 사회에서는 경제지표보다는 사회지표가 더 중요하게 된다.

한편 맥너트는 이와 같이 지속가능한 사회복지체계를 만드는 데에는 다섯 가지의 원칙이 있다고 주장한다. 첫째는 주민 중심(grassroots focus)의 원칙이다. 핵동결위원회가 충고하고 있듯이, '지구적으로 생각하고, 지방적으로 행동하라(Think globally, act locally)'는 것이다. 그러나 질적 통제가 어려울 수도 있으므로 항상 지역적·국가적·세계적 수준의 연계 노력을 게을리해서는 안 된다. 둘째, 사회정의(social justice)의 원칙이다. 지속가능한 사회는 더 적은 생산을 지향할 가능성이 있으므로 생존권적 차원에서 빈자들의 기본 욕구를 보장하는 정책을 소홀히 해서는 안 된다. 셋째는 참여(participation)의 원칙이다. 참여의 권리는 윤리적 선일 뿐만 아니라 실제적으로도 중요하며 이를 통하여 소외가 방지될 수 있다. 넷째는 예방(prevention)의 원칙이다. 많은 사회복지 정책들이 치료적인데 반해 지속가능한 사회복지체계는 예방에 초점을 맞춤으로써 삶의 질을 고양시키고 비용 절감의 효과도 노린다. 다섯째는 발전의 핵심(developmental focus) 원칙이다. 지속가능한 사회복지제도는 다른 제도들을 발전시킬 수 있는 발전의 토대가 되어야 한다는 것이다.

이와 같은 맥너트의 주장은 지속가능한 복지사회 즉 환경복지사회를 이루기 위한 발전 전략의 목표로서 부족함이 없는 듯하다. 그러나 아직도 어떤 세력이 어떤 방법으로 그와 같은 목표들을 달성할 수 있을 것인가 하는 구체적 문제는 남아 있다. 그리고 이것은 각개 사회의 역사적 문화적 특성과 사회경제적 입장, 그리고 자연환경의 조건에 따라서 달라질 것이다. 사회발전이란 발전의 목표를 세우고 구체적 전략과 계획을 추진하는 사람들에 의해서만 이루어지는 것이다 (Midgley, 1995: 27).

5. 결론

우리는 여기서 동양의 지혜를 다시금 생각하지 않을 수 없다. 일찍이 자연에의 적응과 조화와 순환을 강조했던 동양의 위대한 사상들을 떠올리지 않을 수 없는 것이다. 특히 통일에 대비하여 남북한이 함께 할 수 있는 정신적 구심체로 우리의 전통적 가치관 중에서 현대적 해석을 통하여 다시 쓸 수 있는 한국적 복지이념을 개발해내는 일이야말로 대단히 중요한 것이다. 복지라는 학문 자체가 서양에서 비롯된 것이므로 한국적 복지이념이라는 단어 자체가 어색하게 들릴 수도 있으나 그렇다고 하여 한국적 복지이념 모색을 중단해야 한다는 법은 없다.[10]

필자는 민족 통일과 관련하여 탈이데올로기적 민족화합을 위한 한국적 복지이념으로서 자비(慈悲)와 중용(中庸)과 조화(調和)를 들고자 한다(최경구, 1997: 8~9). 또한 이것이 환경복지자본주의 사회의 기본 이데올로기로서도 부족함이 없다고 생각한다.

환경복지란 자연환경과 사회환경을 깨끗하게 하여 인간적 삶을 영위할 수 있도록 하자는 것이다. 그러하기 위하여 '자연과의 순환과 조화'를 중시하며, '사회적 약자나 사회적 위험에 처한 자를 보호하여 삶의 질을 높이는 사회적 협동'을 하자는 것이다.

자비는 삼국시대부터 신라와 고려를 통하여 우리 민족의 국교였던 불교의 근본이념으로서 인간에 대한 연민과 사랑을 뜻한다고 할 수 있다. 인간을 불쌍히 여기고 살게 하는 힘이 바로 자비이다. 복지사회

---

10) 이런 관점에서 볼 때 하상락의 『한국사회복지사론』에서 주장하는 '책기론'과 같이 한국의 특수한 복지 발전의 이론을 탐구하는 노력은 매우 높이 평가할 수 있을 것이다(하상락, 1989).

가 '사회적 약자나 사회적 위험에 처한 자를 보호한다'고 할 때, 그것
은 바로 자비의 복지이념이 표현된 것이라 할 수 있다.

한편 중용은 유교의 근본 규범으로서 모든 일에 있어서 치우치지
않고 지나치지 않게 평균적 삶을 살아가는 것을 의미한다. '인간적인
삶의 질'을 누릴 수 있도록 도와주는 것은 사회적 약자들이나 사회적
위험에 처한 사람들도 평균적 삶의 질을 영위할 수 있도록 배려한다
는 뜻으로 해석할 수 있다. 즉 중용의 복지이념을 실천하는 복지사회
를 이룩하겠다는 의미인 것이다.

끝으로 조화는 우리 민족 고유의 심신수련체계인 선도의 근본이념
으로서 환경복지사회의 '자연과의 순환과 조화', 그리고 '사회적 협
동'을 담보함에 있어 필수적인 복지이념이 될 수 있다고 본다.[11] 본
래 유·불·선 삼교를 포괄하는 우리 민족 고유의 선도는 인간과 자
연과의 조화를 기본 이념으로 하고 있다. 사람과 자연과 사회와의 진
정한 공존이 이루어지기 위해서는 기본적으로 조화의 가치가 강조되
지 않을 수 없다.

이와 같이 자비와 중용과 조화의 복지이념은 우리 민족의 전통 사
상으로서 새로운 통일시대를 여는 환경복지자본주의 이데올로기의
핵심적 이념이 될 수가 있는 것이다. 민족 통일에 있어서 환경복지의
위상을 정하는 복지이념의 문제는, 그것이 첫째로 탈이데올로기적이
어야 하고, 둘째로 민족의 화합을 가능하게 하면서도, 셋째로 복지의

---

11) 한국의 仙道는 최치원에 의하여 '風流'라고 표현된 것으로, 중국의 노자나 장자의 사상에 기초한 선교
(仙敎)와는 다르다. 최치원은 난랑비 서문에 '우리나라에는 현묘한 도가 있다. 이를 풍류라 하는데, 이는
삼교(三敎: 儒敎·仙敎·佛敎)를 포함한 것으로 모든 민중과 접촉하여 이를 교화하였다'고 하였다(동
아대백과사전 30, 1985: 360). 이러한 선도 또는 풍류의 도는 천·지·인의 조화를 목표로 하였으며,
화랑정신의 기초가 되었다.

본질과 상통하는 것이어야 하기 때문이다. 우리 민족의 전통인 유·불·선 3교의 합일이라 할 수 있는 자비와 중용과 조화의 사상이야말로 우리에게 가장 적절한 복지이념이 될 수가 있는 것이다.

　현재의 남북한이 보이고 있는 잔여적 개입주의나 전제적 집합주의와 같은 복지 이데올로기는 장기적으로 환경복지자본주의를 지향하여 나가야 할 것이며, 단기적으로는 자비와 중용과 조화의 복지이념을 복지의 종류와 범위와 방법과 정도에 응용하고 실천하는 노력을 아끼지 말아야 한다.

제8장 한반도 통일에 대비한 사회복지정책의 이념과 제도[1]

1. 서론

남한의 위기는 과거 경제성장이 평균 9%를 상회하던 시절에 기술
투자를 소홀히 함으로써 현재 중국 등의 아시아 후발 국가들의 추격
을 따돌리기 힘든 상황에 있으며, 아울러 선진국과 어깨를 겨눌만한
산업 기술의 발전 전망이 불확실하다는 데 있다. 이러한 위기는 한국
인의 집단이기주의적 성격으로부터 비롯된 사회의식의 부재, 연고주
의의 발호, 합리적 의사소통과 사회적 합의의 미성숙 등 갖가지 문제
와 상승작용을 함으로써 국론분열을 초래하고 미래에 대한 희망을
갖기 어렵게 하고 있다.

북한의 위기는 1990년을 전후로 현실사회주의가 몰락하여 러시아
나 중국이 자본주의를 받아들이고 있다는 사실과 '김일성주의'와 '우
리식 사회주의'의 관료적 경직성과 비효율성에 기초한 북한의 폐쇄
적인 사회주의 체제가 매우 열악하고 불안한 상황 속에 처해 있다는
점에서 비롯된다. 대외 개방 시 물밀듯이 밀려들어 올 것이 확실한 자본

주의의 자유분방한 문명 앞에 노출된 북한은 더욱 더 자신의 껍질 안으로 움츠러드는 것 같으며 매우 조심스럽게 자본주의를 실험하고 있다.

이러한 한반도의 동시적 위기 상황은 그나마 있는 남한의 자본과 기술을 북한의 노동력과 결합시켜 상호협동의 길로 나가야 무한경쟁의 세계시장에서 살아남을 수 있을 것이라는 가정을 더욱 그럴듯하게 하고 있다. 또한 급진적 통일은 매우 위험하며 점진적 통일만이 한반도의 안정과 발전, 그리고 진정한 통일을 담보할 수 있는 길이라는 공감대가 확산되고 있다.

그러나 통일이 점진적이든 급진적이든 우리는 모든 경우에 대처할 수 있어야 한다. 혹자는 통일 후에 북한과 남한의 사회복지제도를 당분간 분리 운영하는 것이 현실적이라는 주장을 펴기도 한다. 그러나 우리가 점진적 통일을 지향한다면 분리운영을 굳이 주장할 필요는 없다. 왜냐하면 점진적으로 통일한다는 것 자체가 이미 양측이 같은 복지제도를 운영할 수 있는 가능성을 수렴해가는 과정이라고 볼 수 있기 때문이다. 그 어떤 경우에도 최저소득보장이나 의료보장을 위한 긴급구호의 성격을 띤 경비가 필요한 것은 마찬가지이다. 통일 후에는 우선적으로 소득보장 등을 위해 긴급구호비를 지출하고, 신속히 북한에 기업을 유치하며 적정임금과 적정수준의 복지를 제공함으로써 남한으로의 인구이동을 방지하는 노력이 필요할 것이기 때문이다. 통일 후에는 하나가 되는 복지정책을 실행해야만 민족적 동질성의 회복과 사회통합이 빠른 기간 내에 이루어질 수 있다.

이 논문에서는 한반도 통일에 대비한 사회복지정책의 과제를 이념적 측면과 제도적 측면에서 살펴보기로 한다. 남북한의 복지이념의 비교는 남한은 자유, 북한은 평등에 더 무게를 두고 있다는 정도의 원론적 지적으로 만족하기로 한다. 중요한 것은 향후의 통일에 대비한 복지이념이기 때문에 먼저 21세기의 사회경제체제이자 사회복지이념이라 할 수 있는 '환경복지자본주의'에 관해 살펴보고 이를 한국의 '생산적 복지주의'와 연결하여 중점적 논의를 전개하고자 한다. 제도적 과제로서는 먼저 남북한 사회복지제도의 비교를 시도한 선행연구들의 공통적 결론을 제시하고 사회복지제도의 통합을 위한 기본원칙에 대해 논할 것이다. 끝으로 통일사회복지제도의 기본 틀에 관해 고찰해보기로 한다.

2. 이념적 과제

1) 환경복지자본주의와 지속가능한 복지

20세기 '성장의 패러다임'은 21세기에 이르러 '지속가능성의 패러다임'으로 바뀌고 있다. 그 이유는 하나밖에 없는 지구의 환경을 보존해야 하기 때문이다. 지구 삼림의 삼 분의 일을 차지하는 아마존 강 유역의 개발이 어떤 결과를 초래할지는 상상하기 어렵지 않으며, 기상이변과 사막화 현상, 오존층의 파괴와 지진과 해일 등 어떤 것도 자연 생태계의 보존을 통하지 않고는 해결될 수 없는 문제들이다.

환경복지자본주의란 환경문제와 복지문제를 동시에 풀어 나감으로써 이룰 수 있는 지속가능한 사회(sustainable society)를 추구하는 21세기의 사회경제체제이자 사회복지이념이라고 할 수 있다.

환경복지의 구체적 실현 내용은 자연환경과 사회환경을 깨끗이 하겠다는 것이다. 즉 땅과 물, 공기와 생태계 보호는 물론, 빈곤과 범죄의 온상을 타파하기 위하여 소득, 의료, 주거, 교육의 사회복지적 기본수준을 보장함으로써 지속가능한 사회를 만들겠다는 것이다. 여기서 중요한 것은 이타적·도덕적·자연순환적인 생활을 하는 것이 우선적으로 이루어져야 한다는 점이다. 인간만이 악순환의 고리를 끊고 한 단계 더 높은 사회로의 진입을 가능하게 하는 것이다. 더구나 이것은 패러다임의 전환을 요구하는 문제로서 더더욱 인간의 이타적인 속성이 강조될 수밖에 없다.

과거의 사회복지가 산업화사회의 산물로서 경제체계에 예속된 속성을 지닌 것이라면, 환경복지란 지속가능한 사회복지체계(sustainable social welfare system)로서 경제체계의 토대가 되는 것이다. 지속가능한 사회란 사회의 자원 토대(resource base)에 의한 구속을 받아들이는 사회이다. 이것은 소비의 감축, 환경파괴의 제한, 그리고 지구의 규모에 알맞은 적절한 미래의 설계를 의미하며, 사회의 생물학적 토대와 조화를 이룰 수 있는 경제적·정치적 질서를 수립하는 것이다(McNutt, 1995: 36~49). 지속가능한 사회를 만들기 위해서는 선진산업국가의 개인들에 의한 물질적 과소비를 줄여야 하며, 무제한의 개발에 기초한 경제성장으로는 인간의 욕구가 극대화될 수 없다는 사실을 잘 깨달아야만 한다(Dobson: 29~30). 한편 호프는 지속가능성의 생태학적 원칙이 인간의 기본 욕구 충족을 위한 사회제도 재구성의 토대가 되어야 한다고 주장한다(Hoff, 1995: 12~35).

1960~1970년대만 해도 자원의 유한성이라는 것이 사회과학자들이나 사회복지정책학자들에게 큰 문제가 되지 않았다. 그러나 1980~

1990년대에 와서는 자본주의적 성장의 논리가 땅과 물과 공기와 생태계의 파괴를 초래함으로써 인간 생존을 위협하는 지경에 이르렀음을 누구나 알게 되었다. 자원의 유한성은 빈곤, 실업, 기근, 강제 이주, 난민, 장기침체 등을 초래함으로써 사회복지 모금 운동과 사회복지 프로그램을 수행하는 사회복지 기관과 그 종사자들의 직접적 도움을 필요로 하고 있다. 이제 21세기에는 경제가 아니라 바로 환경복지가 토대가 되는 사회가 도래할 것이다. 이른바 지속가능한 사회를 위한 '지속가능한 사회복지정책(sustainable social welfare policy)'의 수립이 필요하게 된 것이다.

이를 위하여 앞으로는 사회발전의 척도도 혁신적으로 바뀌어야 한다. GNP성장 같은 것이 아니라 '물질적 삶의 질 지수(the physical quality of life index)', 또는 '지속성 있는 경제 복지 지수(index of sustainable economic welfare)'와 같은 것이 사회발전의 지표가 되어야 한다. 또한 GNP수준에 맞는 '사회적 기본수준(BSS: Basic Social Standard)'을 국제적으로 정하는 노력도 경주되어야 할 것이다(Mishra, 2001). UN과 세계은행, IMF같이 성장의 패러다임하에서 작용하던 기구들은 새로운 패러다임이 지배하는 사회에 맞추어 개혁되어야 한다(De Greene, 1996: 124~127). 이러한 사회에서는 경제지표보다는 사회지표가 더 중요하게 된다.

한편 맥너트는 이와 같이 지속가능한 사회복지체계를 만드는 데에는 다섯 가지의 원칙이 있다고 주장한다. 첫째는 주민 중심(grassroots focus)의 원칙이다. 그러나 질적 통제가 어려울 수도 있으므로 항상 지역적·국가적·세계적 수준의 연계 노력을 게을리해서는 안 된다. 둘째, 사회정의(social justice)의 원칙이다. 지속가능한 사회는 더 적은 생산을 지향할 가능성이 있으므로 생존권적 차원에서 빈자들의 기본 욕구를 보장하는 정책을 소홀히 해서는 안 된다. 셋째는 참여(partici-pation)의 원칙이다. 참여의 권리는 윤리적 선일 뿐만 아니라 실제적으로도 중요하며 이를 통하여 소외가 방지될 수 있다. 넷째는 예방(prevention)의 원칙이다. 많은 사회복지 정책들이 치료적인 데 반해 지속가능한 사회복지체계는 예방에 초점을 맞춤으로써 삶의 질을 고양시키고 비용절감의 효과도 노린다. 다섯째는 발전의 핵심(develop-mental focus) 원칙이다. 지속가능한 사회복지제도는 다른 제도들을 발전시킬 수 있는 발전의 토대가 되어야 한다는 것이다.

이와 같은 맥너트의 주장은 지속가능한 복지사회, 즉 환경복지사회를 이루기 위한 발전 전략의 목표로서 부족함이 없는 듯하다. 그러나 어떤 세력이 어떤 방법으로 그와 같은 목표들을 달성할 수 있을 것인가 하는 문제는 남아 있다. 이것은 각개 사회의 역사적·문화적 특성과 사회경제적 입장, 그리고 자연환경의 조건에 따라서 달라질 것이다. 사회발전이란 발전의 목표를 세우고 구체적 전략과 계획을 추진하는 사람들에 의해서만 이루어지는 것이다(Midgley, 1995: 27).

필자는 남한에서 주장되는 생산적 복지주의가 앞으로 발전적으로 특성화될 수 있다면 그 발전방향이 환경복지자본주의와 통할 수 있다고 본다. 남한보다 개발이 상대적으로 더딘 북한이 통일 후 친환경적 개발을 한다면 그 방향도 역시 환경복지자본주의와 유사한 형태가 되지 않겠나 생각한다. 이하에서 자세히 논해보기로 하자.

2) 생산적 복지주의(productive welfarism)의 특성화

(1) 생산적 복지의 정의

이 글에서 생산적 복지란 경제체계와 사회체계의 통합적 환류체계 (integrative feedback system between economic system and social system)로서 민주적 복지, 실용적 복지, 인도적 복지, 그리고 친환경적 복지를 의미하는 것으로 정의하고자 한다. 경제체계의 목표가 생산의 효율성에 있다면 사회체계의 목표는 성원들의 형평성을 확립하는 데 있다. 한편 생산적 복지체계는 통합성을 강화하는데 그 목표를 둔다. 생산의 효율성과 성원들 간의 형평성은 생산적 복지체계를 통한 복지의 정당성이 확립됨으로써 상호보완적 기능적 환류가 가능하게 되는 것이다. 사회복지를 통하여 경제체계가 사회체계를 뒷받침해주며 동시에 사회체계가 경제체계를 지키는 데 도움을 줄 수 있게 되는 것이다.

생산적 복지라는 용어가 본래 스웨덴에서의 productivist welfare라는 용어를 염두에 두고 사용되었는지는 불분명하나, 적어도 스웨덴에서 적극적 노동시장정책을 통하여 노동자들의 직업교육을 강화하여 직업 간 이동, 특히 실업의 방지나 완전고용을 목표로 하였던 데서부터 유래된 것으로 볼 수 있다. 우리나라에서는 김영삼 정부하에서 생산적 복지라는 용어가 처음으로 등장하였으나 신자유주의적 색채가 강하여 별다른 주목을 받지 못하였고, 김대중 정부하에서 민주주의와 시장경제라는 국정이념에 더하여 1999년부터 생산적 복지라는 용어가 다시 등장함으로써 세인의 주목을 받기 시작하였다. 이 역시 신자유주의 이념적 색채가 있다고 하여 비판하는 사람들도 있으나 필자는 이전과는 확실히 다른 이념적 특성을 지니고 있다고 생각한다.

1999년 8·15 광복절 경축사에서 대통령은 "중산층 육성과 서민생활
향상을 목표로, 인간개발 중심의 생산적 복지정책을 적극 펴나가겠
다"고 하고, '생산적 복지'를 '민주주의와 시장경제의 병행발전'과 함
께 새천년의 새로운 국정지표로 정하였다. 동년 11월에 대통령비서실
삶의 질기획단에서 출간한 '새천년을 향한 생산적 복지의 길'이란 저
서에는 생산적 복지를 '모든 국민이 인간적 존엄성과 자긍심을 유지
할 수 있도록 기초적인 생활을 보장함과 동시에 자립적이고 주체적
으로 경제·사회활동에 참여할 수 있는 기회를 확대하고 분배의 형
평성을 제고함으로써 삶의 질을 향상시키고 사회발전을 추구하는 국
정이념'이라고 정의하고 있다. 필자는 생산적 복지주의가 이전과 달
리 경제체계와 사회체계의 통합적 환류를 가능하게 하는 일련의 민
주적·실용적·인도적·친환경적 복지로서의 성격을 지닐 수 있으
며 궁극적으로는 환경복지자본주의와 선택적 친화력을 갖는 복지이
념으로 특성화될 수도 있다고 본다. 어차피 이념의 문제는 당위적 소
망으로부터 자유로울 수 없다.

(2) 생산적 복지의 특성화

가. 민주적 복지(democratic welfare)

생산적 복지는 첫째로 민주적 복지를 지향한다. 이는 사회합의주
의(social corporatism)라는 집단민주성을 특징으로 하는 제도에 의하여
가능하다. 먼저 민주적 복지는 복지제도의 획기적 발전과 제도적 정
비의 과정에 정부가 과거처럼 권위주의적인 방법이 아닌 민주적 방
법으로 일반 국민의 여론을 대표할 수 있는 단체들의 의견을 수렴하

는 것에서 나타난다. 그리고 정부의 개혁안이 모든 국민을 대상으로 하고 있는가 하는 포괄성의 문제도 민주적 복지의 척도로서 중요하다. 따라서 여기서는 민주적 복지를 노사정위원회의 구성과 운영, 사회통합을 위한 사회보험의 정비과정, 그리고 시민단체가 사회복지의 제도적 발전을 위하여 기여한 역할 등을 중심으로 살펴보고자 한다.

1997년 말 한국경제가 외환보유고의 고갈로 소위 IMF사태를 맞이하여 총체적 위기에 빠졌을 때 김대중 대통령 당선자는 노사단체에 위기극복을 위한 노사정 협력업체를 구성할 것을 제안하였고, 1998년 1월 15일 노사정 및 정당이 참여하는 노사정위원회가 발족되었다. 국민의 정부는 이후 기업의 구조조정, 실업대책, 사회보장제도의 확충, 노동기본권 신장, 노동시장의 유연성 제고 등의 과제에 대해 20여 일간의 집중적인 난상 토론 끝에 2월 6일 고용조정 법제화, 실업대책 등 10대 의제, 90개 항목에 대해 역사적인 노사정 대타협을 도출하였다. 90개 항목 중에 기업의 구조조정과 노동시장의 유연성 부분을 제외한 실업대책과 사회보장제도의 확충, 노동기본권 신장과 관련된 항목들은 전부 50개로서 사실상 사회복지와 관련된 것이 대부분이라고 하여도 과언은 아닌 것이다. 이를 보아도 생산적 복지를 위한 노사정위원회의 역할이 매우 중요함을 알 수 있다(노사정위원회, 1998).

이와 같은 과정을 통하여 민주주의와 시장경제에 뒤이어 생산적 복지가 3대 국정지표의 하나로 등장할 수 있게 되었다. 노사정위원회는 1999년 5월 24일에 "노사정위원회의설치및운영등에관한법률"이 제정 공포됨에 따라 제도적 기반을 공고히 했다. 동법의 제1조에는 이 법이 '근로자와 사용자 및 정부가 신뢰와 협조를 바탕으로 노동정책 및 이와 관련된 사항을 협의하고, …… 산업평화를 도모하고 국민경제의 균형 있는 발전에 이바지함을 목적'으로 한다고 되어 있다(노사정위원회, 2000: 151). 이와 같은 노사정위원회의 목적은 민주주의와 시장경제의 실천 과정에서 나타날 수 있는 갈등을 해결하고 소외된 자들을 포용하여 생산적 복지를 실현할 수 있는 바탕이 되는 것이다. 이것이 바로 공정한 시장질서의 운용상 매우 필요한 민주주의적인 메커니즘이라 하겠다.

다음으로 사회보험에 대해 살펴보자. 자본주의적 시장질서를 올바로 확립한다는 것은 쉬운 일이 아니다. 공정한 경쟁의 규칙과 조건이 구비되어야 하고 누구나 그것을 지켜야 하며, 그 결과에 대한 승복 또한 중요하다. 그러나 비록 그러한 내용들이 잘 지켜진다 해도 자본주의의 자유시장경쟁의 원리는 불가피하게 그 경쟁에서 낙오한 사회적 빈민을 낳게 마련이다. 이들은 산업사회의 발전 과정에서 구조적으로 발생할 수밖에 없으며 개인적 미덕의 결함으로 인하여 빈민이 되었다고 보기만은 어려운 존재들이다. 또한 이들을 그대로 방치할 때 사회적 안전과 평화에 상당히 우려할 만한 악영향을 끼칠 수도 있다. 따라서 이러한 사회적 위험에 처한 자들을 도와주고 또 그러할 가능성이 있는 모든 사회성원들의 경우에 대비하는 사회 제도가 필요하게 된다. 그것이 바로 사회보험으로서 사회통합을 위해서 매우 중요한 제도가 되는 것이다.

국민의 정부에서는 의료보험 통합, 국민연금의 전 국민 확대, 고용보험의 전 사업장 확대, 고용보험의 수혜범위 확대(5인 이상 사업장) 등을 통하여 4대 사회보험을 명실공히 실질적으로 운영하기 위한 제도적 틀을 완비했으며 향후 4대 사회보험의 통합까지도 단계적으로 검토하고 있다. 물론 의료보험과 국민연금의 확대실시 과정에서 자영자의 소득파악 문제가 중요한 선행조건으로 대두하여 향후 이를 보완하는 과제가 남아 있긴 하다. 그러나 사회보험을 통하여 경제체계와 사회체계가 통합적 작용을 할 수 있게 된 것은 다행한 일이다. 이와 같이 모든 국민을 대상으로 하여 예측 가능한 사회적 위험에 대비할 수 있는 사회보험의 운영은 민주적 복지의 일환으로 과거 한국사회복지의 권위주의적 비민주성과 비생산성을 극복할 수 있게 해주었다.

21세기에는 시민단체와 같은 비정부조직(NGO)들이 더 중요한 사회적 기능을 수행하게 됨에 따라 사회합의주의는 그 패러다임이 새롭게 바뀌면서 더 풍요롭고도 중요한 집단민주주의 제도로서 자리매김할 가능성도 있다.

나. 실용적 복지

생산적 복지는 또한 실용적 복지로서 근로연계복지를 통하여 잘 나타나고 있다. 생산적 복지가 지향하는 근로연계복지는 과거와 같이 근로능력이 없는 빈민에게만 생활보호의 최소한만을 제공하던 것과는 달리 근로능력이 있는 빈민에게도 최저생계비에 해당하는 보호를 실시함과 동시에 그들이 시장경제체제에 잘 순응하여 갈 수 있도록 인간개발 교육을 하고 이것을 고용과 연계시킴으로써 매우 실용주의적인 복지 프로그램을 실행하고 있다. 특히 근로능력이 있는 빈민들이 복지의존자로 장기화되는 것을 막기 위한 각종 프로그램들이 있으며, 사회적 연대 강화와 관련된 프로그램의 다양한 개발도 중요하게 논의되고 있다(박능후, 1999).

노사정위원회의 합의 사항 중에는 노동시장의 유연성 제고를 위하여 긴박한 경영상의 필요에 의하여 해고를 할 수 있도록 합의하였고,

파견근로자제도를 받아들이되 파견근로자보호등에관한법률(안)을 제출하기로 하는 선에서 합의한 것이 있다. 한편 고용연계 복지의 실현을 위한 취업알선 활성화, 직업훈련 확충, 일자리 창출, 기업차원의 고용안정 노력, 외국인력 규모 축소 및 관리제도 개선 등이 포함되어 있다.

근로연계복지의 실현을 강조하는 이유는 기본적으로 노동시장의 유연성이 높아지기 때문이라고 할 수 있다. 긴박한 경영상의 필요에 의해서 해고가 이전보다 쉽게 허용되고, 파견근로자제도를 도입하여 노동시장이 보다 더 유연해진 상황에서는 아무래도 실업자가 더 많아지고 임시직이 늘어나는 등 노동자들의 고용 상태가 불안해지기 마련인 것이다. 따라서 이를 방지하기 위하여서는 평상시 고용과 연계되는 취업교육을 상설하고 인력개발을 위한 제도적 노력이 병행되어야 한다.

국민의 정부에서는 향후 2002년까지 200만 개의 일자리를 창출하고 취업알선, 직업훈련 등 적극적 노동시장정책을 강화하여 실업을 예방하고, 이미 발생된 실업에서 하루빨리 탈출할 수 있도록 지원하고 있다.

또한 구직자에게 알맞은 취업정보를 적시에 제공하고, 희망하는 직장에 취업하기 위하여 필요한 지식과 기술을 습득, 개발토록 하는 취업알선과 직업훈련, 즉 적극적 노동시장정책의 기능을 강화할 예정이다. 이를 위해 실업 관련 데이터베이스의 통합 및 연계작업을 진척시켜 장기실업자, 고령자, 청소년, 여성 등 실업자의 특성에 적합한 다양한 고용, 실업대책서비스를 제공할 수 있도록 할 계획이다. 구인·구직정보, 직업전망, 직업훈련, 노동시장 동향 등 각종 정보를 수요자에게 제공할 수 있는 노동정보시스템을 완성하고, 이와 함께 직업안정기관과 고용서비스 인력 등 직업안전망을 단계적으로 OECD 수준으로 확대한다는 것이다(삶의질향상기획단, 1999).

국민기초생활보장법은 빈곤한 모든 국민의 최저생계비를 보장하는 동시에 근로능력이 있는 저소득자에 대해서는 자립 자활할 수 있도록 근로와 연계된 복지프로그램을 제공한다. 예컨대 근로능력이 있는 저소득자는 생계급여를 받는 동시에 직업훈련에 참가하거나 공공근로사업처럼 공익성이 있는 사업에 참여해야 한다. 이처럼 급여의 제공과 함께 노동시장에의 참여 책임을 제도화한 것은 자립의욕이 높은 국민들의 노동에 대한 건전한 의식을 유지하기 위한 것이다.

근로연계복지를 추진함에 있어서 근본적으로 사회적 연대를 강화하는 정책이 병행되어야 한다. 복지선진국에서도 장기실직자의 문제는 여전히 미해결의 과제이다. 유럽에서는 이미 10% 내외의 실업률이 20년 가까이 지속되고 있다. 1980년대 후반부터 제3섹터 혹은 '사회적 기업' 정책이 유럽 사회에서 부각되고 있는 것도 이러한 이유 때문이다. 소외와 빈곤의 문제를 국가나 시장에만 맡겨 둘 것이 아니라 이웃과 공동체가 나서서 해결해야 한다는 연대의식이 확산되고 있다. 수많은 사회적 기업들이 독거노인 생활보조, 저소득 자녀 방과 후 학습지도, 각 지역의 문화와 레크리에이션 활동 보조, 자연재해 복구와 예방활동, 등하교 안전요원 채용과 같은 활동을 통해 제3섹터 분야에서 일자리를 창출하고자 노력하고 있다.

우리나라에서도 제3섹터형 자활사업을 지향하고 있다. 정부의 많은 복지와 고용정책 중 직업훈련, 취업알선, 생업자금 융자나 실업자 대부사업 그리고 IMF 이후 도입된 공공근로사업도 크게 보면 근로연계형 복지정책이자 자활지원사업이라고 할 수 있다. 또 국민기초생활보장법에서는 자활사업을 보다 활성화하기 위해 자활공동체 및 자활후견기관을 규정하고 있다. 필요한 경우 생산품 우선 구매나 국공유지 임대와 같은 지원책을 펼 수 있게 되어 있다. 근로능력이 있는 사람들에게도 생계보호를 실시하는 한편 적극적인 근로활동을 촉진하기 위한 다양한 지원책을 구상하고 있는 것이다(삶의질향상기획단, 1999).

2001년 9월 말 현재 자활후견기관은 156개소가 운영되고 있으며, 자활후견기관의 사업을 지원하기 위한 자활정보센터가 서울과 부산 두 군데서 중앙정부의 지원으로 운영되고 있으며, 경기도에서는 지방정부의 지원으로 운영되고 있고, 전북에서는 자활후견기관들이 비용을 갹출하여 자체적으로 운영하고 있다. 또한 전국의 306개 기관을 업그레이드형 자활근로 수탁기관으로 지정하여 586개 사업을 시행하고 있으며, 근로의욕을 고취하기 위한 재활프로그램 실시기관을 22개소 지정하여 프로그램을 실시하고 있다. 현재 자활후견기관은 자활복지의 핵심기관으로서의 역할을 하고 있다(이성기, 2001: 9~10).

다. 인도적 복지(humanistic welfare)

생산적 복지는 또한 인도적 복지이다. 인도적 복지를 지향하고 있다는 것은 인간다운 기본적 삶의 수준을 모든 국민에게 보장할 수 있도록 한다는 뜻이며 가능한 한 근로생활의 질을 향상시킴으로써 인간다운 삶의 풍요로움을 누릴 수 있도록 한다는 뜻이다. 경제적 생산체계와 사회복지체계가 통합적 환류체계로서 상호보완적 기능을 제대로 수행해 낼 때 인도주의적 이상이 실현될 수 있다.

국민의 정부에서는 국민기초생활보장법을 제정하고 이를 2000년 10월부터 실시하였다. 이는 기존의 생활보호법에 담긴 시혜적 단순보호 차원의 시책으로부터 수급권자의 권리를 바탕으로 빈곤에 대한 국가의 책임을 강조하는 복지정책으로의 대전환을 의미한다. 국민기초생활보장은 최저생계비 이하의 모든 국민들의 의식주, 교육, 의료를 포함한 기초생활을 국가가 보장하는 것이다. 즉 소득이 최저생계비에 못 미치는 가구는 최저생계비에서 부족한 만큼의 생계급여를 정부로부터 받을 수 있게 되었다. 또한 주거급여를 신설하여 취약계층의 주거문제에 대한 지원을 강화할 수 있는 제도적 기반을 마련하였다. 주거급여제도의 실시는 최저주거기준을 도입하고 공공주택의 공급을 늘리는 등 주거복지정책을 내실화하는 계기가 될 것으로 보인다.

또한 국민기초생활보장법은 이전의 생활보호법에서 보호자가 있는 빈민의 경우 구호대상에서 제외했던 것과 실제로 구호의 수준이 비현실적으로 매우 낮았던 점을 합리적으로 개선함으로써 근로능력이 있는 빈민에게도 일단 최저생계비를 정부가 보조함으로써 인간적 생활을 가능하도록 하였다는데 그 역사적 의미가 있다 하겠다. 모든 사회복지의 출발이 사실상의 빈곤 문제로부터 출발했다는 역사적 사실을 상기할 때 이제야 비로소 한국이 복지국가로서의 기본적 제도를 갖추게 되었다고 할 수 있을 것이다.

한편 근로시간의 단축을 위한 노력도 노사정의 긴밀한 협의하에 진행하여 나갈 것이다. 한때 세계 최장이라는 지적을 들어 왔던 우리나라의 근로시간은 최근 10여 년간 꾸준히 감소되어 왔으나 아직도 세계에서 가장 긴 편에 속해 있다. 현재는 주5일 노동제를 노동의 인간화 차원에서 추진하고 있다.

근로조건과 관련하여 더욱 체계적인 보호조치가 강구되어야 할 계층은 비정규직 특히 일용직 근로자와 영세사업장 근로자들이다. 이들에게는 아직 법적 근로기준이나 사회보험상의 제도적 보호조치가 마련되어 있지 않거나, 마련되어 있다 하더라도 행정체계 등의 미비로 인하여 실질적인 보호의 손길이 미치지 못하고 있다. 영세중소사업체의 상당수가 임금지급 근거서류를 갖추고 있지 않고 특히 일용직의 경우는 고용기록조차 제대로 보관하지 않고 있는 실정이라는 조사결과를 볼 때, 취약근로계층에 대해서 실업급여, 취업알선 및 직업훈련 등 고용정책의 손길이 극히 제한적인 수준에 머물러 있음을 알 수 있다. 이 같은 현상을 생산적 복지 차원에서 시정해가기 위해서는 우선 이들 취약계층에 관한 통계와 근로생활실태 그리고 사회적 보호실태를 체계적으로 파악하는 것이 필요하다. 동시에 노동행정과 복지행정 서비스를 대폭 강화시켜나가야 한다. 이 같은 행정서비스의 강화로 취약근로계층을 노동과 복지행정체계서비스에 포함시켜 관리하면 처음에는 다소의 번거로움이 있겠지만 중장기적으로는 이들의 직업 능력과 노동시장 참여율을 높임으로써 기업경영과 국민경제 모두에 유익한 효과가 있을 것이다.

라. 친환경적 복지(green welfare)

아직까지 생산적 복지가 환경적 측면까지 이념적 스펙트럼을 넓히고 있지는 못하지만 향후에는 친환경적 측면까지를 고려하는 생산적 복지이념으로 거듭날 필요가 있다. '생산적 복지의 길'에는 '1999년 APEC 정상회담에서 김대중 대통령은 생산적 복지 구상을 중심으로 아태지역 국가 간의 교류와 협력을 바탕으로 …… 국가 간의 경제사회적 불균형을 줄이기 위해 노력할 것이며, 사이버교육, 과학기술이전, 직업훈련과 평생교육을 통한 인적자원개발 등 교육에 관한 국제적인 협력을 증진할 것이고 …… 나아가 지속적인 발전을 위한 ……
전 지구적 차원에서 인간, 사회제도, 자연환경 간에 조화를 이룰 수
있는 삶의 질의 민주주의적인 구현방안을 모색'하겠다는 의지를 표
명하고 있다(삶의질향상기획단, 1999: 41).

이와 같이 사회환경과 자연환경과의 연계를 모색하는 것은 생산적
복지가 향후 환경복지자본주의로의 길을 사전에 예비하는 이념적 틀
을 갖고 있다는 것을 의미하는 것이다. 특히 사회발전은 '후손들이
안심하고 편안하게 삶을 누릴 수 있는 사회제도와 환경적 공간을 만
드는 것이다. 변화하는 환경 속에서 지속가능하고 공생적이며 상호보
완적인 사회를 실현하여 인본주의적 보편이념이 구현될 수 있는 모
범적인 현대국가의 건설이야말로 새천년을 앞둔 생산적 복지의 비전'
이라고 강조하고 있다.

친환경적 복지이념으로서의 생산적 복지는 통일한국의 경우 더욱
더 그 중요성이 있다. 북한은 향후의 개발에 있어서 남한이 겪었던
시행착오를 줄이고 친환경적인 개발을 하고 그 결과적 혜택이 주민
복지에 도움이 되도록 하여야 하기 때문이다.

3. 제도적 과제

1) 북한의 변동과 사회복지제도 통합의 방향

남북통일이라는 민족의 지상 과제가 1994년 김일성의 사망 이후
금방 이루어질 것같이 보였으나 어언 7년이 지나면서 김정일이 명실
공히 북한의 최고지도자로 자리하고 있다. 한편 나진·선봉지구의 경

제특구 설정과 개방 등 북한 사회의 매우 신중한 자본주의 실험도 시작되었다. 그러나 북한의 경제사정은 매우 어려워서 굶어 죽는 사람들이 속출하고 있으며 세계적으로 식량원조를 받아야만 하는 지경에 이르러 있음은 만인이 주지하고 있는 바와 같다.

이와 같은 상황은 우리에게 두 가지 기억해두어야 할 문제점을 제시하고 있다고 할 수 있다. 하나는 지금까지도 북한이 붕괴되지 않은 것으로 보아 북한이 그렇게 쉽게 무너지지는 않을 수도 있다는 점과 또 하나는 북한의 붕괴가 남한 중심의 흡수통일을 전제로 하는 것이라면 그것은 남한을 위해서도 바람직한 일이 못 된다는 사실이다. 독일의 급진적 흡수통일이 경제적으로 엄청난 희생을 수반했을 뿐만 아니라 동시에 민족의 내부적 사회통합을 저해하고 있는 현실을 볼 때, 이와 같은 흡수통일이 지닌 문제가 매우 심각한 것임을 알 수 있는 것이다.[2] 게다가 우리는 서독처럼 경제적으로 선진국가도 아니며, 또한 서독처럼 상대와의 내왕이 허락되는 처지도 아니다. 요즘 남한의 경제 위기는 오히려 북한과의 흡수통일을 걱정하는 사람들을 더 많이 만들어내고 있는 듯하다. 사실상 중요한 것은 민족 성원들 간의 사회문화적·인간적 통일이라는 점을 생각할 때, 정치 경제적이고 제도적인 흡수통일이 급격하게 이루어지는 것은 문제가 있다.[3]

두 번째로 기억해두어야 할 것은 북한의 식량 사정이 매우 어렵기 때문에 인도적이고 복지적인 차원에서의 원조와 구호가 대폭적으로

---

2) 독일 통일 후 7년이 지난 오늘날 동독인들은 '2등 국민'이라는 콤플렉스와 '낙인찍힌 자들'로서 사회적 차별 대우를 받는 것에 대해서 많은 불만을 가지고 있다. 또한 서독에 대한 통일 직후의 기대와 호감이 변하여 열등감과 자조의식이 많이 나타나는 것으로 보인다(전성우, 1997).

3) 그러나 북한이 식량난으로 인하여 자체 붕괴할 가능성은 여전히 존재하므로 이러한 변동에 대비하는 자세는 필요하다.

이루어진다면 남북통일이 좀 더 바람직한 사회통합의 방향으로 진행
될 수 있으리라는 점이다. 식량난과 같은 근본적 문제에 대한 구호와
원조가 적극적으로 이루어질 수 있다면, 그것이 민족적 신뢰감과 동
질성을 회복하고 휴머니즘에 입각한 평화통일을 이룩하는 데 큰 도
움이 될 수 있다는 것이다. 나아가 적극적으로 북한을 도와서 그들의
붕괴를 막고 그들의 체제 개방과 개혁이 점진적으로 이루어지도록
유도하는 것이 오히려 더 바람직하다는 것이다.

결국 바람직한 통일의 길은 사회복지적 접근을 통한 민족적 신뢰감
과 동질성의 회복, 남북한의 상호보완적 경제발전, 그리고 정치적 제
도적 통일을 이루어내는 단계적 접근을 통하여 이루어져야 할 것이다.

통일을 위한 기초작업의 일환으로 남북한 간의 사회복지제도의 역
사적 발전과정과 그 내용을 비교해본 대부분의 연구자들은 대체로
다음과 같은 주장에 동의하고 있는 것으로 보인다(정경배 · 문옥륜 ·
김진수 · 박인화 · 이상은, 1993; 박순성, 1994; 김연명 · 김형식, 1995;
박진, 1997; 오정수, 1997; 나병균, 1997; 이정우, 1997; 김연명, 1997;
최경구, 1997).

첫째, 북한의 사회복지제도는 1960년대 이전에 대부분이 확립되었
다면, 남한의 사회복지제도는 1980년대 후반 이후에 본격적으로 확립
되었다고 할 수 있다.

둘째, 북한은 남한보다 복지제도나 복지대상의 보편성이나 포괄성
에 있어서 남한보다 우월하지만, 복지급여의 실질적 내용에 있어서는
남한이 우월한 것으로 평가할 수 있다.

셋째, 향후의 통일에 대비하기 위해서는 남한의 사회복지제도를 보
편적, 포괄적으로 내실화하여 명실공히 국민들의 소득보장, 의료보장,

주거보장, 교육보장을 실현함으로써 남한의 충실한 사회복지제도가 북한의 주민들에게 통일의 유인으로 작용할 수 있도록 되어야 한다.

넷째, 급진적인 통일은 쌍방에 다 위험하기 때문에 점진적 통일이 바람직하며 이 경우 무엇보다도 남한이 주도적으로 복지제도의 통일적 확립에 나설 수 있도록 준비해야 하겠다.

다섯째, 급진적 통일의 경우나 점진적 통일의 경우나 다 같이 막대한 통일비용이 예상되므로 이에 대비하여야 한다.

위와 같은 견해는 균형적 복지국가모형(정경배·문옥륜 외, 1993), 시민적 권리모형(김연명·김형식, 1995), 자유자본주의모형(박진·이유수, 1994),[4] 또는 어떤 특정한 입장을 강하게 표방하지 않는 연구자의 경우라 하더라도 대체로 동의하는 공통된 주장으로 볼 수 있다. 그 외에도 중요한 주장들이 많이 있다. 예컨대 나병균은 국가책임의 원리, 예방의학의 강조와 동의학의 중요성, 남녀평등과 탁아시설의 발달을 북한 사회보장제도의 장점으로 들고 향후 통일에 대비하여 남한 사회보장제도의 보완에 참조가 될 것으로 보았다. 한편 김진수는 구서독이 구동독과의 오래된 경제적 지원을 통하여 신뢰를 구축하고 실제로 구동독과의 관계를 떠나서는 경제운용이 어려울 정도로 밀착된 관계를 맺어온 것이 유사시에 모든 것을 구서독에 맡기는 결과로 나타나 드디어 통일이 이루어질 수 있었다는 점을 강조하고 있는바, 기억해두어야 할 부분으로 사료된다.

이러한 논의들을 요약하자면 결국 남북한의 사회복지제도의 통합은 양쪽의 장점을 취하는 것이 좋다는 이상론보다는 현실론에 입각

---

4) 박진과 이유수가 그들의 저서에서 스스로 자유자본주의 모형이라고 지칭한 것은 아니다. 다만 필자가 그 내용을 굳이 축약하여 표현하기 위하여 자유자본주의형이라 한 것이다.

하는 것이 좋다. 즉 남한 사회복지제도 위주의 통합을 지향하되, 북한 주민의 입장에서 보아도 충분히 인정할 만큼 제도 면에서나 내용 면에서 북한의 장점이 반영되는 방향으로 개선을 해 나가야 한다는 것으로 요약할 수 있겠다. 이 말은 남한의 사회복지제도를 잘 만들어서 북한주민들에게 통일이 되어도 복지적 환경에서 잘살 수 있을 것이라는 희망을 주어 통일의 유인을 만들어야 한다는 것이다.

2) 통일 사회복지제도의 기본 원칙5)

(1) 남북한 동시적용의 원칙

통일 한국의 사회복지 제도의 기본적인 틀을 어떻게 짤 것이냐 하는 문제는 매우 중요하다. 한 번 만들어진 제도는 그 제도에 의해서 혜택을 보는 사람과 그렇지 못한 사람을 구분하게 되며, 그 현상이 오래가면 결국 기득권을 가진 계층이 생겨나 또 다른 제도로의 개혁이 매우 힘들어지기 때문이다. 물론 기본적인 틀 속에 단계적인 통합의 방안이 시간대별로 배열되어 있으면서 특별한 불이익을 받는 계층들이 없다면 별문제가 안 될 수도 있으나 제도가 일단 한 번 정립되면 그 자체의 유지 메커니즘이 작동하여 조직의 목적과 수단이 전치되는 등 탄력성을 잃을 가능성이 많아지게 마련이다. 통일복지제도의 기본 틀은 위와 같은 점을 염두에 두고 통일 초기부터 남북한에 동일한 복지제도의 적용이 이루어지도록 만들어져야 한다.

---

5) 복지국가의 일반적 원칙으로서의 보편주의, 포괄주의, 국가주의, 민주적 참여와 같은 내용은 통일복지국가의 사회복지제도 정립에 있어서 역시 중요한 전제들이 될 수 있다. 이 논문에서는 특별히 남북한동시적용, 사회복지의 상대적 자율성, 생산적 복지제도의 확충, 북한의 개발이익과 지역복지의 조화를 중요한 원칙으로 들었다. 특히 생산적 복지제도가 남한의 복지제도의 핵심으로 보고 이의 확충이 필요하다고 본 것이다.

(2) 사회복지의 상대적 자율성 견지

둘째로 기억해야 할 통일복지제도의 기본 틀은 사회복지가 경제제도로부터 상대적 자율성을 지니고 있을 뿐만 아니라 한 걸음 더 나아가 경제의 토대가 될 수도 있는 것이라는 점이다. 이미 언급한 바와 같이 21세기에는 환경복지자본주의가 새 시대의 이데올로기로 자리매김할 가능성이 매우 크다. 이 말은 경제나 성장의 중요성보다 사회통합이나 복지환경의 중요성이 더 커지는 세상이 도래할 것이라는 말이다. 환경복지가 자본주의적 팽창의 논리를 거부하고 자본주의 자체로부터 비롯되는 사회악을 제거하는 방향으로 작용할 필요가 있으며 또 그렇게 되어야 한다는 것이다. 즉 환경복지가 경제성장의 부수적 결과물로서의 종속변수로서가 아니라, 경제성장의 독립변수로서 복지환경을 유지하는 선에서만 성장도 추구하게 될 것이라는 말이다. 성장만을 추구하는 것이 매우 이기적이고 어리석으면서도 자기파괴적이라는 것이 만인에게 알려지고, 알려질 뿐만 아니라 모두에게 체득되는 날이 올 수 있는 것이다. 그렇지 않다면 인류의 미래를 낙관할 수가 없다.

(3) 북한의 개발이익과 지역복지의 조화

남한의 지역개발 과정은 빠른 경제성장을 보였음에도 불구하고 타 지역 사람과 물자가 들어와 개발을 하고 그 개발의 이익을 타 지역 사람들이 차지하는 방식으로 진행되었다고 해도 과언이 아니다. 예컨대 댐을 건설하면 오랫동안 살아오던 정든 고향을 떠나는 사람들이 생기고 이들에게 금전적 보상을 해준다 해도 이들 중 대부분은 도시의 빈민으로 전락하기 마련인 것이었다. 또는 어떤 공장이 들어서더라도 그 지역사람들은 소외되고 타 지역 사람들이 몰려와 개발의 이익을 차지하는 경우가 많았다. 그로 인한 지역공동체의식의 붕괴는 심각하게 사회통합을 저해하였으며 무관심과 무질서가 횡행하는 사회를 만들었던 것이다. 북한의 개발이 친환경적으로 이루어져야 함은 물론이거니와 개발의 이익도 그 지역주민에게 돌아가도록 북한개발 계획이 세심한 배려하에 미리 마련되어야 한다. 이것은 또한 통일 후 북한주민의 무조건적인 남한 이주를 사전에 예방하는 방법이기도 하다.

(4) 생산적 복지제도의 확충

통일복지제도의 기본 틀은 생산적 복지의 특성인 민주적·실용적·인도적·친환경적으로 짜여야 한다는 점이다. 환경복지자본주의가 21세기의 복지이념인 것은 분명하다고 해도 통일한국의 현실은 그것을 지향하되 아직 거기까지는 아닌 것 같다. 그러므로 우선 현재 남한의 생산적 복지의 이념에 따라 경제체계와 사회체계의 통합적 환류체계로서 민주적, 실용적, 인도적, 친환경적 특성을 살려 나갈 수 있는 복지제도와 프로그램을 계속 개발하고 확대해 나가야 한다. 민주적 복지는 사회합의주의(또는 민주조합주의) 관행의 사회적 정착을 통하여 각종 사회보험 제도를 도입, 확충하는 데에 실현되어야 한다. 실용적 복지는 자활복지의 개발과 정착, 인도적 복지는 기초생활보장을 중심으로, 그리고 친환경적 복지는 자연환경과 사회환경의 연결점을 찾아서 지속가능한 개발과 복지를 지향하는 것으로 발전시켜야 할 것이다. 예컨대 주거복지 분야에서 주거환경의 쾌적화를 위한 주민참여 프로그램이라든가 업무환경의 안전과 인간화를 위한 기업복지나 고용복지의 프로그램 개발 등은 매우 중요한 친환경적 복지 내용이 될 수 있을 것이다.

3) 통일사회복지제도의 기본 틀

(1) 전달체계 개편6)

사회복지전달체계란 복지대상자의 측면에서 그를 둘러싼 일체의 공적·사적 복지기관과 이들 기관의 서비스 전달망을 의미한다. 적절한 복지전달체계가 발달되어 있을 때, 사회복지제도의 실질적 복지증대효과는 커질 수 있다. 또한 사회복지전달체계의 민주성을 확보하면 공동체적 삶의 정치사회적 질을 높이는 데 기여할 수 있다.

현재 한국사회의 사회복지전달체계에서 개선할 점을 든다면, 전문인력의 양성과 복지전달체계의 단일화와 전문화이다. 따라서 통일한국의 사회복지제도에서는 사회복지전달체계의 중하위 조직을 담당할 수 있는 사회복지청을 신설하고, 보건사회부－사회복지청－사회복지사무소－사회복지출장소로 연결되는 공적 전달체계를 구축하는 것이 바람직한 실천방향이다. 현재 남한의 사회복지전달체계는 보건복지부에서 정책결정을 하고 이를 행정자치부의 중하위조직을 통해서 실천함으로써 여러 가지 사회복지의 전문성을 훼손하는 일들이 많이 발생하고 있기 때문이다. 통일에 대비해서 먼저 남한의 노동복지청－노동복지사무소－노동복지출장소 등의 중하위조직을 만들어야 할 것이다.7) 한편 이러한 일반적 사회복지를 담당할 수 있는 체계

---

6) 이 부분은 박순성(1997)의 견해를 주로 인용하였다.

7) 필자의 생각으로는 보건복지부를 노동복지부와 보건의료부로 나누어 노동복지부에서 고용보험을 비롯한 산재보험, 연금보험과 공공부조, 그리고 사회복지서비스를 전부 관장하는 것이 통일에 대비하여 북한의 실업과 고용문제 등을 효율적으로 다루는 것도 검토해볼 필요가 있다고 본다. 국민건강과 관련한 모든 업

와 함께, 아동복지, 청소년복지, 노인복지, 여성복지, 장애인복지 등의 전문적 사회복지서비스를 담당할 수 있는 가정복지상담소를 설치 운영하여야 하며 사회복지 전담공무원을 대폭 확대하여야 할 것이다.

또한 사회복지전달체계의 효율성과 민주성을 제고하기 위하여 정부는 민간의 사회복지단체 및 사회복지재단과 적절한 분업체계를 형성하여 정부의 미개발사업에 대한 사회복지서비스를 실시하는 것이 바람직하다. 이 과정에서 기업의 사회적 책임을 확대할 수 있는 방안을 강구할 수 있어야 할 것이다.

통일한국은 서로 다른 두 개의 사회복지체계가 통합되는 것을 전제로 하지 않을 수 없으므로, 통일한국의 사회복지전달체계를 통합하는 과정을 고려하여 적절한 분권화를 운영상의 원리로 도입하는 문제도 검토되어야 할 것이다.

(2) 사회보험[8]

사회보험은 통상 연금보험, 의료보험, 산재보험, 고용보험의 4대 보험을 의미한다.[9] 연금제도에 대한 통일한국의 사회복지정책은 우선적으로 남한사회에서 다양한 형태로 존재하는 연금제도(국민연금과 특수직 연금제도)를 통합하는 것으로부터 시작되는 것이 바람직하다고 본다. 물론 반대의견도 적지 않지만 각종 연금제도가 충격이나 부작용을 최소화하면서 단계적으로 통합될 수 있다면, 전체적으로 연금

무는 보건의료부에서 하되 의료보장이나 의료보험의 문제를 취급하도록 하는 것도 가능하다고 본다. 또는 현 체제대로 한다면 보건복지부 – 보건복지청 – 보건복지사무소 – 보건복지출장소와 같은 시스템도 가능할 것이다. 어쨌든 핵심은 중앙조직과 중하위조직의 일관성, 신속성을 보장할 수 있는 제도로 바꾸어 업무의 효율성과 효과성을 기하자는 것이다.

8) 이 부분은 한국복지연구원의 『한국사회복지연감』 2000년 판을 주로 참고하였다.

9) 가족수당은 남한이나 북한이나 다 실시하지 않고 있다.

제도 및 연금수혜에서의 보편성과 형평성이 확보될 수 있을 것이다.

국민연금은 1973년 국민복지연금법의 제정 이후, 단계적 확대과정을 거치고 1999년 4월부터는 본격적인 '전국민연금시대'가 열리게 되었다. 그러나 2031년경에 적립기금의 고갈문제가 거론되는 등 문제가 제기되고는 있다. 이에 적절히 대비하는 것이 향후의 과제이다.

한편 의료보험은 1977년 500인 이상 사업장에서부터 시작되었으나, 조합방식에서 통합방식으로 바뀐 것은 2000년 7월부터이며 전체 국민을 포괄하는 국민건강보험제도로 통합 일원화되었다. 이것도 다시 조합방식으로 분리하자는 주장도 있으나 통일을 염두에 두고 제도의 단계적 통일을 이루어 나가는 것이 바람직하다는 관점에서 본다면 통합방식을 확대하는 것이 바람직하다. 자영자 소득 파악이 어려워 다시 조합방식으로 돌아가야 한다는 주장도 있으나, 이것은 시대적 진운과 맞지 않는 퇴행적 발상이다.

산재보험도 1964년에 최초로 도입된 이래 2000년 7월부터는 5인 미만 사업장에도 산재보험 적용을 확대하였고, 중소기업 사업주의 임의 가입 등이 신설되었다.

고용보험은 1993년 고용보험법이 제정되어 1995년 7월부터 상시근로자 30인 이상 사업장에서 시작하였으나 IMF의 영향으로 1998년 10월부터는 4인 이하의 농업, 임업, 수렵업 등 일부 업종을 제외하고는 근로자 1인 이상을 고용하는 전 사업장으로 적용범위를 확대하였다. 그러나 위와 같은 4대 보험의 통합은 아직 논의의 수준에 그치고 있다. 그럼에도 불구하고 전체적으로는 고용보험의 일부를 제외하고는 사회복지의 보편주의적 원칙에 따라 제도가 마련되었다고 볼 수 있다. 문제는 급여의 수준 등 내용적인 면이 아직 선진국 수준보다 못하다는 점일 것이다. 그러나 통일을 앞두고 이러한 제도적 확충을 한다면 분명히 진일보한 것으로 평가할 수 있을 것이다. 향후에는 제도의 내실을 기하는 방향으로 발전해야 한다.

(3) 공공부조

남한의 공공부조도 국민기초생활보장법에 의하여 이전과 달리 노동능력이 없는 빈민의 경우에도 국가가 그 최저생활을 보장하게 되었다. 2000년 10월부터 시행된 국민기초생활보장제도는 기초생활권을 국민에게 부여하고 있다. 자산조사와 실태조사의 원칙에 따라 사회복지 전담공무원이 수급권자에 대한 급여의 결정과 실행을 하도록 되어 있다. 동법은 생계·주거·의료·교육·해산·장제·자활 등 7개 급여를 행하되, 생계·주거·의료·교육·자활급여와 수급자의 소득인정액을 포함한 금액이 최저생계비 이상이 될 것을 명시하고 있다. 이러한 공공부조는 소득이 최저생계비에 못 미치는 가구는 최저생계비에 못 미치는 부족액수를 정부로부터 받을 수 있게 되는 것이다(한국복지연구원, 2000). 이러한 제도는 물론 현실적으로 최저생계비를 어떻게 산출하느냐에 따라 제도의 성공 여부가 영향을 받기는 하겠으나 기본적으로 국가가 국민의 생활을 책임지겠다는 의지의 표현으로 보아 매우 역사적인 계기가 되는 것이다.

통일에 대비하여 이와 같이 국민의 생활에 대한 국가의 책임을 명확하게 하는 것은 사회복지적 관점에서 볼 때 매우 긍정적인 것으로 평가할 수 있다.

(4) 사회복지서비스10)

소득보장이 사회보험과 공공부조를 통해서 이루어지면 사회복지서비스는 소득보장에 의해서 해결될 수 없는 물적, 인적 서비스를 사회가 직접 공급해주는 것을 의미한다. 따라서 사회복지서비스와 관련하여 세 가지 방향에서 기본적 원칙이 정해져야 한다.

첫째, 사회복지서비스 전달체계의 개선과 물적 기반의 확립을 위하여 다음과 같은 기본적 정책방향이 정해져야 한다. 즉 사회복지 전문인력의 확보 및 운용, 사회복지시설의 확충 및 운영개선, 사회복지관의 설치 운영, 사회복지사업기금의 증대 및 효율적 이용이 그것이다. 이러한 사회복지전달체계의 개선과 함께 재가복지사업의 활성화 및 사업내용의 다양화를 통하여 사회복지서비스의 질적 향상을 꾀한다.

둘째, 사회복지서비스는 많은 인력을 필요로 한다는 점에서 정부와 민간이 함께 참여할 수 있는 제도를 형성해 나가도록 한다. 특히 민간의 사회복지서비스 직접 참여는 사회적 연대의식의 성장에도 크게 기여함으로써 다른 부문에서의 사회복지제도의 발전에도 기여할 수 있을 것이다.

셋째, 21세기 노령화사회에서는 노인문제가 중요해진다. 남한 사회의 경우, 65세 이상의 인구는 1990년도에 약 216만 명으로 총인구의 약 5%에 해당되었지만, 2000년도는 약 7%에 달하고, 2010년에는 약 9% 이상이 될 것으로 추계되고 있다. 이러한 경향은 북한도 비슷해질 것으로 보아 노인복지서비스에 대한 준비를 더 철저히 해야 할 것으로 보인다.

---

10) 이 부분은 박순성(1977)의 견해를 주로 참고하였다.

(5) 통일비용의 마련11)

박진의 연구에 의하면 통일 후 연금과 실업급여 소요액은 남한의 2000년 GDP의 1.5%(연간 약 79억 달러)이며, 공적부조의 소요액은 남한의 2000년 GDP의 1.6%(연간 약 91억 달러)에 이른다고 한다. 결국 2000년 GDP의 3.1%(연간 170억 달러)가 해마다 필요한 실정이다. 이 외에도 교육, 의료 등의 부문에 지출되는 비용을 포함하면 거의 천문학적인 액수가 될 것으로 보인다.12) 따라서 통일 후 총조세부담률은 단기간에 최소한으로 잡아도 3.1% 이상이 증가해야 할 것이라는 점을 주장하고 있다. 이러한 부담은 결국 국민에게 귀속된다. 구체적으로는 기업과 노동자에게 귀착되게 되어 있다. 그러나 결국 이것은 주로 기업에 대한 부담으로 하는 것이 바람직할 것이다. 왜냐하면 통일 후 북한 주민의 남한 이주를 효과적으로 방지하기 위해서는 대북투자를 확대하고 고용창출을 해야 하는데, 이를 위해서는 남한에 있는 기업에 3.1%의 조세 부담을 더 지우도록 하는 것이 필요하다. 그리고 대북투자를 위해 북으로 이전하는 기업에는 면세의 혜택을 줌으로써 기업의 대북진출을 유인할 수 있다는 것이다.

한편 통일 후 필요한 조세부담률의 제고 방안으로는 통일세와 같은 목적세의 신설과 전반적으로 소득세의 비중을 높여야 할 것이다. 탈세를 방지하기 위한 소득 파악을 더 철저히 해야 하며, 연금제도를 수정적립방식에서 부과방식으로 바꾸면서 이미 조성된 자금을 사용

---

11) 이 부분은 박진(1997)의 연구를 주로 소개하였다.

12) 미국 하버드대학 연구개발연구소에 따르면 독일 통일비용을 기준으로 볼 때 통일한국의 통일비용은 1990년부터 2000년까지를 가정할 때 200조 내지 400조가 든다고 예측하고 있다. 이것은 완전한 남북 통일을 위해 1년에 20~40조 정도의 통일비용은 부담해야 한다는 것으로 정부예산의 28~56%에 해당된다. 아무튼 우리 힘에 부치는 경비가 드는 것이 확실하므로 점진적 단계적 통일의 필요성은 더 말할 필요가 없다(장원태, 1997).

할 수 있도록 하는 것도 좋은 방안이 될 수 있을 것이다. 이외에도 민간부문의 역할을 강화하여 종교적인 기관의 사회복지서비스 확대, 특히 북한의 탁아소나 양로원 등을 맡아서 운영하는 등의 방안을 강구하는 것이 필요할 것이다. 이러한 통일 후의 막대한 재정 지출을 감당해낼 수 있도록 지금부터라도 남한지역의 사회복지재정의 안정을 위해서 다각적인 노력을 해야 한다.

4. 결론

이 글은 한반도의 통일에 대비하여 사회복지정책에 관심을 갖는 사람들이 어떠한 준비를 해야 하는가를 이념적 측면과 제도적 측면의 두 가지 관점에서 탐구해본 것이다. 이제까지의 남북한 사회복지에 관한 비교 연구는 제도적인 데 치중되어 있어서 이 글에서는 이념적 측면을 좀 더 다루어 보았다. 결국 이념이 제도에 영향을 미치는 것이라면 이러한 연구가 의미가 있을 것이다.

이 글에서는 21세기의 사회경제체제이자 사회복지정책이념으로 '환경복지자본주의'에 관해 논하였다. 이것은 환경과 복지의 문제를 동시에 해결하자는 것으로 자연환경뿐만 아니라 사회환경까지를 순화하여 나가는 것만이 인류를 위하여 바람직한 일로 보았다. 그리고 한반도의 통일사회복지정책 이념으로서의 생산적 복지주의에 관해 많은 지면을 할애했다. 통일 후의 시대가 21세기이므로 새 시대의 사회복지이념이 무엇인가를 먼저 논하고 그것이 어떻게 생산적 복지와 연결되는가를 파악하여 본 것이다. 그리하여 생산적 복지주의를 민주적 복지, 실용적 복지, 인도적 복지, 친환경적 복지로 파악하여 설명하되 친환경적 복지라는 부분은 앞으로 생산적 복지의 이념적 특성화 과정에서 다른 특성들보다 더 발전시켜야 할 부분임을 천명하였다.

제도적 측면에 관해서는 기존의 연구자들의 성과를 일별하는 가운데 공통적인 것을 발견하여 부각시킴으로써 통일사회복지제도의 방향을 가늠하였다. 그것은 남한의 사회복지제도를 기본으로 하되 북한의 장점을 개선의 내용으로 담아냄으로써 점진적 통합의 길로 나가자는 것이다. 다음으로는 통일사회복지제도의 기본원칙에 대하여 논함으로써 어차피 점진적 통일을 지향할 바에는 통일 후에 남한의 확대 발전된 생산적 복지주의가 남북한에 동시에 적용되는 것을 원칙으로 해야 남북한 주민 간에 사회통합을 더 원활히 할 수 있다는 점을 강조하였다. 또 하나 중요하게 기억해야 할 원칙 중의 하나는 북한의 개발 계획이 북한주민들의 지역복지와 부합되는 방향으로 전개되어야 하겠다는 점이었다. 그래야 통일 후의 무조건적인 남한 이주의 경향을 방지하고 북한의 친환경적 개발이 주는 이익이 그들에게 돌아갈 수 있도록 되어야겠다는 것이다.

끝으로 통일사회복지제도의 기본 틀과 관련하여서는 중하위 조직의 전달체계를 지금처럼 행정자치부를 통할 것이 아니라 노동복지부-노동복지청-노동복지사무소-노동복지출장소 등이 연계를 갖도록 필요한 조직을 신설하여 대비하여야 하겠다는 점을 강조했다. 또한 사회복지를 사회보험, 공공부조, 사회복지서비스로 보는 관점에서 각각이 어떤 방향으로 발전되어야 하겠는가를 논하고, GDP의 3.1%에 해당하는 막대한 통일비용의 마련을 위하여 탈루의 차단, 통일세의 신설, 소득세율의 인상 등 제 방안에 관해 논하였다.

제9장 통일복지의 개념과 전망: 통일보다 통합[1]

1. 서론

통일복지라는 용어는 아직 하나의 학문적 위상을 제대로 점하고 있다고 보기 어려운 측면이 있다. 예컨대 문화복지는 문화를 통한 복지, 내지는 문화적 복지를 의미하는 것으로 간주할 수 있으나, 통일복지는 '통일을 통한 복지', 또는 '통일적 복지'라는 용어로 표현할 때 내용이 좀 모호해진다.

지금까지 다수의 학자들이 통일과 복지에 관한 논문을 쓴 것을 보면 대체로 통일복지는 '남북통일과 복지제도'라는 의미로 사용하였음을 알 수 있다. 즉 통일복지는 남북통일을 하면 어떻게 복지제도를 만들어야 할 것인가 하는 문제와 관련된다고 볼 수 있다. 여기서는 통일복지의 개념을 '남북 간의 사회통합을 위해 필요한 제반 조치를 통해 남북의 주민들이 최소한의 인간다운 생활을 할 수 있도록 돕는 정부 및 민간의 노력과 그 결과'라고 정의하기로 한다. 다만 남북통일의 방법에 따라서 또는 북한에 대한 정보의 부족에 따라서 달라질

---

1) 이 글은 2010년 겨울 한국사회복지협의회 계간 『사회복지』 통권 제187호에 실렸던 것을 약간 수정하였다.

수 있는 판단의 오류를 최소화하기 위하여 통일을 둘러싼 전제들을 성찰하는 일련의 노력까지를 통일복지의 논의에 포함시키고자 한다. 따라서 통일복지에 관해 다음과 같은 점들을 순차적으로 논하게 될 것이다.

첫째, 무엇보다 남북통일에 관해 논해야 한다. 그것은 한반도를 위요한 세계사적 배경과 흐름을 짚어내는 일부터 반추함을 의미한다. 분단의 의미부터 짚어내야 통일복지의 방향을 가늠할 수 있을 것이다.

둘째, 남북한 복지제도의 통합 내지는 이상적으로 바람직한 복지제도의 마련을 위하여 어떤 모델을 그릴 수 있을 것인가 탐색해보고, 이상적 통일복지에 다가서기 위하여 현실적으로 가능한 복지제도를 구상해보는 것이 필요할 것이다.

셋째, 그 통일이 개인의 복지에 어떤 함의를 가지고 있는가를 고찰하여야 할 것이다. 사회복지는 전통적으로 빈민과 같은 사회적 약자의 문제 해결로부터 사회적 위험에 처한 사람들에 대한 구호와 배려를 중심 과업으로 하여 발전해 왔다. 그런 만큼 사회복지는 사회통합에 있어서 중요한 역할을 한다. 특히 국가에 대한 의존성의 함정을 피하면서도 인간으로서의 품위를 지킬 수 있는 복지제도라야 사회적 통합을 가능하게 할 것이다. 새로 만들어질 통일복지 제도가 어떤 특성을 지닌 개인들을 만들어낼 것인가 하는 문제는 그래서 중요하다.

이제 통일을 '강 건너 불 보듯'하거나, 북한을 주적으로 하여 말살의 대상으로 삼는 반통일적 시각을 갖거나 극우나 극좌의 모험주의자들이 활개치던 시대는 확실히 지나가고 있다. 2010년 11월에 발생했던 연평도 포격사건이 우리에게 주는 교훈은 북한을 하루 속히 멸망시키자는 것이 중요한 것이 아니라 그들과 함께 살아가는 방법을 어떻게 찾을 것인가 하는 문제이다. 싫든 좋든 북한은 우리와 핏줄을 나눈 같은 민족이다. 공생의 길을 찾는 것이 마땅한 일이다. 상호 손상의 가능성이 커져가고 있는 이때가 통일과 통합이 절실하게 필요한 시대라는 것을 반증하고 있다.

2. 방법론적 관점

이 글의 목적은 통일복지의 개념을 정립하고 그 분야를 전망해보는 것이다. 그러함에 있어서 어떠한 방법론적 입장을 취할 것인가를 명백히 하는 것이 필요하다. 통상 비교 역사적(comparative and historical) 방법은 연구 대상이 시간적 공간적으로 어떤 변화의 과정을 나타냈는가를 비교해 봄으로써 연구 대상의 새로운 경향성을 파악해내고 미래를 전망해보면서 보편타당한 사회과학적 의미를 드러내 보이는 것이라 할 수 있다.

이 글에서는 기본적으로 그러한 비교 역사적 방법의 범주에 들어간다고 볼 수 있으나 좀 더 구체적인 접근방법이라 할 수 있는 밀스(C. Wright Mills)의 사회학적 상상력(sociological imagination)을 동원하여 보고자 한다(Mills, 1959). 밀스는 일찍이 사회학적 상상력이라는 개념을 통하여 사회현상을 분석하는 것이 바람직하다는 주장을 한 바 있다. 그가 말하는 사회학적 상상력은 사회제도나 구조, 어떤 사회의 지배적인 개인들의 특성, 그러한 사회제도와 개인들의 역사가 어떻게 서로 연관을 맺고 있는가를 보는 것이다. 이를 단순화시켜 표현하자면 사회학적 상상력은 결국 개인과 사회와 역사를 성찰하는 것이다. 개인과 사회와 역사의 삼각 축을 중심으로 그 관계를 고찰하는 것이 사회학적 상상력이라고 해석할 수 있다.

이러한 사회학적 상상력은 사회변동을 설명하거나 분석하는 데 응용할 수 있다. 즉 개인과 사회와 역사의 세 축이 서로 영향을 미치면서 변동한다고 볼 때 크게 나누어 세 가지 변동 모형이 가능하며, 이러한 변동모형으로 사회변동을 설명할 수 있다(최경구, 1992). 하나는 개인이 사회와 역사에 영향을 미쳐 사회변동이 일어나는 모형이며, 둘은 사회가 역사와 개인에게 영향을 미치는 경우, 셋은 역사가 개인과 사회에 영향을 미치는 경우이다.

개인이 사회와 역사에 영향을 미치는 모형은 개인적 특성들의 총합 또는 어느 개인의 카리스마가 사회와 역사에 영향을 미치는 것을 의미한다. 예컨대 박정희의 카리스마가 한국 사회제도와 역사적 시대정신에 영향을 끼친 것을 들 수 있다. 카리스마적 변동 모형이라 할 만하다.

다음으로 사회가 역사와 개인에게 영향을 미치는 모형이다. 이것은 사회제도가 역사와 개인에게 영향을 미치는 것이다. 예컨대 해방 이후 남한에는 자본주의 제도가, 북한에는 사회주의 제도가 이식되면서 그것들이 각각 남북한의 역사와 개인에게 영향을 미쳤던 것이다. 제도적 변동 모형이라 부를 수 있다.

한편 역사가 개인과 사회에 영향을 미치는 모형은 역사를 나타내는 시대정신이 개인과 사회에 영향을 미치는 것이다. 즉 자유와 평등과 박애라는 역사적 시대정신이 프랑스 혁명을 통하여 사회제도와 개인을 바꾸어 나갔던 것을 예로 들 수 있다. 한국에서는 민주화라는 시대정신이 1987년 민주화운동을 통해 6·29민주화선언을 이끌어냄으로써 대통령 직선제를 쟁취할 수 있었고 이것이 사회제도를 바꾸고 개인들에게 영향을 미쳤다.

이러한 방법론적 관점을 가지고 역사·제도·개인을 중심으로 한 국의 통일과 사회복지의 앞날을 예상해보는 것이 이 글의 주된 과업이 될 것이다. 결론부터 말하자면 위에 언급한 세 가지 변동모형 중, 남북한의 사회변동은 이제 역사가 사회와 개인에 영향을 미치는 시대적 변동모형으로 보는 것이 적당하다는 것이며, 그 시대정신은 남북통일이 아니라 민족통합이라는 것이다. 이를 위하여 첫째로는 통일의 역사적 의미가 무엇인지를 세계사적 흐름 속에서 살펴보는 작업을 할 것이다. 왜 우리는 분단되었으며, 왜 우리는 남북통일 대신 민족통합을 추구해야 하는가, 그 의미는 무엇인가? 둘째, 그러한 통합의 과정에서 사회복지가 어떤 기능을 할 것이며, 어떤 제도를 만들어야 그러한 역할을 제대로 수행할 수 있을 것인가? 셋째, 무엇보다 그것이 한반도를 살아가는 우리들에게 개인적으로 어떤 의미를 주는 것이며, 어떤 지배적 성격을 가진 개인들이 이 시대에는 필요한 것인가? 이러한 질문들에 답하는 것이 이 글의 목적이다.

3. 통일의 역사적 의미

1) 분단과 통일의 의미

분단과 통일의 첫 번째 의미는 우리의 뜻과 관계없이 이루어진 남북분단을 극복한다는 의미에서 통일은 우리의 상처를 치유하는 역사적 쾌거라는 것이다. 1945년 8·15해방은 일본 제국주의로부터의 해방이자, 동시에 남북분단의 시작이었다. 35년간의 식민지 경험은 독립이라는 시대적 정신을 우리 민족에게 요구했으나, 그 독립은 우리의 힘으로 쟁취한 것이 아니었으며, 어느 날 선물처럼 주어진 것이었다. 제2차 세계대전에서 미국이 주도한 연합군에 항복한 일본의 식민지일 수밖에 없었던 한반도는 연합군, 특히 미국과 소련에 의하여 38선을 경계로 남북으로 분할 점령되었다. 이유는 일본군의 무장해제였으나, 미국의 야심은 남한에서 대륙진출의 교두보를 확보하는 것이었으며, 소련의 야심은 태평양으로의 진출을 가능하게 하는 거점을 마련하는 것이었다. 그리하여 남한에는 친미 자본주의 정권이 들어서고, 북한에는 친소 사회주의 정권이 들어서게 되었다(강정구, 2000).

반만년의 역사와 전통이 무너지고 남북이 갈라진 우리 민족은 6·25전쟁이라는 동족상잔의 비극을 겪으면서 서로가 서로를 죽이는 불구대천의 원수가 되었다. 그러나 1997년 말의 외환위기를 겪으면서 등장한 김대중 대통령은 햇볕정책을 추진하여 북한과의 화해무드를 조성하였으며 그 후 노무현 대통령도 이를 승계하였다. 그러나 2007년 말에 대통령선거에서 승리한 한나라당의 이명박 정권은 다시 북한에 대한 대립정책을 취하여 드디어 2010년 연평도 포격사건과 연평도 주민 피난이라는 초유의 사태를 맞게 되었다. 연평도 포격사건은 6·25이후 가장 큰 북한의 도발이었으며 우리 군의 반격도 만만치 않아 전면전 일보 직전까지 갔었던 위기의 순간이었다. 그러나 북한의 거듭된 경고에도 대처하지 않은 채, 한미연합 군사훈련을 강행한 것이 도발을 유발한 무리수였다는 지적도 있었으며, 급기야는 국방부 장관이 교체되기도 했다. 이러한 상황에서 통일은 무슨 통일이냐고 반박할 사람도 있겠지만 그래도 통일은 필요하다. 무엇보다 남북분단은 우리의 뜻이 아니었기 때문에 통일은 당위적으로 요청되는 역사의 필연이다.

　분단과 통일의 두 번째 의미는 서구에서 시작된 20세기의 유물인 이념전쟁이 한반도에서 끝난다는 것을 확실하게 한다는 데 있다. 즉 자본주의 대 사회주의의 오래된 싸움이 현실적으로 막을 내린다는 데 그 상징적 의미가 크다는 것이다. 제2차 세계대전이라는 세계적인 물결이 우리나라를 덮쳤고 미국과 소련의 이해관계 때문에 남북이 갈라졌으며, 천만 이산가족의 슬픔과 한이 나타나게 된 것은 주지의 사실이다. 또한 분단은 자본주의와 사회주의라는 거대 이념전쟁의 최전선이 지형적으로 대륙과 대양이 만나는 접점인 한반도에 형성됨으로 인하여 비롯된 것이다. 이제 이데올로기의 종언이 논의되는 21세기에 들어서서 이념전쟁을 계속할 아무런 이유가 없다. 소련도 중국도 자본주의를 받아들이고 있으며, 베트남도 쿠바도 받아들이고 있다. 북한도 제한적으로나마 자본주의적 시장의 원리를 받아들이기 시작했으므로 남북이 싸워야 할 이유가 점차 줄어들고 있는 것은 사실이다.

　분단과 통일의 세 번째 의미는 자본주의와 사회주의의 싸움이 종식됨으로 인하여 전 지구인이 하나가 되어 새로움 싸움을 하는 전기를 마련하게 될 가능성이 높아졌다는 것이다. 갈등기능주의적 관점에서 볼 때 인류를 반분했던 자본주의와 사회주의의 오랜 싸움이 불필요하게 된다는 것은 그 자체로서 인류가 공동으로 대적해야 하는 새로운 적이 나타났다는 것을 반증하는 것이기 때문이다. 그 공동의 적은 제3차 세계대전, 환경공해, 그리고 인간소외이다. 전 인류가 힘을 합하여 막지 않으면 인류의 공멸을 불러올 수도 있는 인류의 3대 공공의 적은 전쟁과 공해, 그리고 소외이다. 그와 반대의 평화와 환경과 복지문제가 중요해지는 이유이다(최경구, 1996).

　인류가 산업혁명을 일으키고 과학을 발전시킨 이래 무기개발도 함께 이루어짐으로써 제1, 2차 세계대전이 발발되었으며 수많은 인명을 빼앗아 가는 대살육의 비극적인 역사를 기록한 것은 주지의 사실이다. 이제 또다시 제3차 세계대전이 일어난다면 그동안 만들었던 핵무기의 사용이 지구를 파괴하고도 남는 결과를 가져올 것이 뻔하다. 그러므로 전쟁은 무엇보다도 막아야 할 인류의 최우선 과제이자 우리의 과제인 것이다.

나아가 환경공해의 문제는 어떠한가? 지구삼림의 1/3을 차지하는 아마존 강 유역의 삼림이 파괴되면 지구의 허파가 1/3로 줄어드는 것과 같다. 중국의 지나친 개발정책이 온갖 공해물질을 양산하여 그것이 구름과 비를 통해 한반도와 일본열도에 미치고 있는 것은 이미 상식이다. 해마다 기상이변으로 인하여 갑작스러운 인류의 재앙을 염려하고 있는 이 상황은 분명 극복되어야 한다.

소외의 문제도 심각하다. 대가족의 붕괴는 물론이거니와 핵가족마저 붕괴되어가는 현대 초산업사회와 후기 정보사회의 생활은 모든 인간을 소외로 몰고 가는 비인간적 인간 환경을 만들고 있다. 밤이 위험한 사회, 온갖 범죄와 빈곤이 양산되는 사회에서 인간 소외의 극복을 위해서는 환경적 복지가 긴요하다.

한반도에서 포성이 멎고 평화가 찾아오고 휴전선을 중심으로 인류의 환경생태공원이 만들어지며, 남북은 물론 세계의 소외 계층이 인간다운 대접을 받고 사는 복지 세상이 되어야 한다.

2) 세계사적 흐름과 시대정신

세계사의 흐름은 자본주의와 사회주의의 중도를 지향하고 있다.

어떤 경우에도 국가와 시장이 적절하게 중도를 찾아 사람이 사람답게 사는 복지사회를 만들고자 하며, 자유와 평등이 적절하게 조화를 이루어 개인이 시민으로서의 권리와 의무를 다하는 민주사회가 될 것을 지향하고 있다. 나아가 세계화와 지방화가 동시적으로 이루어지는 세방화(glocalization)가 컴퓨터 혁명으로 가능해짐으로써 지역사회의 중요성이 날로 증가하고 있다. 전통과 근대가 공존함으로써 전통적인 것이 세계적인 것이 되고, 동양과 서양, 선진국과 후진국이 소통함으로써 새로운 다문화사회의 길을 찾고 있다. 이러한 복지사회, 민주사회, 지역사회, 다문화사회의 추세는 이미 거슬릴 수 없는 대세이다.

한걸음 더 나아가 녹색사회와 융합사회 역시 새로운 대세로 인구에 회자되고 있다. 녹색사회의 내용은 환경운동단체들의 주장만큼 다양한 것이 사실이지만 기본적인 것은 심층생태론적 입장이라 할 수 있다. 심층생태론에서는 환경을 이루는 모든 생물체들도 그 자체로서 본질적 가치가 있다면서 모든 생물체가 함께 공존하면서 생물중심적 평등과 자아실현의 규범을 제창한다(정대연, 2002: 123~127). 여기서 한 걸음 더 나아가 생물과 무생물에 이르는 모든 것이 인간의 생명과 하나 되는 우주적 대생명체론의 관점을 취하는 불교적 관점도 있다.[2] 대규모의 개발과 성장은 그래서 대생명체에 흠집을 내는 것으로 보고 반대한다. 지속가능한 성장, 환경용량을 넘지 않는 느리고 소규모적인 성장만을 용인하는 것이 녹색사회의 본질이라 하겠다.

그러나 기술중심주의와 인간중심주의의 환경운동을 선호하는 성장주의자들은 녹색사회란 환경기술을 개발하여 환경문제를 해결함

---

2) 화엄경에 나오는 인드라망은 온 우주의 보이는, 또는 보이지 않는 존재가 다 하나의 대생명체로 연결되어 있다고 본다(박경준, 2000: 512~515).

과 함께 경제성장을 최대한 도모하는 입장을 취한다. 이러한 관점은 사실상 성장우선주의로서 환경문제의 해결은 뒷전으로 미룰 수밖에 없다. 그러므로 이들을 진정한 녹색사회를 추구하는 사람들이라고 볼 수는 없다.

한편 융합(convergence) 사회는 어떤가? 융합은 서로 다른 특성을 가진 분야들이 과학기술의 발전으로 협동적 서비스를 제공하는 사회라 할 수 있다. 융합은 흔히 망의 융합, 서비스의 융합, 기업의 융합 등 세 분야에서 볼 수 있다. 망(network)의 융합은 방송은 통신망을, 통신은 방송망을 통하여 행해지는 현상으로 자원의 공유, 망의 경쟁, 망 통합 효과가 있다. 서비스의 융합은 방송이 통신처럼 불특정 다수가 아닌 특정인을 대상으로 양방향 서비스를 제공하며, 통신은 다수의 수신자에게 일방향성 서비스나 영상 서비스를 제공하는 것으로, 양자의 서비스가 혼재된 현상이다. 기업의 융합은 방송 사업자와 통신 사업자가 연합, 합병 등에 의하여 다른 분야로 진출하는 것으로, 유선방송(CATV) 사업자가 통신 사업에 진출하거나 통신 사업자를 합병하여 두 사업을 겸하거나, 방송 주파수의 여분의 대역을 통신 사업자에게 임대함으로써 간접적으로 통신 서비스를 제공하는 것 등이 있다 (http://enc.daum.net/dic100/).3)

그렇다면 이 시대의 에피스테메(episteme: 인식) 또는 시대정신은 무엇인가? 전쟁과 공해와 소외의 문제를 해결하고 지속가능한 성장을 추구하면서 동서양이 함께 하고 전통과 근대, 후진국과 선진국이 함

---

3) 융합과 유사한 용어로 통섭(Consilience)이란 용어가 있다. 통섭은 한마디로 말해 다양한 학문 분야들을 가로지르며 사실과 그 사실에 기초한 이론들을 한데 묶어 공통된 하나의 설명체계를 이끌어내는 것을 의미한다. 통섭은 불교학이나 도교학에서는 심심찮게 사용해 온 용어이며 원효의 화엄 사상에 관한 해설에 자주 나오는 말로서 '총괄하여 관할한다' 내지는 '큰 줄기를 잡다'는 의미이다(윌슨, 2005).

께 미래를 공유할 수 있는 시대정신은 무엇인가? 녹색사회와 융합사회가 함께 지향하고 있는 이 시대의 시대정신은 '통합'이라고 생각한다. 개인 간의 의사소통을 중심으로 장벽을 넘어서서 서로의 입장을 이해하고 받아들이고 배려하는 것이 소통이라면, 융합은 네트워크 내지는 연결망의 결합을 통하여 외연을 확장하고 빠른 정보교환과 광범위한 경제성장을 지향하는 개념이라 할 수 있을 것이다. 그런가 하면 통합은 사회성원들의 역사적·문화적·정서적 통합을 의미하는 것으로서, 역사적 정체성의 공유와 하나 됨의 의미를 지향한다.

이 시대의 새로운 에피스테메는 통합임이 분명하다. 통일이 정치군사적 함의를 지닌 개념이라면 통합은 사회경제적, 역사문화적 함의를 지닌다. 그러므로 현재 우리가 지향해야 할 것은 남북통일이라기보다는 남북통합이라 하겠다. 서로가 포를 겨누고 언제든지 미사일을 발사할 수 있는 상황 속에서 정치군사적 통일은 현실적으로 많은 갈등과 공도동망의 불안을 내포하고 있다. 오히려 남북한 간의 민족적 통합, 역사적 통합을 지향하여 우리의 뿌리에 대한 하나 됨의 의미를 밝히고 공유하고 이해함으로써 정치적 통일을 예비하는 것이 현명하다. 이것은 장기적으로 공존하면서 점진적인 통일을 지향해간다는 의미에서 진화모형이라고도 할 수 있으며 한반도 통일에 있어 가장 합리적인 모델이라 할 수 있다(노용오, 2006: 13).

한국의 이 시대는 선 민족통합 후 남북통일이라는 가치의 전환을 요청하고 있다고 볼 수 있다. 어떤 의미에서는 김대중 대통령의 햇볕정책이 경제적 측면의 통합을 지향함으로써 통일에서 통합에로의 패러다임 전환을 시도했던 것이라고 생각할 수도 있다. 그러나 그것만 가지고는 어렵다는 것을 이명박 대통령의 등장 이후 전개된 대북 강경정책의 결과 나타난 일련의 북한의 도발사태로 미루어 짐작할 수 있다. 그러므로 사회문화적, 역사적 통합이 선행되어야 하며, 통일에서 통합으로의 전략적 변화가 필요하다는 점을 강조하게 되는 것이다.

4. 복지통합의 제도적 전망

1) 사회복지의 통합적 기능과 복지제도의 통합 모형 및 원칙

구조기능주의 이론을 주창한 파슨스(Talcott Parsons)는 모든 사회체계는 그 체계가 유지되기 위해서 필요한 네 가지 기능을 수행해야 한다고 주장한다. 그것은 적응기능(adaptation), 목표달성기능(goal attainment), 통합기능(integration), 그리고 잠재유형유지 및 긴장처리 기능(latent pattern maintenance and tension management)이다(Parsons, 1951). 적응기능은 체계가 적응하고 살아남아야 하는 데 필요한 경제제도, 목표달성기능은 체계의 목표를 정하고 성원들을 동원하여 이를 달성하는 정치제도를 구체적으로 의미한다. 한편 통합기능은 그러한 목표달성을 위하여 나아갈 때 구성원들이 이탈하지 않도록 하는 사회제도를 의미한다. 잠재유형유지 및 긴장처리 기능은 문화제도로서 종교와 규범을 내포한다.

통합기능을 달성하는 사회제도 중에는 복지제도와 사법제도가 있다고 볼 수 있다. 우리가 관심을 가지는 복지제도는 유연한 특성을 지닌 것으로, 사회통합을 위한 강제적 특성을 지닌 사법제도와는 다르다. 사법제도는 사회적 목표달성에 방해가 되는 자들을 법적 강제로 배제하는 하는 것이라면, 복지제도는 사회성원들을 배려하고 배제된 소외계층을 체제 내로 유연하게 포용하고자 하는 기능을 담당한다고 볼 수 있다.

남북통합을 위한 복지제도의 통합은 어떤 모형과 원칙하에 이루어 져야 할 것인가. 무엇보다도 남북한 사회복지 통합은 우리 체제를 무조건 강요하는 것도, 북한의 체제를 수용하는 것도 아닌, 양 체제가 보다 좋은 기준에 의해 수렴될 수 있는 기반을 조성해야 한다는 면을 고려해야 한다(조흥식, 1999). 그러나 현실적으로 북한의 사회복지는 경제적 뒷받침이 되지 못하여 유명무실화되어 있다. 그러므로 현실적으로는 남한의 복지제도에 북한의 복지제도가 통합된다고 보아야 할 것이다. 그럼에도 불구하고 남한의 복지제도가 지닌 단점을 보완하여 미래의 복지통합의 이상으로 삼아야 할 것이다. 필자는 크게 보아 통합복지의 제도적 모형은 자유민주주의를 기본으로 하는 통합적 조합주의(integrative corporatism)의 성격을 지닌 방향으로 나아가야 할 것으로 본다.[4] 통합적 조합주의는 정부와 사용자와 노동자, 그리고 시민 단체가 함께 대타협을 통하여 주요 경제사회정책을 결정하는 제도이다. 남한이 초보적 복지국가의 수준에서 공공부조와 4대 사회보험제도를 갖추고 제도적 복지국가로의 길을 가고는 있으나, 신자유주의의 영향으로 아직은 시장의 메커니즘을 많이 수용하고 있다. 향후 남북한의 통합적 복지를 위해서는 북한의 사회주의적 이상이 갖는 복지제도의 포괄성과 복지 대상의 보편성을 가능한 한 실현시킬 수 있도록 하는 것이 좋을 것이다.

그럴 경우 지켜야 할 원칙은 첫째, 남북한 동시적용의 원칙이 지켜

---

4) 통합적 조합주의는 사회조합주의나 민주조합주의에서 한 걸음 더 나아가 정부와 사용자 집단, 노동자 집단, 뿐만 아니라 시민사회집단(소비자 집단이나 환경운동 단체 등)을 포괄하는 대타협 체제를 의미하는 것으로 정의할 수 있다. 후기 산업사회에서도 사회구성원이 다양해지는 만큼 그들의 복지와 정치적 견해도 포괄할 수 있는 제도가 필요하다.

져야 한다. 통합 한국의 사회복지 제도의 기본적인 틀을 어떻게 짤 것이냐 하는 문제는 매우 중요하다. 한번 만들어진 제도는 그 제도에 의해서 혜택을 보는 사람과 그렇지 못한 사람을 구분하게 되며, 그 현상이 오래가면 결국 기득권을 가진 계층이 생겨나 또 다른 제도로의 개혁이 매우 힘들어지기 때문이다. 물론 기본적인 틀 속에 단계적인 통합의 방안이 시간대별로 배열되어 있으면서 특별한 불이익을 받는 계층들이 없다면 별문제가 안 될 수도 있으나, 제도가 일단 한번 정립되면 그 자체의 유지 메커니즘이 작동하여 조직의 목적과 수단이 전치되는 등 탄력성을 잃을 가능성이 많아지게 마련이다. 통합 복지제도의 기본 틀은 위와 같은 점을 염두에 두고 불가피한 경우를 제외하고 통합 초기부터 남북한에 동일한 복지제도의 적용이 이루어지도록 만들어져야 한다.

둘째, 북한의 개발 일자리와 지역복지가 조화되도록 하는 원칙이 중요하다. 남한 지역개발의 경우 빠른 성장을 보였음에도 불구하고 타 지역 사람과 물자가 들어와 개발을 하고 그 개발의 이익을 타 지역 사람들이 차지하였기에 많은 문제가 있었다. 남한에서는 지역사람들이 소외되고 타 지역 사람들이 몰려와 개발로 만들어진 일자리를 차지함으로써 지역복지 체계가 심각하게 붕괴하며 환경공해가 발생하고 사회통합을 저해하여 무질서가 횡행하는 지역사회를 만들었던 경험이 있다. 북한의 개발이 친환경적으로 이루어져야 함은 물론이려니와 개발의 일자리도 그 지역주민에게 돌아가도록 북한의 개발과 복지 계획이 세심한 배려하에 준비되어야 한다. 이것은 또한 남북통합 후 북한주민의 무조건적인 남한 이주를 사전에 예방하는 방법이기도 하다.

셋째, 사회복지전달체계의 일원화 원칙을 세워야 할 것이다. 현재

남한의 사회복지전달체계는 보건복지부에서 정책결정을 하고 이를
행정자치부의 중하위조직을 통해서 실천함으로써 여러 가지 사회복
지의 전문성을 훼손하는 일들이 많이 발생하고 있다. 통합 한국의 사
회복지제도에서는 사회복지전달체계의 중하위 조직을 담당할 수 있
는 사회복지청을 신설하고, 보건복지부-보건복지청-보건복지사무
소 내지 보건복지출장소로 연결되는 공적 전달체계를 구축하는 것이
바람직한 실천방향이 될 수 있다. 현재의 사회복지 전담공무원을 대
폭 늘려서 이들이 남북 통합 후의 공공부조나 사회보험, 사회복지서
비스 업무를 효율적으로 담당할 수 있어야 하며, 나아가 민주-복지-
자본주의 사회의 시민으로서의 권리와 의무를 주민들에게 올바로 전
달할 수 있는 매개자로서의 역할을 하여야 할 것이다. 북한에는 각 지
역에 사회보험서기가 배치되어 있는 것으로 알려져 있다(노용오,
2006). 이들을 사회복지전달체계의 중하위 조직의 핵심으로 활용할
수 있는 방안도 고려되어야 할 것이다. 또한 사회복지전달체계의 효
율성과 민주성을 제고하기 위하여 정부는 민간의 사회복지단체 및
사회복지재단과 적절한 분업체계를 형성하여 정부의 미개발사업에
대한 사회복지서비스를 실시하는 것이 바람직하다. 이 과정에서 기업
의 사회적 책임을 확대할 수 있는 방안도 강구되어야 한다.

2) 공공부조

　통합 복지의 가장 핵심은 공공부조 제도일 것이다. 남북통합 시 북
한 주민들의 상당수가 최저생계비 이하의 범주에 들게 됨으로써 공공
부조의 대상자가 될 가능성이 많기 때문이다. 남북통합에 대비하여 국

민의 생활에 대한 국가의 책임을 명확하게 하는 것은 사회복지적 관점에서 볼 때 매우 긍정적인 것으로 평가할 수 있다. 그러나 화폐단위의 조정 등 기본적 문제점이 존재하는 과도기를 예상할 때 현금부조보다는 현물부조를 우선적으로 고려하는 제도가 필요하다고 하겠다.

남한의 공공부조는 국민기초생활보장법에 의하여 국가가 노동능력이 없는 빈민의 경우에도 그 최저생활을 보장하게 한 제도이다. 2000년 10월부터 시행된 국민기초생활보장제도는 기초생활권을 국민에게 부여하고 있다. 자산조사와 실태조사의 원칙에 따라 사회복지 전담공무원이 수급권자에 대한 급여의 결정과 실행을 하도록 되어 있다. 동법은 생계·주거·의료·교육·해산·장제·자활 등 7개 급여를 행하되, 생계·주거·의료·교육·자활급여와 수급자의 소득인정액을 포함한 금액이 최저생계비 이상이 될 것을 명시하고 있다. 이러한 공공부조는 소득이 최저생계비에 못 미치는 가구로 하여금 최저생계비에 못 미치는 부족액수를 정부로부터 받을 수 있게 하는 것이다(한국복지연구원, 2000). 이러한 제도는 물론 현실적으로 최저생계비를 어떻게 산출하느냐에 따라 제도의 성공 여부가 영향을 받기는 하겠으나 기본적으로 국가가 국민의 생활을 책임지겠다는 의지의 표현으로 보아 매우 역사적인 계기가 되는 것이다.

나아가 북한 주민에게도 이와 같은 원칙이 적용될 때 상당수의 북한 주민이 해당될 것으로 보이며, 전반적인 사회 안정과 사회 통합에도 기여할 것으로 생각한다. 다만 통일 비용의 측면에서 과다한 비용이 들 염려가 없지 않으나 지속적인 경제성장과 점진적이고 단계적인 적용으로 과도기를 잘 넘길 수 있으리라고 본다. 남북통합 시 현실적으로 가장 필요한 제도가 될 것이다.

3) 사회보험

사회보험은 연금보험, 의료보험, 산재보험, 고용보험의 4대 보험을 의미한다. 이것은 기본적으로 남북한 간에 다른 점이 많기 때문에 가능한 것부터 단계적으로 통합해 나갈 수밖에 없을 것이다.

연금제도에 대한 통합 한국의 사회복지정책은 우선적으로 남한사회에서 다양한 형태로 존재하는 연금제도(국민연금과 특수직 연금제도)를 통합하는 것으로부터 시작되는 것이 바람직하다고 본다. 물론 반대의견도 적지 않지만 각종 보험연금제도가 충격이나 부작용을 최소화하면서 단계적으로 통합될 수 있다면, 전체적으로 연금제도 및 연금수혜에서의 보편성과 형평성이 확보될 수 있을 것이다.

국민연금은 1973년 국민복지연금법의 제정 이후, 단계적 확대과정을 거치고 1999년 4월부터는 본격적인 '전국민연금시대'가 열리게 되었다. 그러나 2031년경에 적립기금의 고갈문제가 거론되는 등 문제가 제기되고는 있다. 이에 적절히 대비하는 것이 향후의 과제이다. 북한은 남한과 같은 특수직역연금이 별도로 존재하지 않고 모두 공적 연금제도에 속한다. 그러나 군인의 사고에 대비한 별도의 영예군인연금이 있으나 이는 남한의 사회보훈에 편입시키는 것이 가능할 것이다(노용오, 2006).

한편 남한의 의료보험은 1977년 500인 이상 사업장에서부터 시작되었으나, 조합방식에서 통합방식으로 바뀐 것은 2000년 7월부터이며 전체 국민을 포괄하는 국민건강보험제도로 통합 일원화되었다. 북한은 전 국민에 대한 무상치료를 표방하고 있으나 이미 1990년대 후반부터 외형적 형태와 내용의 불일치로 외형에 걸맞은 의료의 질을 확보하지 못하고 있다(김연명, 1997a). 결국 남한의 건강보험제도로 통합될 것으로 보인다. 이 경우 북한 주민이 상당수가 의료보호의 대상자가 될 가능성이 있으며 과도한 의료급여의 지출이 예상된다. 이는 국가가 통일세나 통일기금 등으로 부담해야 할 것으로 보인다. 다만 북한도 2002년 7·1조치를 통해 개인의 인센티브를 강화하는 임금구조와 가격 현실화 조치를 시행함으로써 부분적으로 자본주의적 개혁을 통하여 시장성을 회복하는 제도를 도입하였다(임현진, 2008: 8~9). 이로 미루어 건강보험의 임금 근로자들이 기여해야 하는 일정 부분을 감당할 수 있는 제도적 장치가 마련된 셈이다.

산재보험도 1964년에 최초로 도입된 이래 2000년 7월부터는 5인 미만 사업장에도 산재보험 적용을 확대하였고, 중소기업 사업주의 임의 가입 등이 신설되었다. 현재 남한은 1인 이상의 사업장도 산재보험의 대상이 되고 있으며, 이는 북한의 경우 전 노동인구를 산재보험의 적용 대상으로 하는 것과 마찬가지이다. 다만 남북한 산재보험 통합은 역시 급여수준과 조건의 다양성을 반영한 남한 제도를 중심으로 통합하는 것이 현실적으로 보인다. 다만 예상되는 재정 문제는 기업과 국가보조에 의존할 수밖에 없을 것이다.

고용보험은 1993년 고용보험법이 제정되어 1995년 7월부터 상시 근로자 30인 이상 사업장에서 시작하였으나 IMF의 영향으로 1998년 10월부터는 4인 이하의 농업, 임업, 수렵업 등 일부 업종을 제외하고는 근로자 1인 이상을 고용하는 전 사업장으로 적용범위를 확대하였다. 높은 실업률은 그 자체가 부담이다. 북한에는 고용보험이 없으나 남북통합 시 북한의 고용수준의 유지가 일차적으로 긴요하며, 대규모 실업이 발생할 것에 대비해야 한다. 따라서 북한 전역에 대한 개발계획과 동시에 복지대책을 강구하여 인구이동을 막고 개발의 이익이 지역주민들에게 일자리로 돌아갈 수 있도록 해야 한다. 북한 주민에 대한 실업급여 등 제반 재정적 부담도 있을 수 있으나 이는 기업과 국가가 주로 부담해야 할 것이다.

남한에서 추진하고 있는 4대 사회보험의 통합은 아직 논의의 수준에 그치고 있다. 그럼에도 불구하고 전체적으로는 고용보험의 일부를 제외하고는 사회복지의 보편주의적 원칙에 따라 제도가 마련되었다고 볼 수 있다. 문제는 급여의 수준 등 내용적인 면이 아직 선진국 수준보다 못하다는 점일 것이다. 그러나 남북통합을 앞두고 이러한 제도적 확충을 한다면 분명히 바람직한 방향으로 진일보한 제도로 평가받을 수 있을 것이다. 향후에는 제도의 내실을 기하는 방향으로 발전해야 한다.

4) 사회복지서비스

소득보장이 사회보험과 공공부조를 통해서 이루어지면 사회복지서비스는 소득보장에 의해서 해결될 수 없는 물적, 인적 서비스를 사회가 직접 공급해주는 것을 의미한다. 이 경우에 물론 정부의 기본 틀 속에서 복지서비스가 이루어지겠지만 아무래도 민간의 사회복지망을 전폭적으로 동원하여 아동, 노인, 장애인에 대한 서비스를 해야 할 것이다. 사회복지서비스와 관련하여 세 가지 기본적 방향이 정해질 수 있다.

첫째, 사회복지서비스 전달체계의 개선과 물적 기반의 확립을 위하여 다음과 같은 기본적 정책 방향이 정해져야 한다. 즉 사회복지 전문인력의 확보 및 운용, 사회복지시설의 확충 및 운영개선, 사회복지관의 설치 운영, 사회복지사업기금의 증대 및 효율적 이용이 그것이다.

이러한 사회복지전달체계의 개선과 함께 재가복지사업의 활성화 및 사업내용의 다양화를 통하여 사회복지서비스의 질적 향상을 꾀한다.

둘째, 사회복지서비스는 많은 인력을 필요로 한다는 점에서 정부와 민간이 함께 참여할 수 있는 제도를 형성해 나가도록 한다. 특히 민간의 사회복지서비스에의 직접적 참여는 사회적 연대의식의 성장에도 크게 기여함으로써 다른 부문에서의 사회복지제도의 발전에도 기여할 수 있을 것이다.

셋째, 21세기에는 아동복지와 노인복지, 그리고 장애인복지 문제가 더 중요해진다. 이것은 남북한 거의 같은 경향을 보인다. 저출산 고령화 사회의 문제는 지속적으로 제기되어 향후에 필요한 노동력과 생산성이 떨어질 수 있다는 위기의식이 나타나고 있으며, 인권의 사각지대에 있는 장애인들에 대한 인간적인 생활이 가능하도록 사회의 제반 체계를 재조직화하는 일 등 많은 과제가 쌓여 있다.

5) 통일비용의 마련[5]

박진의 연구에 의하면 통일 후 연금과 실업급여 소요액은 남한의 2000년 GDP의 1.5%(연간 약 79억 달러)이며, 공적부조의 소요액은 남한의 2000년 GDP의 1.6%(연간 약 91억 달러)에 이른다고 한다. 결국 2000년 GDP의 3.1%(연간 170억 달러)가 해마다 필요한 실정이다. 이 외에도 교육, 의료 등의 부문에 지출되는 비용을 포함하면 거의 천문학적인 액수가 될 것으로 보인다.[6] 따라서 통일 후 총조세부담률은

---

5) 이 부분은 박진(1997)의 연구를 주로 소개하였다.

6) 미국 하버드대학 연구개발연구소에 따르면 독일 통일비용을 기준으로 볼 때 통일한국의 통일비용은 1990년부터 2000년까지를 가정할 때 200조 내지 400조가 든다고 예측하고 있다. 이것은 완전한 남북통일을 위해 1년에 20～40조 정도의 통일비용은 부담해야 한다는 것으로 정부예산의 28～56%에 해당된다. 아

단기간에 최소한으로 잡아도 3.1% 이상이 증가해야 할 것이라는 점을 주장하고 있다. 이러한 부담은 결국 국민에게 귀속된다. 구체적으로는 기업과 노동자에게 귀착되게 되어 있다. 그러나 결국 이것은 주로 기업에 대한 부담으로 하는 것이 바람직할 것이다. 왜냐하면 통일 후 북한 주민의 남한 이주를 효과적으로 방지하기 위해서는 대북투자를 확대하고 고용창출을 해야 하는데, 이를 위해서는 남한에 있는 기업에게 3.1%의 조세 부담을 더 지우도록 하는 것이 필요하다. 그리고 대북투자를 위해 북으로 이전하는 기업에는 면세의 혜택을 줌으로써 기업의 대북진출을 유인할 수 있다는 것이다.

한편 통일 후 필요한 조세부담률의 제고 방안으로는 통일세와 같은 목적세의 신설과 전반적으로 소득세의 비중을 높여야 할 것이다. 탈세를 방지하기 위한 소득 파악을 더 철저히 해야 하며, 연금제도를 수정적립방식에서 부과방식으로 바꾸면서 이미 조성된 자금을 사용할 수 있도록 하는 것도 좋은 방안이 될 수 있을 것이다. 이외에도 민간부문의 역할을 강화하여 종교적인 기관의 사회복지서비스 확대, 특히 북한의 탁아소나 양로원 등을 맡아서 운영하는 등의 방안을 강구하는 것이 필요할 것이다. 이러한 통일 후의 막대한 재정 지출을 감당해낼 수 있도록 지금부터라도 남한지역의 사회복지재정의 안정을 위해서 다각적인 노력을 해야 한다.

무튼 우리 힘에 부치는 경비가 드는 것이 확실하므로 점진적 단계적 통일의 필요성은 더 말할 필요가 없다(장원태, 1997).

5. 통합적 인간의 출현

위에서 통합이라는 시대정신이 사회제도에 미치는 영향으로서 복지제도에 관해 살펴보았다. 이제는 통합이라는 시대정신이 어떠한 개인들을 필요로 하고 있을까에 대하여 언급할 차례이다.

1) 이기적 인간과 이타적 인간

인류의 문명, 특히 자본주의 문명은 인간의 이기심을 행위의 동기로 설정하고 있다. 인간은 누구나 다 자신의 이익을 추구하기 마련이다. 그러므로 자신의 이익을 추구하기 위하여 인간은 생산적이고 창의적인 아이디어도 내고 행위를 통하여 그것을 달성한다는 것이다. 인간의 이기심은 인류의 역사만큼이나 길다. 성경에 나오는 카인과 아벨의 다툼 속에서도 아담 스미스의 국부론에서도 인간의 이기심에 기초한 행위가 모든 행위의 근간을 이루는 것으로 나타나고 있다. 특히 서구의 역사 속에서 인간의 이기심은 놀라운 힘을 발휘하여 과학기술의 발전과 함께 휘황찬란한 20세기 문명사회를 이룩한 것이다. 전통적인 농업사회와는 비교도 할 수 없을 정도의 생산성과 편의성을 지닌 근대사회는 이제 후기정보화 사회의 시대를 넘어 인간의 수명을 획기적으로 연장할 수 있는 BT기술의 발달과 함께 영원히 사는 사이보그 시대를 지향하고 있다.

이러한 이기적 인간에 대한 단순한 판단이나 거부는 옳지 않다. 인간의 이기적 성격은 분명히 인류의 존속을 위하여 또 인간 생활의 합리적 제도화 내지는 영속화를 위하여 기여할 것은 분명하다. 다만 그것이 만들어낸 또 다른 부정적 측면이 존재하고 있는 것은 사실이며, 새로운 사회는 그것을 지양하여야 할 역사적 당위성이 있는 것이며, 이제 시대가 바뀌어 이타적 인간이 주도하는 새로운 시대가 올 수 있다는 점을 기억해야 할 것이다.

이타적 인간은 이기적 인간이 만들어 가는 사회의 문제점을 시정하기 위하여 등장하는 오아시스 같은 성격을 지닌다. 현실은 이기적 인간들이 만들어 놓은 각종 문제로 범람하고 있으나 이러한 문제들은 이타적 인간들의 헌신과 공헌으로 해결의 길을 찾고 있다. 나아가 시대적 정신이 이타적 인간들을 요구하고 있다고 하겠다. 왜냐하면 이제는 이기적 인간으로는 해결할 수 없는 전쟁과 환경문제나 인간소외와 같은 거대한 문제가 이 지구상에 존재하며, 오직 모두가 또는 대다수가 이타적 인간으로 채워져야만 인류가 살아남을 수 있는 시대로 진입하고 있다고 볼 수 있기 때문이다. 천국과 지옥의 차이는 긴 수저로 남의 입에 밥을 떠 넣어 줄 수 있을 때 모두가 살 수 있다는 우화를 통하여 극명하게 드러난다. 자기 입에 떠 넣을 수 없는 긴 숟가락밖에 없는 시대로 우리는 진입하고 있다. 내가 내 입에 넣을 수 있는 작은 숟가락은 이제 사라져버렸다. 천국에서는 긴 숟가락밖에 없다는 말은 타인의 입을 생각하지 않고서는 존재 자체가 불가능한 시대로 되어 가고 있다는 말이다. 이제 자기 생각만 해가지고는 존재할 수 없는 시대가 되었다. 남북한 문제가 그러하다. 서로 대포를 쏘고 미사일 발사를 준비하고 있는 이 시대의 이기성은 오직 공멸을 부를 뿐이다. 이제는 이타적 인간이 등장할 때이다. 혼자서만 이타적이어서는 이용만 당할 뿐이다. 그러므로 다수가, 서로가 이타적 인간이 되어야 하는 시점이 온 것이다. 때가 되면 꽃이 피듯이 이제는 서로의 생존을 위하여 이타적 인간이 되지 않으면 안 되는 시대가 온 것이다. 이 시대의 시대정신이 통합인 것은 인류의 생존을 위하여 필수적이다.

2) 통합적 인간상

우리는 사회학적 상상력, 즉 개인과 사회, 그리고 개인과 사회를 담고 흐르는 역사의 상호관계를 고찰하는 방법으로 이 시대 역사의 정신이 통합이라는 것을 밝혀냈고, 이러한 역사정신이 사회복지 제도에 미칠 영향을 가늠해냈다. 이제 '통합'의 시대정신이 개인에게 미칠 영향을 살펴볼 차례이다. 그것은 통합적 인간상의 출현이라 할 수 있다. 우리가 추구하는 통합이 강제적 '통일'이 아니라 자발적 '통합'이라면, 그것은 인간들끼리의 통합, 사회구성원들의 통합, 같은 민족끼리의 정서적 역사문화적 통합을 의미하며, 더 구체적으로 남북문제와 관련하여 지구상에 있는 한민족끼리의 동질성 회복을 통합이라 할 만하다. 한반도 이외 지역의 한민족들도 다 포함하여 민족 통합을 위하여 노력을 경주할 때가 되었다. 나아가 온 인류가 하나의 대생명이라는 것을 받아들일 수 있는 통합적 인간상이 필요하다. 이런 일을 할 수 있는 통합적 인간상이 강조될 때이다.

이기적 인간도 아니고 이타적 인간도 아니고 통합적 인간은 이 시대의 정신을 구현하는 인간상이다. 본시 이기냐 이타냐 하는 것은 본질적으로 나와 너의 구분을 하지 않는 것이다. 대생명이라는 차원에서 너와 나의 구분이 없으므로 통합적 인간, 통합적 자아의 실현이 가능해지는 것이다.

　그러나 현실은 냉엄하다. 이 시대가 통합적 인간을 요구하고 있고, 이타주의에 입각한 행위의 동기가 중요한 시대에 접어든 것은 사실이지만, 당장 모든 인간이 쉽게 변하는 것은 아니다. 그러므로 통합적 인간상을 정립하고 추구하고 교육하고 훈련하는 것이 필요하다. 그것은 구체적으로 남북통합을 준비하는 과정에서 이루어져야 하겠다. 시대적 변동모형을 통하여 우리가 확인할 수 있는 것은 분명히 남북통합 나아가 민족통합의 시대정신은 통합적 개인을 만들어 낼 것이며, 통합의 역사를 구성하여 나가게 될 것이라는 예측이다. 남북통일이 중요한 것이 아니라, 남북통합이 중요하며, 세계적으로 한민족 통합이 더 중요한 것이며, 온 인류의 통합을 지향한다는 관점을 취할 때 오히려 남북통합이 더 잘 이루어질 것으로 보는 것이다.

6. 결론

　이글의 목적은 통일복지의 개념을 정의하고 그 미래를 전망하는 것이다. 그러기 위하여 남북통일보다는 남북통합이 더 중요하며, 나아가서는 세계적으로 한민족통합이 중요하다는 주장을 하였다.

　사회변동의 방향을 예측하기 위해서는 일정한 사회변동 이론이라는 것이 있어야 하는데, 우리가 이글에서 동원한 이론적 자원은 밀스의 사회학적 상상력이라는 개념이었다. 이를 통하여 개인과 사회와 역사의 삼각 축을 중심으로 하는 성찰을 통하여 통일복지를 가늠하여 본 결과, 이 시대는 역사를 대변하는 시대정신인 통합이 사회와 개인에게 영향을 미치는 시대로 보았다. 그리하여 통합의 시대정신이 사회제도와 개인의 퍼스낼리티에 영향을 미쳐서 복지제도의 통합, 통합적 인간의 출현이 중심이 되는 민족통합, 남북통합 사회로의 전망을 할 수 있었다.

이러한 변화의 전망은 가만히 있어도 저절로 오는 것은 아닐 것이다. 미래를 위한 준비를 해야 한다. 통합적 시대에 관한 비전과 통합적 인간상에 대한 구체적인 연구와 준비, 그리고 통합의 역사가 어떻게 제도적으로 쓰이는 것이 바람직한가에 대한 구체적 연구가 필요하다. 남북 통합을 위하여 미리 '남북사회복지통합준비위원회'(조흥식, 1999)를 구성하여 그 준비를 하는 것도 좋을 것이며, 통합적 인간의 출현을 위하여 다각적인 노력이 필요하리라고 본다.

제10장 오스트리아의 통일과 사회조합주의[1]

1. 서론

이 글은 오스트리아의 통일에서 나타났던 중요한 특성들을 고찰하고, 이것이 전후 오스트리아의 기본적 정치체계의 마련에 어떤 형태로 반영되어 있는가를 살펴보고자 하는 논문이다. 이러한 작업을 통하여 이차대전이라는 하나의 역사적 단절을 뛰어넘어 오스트리아를 발전시킨 동인이 무엇인지를 밝히고 그것이 한국 사회에 어떤 교훈을 시사하고 있는가를 알아볼 수 있을 것이다.

현재의 오스트리아는 빈(Wien)과 8개 주(잘츠부르크, 티롤, 포어아를베르크, 오버외스터라이히, 부르겐란트, 슈타이어마르크, 케른텐, 니더외스터라이히)로 이루어진 민주주의연방공화국으로서 3권분립을 견지하고 있다. 1920년에 제정된 헌법에 따라 대통령제와 내각제를 절충하여 국가운영을 하고 있다(한메파스칼대백과, 1998: 1~8).

대통령은 국민의 직접선거에 의해 선출되고, 국가를 대표하며, 총리를 임명하고, 총리의 제청으로 국무위원을 임명하고, 국민의회의

---

1) 이 글은 1999년 경기대학교 민족문제연구소 논문집 『민족문제연구』 제7집 121~134쪽에 실렸던 논문으로 표현 등 약간의 교정을 거친 것이다.

소집·해산권을 가진다. 대통령은 3선 이상은 금지되어 있고, 헌법재판소의 탄핵을 받으면 국민투표에 의하여 파면될 수도 있다.

국회는 양원제로서 국민의회(하원)와 연방의회(상원)로 구성된다. 국민의회는 임기 4년의 의원으로 구성되며, 비례대표제에 의해 국민의 직접선거로 선출된다. 정원은 183명. 연방의회 의원은 빈과 8개 주에서 인구수에 비례하여 각 지방의회가 간접선거로 선출하며, 정원은 58명이다. 국민의회와 연방의회 모두 법안제출권이 있고, 법안은 양원을 모두 통과해야 되나, 의견이 일치하지 않을 때는 국민의회에 우선권이 있다.

빈과 각 주는 역사적으로 자치권을 가지고 있어서, 주민이 선출한 의회가 있고, 의회가 선출한 주의 장관이 행정을 집행한다. 사법권은 연방에 속해 있고, 4단계로 나뉜 보통재판소가 설치되어 있다.

오스트리아 국민의회는 1955년 10월에 '영세중립에 관한 법률'을 채택, '스스로의 의지로 영세중립을 지키고, 어떠한 군사동맹에도 가입하지 않으며, 또한 영내에 외국군의 기지를 허용하지 않는다'라고 선언하였다. 오스트리아는 과거에 유럽의 중심국가로서, 합스부르크가의 융성에 힘입어 1438년부터 1806년까지 '신성로마제국'의 제위를 독점하면서 유럽의 패권을 장악하였다. 1867년에는 '오스트리아-헝가리 제국'을 형성, 당시 5,100만의 인구를 거느리는 대제국을 건설하기도 했다(정용석, 1992: 92~100).

그러나 오스트리아의 황태자가 세르비아의 '범슬라브주의자'에 의해 암살되자, 오스트리아는 세르비아에 선전포고를 함으로써 제1차 세계대전을 촉발시켰다. 그러나 제1차 세계대전에서 독일, 터키와 함께 패망한 오스트리아는 많은 영토를 잃고 1918년 제1공화국으로 등장하였다. 오스트리아의 구 영토는 분할되어 폴란드, 체코, 유고, 헝가리 등의 신생공화국들을 탄생시켰다.

오스트리아의 제1공화국은 극심한 파당적 적대감이 지배하여 오직 자파의 이익만을 위한 투쟁을 일삼아 드디어는 두 차례에 걸친 내란을 겪고 힘이 약화되었으며, 1938년에는 히틀러의 독일에 합병되었다. 그리하여 결국 제2차 세계대전(1939~1945) 후에는 패전국이라는 오명을 쓰고 미국, 영국, 프랑스, 소련에 의해 1945년 7월 제2차 세계대전 종식과 함께 4분할 통치되었다. 그러나 1955년에 10년간의 분단시대를 극복하고 독립하였다.

제2차 세계대전이 끝난 1945년은 4대 전승국인 미국, 영국, 프랑스, 소련에 의해 한국, 독일, 오스트리아의 3국이 분단되던 해였다. 그중 가장 먼저 통일된 것이 오스트리아였다. 미국, 영국, 프랑스, 소련의 분할 점령하에 분단되었던 오스트리아는 1955년에 10년간의 분단 상황을 종식시키고 통일을 이룩할 수 있었다. 독일이 1990년 분단 45년 만에 통일되었고, 한국은 53년이 지난[2] 지금도 분단되어 있음을 생각할 때, 오스트리아의 통일은 가히 기적이라 할 만한 것이다. 그러나 세상에 기적은 없다. 그들에게는 그럴 수 있는 역사적 과정이 있었던 것이다. 그러나 그 과정에 대한 일반의 이해는 부족한 것으로 보인다. 이 글은 그러한 오스트리아의 선진복지국가 수립과 유지가 우연이 아니라 그들의 노력에 의한 필연적 과정이었음을 이해해 보고자 하는 시도이다.[3] 필자는 먼저 오스트리아의 역사 속에서 나타나는 통일

---

2) 이글을 쓰던 당시로는 분단 53년이었으나, 2012년 현재로는 분단 67년이 된다.

3) 인간은 환경의 영향을 받지만, 동시에 환경을 개선 창조하는 능력 또한 가졌다. 그리고 인류의 희망은 인간이 능동적으로 환경을 개선 창조하는 존재라는 것을 인정하는 데 있다. 오스트리아의 경우에도 외부적 난관을 주체적으로 극복한 점이 돋보이고 있다.

의 특성들을 거시적으로 고찰하고 또한 그것이 오스트리아의 사회조합주의4)에 어떻게 반영되어 있는가를 살펴보고자 한다.

2. 오스트리아 통일의 특성

오스트리아의 통일은 1945년 해방 이후 10년간의 4강 분할통치 구조를 마감하는 것이었다. 그것은 크게 보아 국민적 각성과 그에 기초한 온건좌파의 정치지도자들이 탁월한 정치력을 발휘했던 결과였다. 또한 오스트리아의 중립화 방안이 꾸준히 논의되는 과정에서 스탈린이 사망하고 흐루시초프가 평화공존을 주장하면서 국제 여건이 호전됨으로써 가능했던 역사적 사건이었던 것이다.

1) 국민적 각성

오스트리아는 제1공화국(1918~1934) 시절에 두 차례의 내란을 겪었다(Jelavich, 1987: 151-224). 첫 번째 내란은 1927년에 극단주의자인 기독교사회당의 자이펠(Ignaz Seipel) 수상이 사회민주당이 주도한 데모대를 향하여 발포명령을 내린 결과, 80명의 시위자와 4명의 경관이 사망하는 일이 발생하였다. 사회민주당은 정부의 발포에 대하여 총파업으로 맞섰으나 4일 후에는 굴복할 수밖에 없었다. 그 후에도 사회민주당에 대한 탄압이 계속되자 사회민주당은 좌파의 군세력을 중심으로 무력투쟁을 은밀히 준비하였다. 이러한 폭발적 상황이 지속되자

---

4) 사회조합주의(social corporatism)는 '사회적 합의주의'라고 쓰기도 한다.

극우적인 돌푸스(Engelbert Dolfuss) 수상은 긴급명령을 내려 의회와 정부를 해산하고 사회민주당을 용납할 수 없는 제1의 적으로 증오하고 모든 수단을 동원하여 타도하려 하였다. 드디어 1934년 2월 12일 돌푸스 정부는 경찰력을 동원하여 무기와 탄약을 수색하고자 사회민주당 사무실을 기습함으로써 제2의 내란을 유발시켰다. 좌파와 우파는 오래전부터 예기하고 있었던 내전에 돌입하였다. 4일간의 전투 결과 돌푸스 수상을 비롯한 우파군 세력이 승리하였고, 사회민주당은 불법화하여 지하로 잠적하게 되었다.

그 결과 돌푸스의 독재가 강화되었으나 그는 나치당에 의해 암살되었다. 그 뒤를 이은 슈시니크(Kurt Schuschnigg)는 1938년 히틀러의 나치당에 국가를 내주고 말았다. 만일 사회민주당이 불법화되지 않고 탄압받지 않았더라면 나치에 대항하여 사회민주당과 기독교민주당이 연합전선을 형성하여 파멸을 막았을지도 모른다. 결국 정당 간의 지나친 적대감과 정치적 독단이 결과적으로 오스트리아 전 정당의 파멸과 국가의 소멸을 자초했던 것이다.

이러한 쓰라린 경험은 오스트리아인들에게 대단한 국민적 각성의 기회를 주어 대타협의 길로 들어서게 하였다(Rabinbach, 1985: 89~95). 1945년 해방과 함께 찾아온 극심한 혼란의 와중에서도 오스트리아인들은 어렵게 얻은 제2공화국을 어떻게 해서든지 성공시키고자 하는 노력을 하게 되었다. 오스트리아의 여러 사회적·경제적 집단들은 현실적으로 충분히 비이념적인 태도를 지니게 되었으며, 당파보다는 전체국가를 중심으로 생각하는 일체감을 갖게 되었던 것이다. 그들의 정치적 태도는 국민당(People's Party)과 사회당(Socialist Party)이 전후 즉시 연립정부 수립에 성공한 것에 매우 잘 나타나 있다. 그들은 연립정부라는 정치체제 속에서 당에 대한 충성심을 국가에 대한 충성심으로 바꾸고, 계급 간의 이해를 조화시키는 방법을 발견했던 것이다. 이러한 국민적 각성은 탈이데올로기적인 성격을 지님으로써 이념보다 국가를 우선시하는 경향을 표출시켰던 것이다(이호재, 1974: 128~137).

2) 중도적 정치지도자의 중립화 방안

전후의 정치지도자들은 중도적 인사들로 대부분 채워졌다. 특히 사회당의 주 세력은 렌너(Karl Renner)를 중심으로 단결하였는데, 오스카 헬머, 아돌프 쉐르너 등은 중도적 사회주의자로서 온건 합리 노선을 실천하였다. 소련 점령군은 명망 있는 온건 사회주의자인 렌너를 임시정부의 수반으로 내세웠는데 이는 자기들이 바라는 역할을 렌너가 해줄 것을 기대하였기 때문이다. 그러나 렌너는 임시정부의 초대 수반이라는 자격으로 그의 당인 오스트리아 사회당과 그 외곽 단체들의 강력한 뒷받침으로 독자노선을 견지했다. 만약 전후에 급속히 조직되었던 사회당이 온건한 지도자에 의해 독자적인 길을 모색하지 않았다면 역사는 달라졌을 것이다. 렌너는 소련의 도움을 받아들이면서도 지체 없이 중도적 입장에서 좌우세력에 의한 임시정부 수립을 위한 작업에 착수하였던 것이다. 임시정부에는 사회주의자와 보수주의자가 다 같이 참여하였다.

렌너의 임시정부는 4강의 분할 점령과 '연합국위원회'의 존속에도 불구하고 단일 행정체제 아래 오스트리아 전역을 통합구역으로 묶어두는데 결정적 역할을 했다. 오스트리아 임시정부는 이 나라 통일의 기초가 되었던 것이다.

1945년 11월의 총선을 통해 오스트리아는 연립정부를 수립했다. 국민당의 레오필드 피글(Figl)이 수상을 맡았고, 부수상은 사회당 측에 할애되었다. 초대 대통령으로 추대된 렌너는 1947년 1월에 스위스식 중립화 방안을 시사하기 시작했다. 사회당도 같은 해 10월에 새로운 정치강령을 제정하면서 중립화 통일방식을 공식적으로 지지하였다. 국민당도 같은 해 4월 정강을 발표, 오스트리아는 일정 국가나 국가집단에 구속되지 않는 범세계적이고 관용에 기초한 외교정책을 수립할 것이라 하여 중립노선을 표방하였다. 특히 오스트리아의 중립정책은 1, 2공화국을 거치면서 수상과 외상을 경험했던 피글 등이 주도하여 그 내용이 구체적이고 실질적이었다. 당시 부수상이었던 쉐르프는 자신의 첫 출판 회고록에서 중립정책에 대해 보다 분명하게 언급했다. 공식적으로는 외상 그루버가 1952년 국민의회 제86차 회의에서 소련의 입장에 대한 공감을 표시하면서 오스트리아 중립문제를 제기하였다.

오스트리아의 중도적 정치지도자들에 의한 중립화 선택은 소련의 불안감을 덜어내고 서방측의 긴장을 풀어주는데 기여함으로써 통일의 국제적 환경 조성에 이바지했던 것이다.

3) 대외적 조건의 성숙

1945년에 미국, 영국, 프랑스, 소련의 분할 점령에 들어간 오스트리아는 비록 연립정부를 구성하였으나 10년 동안은 여전히 4강의 연합국위원회의 통제하에 있었다. 국토를 분할 점령한 4대국이 군대철수와 평화조약 체결 문제에 좀처럼 합의할 수 없었기 때문이다. 1954년 말까지 일반적으로 오스트리아 국가조약이라고 알려진 평화조약을 맺기 위해서 375회나 회담이 열렸으나 주로 소련의 방해전술로 인해 모두 실패하였다. 문제 하나가 해결되는 듯하면 소련 측에서 또 다른 문제를 제기하곤 하여 외교사상 오스트리아 평화조약보다 인내와 지구력을 요한 사례는 없었다는 것이다.

스탈린 시대의 소련은 기본적으로 오스트리아에 대한 강경 입장을 견지하는 것으로서 중립을 전혀 고려하고 있지 않았다. 소련은 오스트리아의 중립화 방안이 미국의 정책적 보호 속에서 나온 소련 억제책이라는 시각을 견지했다. 또한 오스트리아에 대한 계속적인 점령을 통하여 동구의 소련화를 고정시키자는 목적과 동시에 오스트리아의 유전 및 오스트리아 내의 소련 재산 관리를 통해 경제적 이익을 보고자 했다.

1953년 스탈린 체제가 무너지면서 등장한 흐루시초프는 평화공존정책을 펴면서 오스트리아의 중립이 독일의 중립으로 연결될 수 있다고 보았다(김동철, 1990: 38~45). 오스트리아를 중립화시킴으로써 독일이 중립화된다면 그것은 독일을 군사적으로 견제하는 것이 될 것이기 때문이며, 동시에 미국의 군사력 강화를 억제할 수 있는 것이라고 보았다. 또한 흐루시초프는 1950년대의 신생국들이 일련의 비동맹 중립노선을 표방하였으므로 그들에게도 미칠 정치적 효과를 고려하기도 했을 것이다. 이와 같은 소련의 입장 변화는 다른 국가에도 영향을 미쳐 드디어 1955년 7월 27일 연합국위원회는 그 마지막 회의를 열고 공식적으로 위원회를 해체시켰다. 그해 10월 25일까지 모든 점령군대가 철수하였고, 11월 5일에는 오스트리아 상하양원의 정식 비준을 거쳐 영세중립에 관한 헌법이 공표되었다.

결국 오스트리아의 독립은 제1공화국 시절의 이데올로기적 대결의 뼈아픈 기억을 극복하여 민족적 각성과 통합을 이루고자 했던 정치지도자들과 국민들의 염원이 끈질긴 노력과 단합을 통하여 중립화를 실현시킴으로써 그 열매를 맺게 된 것이라고 할 수 있다. 10년간의 단합된 노력이 국제적 여건의 변화를 맞아 결실을 맺었던 것이다.

3. 오스트리아의 사회조합주의

위에서 고찰한 오스트리아 독립의 특성들 가운데 전후의 정치 체제에 가장 영향을 미친 것은 민족적 각성에 입각한 정치지도자들의 중립화 방안이다. 그에 입각한 통일의 추진과정은 물론이고, 오스트리아의 정치 체제를 사회조합주의로 만드는 데에도 상당한 영향을 미쳤던 것으로 보인다. 사회조합주의는 이익집단의 중앙집중화, 국가 권력구조의 유연성, 그리고 사회안정과 복지수혜층의 확대라는 세 가지 기본 특성을 지닌다(최경구, 1991: 98). 기본적으로 중앙집중화된 사회 제 집단들의 사회경제적 이해관계의 조정과 타협과 책임을 중시하고, 이에 기초하여 국가 권력구조를 탄력적으로 운영하는 사회조합주의 정치체제는 자파의 이익만을 위하여 피나게 싸웠던 과거의 쓰라린 경험에 대한 반성의 결과, 협동을 중시하는 정신이 반영된 결과라고 볼 수 있는 것이다. 오스트리아의 온건 노선은 정당보다 국가 사회 전체를 우선시하는 국민주의(nationalism)의 발현이라고 표현할 수 있을 것이다.

1) 이익집단의 중앙집중화

오스트리아는 대부분의 유럽 소국들이 1930~1940년대에 민주조합주의적 정치체제를 발전시키고 있을 때 내란의 소용돌이에 있었다. 전전의 합스부르크가의 경제적 폐쇄성과 강력한 봉건지주, 도시부문과 좌파의 취약성, 그리고 단합된 우파의 존재를 유산으로 물려받은 오스트리아는 다른 유럽의 소국가들과 달리 산업화와 국제화, 그리고 계급적 타협을 이루어내는 데 시간이 필요했으며, 과거와의 혁명적 단절을 요하는 아픔을 경험할 수밖에 없었다. 그러나 제2차 세계대전 이후 오스트리아는 과거에 대한 민족적 반성을 토대로 이익집단의 중앙집중화와 권력구조의 유연성을 담보하는 사회조합주의 정치체제를 중심으로 발전되기 시작했다.[5]

오늘날 오스트리아에서는 전국적이고 일반적인 결사체로서의 '회의소' 제도가 법령으로 보장되어 있다. '노동회의소, 상업회의소, 농업회의소'가 그것이다(최경구, 1993: 129~138). 모든 오스트리아 국민들은 하나 또는 하나 이상의 회의소에 가입하게 되어 있다. 이것은 직능적 집단의 이해관계를 조정할 수 있는 가장 넓은 범위의 단위이다. 그러나 그것으로 그치는 것이 아니다. 법에 근거한 회의소 제도가 지닐 수 있는 문제점을 보완하기 위하여 자유로운 결사체의 구성이 또한 보장되어 있다. 그리하여 오스트리아 노동자들이 노총에 가입하는 비율은 60% 이상에 이르고 있다. 오스트리아 노총은 예하 기구에 대한 인사권과 재정권을 제도적으로 보장받고 있으며, 2,000여 명의 고도로 훈련된 전문인력을 활용하여 노동자들을 위한 정책의 구상과 실천을 하고 있다.

오스트리아 노총의 상대역은 상업회의소라 할 수 있다. 물론 자발

---

5) 오스트리아 통일의 정치사회학적 의의는 전전의 유산이 전후의 사회조합주의를 발전시키는데 일정한 영향을 끼쳤다는 사실일 것이다.

적인 결사체로서의 오스트리아 경영자 연맹이 사기업 자본가의 85%를 회원으로 하고는 있으나, 오스트리아에는 공기업이 많으므로 이들을 전부 포괄하는 상업회의소가 실제적으로 기업가들을 대표하고 있다. 상업회의소에는 4,600여 명의 전문 인력이 종사하고 있다.

이들은 '물가 및 임금문제에 관한 공동위원회(parity commission)'에서 노동자와 기업가를 대표하여 중요한 결정을 내리고 있으며, 이익집단의 중앙집중화를 통한 사회적 효율성을 극대화하고 있다.

2) 국가권력 구조의 유연성

오스트리아의 권력구조가 유연하다는 사실은 1945년부터 1966년까지 사회당과 국민당의 대연정이 가능했다는 것에서 먼저 확인될 수 있다. 이러한 지속적 합의는 양차 대전 기간 중의 정치경제적 혼란과 1934년의 내전, 독일과 연합국의 점령 등 쓰라린 과거의 역사적 교훈으로부터 비롯되는 민족적 각성에 기인한다고 하겠다.

대연정이 끝난 1970년까지는 국민당이, 1970년대부터는 사회당이 각각 단독으로 정부를 구성하였다. 그러나 1869년 말부터는 정부의 각 부서에 각종의 보조적인 자문위원회가 야당과의 협조 속에 설치되어 정부 권력에 대한 강력한 영향력을 행사함으로써, 드디어는 한 정당에 의한 정부이면서도 실제로는 양당에 의해서 움직여지는 오묘한 조합을 이루게 되었다. 이러한 협동적 정치의 실행은 1967~1971년 사이에 그전(1962~1966)에 비하여 파업을 1/2로 줄였고, 양당에 대한 지지도 역시 80%에서 90%로 올리면서 70년대의 경제위기를 극복하는 동인으로 작용하였다고 볼 수 있다.

한편 1950년부터 시작된 '임금 및 물가에 관한 공동위원회'에 관해 살펴보자. 공동위원회는 노동계와 기업계, 그리고 정부의 대표로 이루어진 기구로서 그들이 공적 구속력을 지닌 것도 아니었으나 처음부터 만장일치제를 관행으로 하였기 때문에 강력한 힘을 발휘할 수 있었다. 이들은 처음에는 물가(1957)만 다루다가 임금문제(1962)도 다루고, 드디어는 경제 전반에 관한 문제(1963)까지 다루게 되었다. 이러한 공동위원회는 오스트리아의 독특한 '경제사회적 동반관계(economic and social partnership)'의 표현이다. 공동위원회는 오스트리아의 중심적인 사회적 합의체로서 석 달에 한 번씩 회의를 통하여 문제 해결을 시도한다. 이 회의는 주로 의장단 예비회담에서 노총 대표와 상공회의소 대표가 미리 사안에 대한 협의를 한다. 정부의 입장은 이익집단 간의 협상 결과를 재가하는 것이며, 공동결정을 같이 내리는 것은 아니다. 오스트리아의 집단적 협상은 행정적 간섭으로부터 완전히 자유로운 것이다. 그러나 연방 수상이 공동위원회의 의장이 된다든지, 각료들이 투표권은 없지만 회의에 참석하여 발언한다든지, 결정된 사항은 법령을 통해 그 실행을 보장해주는 사후적·조정적 기능을 통하여 정부는 이익집단들에 대해 매우 탄력성 있는 대응을 하고 있다. 결국 사회조합주의 국가인 오스트리아를 지탱하는 힘은 경제사회적 동반관계에 기초한 공동위원회를 운영하는 국가 권력구조의 유연성이라 할 수 있을 것이다. 이것은 어느 정도 탈의회화와 탈관료화의 성격을 띠고 있다.

3) 사회 안정과 사회 통합

오스트리아의 사회 안정은 사회적 동반관계의 실현체인 공동위원회의 운영에 달려 있다. 그것은 정부나 의회와 같은 민주적 권력분산의 원칙에 의해서가 아니라, 반대로 민주적 권력 집중의 특이한 형태의 공동위원회의 설치와 운영으로 가능했다. 국민의 의사를 원활하게 소통시키며 결집시키고 정책으로 전환시키는 다양하면서도 신속한 그러나 자발성에 기초한 오스트리아의 공동위원회는 정부나 의회보다 더 중요한 일을 하게 되는 것이다. 조합주의 복지국가의 탈관료화나 탈의회화의 경향은 이런 데서 나타나는 것이다. 이와 같은 사회적 동반관계의 실현을 뒷받침한 정당에 관한 지지율은 1970년대에 치러진 세 번의 총선에서 모두 사회당이 과반수 의석을 확보하는 것으로 나타났다. 그리하여 오스트리아는 석유 파동과 세계적인 스태그플레이션에도 불구하고, 1970년대를 통하여 괄목할 만한 경제성장을 이루었던 것이다. 소위 '위기 속의 번영'을 구가한 오스트리아는 1978년에 1인당 국민소득 7,520달러를 기록하였고, 1973년부터 1982년 사이 세계적인 공황상태에서도 연평균 1.9%의 가장 낮은 실업률을 보임으로써 사회 통합의 진면목을 보이기도 했다.

4. 결론: 사회조합주의와 한국 통일

카젠슈타인은 유럽의 소국들에 관한 연구를 통하여 민주조합주의를 둘로 나눈 바 있다. 하나는 자유조합주의 국가로서 스위스, 벨기에, 네덜란드를 포함시켰고, 다른 하나는 사회조합주의 국가로서 오스트리아, 덴마크, 노르웨이를 들었으며, 스웨덴은 양쪽에 다 해당된다고 보았다(Katzenstein, 1985: 81).

그는 정치적 집중도와 밀도 있는 정치적 제도화는 작은 나라에서 보다 더 잘되는 경향이 있으며, 그것이 곧잘 조합주의를 지지해주는 힘이 된다고 하였다. 다만 그것은 역사적 조건에 따라 경제적으로 폐쇄적이며 정치적으로 권위적인 조합주의로 나타나기도 하고, 또는 경제적으로 개방적이며 정치적으로 민주적인 조합주의로 나타나기도 한다는 것이다.

유럽의 경우는 경제적 개방성과 민주조합주의로 나타난 경우이나, 더 세분하여 두 가지, 즉 자유조합주의와 사회조합주의로 나누어 볼 수 있다. 예컨대 사회조합주의 국가인 오스트리아는 자유조합주의 국가인 스위스보다 더 중앙집권적이고 정치지향적인 이익집단들이 활동하고 있다는 것이다(Katzenstein, 1984: 133).

자유조합주의는 사회문화적으로 이질적이며, 산업화가 빨리 시작되었고, 국제정치적으로 유리한 입장에 처해 있는 나라에서 나타나며, 사회조합주의는 사회문화적으로 동질적이고, 산업화가 늦게 시작되었고, 국제정치적으로 불리한 입장에 처해 있는 나라들이 해당된다. 예컨대 스위스는 자유조합주의의 대표격이며, 오스트리아는 사회조합주의의 대표격이다. 자유조합주의에서는 기업이 상대적으로 국제적이고, 노동의 힘이 강하면서 중앙집중적인 데 반해, 사회조합주의에서는 기업이 상대적으로 국내적이며 노동의 힘이 약하면서 중앙집중적이다. 한편 전자가 조합주의적 협상의 내용으로 투자와 고용의 문제를 다루지 않는 데 반해, 후자는 그 문제를 다룬다는 것이다. 정치적 전략에서 전자는 세계지향적인데 후자는 국가지향적인 점이 다르다.

양국의 역사적 경험 중에서 특히 다른 점은 오스트리아가 역사적으로 과거와의 혁명적 단절(revolutionary break)이 있었다는 점이다. 대부분의 소국들은 과거와의 혁명적 단절이 없이 1930년대와 1940년대의 격변의 시대를 잘 타고 넘어 갔는 데 반해 오스트리아는 그렇지 못했다는 것이다. 즉 오스트리아는 1930년대에 내란을 겪음으로써 산업화가 지체되었고, 따라서 타국 발전에 대해 개방적이지 못했으며, 국제정치적으로도 불리한 입장에 처해 있었다는 것이다. 그것은 오스트리아로 하여금 사회부문 간, 계급 간의 이질성을 해소하는 방향으로의 진전을 가로막고, 보호주의적인 입장을 취하게 하였다. 오스트리아 헝가리제국(Austro-Hungarian Empire: 1867~1918)의 멸망으로 인한 산업전 사회의 구조가 새로운 중간계급의 결속에 부정적인 영향을 미친 결과 정체성의 결여, 갈등과 내란, 국가의 멸망 등으로 나타났던 것으로 평가할 수 있다. 그러나 과거에 대한 국민적 각성은 제2차 세계대전 이후에는 긍정적으로 작용하였다. 그리하여 탈이데올로기적 국민적 협동의 사회조합주의 메커니즘을 형성하여 복지국가를 이룩할 수 있었다.

오스트리아는 과거에 대한 국민적 각성의 기저 위에서 중도적 정치지도자들의 현명한 판단, 즉 강대국들 사이에서 중립화 방안을 끈질기게 주장하면서 국제정치적인 시기가 무르익기를 기다려 통일을 완수하였고, 그와 같은 국민적 협동의 메커니즘을 사회조합주의 정치체제로 정착시킴으로써 복지국가를 이룩할 수 있었던 것이다. 다시 말해서 오스트리아는 국민적 각성을 통한 협동의 정신을 사회조합주의 체제로 나타냈고, 중도적 정치지도자들의 중립화 방안 등 중용을 취하는 정신은 국가 권력의 유연성을 보장해주는 '공동위원회'의 운영으로 나타냄으로써 대내적 통일의 조건을 완비한 가운데 대외적 조건이 성숙되자 곧바로 통일을 이룰 수 있었던 것이다.

오스트리아의 경험이 한국과 비교적 유사하다는 전제를 할 수 있다면 그것은 한국의 통일에 대해서도 그럴듯한 시사점을 주고 있는 것 같다. 첫째, 우리의 6·25와 같은 과거에 있었던 동족상잔의 전쟁에 대한 전 국민적 각성과 반성이 있어야 하겠다. 둘째, 무엇보다 탈이데올로기적 중도적 정치지도자들이 나와야 하겠다는 것이다. 영국의 토니 블레어가 주장하는 제3의 길이라는 것도 사실은 탈이데올로기적 중용의 정치를 하겠다는 것처럼 보인다. 이해관계의 조정이 정치의 본질임을 아는 타협과 조화의 정치지도자가 많이 나와야 한다. 그들이 국민과 더불어 가야 할 길은 중립화의 길일 수 있다. 미국과 소련과 일본과 중국의 완충지대로서 한반도는 중립국화를 도모하는 것이 통일의 지름길이 될 수도 있는 것이다. 그를 위한 대외적·국제적 여건을 조성하면서 내부적으로는 사회 제 이익집단의 중앙집중화와 국가의 유연화 전략으로서의 시민사회단체의 정책결정 참여의 사회조합주의 메커니즘을 만들고 실천하는 것이 중요하다. 이런 점들이 충족되면 사회 안정과 사회 통합이 이루어지면서 점진적으로 남북통일이 달성될 수도 있지 않을까 생각한다. 다만 이와 같은 것들은 오스트리아의 통일 과정에서 우리가 받을 수 있는 시사점에 불과한 것으로 현실 적용에는 별도의 심도 있는 연구가 이루어져야 할 것이라는 점을 부언해둔다.

Ⅲ.

세계화와 한국사회복지의 발전방향

제11장 세계화와 노동의 전망[1]

1. 서론

바야흐로 이 시대는 '국제화(internationalization)', '세계화'·'지구화(globalization)'가 '성장산업(growth industry)'이 되고 있다. 그것은 그만큼 이 주제가 중요하다는 뜻을 반영하고 있으며, 20세기의 위기를 극복하려는 지적 공동작업이 국내적으로나 국제적으로 활발하게 이루어지고 있다는 증거이기도 하다. '근대화(modernization)'가 18세기 이후 국민국가 시대의 과제였다면 이제는 '국제화', '세계화' 또는 '지구화'가 21세기를 대비하는 이슈로 등장하고 있는 것이다.[2]

한국사회도 30여 년 동안의 압축된 근대화 과정을 채 마무리하기도 전에 국제화 또는 세계화의 물결을 맞아들여야 하는 과제를 안게 되었다. 이것은 UR의 타결과 WTO(세계무역기구)의 등장, 다가오는 BR(Blue Round: 노동과 무역연계를 위한 다자간 협상)이나 GR(Green Round: 무역과 환경연계를 위한 다자간 협상) 등 선진국 중심의 세계

---

1) 이 논문은 1995년 『한국사회정책학회지』 2집에 실렸던 것을 약간 수정한 것임.

2) 근대화는 합리적 성장주의를 추구하는 일련의 태도와 가치가 제도적으로 실현되는 과정이다. 그러나 지구화는 합리적 성장주의와는 달리 하나로서의 지구적 질서의식이 형성되어가는 역사적 전환의 과정이다.

질서 재편의 한 과정으로 해석된다. 따라서 이제 겨우 중진국의 대열에 서 있는 한국은 여러 가지 불리한 조건이 세계적으로 형성되는 상황을 맞이하게 되었다고 할 수도 있다. 이러한 외부적 환경의 변화는 내부적으로 과거 30여 년간의 급속한 근대화가 빚어 놓은 갖가지 부작용과 대형사고 등과 맞물려 더욱 어려움을 증폭시키고 있는 형편이다. 나아가 김일성의 사망으로 남북통일의 가능성이 제고된 오늘의 현실은 21세기를 맞아 세계 속의 통일 복지국가 한국을 어떻게 일구어 낼 것인가 하는 매우 심각한 역사의 도전을 우리에게 강요하는 것이다.

이러한 역사의 도전을 슬기롭게 극복하기 위해서는 전 국민의 단결과 집중적인 노력이 무엇보다도 필요하다. 그중에서도 특히 국력생산과 직접 관련이 있는 노동문제가 어떻게 해결되느냐 하는 것은 대단히 중요하다. 한국의 노동은 1987년부터 1989년까지 노동자대투쟁을 통하여 상당한 성과를 올린 것이 사실이다. 그러나 그것은 경제적 임금투쟁의 수준에서 마무리됨으로써 노사 간, 또는 노·사·정 간의 제도적 협동의 기틀을 합리적으로 마련하는 데까지는 발전하지 못하였다. 결국 구시대적 노사관행이 아직도 지배적인 패러다임으로 온존함으로써 국가경쟁력이 약화되고 있는 실정이다. 다가오는 BR에 대비하여 노동법의 전향적 개정 등이 논의되고 있으나, 아직도 지지부진한 형편이며 그나마 그것도 노사관계나 노·사·정 관계의 합리적 모색을 위한 최선의 내용을 담보해내기는 어려울 것으로 보인다.

이 논문은 위와 같은 상황에서 과연 세계화는 무엇이며 그것이 어떻게 노동환경에 영향을 주고 있는지를 알아보고 그러한 결과가 세계의 미래와 노동에 대하여 어떠한 전망을 가능하게 하며 또 그것이 한국사회에 지니는 함의는 무엇인지를 거시적으로 조망하려는 목적으로 마련되었다.

그러므로 필자는 자본주의에 대한 사회경제사적 분석을 가장 체계적으로 가장 잘 수행했다고 생각되는 폴라니(Polanyi)의 관점을 하나의 준거로 삼고자 한다. 폴라니는 그의 명저 『대전환(The Great Transformation)』에서 인류역사에 나타나는 경제체제변화를 고찰하는 가운데 적어도 서구 유럽의 봉건주의시대까지의 모든 경제체제는 호혜주의(reciprocity)와 재분배주의(redistribution), 그리고 가구주의(householding)의 세 가지 원리에 근거하여 유지되어 왔다는 점을 밝혔다(Polanyi, 1957: 43~55). 호혜주의에 입각한 경제체제는 원시사회에서 주로 나타났고, 재분배의 원리에 입각한 경제체계는 고대 제국에서 찾아볼 수 있으며, 가구주의 원리는 농업이 발달한 장원경제시대에 주로 나타났던 것으로 본다. 이 세 가지 원리는 공통점이 있는데 그것은 집단구성원들의 필요(need)를 만족시키기 위해서 생산도 하고 저장도 한다는 것이다. 이익을 얻기 위한 경제행위를 하는 것이 아니라는 말이다. 이와 같은 원리들은 사회체계에 제도화되어 있음으로써 질서 있는 생산과 재화의 분배를 가능하게 했다. 사회화된 개인들의 일반적 행동원리나 동기에서 이익(gain)은 중요한 것이 아니었다. 그것보다는 관습과 법, 주술과 종교 같은 사회적 동기가 개인의 행동을 지배했으므로 경제체제를 운용하는 기능을 했다. 경제체제가 사회체제에 흡수되어 있었다는 것이다.

그러나 16세기부터는 시장이 중요하게 되고, 산업혁명 이후는 자본주의가 본격적으로 발달하기 시작했다. 기계기술의 발달과 공장의 대량생산화, 도시로의 인구집중과 화폐의 발달, 자유무역과 금본위제의 발달 등 시장경제체제의 등장은 시장의 자기규제 기능을 신장시

켰고, 드디어는 인류가 약 1만 년 동안 유지해 왔던 호혜주의, 재분배
주의, 가구주의의 경제체제를 대체하기 시작했다. 즉 경제체제가 사
회체제를 지배하기 시작한 것이다. 자기 규제적 시장경제체제는 19세
기에 이르러 확고하게 되면서 상품과 관련된 시장조직의 팽창과 동
시에 노동, 토지, 화폐를 구속하기 시작하였다. 폴라니의 분석에 따르
면 자본주의의 발달과정에 내재한 근본적 위기의 가능성은 바로 이
노동, 토지, 화폐의 상품화 현상이다(Polanyi: 68~76). 이것들은 엄격
한 의미에서 상품이 아니다. 그러나 시장경제체제에서는 가공된 상품
처럼 가격이 매겨지고 시장에서 거래의 대상이 된다. 그러나 노동은
인생 그 자체와 같은 인간활동으로 노동 이외의 생활과 본질적으로
분리될 수 있는 것이 아니며, 더구나 팔기 위해서 생산되는 것이 아
니다. 토지 역시 자연의 또 다른 이름일 뿐이며 팔기 위해서 생산되
는 것이 아니다. 화폐 역시 구매력을 표시하는 증표 이외에 아무 것
도 아니며 역시 판매의 대상으로 생산되는 것이 아니다. 그럼에도 불
구하고 이러한 가공적 상품에 대한 시장은 엄청나게 크며 순수상품
시장의 기능마저 지배하게 되었다. 그 이유는 자본주의 사회에서 생
산을 계속할 수 없을 때 지는 위험부담을 최소화하기 위해서 노동,
토지, 화폐를 충분히 확보하는 것이 필요하며, 따라서 불가피하게 이
들을 사고팔지 않을 수 없게 된다는 것이다.

폴라니는 이러한 시장경제의 메커니즘이 결국 인간사회를 경제체
계의 부속물로 전락시킴으로써 사회를 파괴하는 결과를 초래한다고
주장했다. 노동력이 상품으로 팔리는 한 인격적 가치가 보전될 리 없
다. 자연이 사고팔리는 한 근린의 개념이 사라지고 환경이 오염될 수
밖에 없다. 끝으로 구매력에 의한 시장경영은 화폐공급의 과다, 또는

부족으로 기업들을 강타할 것이며, 어떤 사회도 사탄과 같은 이러한 파괴행위에 안전하지 못하며 위기에 직면할 수밖에 없다. 그리하여 19세기는 자기규제적 시장경제의 세계적 확산과 그에 수반하는 해악과 위기에 저항하는 사회운동의 등장으로 특징지어진다. 이와 같은 폴라니의 주장은 자본주의 시장경제의 원리가 사회경제사적 측면에서, 또는 우리가 자본주의 문명이라는 용어를 쓴다면, 문명사적 관점에서 근본적인 위기의 요소를 내포하고 있으며, 19세기와 20세기는 그러한 자본주의의 확산과 더불어 그것을 극복하려는 사회운동 역시 확대되어 가는 모습으로 나타난다는 것이다.

필자는 21세기의 시작 역시 마찬가지로 자본주의의 확산과 그에 따른 위기를 극복하려는 민주적인 사회적 노력이 세계적으로 전개되는 시대가 될 것으로 본다. 그 내용은 폴라니가 지적했던 노동, 토지, 화폐의 상품화로 인한 폐해를 어떻게 해결할 것인가 하는 문제가 될 것이다. 달리 표현한다면 노동에서의 소외, 자연에서의 소외, 화폐에서의 소외를 해결하는 길을 찾는 것이 21세기의 과업이 된다는 것이다. 이 글에서는 이와 같은 거시적 관점을 하나의 준거로 하여 국제화, 세계화 또는 지구화가 특히 노동에 미치는 영향을 분석하고, 세계의 미래와 노동에 대한 전망을 통하여 한국사회의 함의점들을 찾아보고자 한다.

2. 세계화의 개념과 성격

1) 세계화와 관련 개념 정의

여기서는 먼저 국제화(internationalization)와 세계화 또는 지구화(globalization), 지역화(regionalization), 지방화(localization)에 관한 개념을 고찰하므로 그 의미를 분명히 하여 혼란을 피하고자 한다. 먼저 국제화에 대해 살펴보자. 국제화란 국가와 국가 간의 상호작용 관계가 맺어지고 유지되며 어떤 의미에서든 중요하게 되어가는 과정이라고 말할 수 있다. 즉 국제화는 국가 간의 관계에서 비롯되는 이해관계나 갈등을 조정하려는 제도적, 문화적 규범을 공유하는 과정이다. 따라서 국가가 주요한 행위자이며 국가단위의 이해관계가 핵심적인 상호작용의 원인이 된다. 최소한 두 국가만이라도 상호작용을 하면 국제적 관계가 되며 국제화의 제도적·문화적 규범이 긍정적이든 부정적이든 만들어지게 마련이다. 따라서 국제화는 두 국가 이상의 관계에서 나타나는 모든 국가 간의 관계증진과 그에 따르는 변화의 양상을 지칭하는 것으로써 가장 개념이 넓고, 근대국가의 형성기부터 지구상에서 시작된 국가 간의 상호작용 유형이라 하겠다.

한편 세계화와 지구화는 'globalization'을 번역한 것인데 UR의 타결과 APEC(아시아태평양 경제협력체)의 결성 이후 거의 갑작스럽다는 느낌이 들 정도로 무한경쟁이니 국제화니 하는 용어와 함께 널리 알려진 개념이다. 논자에 따라서는 전 지구화, 또는 국제화라고 번역하여 쓰는 경우도 있다. 전 지구화는 적절한 번역이라고 생각되나 언어 절약의 필요상 불편할 수 있으며, 국제화는 적절하지 않다. 다만 국제화가 세계화나 지구화를 포함할 수 있는 개념적 외연을 지녔다고 볼 수 있으므로 지구화를 정확하게 표현해야 하는 경우가 아니면 국제화라는 포괄적 용어가 쓰일 수도 있다. 한편 세계화는 1994년 7월에 한국정치학회가 개최된 제4회 한국정치세계학술대회에서 'globalization'을 의미하는 공식용어로 사용되었다. 필자는 지구화 이론가인 로버트슨(Robertson)의 자원적 세계체계이론(voluntaristic world system theory)
을 소개하면서 'globality'를 지구성, 'globalization'을 지구화, 그리고 'global
culture'를 지구문화라고 번역하여 사용하였다(최경구, 1991: 161~166).
따라서 지구화라는 역어를 더 선호하지만 이 논문에서는 세계화라는
용어와 함께 사용하되 다만 그 의미를 구별하여 쓰고자 한다.

즉 지구화는 행위단위 그 자체가 국가에서 지구 전체로 확대되는
것을 전제로 한다. 그러나 세계화라는 번역어는 여전히 행위단위를
국민국가로 하면서 국가의 정체성을 바탕으로 세계적 환경변화에 대
응하는 과정을 지칭하는 것으로 볼 수 있는 뉘앙스 차이를 지니고 있
다.3) 나아가 국경의 의미가 없어지는 지구화의 경우는 국제화와 세계
화의 단계를 넘어서는 것으로 지구 전체적 관점에서 지구인 전체의
질서가 형성되는 과정이라고 볼 수 있다.4) 로버트슨을 인용하자면 지
구화란 세계의 시공간적 압축과 전체로서 세계에 대한 의식이 심화
되는 과정을 의미한다(Robertson, 1992: 8).

국제화의 주요 행위자가 적극적 의미의 국가라고 한다면 세계화의
주요 행위자는 소극적 의미의 국가와 국제적 조직이나 다국적기업이
라 할 수 있고, 지구화의 경우는 지구상에 존재하는 인류 그 자체를
대상으로 하는 국제적 운동이나 조직, 그리고 초국적 기업을 주된 행
위자로 볼 수 있을 것이다.

따라서 선진국의 입장에서는 지구화의 논리가, 그리고 후진국의

---

3) 조명래는 세계화를 세계체계론과의 관련 속에서 파악하고 있다(조명래, 1994: 37). 그러나 우리나라에서
세계화라는 용어는 'globalization'을 번역하는 과정에서 소개된 것임을 기억하여야 할 것이다.

4) Hirst와 Thompson에 따르면 아직 지구적 경제(globalized economy)는 존재하지 않는다. 다만 국제경제
를 결정짓는 국가의 경제경영(national economic management)이 계속 존재하고 있다고 본다(Hirst and
Thompson, 1992: 357). 즉 아직은 국가의 경계가 없어지는 것이 아니라 유지된 채, 그 영향력을 발휘하
고 있다.

입장에서는 국제화의 논리가 더 자국의 입장을 대변하는 데에 편할 수 있다. 지구화에서는 국경이 문제가 안 되므로 선진국의 문물을 일방적으로 후진국에 전파할 수 있다. 반면에 국가를 주된 행위자로 하는 국제화의 장에서는 후진국이 선진국의 경제침투나 무분별한 문물의 침투를 막고 취약한 국가경제나 고유의 전통을 보호하고 경쟁력을 키울 수 있는 명분을 세우기가 편하다. 한국은 중진국으로서 국가의 경계를 지킨다는 의미의 국제화나, 국가의 경계를 넘어서는 지구화를 다 고려해야 하는 입장에 있다. 따라서 'globalization'을 세계화라고 번역하여 쓰는 것도 적절하다고 본다. 요컨대 지구화의 무국적성을 경계하면서도 변화하는 세계의 본질을 놓치지 않고 적응해 나가겠다는 의미를 내포한 뜻에서 세계화라는 용어를 쓸 수 있을 것이라는 뜻이다. 세계화라는 번역은 지구화의 한국적 표현이다.

이러한 세계화, 또는 지구화는 첨단 과학기술의 발달로 하여 지구가 시간적 공간적으로 압축되고, 생산과 유통 및 소비, 무역과 금융 등의 분야가 다국적기업이나 초국적 기업을 중심으로 일일 생활권화되는 과정에서 지구인 공통의 규범과 문화가 형성되어가는 것을 의미한다.5) 특히 이러한 현상은 WTO가 등장하여 과거 제2차 세계대전 이후 GATT(관세 및 무역에 관한 일반협정)를 중심으로 하는 세계 무역질서를 근본적으로 변화시키고 있는 모습에서 잘 드러난다. 이는 20세기 후반의 경제적 위기를 극복하려는 핵심국(core) 자본이 그 필요에 따라 다양한 국제기구를 재편하고 새로 만들어냄으로써 반주변

---

5) 기든스는 지구화를 "세계사회(world society)의 상호의존성이 증대하는 현상에 대한 일반적 용어"라고 규정한다(Giddens, 519). 요컨대 기든스는 '시간'과 '거리'의 재조정, 또는 재질서화로 지구화를 이해한다. 선진국의 후진국에 대한 거의 일방적인 영향력을 고려할 때 그 과정은 결국 서구화일 수밖에 없을 것이다.

부 국가(semi-prephery)나 주변부 국가(prephery)를 제도적으로 종속시키고자 하는 구도를 반영하고 있는 것이라고도 할 수 있다. 특히 근래에 타결된 UR이나 앞으로 거론될 BR과 GR 등에 이르기까지 대부분은 선진국 핵심자본의 중심논리를 따라가는 양태를 나타내는 것으로 보인다.

한편 지역화(regionalization)는 지역권화라고도 번역해서 쓰는데, 요컨대 지구상의 지리적 근접성을 요건으로 국제적인 경제 협력체나 조직이 만들어지는 일련의 과정을 의미하는 것이라고 할 수 있다. 이것은 EC(유럽공동체)의 등장으로 시작되었다. 최근에는 EC가 EU(유럽연합)로 더욱 공고화되고 있으며, 그에 대한 반작용으로 NAFTA(북미자유무역지대), APEC(아시아태평양경제회의), ASEAN(동남아시아국가연합), ACS(카리브국가연합) 등 지역화현상이 강화되고 있는 실정이다. 이러한 지역화는 역내 국가들 간에는 다양한 경제협력을 기본으로 하면서 다른 지역국가들에 대해서는 배타적인 보호주의 경향을 지님으로써, 국경을 넘어서서 전 세계적인 자유주의 무역을 지향하는 세계화 또는 지구화의 추세와 모순되는 양상을 드러내고 있다. 즉 세계적인 자유무역과 지역적인 보호무역이라는 상호충돌의 가능성이 동시에 주창되고 있는 실정이다.

끝으로 지방화(localization)에 관해 살펴보자. 지방화는 전반적으로 세계화 또는 지구화가 진행되면서 국가의 영향력이 약화되는 추세와 더불어 등장한다. 세계화 과정에서 초국적 기업은 이윤의 극대화를 도모할 때에 전체적으로 회사정책의 맥락에서 활동하게 되는데 이것은 구체적인 투자나 생산에서 반드시 국가의 입장에 선다는 것을 의미하는 것이 아니다. 이와 같이 국가의 경계가 해체되는 경향은 국내적으로 국민국가에 의해서 배제되고 억압되던 지방, 부족, 종족 등과 같은 다양한 행위자를 부상시키며, 지방화를 촉진시키는 요인이 된다. 예컨대 경제 및 환경문제 등은 비국가적 기구에 의해서도 얼마든지 효과적으로 처리될 수 있다. 이를 위해서 국가에서 지방정부로 권력 분산이 이루어지는 경향이 나타난다(지병문, 1994: 306~397). 앞으로 도나 군 단위의 기업들이 직접 외국과 교역할 경우도 늘어날 것이며 지방정부의 실질적 권한도 상대적으로 강화될 것이다. 이는 특히 세계적인 연방주의 개혁의 필요성이 대두하는 것과도 상통한다. 앞으로는 이제까지 일원적 국민국가체제에서 사회문화적 지방적 특수성과 다양성을 인정받지 못했던 집단들에게 자율성을 부여하고 이들이 서로 공존할 수 있는 통일성 속에 다양성(diversity in unity)을 제도화하는 연방주의적 국가체제로 변화가 보편화된다고 전망할 수 있다(성경륭, 1994: 9).

2) 자본주의의 확대

20세기나 21세기의 국제화, 세계화, 또는 지구화 과정에서도 가장 큰 특징은 자본주의가 계속 확대될 것이라는 사실이다. 월러스틴 (Wallerstein)이 세계체계론에서 지적했던 것처럼 16세기부터 확대되어 온 자본주의는 아직도 그 팽창을 멈추지 않고 있다. 1989년 동구의 몰락과 1990년 독일의 통일, 1991년 소련의 해체는 많은 사회주의자들에게 큰 충격을 주었으며, 동시에 자본주의의 팽창을 세계에 알리는 신호였다. 자본주의는 확대되고 있으며 현대라는 거대한 흐름을 주도하고 있다. 선진국들의 경우와 관련하여 후기산업사회나 정보화 사회, 또는 후기자본주의 도래를 논하는 학자들이 있으나 그것이 자본주의의 확대라는 기본 흐름을 도외시하는 것은 아니다. 한편 제3세계 후진개발도상국들의 경우 무한경쟁을 추구하는 냉혹한 선진국 자본의 논리에 따라 결국 선진국 경제에 종속되어 주변부나 반주변부 국가로 머무는 현상이 나타날 수도 있다. 그러나 그것 역시 자본주의의 흐름을 방해하는 것은 아닌 것이다.

그러면 자본주의는 영원히 존속할 수 있을 것인가? 그것은 그렇지 않을 것이다. 역사 속에서 무한이란 없다. 월러스틴은 일찍이 자본주의 문명이 영원히 계속될 수는 없으며, 새로운 진정한 사회주의 문명의 길이 시작된다고 볼 수 있다는 주장을 하였다(Wallerstein, 1979: 11-36; 1985: 171). 자본주의와 사회주의는 본래 근대화의 쌍둥이이다(Berger, 1987: 21). 즉 중세가 끝나고 근대산업사회가 시작되면서 인간의 합리성에 근거한 과학이 발전함에 따라 물질적 성장과 편리함을 추구하던 인류는 자본주의라는 사회체제를 만들어냈고, 그 결과 나타난 빈익빈 부익부의 모순을 시정하려던 사람들이 다시 사회주의를 만들어냈던 것이다. 자본주의는 형이고, 사회주의는 동생인 셈이다. 산업문명의 태내에서 나온 두 형제 중, 자본주의는 복지국가란 장치를 통하여 그 수명을 연장할 수 있었으나, 사회주의는 결국 허약한 물적 토대를 강화시키는 데 실패하여 먼저 쓰러질 수밖에 없었던 것이다. 이 말은 산업문명의 폐해와 위기를 시정하려는 자본주의의 노력이 앞으로 더욱 진척되지 않는다면 결국 자본주의도 쓰러지고 말 것이라는 사실을 의미한다. 산업문명은 과학주의와 성장주의, 물질주의를 그 내용으로 하면서 인류에게 물질적 풍요와 안락함을 제공해왔다. 그러나 그에 못지않게 산업문명은 심각한 폐해를 초래하였으니 그것은 소외(노동의 파괴)와 공해(자연의 파괴), 핵전쟁(사회관계의 파괴)의 문제이다(최경구, 1993: 14~19). 이것을 해결하지 못한다면 자본주의의 장래는 없다. 또한 이 문제를 해결했을 때는 이미 자본주의가 아닐 수도 있다.

그러나 현재 자본주의는 안전한 것처럼 보인다. 아니 현실사회주의가 몰락한 다음이라 더욱 승승장구하고 있다. 더욱이 세계적 경제위기에서 벗어나려는 선진자본주의 국가들의 세계구조 재편을 위한 노력은 '자본전국시대(資本戰國時代)'라 불러도 좋을 정도이며, 적어도 상당기간 동안 자본주의의 세계적 팽창은 가능할 것이다. 그러나 반면에 기본적으로 산업자본주의 문명이 한계를 드러내고 새로운 탈산업문명을 추구하는 시대적 흐름이 등장하게 되었다는 사실도 잊어서는 안 된다.

3) 민주주의의 확대

세계화와 더불어 민주주의가 계속 확대되어 왔다는 사실에 대해서 이의를 제기할 사람은 많지 않을 것이다. 1989년 동구 사회주의권의 대변혁은 루마니아의 독재자 차우셰스쿠가 인민혁명으로 처형되었던 사건에서 비롯되었다. 자본주의냐 사회주의냐가 아니라, 민주주의냐 독재주의냐가 더 중요한 문제로 등장하게 된 역사적 사건이었다. 적어도 그 이후의 세계화 또는 지구화의 과정에서 계속 문제가 되었던 것은 이데올로기 문제라기보다는 민주주의의 확대문제로써 자본주의의 확장과 그 궤를 같이하여 왔다. 통일 독일의 민주체제는 당연하다 하더라도, 소련의 해체와 더불어 러시아 등 많은 사회주의 국가들 역시 민주주의체제를 표방하고 나섰던 것은 기억할 만한 일이다.

이러한 민주주의의 확대는 대체로 자본주의의 확대와 그 궤를 같이 한다. 사회주의권을 포함하여 제3세계 개발도상국의 경우에는 확실히 자본주의의 자유로운 특성이 민주주의의 외연적 확산에 도움이 된다. 그러나 그 단계를 넘어선 민주주의의 내포적 심화는 독점자본주의에서 오히려 방해를 받고 있는 상황이라 하겠다. 예컨대 안보 및 군사 정책 면에서 반민주적 정책결정이 횡행하는 주요한 이유는 현대무기체제 및 군사전략의 정교성 및 복잡성에서도 발견될 수 있지만, 군산복합체의 부당한 영향력 및 자본의 개입이 더 중요한 것으로 판단된다. 요컨대 세계화 또는 지구화의 과정에서 민주주의는 자본주의와 상호보완적이면서도 상호모순적일 수 있는 발전의 과정을 거친다. 즉 어느 정도의 민주주의 실현이라는 측면에서는 자본주의가 민주주의의 디딤돌 역할을 하지만, 최대민주주의의 실현이라는 측면에서 볼 때 자본주의는 민주주의의 걸림돌이 되기도 한다(강정인, 1994: 128~130).

이러한 점을 염두에 둘 때, 폴라니가 인류의 미래를 자본주의의 확대와 이를 저지하기 위한 사회운동의 확대과정으로 전망한 것은 역시 탁견이다. 이미 언급한 바와 같이 자본주의의 확대과정에서 발생하는 소외와 공해, 핵전쟁의 위협 등은 그러한 문제를 제기하고 확산시키며 문제해결을 위해 노력하는 국제적·조직적 사회운동을 통해서 해결이 가능한 것이며, 이것은 민주주의의 세계적 확대와 더불어 가능하다고 전망할 수 있다. 민주주의의 확대는 세계화 또는 지구화의 중요한 특성이며 이를 통해 자본주의의 문제점을 해결하기 위한 통로가 마련된다고 볼 수 있다.

먼저 민주주의의 세계적 확대는 인권신장을 가져올 것이다. 시민의 권리와 의무가 강조된 것이며, 사회복지제도의 확장을 통한 인간

다운 생활의 보장이 가능해질 수 있다. 이것은 사회적 약자의 생활향
상을 도모하는데 기여할 것이며, 특히 여성과 노동자들의 사회적 지
위향상을 돕고 궁극적으로 자본주의 사회에서 소외된 모든 사람들을
포용함으로써 자본주의의 폐해를 시정하는 계기로 작용할 것이다.

　나아가 민주주의의 세계적 확대는 환경운동과 평화운동을 실질적
으로 가능하게 하는 토대가 될 것이다. 환경운동과 평화운동을 방해
하는 세력은 결국 제국주의적 자본가들이며, 지구를 보호하는 것만이
인류의 살길임을 모르고 경제성장에만 혈안이 된 물질적 성장주의자
들일 것이다. 이들을 효과적으로 제어할 수 있는 방법은 세계적인 민
주화기구를 만드는 일이다. 헬드(Held)는 '민주주의의 범세계적 모델'
을 제안하면서 초국적 사안들을 토의하고 결정하기 위한 지역의회의
창설, 국제사법재판소의 영향력 강화, 민주적 국제의회의 창설을 주
장한다(강정인, 1994: 127). 세계화가 세계의 민주적 봉합으로 발전되
어야만 궁극적으로 공해를 퇴치하고 전쟁을 방지하는 데 기여할 것
이다. 만약 그렇지 못하다면 세계화는 파편화를 면치 못할 것이며 인
류의 장래는 불안할 수밖에 없을 것이다.

4) 노동의 거시구조

　노동은 인간의 생존을 가능하게 하는 활동이며 동시에 인간의 가
능성을 실현시키는 활동이다. 특히 산업혁명 이후 자본주의 사회에서
노동문제는 모든 사회문제의 중심을 형성해 왔다고 해도 과언이 아
니다. 이러한 노동을 둘러싼 거시적 구조의 문제는 항상 자본과 기술,
국가와 이념의 관계 속에서 역동적으로 탐구되어 왔다. 특히 21세기

는 컴퓨터혁명과 사회주의권의 대변혁 등으로 기술의 문제와 이념의 문제가 중요한 비중을 갖게 된다.

이러한 점들을 고려하여 국제화와 노동의 거시구조를 살펴보면 <그림 11-1>과 같이 표현할 수 있다.

국제화와 노동의 거시구조는 노동을 위요한 자본, 기술, 국가, 이념과 관계에서 각각 나타나는 국제경쟁력과 유연전문화의 문제, 복지의 조정과 환경주의 문제를 중요한 과제로 부각시킨다. 이것은 기본적으로 국제화와 세계화, 그리고 지구화와 지역화 또는 지방화의 과정에서 자본주의와 민주주의가 확대되는 가운데 나타나는 노동의 적응양식이기도 하다. 다음 장에서 좀 더 자세히 살펴보도록 하자.

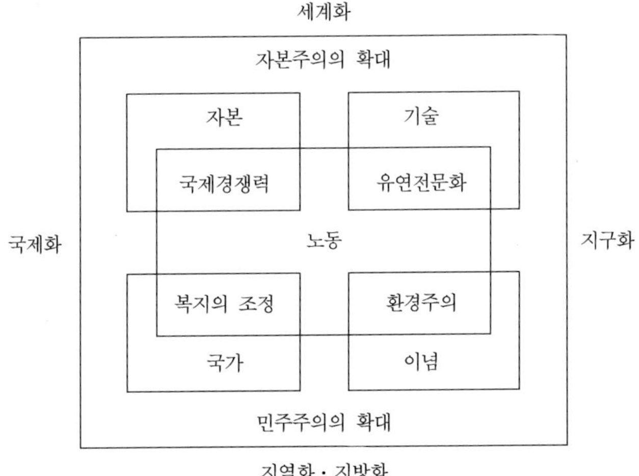

<그림 11-1> 세계화와 노동의 거시구조

3. 노동환경의 변화

1) 자본과 국제경쟁력

노동환경으로서 자본은 대단히 중요한 비중을 차지한다. 역사적으로 자본과 노동의 계급적 대립관계가 갈등을 유발하여 왔다는 사실 말고도, 자본과 노동이 대타협을 통하여 국가적 위기를 벗어난 예도 많이 발견된다. 이것은 본질적으로 자본과 노동이 같은 생산자집단이라는 동질성과 기업의 이익을 놓고 배분문제에서 갈등을 겪는 이질성을 동시에 지니고 있다는 모순적 관계임을 드러내는 것이기도 하다. 세계화는 이와 같은 노동과 자본의 관계에서 국제경쟁력과 관련되는 몇 가지 중요한 영향을 미치는 것으로 보인다.

첫째는 세계화의 행위자로서, 특히 국제경쟁력 강화의 일차적 담당자로서 기업의 중요성이 대단히 커지고 있다는 것이다. 이것은 특히 다국적기업이나 초국적 기업의 활동범위가 방대해지면서 그들이 다루는 정보와 통신, 무역과 금융 등의 규모가 웬만한 국가들보다 훨씬 커지고 또한 국가의 정책보다 회사의 정책이 더 중요하게 작용하는 일련의 과정에서 나타나는 현상이다. 국가보다도 기업이 현실적으로 더 중요한 정보를 갖고 판단하고 투자하고 이익을 남기며, 국제적 이해당사자로서 활발한 작용을 하게 된다. 이러한 세계화의 새로운 주요 행위자로서의 자본은 생산비의 절감을 위하여 값싼 노동력을 찾아 해외에 공장을 세운다. 1970년대 중반 이후 서구선진국가들의 경제적 위기는 자본의 해외이동을 더욱 촉진시켰다. 이러한 다국적 기업, 또는 초국적 기업의 경제활동증대는 경제의 국가 간 경계를 무너뜨리고 상호의존성을 증대시켜 지구적 생산체계(global production system)를 형성시켰다. 자본의 세계적 이동은 노동의 힘을 무력화함으로써 노동이 능동적으로 희생을 감수하는 '헤게모니적 전제체제'를 초래하였고 복지를 약화시킬 수 있는 구조를 마련한 것이다.6) 이런 현상은 거시적 측면에서 볼 때 노동의 자본에 대한 신종속적 상황을 심화시키는 결과를 가져오고 있다고 볼 수 있다. 바야흐로 노동세력의 새로운 사고와 대응이 필요한 시대가 오고 있다.

둘째, 지금 세계는 국가 간, 기업 간의 무한경쟁을 추구하는 자본전국시대에 돌입하고 있다. 자본전국시대에는 국가 간, 기업 간의 무한경쟁을 통해서 세계적인 빈익빈, 부익부의 현상이 나타날 가능성이 많다. 이는 마치 자본주의의 초기에 아무런 제동장치가 없었던 자본주의가 얼마나 많은 빈자들에게 비인간적 착취를 자행했던가를 생각해보면 알 수 있다. 그 희생자가 세계의 후진국들이 될 가능성은 얼마든지 있다. 사실상 기업들이 국가 내에서 활동할 때에는 모든 통제가 가능했으므로 국가의 개입으로 분배적 정의를 실현할 수 있었다. 그러나 기업이 세계화의 주요 행위자로서 세계적 네트워크를 가지고 공장이나 회사, 자본 등을 손쉽게 이동할 수 있기 때문에 기업에 대한 국가의 통제는 사실상 어려워져 가고 있다. 이 역시 노동의 자본에 대한 새로운 종속을 강요하는 상황이라 할 수 있다.

셋째, 이와 같이 대체로 국제경쟁력을 강화하기 위한 기업의 노력은 노동의 입지를 약화시킨다. 이러한 자본의 상대적 우위는 노동운

---

6) 뷰러웨이는 자본주의가 역사적으로 전제체제, 헤게모니체제, 헤게모니적 전제체제의 세 가지 단계를 밟아 왔다고 본다. 전제체제는 자본의 강제가, 헤게모니체제는 국가의 개입을 매개로 하되 노동의 동의가, 그리고 헤게모니적 전제체제는 자본의 해외 이동 위협에 직면한 노동자들이 능동적 희생을 강요하는 것을 말한다(김종일, 1991: 83).

동의 세계화를 동시에 촉발하는 것으로 보인다. 그러나 노동운동의 세계화는 ILO의 노력에도 불구하고 충분한 조직적 역량에 근거하고 있다고 볼 수 없으며, 특히 세계화시대의 자본과 더불어 겨룰 만한 실질적 힘이 없다고 할 수 있다. 특히 현대의 노동자들은 여성노동자, 사무직노동자, 유색인종노동자 등 노동자 집단의 이질화가 심각하게 진전됨에 따라 이전과 같이 노동자들의 단결에 근거한 경제주의적 투쟁을 효과적으로 할 수 없는 상황에 처하게 되었다. 이러한 현상은 특히 과거와 같은 소품종 대량생산체제가 점차로 없어지고 다품종 소량생산체제로 생산양식이 바뀜에 따라 가속화되고 있다. 공장의 규모가 작아지고 노동자들의 수도 적어지는 상태에서 과거와 같이 단결된 힘에 근거한 노동운동이란 근본적으로 한계에 도달했다고 볼 수 있다.

넷째로 이러한 상황에 BR(노동과 무역연계를 위한 다자간협상)은 후진개발도상국들에게 또 다른 측면에서 생산비 상승이라는 부담을 주는 것도 사실이다. 그러나 그것을 전향적으로 받아들인다면 이는 노동의 인간화를 담보할 수 있는 좋은 계기가 될 수도 있다. BR이 선진국의 경제적 이해관계에서 비롯된 것이기는 하나 노동조건이 무역과 연계될 때 노동조건이 개선될 수밖에 없다는 현실은 한편 노동의 인간화라는 측면에서, 또는 스스로의 열악한 조건을 하루 속히 극복하고 국가경쟁력을 높이기 위한 자극으로 삼는다는 점에서 바람직할 수도 있다.

2) 유연전문화

피모레와 세이블은 산업생산을 두 가지 대립적인 형태로 나누었다. 대량생산(mass production)과 유연전문화(flexible specialization)가 그것이다. 전자는 표준화된 물건을 반숙련공이 생산하는 것이고 후자는 숙련공이 다양한 주문상품을 만드는 것이다(Jessop, 1991: 12). 유연전문화는 프로그래밍을 자유롭게 할 수 있는 첨단자동화기술의 도움을 받아 좀 더 유연하게 상황변화에 적응할 수 있는 새로운 형태의 생산방식을 의미한다. 이것은 다양한 개인의 기호와 필요를 충족시킬 수 있는 주문생산방식을 취하며, 대규모기업이 아니라 종업원이 10명 안팎으로 구성된 소규모 기업들이 채택하는 방식이다. 이처럼 규모의 경제(economics of scale)가 아니라 범위의 경제(economics of scope)를 가져온 주된 요인은 신기술의 발달과 시장수요의 분화이다. 즉 극소전자기술의 발달은 시장의 변화를 즉시 파악할 수 있게 해주었으며, 생산방식을 신속하고 유연하게 변화시키는 것을 가능하게 해주었다. 아울러 정보기술의 발달로 소기업들 상호 간의 정보연결망이 더욱 강화됨으로써 전문화를 바탕으로 한 기능적 결합이 가능하게 되었다. 이는 규모의 경제가 누려온 이점을 신기술의 발달로 소기업들도 그대로 누릴 수 있게 되었음을 의미한다. 이러한 유연전문화체제의 장인적 생산방식은 기존의 대량생산체제의 작업조직과는 근본적으로 다른 특징을 지닌다. 즉 기존의 대량생산체제에서는 미숙련공과 반숙련공이 압도적인 다수를 차지하였지만, 장인적 생산방식에서는 고도의 지식과 기능, 기술을 가진 숙련노동자들이 생산을 맡는다. 이들은 구상기능과 실행기능을 다함으로써 대량생산체제에서와 같은 노동의 파편화로 인한 소외감이나 노동의욕의 상실감 등에서 해방되어 좀 더 적극적이고 능동적으로 작업을 수행한다(이영희, 1994: 36~37). 그리하여 다품종 소량생산체제가 자리 잡게 되는 것이다.

다품종 소량생산체제는 종래의 포드주의적 온라인 시스템에 의한 소품종 대량생산체제와 반대되는 것으로 첨단의 기술혁명과 유통, 그리고 인간을 중시하는 경영혁명으로 소비자의 다양한 욕구를 충족시키고 변화에 신속하게 대응할 수 있는 유연한 생산체제라 할 수 있다. 즉 포스트 포드주의적인 산업조직이 등장한다는 것이다. 이러한 새로운 생산조직은 컴퓨터에 의한 자동화와 유연성을 띤 다목적기계들의 개발과 이를 다룰 수 있는 숙련기술에 의존하는 다기능 지식노동자의 증가를 수반한다. 결국 포스트 포드주의적 작업원리란 프로그램이 가능한 컴퓨터시스템이 잠재적으로 가지고 있는 유연성을 극대화할 수 있는 것을 말한다. 구체적으로는 (1) 직무의 수평적·수직적 통합, 즉 분업의 최소화, (2) 폭넓은 자율성과 다숙련화, (3) 집단, 혹은 팀작업, (4) 의사결정의 분산화, (5) 공동감독, (6) 작업 만족도를 극대화할 수 있는 작업설계 등이 그 내용이다. 그리고 이러한 포스트 포드주의 생산방식으로 성공한 예로 스웨덴의 볼보자동차를 들고 있다(이영희, 1994: 40~42).

세계화과정에서 노동환경으로써 기술의 변화는 대단히 중요한 하나의 흐름을 제시하고 있다고 보인다. 그것은 '노동과 기술의 인간화'라고 표현할 수 있는 새로운 경향이다. 그러한 사례 가운데 다소 특이한 것은 1985년 미국에서 GM(General Motors)과 UAW(전미자동차노조) 간에 체결된 '협정각서'에 의하여 출발된 새턴회사(Saturn Corporation)의 경우이다. 이 회사는 인간, 기술, 경영의 일체화를 통해 노사의 파트너십을 성공적으로 이루어냄으로써 경쟁력을 강화하고 성공적인 기업활동을 수행했다. 물론 아직까지 이러한 세계적 생산양식의 변화가 일반화된 것은 아니지만 그러한 방향의 변화가 미국에서도 이루어진다는 것은 시사하는 바가 크다(이병남·박준식, 1994: 206~224). 즉 세계화를 앞서 가는 선진국들의 경우 노동과 기술의 인간화를 통하여 오히려 생산성을 향상시키는 효과를 보고 있다는 것이다. 이것이 지니는 자본주의적 지향이나 한계를 인정하더라도 세계화의 추세는 미시적인 차원이기는 하나 인간화를 돕는 기술과 경영을 중시하는 방향으로 변화를 내포하고 있다고 말할 수 있다.

그러나 이러한 유연전문화는 다기능숙련기술자와 단기능미숙련기술자를 구분하는 결과를 초래하기 쉽다. 이러한 노동의 이중구조화는 반대로 노동의 인간화를 저해하는 요소로 작용하기도 한다. 이를 극복하기 위해서는 스웨덴에서와 같은 적극적 노동시장정책으로 완전고용을 위한 정책적 인력관리 및 직업훈련과 전직훈련을 강화해야 하며 실업급여의 현실화 등이 이루어져야 한다.

3) 국가복지의 조정

노동과 그 환경인 국가의 관계는 여러 가지로 분석이 가능하지만 여기서는 국가복지의 조정, 즉 축소나 유지의 문제와 관련해서 고찰하고자 한다. 역사상 사회복지의 제도적 발전은 노동계급의 투쟁의 결과로서 자본가와 국가가 양보하지 않을 수 없는 상황 속에서 가능했던 경우가 많다. 제2차 세계대전 후 1945년부터 1975년까지 '복지국가의 황금기'라고 부르는 30년 동안에 노동계급은 정권을 잡거나

의회활동을 통하여 사회복지를 강화하는 역할을 해 왔다. 그러나 1970년대 중반 이후 석유위기로 인하여 경제불황이 밀어닥치자 미국의 레이건과 영국의 대처를 중심으로 신보수주의 회귀현상이 나타나고 이것이 서구 복지국가들에게도 전파되었다. 이것은 그 후 독일이나 일본, 그리고 스칸디나비아 국가들에게까지 영향을 미쳤으며, 1980년대를 풍미하였다.[7] 특히 세계화가 각종 분야에서 획기적으로 진전되었던 1980년대에 이와 같은 국가복지의 감소 또는 조정현상이 있었던 만큼, 과연 그 실체가 어떤 것이었으며 특히 노동에 미치는 효과는 어떠하였는지 살펴볼 필요가 있다.

미슈라(Mishra)는 복지국가의 축소와 관련하여 영국과 미국의 사례를, 그리고 복지국가의 유지와 관련하여 스웨덴과 오스트리아의 경우를 분석하되, 복지국가의 기본장치라고 생각되는 완전고용문제와 보편적 서비스, 그리고 사회부조에 관한 것을 중심으로 분석하였다. 그는 스웨덴과 오스트리아의 경우, 전자는 사회적 합의가 부분적으로 위축되는 측면이 나타나고, 후자의 경우 약간의 실업증가가 있었으나 대체로 큰 무리 없이 사회조합주의 복지국가를 유지하고 있다고 보았다. 반면에 영국과 미국은 고용문제와 사회부조에서 국가복지를 축소했다고 본다. 세계화와 관련하여 영ㆍ미의 경우를 좀 더 살펴보면 다음과 같다. 즉 영국과 미국은 신보수주의의 논리에 따라 고용문제를 시장에 맡김으로써 실업자를 양산하였다. 1981년부터 1985년까지 5년 동안의 평균 실업률은 영국 10.8%, 미국 8.3%였다(Mishra, 1993: 151). 한편 보편적 사회서비스(의료보호, 노령연금, 교육 등의 서비스)의 경

---

7) 그것은 한국과 같이 아직 복지국가라고 할 수 없는 나라에서도 마치 복지병을 예방이라도 하는 것처럼 작은 정부니, 민영화니 하는 정책이 나타나게 만드는 영향력을 끼쳤다.

우는 거의 큰 변화 없이 유지되었다고 볼 수 있는데 이는 사회 전반의 지속적 지지가 있었기 때문이다. 그러나 사회부조의 측면, 즉 저소득층에 대한 국가복지는 상당히 약화되었다고 볼 수 있다. 대처 정부는 약 300만 노동자의 최저임금을 조정했던 임금조정위원회를 폐지시킴으로써 이들을 방치하였으며, 결국 빈곤층 인구의 증가를 가져와 1979년부터 1987년의 기간 중에 빈곤인구의 증가율이 85%나 되었다(Mishra, 1993: 44). 미국의 사회서비스 및 사회지출의 감소는 영국보다 더 심했다. 레이건은 AFDC(Aid to Families with Dependent Children: 아동부양세대 보조)를 비롯한 식량권과 같은 일반복지 프로그램을 상당부분 감축하였으며, 의료부조 또한 감축하였다. 그리하여 1979년에 700만을 넘던 빈곤인구가 1985년에 약 3,300만에 이르렀다(Mishra, 1993: 46). 영·미에서 국민의 최저생활보장에 대한 국가의 책임을 포기한 이와 같은 반복지적 정책들은 한편, 포스트 포디즘적 생산형태의 변화로 산업구조의 재구조화와 노동시장의 변화와 맞물려 임금구조의 양극화라는 의미에서 이중경제(dual economy), 또는 이중사회(dual society) 경향을 나타냈다. 즉 비교적 규모가 작고 고도로 숙련된 기술을 가지면서 높은 임금을 받는 부문과 비교적 규모가 크면서 기술수준은 낮고 저임금을 받는 부문이 나타난 것이다(Mishra, 1993: 57).

이와 같은 현상들은 세계화와 더불어 선진국 일반의 산업구조가 유연전문화에 기초한 다품종 소량생산체제로 바뀌고, 많은 새로운 노동력을 재교육시키고 재배치하게 되는 과정에서 경제적 위기를 극복하려는 노력이 국가 복지의 축소 또는 조정이라는 형태로 나타났다고 할 수 있다. 영국과 미국의 경우는 국가복지의 축소가, 오스트리아나 스웨덴의 경우는 국가복지의 조정이 이루어지고 있다.[8] 전자의 신

보수주의 국가들에서는 노동의 힘이 약하고 후자의 사회조합주의 국
가들에서는 노동의 힘이 강하게 뒷받침되고 있다는 사실을 기억하는
것은 이 글의 맥락에서 보아 매우 중요하다. 결국 노동과 자본의 갈
등 속에서 어느 쪽이 국가에 더 영향력을 미칠 수 있는가의 문제가
미래의 변화를 좌우할 수 있을 것이기 때문이다. 사회조합주의적 대
안이 더 바람직한 것으로 드러나고 있다. 자본주의는 복지국가 없이
존재할 수 없다.

4) 환경주의 이념

노동의 궁극적 이념은 인간공동체의 유지이다. 이러한 노동의 이
념은 그동안 사회주의의 역사적 실험기간이 계속되는 동안 별로 주
목을 받지 못했다. 그러나 이제 약 100년에 걸친 사회주의의 실험은
일단 끝난 것으로 보인다. 현실 사회주의의 몰락은 평등을 기본이념
으로 하는 체제가 관료적 경직성 속에서 생산의 효율성을 제고시키
지 못하고 질식한 경우라고 볼 수 있다. 이러한 사회주의의 실패는
적어도 평등보다 더 중요한 이념이 인간공동체의 유지와 번영, 달리
표현한다면 바로 인간의 생존이라는 것을 확인시켜주고 있다. 동시에
이제는 노동운동이 환경운동과 결합하지 않으면 그 활로를 찾기 어
렵게 되어 있다는 점을 일깨워주는 것이다. 오페는 일찍이 민주사회
주의(democratic socialism)가 생태사회주의(eco-socialism)로 변화하고 있

---

8) 서구국가들이 복지의 축소 또는 조정을 한다고 해서 복지국가가 곧 없어질 것처럼 얘기하는 것은 잘못이
다. 서구인들은 아직도 복지국가를 유럽인들이 발명한 역사적인 체제로서 그 가치를 인정하고 있으며 자
랑스럽게 생각하고 있다(안병영, 1994).

다는 논지를 편 적이 있다. 즉 생태사회주의는 자본안정의 맹목적, 자기파괴적 논리에 전반적으로 저항하는 것이다. 자본의 맹목적 논리에 따라 위협받고 파괴되는 노동의 탈상품화, 민권의 수호, 생태계의 보호, 그리고 평화를 수호하는 것이 현대 사회주의 정치가 지향해야 하는 중요한 분야라고 언급한 바 있다(Offe, 1984: 229).

환경문제의 세계화는 이제 새삼스러운 일이 아니다. 남극의 오존층 파괴 등 해마다 심각해지는 공해문제는 동서냉전체제 이후의 국제사회에 새로운 이념투쟁의 장을 제공하고 있다. 그것은 환경문제가 전 지구로 확산되는 가운데 선진국과 후진국의 이해관계가 심각하게 달라짐에 따라 새로운 남북문제가 발생한 것으로 파악할 수 있다는 말이다. 선진자본주의국가들은 세계 최대의 공해발생지이면서 공해를 방지할 수 있는 기술 등 대응능력을 갖추고 있다. 그러나 후진국들은 이제 공해산업을 유치하여 근대화를 추진하고 있는 상황으로 정작 공해에 대응할 수 있는 능력은 갖추지 못한 형편이다. 이러한 가운데 선진국들은 소위 GR(무역과 환경 연계를 위한 다자간협상)을 통하여 지구환경문제를 고려한 세계무역질서의 개편을 추진하고 있는 실정이다. 이것은 환경오염에 따른 경비를 오염유발업체가 부담해야 한다는 논리적 타당성을 지닌다. 그러나 공해에 대한 대응능력이 없는 후진국들은 결국 선진국에게 기술적·경제적·정치적으로 종속될 수밖에 없게 되는 것이다. 이러한 상황은 리우환경회의에서 지구환경문제를 명분으로 개발도상국의 산업과 국제무역을 통제하려는 선진국들과 이들에게 지구환경 문제에 대한 책임을 묻고 청정기술의 비상업적 이전과 지구환경기금의 조성을 요구하는 개발도상국들 간의 첨예한 갈등으로 드러났다(최병두, 1994: 182~183).

이제 노동은 선진자본주의의 환경제국주의적 침투에 대하여 적절한 대응책을 마련하지 않으면 안 된다. 그것은 선진자본의 경제적 침탈에 대한 방어이면서도 동시에 공해문제의 진정한 해결을 통하여 인간다운 노동환경을 마련하기 위한 것이기도 하다. 전통적으로 노동자들은 환경문제에 대해 무관심한 경향이 있었다. 노동자 자신의 노동을 통해서 결과적으로 공해가 만들어진다는 사실 때문이었을지도 모른다. 그러나 이제 공해는 하나밖에 없는 지구의 엔트로피를 증대시켜 머지않아 전 인류의 생존을 위협하는 상황에까지 이르렀다. 노동자들이 인류생존을 위한 환경주의의 이념을 받아들여 환경운동과 결합하여 나갈 때 가장 효과적인 자본에 대한 견제가 이루어진다고 말할 수 있다. 이에 따른 노동의 의식전환과 대대적인 운동 조직의 재정비가 필요하다.[9]

4. 세계의 미래와 노동의 전망

이제 우리는 폴라니의 문제의식에 비추어 이제까지의 논의를 정리해보는 작업을 해야 할 것이다. 필자는 이미 자본주의의 확대에 따라 소외와 공해, 전쟁이라는 폐해가 나타나고 있다는 점을 지적하였다. 이중에서도 가장 본질적인 문제는 소외의 문제이다. 특히 노동의 소외가 가장 본질적이다.[10] 이러한 노동의 소외에서 벗어날 수 있는 사회운동을 든다면 그것이 바로 자본주의의 확대에 저항하여 경제체제

---

9) 우리나라는 환경에 대한 투자를 현재 수준보다 3배 정도 늘리더라도 장기적 측면에서 경제적 손실은 크지 않는 반면, 환경은 훨씬 좋아질 것이라는 주장이 있다(정구현 외, 1994: 304).

10) 마르크스도 그의 자본론에서 상품에 대한 분석을 통하여 인간이 노동에서 소외되는 과정을 그리고 있다 (Bottomore, 1964: 167~177).

에 대한 사회체제의 중요성을 보완하려는 폴라니의 시도가 있다. 그것은 노동 자체의 소외와 노동과정의 소외, 그리고 노동의 결과에서 소외를 극복하려는 노력이 될 것이다. 그것을 달리 표현한다면, 첫째, 노동의 인간화를 위한 복지의 확대, 둘째, 노동의 민주화를 위한 경영참여, 셋째, 노동의 세계화를 위한 사회조합주의의 실현이라고 말할 수 있을 것이다.

1) 노동의 인간화

세계의 미래는 21세기 후기산업사회의 특성이 어떠한 것인가에 따라 달라질 것이다. 벨(Bell)의 후기산업사회론이나, 토플러의 제3의 물결문명사회론 등은 첨단의 지식과 기술혁명으로 산업사회의 폐해를 시정하고 더욱 합리적이면서도 인간적인 사회가 도래할 수 있다는 견해를 제시한다(Bell, 1973: 3~45; Toffler, 1991: 380~481).[11] 이들의 주장은 앞으로 세계의 미래에 컴퓨터혁명 등 첨단지식의 발전이 노동의 인간화에 기여하게 될 것이라는 비교적 낙관적인 내용을 담고 있음을 알 수 있다.[12] 이러한 주장은 미래의 성장과 복지는 기술혁명으로 가능하다는 주장과도 통하며, 기술혁명이 자본의 투자에 의해서 이루어지는 한, 결국은 자본·기술·지식이 노동의 인간화에 기여할 수 있다는 애기가 된다. 그것은 유연전문화의 추세가 새로운 미래의 주요한 생산방식으로 등장하고 있는 것을 볼 때 일리 있는 견해라 할

---

11) 드러커(Drucker)는 후기자본주의 사회에서 전통적 의미의 노동에 기초한 생산방식은 사라지고 지식에 기초한 생산방식이 등장하게 된다고 주장했다(Drucker, 1994: 120~123).

12) 물론 로마클럽보고서 등 비관적 내용을 담고 있는 것도 있다.

수 있다. 이를 일컬어 포디즘에서 포스트 포디즘적 생산방식으로 전환
함으로써 나타나는 노동의 인간화 현상이라고 말할 수 있을 것이다.

그러나 유연전문화가 중요한 흐름이긴 하되 그것은 미시적인 하나
의 국면에 불과한 것이며 반드시 모든 선진국의 일반화된 생산방식
이라 할 수는 없다. 또한 한국에 그대로 적용될 수 있는 것도 아니다.
한국은 산업화전략을 첨단산업분야로 전환해야 할 필요에 직면해 있
는 것은 사실이나, 아직 그 기술수준이나 자본능력이 떨어져 첨단산
업으로의 획일적인 전환은 불가능하다. 한국이 세계시장에서 경쟁력
이 있는 부분은 자동차, 조선, 철강 등 중화학공업 분야로서 한국의
산업화수준에서는 당분간 대량생산체제가 주요한 산업조직이 될 수
밖에 없다(정무권, 1994: 686).

한국사회에서 노동의 인간화를 위한 조치는 사회복지를 확대하고
내실 있게 만드는 일이다. 사회복지란 국가가 국민들에게 최저한의
인간다운 생활을 사회부조를 통하여 보장하여 주고, 완전고용과 의료
나 교육 등 보편적 서비스를 국민에게 제공하는 것이라 할 수 있다.
요컨대 인간다운 생활의 보장을 위한 사회제도인 것이다. 앞으로 세
계는 국가의 사회복지 조정을 통하여 복지의 적정한 수준을 계속 유
지해 나갈 것으로 보인다. 자본주의는 복지국가 없이 존재할 수 없고,
복지국가는 자본주의 없이 존재할 수 없는 상호관계가 있는 것이다.
한국도 사회복지의 확충과 실질화를 통하여 노동자의 안전과 안정성
을 유지하여야 전체적으로 높은 자본주의적 생산성을 유지할 수가
있다. 흔히 생각하는 것처럼 사회복지를 확충하면 무조건 경제성장이
둔화되는 것은 아니다. 말하자면 생산주의적 복지정책이 가능하다(안
병영, 1993: 19). 빵을 만들어야 나누어 먹을 수 있다는 것을 모르는

사람은 없다. 다만 빵을 만들 때 서로 기분 좋게 일할 수 있도록 분위기를 만들어 주는 것이 복지이다. 지난 30년 동안의 근대화를 주도한 기성세대들은 엄격한 유교윤리를 지닌 세대로서 권위주의 정권의 강제적 동원화를 어느 정도 잘 수용할 수 있는 가치관을 갖고 있었다고 볼 수 있다. 또한 한국 전쟁 이후 물질적으로 가난한 환경을 공유하던 어려운 시절이 있었으므로 경제성장의 주역으로 밤낮을 마다하지 않고 뛸 수가 있었다. 그러나 신세대는 풍요 속에서 어려움을 모르고 자라났고 핵가족의 평등한 윤리적 규범 속에서 성장한 세대이다. 그들에게 권위적인 자세로 희생을 요구하는 것은 설득력이 없다. 생산적 복지를 보장하는 것이 오히려 필요하다.

2) 노동의 민주화

노동의 민주화란 노동이 이제까지 자신의 경제주의적 임금투쟁에만 매달려오던 입장을 벗어나서 좀 더 광범위하게 산업현장의 민주화와 기업의 사회적 책임을 나누는 산업민주주의를 실현하려는 것이다. 산업민주화라는 개념은 정치적 민주주의의 원칙을 경제생활에까지 연장시키는 것이다. 산업민주화를 확실하게 하기 위하여서는 독일에서 일찍부터 실천하고 있는 노사공동결정제도를 과감히 도입하여 산업현장의 분위기부터 쇄신하는 것이 중요하다. 독일은 제2차 세계대전 후 노사관계의 평화적 해결을 주도하여 왔다. 다른 서유럽국가들과는 달리 독일의 많은 노동자들은 회사의 정책결정에 직접 참여한다. 근로자들은 휴식시간에 관한 사소한 결정뿐만 아니라 막대한 자금이 소요되는 사업계획을 승인하거나 거절하는 것과 같은 중요한 문제에까지 사실상 주주들과 동등하게 참여하였다. 이러한 근로자의 경영참여제는 독일의 경제사회의 발전과 안정에 기여하였다(Furlong, 1977: 7). 한국에서 사용자 측은 노동자의 경영참여를 상당히 위험한 발상으로 인식한다. 그러나 산업민주주의는 노사가 모두 같이 책임을 지고 협조하는 것이다. 기업의 사회적 책임에 비추어 보아 그 구성원들 전체를 민주적으로 대표할 수 있는 사람들이 정책결정에 참여하는 것은 마땅하다고 볼 수 있다. 이미 논의했듯이 미국에서 GM사와 전미자동차노조와의 협정각서에 의해 출발했던 새턴 공장의 성공은 인간과 기술과 경영의 조화를 이루어낸 새로운 산업민주주의의 전형으로서 더 뛰어난 생산성을 확보할 수 있었다는 사실을 기억해야 할 것이다. 신자유주의의 아성인 미국에서조차 이러한 예가 있다는 자체가 매우 중요한 시사점을 주는 것이다.

3) 노동의 세계화

지금까지의 세계화 과정에 있어서 노동의 입장은 대체로 수동적이고 또 불리한 입장에 서 있는 것이었다. 이미 거론한 바와 같이 지금 세계는 마치 자본전국시대를 맞이한 것처럼 무한경쟁이니 경쟁력 강화니 하는 용어가 회자되고 있으며 신자유주의 조류에 따라 국가복지가 축소되는 등 노동의 입지가 어려워지고 있는 상황이다. 그러나 이런 단계가 오래 지속될 수는 없을 것이다. 결국은 미국, 일본, EU의 3극 체제로 세계적 질서의 형성이 이루어져 갈 것이며, 그들을 둘러싼 지역 내 국가들 간의 보호주의적 경향의 확산도 세계화의 자유방임적 입장과 갈등을 겪으면서 일정하게 자리 잡게 될 것이다.

그러한 세계화의 과정 속에서 결국 국가경쟁력이 강한 것으로 드러난 국가들은 스웨덴과 같은 복지조합주의 국가로서 노동조합의 경영참여와 포스트 포디즘의 생산방식이 자리 잡힌 경우이다.[13] 또 한편 일본과 같이 기업의 온정주의적 네오포디즘이 자리 잡고 있는 경우도 그러하다. 미국과 같은 신자유주의적 다원주의는 국가경쟁력은 약한 것으로 표현되고 있다(정무권: 681). 이러한 경우 한국 노동의 세계화는 어떤 것과 더 선택적 친화력이 있을 수 있겠는가 하는 문제가 발생하는 것이다. 이러한 종류의 선택은 한국의 역사적 경험과 조건에 맞는 것이어야 할 것이다. 송호근은 1987년 대규모 노사분규를 전후로 하여 한국의 노사관계는 권위주의적 가부장제에서 일본식의 산업적 온정주의로 선택적 전환을 이루는 경향이 있는 것으로 인식한다(송호근, 1994: 103~226). 그러나 한국에 바람직한 노·사·정 관계는 업종별 임금교섭을 신중하게 검토하는 일이 좀 더 현실적이면서 산별임금체계로 가까이 갈 수 있는 최선의 선택이라고 본다. 이것은 기업노조주의의 한계를 극복하면서 부문 조합주의(sectoral corporatism)의 기초를 다져가는 것이라는 주장이다. 업종별 임금교섭모델을 정착시키기 위해서 정부와 자본의 협조가 요청되는 것은 물론이다. 이와 같은 분석은 매우 신중하고 현재의 한국 상황을 고려한 대안으로 볼 수 있다. 그러나 이것도 어차피 국가와 자본의 적극적 협조가 없이는 불가능한 것이라고 볼 때, 그리고 만약 국가와 자본의 적극적 협조가 전제된다고 한다면 국민주의 또는 사회조합주의로 이행이 불가능하

---

13) 스웨덴은 1994년 9월 총선에서 사회민주당이 다시 집권했다. 3년간의 야당시절에도 제일 국민의 지지율이 높았기 때문에 사민당의 재집권은 크게 놀랄 일은 아니다. 그들의 사민주의는 흔들리고 있는 것이 아니라 조정의 과정에 있다고 볼 수 있다.

다고까지 볼 수는 없을 것이다. 그러나 현실적인 어려움을 고려해볼 때 사회조합주의의 전 단계로서 충분히 시도해볼 만한 가치가 있다고 보인다.

1993년과 1994년의 노총과 경총의 임금협약은 어느 정도 사회조합주의적 발전의 맹아로써 그 성과가 있었다고 할 수 있었음에도 불구하고 그것이 지니는 한계는 정부대표가 처음부터 불신의 대상으로 배제되어 있었던 점과 무엇보다도 노총이나 경총이 자율적 대표성을 충분히 지니지 못하고 있었다는 점이다. 결국 1994년 11월에 이르러 노총대의원대회에서는 다음 해부터 임금협약을 하지 않겠다는 발표가 나왔다. 그 이유는 정부와 기업의 비협조, 약속불이행이었다. 한편 전노협 등 재야단체들은 제2민주노총을 세우기 위한 준비모임을 갖고 있으며, 한국노총이 제안한 대통합 제의를 고려하지 않는 것으로 보인다. 노동운동을 하는 집단들끼리 사회적 통합이 안 되면 어떤 다른 집단과도 민주적 통합을 이루기 힘들 것이다. 노동의 세계화라는 것이 국가, 자본, 노동의 관계를 재구조화하고 조정하는 세계적 추세라고 본다면 국가경쟁력을 위해서도 민주적인 사회조합주의 체제를 갖는 것은 매우 바람직할 것이다. 그러나 한국은 노동의 진보성에 대하여 알레르기 반응을 나타내는 보수우익 세력이 많고, 노동계급을 대변할 수 있는 실용주의적 계급정당이 없기 때문에 결국은 사회조합주의로의 전환이 어려운 과제로 남게 된다.

한편 노동의 세계화는 또한 지방화를 포괄하는 개념임을 잊어서는 안 된다. 국가가 점차로 지방정부에 권한을 이양하고 지방 역시 효과적으로 세계화에 대응하여 국제적 기업의 유치나, 또는 환경문제를 해결하기 위한 제반 조치를 취할 때에 스스로의 주장이 존중될 수 있다. 이것은 또한 한국사회에서 중앙과 지방의 종속적 구조를 탈피하고 지방의 진정한 발전을 위하여 필요한 것임을 알아야 한다.

5. 결론

이 글에서는 폴라니가 20세기를 자기규제적인 자본주의의 확대와 그에 대항하는 사회운동의 확대과정으로 보았던 점을 하나의 전제로 하였다. 그리하여 필자는 21세기 역시 그와 같은 맥락에서 자본주의가 확대됨에 따라 그 폐해를 시정하려는 사회운동이 다양한 민주주의의 모습으로 전개될 것이라는 전망을 갖고 국제화, 세계화 또는 지구화 등이 노동에 미치는 영향이 어떠한 것인가를 살펴보고 노동의 인간화와 사회화, 그리고 세계화를 위한 대안을 다소 규범적 입장에서 고찰해보았다.

국제화 또는 세계화는 자본주의의 확대와 민주주의의 확대라는 두 가지 세계적인 흐름을 중심으로 전개되고 있다. 특히 1991년 소련의 해체로 사회주의권이 몰락함으로써 이러한 추세는 더욱 확대되었다. 현대는 전 지구의 시장화를 목표로 하는 국가와 자본들 간 각축이 무제한 벌어지고 있는 자본전국시대이다. 이러한 자본전국시대의 자유경쟁이념은 일반적으로는 최소한의 민주주의 확대에 기여하고 있으나, 다른 한편으로는 자본의 횡포로 인하여 최대민주주의를 확대하는 데에 방해가 되는 경향이 있다.

노동은 인간의 생존을 가능하게 하는 활동이며 동시에 인간의 가능성을 실현시켜주는 활동으로서, 이를 둘러싼 거시적 환경은 자본, 기술, 국가 그리고 이념이다. 국제화 또는 세계화가 자본, 기술, 국가 그리고 이념에 끼치는 영향은 바로 노동의 거시적 환경을 변화시키는 것으로서, 국제경쟁력 강화, 기술의 유연전문화, 국가복지의 조정 그리고 환경주의 이념의 대두라는 큰 흐름으로 나타난다. 이러한 흐름은 대체로 노동의 입지를 약화시키는 방향으로 작용하고 있다.

자본의 해외이동증대는 노동의 동의를 기초로 하는 자본에 대한 신종속을 강제한다. 국가복지의 조정과 감소추세는 결국 노동자들과 사회적 약자들이 져야 하는 부담을 증대시킨다. 유연전문화는 한편으로는 노동과 기술의 인간화라는 바람직한 경향을 나타내면서도 또 한편으로는 자본의 이윤극대화에 종사하면서 비숙련노동자나 단순 기능공들의 소외 내지는 사회적 불안정을 조장하는 측면이 있다. 환경주의이념의 대두는 노동이 더 이상 경제주의원칙에만 서 있어서는 안 된다는 것을 가르쳐준다.

이러한 노동의 거시적 환경변화는 노동의 새로운 대응과 결단을 요구한다. 그것은 첫째, 자본과 불리한 관계를 바꿀 수 있는 방법은 노동의 국제화와 세계화를 서두르지 않으면 안 된다는 것이다. 국제노동기구의 활성화가 세계적 차원에서 이루어져야 하며 다국적기업이나 초국적 기업에 대응할 만한 전략이 수립되어야 한다. 둘째, 유연전문화는 노동과 기술의 인간화라는 바람직한 면이 있으므로 이는 더욱 장려되어야 할 것이나, 다른 한편 다기능숙련기술자와 단기능미숙련노동자의 이중구조화 문제를 가능한 한 무리 없이 해결하기 위한 직업훈련교육의 확대 등 다양한 노력이 필요하다. 셋째, 국가복지의 조정과 축소는 결국 자본과 노동의 갈등적 역관계의 소산이다. 그러므로 노동은 일반 국민의 지지를 얻기 위한 전략을 수립하여야 하며 그를 위해서는 종래의 경제주의 전략 대신 국민주의 또는 신조합주의적 전략을 따라야 할 것이다. 그러기 위해 노동계의 통합은 필수적이다. 그것이 안 되면 노동의 자본예속은 더욱 심화될 것이다. 넷째, 노동운동과 환경운동의 결합을 더 이상 미루어서는 안 된다. 이것은 국민적 지지를 받으면서 자본과 국가에 대한 노동의 불리한 여건을 만회할 수 있는 좋은 기회가 될 수 있다.

끝으로 위와 같은 논의를 폴라니의 문제의식에 비추어 보는 작업을 하였다. 자본주의의 확대는 소외와 공해, 전쟁이라는 폐해를 나타내고 있다. 그중에서도 가장 본질적인 문제는 소외의 문제이다. 특히 노동의 소외가 문제인 것이다. 이러한 노동의 소외에서 벗어날 수 있는 사회운동을 든다면 자본주의의 확대에 저항하여 경제체제에 대한 사회체제의 중요성을 보완하려는 폴라니의 시도가 있다. 그것은 첫째, 노동의 인간화를 위한 복지의 확대, 둘째, 노동의 민주화를 위한 경영참여, 셋째, 노동의 세계화를 위한 사회조합주의의 실현이다.

먼저 노동의 인간화를 위해서 유연전문화 등 선진국의 추세를 받아들이는 것도 필요하겠으나 동시에 그것이 지닌 노동의 이중구조화 문제점을 사전에 인지하고 문제를 최소화하는 노력이 필요하다. 또한 그것은 가능한 한 한국의 사회복지 확대를 통해서 소외의 극복을 시도하는 방향으로 이루어져야 한다. 다시 말해서 성장의 조건으로써 복지가 균형 있게 추구되어야 한다. 다음으로 노동의 민주화는 노동이 과거와 같이 노동자 자신의 임금투쟁에만 매달려온 인상을 없애고 전체 산업현장의 산업민주화라는 차원에서 좀 더 폭넓게 경영에 참여하고 기업의 사회적 책임을 공유하는 자세를 견지해야 한다. 한편 노동의 세계화는 국제경쟁력을 갖는 나라들을 살펴볼 때, 스웨덴의 포스트 포디즘적 생산방식과 사회조합주의, 일본의 네오포디즘과 기업온정주의를 들 수 있으나, 한국의 경우는 사회조합주의적 방식이 바람직할 것이다. 다만 그것이 현실적으로 노동계급을 대변하는 정당이 없다든지, 노총이나 경총이 자율적 대표성을 충분히 확보하지 못한 난점이 있기 때문에 그전 단계로써 부문별 조합주의를 실행해 보는 것도 의미 있는 시도라고 보았다. 그러나 그럼에도 불구하고 한국적 현실 속에서는 아직도 정부의 의지가 매우 중요한 비중을 차지하고 있기 때문에 정부가 중립적 중재의 의지를 확고하게 가진다면 노·사·정 간의 사회적 합의도출이 반드시 불가능한 것만은 아니라는 점도 염두에 두어야 할 것이다.

제12장 세계화와 복지국가의 변동(1996)[1]

1. 서론

근대화가 시작된 이래 특히 2차대전 후 자본주의는 미국의 세계 경영과 함께 꾸준히 확대되어 왔다. 특히 유럽에서의 자본주의는 복지제도를 본격적으로 실시함으로써 북미보다는 평등한 사회보장 체제를 유지하는 데 성공하였다. 그러나 중동전을 둘러싼 1970년대 중후반의 석유 위기로 인하여 세계적인 경제공황이 '복지국가 황금기'를 마감하고, 선진 자본주의 복지국가들의 위기를 초래함으로써 '복지국가의 위기'가 가시화되었다(Mishra, 1984). 지난 약 20년 동안에 걸쳐 선진복지국가라고 부를 수 있는 유럽과 북미의 대부분의 나라들에서는 소위 레이거니즘이나 대처리즘, 또는 신보수주의를 포함한다고 볼 수 있는 신자유주의의 이데올로기하에 복지비가 삭감되거나 민영화가 추진되는 등 복지제도가 시장 논리에 따라 변형되는 사례가 많이 나타났다. 이러한 복지국가의 위기와 재편은 세계화의 과정 속에서 진행된 것이라고 볼 수 있는 것이다. 하나로서의 지구성이 강

---

1) 이 논문은 연암문화재단의 해외연구교수 프로그램(1995.2~1996.2)의 지원을 받아 이루어진 것으로 약간의 교정을 한 것이다.

조되기 시작하는 세계화는 이전의 국제화와는 다른 성격을 가진다. 복지국가의 위기도 하나의 생활세계인 지구라는 성격이 잘 투영되고 있는 지구 자본주의의 등장 속에서 나타났던 것이다.

이와 같은 세계적 자본주의의 발전은 기본적으로 과학주의와 성장주의를 중심으로 세계 주변국의 자본주의 시장 편입을 강제함으로써 가능했으며, 이는 또한 세계적으로 소외와 공해, 그리고 전쟁의 문제를 꾸준히 야기해 왔다고 볼 수 있다. 복지국가 역시 자본주의를 근간으로 하고 있으므로 그러한 문제들로부터 자유롭지 못하다. 특히 복지국가의 위기를 극복하려는 노력은 이전보다 더 자본주의의 시장 경쟁 논리에 충실하게 전개되었으므로 정도와 유형의 차이는 있어도 기본적으로 그러한 문제점들을 촉발시켜왔다고 볼 수 있다. 이러한 세계사회의 문제들은 시공간적 압축을 통한 다양한 문화의 교류를 통하여 유사한 가치관과 문화를 공유한 지구인들의 노력으로 해결될 가능성을 지니고 있다. 이것은 지구가 하나로서의 세계라는 인식을 공유하고 다양한 형태로 문제점에 대한 해결책을 모색하는 국제조직들의 활동으로 더욱 가능할 것이다. 즉 세계적인 정부 간 조직들이나 세계적인 비정부 민간 조직들의 노력이 중요하다는 것이며, 이미 많은 조직들이 활동하고 있다. 세계의 문제는 이와 같은 조직들의 세계 사회운동과 세계 사회정책의 실현을 통해서 해결될 수 있을 것이며, 또한 세계 복지 사회를 가능하게 할 수도 있을 것이다.[2] 이와 같은 세계화와 복지국가의 변동에 관한 관점을 요약하여 보면 <그림 12-1>과 같다.

---

[2] 복지국가를 넘어서는 세계복지사회의 실현은 일찍이 복지국가 철학의 빈곤을 지적한 로브슨의 복지사회의 개념을 확대 적용한 것이라고 보면 될 것이다. 그는 복지사회 없이 복지국가는 없다고 하면서 일반인에게 중요한 환경의 질, 여가, 주택 등에 관해 언급하면서 환경을 복지의 핵심이라고 지적한 바 있다 (Robson, 1979). 세계 복지사회의 실현은 환경 복지의 증진으로부터 시작해야 할 것이다.

한편 이 논문에서는 월러스틴의 역사사회과학의 방법론적 통합성을 유지하고자 노력하였다. 월러스틴의 역사적 사회과학은 경제학·정치학·사회학·인류학 등 학문 간의 벽을 헐어내고, 민족-국가라는 편협한 분석단위를 벗어남으로써 보다 발견적(heuristic)이고 전체론적(holistic)인 시각에 의한 '거꾸로 된 사고'를 통해서 사회의 모순적 현상들을 통찰력 있게 분석해내야 한다는 것이다. 기존의 사회과학이 자연과학을 본떠 누적적이며, 단선적이고, 경험적이고, 귀납적인 속성을 지니고 있으나, 지난 20여 년간 자연과학조차도 확률론적 과정을 중요시하고 추상성을 지향하는 경향을 보여 왔다. 사회과학도 이제까지 구체에서 추상을 지향하던 것을 거꾸로 하여 추상에서 구체적인 것으로 그 지향을 바꾸어야 한다는 것이다.3) 월러스틴의 역사사회과학적 관점은 전체적이고 발견적이며, 연역적이고 통합적인 특성을 지닌 것으로 보인다.4)

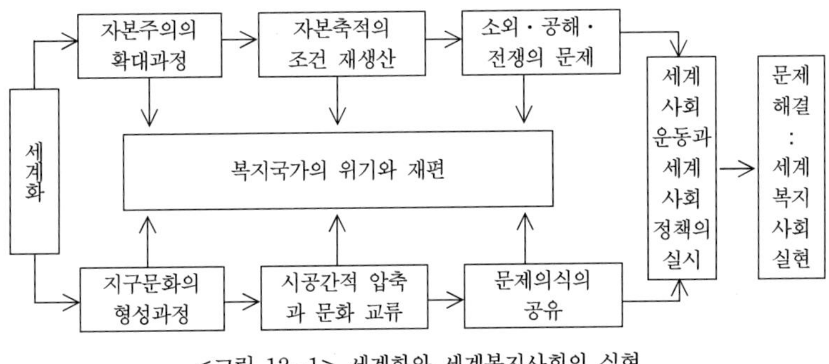

<그림 12-1> 세계화와 세계복지사회의 실현

3) 이런 필요는 왜 생기는가. 필자는 그동안의 사회과학이 자연과학과 마찬가지로 성장과 팽창의 논리에 종사해 왔다. 그것은 자연과 사회가 무한하다는 발상에 기초한 것이다. 그러나 이제는 지구가 유한하다는 것이 확실시됨으로써 하나밖에 없는 폐쇄체계로서의 지구를 보호해야 한다는 것이 명백해지고 있다. 자연과학도 사회과학도 이제까지와는 다른 발상법을 가져야 할 때가 된 것이다.

4) 월러스틴은 그의 『사회과학으로부터의 탈피(Unthinking Social Science)』라는 저서에서 향후의 사회과학은 방법론적으로 개별기술적이고 법칙정립적인 틀을 벗어나 역사적 사회과학으로 통합되어야 한다는 주장을 하였다(Wallerstein, 1991).

2. 세계화의 논리와 복지국가 위기의 배경

1) 세계화의 개념과 특성

세계화는 globalization을 번역한 것인데 외국에서는 1980년대 후반에 주로 쓰이기 시작했고 우리나라에서는 UR의 타결과 APEC의 결성이후 확산되었다.[5] 그 이유는 지난 1994년에 김영삼 대통령이 호주에 다녀오면서 '세계화 선언'을 하고 뒤이어 이를 세계의 중심국가가 되자는 것이라는 등으로 통치이데올로기화하는 과정에서 널리 선전되었기 때문이다.[6] 그래서 세계화를 영어로 'segyehwa'라고 표기하자는 입장도 있으며 요즘에는 학술적 의미를 되찾고자 '지구화'라는 표현을 쓰는 사람들이 생겨나는 것 같다. 세계화는 지구화의 한국적 표현인 셈이다. 여기서는 일단 보편적 의미에서 세계화라는 용어를 쓰기로 한다. 다만 맥락에 따라 지구화라고 쓰기도 하였다.[7]

지구화는 행위단위 그 자체가 국가에서 지구 전체로 확대되는 것을 전제로 한다. 그러나 세계화라는 번역어는 여전히 국민국가를 행위단위로 하면서 국가의 정체성을 바탕으로 세계적 환경변화에 대응하는 과정을 지칭하는 것으로 볼 수 있다. 한편 국경의 의미가 상대화하는 지구화나 세계화에 비해 국제화의 경우는 국가나 국경의 의미가 특히 강조된다고 볼 수 있다.

---

5) 물론 세계화는 근대화와 더불어 아주 오래전부터 시작되어 왔다. 다만 하나로서의 세계에 대한 구체적 형태로의 결정화(crystalization)가 이루어진 것을 최근 10여 년간의 일로 본다(Lechner, 1992: 320).

6) 1994년 7월에 제4회 한국정치학회 세계 학술 대회에서 globalization을 '세계화'로 번역하여 사용한바 있다.

7) 필자는 지구화 이론의 대가인 로버트슨의 자원적 세계체계이론(voluntaristic world-system theory)을 설명하면서 지구성(globality), 지구문화(global culture)와 함께 globalization을 '지구화'라고 번역한 바 있다(최경구a, 1993).

이러한 세계화는 '정보통신, 과학기술의 발전으로 인한 시공간적 압축의 결과로 자본주의 경제체제가 확대됨과 동시에, 하나로서의 세계라는 사회문화적 의식이 형성되어가는 과정'이라고 정의할 수 있다. 전자는 월러스틴의 세계체계론에서 자본주의의 팽창으로 역사를 설명하는 관점을 내포하며, 후자는 기든스의 '세계적 상호의존성의 증대'와 로버트슨의 '전체로서의 세계(world-as-a-whole)가 구조화되는 과정, 내지 하나로서의 세계에 대한 의식의 심화'를 지칭하는 것이다(Giddens, 1996; Roberstson, 1992: 49~60).

세계화의 기본적 특성은 무엇보다도 시장 자본주의의 확대라 하겠다. 월러스틴이 세계체계론에서 지적했던 것처럼 16세기경부터 확대되어온 자본주의는 아직도 그 팽창을 멈추지 않고 있다. 1989년 동구의 몰락과 1990년 독일의 통일, 1991년 소련의 해체는 많은 사회주의자들에게 큰 충격을 주었으며, 동시에 자본주의의 팽창을 전 지구에 알리는 신호였던 것이다. 이것은 또한 자본 축적의 위기를 타결하기 위한 자본의 전략으로서 새로운 조건을 재생산하는 자본주의의 운동법칙에 의한 결과이기도 하다(Jessop, 1991: 82~105). 선진복지국가들은 1970년대 후반부터 지금까지 신자유주의 정책 등을 실시해옴으로써 결국 자본주의의 시장논리에 충실하자는 이데올로기를 확산시키고 있다.

이러한 자본주의의 확대과정에서는 소외와 공해와 전쟁의 문제가 항상 나타나고 있는 것으로 보인다. 마르크스가 일찍이 지적하였던 것처럼 자본주의의 상품생산은 인간의 노동을 상품화하는 과정에서 인격까지도 상품화함으로써 인간 소외의 원형을 제공하고 있다. 자본주의의 이윤 추구욕은 또한 환경문제를 도외시하고 무제한의 개발을 통하여 공해문제를 야기한다. 나아가 자본주의의 세계적 팽창은 자원의 개발과 이의 독점이나 경영을 둘러싸고 전쟁을 도발시켜 왔다. 이러한 자본주의는 한편으로는 민주주의의 디딤돌 역할을 하지만, 최대 민주주의의 실현이라는 측면에서 볼 때에는 민주주의의 걸림돌이 된다는 사실도 역사 속에서 확인되기도 한다(강정인, 1994).

세계화의 두 번째 특성은 반자본주의 운동의 등장이라고 하겠다. 일찍이 폴라니는 자본주의의 팽창과 이를 저지하기 위한 사회운동의 확대 과정으로 인류의 미래를 전망했던 적이 있다(Polanyi, 1957). 자본주의의 문제를 제기하고 확산시키며 문제해결을 위해 노력하는 국제적·조직적 사회운동이 확산되고 있다. 노동운동, 환경운동, 평화운동, 여성운동, 소비자운동 등이 그러한 것이며, 이들의 활동은 세계적으로 인권의 신장을 위해 중요한 역할을 수행하고 있다. 이를 통해 인간다운 생활을 보장하고 세계적 복지사회의 실현을 약속할 수 있을 것이다. 세계적 분배정의의 실현을 통해 약자들의 생활향상이 이루어질 것이며, 궁극적으로 자본주의 사회에서 소외된 모든 사람들을 포용함으로써 자본주의의 폐해를 시정하는 계기로 작용할 수 있을 것이다. 그러함으로써 자본주의는 다시 안정될 수도 있을 것이다.

그렇다면 자본주의는 영원히 존속할 수 있을 것인가? 역사 속에서 무한이란 없다. 월러스틴은 일찍이 자본주의 문명이 영원히 계속될 수는 없을 것이며, 새로운 진정한 사회주의 문명으로의 길이 시작되고 있을지도 모른다는 주장을 한 바 있다(Wallerstein, 1979: 11~36; 1985: 171). 사실상 자본주의와 사회주의는 본래 근대화의 쌍둥이이다 (Berger, 1987: 21). 즉 근대산업사회가 시작되면서 인간의 합리성에 근거한 과학의 발전에 따라 물질적 성장과 편리함을 추구하던 인류는 자본주의라는 사회체제를 만들어냈고, 그 결과 나타났던 빈익빈 부익부의 모순을 시정하고자 다시 사회주의를 만들어냈던 것이다. 산업문명의 태내에서 나온 형제 중, 자본주의는 복지국가란 장치를 통하여 그 수명을 연장할 수 있었으나, 사회주의는 결국 허약한 물적 토대를 강화시키는 데 실패하여 먼저 쓰러질 수밖에 없었다. 이 말은 산업문명의 폐해와 위기를 시정하고자 하는 자본주의의 노력이 앞으로 더욱 진척되지 않는다면 결국 자본주의도 쓰러지고 말 것이라는 사실을 의미한다고 볼 수 있다.

2) 복지국가 위기의 배경과 원인

복지국가 위기의 배경으로는 첫째 자본주의의 사회경제사적 한계를 들 수 있다.[8] 폴라니(Polanyi)는 산업혁명 이후 자본주의의 발달로 인류가 1만 년 동안 유지해 왔던 호혜주의, 재분배주의, 가족주의가 붕괴됨으로써 인간의 사회체제가 경제체제의 부속물로 전락했다고 본다(Polanyi, 1957). 여기서 우리가 주목하는 것은 복지국가 역시 자본주의의 메커니즘을 기본으로 하고 있기 때문에 이미 그 자체가 사회체제의 경제체제 예속이라는 한계를 갖고 있다는 점이다. 즉 인간적인 필요에 의한 생산과 분배라는 사회적 관행이 경제 자체의 필요에 의한 생산과 분배라는 자본주의의 자기규제적 능력의 신장으로 말미암아 끊임없는 인간의 소외와 자연의 파괴, 그리고 군사적 안전의 위태로움을 초래한다는 것이다. 자본의 계속적인 이윤추구와 노동력과 토지와

---

8) 사회경제사라는 표현은 자본주의의 경제체계가 사회체계를 지배하면서 자본주의의 발전과정 내내 역사적으로 그 문제점을 누적시켜 왔다는 점을 강조하기 위하여 사용한 것이다.

화폐의 축적은 공업생산이 원활하게 되지 않을 때 져야 하는 위험부담을 덜기 위해서는 필수적이다. 따라서 본질적으로는 판매의 대상이 될 수 없는 인간의 노동과 토지와 화폐가 사고 팔리게 되고 그럼으로써 비인간화가 누적되는 것이 복지국가 위기의 배경이 되는 것이다.

두 번째로 작용한 위기의 배경은 제3세계의 성장과 세계 사회구조의 변화이다. 서구 선진복지국가들의 발전은 전후의 식민지들이 독립하면서 그들을 세계자본주의의 틀 속으로 편입시킴으로써 계속적인 이윤 축적을 통해 가능했다. 그러나 전후 30년간의 복지국가 황금기가 지나는 동안 제3세계 국가들은 자체의 지하자원을 보존하기 위한 국제조직을 가지고 이른바 자원민족주의(resource nationalism)를 주창할 정도로 성장하였던 것이다. 1973년의 비동맹국 수뇌회담에서는 '모든 비동맹국은 그들의 천연자원을 국유화하고 국내에 있어서의 경제활동을 통제할 권리를 가진다'는 원칙을 확정하였다. 이들 중 일부는 신흥공업국으로 발돋움하여 급속한 발전을 이룩함으로써 이전과 같이 선진국의 제3세계에 대한 부등가 교환에 입각한 자본축적을 어렵게 했다. 또한 전후 독일과 일본의 빠른 경제성장과 중국의 세계무대 진출 등도 역시 세계 사회구조의 변화를 가속화시켜 선진자본주의국가들의 발목을 잡는 형세를 나타냈던 것이다.

세 번째 복지국가 위기의 배경은 포디즘적 생산방식의 위기와 유연전문화에 기초한 포스트포디즘적 생산방식의 도래이다(Nielsen, 1991: 3~30). 복지국가의 위기는 이전부터 존재해 왔던 포디즘적 생산방식, 즉 소품종 대량생산 체제가 문제점을 드러내기 시작한 것을 그 배경으로 볼 수 있다. 대규모의 생산설비는 소비자들의 기호가 변화하는 데 쉽게 따라갈 수 없는 한계가 있다. 또한 저임금에 기초한 신흥공업국의 추적은 고임금을 기초로 하는 선진복지국가체제의 생산성을 저하시켰다. 그러나 1980년대의 경제불황 속에서도 일본이나 독일, 그리고 실리콘밸리 등지에서 호황을 누린 산업들은 컴퓨터 기술의 발달에 힘입은 유연적 전문화의 생산방식에 따른 기업들이었다는 것이 발견되었다. 이와 같은 포스트포디즘적 다품종 소량생산체제로의 이행은 노동자들의 이질화와 노조세력의 약화를 초래함으로써 또한 복지국가 위기의 배경이 되었던 것이다. 복지국가의 위기는 위와 같은 배경하에 선진 복지자본주의 국가들의 내부적 자본축적이 일정한 한계에 부딪치기 시작하였다는 것과 외부적으로는 1973년과 1979년에 걸쳐 발발한 석유 위기로 인하여 경제성장이 마이너스를 기록하는 등 문제가 발생함으로써 구체화되었다. 복지국가 위기의 원인을 설명하는 우파들의 견해는 복지제도를 통한 정부의 시장개입이 정부기구의 팽창과 그로 인한 통치불능성과 비효율성, 비효과성을 초래하였기 때문이라고 말한다. 한편 좌파들은 노동생산력을 강화시켜주는 국가의 복지제도와 자본가의 계속적 이윤 점유를 보장해주는 생산관계가 국가의 개입에 의해 동시에 보장된다는 것은 모순이다. 이와 같은 모순은 복지국가의 사회복지 지출이 계속되면서 심화될 수밖에 없다고 본다(최경구, 1993a: 48~52). 결국 복지국가의 위기는 정부의 팽창과 과중한 부담이 석유위기를 계기로 마이너스 성장과 함께 촉발되었던 것이라고 볼 수 있겠다.

3. 지구 자본주의의 등장과 복지국가의 재편

1) 자본의 해외 이동

지구 경제의 출현은 이차대전 후 미국이 세계의 강자로 부상함으로써 본격화되었다.[9] 미국은 UN을 정치적 무대로 하고 유럽과 일본, 그리고 세계의 식민독립국들을 지원하면서 그들을 미국 자본주의의 거점으로 확보하였다. 미국의 해외에 대한 직접 투자는 1950년과 1975년 사이에 10배 이상 성장하였으며, 또한 같은 기간에 해외로부터의 수익률은 7%에서 25%로 증가하였다(Teeple, 1996: 55~74). 국가자본의 이와 같은 유례없는 투자와 국제적 교류는 주로 북미와 유럽, 그리고 일본과의 상호 협동을 중심으로 한 것이었으며, 또한 국민국가의 국가자본에 대한 전폭적인 지원하에 가능했다. 노동력의 공급역시 국가의 영향하에 있었으므로 전후의 인력 부족과 사회주의의 위협, 계속적인 경제성장과 노동수요의 증대 등은 산업국가의 노동계급이 상대적으로 높은 생활수준과 사회보장을 누리게 하였다. 그 기간 동안의 자본은 계속적으로 국가의 역할 확대를 필요로 했다. 세계경제의 자유화, 특히 동구와 중국의 개방이 갖는 위험성이나, 1930년대의 불황에 대한 두려움 같은 것들이 강하게 작용했기 때문이다. 이러한 상황에서 자본가들은 노동자와의 화해를 통하여 케인즈적 복지국가의 건설에 협조하였던 것이다.

---

9) Hirst와 Thompson은 아직 본격적으로 지구 경제의 출현이 시작된 것은 아니며 오직 중요한 것은 국가 간의 경제와 경영이라고 주장한다(Hirst & Thompson, 1992). 그러나 본고에서는 국가 간 경제와 경영이 아직 중요한 것은 사실이나 세계적 경제와 경영도 이미 사실이라고 보았다.

그러나 케인즈적 복지국가의 성장 기간 중에도 국가의 한계를 뛰어 넘는 다국적기업의 영향력은 증대하여 이익과 임금과 세금과 국가지원이 가장 좋은 조건을 찾아 투자가 이루어지게 되었으며, 1970년대 중반에 이르러서는 국가의 한계를 뛰어넘는 초국적 기업이 등장하였다. 이들은 극소전자기술과 컴퓨터 혁명을 통하여 1980년대 초반에는 유연 전문화에 기초한 자동화 생산수단을 보편화하였다. 그 결과 상당수의 초국적 기업들은 전체 판매의 반 이상을 해외 시장에서 벌어들일 수 있게 되었다. 1990년대에 들어와서 초국적 기업의 수는 전 세계적으로 37,000여 개에 달하며 20만여 개의 해외 자회사가 활동하고 있다. 해외 자산 순위에 따르면 100대 초국적 기업의 총자산 3조 4천억 달러 중 약 40%가 해외 자산이라는 것이다(박길성, 1996: 253).

이와 같은 초국적 기업의 활동은 지구적 노동시장의 형성과 함께 진행되었다. 전후의 탈식민지화의 과정은 자본주의의 노동시장을 확대시켜주었으며 많은 이민자들이 선진 산업국가로 이주하였다. 유럽과 미국에는 수백만의 이민자들이 준식민지의 백성처럼 또는 불법이민자로서 가난하고 비조직화된 노동시장을 형성하고 비천한 노동을 담당하고 있다. 이들은 전체적으로 사회적 잉여의 배분을 감소시켰고 결국 산업노동자들의 임금에 압박요인으로 작용하였다. 또한 이미 언급한 생산의 유연 전문화는 노동자들을 컴퓨터 등의 지식을 가진 고임금의 숙련노동자와 단순기능에 종사하는 저임금 비숙련노동자로 이질화시킴으로써 전반적으로 노동자의 세력을 약화시키는 데 기여했다. 한편 자본의 해외 이동 증대는 공장체제(factory regime) 내에서 자본가의 헤게모니적 전제체제를 강화하여 노동의 자발적 순종을 유도하였다(김종일, 1991). 이 모든 것은 초국적 기업의 힘을 강화하고 국가의 역할 축소를 가져왔으며, 결국 국가의 개입에 의하여 발전해 온 복지국가의 해체를 강요하는 방향으로 작용하였다고 하겠다.

한편 초국적 기업을 중심으로 하는 지구경제의 출현은 자유무역지대(free economic zones)의 증대로 강화되었다. 대체로 경제발전을 원하는 제3세계국가들에게 매력이 있는 자유무역지대는 세금면제, 행정규제 완화, 고용규제 완화, 환경규제 완화, 국가의 하부구조 제공 등의 특혜조치로 국제자본을 유치하여 공업을 발전시키기 위한 것이다. 1970년대 이후 자유무역지대는 급격히 팽창하여 전 세계적으로 400개의 자유항, 200개의 수출진흥지역이 있다. 그들은 대개 아시아 지역에 많이 분포되어 있으며 러시아는 물론 북한까지도 포함되어가는 실정이다. 그러나 자유무역지대에는 노동자의 저항이나 조합결성이 금지되어 노동자의 인권유린이 다반사이며, 환경에 대한 규제가 없어서 자연을 크게 훼손하고 있다. 지구 경제의 출현과 자본의 비도덕성이 인간 소외와 환경 파괴의 문제를 날로 심각하게 하고 있는 것이다(Teeple, 1996: 86).

2) 신자유주의 정책

대처리즘이나 레이거니즘, 또는 신보수주의니 신우파니 하는 용어들은 기본적으로 신자유주의 정책의 내용을 그 강조점에 따라 달리 사용하는 경우에 나타나는 말이다.10) 신자유주의 정책의 핵심은 사

---

10) 신자유주의니 신보수주의니 하는 용어의 신(new)이라는 접두어는 과거에 주장되었던 자유주의나 보수주의가 현재의 입장에서 다시 쓰인다는 의미를 지닌다. 혹자는 이러한 접두어가 필요 없다고 생각할지도

유재산권의 우선시 경향과 시장만능주의이다. 그런 원칙에 따라 민영화 정책을 위한 공중의 합의를 도출해가는 방법으로 '인기자본주의(popular capitalism)'라는 것이 있다(Teeple, 1996). 이것은 영국 등지에서 사용한 방법인데, 예컨대 국가가 민영화되는 기업의 주식을 최저가격으로 국민들에게 제공하는 것이다. 이것은 아주 성공적인 조작의 하나로서 당장 개인에게 이익을 주기 때문에 종국적으로 오는 경제적 불균형의 문제나 경제 독점의 문제를 희석시키는 역할을 한다. 또 국가가 관장하는 기업의 주식을 모두 시민들에게 배분하는 방법도 있다. 이것은 '국민자본주의(people's capitalism)'라고 부르는데 결국 소유자들이 아무런 힘도 갖지 못하는 제도이다. 자본가들이 처음부터 이 사회를 장악하고 있기 때문이다. 이러한 신자유주의 정책의 방법은 두 가지 목적을 갖고 있다. 그것은 첫째가 민영화에 대한 비난을 희석시키고, 둘째가 노동조합운동을 퇴조시키는 분위기의 조성을 위해서이다. 이것은 케인지언 복지국가의 틀을 잠식하는데 작용했다.

한편 조세정책은 신자유주의 정책의 주요 부분을 차지하는 것으로 미국의 레이건이나 영국의 대처는 개인소득과 기업소득에 대한 세금을 감축할 것을 약속하고 정권을 잡았고 이를 실천했다. 미국에서는 1981년에 불로소득에 대한 최고세율이 70%에서 50%로, 그리고 자본소득에 대한 최고세율이 28%에서 20%로 인하되었다. 또한 3년에 걸쳐서 모든 납세자의 소득세율을 전면적으로 인하하였으며 이 결과는 고소득집단에게 더 많은 세금감축의 혜택을 주었다. 1983년과 1985년에 걸쳐 소득 분포의 맨바닥에 있는 연간 1만 달러의 소득자는 1년에

모르나 학문적 조류가 세상의 변화에 따라 새로운 모습으로 나타날 때 이를 이전의 내용과 구분하여 표현할 필요는 있다고 하겠다.

평균 1,100달러의 손해를 보았고, 20만 달러 이상의 가구는 1년 평균 6,000달러의 이득을 보았다. 한편 영국의 대처정부는 최초의 집권 시 최고한계 소득세율을 83%에서 60%로 낮추었고, 기본 소득세율을 33%에서 30%로 낮추었다. 이렇게 삭감된 부분의 재정충당을 위하여 간접세, 특히 부가가치세를 인상하였다. 대처 정부의 집권 기간 동안 에는 누진세가 줄어들고 역진세가 증대되었다. 따라서 고소득집단은 세금이 대폭 인하된 반면 저소득 및 중간소득 집단은 간접세와 높은 사회보장세로 인해 세 부담이 더 늘어났다(Mishra, 1991: 30~31).

한편 영국의 경우에는 주택 민영화가 대폭적으로 실시되어 1979년 부터 1984년 사이에 공영주택 50만 호가 매각되었으며, 주택 할인율 이 평균 42%나 되었다. 이는 방위비의 대폭적인 증액을 위해서 필요 했다(현외성 외, 1992: 101~101). 미국의 경우에도 1980년대에 국방비 가 현저하게 증대되었던 것을 볼 때, 신자유주의 정책이 추구하는 것 은 강자를 위한 정책이었음이 드러나는 것이라 하겠다. 실제로 대처 는 포클랜드 전쟁을 일으켰고, 레이건의 뒤를 이은 부시는 이라크와 의 전쟁을 치렀던 것을 볼 때 신자유주의 정책의 이데올로기가 전쟁 을 불사하는 힘의 논리에 기초하고 있음을 알 수 있다.

3) 복지제도의 축소와 조정

일반적으로 복지국가 위기의 도래는 그 위기에 어떻게 대응하느냐 하는 대응국가의 방식에 따라 다른 양상을 나타낸다고 볼 수 있다. 1970년 중후반에 걸쳐 심각하게 제기되었던 석유위기로 인한 경제 불황은 대체로 영국과 미국의 복지다원주의적 입장과 스웨덴과 오스트리아의 사회조합주의적 대응으로 대분하여 볼 수 있다. 영국과 미국의 경우에는 첫째로 완전고용을 포기하는 정책을 취했다. 1950년대와 1960년대의 영국의 실업률은 1~2%였다. 그러나 1982~1987년까지는 평균 10% 이상의 실업률을 기록했다. 미국 역시 1950~1960년대에는 4~5%의 실업률을 보였으나 1982~1987년 사이에는 평균 8%대의 높은 실업률을 보였다. 실업급부도 많이 감축되었다. 영국은 정액보험급여에 대한 소득비례 보충급여제도를 1982년에 폐지하였다. 장기실업자 수의 증가로 인해 실업자와 그 부양가족은 자산조사를 통한 사회보장급여에 의존해야만 했다. 미국의회는 실업보상액의 삭감에 대한 행정부의 지배를 견제했으나 그럼에도 불구하고 실업자에 대한 급여는 줄어들었다. 1982년에는 실업자의 45%만 보험급여를 받았고 1984년에는 실업보험 실시 이후 가장 낮은 비율인 실업자의 25%만이 보험급여를 받았다.

그런가 하면 영국에서는 NHS(National Health Service)를 없애고 민간의 건강보험제도로 대체하며, 고등교육기관에 대한 정부의 지원을 없애자는 안 등이 광범위한 반대에 부딪쳐 실시되지 못했다. 다만 NHS 내의 사용자 부담이 늘어났고 음식물 배달이나 세탁일 같은 보조적 서비스는 민영화되었다. 미국에는 전 국민을 위한 포괄적인 건강서비스가 없다. 단 65세 이상을 대상으로 한 의료보호 프로그램이 있을 뿐이다.

저소득층에 대한 안전망으로서의 최저수준보장의 문제는 상당히 악화되었다. 영국의 저임금 노동자의 비율은 1979년 36%에서 1985년에는 41%로 상승하였다. 1979년의 빈곤인구는 720만이었고, 1985년에는 940만으로 추정되었다. 미국의 사회서비스 및 사회지출의 감축은 영국보다 더 광범위했다. 그러나 실업률은 낮아서 이러한 감축이 생활에 미치는 영향을 다소 완화시켰다. AFDC(Aid to Families with Dependent Children)는 자격기준을 강화하여 수혜가구들 중 50만이 탈락했으며 25만이 낮은 급여를 받았다. 100만 이상이 식량권의 자격기준에서 탈락하였다. 미국에서는 빈곤 아동의 1/3 정도가 의료부조 없이 살고 있다(Mishra, 1991: 18~43).

영미의 신보수주의는 복지국가의 축소를 단행하면서 이중경제와 이중사회를 촉진시켰다. 즉 한 사회 속의 두 국가라고 표현될 정도로 '중심'에 속하는 인구와 '주변'에 속하는 인구로 차별화된 것이다. 전자는 충분한 소득과 관련된 급부를 받는 반면에, 후자는 점점 슬럼화되는 공공서비스에 의존할 수밖에 없는 빈민층을 형성하게 된 것이다. 그럼에도 불구하고 영국과 미국의 경제는 최근 들어 어느 정도의 경제적 성공을 거두고 있다. 그것은 그동안의 상향적 소득 배분이라고 볼 수 있는 공급중심의 경제정책이 어느 정도 성공했기 때문이라할 수 있을 것이다. 그러나 여전히 이중경제와 이중사회의 문제는 또다른 복지의 문제를 심화시키고 있다.

한편 스웨덴과 오스트리아는 완전고용을 지키기 위한 노력을 지속하여 1980~1988년 사이에 2~3%의 실업률만을 나타냈다. 이것은 1970년대의 1~2% 수준에 비하여 별 차이가 없는 것으로 노동자단체와 사용자단체를 중심으로 하는 사회조합주의체제가 다소의 어려움에도 불구하고 잘 지켜졌던 것으로 보인다. 또한 보편적 사회서비스의 경우에도 1975~1981년 사이에 스웨덴과 오스트리아는 각각 실질적 사회지출을 4%와 4.4%씩 증가시켰다. 이는 같은 기간에 미국과 영국의 2.8%와 2.5%에 비하여 배에 가까운 수치이다. 이 두 나라는 적어도 그 기간 동안에는 소득의 상향 재분배나 소득 불평등을 야기하는 어떤 적극적인 변화도 도모하지 않았다.

그러나 1990년대에 들어서서는 1980년대의 세계적인 경제 불황의 여파와 정부 정책의 변화로 말미암아 실업률이 높아지는 등 문제가 드러나고 있다. 스웨덴의 경우 비사회주의 우파 연합 정권이 지배했던 1990년대 초반의 실업률은 약 9% 정도로까지 확대되었다(노동부, 1994).[11] 그러나 완전고용 정책에 중심을 두는 사민당이 1995년에 다시 집권한 후 현재는 실업률이 약 7.5%로 줄고 있다. 그러한 와중에 노·사·정의 중앙집중적 합의의 관행도 쇠퇴하였다(Mishra, 1993: 25~26). 1990년 SAF(스웨덴 사용자 총연맹)가 중앙집중적 임금협상을 포기하기로 결정한 후 임금협상은 부문별로 진행되어 왔던 것이다. 1995년부터 다시 정권을 잡은 사민당 정권은 새로운 집합적 결정을 도출할 수 있는 규칙 마련을 위한 위원회를 구성하였다(Swedish Institute, 1996). 이러한 문제는 1995년부터 EU의 회원국이 된 스웨덴이 새로운 세계화의 물결에 어떤 기본 전략을 갖고 대응하여 나가느냐에 따라 많은 영향을 받을 것으로 보인다.

스웨덴과 오스트리아가 실천하려고 했던 사회조합주의의 핵심적인 정책은 완전고용의 달성을 유지하려는 단호한 노력에 있었다(김영순, 1996). 그리고 이것은 1980년대까지는 성공적이었으나, 1990년대에 들어서서는 실패했음을 보여주고 있다. 그러나 어쨌든 영미의 신보수주의의 영향은 세계적으로 확산되어 복지다원주의 또는 복지혼합경제의 추세를 나타내고 있다. 그것은 아무래도 세계화의 과정에서

---

11) 1994년의 실업률은 미국 6.1%, 영국 9.3%, 오스트리아 6.8%이다. 오스트리아의 경우도 1980년대에 비해 실업률이 높아지고 있음을 알 수 있다.

영향력이 더욱 커진 초국적 기업의 자본이동과 유연 전문화, 그리고 노동세력의 이질화와 밀접한 관련이 있는 것으로 보인다. 오늘날 세계의 100대 경제 단위 중에서 반이 국가들이며 나머지 반은 초국적 기업들인 것이다. 이러한 기업의 세계적 영향력에 비해 세계적인 노동조합의 결성을 위한 실질적 노력은 아직 성공적이지 못하다. 다국간의 집합적 협상은 고도의 전문적이고 세련된 이해관계의 조정과 협동을 요구하기 때문이다(Liemt, 1992: 463). 유럽노동조합연맹에서는 1970~1980년대에 초국적 집단 협약과 노조활동에 관한 일정한 체제를 만들고자 했으나 초국적 기업들의 방해로 무위에 그친바 있다(Teeple, 1996: 116).

현재로서는 전반적으로 복지비를 삭감하고 민영화를 추진하는 노력이 세계적 추세라고 볼 수 있다. 따라서 빈부의 격차가 상대적으로 크게 벌어짐으로써 초기 자본주의에서나 있었던 것과 같은 문제점들이 적지 않게 드러나기도 하는 것이다. 그러나 그렇다고 하여 복지국가가 전체적으로 몰락한 것은 아니라는 사실을 기억해야 한다. 즉 아직도 대다수의 국민들은 산재보험이나 연금, 의료보험, 실업보험, 공적부조, 복지서비스 등과 같은 현대 복지국가의 근간을 이루고 있는 복지제도를 강력하게 지지하고 있는 것이다(Pierson, 1995: 179~182). 복지의 지나친 축소는 인간의 소외와 불평등을 증대시킬 뿐인 것이다.

4. 세계 복지사회의 가능성

1) 세계화의 논리와 세계 사회의 문제

세계화는 어떤 논리에 따라 진행되는가를 아는 것은 매우 중요하다. 왜냐하면 그것에 따라서 세계화의 문제점들이 드러날 것이기 때문이다. 여기에서는 코우저(Coser)의 갈등기능론에 입각한 설명이 가장 유용한 것으로 보인다(Coser, 1956). 갈등기능론의 핵심은 집단 간의 갈등이 집단 내 성원들 간의 결속을 강화시킨다는 것이다. 즉 어느 집단이나 사회, 또는 국가의 내부적 단결과 협동은 외부 집단이나 사회, 또는 국가와의 갈등이 존재할 때 더욱 강화된다는 것이다.

이와 같은 갈등기능론을 세계 사회변동의 논리로 도입하고자 하는 시도는 일단 사회변동의 주체를 국가로 설정하고 그들 간의 관계가 여하히 갈등기능론의 핵심과 연결되는가를 살펴봄으로써 가능할 것이다. 다음 <그림 12-2>를 보면 국가 간의 협동은 공동의 '적'이 존재할 때 가능한 것임을 나타내주고 있다. 즉 일정한 국가 간 연합 내에서의 국가 간 협동은 그들 공동의 적과 갈등상태에 있을 때 가능한 것이다.

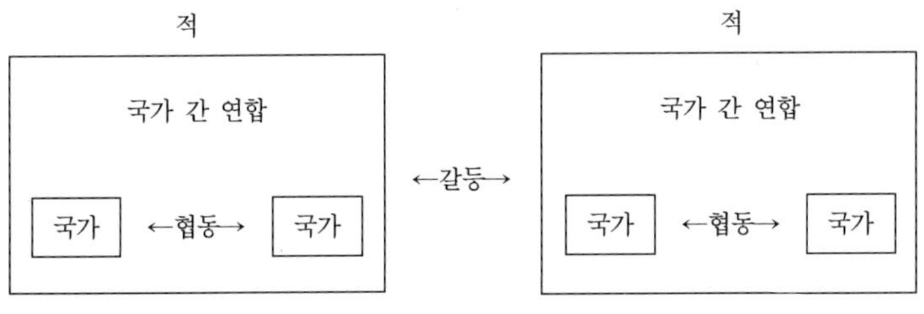

<그림 12-2> 갈등과 협동의 모형

위와 같은 갈등과 협동의 논리는 인류역사상 국가 발전단계에도 그대로 적용되며 나아가 세계 사회의 형성과정을 설명하는 데에도 좋은 지침이 된다. 문제는 공동의 적이 누구인가 하는 것이다. 위의 그림은 예컨대 자본주의 대 공산주의의 냉전시대를 잘 설명할 수 있는 모형이다. 앞으로 공산주의가 사라지고 인류가 협동적인 세계 사회를 건설하기 위해서는 세계 사회의 생존을 위협하는 또 다른 적이 기능적으로 요청됨을 알 수 있다. 그것은 바로 인간 소외의 문제와 환경공해의 문제, 전쟁의 문제라 할 수 있다. 이러한 문제가 인류 공동의 적으로 규정되는 것이 세계 사회 형성의 필요조건이라고까지 말할 수 있는 것이다.

세계화의 행위자는 국가와 더불어 이러한 문제를 해결하는데 선봉에 나설 각종 국제 정부조직과 국제 비정부조직 등이다. 특히 국제 정부조직이나 국제 비정부조직의 역할이 매우 중요하다. 이들은 세계 과정 속에 등장하는 3대 사회문제의 해결에 힘을 모아야 한다. 소외와 공해와 전쟁의 문제를 해결하기 위해서는 세계 사회정책의 수립이 필요할 것이며 이의 실천을 통해 세계복지사회가 이룩될 수 있을 것이다. 이 문제들을 간추려 보면 다음과 같다.

첫 번째는 인간 소외의 문제이다. 세계화가 일단 자본주의의 확대 과정인 이상, 인간이 상품화 과정에서 계속 소외되는 것은 필연적인 현상이라 하겠다. 이것은 본질적으로 마르크스의 상품생산으로부터 비롯되는 것이다. 자본주의의 생산 과정에서 인간의 노동이 상품화되어 팔려나갈 때 인격 또한 팔려나간다. 왜냐하면 인간에게서 노동이란 인격과 불가분의 관계로서 본질적으로 떨어질 수 없기 때문이다. 인간 소외의 문제는 좀 더 광범위하게 해석되어야 할 것이다. 예컨대 빈곤을 비롯한 마약, 매춘, 폭력 등의 문제들도 인간 소외를 가중시키고 있다.

두 번째는 환경공해의 문제이다. 자본의 생리는 기본적으로 이윤 축적을 위한 성장과 팽창을 요구한다. 이것은 자연에 대한 무제한의 개발과 파괴를 요구하는 성격을 지닌다. 그러나 지구는 하나의 폐쇄 체계(closed system)로서 이 안에서만 에너지의 재순환이 가능하다고 보는 것이 좋다. 그러나 공해는 에너지의 재순환을 불가능하게 하는 에너지의 쓰레기, 말하자면 엔트로피를 증대시킨다. 이것을 그냥 두면 결국 먹이 사슬의 파괴와 더불어 인간은 멸종의 위기를 맞게 된다.

셋째는 전쟁의 문제이다. 자본의 계속적 발전은 항상 화폐와 토지와 노동을 여유 있게 확보할 수 있을 때 가능하다. 따라서 이를 확보하려는 국가 간의 경쟁은 항상 국가 간의 전쟁 가능성을 높여 왔다. 자본의 투자에 따른 과학 기술의 발전은 인류의 생활을 풍요롭고 편리하게 한 것이 사실이지만, 다른 한편으로는 인류가 사는 이 지구를 몇 번씩이라도 파괴할 수 있는 가공할 핵무기를 낳았으며, 제1, 2차 세계대전을 통하여 많은 사람들을 죽게 했다. 평화가 보장되지 않는 한 세계 복지사회의 실현은 공염불에 지나지 않는다.

2) 국제 비정부조직과 신사회운동의 확대

세계 사회문제의 해결을 위해서는 기본적으로 국제 정부조직(IGO: International Governmental Organization)의 역할이 중요하다. 오늘날 IGO의 대표격은 UN이다. 또 OECD, OPEC, IMF, IBRD, EU, ASEAN, NAFTA 등 1991년 현재 전 세계적으로 약 7,600에 가까운 조직들이 있다(박길성, 1996: 213~225). 이들 조직은 대체로 지역적 이익이나 국가의 이익을 대변하는 차원에 머물러 있는 경우가 많으므로 사실상 지구적 차원의 문제 해결에는 상대적으로 관심이 적다고 할 수 있겠다. 그러나 아직까지도 정부를 대신할 만한 강력한 조직은 없으며 또 앞으로 세계정부가 구성될 때까지는 여전히 국가가 막강한 영향력을 발휘할 것이므로 IGO에 대한 관심과 기대를 안 가질 수 없는 것이다.

그러나 세계화의 시대에는 국민국가의 의미가 상대화하는 만큼 국가에게 세계 문제의 해결을 맡겨 놓을 수만은 없게 되었다. 국가는 이미 해외에 본사까지를 둔 초국적 기업을 통제하기가 어려운 상황이다. 게다가 아직까지도 국가는 자본의 이익을 위해서 종사하는 경우가 적지 않다. 그러므로 자본주의 발전의 폐해인 소외와 공해와 전쟁을 퇴치하고 세계 복지사회를 이루기 위해서는 새로운 행위자가 있어야 하며 그들은 온갖 지구적인 것의 생존을 위하여 노력하지 않으면 안 되는 것이다. 이러한 새로운 행위자들은 국가와 더불어 세계 시민사회의 주류를 형성하게 될 국제 비정부조직들(INGO: International Non-Governmental Organizations)이다. 이러한 국제 비정부조직들은 세계 시민사회의 새로운 행위자로서 지구적 생존을 위한 노력을 하고 있다. 아직 힘이 약하긴 하지만 앞으로는 더욱 중대한 영향력을 세계 사회에 미칠 것으로 보인다(Archer, 1993: 27~33).

국제간 비정부조직으로서 신사회운동을 벌이는 민간단체들의 활동영역은 다양하다. 먼저 인권운동을 위한 Amnesty International, 환경문제의 해결을 위한 Greenpeace, Friends of Earth, 평화운동을 위한 Stockholm International Peace Research Institute 등이다. 비핵화를 위한 Campaign for Nuclear Disarmament, European Nuclear Disarmament도 있

다. 그 외에도 전통적인 노동운동 단체나 여성운동단체 등이 있다.[12]
1992년에 리우에서 열린 세계환경회의에서는 세계적으로 14,000여의
민간단체들이 지역과 국가를 초월하여 인간의 복지와 지속가능한 발
전을 위해 공동으로 연대할 수 있는 가능성을 보여주었다고 볼 수 있
다. 이들은 정부 간의 공식적인 회담의 결과인 '리우선언'과 '의제 21'
의 선언에 대해 대안적인 선언과 협약을 선포하면서 정부의 입장이
아닌 세계 시민의 입장에서 환경 문제를 인식하고 문제 해결을 위한
여러 가지 행동 프로젝트를 제시하였다.

　IGO에 비하여 INGO(국제비정부조직)는 최근에 급격하게 성장하는
추세에 있다. 금세기 말에는 9,600개의 INGO들이 있을 것으로 예측
되고 있다(Archer, 1994: 135). 또한 지구문제의 해결에 보다 많은 관심
과 연대의 가능성을 갖고 있다. 다만 이러한 조직들이 신사회운동이
라는 명목하에 구사회운동인 노동운동을 소홀히 여겨서는 안 될 것
이다. 아직도 노동운동은 자본가들과의 힘겨운 줄다리기를 하고 있으
며, 그런 만큼 외부의 사회운동 단체나 조직들과의 연계가 필요한 상
황이다. 또한 노동운동 조직들 자체의 반성도 필요하다고 볼 수 있다.
이 말은 이제까지 노동자들이 생산자의 입장에서 노동운동을 해 왔
던 측면이 컸다면 앞으로는 소비자의 입장에서 환경운동과 소비자운
동, 신협운동, 여성운동 등과의 실질적 연대를 강화할 수 있는 체질
개선이 요청된다고 하겠다.

---

12) 신사회운동은 기존의 사회운동인 노동운동과 비교하여 운동의 목표나 전략이 일정한 차별성을 지닌다고
　　하여 신사회운동으로 불린다. 이것은 환경운동, 여성운동, 반핵운동, 동성연애자운동, 생태운동, 시민권
　　운동, 소수민족 운동, 원주민운동, 도시빈민운동, 인권운동 등을 포함한다(조돈문, 1996). 필자는 신사회
　　운동이라는 개념에 기존의 노동운동도 포함하여 광의로 사용하였다. 새로운 사회를 만들자는 운동에 노
　　동운동이 빠지는 것은 아니기 때문이다.

3) 세계 사회정책과 세계 복지사회

　세계화는 자본주의의 전 지구적 확대 과정이며 동시에 지구문화의 형성 과정이다. 이제까지는 주로 자본주의의 확대 과정이라는 측면에서 나타나는 자본주의의 병폐인 소외와 공해, 전쟁의 문제를 부각시켰다. 그리고 그러한 세계적인 사회문제의 해결은 세계인들이 시공간적 접촉의 강화 과정을 통하여 문제의식을 공유하고 그 해결을 위한 실천 주체로서 국제 정부조직이나 국제 비정부조직들이 세계적 사회운동을 전략적으로 펼쳐나가야 비로소 가능한 것임을 시사하였다. 이는 바로 세계 사회정책의 필요성과 실천을 의미하는 것이다. 세계 사회정책의 실현을 통해서 세계 복지사회의 구현이 가능할 수 있다.

　소외문제에 대한 세계 사회정책의 실례는 국제적인 노동운동단체, 예컨대 ILO 등의 활동이나, OECD의 국제 노동기준에 대한 가입국의 의무 강조 등을 들 수 있고, 인권 운동단체인 Amnesty International의 독재국가의 인권탄압에 대한 항의와 압력 등을 들 수 있다. 공해문제에 대한 세계 사회정책적 노력은 리우환경회의를 예로 들 수 있으며 각종 환경관계 조약이나 협약, 또는 선언 등으로 나타나고 있다. 맥너트(McNutt)는 세계 사회복지 정책의 가능성을 환경복지, 즉 환경문제의 종합적 해결을 모색하는 과정 속에서 새롭게 탐구되어야 한다고 주장한다. 그는 사회복지정책이 사회적 욕구의 해결과 관련되며, 이는 환경문제를 적극적으로 고려하는 지속가능한 사회정책모형(a model for sustainable social policy model) 속에서 가능하다고 보았던 것이다(Mcnutt, 1995; 46~47). 한편 전쟁문제에 대한 세계 사회정책의 실례는 평화정착을 위한 UN의 한국참전 결의와 실천에서 크게 그 중요성을 드러낸 바 있다. 또한 중동전과 최근 사회주의 세계의 붕괴 이후 드러나는 각종의 민족분쟁이나 국경분쟁 등에서도 UN이 중요한 역할을 하고 있음을 알 수 있다. 이밖에도 각종 평화운동단체의 활동 등을 예로 들 수 있을 것이다.

이러한 문제의 해결은 세계 시민사회의 지속적 관심과 확고한 지구인 공동의 연대를 가능하게 하는 지구 공동의 적에 대한 규정이 이루어질 때 좀 더 가능할 것이다. 세계 사회문제의 해결을 위한 세계 사회정책 실천의 주체는 어차피 여러 가지 국제 정부조직이나 국제 비정부조직들이 될 수밖에 없다. 이들이 좀 더 조직적이고 책임 있는 세계 사회정책의 주체가 되기 위해서는 협력을 하지 않을 수 없는 상황 규정이 이루어져야 하는 것이다. 이러한 상황규정은 문제들에 관한 인식의 공유, 구체적 세분화와 그 문제 해결을 위한 자원의 동원, 그리고 실천과 관련된 제 규칙의 제정 등을 포함한다. 세계 정부와 같은 조직이 아직 없는 상황에서 여러 가지 국제적 관행과 협력의 방법과 전통을 새로 만들어 가야 하는 것이다. 이러한 과정을 통해 언젠가는 세계 정부가 등장하게 될 수도 있을 것이다.

현재 UN이 하는 역할은 세계 문제의 제기와 규정, 그리고 해결의 단계에까지 다양한 것이 사실이긴 하다. 그러나 아직도 어떠한 구속력 있는 결정을 내리고 신속한 세계 문제의 해결을 할 수 있을 정도는 아닌 것이다. 더구나 세계 복지를 위한 복지 자원의 개발과 이의 정책적 분배라는 필요를 충족시키기에는 힘이 매우 부족한 실정인 것이다. 그러나 지구화가 더욱 진전되어 시공간적 압축과 문화적 동질성의 확보가 이루어지면서 언젠가는 좀 더 구속력 있고 분배 정의의 세계적 실현을 목표로 하는 세계 사회정책의 실현이 가능하게 될 날도 기대해볼 수 있을 것이다. 그러기 위해서는 지금과 같은 세계화의 자본주의적 팽창이 단순한 약육강식의 논리가 아닌 세계 정의의 차원에서 재정리되는 반성적 과정이 반드시 선행되어야 할 것이다.

5. 결론

이 논문은 세계화와 복지국가의 변동에 관해 고찰해 오는 동안 가능한 한 월러스틴의 역사사회과학적 관점을 견지하고자 애썼다. 그것은 세계화와 복지국가의 관계를 산업문명, 즉 자본주의 문명의 맥락에서 파악하고자 하는 노력으로 진행되었다. 그러면서 자본주의 사회의 소외와 공해와 전쟁의 근본 문제에 대해 언급해 왔다. 즉 세계화는 산업문명의 적자로서 자본주의의 확대과정이며 동시에 세계문화의 형성과정이다. 자본주의의 발전은 자본 축적의 조건을 새롭게 만듦으로써 가능하다. 이러한 새로운 조건을 만든다는 것은 통상 경제적 약자에게 부담을 주기 쉬운 것으로 소외와 공해와 전쟁의 가능성을 항상 보여주고 있다. 이러한 자본주의의 전개 과정에서 복지국가의 등장과 위기와 재편이 이루어졌는데 이 역시도 동일한 문제를 야기해 왔고 해결하지 못했다. 앞으로 지구인들이 시공간적 압축을 통한 문화의 교류를 통하여 하나로서의 지구 의식을 갖게 된다면 결국 지구 자본주의의 문제점을 공유하게 될 것이며, 그러한 문제의식의 공유는 문제해결의 가능성을 높일 것이다. 필자는 세계 문제의 해결을 위한 세계 사회정책의 실천을 통해서 세계 복지사회의 길이 열릴 수 있을 것이라고 본 것이다.

세계 복지사회는 세계화의 새로운 행위자들, 즉 개인이나 기업, 단체나 조직, 국가나 국가연합, IGO나 INGO 등 모두가 함께 협력하여 지구를 지키고 인류의 생존을 가능하게 하는 가운데 소외와 공해와 전쟁의 문제를 해결하고 자유와 보장과 평화의 환경을 민주적으로 이룩하여 가는 세계 사회를 지향한다. 여기서는 '복지를 위하여 먼저 파이를 크게 만들어야 한다'는 파이 우선론을 반대한다. 그것보다는 '파이를 만드는 환경을 먼저 좋게 만드는 것이 복지'라고 거꾸로 보는 발상의 전환이 필요하다. 파이 우선이 아닌 '환경 복지'를 우선시하는 인간적인 사회가 미래의 세계 복지사회의 이상적인 모습일 것이다.

제13장 세계화와 한국의 사회복지: 21세기 한국의 '사회적 토대로서의 환경복지' 탐색1)

1. 서론

요즘은 '세계화'란 용어가 일상화되었다. 문민정부의 이데올로기 수사 중에서 '개혁'과 더불어 가장 많이 인구에 회자되더니 이제는 일상화된 나머지 그에 대한 관심이 줄어든 것 같기도 하다. 그러나 어쨌든 세계화는 컴퓨터 혁명으로 인한 세계 사회 변동의 핵심적 특성을 사회 일반에 인식시키는 데 기여한 것으로 보인다. 즉 세계화의 두 가지 특성인 자본주의의 확대와 하나로서의 지구문화 형성이라는 측면을 잘 보여주었다고 할 수 있다(최경구, 1996: 66).

먼저 자본주의의 세계적 확대는 컴퓨터 과학 및 통신 기술의 혁명적 발전에 힘입어 국가의 통제를 벗어나는 영역이 계속 확장되고 있는 것과 관련된다. 이른바 '국경 없는 세계(borderless world)'의 등장이 그것이다(Ohmae, 1991). 특히 탈국가화의 전형이라 할 수 있는 초국적 기업의 활동은 자본의 국제적 이동을 활발히 함으로써 전 세계가 투자의 대상이 되며 노임이 싼 후진국으로의 공장 이동을 보편화하는

---

1) 이 글은 1998년 고려대학교 한국사회연구소에서 나온 『한국사회』 제1집에 실렸던 것을 약간 수정한 것임.

계기를 만들었던 것이다. 한편 1989년의 동구 유럽의 몰락과 1990년 독일통일, 1991년 공산주의 종주국인 소련의 몰락은 나아가 세계적으로 자본주의의 팽창을 가속화시키는 데 기여했다. 이러한 변화는 곧 '국경 없는 무한경쟁의 시대'를 열어 원시 자본주의 시대의 냉혹성을 전 지구적으로 다시 확산시키는 것 같이 보이며, 우리나라는 그 속에서 살아남기 위한 전략으로서의 세계화를 강조하고 있는 형편이다.

다음으로 지구문화의 형성은 항공 산업과 인터넷 등 과학기술의 발전이 전 세계적으로 시간과 공간의 압축을 가능하게 하여 세계인의 상호작용이 천문학적으로 증가하고 있음으로써 가능한 것이라 하겠다. 이는 곧 하나로서의 생활양식을 형성하여 가는 과정이다. 여기에는 문화적 다양성과 상대성이 중시되는 문화적 특수주의의 논리와 지구인으로서의 정체성과 통합성을 중심으로 하는 문화적 보편주의 논리가 자리를 같이 하여 갈등과 조화의 장을 연출하고 있다. 민족적인 것이 세계적인 것이 된다는 것이 그리 쉬운 일만은 아닌 것이다. 과거에 미·소를 축으로 하던 이데올로기적 냉전 논리가 무너지고 미국 중심의 자본주의화가 진행되고 있는 세계는 민족적·지역적·종교적 이해관계를 둘러싼 마찰과 갈등이 더욱 첨예화하고 있는 것 같이 보인다. 그러나 한편으로는 그러한 자본주의의 팽창이 가져오는 '인간 소외와 환경 파괴의 문제, 그리고 핵전쟁의 위협'이라는 근본적인 문제를 해결하기 위한 새로운 패러다임이 또한 모색되고 있는 것이다.

이와 같이 세계화는 한국사회에서는 단순히 '국제적인 무한경쟁에서 살아남기' 작전, 내지는 '일류국가 건설' 등 경제성장과 정치적 동원화에만 치중하는 논의 구조로 인식되는 경향이 강했으며, 지구문화에 대한 관심은 부차적인 비중을 지닌 것이었다.[2] 나아가 사회복지와의 관

련성에 대한 관심은 매우 적었다. 이것은 특히 세계화의 과정에서 신보수
주의의 이념이 그 세력을 확산해가는 것과 때를 같이 함으로써 우리나라
에서는 복지병을 미리 걱정하는 이상 기류가 형성되었고, 그것이 복지 예
산의 증액을 억제하는 등 복지에 부정적 영향을 끼쳤기 때문일 것이다.[3]

이 글에서는 세계화가 복지국가와 복지이념에 어떤 영향을 끼쳤는
가를 살펴보고, 다음으로 한국사회복지 발전의 특성에 대해 고찰한 다
음, 향후 21세기의 한국사회복지가 바람직한 방향으로 가기 위해서는
어떤 전략적 선택이 필요한지를 특히 '사회적 토대로서의 환경복지'
라는 차원에서 탐색하여 보고자 한다. 한국사회복지 발전의 특성에 관
해서는 긍정적 측면보다는 부정적 측면을 주로 논하였다. 이것은 앞으
로의 발전을 위하여 지양해야 할 점을 드러내보기 위함에서이다.

2. 세계화와 사회복지

1) 자본주의의 확대와 복지국가의 조정

자본주의의 본격적인 확대는 제2차 세계대전 이후 미국이 세계의 강
자로 등장하면서부터 시작되었다고 볼 수 있다. 미국은 UN을 무대로 하
고 유럽과 일본, 그리고 세계의 식민독립국들을 지원하면서 그들을 미국
자본주의의 거점으로 확보하였다. 미국의 해외에 대한 직접 투자는 1950

---

2) 물론 모든 논의가 다 그런 것은 아니지만 대체로 사회문화적인 것보다는 정치경제적인, 특히 경제적 측면
에서의 논의가 전부인 것처럼 보이는 경향이 있는 것은 사실이다. 이는 WTO가 출범하면서 국제적인 자
유무역화의 추세가 강해짐으로써 전 세계가 경쟁력을 강화시키기 위한 무한경쟁에 나서기 때문일 것이다.

3) 한국의 사회복지비는 문민정부에 들어서도 대략 GDP대비 1~2%로 중진국의 5~7%, 선진국의 20~
30%에 비해 매우 적다(노인철 외, 1996: 22, 29; 이영환, 1995: 35-36). 이런 의미에서 본다면 한국은
복지지체국이다.

년과 1975년 사이에 10배 이상 성장하였으며, 또한 같은 기간에 해외로
부터의 수익률은 7%에서 25%로 증가하였다(Teeple, 1996: 55~74).

1970년대 중반에 이르러서는 국가의 한계를 뛰어넘는 초국적 기업
들이 세계적으로 등장하였다. 이들은 극소전자기술과 컴퓨터 혁명을
통하여 1980년대 초반에 유연전문화(flexible specificity)에 기초한 자동
화 생산수단을 보편화하고 소비자의 다양한 기호에 부응하기 위한 다
품종소량생산을 일반화하였다. 그 결과 1990년대에 초국적 기업의 수
는 전 세계적으로 37,000여 개에 달하며 20만여 개의 해외 자회사가
활동하고 있다. 해외 자산 순위에 따르면 100대 초국적 기업의 총자산
3조 4천억 달러 중 40%가 해외자산이라는 것이다(박길성, 1996: 253).

이와 같은 자본의 해외이동은 국가 내에서 전통적 노사관계에 변
화를 가져왔다. 즉 값비싼 노임을 피하여 해외로의 공장이동을 추진
하는 자본가 앞에 노동자들은 자발적인 순종을 하지 않을 수 없는 처
지에 빠지게 되었던 것이다. 이른바 자본가의 헤게모니적 전제체제가
강화되었다(김종일, 1991). 이와 같은 현상은 역사적으로 복지국가의
실현이 노동자들의 힘에 의존하였던 점을 생각할 때 전반적으로 복
지국가의 위상이 약화될 수밖에 없는 배경으로 작용하였다.

이와 더불어 1970년대 후반에 나타나 1980~1990년대를 주도하고
있는 신보수주의 정책은 시장만능주의와 사유재산권을 우선하는 경
향을 중심으로 복지국가의 축소와 조정을 강요하게 되었다. 영국과
미국의 경우는 완전 고용을 포기하는 정책을 택했다. 1950~1960년대
의 영국의 실업률은 1~2%였다. 그러나 1982~1987년까지는 평균 10%
이상의 실업률을 기록했다. 미국 역시 1950~1960년대에는 4~5%의
실업률을 보였으나 1982~1987년 사이에는 평균 8%의 높은 실업률

을 보였던 것이다. 실업급여도 많이 감축되었다. 영국은 정액보험급여에 대한 소득비례 보충급여제도를 1982년에 폐지했다. 한편 미국의 경우 1982년에는 실업자의 45%만 보험급여를 받았고 1984년에는 실업보험 실시 이후 가장 낮은 비율인 실업자의 25%만이 보험급여를 받았다(Mishra, 1991: 19~43).[4]

그러나 스웨덴과 오스트리아는 완전고용을 지키기 위한 노력을 계속하여 1980~1988년 사이에 2~3%의 실업률만을 나타냈다. 보편적 사회복지서비스의 경우에도 스웨덴과 오스트리아는 각각 실질적 사회지출을 4%와 4.4%씩 증가시켰다. 이는 같은 기간의 미국과 영국의 2.8%와 2.5%에 비하여 배에 가까운 수치이다. 그러나 1990년대에 들어서서는 스웨덴과 오스트리아도 초반의 실업률이 각각 9%와 6.8% 까지 확대되는 등 어려움을 겪었다.

스웨덴은 1995년에 사회민주당이 재집권한 후 실업률이 7.5%로 줄었으나 그동안 노・사・정 간의 중앙집중적 합의의 관행도 쇠퇴하였다(Mishra, 1993: 25~26). 새 정권은 새로운 집합적 결정을 도출할 수 있는 위원회를 구성하는 등 새로운 노력을 경주하고 있다(Swedish Institute, 1996). 이들 조합주의 복지국가들도 자본의 해외이동과 탈산업사회 또는 정보화 사회로의 구조조정 과정에서 발생하는 부작용을 감당하는 데 어려움을 겪고 있는 것이다. 현재로서는 전반적으로 복지비를 삭감하고 민영화를 추진하는 신보수주의적 노력이 지속되는 추세라고 볼 수 있다. 그러나 아직도 대다수의 국민들은 각종 사회보험이나 공적부조, 복지서비스 등과 같은 현대 복지국가의 근간을 이

---

4) 영・미는 이러한 공급자 중심의 경제정책으로 어느 정도 경제성장이 되고 있으나, 그것은 다수의 희생을 전제로 하는 것임은 물론이다.

루고 있는 복지제도를 강력하게 지지하고 있으며, 복지국가의 근간은 흔들리지 않고 있다(Pierson, 1995: 179~182). 다만 복지의 낭비적 요소를 경계하고 생산적 측면을 강조하는 구조 조정이 이루어지고 있는 것이라고 할 수 있겠다.

이러한 복지국가의 축소와 조정은 정보사회의 도래와 함께 '이중경제'와 '이중사회'의 문제를 낳고 있다(Mishra, 1991). 즉 후기자본주의 사회의 정보화 경쟁에서 승리하는 '중심'에 속하는 인구와 반대로 실패하는 '주변'에 속하는 인구로 사회가 차별화된다는 것이다. 이는 '정보부자'와 '정보빈자'의 문제와 더불어 새로운 복지의 문제를 낳고 있는 것이다(21세기위원회, 1992: 193).

복지의 확대는 비용이 수반되지만 이를 통해 결국 장기적으로 경제발전에 기여한다는 것이 서구 주요국가들의 경험이다. 교육, 육아, 보건, 노인요양산업의 성장을 통해 복지와 일자리, 경제성장의 세마리 토끼를 잡을 수 있다(경향신문, 2012년 9월).

2) 지구문화의 형성과 복지이념의 변화

지구문화가 하나로서의 생활양식을 형성하여 가는 과정이라고 할 때 우선적으로 생각할 수 있는 것은 지구인들의 상호작용이 천문학적으로 늘어남에 따라 상호 간의 정치경제적 사회문화적 협동이 전 지구적 차원에서 이루어지고 있는 것도 사실이지만 그만큼 더 갈등의 소지도 늘어나고 있다는 점이다. 경우에 따라서는 전쟁까지도 불사하는 등 다양한 갈등의 장이 연출되고 있다. 자본주의적 무한경쟁은 제한된 자원 앞에 결국 인간 소외와 환경 파괴, 그리고 전쟁의 위협이라는 문제를 심화시키고 있다. 21세기 초반에도 이러한 갈등 양상은 당분간 더 계속될 것으로 보인다. 아직도 지구적 갈등을 해결하는 제도적 메커니즘이나 지구문화가 안정적으로 형성되어 있지 않기 때문이다.[5]

그럼에도 불구하고 지구문화는 이미 언급한 바와 같이 인류의 생존을 위한 자본주의의 문제해결을 위하여 복지운동, 환경운동, 평화운동을 중심으로 전개되고 있다.[6] 여기서는 일단 평화운동은 제외하고 복지운동과 환경 운동에 관해서 고찰해보기로 한다. 평화운동은 복지운동과 환경운동의 기본전제이기 때문이기도 하지만 이 논문에서는 지구문화의 형성을 특히 환경과 복지의 차원에서 살펴보는 것이 목적이기 때문이다.

첫째로 인간 소외의 문제를 해결하기 위한 복지운동에 관해 살펴보자. 자본주의의 세계적 팽창은 이미 언급한 바와 같이 이중경제와 이중사회라고 하는 새로운 형태의 부익부 빈익빈 현상을 동반하는 인간 소외를 가속화시키고 있다. 이 문제의 해결 방법은 새로운 세계적 복지 수준을 정하고 이를 확대해 나가는 세계 사회정책의 실시로 어느 정도 해결의 실마리를 잡아볼 수 있을 것이다. 미슈라(Mishra)는 '세계 사회정책'(international social policy)의 일환으로 '기본적 사회 수준'(BSS: Basic Social Standards)을 정해야 한다고 주장한다(Mishra, 1997). 그가 말하는 기본적 사회 수준은 국가의 발전단계에 상응하는 생활수준을 의미하는 것으로서 기본적 임금, 주택, 보건, 교육 등 광의의

---

5) UN과 같은 기구가 있으나 강대국의 영향력하에서 공정한 지구문제의 해결사 구실을 확실히 하지는 못하는 것 같다. 아직도 힘의 논리만이 세계 사회의 질서를 유지하는 메커니즘으로 자리 잡고 있는 실정이다. 그러나 그 영향력은 세계화 과정 속에서 계속 신장될 것으로 보인다.

6) 민주주의의 확대운동도 지구문화 형성의 중요한 흐름의 하나이나 여기서는 환경과 복지의 문제를 주로 논하는 데 한정하기로 한다.

사회복지를 의미하는 것이다. 세계은행은 1993년에 1인당 국민소득이 8,626달러 이상인 국가를 고소득국가, 그리고 2,785달러부터 8,626달러까지의 사회를 중소득국가, 그리고 그에 못 미치는 사회는 저소득국가로 분류한 바 있다. 이러한 국가의 경제발전 정도에 맞게 기본적 사회 수준을 정하여 확산시킨다면 네 가지 이점이 있다. 첫째는 경쟁국 당사자 간에 비슷한 사회 수준을 실현시킬 수 있다. 둘째, 국가가 부유해질수록 기본적 사회 수준이 올라가는 것이 확실해지고, 셋째, 선진산업국가들 간의 사회 헌장이 경제력에 부응하는 사회 수준을 마련하는 것으로 될 때, 후진국들에게도 노동 3권의 보장이나 최저한의 생활을 보장하도록 하는 도덕적 명분과 어느 정도의 영향력을 제공할 수 있게 된다는 것이다. 끝으로는 선진산업국가들의 사회수준이 낮아지는 것을 방지시킬 수 있다는 것이다. OECD 국가들의 1995년 자료에는 빈곤율이 벨기에 4.7%로부터 미국 18.4%까지로 나와 있다. 이 경우 평균치가 8%로서 이것보다 빈곤율이 더 커서는 안된다는 하나의 기준이 마련된다는 것이다. 이러한 세계사회정책은 국제통화기금(IMF)이나 세계은행(World Bank), 경제협력개발기구 (OECD) 등 신보수주의적인 국제정부조직(IGOs)에 의해서 영향을 받는다. 그러나 동시에 UN이나 국제노동기구(ILO)와 같은 비경제적이며 노동권과 사회권의 신장에 관심을 갖는 국제정부조직에 의해서도 영향을 받는 것이다. 유럽연합(EU), 북미자유무역기구(NAFTA), 세계무역기구(WTO) 등 사회문제와 노동문제를 강조하는 조직들의 영향력도 크다. 그 외에도 환경 운동단체나 여성운동단체, 노동운동단체, 소비자운동단체 등 비정부조직(NGO)들의 영향력도 적지 않다. 다만 아직까지 초국가적 사회 수준의 발전을 위한 어떤 시도도 열매를 맺었다고 보

기는 어렵다. 그러나 무한경쟁이라는 원시 자본주의의 망령이 되살아
남으로써 다시 악화되고 있는 인간 소외의 문제를 극복하고 인간적
인 지구공동체를 보존하여 가기 위해서는 느슨한 것 같아도 이러한
운동을 통하여 꾸준히 노력하여야 하는 것이다. 지구인 공동의 적이
인간 소외라는 점이 더욱 명확해지면 복지문제로의 해결이 더 빨라
질 수도 있을 것이다. 다시 말해서 새로운 형태의 복지운동은 세계사
회정책의 일환으로 기본적 사회 기준이 마련되고 이를 세계적으로
확대하여 나감으로써 인간 소외를 극복하고 나아가 궁극적으로 인간
다운 세계공동체를 실현하자는 것이다. 이것은 다음에서 논할 환경운
동과의 관련 속에서 더욱 확실한 위상을 갖게 된다.

지구문화 형성의 두 번째 큰 흐름은 환경운동이다. 무한경쟁을 위
한 자본의 해외 이동에 따른 공해산업의 수출은 후진국의 환경 파괴
를 일삼고 있으며 결국 전 지구의 인류생존을 위협하는 환경 문제를
야기하고 있다. 특히 초국적 기업을 중심으로 하는 지구경제의 출현
은 자유무역지대의 증대로 강화되었는데, 제3세계 국가의 자유무역
지대는 세금면제, 행정규제완화, 고용규제 완화, 국가의 하부구조 제
공 등의 특혜조치를 통하여 국제자본을 유치함으로써 공업 발전을
도모하고 있다. 자유무역지대는 1970년대 이후 급격히 팽창하여 전
세계적으로 400개의 자유항에 200개의 수출진흥지역이 있다. 그들은
대개 아시아 지역에 많이 분포되어 있으며 러시아는 물론 북한까지
도 포함되어 있는 실정이다. 자유무역지대에는 노동자의 저항이나 조
합결성이 금지되어 노동자의 인권유린이 다반사이며, 환경에 대한 규
제가 없어서 자연을 크게 훼손하고 있는 실정이다(Teeple, 1966: 86).
지구는 일종의 폐쇄체계로서 이 지구 안에서만 에너지의 재순환이

가능하다고 할 수 있다. 그러나 공해는 에너지의 재순환을 불가능하게 하는 쓰레기, 말하자면 엔트로피를 증대시킨다. 이것을 방치하면 결국 먹이 사슬의 파괴와 더불어 인간은 멸종의 위기를 맞게 되는 것이다. 1992년 리우에서 열린 세계환경회의에서는 14,000여의 민간단체들이 지역과 국가를 초월하여 인간의 복지와 지속가능한 발전을 위해 공동으로 연대하여 세계사회정책을 펴나갈 수 있는 가능성을 보여 주었다.[7]

이러한 환경 문제의 해결은 사실상 인류의 생존과 복지를 위하여 필수적인 전제가 아닐 수 없다. 이제 복지의 이념은 빈곤복지나 산업복지의 수준을 넘어서서 환경복지의 차원에까지 이르고 있다고 볼 수 있다.[8] 맥너트(McNutt)는 세계사회복지정책의 가능성을 환경복지, 즉 환경 문제의 종합적 해결을 모색하는 과정 속에서 새롭게 탐구되어야 한다고 주장했다. 그는 사회복지정책이 환경문제를 적극적으로 고려하는 지속가능한 세계적 사회정책 모형 개발을 통해서만 가능하다고 본다(McNutt, 1994: 46~47). 한편 환경과 복지의 이론적 실천적 결합을 시도하고 있는 호프(Hoff)는 "사회복지의 환경적 기초"라는 논문에서 지속가능성의 생태학적 원칙이 인간의 기본 욕구 충족을 위한 사회제도 재구성의 토대가 되어야 한다고 주장 했다(Hoff, 1995: 12~35). 이 말은 지구 자원의 유한함을 인식하고 땅과 물과 공기와 생

---

7) 21세기의 미래는 첨단 과학기술의 발달로 인하여 인간이 자연으로부터 해방되는 시기가 올 것이라는 낙관론이 있는가 하면, 바로 그 과학의 오용으로 인하여 인류 문명의 마지막이 될 것이라는 비관론도 있다. 그러나 완전한 균형상태를 이루고 있는 자연을 불완전한 인간이 통제한다는 것은 매우 위험할 수 있다는 데 착안하지 않을 수 없다. 인간은 자연에 대한 통제 이전에 자기절제를 통해서 환경보존에 기여할 수 있을 것이다(배규한, 1995: 93~101).

8) 19세기 영국의 엘리자베스 여왕시절의 구빈법 시대는 빈곤복지의 이념이 주효했고, 20세기 산업화 시대에는 사회보험과 복지서비스 중심의 산업복지의 이념이 중요했다고 한다면, 다가오는 21세기의 후기산업 시대에는 환경복지가 중요한 이념으로 등장할 소지가 많다.

태계를 보호하고 지속가능하게 하는 범위 안에서 인간의 기본 욕구, 즉 소득, 의료, 주택, 교육 등의 욕구를 충족시키는 것을 최소한의 기본 목표로 하자는 것이다. 자연의 순환을 전제하는 성장은 인류에게 탐욕스러운 개발을 지양하고 삶의 질을 제고시킬 수 있는 환경의 마련을 위하여 인간 욕구의 기본 수준에 대한 반성적 고찰을 요구하고 있는 것이라 하겠다.

지구문화의 형성 과정 속에서 확인할 수 있는 복지이념의 변화는 복지와 환경의 결합인 환경복지의 중요성이 점증함으로써 사회적 토대로서의 가능성이 제고되고 있다는 점이다. 건강한 삶을 위한 쾌적한 환경의 보존과 경제정의와 분배의 문제는 곧바로 복지와 연결되는 것이다. 여기서 말하는 건강은 세계보건기구가 정의한 대로 "건강이란 단지 질병이나 허약함이 없는 상태뿐만 아니라 사회적 정신적으로 안녕한 상태"이다(21세기위원회, 1992: 201~209). 이 경우 환경복지의 개념은 물리적 환경과 사회적 환경의 동시적 개선을 통한 사회적 토대의 마련을 목표로 하는 것이라고 할 수 있다. 즉 자연환경의 파괴를 불러오는 공해에 대한 정책뿐만 아니라, 사회환경을 파괴하는 비인간적 소외나 빈곤과 실업의 퇴치는 물론, 인간의 기본적 욕구 충족을 가능하게 하는 사회정책을 포함하는 것이다. 즉 환경복지정책의 실현으로 사회적 토대를 굳건히 해야만 인류가 21세기에도 살아남을 수 있다는 것이다. '생산적 사회복지'가 20세기의 개념이라면 사회적 토대로서의 '환경복지'는 21세기의 개념임이 분명하다.[9]

---

9) 생산적 복지라는 용어는 본래 복지가 경제 성장에 도움이 된다는 의미를 지니고 있는 것이지만 근래에 한국사회에서의 생산적 복지라는 용어는 성장에 방해가 되는 복지 예산의 증액은 하지 않겠다는 신보수주의적 발상을 함축하고 있는 것 같다.

환경복지의 굳건한 토대 위에서만 경제성장도 의미가 있는 것이다. 경제를 우선시하는 사고방식 자체가 21세기에는 후진적인 것으로 평가될 가능성마저 있다.

3. 한국사회복지 발전의 특성

1) 선전적 형식성

한국사회복지의 발전은 1945년 해방 이후의 사회복지제도에서부터 시작된다. 1944년에 만들어진 일제시대의 '조선구호령'은 미군정을 거쳐 1961년 생활보호법이 만들어질 때까지 16년간 시행되었다. 당시의 조선구호령이 지녔던 특성은 정치적 선전의 효과만 노리고, 내용과 실질이 부족한 형식에 치우친 것이었다. 그 자체가 해방되기 1년 전에 급속히 제정된 것으로 전시동원체제에서 군사력을 충원하기 위한, 즉 인력 동원을 위한 것이었다. 말하자면 정치적 선전과 동원화에 이용된 것으로 실제로 빈민을 위한 구호는 형식적인 것에 불과했던 것이다(하상락, 1993: 362).[10] 이러한 조선구호령이 해방 이후에 16년간이나 그대로 시행되었다는 것 자체가 최소한의 구제와 불만세력의 무마라고 하는 식민통치의 논리를 청산하지 못한 채 오랫동안 진정한 의미의 사회복지를 외면하고 있었다는 사실을 반영하는 것이다. 물론 당시에는 사회복지를 생각할 여유가 없을 정도로 가난

---

10) 그 세칙에는 "…… 요구호자에 대한 구호가 불충분한 실정이므로 결전을 앞에 두고 국민생활의 계조를 확보하고, 건강한 국민과 강력한 군사의 배양을 육성하거나, 인구 정책 등 후생보건의 견지에서도 본 구호제도를 ……"라고 쓰여 있다.

한 시절이기도 했지만 그렇다고 하여 그 당시의 사회복지가 지녔던 선전적 형식성 자체가 없어지는 것은 아니다.[11]

그 후 이승만의 자유당 정권과 장면의 민주당 정권을 거쳐 1961년에 박정희가 쿠데타로 정권을 잡게 되었다. 군부 정권은 부족한 정치적 정통성을 보완하고 민심을 사기 위한 방편의 일환으로 생활보호법 등 여러 가지 복지 관련법을 제정하였으니 이 역시 선전적 형식성을 띤 것이었다. 생활보호법, 아동복리법, 군사원호보상법은 1961년에 만들었고, 1962년에 재해구호법, 1963년에 산업재해보상보험법, 의료보험법, 군인연금법, 사회보장에 관한 법 등을 만들었다. 이와 같은 법들은 정치적 선전성이 강한 것으로서 1960년에 공표되었던 공무원연금법과 더불어 군인연금, 산재보험, 생활보호법만이 실제 시행에 들어갔다. 그러나 그 수준은 매우 낮고 적절치 못하며 형식적인 것으로 실질이 부족한 것이었다(이혜경, 1992: 376~388). 또한 대부분의 법 조항이 '…… 해야 한다'가 아닌 '…… 할 수 있다'라는 임의조항으로 되어 있어 얼마든지 안 할 수 있는 여지도 지니고 있었다. 예컨대 의료보험법은 1963년에 제정되었으나 1977년부터 시행되었던 것이다.

선전적 형식성의 또 하나의 예는 사회복지라는 용어가 우리 사회에서 자리 잡게 되는 과정에도 나타나고 있다. 사회복지가 세인의 주목을 받게 된 것은 1970년대 후반에 빈부격차, 지역격차, 도농격차가 심해짐으로써 사회적 위화감과 갈등이 고조되자 경제개발과 사회개발의 균형을 주장하는 목소리가 높아지면서부터이다. 특히 1980년에

---

11) 한국의 사회복지의 형식주의적 측면을 특히 강조한 연구도 있다(김희자, 1997).

정권을 잡은 전두환의 5공화국은 '민주·정의·복지 사회'를 구현하 겠다는 것을 국정지표로 삼았다. 그리하여 정치적 정통성의 부족을 보완하고자 하는 전 정권에 의하여 1981년에 노인복지법, 아동복지 법, 장애자복지법 등이 제정되었으며, 1983년에는 사회복지사업법이 개정되면서 사회복지사업 종사자가 1, 2, 3급의 사회복지사로 개명되 는 일이 발생하였다. 그 후에는 한국사회사업학회가 한국사회복지학 회로 바뀌고 한국사회사업가협회도 한국사회복지사협회로 명칭을 변경하였다. 1985년에는 한국사회복지학회라는 동일 명칭을 사용하 는 두 단체가 양립하기도 했다. 당시까지도 대학에는 사회사업학과라 는 이름이 주류였는데 이 무렵 이후에는 거의 사회복지학과로 개칭 되면서 사회복지학과도 많이 생겨나게 되었다.[12] 사회복지라는 용어 가 각광을 받게 되는 과정 그 자체도 한국사회복지의 선전적 형식성 을 반영하는 것이었다 해도 과언이 아니다.

2) 잔여적 기형성

한국의 사회복지가 그 제도의 성립에 있어서 선전적 형식성이 강 했다면, 그 내용의 특성은 잔여적 기형성이라는 용어로 표현할 수 있 다. 한국의 사회복지는 지난 30여 년간의 근대화 과정에서 경제 성장 의 부산물처럼 여겨져 왔다. 마치 그릇에 물이 가득 찬 후 흘러넘쳐 서 주변을 적시듯 경제성장만 잘되면 자연히 사회복지도 잘될 수 있 는 것으로 생각하는 것이 일반적이었다. 흔히 말하듯 파이가 커야 나

---

12) 1998년 전국의 사회복지학과 수는 약 60여 개에 불과했으나, 2008년 현재 전문대학과 대학교를 합하여 167개로 늘어났다(홍선미·최명민, 2010: 6).

누어 먹을 수가 있다는 성장주의 논리가 지배적이었다. 그런 과정에서 형성된 것이 사회복지의 잔여적 기형성이다. 여기서 잔여적(residual)이라 함은 복지의 책임을 개인과 가정이 시장을 통해 해결하되 안 되는 나머지에 대해서만 국가가 책임을 진다는 의미이다. 따라서 국가는 국민 일반에 대한 보편적 복지 투자는 가능한 한 하지 않고 사회적으로 낙오한 자들에게만 선별적으로 최소한의 복지를 제공하겠다는 입장을 취하는 것이다.

또한 기형성(abnormality)이란 사회복지가 정상적이고 체계적인 계획에 의해 발전한 것이 아니라 편의적인 방법에 따라 생성된 나머지 사회복지의 사회적 기능을 효율적으로 수행해내지 못하고 있다는 뜻이다. 따라서 잔여적 기형성이란 국가가 가능한 한 최소한의 복지만을 책임지되 그것도 편의적인 방법을 사용함으로써 본래의 사회복지가 지니는 사회적 기능을 제대로 수행하고 있지 못한 것을 말한다. 그것은 비체계성과 불평등성, 그리고 불충분성으로 나누어 볼 수 있다.

비체계성은 사회복지전달체계의 분립성을 나타낸다고 볼 수 있다. 현재 한국의 사회복지정책은 보건복지부에서 주로 수립한다. 그러나 그 실행은 내무부의 행정조직을 통하여 시·군·구, 읍·면·동에 이르러 사회복지 전문요원에 의해 수행되고 있다. 그러므로 사회복지 전문요원은 사회복지 자체의 고유업무를 보기보다는 다른 잡다한 내무 업무를 같이 수행하게 됨으로써 전문서비스의 효율성과 효과성을 발휘할 수 없게 되는 것이다.[13] 또한 노동부는 산재보험 업무를 근로복지공단과 산업안전관리공단에 의해 별도로 수행하고 있다. 의료보

---

13) 그동안 몇 번의 전달체계 시범사업이 시도되었으나 실패했다.

험은 전국을 단위로 하는 통합방식에 의해서가 아니라 직장단위와 지역단위의 의료보험조합이 분립적으로 운영되는 조합방식을 택함으로써 관리운영비의 과다지출과 비효율성 등 제반 문제를 야기하고 있다.[14] 연금 역시 특수직역(공무원, 사학, 군인) 연금제도와 국민연금제도로 분리 운영되고 있는바, 후자는 실시 시기도 늦거니와 전자보다 보호의 폭이 훨씬 좁으며, 양 제도 간에 연계방안이 마련되어 있지 않은 점 등 문제점이 적지 않다(오근식, 1997: 95~113). 4대 사회보험의 기본 형식은 갖추었으나 관련 부처는 5개이며, 관련 관리공단도 5개에 이르러 사회 보험 제도 간의 연계 강화가 필요한 실정이다.

불평등성은 사회복지의 효과가 소득재분배에 기여하지 못하고 오히려 그 반대의 효과를 나타내고 있다는 것이다.[15] 그 점은 특히 한국의 사회보험에서 잘 나타나고 있다. 한국의 사회보험제도는 1960년대부터 지금까지 '하향식 확대과정'을 밟아왔는데 이는 기본적으로 직업집단 간의 혹은 소득 계층 간의 불평등을 강화시키는 기능을 발휘해 왔다는 것이다(김연명, 1997: 32~41). 산재보험의 경우 1964년에 500인 이상의 사업장 근로자에게만 적용이 되었고, 의료보험은 1977년에 역시 500인 이상의 사업장 근로자에게만 적용되었다.

한편 연금은 1960년에 공무원에게만 적용했다. 그리고 1995년에 실시된 고용보험은 30인 이상 사업장 근로자에게만 적용하도록 했다. 그 후 계속 적용범위를 확대하여 산재보험은 1993년에 5인 이상의 사

---

14) 다행히 김대중 정부에 들어와 2000년 7월부터는 국민건강보험으로 통합되어 운영되고 있다.

15) 세부적으로는 소득재분배의 효과가 있는 경우도 있다. 논자에 따라서 의료보험의 경우 1981년에는 소득역진적이었는데 1985년에는 소득재분배의 효과를 나타냈다는 주장과 공·교의료보험은 미미하나마 소득재분배효과가 있는 것으로 나타났으나, 직장의료보험은 소득역진적이었다는 주장도 있다. 국민연금도 소득재분배효과가 있는 것으로 나타난 경우도 있다. 여러 가지 사례 분석은 원석조의 논문 참조(원석조, 1997).

업장 근로자에게 적용하고 있고, 의료보험과 연금은 1990년과 1998년에 각각 전 국민이 가입할 수 있게 되었다. 그러나 그동안의 하향식 방법은 사회보험이 늦게 적용되거나 또는 아직도 적용되지 못하고 있는 인구집단에게는 계속 불평등의 소지를 남겨주어 왔다는 문제가 있다.

한편 ILO의 기준을 적용해볼 때, 실업급여는 전체피용자의 85%, 연금은 경제인구의 75%, 산재보험은 피용자의 100%를 적용해야 하나, 1995년 현재 한국은 고용보험 34%, 연금은 41.3%, 산재보험의 적용률은 62%에 불과하며, 의료보험은 98.7%이다. 의료보험을 제외한 분야에서의 미적용률을 보면 아직도 많은 근로자들이 사회보험의 위험분산기능의 혜택을 받지 못하고 있음을 알 수 있다. 더 문제는 저소득층(저소득임금근로자 및 저소득자영자)에서 고소득임금근로자층으로 사회적 자원이 역진적으로 흘러가는 현상이다. 산재보험의 경우 대기업근로자에서 소기업근로자에게로 산재보험의 확대가 이루어졌으므로 지난 30년간 사용주부담금이 주로 대기업 및 중소기업 근로자들에게로만 이전되었기 때문에 소기업에 근무하는 다수 근로자들은 상대적으로 불이익을 보았다고 할 수 있다. 연금의 경우는 특수직역연금에 대해 국가부담금(공무원. 군인, 사학연금)과 상당액의 국고지원(군인연금)이 지속적으로 이루어져 왔기 때문에 연금을 통해 일반 국민이 부담한 조세가 비교적 고소득층의 임금근로자에게로 흘러갔다고 볼 수 있다. 의료보험의 경우도 보험환자의 진료비 손실 부분은 비적용대상인 일반 환자에게 떠넘기기 때문에 결국 비적용 대상으로부터 적용대상으로의 역진적 자원배분이 이루어지는 셈이다.

불충분성은 전반적으로 한국사회복지의 실제적 급부의 수준이 불충분하다는 뜻이다. 물론 각 제도의 내용이나 성격에 따라 구체적인 것은 다르겠으나 총체적으로 사회복지에 투자되는 비용이 상대적으로 매우 부족하다는 뜻이다. 한국의 사회복지비 지출수준은 세계 70위, 사회복지제도 시행 상태에 따른 사회복지 수준은 세계 122위라는 보고서에서도 확인될 수 있는 바와 같이 우리 사회복지의 실제적 내용은 매우 빈약하다(홍성민, 1977). 사회복지비가 GDP대비 9%에 불과한 우리의 실정은 OECD 회원국 중 최하위로 스웨덴 30%, 덴마크 30%, 독일 29%, 프랑스 29%, 일본 18%, 미국 15%에 비해 턱없이 부족하다(2001, OECD 홈페이지).

3) 복지추동세력의 부재

사회복지란 인간다운 삶을 국민들에게 담보해주기 위하여 필요한 자원을 동원하고 배분하는 일련의 체계이다(최경구, 1997). 이러한 복지 자원의 동원과 배분은 가진 자들의 시혜나 어느 개인의 자비심만으로 이루어질 수 있는 것은 아니다. 사회복지의 역사상 복지가 획기적으로 증대하는 경우는 복지의 추동세력, 예컨대 노동조합 또는 그들이 주축이 된 정당 등이 자본가나 정부로부터 일정한 양보를 강제해 낼 수 있을 때 가능했던 것임을 알 수 있다. 그러나 한국에는 그러한 세력이 없다. 한국은 오랫동안 남북이 대치함으로써 적색콤플렉스(red complex)가 있어서 진보세력의 형성이나 집권이 원천적으로 한계가 있다. '노동자'라는 말보다 '근로자'라고 써야 마음이 편안한 분위기가 있는 것도 사실이다. 그런 상황에서 국민들이 사회민주당이나 노동당을 받아들이기는 어려운 것이다.[16]

그러나 근래에 이르러 복지추동세력의 형성 가능성을 엿볼 수 있는 몇 가지 시민사회운동 사례가 있었다. 하나는 1991년에 있었던 '사회복지 예산삭감 저지운동'과 1994년에 있었던 '최저생활을 위한 헌법소원 청구운동', 그리고 국민생활 최저선 확보운동'이다. 예산삭감 저지운동은 한국사회복지학회, 한국사회사업(복지)대학협의회, 한국사회복지사협회 등이 중심이 되어 삼자연합으로 대토론회를 개최하고 공동선언문과 국회에 보내는 결의서와 성명서 등을 채택하고 서명작업도 했다. 또한 사회복지학과 학생, 대학원생들이 국회 앞에서 평화적인 시위와 농성을 벌인 결과 소기의 목표를 달성할 수 있었다. 한편 최저생활을 위한 헌법소원 청구소송은 한국사회정책학회에서 서울 중구 중림동에 사는 두 노인을 도와 우리나라에서 처음으로 생활보호급여의 적정 기준 문제에 대하여 헌법재판소에 헌법소원심판 청구를 냈던 것을 말한다. 그리고 국민생활 최저선 확보운동은 참여연대(참여민주사회와 인권을 위한 시민연대)의 사회복지위원회가 정부를 상대로 국민연금기금 운용 손실액에 대한 손해배상 소송을 냄으로써 시작되었다. 근래에는 사회복지 예산확보운동이 사회복지단체들을 중심으로 벌어지고 있다.

이와 같은 일련의 움직임은 복지추동세력으로서의 시민운동이 전문가 집단을 중심으로 발전될 가능성을 내보인 것이라고 할 수 있다. 당장의 대중적 조직화에는 어려움이 있을 것으로 보이나, 21세기 환경복지의 시대에는 오히려 전문가집단을 중심으로 하는 복지추동세력이 형성될 수도 있을 것이다.

---

16) 물론 진보정당의 출현이 반드시 사회복지의 확대나 복지국가의 등장을 의미하는 것은 아니다. 다만 상대적으로 복지를 강조한다는 의미가 있을 뿐이다.

4. 한국사회복지의 발전 방향

1) 사회적 토대로서의 환경복지

이 논문의 전반부에서 필자는 지구문화가 인간 소외, 환경공해, 그리고 전쟁의 위협이라는 자본주의의 폐해를 극복하기 위하여 복지운동과 환경운동, 그리고 평화운동이 전개되고 있음을 밝힌 바 있다. 그리고 그를 뒷받침해주는 복지이념의 변화가 바로 사회적 토대로서의 환경복지임을 언급하였다.[17] 과거의 사회복지가 산업화사회의 산물로서 경제체제에 예속된 속성을 지닌 것이라면, 환경복지란 지속가능한 사회복지체제(sustainable social welfare system)로서 경제체제의 토대로서의 속성을 지니는 것이다. 지속가능한 사회란 사회가 자원 토대(resource base)에 의한 구속을 받아들이는 사회이다. 이것은 소비의 감축, 환경파괴의 제한, 그리고 지구의 규모에 알맞은 적절한 미래의 설계를 의미하며, 사회의 생물학적 토대와 조화를 이룰 수 있는 경제적 정치적 질서를 수립하는 것이다(McNutt, 1994: 36~49). 지속가능한

---

17) 산업화는 자본주의와 사회주의, 그리고 사회민주주의와 복지국가의 등장에 이르기까지 경제 논리를 중심으로 사회를 변화시켜 왔다. 폴라니에 의하면 산업화 이전의 사회에는 사회체제가 경제체제를 지배하였으나 산업화시대에는 자본주의의 등장과 함께 경제체제가 사회체제를 지배하게 되었다는 것이다(Polanyi, 1957). 경제체제가 더 중요한 토대가 된 것이다. 후기산업사회이니 정보화 사회이니 하는 논의가 숨 가쁘게 돌아가는 지경에 이르러서도 경제체제가 사회체제를 지배하는 자본주의 논리에는 아직도 변화가 없는 듯하다. 그러나 폴라니가 지적했다시피 자본주의의 폐해는 이에 맞서 싸우고 그를 시정하기 위한 사회운동의 등장을 또한 필요로 하는 것이다. 과거에는 그것이 사회주의 운동이나 복지국가 운동이었다. 그러나 이제는 환경운동이 그에 필적하는 21세기의 사회운동으로 자리 잡게 되었다. 그러나 필자의 생각으로는 환경운동만 가지고는 부족하다. 복지가 함께 하는 환경복지운동(environmental welfare movement)이라야 한다. 20세기의 인류가 발명해낸 사회체제 중에 '복지체제'만한 것이 없다. 복지체제야말로 후세에 전승되어야 할 인류의 자산인 것이다. 또한 복지 체제는 환경문제와 이념적으로나 기술적으로 조화를 이루고 있다. 무엇보다도 그 둘은 이미 언급한 바와 같이 자본주의의 폐해를 시정하고자 하는 이념적 동기를 갖고 있으며, 동시에 점진적 방법을 공유하고 있다. 인식의 변화와 함께 꾸준한 노력을 하지 않으면 안 되는 것이다.

사회를 만들기 위해서는 선진산업국가의 개인들에 의한 물질적 과소비를 줄여야 하며, 무제한의 개발에 기초한 경제성장으로는 인간의 욕구가 극대화될 수 없다는 사실을 잘 알아야만 한다(Dobson, 1990: 29~30).

1960~1970년대만 해도 자원의 유한성이라는 것이 사회과학자들이나 사회복지정책학자들에게 큰 문제가 되지 않았다. 그러나 1980~1990년대에 와서는 자원의 유한성이 강조되고 자본주의적 성장의 논리가 땅과 물과 공기와 생태계의 파괴를 초래함으로써 인간 생존을 위협하는 지경에 이르렀음을 누구나 알게 되었다. 자원의 유한성은 빈곤, 실업, 기근, 강제 이주, 난민, 장기적 경기침체 등을 초래함으로써 사회복지 모금운동과 사회복지 프로그램을 수행하는 사회복지기관과 그 종사자들의 직접적 도움을 필요로 하고 있다. 이제 21세기에는 경제가 아니라 바로 환경복지가 토대가 되는 사회가 도래할 것이다. 경제체제보다는 환경복지를 근간으로 하는 사회체제가 더 중요하다고 동의할 수 있는 시대가 와야 인류가 생존할 수 있다. 이른바 지속가능한 사회를 위한 '지속가능한 사회복지정책(sustainable social welfare policy)'의 수립이 필요하게 된 것이다.

이를 위하여 앞으로는 사회발전의 척도가 혁신적으로 바뀌어야 한다. GNP성장 같은 것이 아니라 '물질적 삶의 질 지수(the physical quality of life index)', 또는 '지속성 있는 경제 복지 지수(index of sustainable economic welfare)'와 같은 것이 사회발전의 지표가 되어야 한다. 또한 GNP수준에 맞는 '사회적 기본수준(BSS)'을 국제적으로 정하는 노력도 경주되어야 할 것이다. 이러한 사회에서는 경제지표보다는 사회지표가 더 중요하게 된다. 생산이 아닌 질적 성장을 강조하는 새로운 사회로의 변화에는 사회복지가 그 중심에 서서 사회적 사명을 다할 것으로 보인다.

이와 같은 지속가능한 사회복지체제를 만드는 데에는 다섯 가지 원칙이 있다고 맥너트는 주장한다. 첫째는 주민 중심(grassroots focus)의 원칙이다. 핵동결위원회가 충고하고 있듯이, '지구적으로 생각하고, 지방적으로 행동하라'(Think globally, act locally)는 것이다. 그러나 질적 통제가 어려울 수도 있으므로 항상 지역적·국가적·세계적 수준의 연계 노력을 게을리해서는 안 된다. 둘째, 사회정의(social justice)의 원칙이다. 지속가능한 사회는 더 적게 생산할 가능성이 있으므로 생존권적 차원에서 빈자들의 기본 욕구를 보장하는 정책을 소홀히 해서는 안 된다. 셋째는 참여(participation)의 원칙이다. 참여의 권리는 윤리적 선일 뿐만 아니라 실제적으로도 중요하며 이를 통하여 소외가 방지될 수 있다. 넷째는 예방(prevention)의 원리이다. 많은 사회복지정책들이 치료적인 데 반해 지속가능한 사회복지체제는 예방에 초점을 맞춤으로써 삶의 질을 고양시키고 비용절감의 효과도 노린다. 다섯째는 발전의 핵심(developmental focus) 원칙이다. 지속가능한 사회복지제도는 다른 제도들을 발전시킬 수 있는 발전의 토대가 되어야 한다는 것이다.

이와 같은 맥너트의 주장은 지속가능한 복지사회, 즉 환경복지사회를 이루기 위한 발전 전략의 목표로서 부족함이 없는 듯하다. 그러나 아직도 어떤 세력이 어떤 방법으로 그와 같은 목표들을 달성할 수 있을 것인가 하는 구체적 문제는 남아 있다. 그리고 이것은 각개 사회의 역사적·문화적 특성과 사회경제적 입장, 그리고 자연 환경의 조건에 따라서 달라질 것이다. 사회발전이란 발전의 목표를 세우고 구체적 전략과 계획을 추진하는 사람들에 의해서만 이루어지는 것이다(Midgley, 1995: 27).

2) '환경복지국가'와 '환경복지자본주의'

한국의 사회복지제도가 발전하는 과정에서 나타난 선전적 형식성, 잔여적 기형성, 복지추동세력의 부재 등의 부정적 측면은 일단 사회보험과 공적부조, 사회복지서비스와 같은 제도적 틀을 갖추고 있음에도 불구하고 그것이 적절하게 기능하지 못하는 원인이 되고 있다. 이러한 복지 현실을 극복하고 향후 21세기의 환경복지사회로 나아가기 위해서는 무엇보다도 먼저 정부가 환경복지사회에 대한 전망을 확실하게 가지고 이제까지의 성장 일변도의 정책을 지양하여 지속가능한 환경복지사회로의 정책을 개발하고 이를 끈기 있게 추진하여야 할 것이다. 이것을 추진하는 국가는 환경복지국가요, 이것이 근본으로 하고 있는 사회경제체제를 환경복지자본주의라 할 수 있다.

국민복지기획단에서 나온 보고서에 의하면 향후의 한국적 복지모형은 균형적 복지국가를 목표로 자유와 평등의 이념적 조화를 모색하고 성장과 복지의 균형을 추구하며 선진 경험의 장점과 우리 사회의 전통을 융화시켜 한국인의 삶의 질을 극대화하는 것이라고 밝히고 있다(국민복지기획단, 1995: 27). 이러한 균형적 복지국가의 모형은 요컨대 성장과 복지의 균형을 강조하는 것으로서 매우 적절한 내용을 함축하고 있는 것으로 보인다. 그러나 이 논문에서는 환경복지의 개념을 도입함으로써 한 걸음 더 나아가 자칫 소홀하기 쉬운 복지와 환경부문을 강조하고자 하는 것이다. 21세기의 한국복지 모형은 '환경복지국가모형'이어야 하며 이 논문은 그러한 내용의 형성에 부분적으로 기여할 수 있다고 본다.

그러나 지난 30여 년간 성장 위주의 정책 일변도로 나온 한국 정부가 그 궤도에서 벗어나는 것은 쉬운 일이 아닐 것이다. 한국의 자본주의를 아직도 천민자본주의라고 부르고 있는 사람들이 적지 않은 오늘의 현실을 볼 때, 과연 한국에서 환경복지를 부르짖는 것이 얼마나 설득력을 가질 수 있을지 의심스러운 면이 없지 않다. 그러나 그럼에도 불구하고 미래에 대해 예비하는 것은 매우 필요한 일이다.[18] 현대 정보사회의 변동 속도는 지나칠 정도로 빠르기 때문이다. 19세기의 자유자본주의는 20세기에 복지자본주의로 바뀌었으며, 21세기에는 환경복지자본주의로 그 방향타를 돌리고 있다.[19] 지속가능한 사회로의 진입을 서둘러 준비하지 않으면 안 된다. 더욱이 우리나라는 이제까지 위로부터의 개발과 위로부터의 개혁이 주효해 왔던 전통을 갖고 있기 때문에 정부에서의 인식전환과 정책의지가 매우 중요한 것임은 췌언을 요치 않는다. 앞으로는 이제까지의 정부가 복지에 대해 보여주었던 선전적 형식성을 타파하고 미래의 올바른 비전을 가진 실제적 복지를 추구하는 노력이 필요하다.

둘째, 복지추진세력의 부재 현상을 극복하기 위한 의식적인 노력이 필요하다. 그것은 환경복지 전문가집단을 중심으로 하고 그에 찬동하는 제 세력을 규합하는 시민운동으로 세력을 형성하여야 한다는 뜻이다. 어차피 정보사회에서 여론을 형성하고 이끌어가는 데는 전문가집단의 역할이 대단히 중요하다. 그리고 환경복지문제는 기본적인 가치관의 변화를 수반하지 않으면 안 된다. 왜냐하면 환경복지 문제는 경제성장만큼 당장의 관심을 끌기 어려운 속성이 있기 때문에 이

---

18) 1990년 현재 공해방지 투자비율은 국내총생산의 0.7%인데 현재의 수준보다 세 배 정도 늘리는 것이 21세기를 대비한 한국의 선택으로서 바람직하다는 연구 보고가 있다(정구현 외, 1994: 293~304).
19) 세계화와 관련하여 한국사회의 발전과제로 복지민주주의와 복지자본주의를 드는 견해도 있다(송호근, 1996: 441~445).

문제의 본질을 꿰뚫어 보고 깊은 관심과 가치관의 변화가 있지 않으면 운동에 참여할 수 없기 때문이다. 개인적 차원에서 그러한 의식개혁의 작업이 철저하게 이루어져야 이 운동 자체가 진전될 수가 있다는 말이다. 이를 위해서는 환경운동단체들과 복지운동단체들이 연대하여 힘을 모으고 학계나 관계 또는 정계와도 관련을 맺고 연구하고 행동하는 것이 무엇보다 필요하다. 나아가 세계의 정부조직이나 비정부조직을 막론하고 연대하여 나가는 것 역시 매우 중요한 운동 과정이 될 것이다. 환경복지운동이야말로 세계적 연대 속에서 추진되어야 그 효과도 있을 것이기 때문이다.

셋째, 환경복지운동은 지역사회의 주민들이 중심이 되어 참여하는 운동이 되어야 한다. 세계화는 국경 없는 사회의 출현과 동시에 지방화(localization)를 하나의 특성으로 하고 있다. 이것은 상대적으로 지방사회의 중요성이 증대하고 있다는 것이다. 지방화는 세계화 과정을 주도하는 초국적 기업들이 정책결정을 할 때 반드시 국가의 이익을 우선하지는 않는다는 점에서부터 비롯된 말이기도 하지만, 인터넷 등 정보통신수단의 발달로 인하여 국경의 의미가 훨씬 약화된 상황을 반영하고 있기도 하다. 이와 같이 국가의 경계가 약화되는 곳에 전에는 국가에 의해 통제되어 왔던 지방, 종족, 종교상의 다양한 이익을 추구하는 행위자가 등장하게 되는 것이다. 경제나 환경복지문제 중에는 국경을 넘어선 지방과 지방 간의 세계적 교류에 의해서 효과적으로 해결될 수 있는 것들도 적지 않은 것이다. 이를 위한 지방정부로의 권력분산도 가능해질 것이며, 도나 군단위의 기업들이 직접 외국의 지방과 교류를 확대해 나가는 경향도 더욱 커질 것이다. 향후 한국사회에서는 지방자치가 더욱 활성화될 전망이다. 물론 아직 지방정부의 재정이 여의치 않아 환경복지사업의 진전이 쉽지 않겠지만 적어도 그런 가능성을 키워나가는 노력이 절실하다.

넷째, 환경복지자본주의 운동은 기업의 적극적 참여 속에서만 그 결론적 실질을 확보할 수 있다. 왜냐하면 성장의 주역인 기업이 과거와 같은 무조건적인 개발을 일삼는다면 결코 지속가능한 사회의 실현을 볼 수 없다. 환경복지사회의 기업은 우선 환경기술에 대한 과감한 투자를 해야 할 뿐만 아니라 지구의 지속가능성을 보장하는 사업을 선택하여야 하며 어떤 경우에든지 그 사업의 결과로 발생하는 환경폐기물 등 유독성 쓰레기의 처리문제에 대하여 책임을 져야 할 입장에 있는 것이다. 환경복지사회의 기업은 재활용이나 자연적 순환을 보장하고 기업과 근로자들의 기본적 사회 수준을 보장하면서도 그에 걸맞은 일정한 성장을 지속해야 하는 부담을 지지 않을 수 없다. 말하자면 기업은 환경복지자본주의의 실제적 행위자가 되어야 하는 것이다. 이쯤 되면 기업은 모든 사원들의 기업으로서 경영자만 책임을 지는 것이 아니라 모든 근로자들도 경영에 같이 참여하는 산업민주주의를 실현하게 될 것이다. 또한 기업은 이익의 사회적 환원, 환경복지에 대한 순환적 투자, 환경기술의 개발과 공유 등 지구의 환경적 위기와 동시에 인류의 공존을 위하여 역경을 헤쳐나가는 전위로서의 역할을 담당하게 되는 것이다. 이때의 국가와 자본, 그리고 노동의 관계는 인류의 공적(public enemy)을 목전에 두고 하나가 되어 인류의 공존(co-existence)과 '공생(co-livism)'을 추구하는 협동주의적 관계를 유지할 수 있을 것이다. 이것이 안 되면 결국 인류의 미래는 비관적인 방향으로 흘러갈 수밖에 없을 것이기 때문이다.

21세기의 환경복지자본주의는 정부의 적절한 통제하에 정보사회의 주자이면서 환경복지의 전위가 되어야 할 기업의 적극적 참여하에 모든 국민이 환경복지의 가치관을 철저하게 내면화하고 실천하는 생활을 구체적으로 해 나갈 때 비로소 성공적으로 운용될 수 있을 것이며, 인류의 새 생활이 가능해질 것이다.[20]

5. 결론

세계화는 자본주의의 팽창과 지구문화의 형성과정이다. 지금은 자본주의의 무한경쟁이 더 강조되는 상황이지만, 앞으로는 자본주의의 폐해를 시정하고 인류의 생존과 공생을 지향하는 지구문화의 형성, 특히 환경복지운동의 확산에 따라 지속가능한 환경복지사회를 만들어나가는 세계적 지향성이 더 중요하게 될 것이다. 환경복지사회란 환경문제와 복지문제를 동시에 풀어나감으로써 이룰 수 있는 지속가능한 사회(sustainable society)이다. 환경복지의 구체적 실천은 자연환경과 사회환경을 정화하는 것이다. 즉 땅과 물, 공기와 생태계 보호는 물론, 빈곤과 실업 등을 타파하기 위하여 소득, 의료, 교육, 주택보장 등 사회복지적 기본수준을 보장함으로써 순환적 지속이 가능한 사회를 지향한다. 땅과 물과 공기와 생태계가 깨끗해야 공장이나 회사, 주택 등이 들어설 수 있고, 거기서 일하고 거주하는 사람들의 사회복지적 기본수준이 보장이 되어야 빈곤과 실업 등이 타파될 수 있다. 빈곤과 실업 등이 타

---

20) 테스터는 환경사회의 실천 모델을 주창하고 있는데, 그 핵심에는 개인적 사회적 가치가 자리하고 있다 (Tester, 1995: 93). 개인적 · 사회적 가치가 확고하게 환경복지적으로 변화되어야만 생태학의 시대에 자연환경에 대한 조작을 통해 야기되는 개인과 가족과 공동체의 스트레스와 불안과 갈등을 사전에 미리 예방할 수 있으며, 사후라도 문제를 해결할 수 있는 힘이 되는 것이다. 이러한 문제에 적극 개입해야 하는 사회사업가는 문제를 일으키는 배경인 각개 사회의 역사적 문화적 맥락에도 친숙해져야만 한다.

파되어야 깨끗한 사회, 희망 있는 사회, 도덕적인 사회가 되며, 그래야 다시 땅과 물과 공기와 생태계가 유지될 수 있다. 이러한 자연과 사회의 순환을 유지하는 것이 지속가능한 환경복지사회인 것이다. 그러한 국가가 환경복지국가이며 그러한 사회경제체제가 환경복지자본주의이다.

환경복지사회는 서구의 무한경쟁이 빚어내는 모순과 불안을 극복하고 조화와 안정을 되찾음으로써 인류의 생존과 희망을 가능하게 하는 매우 동양적인 대안이며, 사실상 이 길 외에는 미래의 대안을 찾기 힘들다. 적어도 땅과 물과 공기와 생태계의 보호와 자연적 순환이 지속적으로 보장되지 못한다면 인류는 이 지구상에서 존재할 수가 없다. 또한 이렇게 지속가능한 사회의 존속은 도덕적 인류가 되어야 가능하다는 것을 전제로 하는 것이다. 도덕적이고 정의로운 인류라야 자연의 구속을 받아들이고 그것에 순응하면서도 모든 인류의 기본욕구 충족을 위한 소득과 의료, 주택과 교육의 보장을 위하여 동의하고 노력하고 양보할 것이기 때문이다. 이것은 이기주의로는 안 되고 당연히 이타주의(altruism)의 강조로만 가능한 도덕적인 문제이다. 지구의 위기를 극복하기 위해서는 공해에 병들어가는 자연환경과 비인간적 사회환경을 보호하고 정화하는 것이 무엇보다도 중요한 행위의 전제가 되는 것이며 모든 기타의 문명적 활동의 토대가 되는 것이다.

현재 세계화가 진행되고 있는 모습은 마치 원시자본주의가 부활하여 팽창하는 것으로만 보인다. 원시자본주의하에서 먹고 먹히는 추악한 인류의 모습만이 '무한경쟁'이라는 가면 속에 자리하고 있음을 본다. 적어도 그러한 원시자본주의적 행태는 다시 한 번 환경정의와 복지의 차원에서 재정리되는 것이 필요하다. 그것이 바로 환경복지의 사회적 토대를 튼튼히 마련하는 길이다. 이를 바탕으로 여타의 경제와 정치가 올곧게 자리하여 도덕적인 사회를 만들지 않는다면 인류의 미래는 없다.

20세기의 패러다임이 선형적 발전과 성장이었다면 21세기의 패러다임은 순환적 지속과 생존이다. 또한 20세기의 패러다임이 물질적 쾌락과 도덕적 불감증을 특징으로 하는 것이었다면 21세기의 패러다임은 정신적 안정과 도덕성을 특징으로 하는 것이라고 볼 수 있다. 19세기에는 정치가, 20세기에는 경제가, 21세기에는 환경복지가 중요해지는 패러다임의 전환이 이루어지고 있는 것이라고 주장한다면 이는 지나친 단순화일는지도 모른다. 그러나 우리는 이러한 시각을 통하여 사회체제가 경제체제보다 우위에 서는 신문명의 패러다임이 서서히 확산되고 있음을 볼 수 있다.

한국의 사회복지는 지난 30여 년간의 성장 위주 정책으로 인해 선전적 형식성, 잔여적 기형성, 그리고 복지추동세력의 부재라는 부정적 속성을 지님으로써 산재보험, 의료보험. 연금보험, 고용보험 등 4대 사회보험과 공적부조, 그리고 사회복지서비스가 제도화되어 있으면서도 그 효율성과 효과성이 의문시되는 상황에 있다. 즉 비체계적이며 분립적이어서 불평등에 오히려 기여한 측면이 있다. 향후 한국의 사회복지가 21세기를 맞이하려면 그러한 부정적 속성을 타파하여 실제적인 내용이 변화하여 도덕적이며 정의로운 환경복지를 실현해 나갈 수 있어야 할 것이다. 그러기 위해서는 기본적으로 정부에서 중장기적으로 환경복지국가를 발전모형으로 하는 획기적 변화가 있어야 하며, 그를 추진하는 환경복지추진세력이 형성되어야 하고, 지역사회복지가 주민의 민주적 참여 속에서 이루어져야 할 것이다. 나아가 기업이 환경복지사회에 적응하여 성장을 조정하고 통제할 수 있는 새로운 환경기업으로 다시 태어나야 하는 과제가 있다.

제14장 신자유주의 비판과 새 시대의 복지이념[1]

1. 서론

1973년과 1979년 두 차례에 걸친 석유 위기는 복지국가의 황금기 (1945~1975)를 마감하고 이른바 '복지국가의 위기'를 초래했다. 전후 지속되었던 고도성장이 마감되고 부분적으로 마이너스 성장까지도 감수할 수밖에 없었던 선진복지국가들은 그 위기를 해결하고자 복지 예산을 삭감하고 복지제도를 축소하는 등 복지의 재구조화를 시도하였다. 이것은 전통적인 사회민주주의 복지국가들까지도 신자유주의 이데올로기의 영향을 받게 하여 전반적으로 노동을 전제로 하는 복지급여의 제공과 공공부조의 축소 내지는 엄격한 복지수급자 관리, 또는 사회보험 관련 제도의 민영화 등 보수주의적 사회정책으로 나타났다. 더욱이 1991년 소련 사회주의 국가의 해체는 무한경쟁을 기본으로 하는 신자유주의의 세계화 바람을 일으켜 복지국가를 제대로 해보지도 못했던 제3세계 국가들에까지 신자유주의 정책의 기조를 따르게 만들었다.[2]

---

1) 이글은 2007년에 한국노총중앙연구원에서 출간된 『21세기 새로운 사회복지정책: 사회복지정책 10대 과제』에 실렸던 것을 약간의 수정을 통해 내놓은 것이다.

그러나 1980~1990년대를 휩쓴 신자유주의의 물결이 과연 복지국가를 무용한 것으로 만들었는가? 물론 그렇지는 않다. 에스핑-앤더슨이 분류한 복지국가의 세 가지 유형들 중에서 스웨덴 등 북구의 사회민주주의 복지국가들은 부분적 조정이 있었으나 기본 틀은 크게 변화가 없다고 할 수 있다. 독일 등 보수주의 복지국가들도 상당한 조정에도 불구하고 자신들의 전통에 맞는 가족중심의 복지국가를 여전히 유지하고 있다(Esping-Andersen, 1999: 74~86, 147). 다만 자유주의 복지국가의 범주에 드는 미국, 영국 등은 신자유주의 복지정책을 대폭적으로 수용함으로써 경제적으로는 성공하였다고 하나 이는 양극화 현상 등 부정적 측면을 수반한 것으로 사회통합에 걸림돌이 되고 있는 형편이다. 자본주의 종주국인 미국은 양극화 현상이 영국과 더불어 가장 두드러지게 나타나고 있으며,[3] 우리나라도 예외가 아니어서 양극화로 인해 사회통합의 적신호가 울리고 있다.[4] 신자유주의로 인하여 빈익빈 부익부의 원초적인 자본주의의 문제점이 재현되고 있는 만큼 이제 신자유주의는 그만 해야 한다. 사회통합이 깨지면 사회집단 간, 계급 간 갈등이 첨예화되어 그 회복이 어렵다. 그러므로 이제는 신자유주의의 대안을 찾아 나서야 할 때가 된 것이다.

한국은 IMF 외환위기를 극복해가기 위해 신자유주의 정책을 받아들였으나 그 과정에서 기본적인 사회안전망이 너무 부실했던 것이 드러나 노숙자가 속출하는 등 사회불안을 조성하게 되자 오히려 IMF

---

2) 한국과 같이 복지적 사회안전망이 취약한 나라조차 그 영향을 받지 않을 수 없었다. 특히 1997년의 환란 위기를 맞이하여 IMF의 금융지원을 받는다는 전제하에 신자유주의적 경제정책을 대폭 받아들였다.

3) 본문 406쪽 양극화 부분 참조.

4) 한국사회의 양극화는 신자유주의 이후 더 심화되고 있으며 특히 문제는 상대적 박탈감의 심화로 미래에 대한 전망을 상실한다는 데 있는 것으로 보인다(조명래: 49, 82).

로부터 사회안전망의 확충을 권유받을 정도였다. 마침 '국민의 정부'
가 지향했던 '생산적 복지'이념의 등장과 시민단체들의 줄기찬 건의
와 청원으로 국민기초생활보장법이 제정 실행될 수 있었고, 4대 사회
보험 제도의 완비 등도 가능하게 되었다. 그리하여 복지국가로서의
최소한의 제도적 틀은 갖추었으나 내실이 부족하여 여전히 개인이
복지의 1차적 책임을 져야만 하는 신자유주의 틀을 벗어나지 못하고
있는 형편이다. 이제는 신자유주의의 대안을 찾아야 할 때다. 상대의
세계에서 영원한 이데올로기란 없다. 상황의 변화는 새로운 이데올로
기를 요구하기 때문이다. 세계적으로도 후기산업사회의 도래와 함께
기술의 발전에 따른 인구학적 변화와 노동구조의 변화 등 새로운 추
세는 전통적 복지국가의 모습을 변화시켜 새로운 사회적 위험에 대
처할 수 있는 새로운 복지의 패러다임을 요구하는 추세이다. 이 글은
그러한 사회복지이념의 변화 과정을 고찰하고 한국 사회에 맞는 대
안적 복지이념을 찾아보고자 하는 노력의 일환으로 쓴 것이다.

2. 복지국가의 위기와 복지이념

복지국가의 위기와 변동은 역사적으로 보아 두 가지 관점에서 다
룰 수 있다. 하나는 1970~1980년대에 나타난 복지국가의 위기론을
중심으로 이념적 측면을 개괄하여 보는 관점과, 다른 하나는 1990년
대 이후에 강조된 세계화의 담론 속에서 등장하는 복지국가의 후기
산업사회적 배경과 관련하여 복지패러다임에 관한 담론들을 살펴보
는 관점이다. 이것은 장을 달리하여 살펴볼 것이다.

먼저 1970년대에 발생한 복지국가의 위기론과 관련하여 세 가지 이

넘적 입장에 따른 분석이 있다(최경구, 1993). 첫째 우파적 관점을 들 수 있다. 이것은 신보수주의 내지는 신자유주의적 관점으로서 복지국가에 위기가 도래한 것은 복지국가가 그동안 국가 개입을 통하여 지나치게 자본주의 시장의 메커니즘을 왜곡시켜 왔기 때문이라고 주장한다. 즉 지나친 국가 개입은 정부의 업무를 과도하게 만들었고 이는 당연히 정부기구의 팽창을 초래하였으며 비대해진 정부는 업무를 효율적으로 수행할 수 없었으므로 결국 비효율과 낭비를 위주로 하는 관료적 정부는 실패할 수밖에 없었다는 것이다. 이 실패는 결국 복지국가의 위기로 나타났고 이 위기를 타개하기 위해서는 작은 정부를 지향하고 시장을 신뢰하고 시장에 대한 개입을 중지하여야 한다는 주장이다. 우파적 관점을 대표하는 학자는 하이에크(Hayek)와 프리이드만(Friedman)을 들 수 있는데, 그들은 시장의 무결점성을 강조하면서 모든 것은 시장의 메커니즘에 맡겨야 하며 그래야 경제가 발전하고 번영의 효과가 모든 사회성원들에게 고루 미치게 될 것이라고 말한다. 물론 정부가 할 역할이 있다. 그것은 시장에서 자유로운 경쟁의 규칙이 잘 지켜지고 질서가 유지될 수 있도록 최소한의 심판자이자 관리자의 역할을 해야 한다는 것이다. 시장은 보이지 않는 손에 의해서 조화롭게 성장해 갈 것이라고 본다. 이러한 신자유주의적 정책을 앞장서서 시행한 국가는 1980~1990년대를 주름잡던 미국과 영국으로서 레이거노믹스(Raeganomics)와 대처리즘(Thatcherism)으로 인구에 회자되고 있다. 이들은 세금을 줄이고 복지비를 삭감했으며, 전반적으로 복지체제의 축소를 도모하였으며 세계적으로 영향을 미쳤다.

둘째, 좌파적 관점은 복지국가의 위기가 도래한 것은 기본적으로 복지국가가 자본주의의 메커니즘에 충실한 것이기 때문에 결국 자본주의의 모순이 누적됨으로써 복지국가의 위기 현상이 나타난 것이라고 보았다. 복지국가가 아무리 복지제도를 통하여 빈곤자를 돕고 사회적 위험에 대비한다고 하여도 생산력과 생산관계의 모순을 근본적으로 해결할 수는 없다는 것이다. 즉 생산력이 발전하여 감으로써 보다 많은 이윤이 발생하는데 생산관계는 별다른 변화가 없이 자본가가 노동자들의 노동력을 계속 착취하는 기본제도는 유지되고 있다는 것이다. 국가가 복지제도를 통하여 자유로운 경쟁의 결과로 낙오하는 노동자나 빈민, 불가피하게 경쟁으로부터 소외된 사회적 약자들을 위하여 자본가로부터 약간의 양보를 강제해 낼 수는 있으나 근본적인 처방은 될 수 없기에 이들에 대한 착취의 가능성이 쌓여감에 따라 모순은 누적적으로 나타날 수밖에 없으며 드디어 국가가 감당할 수 없는 복지국가의 위기로 나타나게 되었다는 것이다. 이러한 입장에 가까운 학자들은 고프(Gough)나 오코너(O'connor), 오페(Offe) 등이 있다.[5] 이 위기를 해결하기 위해서는 보다 근본적으로 반자본주의적·사회적 서비스를 확장하는 전략이 필요하다고 본다. 오코너는 위기를 기존 질서의 변수 내에서 해결할 수 있는지에 대해 의혹을 품었다. 그는 위기에 대한 유일한 영속적인 해결책은 사회주의라고 주장했다(현외성·강욱모, 1999: 222). 이는 결국 자본가들의 부당한 이윤의 사취가 가능하지 않도록 제도 개혁을 하여야 하며, 이를 위하여 민영화보다는 국유화를 중시하고, 사회주의적 연대성에 입각하여 결과의 평

---

5) 고프는 노동 생산력을 강화시켜주는 국가의 복지제도와 자본가의 계속적 이윤점유를 보장해주는 생산관계가 모순적이라고 한다. 오코너는 자본가를 위한 축적(accumulation)과 서민과 노동자의 동의를 얻기 위한 정당화(legitimation)의 기능이 모순된다는 점을 지적했다. 한편 오페는 자본주의 사회의 세 가지 하위체계, 즉 가족과 같은 사회화의 체계, 생산과 교환관계를 규정하는 자본주의 경제체계, 정치행정과 강제의 메커니즘인 복지국가체계가 경계분쟁을 누적시킴으로써 모순이 심화되었다고 주장한다(최경구, 1993: 47~52).

등을 강화하는 방향으로 부의 재분배 구조를 바꾸어야 한다는 주장
으로 풀이할 수 있다.

셋째, 중도적 관점은 전통적인 사회민주주의의 관점이다. 이들에 의
하면 복지국가가 위기에 처하게 된 것은 복지국가가 보다 철저하게
사민주의적 방법, 즉 민주주의를 통한 혁명적 결과의 실천에 소홀했기
때문이라는 것이다. 즉 복지국가가 전후의 황금기를 누리는 동안 불평
등은 완화되지 않았으며 관료적 정부의 팽창과 비효율적 복지제도와
복지전문가들의 태만이 복지국가의 위기를 초래하게 되었다고 본다.
그리하여 이를 해결하기 위해서는 더욱 철저하게 복지국가의 본래 지
향점대로 국가제도를 정비하고 복지기구를 재정비 강화하는 것이 필
요하다고 주장한다. 르 그랑(Le Grand)은 평등의 전략을 더욱 적극적으
로 펴야 한다는 주장을 하였고, 타운센드(Townshend)는 복지의 관료주
의화를 시정해야 한다는 점을 지적했다. 사실상 복지국가를 옹호해야
하는 입장을 취하고 있는 중도적 관점은 실용주의적 입장에서 그동안
의 복지정책을 반성하는 복지근본주의적 관점을 견지하고 있다.

3. 후기산업사회의 거시구조적 문제와 복지

다음으로 고찰할 것은 1990년대 이후 세계화의 담론 속에서 후기
산업사회의 구조적 특성을 배경으로 하고 이루어지는 복지국가의 이
념적 패러다임에 관한 내용이다. 이것은 1970년대의 복지국가의 위기
가 석유위기라는 단순한 외부적 충격으로부터 비롯된 것이 아니라 보
다 근본적으로 산업사회의 패러다임이 후기산업사회의 패러다임으로
전환됨에 따라 발생한 것이라는 견해에 기초하는 것이다. 이러한 견해

는 세 가지로 나누어 볼 수 있는데 첫째는 경제적 세계화(economic globalization)의 관점에서 복지국가의 변화를 설명하는 입장이다. 둘째는 좀 더 거시적으로 후기산업사회의 제반 인구학적·정치경제적 특성이 복지국가의 패러다임 변화에 미치는 영향을 설명하는 관점이다. 이것은 첫 번째의 경제적 세계화를 포괄하여 거시적인 설명을 시도한다. 셋째는 월러스틴(Wallerstein)의 세계체계론(world system theory)의 초거시적 관점으로서 '자유주의 이후'(after liberalism) 자본주의 세계경제체계가 어떤 변화의 과정에 놓이게 될 것인가를 역사적 사회과학의 방법론에 입각하여 고찰한다.

1) 경제적 세계화와 복지국가

먼저 경제적 세계화의 관점부터 살펴보자. 이 관점에 의하면 오늘날 복지국가의 변동은 1970년대의 석유위기로부터 표면화되었으나 더 근본적인 구조적 영향력을 미친 것은 경제적 세계화였다는 것이다. 경제적 세계화는 컴퓨터 기술의 발전과 사회주의 사회의 붕괴로 인하여 기업과 자본의 이동이 국제적으로 자유롭게 되면서 자본가가 헤게모니를 장악한 가운데 경제적인 힘으로 세계를 자본주의 시장구조에 편입시키는 과정을 의미한다.

이것은 1995년에 출범한 세계무역기구(WTO: World Trade Organization)의 출범으로 더욱 본격화되었다. 세계 각국이 보호무역을 탈피하여 자유무역을 목표로 할 것을 주창하는 WTO체제는 미국의 주도로 추진되었으며 1991년 소련의 해체 이후 이미 거칠 것 없는 미국식 자본주의 확산의 첨병으로서의 역할을 수행하는 조직이었다. 말할 것도 없이 이것은 신자유주의를 근간으로 하는 자본주의의 확산을 세계적으로 의도하는 조직이었으며 실제로 그렇게 작용하였다. 결국 세계화란 신자유주의를 근간으로 하는 미국식 자본주의의 확대를 의미하는 것이다.6) 이러한 경제적 세계화의 논리는 국가의 의미가 약화되고 국가의 역할이 축소되는 경향과 함께 자본가들의 힘이 상대적으로 커짐으로써 기업이 '기업하기 좋은 환경'을 마련하기 위하여 노동조합이 없고 관세가 없으며 규제가 적고 임금이 싼 곳을 찾아서 기업이나 공장을 얼마든지 이동할 수 있게 하였다. 그 결과 노동자 복지체제가 약화되고 무한경쟁의 비정한 자본주의만이 세를 잡게 된 것이다. 울리히 벡(Ulrich Beck)은 이를 가리켜 '세계화의 태양 아래 복지국가와 연금체계, 수입보조금, 지방정부의 정책, 조직화된 노동의 힘, 산업조직의 집단적 협상, 국가지출, 공정한 세금체계와 같은 모든 체제가 녹아버렸다'고 표현한 바 있다(Clarke, 2004: 73~74). 어떤 의미에서는 세계화가 역으로 복지의 필요성을 더 만들어준 셈이다.

그러나 혹자는 사실상 경제적 세계화는 미국, 서구, 일본과 같은 국가들의 교역량의 증대에 불과한 것으로 구체적으로 경제적 세계화가 복지국가의 정책에 어떤 직접적이고 인과적인 영향력을 미친 것은 아니라는 주장도 있다(Jæger and Kvist, 2003: 560).

2) 후기산업사회와 복지국가

둘째로는 후기산업사회의 인구학적, 정치경제적 구조가 복지국가

---

6) 물론 세계화는 문화적 관점에서 하나로서의 세계문화가 형성되어가는 과정으로 볼 수도 있다(Robertson & Lecher, 1985: 103~109).

의 변동에 영향을 미친다고 보는 경우이다. 산업사회가 IT혁명 등 첨단 기술의 발전으로 인하여 후기산업사회로 진입하게 됨에 따라 과거에 산업사회의 구 사회적 위험, 예컨대 산재나 실업이나 질병, 또는 노후의 위험에 대비하기 위하여 형성되었던 복지국가 체제는 새로운 산업사회의 위험에 대비하는 내용으로 변화될 수밖에 없게 되었다는 것이다.

Taylor-Gooby는 '새로운 사회적 위험이란 후기산업사회로의 이행과정에서 겪는 경제사회적 변화의 결과로서 일상생활에서 직면하는 위험'이라고 정의하면서, 네 가지 과정이 특히 중요하다고 본다(Taylor-Gooby, 2004: 2~5). 첫째는 유급 여성의 위기 과정이다. 직업을 가진 여성이 많아짐으로써 남성들의 경제적 활동이 위축되고 동시에 많은 저숙련 여성들이 일과 가정을 양립시키기 어려운 문제가 발생하고 있다는 것이다. 저출산의 문제도 심각해지고 가족의 위기도 커진다.

둘째, 노령화가 급격히 진행되면서 연금과 의료서비스, 그리고 사회적 보호의 필요성이 절대적으로 늘어난다는 사실이다. 2000년에서 2030년 사이에는 유럽의 노동인구 중에 65세 이상의 노인인구가 73%가 되리라는 전망이 OECD보고서에 나오고 있다. 대부분의 선진복지국가에서 연금보험의 수요 폭발로 인한 자금 고갈 등의 문제로 내홍을 앓고 있다. 노인에 대한 돌봄의 문제가 일하는 여성들에 대한 스트레스가 되어 남자나 민간부문이나 국가가 대신 노인을 돌보아야 하는 문제가 발생하고 있다.

셋째, 노동시장의 변화에 따른 저숙련노동자와 저임금노동자의 문제이다. 유연전문화 등 컴퓨터기술의 혁명적 발전으로 저숙련 직종이 감소하고, 나아가 국가 간 경쟁이 심화됨에 따라 저임금을 강요하는 구조가 되고 있다는 것이다. 이것은 교육과 고용의 연계를 강화하여 저학력 노동자에 대해 지속적으로 사회적 배제의 위험을 높이고 있다. 비정규직 노동자의 등장이 위험수위에 까지 이르러 있다.

넷째, 민영화 서비스의 증대 현상으로 시민들이 저질의 불만족스러운 서비스를 선택하지 않으면 안 되는 위험이 증대하게 되었다는 점이다. 영리를 목적으로 하는 사보육시설보다는 공보육시설이 더 서비스가 좋은 것은 사실이다. 새로운 사회적 위험은 새로운 복지체제(new welfare regime)를 필요로 한다.

에스핑－앤더슨은 복지국가 위기의 핵심은 외부적 충격으로 노동시장과 가족의 안정성이 동요하기 때문이라고 본다. 후기산업사회의 노동시장은 유연성을 요구하면서 불안정을 창출해내고 있어 청년과 여성은 직업을 갖기가 어려워 가족의 불안정은 높아지기 마련이다. 직업경력이 많은 남성들은 조기퇴직이냐 실업이냐의 갈림길에서 선택을 강요받고 있으며 이는 노령기의 소득불안에 대한 위협으로 작용한다는 것이다. 결국은 가족, 국가, 시장의 복지 삼자 관계의 재구성을 통해 문제를 해결해야 한다고 본다. 노동시장의 유연성 문제 해결에는 결국 3차 산업, 즉 서비스직의 확대로 일자리를 공급해야 할 것이며, 복지국가는 그 과세기반을 확대해야 하는데 보다 높은 출산율과 소득 있는 일자리의 창출과 고용 증대가 필요하다. 가족성원은 숙련된 지식과 기술을 습득하여 빈곤으로부터 보호되어야 한다(Esping-Andersen: 145～146, 173～174).

3) 월러스틴의 세계체계론

끝으로 월러스틴의 세계체계론적 관점을 살펴보자(강문구, 1997:

177~202). 월러스틴은 세계체계이론을 통해서 이 세계를 근대적 분업생산에 입각한 자본주의가 중심이 되는 경제체계로 규정하였다. 그리고 그 변화 과정에 주목하여 근대 자본주의 세계체계는 핵심국가, 반주변부국가, 그리고 주변부국가로 이루어지고 있다고 보았다. 15세기경에는 네덜란드가 핵심국이었으며, 18세기에는 영국이, 그리고 20세기에는 미국이 핵심국이 되었다고 보며 21세기에는 미국이 핵심국으로부터 추락하기 시작했으며 아마도 핵심국은 동아시아 국가가 될 가능성이 있을 것이라고 한다.

동시에 그는 근대 세계체계의 첫 번째 시기를 15세기 중반에서 18세기 말에 이르는 약 300~350년간의 시기, 두 번째 시기를 18세기 말(1789년 프랑스 혁명)에서 20세기(1989년 사회주의의 해체) 말까지의 약 200년간으로 구분하였다. 첫 번째 시기에는 지구의 일부, 주로 유럽의 대부분과 아메리카 대륙만이 자본주의 세계경제라고 부를 수 있는 역사적 체계를 구성했다. 이 시기에는 기술의 근대성을 추종하는 세력과 해방의 근대성을 추종하는 세력이 협력하는 시대로서 기술의 근대성은 합리성을 추구하는 세력이었고 해방의 근대성은 악과 무지로부터 인간해방을 추구하는 세력이었다.

세계체계의 두 번째 시기에는 이 두 세력이 명백하게 다르다는 것이 드러나기 시작하였는데 프랑스 혁명이 그 계기가 되었다고 본다. 이것은 해방의 근대성을 명백히 했으며 그 중심에는 자유주의 이데올로기가 있었다. 자유주의는 보수주의에 대한 대응으로 등장했으며, 19세기 말에는 자본주의에 대한 대응으로 사회주의가 나타났다. 세 이데올로기 중에서 자유주의자들이 정치의 중심을 차지했고 이들은 스스로 세 가지 중요한 정치적 목표, 즉 선거권, 복지국가, 국가정체성의 창출을 달성했다. 보수주의자나 사회주의자들도 이러한 목표를 달성하는데 도움을 주었다. 즉 이 말은 보수주의자들이나 사회주의자들이 공히 국가정체성의 창출과 복지의 달성, 선거를 통한 서민의 정치참여를 추구했으며 이것이 적어도 기술의 근대성과 해방의 근대성을 동시에 담보할 수 있었다는 뜻이다.

그러나 이것은 1968년 세계적인 학생혁명에 의해서 도전을 받게 되었다. 기술의 근대성은 기만적이며 자유주의자나, 보수주의자나, 사회주의자나 다 똑같이 신뢰할 수 없으며, 사실상 해방의 근대성을 가로막는 장애물이라는 것이었다. 당시의 학생운동은 student power라는 신조어를 만들면서 월남전 반대, 물질주의 반대, 기계적 도구적 이성 반대, 자연으로 돌아가라는 히피운동 등을 주장하였는데, 이것은 근대적 이성을 앞세우는 기술의 근대성 추구가 지니는 허구성을 폭로하는 것이었으며 인간 해방의 근대성을 강조한 것이었다. 전 세계의 주요 대학으로 퍼져 나갔던 이 운동은 결국 기성세대들에 의해 진압되었지만 그들이 주장했던 해방의 패러다임은, 월러스틴에 의하면, 1989년에 이르러 동구라파의 몰락과 1990년 동독의 서독으로의 흡수통일, 1991년 소련의 해체에 의해서 오히려 완성될 수 있었다는 것이다. 1989년은 1968년의 연속이었고 1989년은 자유주의의 승리가 아니라 오히려 그 반대, 즉 자유주의의 붕괴이자 자본주의 세계경제를 유지하려는 사람들(사회주의와 보수주의 세력을 포함하는)의 엄정한 정치적 패배를 보여주었다는 것이다. 이것은 소련 공산주의자들이 미국과 대립하여 일당 독재정치를 하였음에도 같은 기술합리성만을 추구하여 과학무기경쟁을 해 왔던 것을 생각하면 이해가 가는 말이다. 사실상 사회주의 국가들도 자본주의 국가와 자본주의적 무역을 통해서

먹고 살아갔으니 근본은 자유주의였다는 말이 되는 것이다. 보수주의도 물론 같은 맥락에서 이해할 수 있다. 따라서 월러스틴은 사회주의 사회의 해체는 자유주의의 승리가 아니라 패배인 것이며 이로부터 세계체계의 변화가 시작되었다고 보는 것이다.[7]

앞으로 자유자본주의가 상당한 기간 존속할 것이지만 결국은 쇠퇴할 것이며 미국의 헤게모니는 이미 기울기 시작했으며, 진정한 의미에서 해방의 패러다임을 구가하는 새로운 사회주의의 등장 가능성이 있다고 주장한다. 이와 같은 주장이 복지국가와 무슨 관계가 있는가? 나는 월러스틴의 주장이 사회주의 사회의 몰락으로 방향을 잃은 좌파에게 초거시적 관점에서나마 새롭게 평등과 자유의 의미를 해석하고 그 가능성을 제고시킴으로써 '자유주의 이후'를 대비하는 새로운 복지국가의 패러다임 형성에 일정한 시사점을 줄 수 있다고 생각한다. 적어도 복지국가가 평등과 연대를 중심으로 하는 해방적 관심과 가치를 포기하지 않는 한 그러할 것이다.

4. 신자유주의 비판

신자유주의는 영국의 대처 수상과 미국의 레이건 대통령이 통치한 1980년대의 대표적인 반복지주의 이데올로기라고 말할 수 있다. 이러

---

7) 이 말은 상당히 의미 있는 말이다. 사실상 사회주의 사회의 붕괴를 초래한 고르바초프 소련 공산당 서기장이 개혁과 개방을 추구한 본래 의도는 스웨덴과 같은 사회민주주의 국가를 만들고자 하는 것이었다. 즉 평등과 자유를 동시에 실현하는 사민주의 이데올로기를 추구했다. 고르바초프를 축출하고 더 급진적인 자유주의를 받아들인 옐친조차도 초기에는 사회민주주의가 목표였다. 다만 고르바초프와의 투쟁과정에서 더 급진적으로 나아가게 된 것이다. 그렇다면 사회주의 사회의 붕괴는 자유주의의 승리가 아니라 사실은 사회민주주의의 승리라고 보는 것이 타당하다. 즉 결과의 평등을 목표로 하고 국가 개입을 허용하는 수정자유주의가 승리한 것이다. 이런 점을 고려할 때, 월러스틴의 관점, 즉 사회주의의 붕괴는 자유주의의 승리가 아니라 자유주의의 정치적 패배를 의미한다는 주장이 쉽게 이해될 수 있다. 자유주의와 함께 기술의 근대성을 추구하던 큰 축인 사회주의가 무너졌으니 결국 자유주의의 전체적 지배구조가 파괴된 것이나 다름없다는 말이다.

한 신자유주의 이데올로기의 대표적인 학자로서는 하이에크(F, Hayek)
와 프리이드만(M. Friedman)을 들 수 있다. 여기서는 복지국가와 관련
된 신자유주의의 철학과 정책에 대한 개괄적 비판을 소개하고자 한
다(임채원, 2007: 51~201).

1) 사회정의와 자유

신자유주의 주창자인 하이에크는 사회정의의 개념에 대해서 부정
적인 견해를 피력한 바 있다. 즉 그는 인간의 행위에 대해서만 정의
를 요구할 수 있을 뿐, 인격적 존재가 아닌 사회에 사회정의를 요구
하는 것은 사회를 의인화한 것으로 공허한 개념이라고 주장한다. 나
아가 사회정의 관념은 권력의 자의적인 남용을 불러오기 때문에 결
국 사회정의에 대한 요구는 국가권력을 비대화하고 급기야 개인의
자유를 제약하는 최대의 위험요인이 된다는 것이다.

그러나 복지국가의 철학적 기반으로서 가장 중요하다고 볼 수 있는
사회정의의 개념은 기본적으로 롤즈의 사회정의론에 입각하고 있다.
복지국가의 이상은 롤즈의 사회정의에 따라 최소극대화를 실현하기
위하여, 즉 가난한 사람들이 심각한 물질적 결핍을 벗어날 수 있도록
보호하자는 것이다. 모두에 대한 최저생계수단의 보장이 이루어지기
위해서는 상위계층의 사람들에게 불평등한 대우를 할 수 있다는 것
이다. 즉 누진세의 적용을 통하여 상위의 사람들이 더 많은 세금을
내는 것이 사회정의에 맞는 것이라고 보는 것이 복지국가의 입장이
다. 개인의 자유를 보장하는 것 못지않게 모든 사회성원에게 인간적
으로서의 최소한의 생활을 보장함으로써 이웃과 더불어 행복을 추구

하는 것이 사회정의에 부합하는 것이다. 이 세상은 혼자 사는 세상이 아니기 때문이다.

신자유주의자들이 주장하는 자유는 강제가 없는 상태로서 개인주의의 출발이 되는 개념이다. 그들의 자유지상주의는 평등에 대한 자유의 우선성을 강조하는 것이며 개인의 재산권과 소유권에 대한 침해를 인정하지 않으려는 것이다. 그러나 복지국가에서 인정하는 재분배적 자유주의는 개인의 자유를 일정 부분 제한하더라도 공동체의 이익과 평등을 지켜야 한다고 본다. 공동체의 안녕과 공공재의 관리 등은 모든 사람들의 생존과 직결되는 경우가 많다. 이때 문제는 어떤 자유를 어느 정도 제한할 것이냐의 문제가 있을 뿐이다. 이에는 롤즈의 최소극대화의 원칙에 따라 자유와 평등의 균형을 취할 수 있어야 한다고 보는 것이 옳다.

2) 기회의 평등과 결과의 평등

신자유주의자들은 자유의 우선성을 강조하면서 기회의 평등을 선호한다. 기회의 평등은 법 앞의 인격적 평등을 의미하는 것이고 이것은 실적과 관련되어 있다. 가문이나 종교가 아니라 개인의 노력의 중요성을 강조한다는 말이다. 이러한 기회의 평등을 통하여 사회를 역동적이고 활력 있게 만들어 생산적인 사회를 만들 수 있다고 본다. 그들은 결과의 평등을 근본적으로 부정한다. 결과의 평등을 위한 공평성의 기준은 누가 결정할 것이냐가 문제가 되며 정부가 공정한 게임의 관리자는 될 수 있어도 게임의 결과에 대해 자의적으로 재조정하는 것은 개인의 자유를 침해하는 것이라고 본다.

그러나 현대 사회에서는 기회의 평등을 주장하는 것만으로는 충분하지 않다. 왜냐하면 보다 본질적인 것은 출발을 위한 조건의 평등을 개인에게 보장해주어야 하기 때문이다. 부모의 상속이나 부로 인하여 인생의 출발점이 다르게 되면 공정한 게임을 하는 것이 원천적으로 불가능해진다. 기회의 평등 이전에 갖추어져야 할 조건의 평등이 보장되는 사회가 복지국가인 것이다. 그것이 바로 결과의 평등에 대해 복지국가론자들이 관심을 갖는 이유이다. 가난의 대물림같이 사회적 배제를 조성하는 일이 없어지기 위해서는 결과의 평등을 강조하는 것이 마땅한 일일 것이다.

3) 시장의 자기규제 능력

신자유주의자들은 시장의 보이지 않는 손에 의한 자기규제의 가능성을 믿고 있다. 시장의 복잡성은 시장의 수요 공급의 법칙에 의하여 자유롭게 경쟁하는 가운데 자연스럽게 작동할 수 있다고 본다. 역사적으로 인간이 발명한 가장 완전에 가까운 조화를 이루어내는 것이 시장이다. 그러나 신자유주의자들도 시장을 무제한 자유방임적으로 방치하는 것은 옳지 않다고 본다. 왜냐하면 부당한 독점이 일어날 가능성이 있기 때문이다. 국가는 시장의 경쟁이 공정한 게임의 법칙에 따라 이루어질 수 있도록 관리자의 역할을 다하여 부당한 독점이 일어나지 않도록 감시하여야 한다.

그러나 경쟁의 결과 승리한 사람들은 전체적으로 보면 소수이다. 다수의 사람들이 패배를 경험하고 있으며, 적지 않은 사람들이 재기 불능의 길에 들어서기도 한다. 자유로운 경쟁에서 패배했다고 해서 인간다운 생활의 장에서 사라져야 하는가? 그렇게 해서는 안 될 것이다. 무능한 인간도 천부의 인권을 가진 귀한 존재이다. 불행한 이웃을 두고 혼자 행복할 수 있을까? 나아가 개인이 능력과 상관없이 산업사회의 발전과정에서 불가피하게 고향을 떠나 도시의 빈민이 되는 사람들도 있다. 그들에게는 티트머스가 강조하는 보상의 원리(compensation principle)가 지금도 유효하다. 그들에게는 국가가 보상을 해주어야 한다. 시장은 자기규제적이지 않으므로 개입을 통하여 빈익빈 부익부의 문제점을 시정하는 것이 필요한 것이다. 그렇게 해야 복지사회가 이룩될 수 있다.

신자유주의자들도 산업사회의 저소득층과 같은 사회적 약자와 사회적 위험에 처한 자들을 보호해야 한다는데 동의한다. 그러나 문제는 어느 정도까지를 보장해줄 것인가 하는 것이다. 그들이 주장하는 한계는 부조의 정도가 지나쳐서 일반 근로자들의 노동 동기나 의욕을 상실하게 해서는 안 되며 필요한 최소한을 넘어서 시장을 왜곡하거나 사회적 재분배로까지 이어지는 것은 허용할 수 없다는 입장이라 하겠다. 그러나 결핍의 문제가 해결되어 복지국가가 성숙하게 되면 필요한 최소한으로부터 인간다운 품위를 유지할 수 있는 적정한 수준으로의 향상이 이루어지는 것을 어찌 바람직하지 않다고 하겠는가?

4) 노동조합 배제

노동조합에 대한 신자유주의자들의 불신은 노동조합이 사회주의의 온상이며 따라서 이를 무력화시키는 것이 바람직하다고 주장하는 데서 나타난다. 노조의 시장가격보다 높은 임금은 다른 노동자들을

희생한 대가이며 인위적으로 시장 질서를 교란시키는 결과를 가져온
다는 것이다.

　그러나 노동조합에 대한 여러 가지 문제점이 있을 수 있으나 산업
사회의 복지 향상에 노동조합이 기여한 바를 과소평가할 수는 없을
것이다. 정부와 경영자, 그리고 노동자들의 대표가 한 자리에 앉아 대
타협을 통한 임금문제의 해결이나 각종 복지제도의 확대를 꾀할 수
있었음은 역사가 증명하는 바이다. 다만 후기산업사회로 넘어오면서
산업사회가 후기산업사회의 유연생산체제로 변화하면서 노동자들
자체에서 내부적 균열의 문제가 발생하고 세계화로 인하여 자본과
공장의 이동이 활발해지면서 노동자들이 자본가들에게 헤게모니를
내주게 되고 노조 조직률도 낮아지는 문제가 발생하고는 있다. 이것
은 노동운동이 새로운 시대의 신사회운동들을 받아들여 연대함으로
써 문제를 해결할 수 있어야 할 것이다. 과거에는 노동자들이 자본가
와 함께 생산자집단의 범주에 들었으나 실제로는 소비자집단의 범주
에 드는 것이다. 그렇게 되면 모든 노동운동이 광의의 소비자 집단에
포괄될 수 있는 환경단체나 여성단체, 복지단체나 장애인단체 등과
연대하여 실제로 생산자집단과 소비자집단의 문제를 중간에서 풀어
가면서 중대한 역할과 기능을 수행할 수도 있다. 그리하여 노동조합
배제의 문제를 해결할 수 있을 것이다.

5) 민영화

　신자유주의자들은 민영화 정책을 선호하여 국가의 비효율적 관료
주의적 경영을 민영화함으로써 작은 정부의 실현을 도모하고 생산성

높은 민간기업이 더욱 경제적 활성화를 위하여 기여할 것을 기대하였다. 대처는 영국의 NHS(National Health Service)를 부분적으로 민영화하여 NHS Trust를 만들어 NHS병원의 경영을 위탁했다. 또한 시영주택을 대대적으로 매각하였고, 국가의 소득비례연금과 사적 연금인 직업연금 중 하나를 선택할 수 있도록 했으며, 공공부조에서 사회기금을 설치하여 무상급여를 대여금으로 전환하였다. 아울러 실업급여 수급요건을 강화하였고, 시설보호 대신 지역사회보호를 강화시켜 개인과 가족의 책임을 강조했다. 이러한 대처의 신자유주의 복지정책은 사회복지의 각 부분의 쇠퇴를 가져왔다.

그럼에도 불구하고 대처의 임기 중 복지비 지출이 줄어든 해는 없었다. 대처가 사회복지의 양적 규모를 축소하는 데 실패한 것은 1986년까지의 높은 실업률로 복지 수혜층이 급증했기 때문이다. 또한 NHS에 대한 국민의 높은 지지율로 복지비 규모를 줄이는 것이 사실상 불가능했기 때문이다(원석조, 2006: 147~155).

6) 양극화

전반적으로 1980~1990년대를 풍미한 신자유주의의 이념과 정책의 확산은 부분적인 경제적 성공은 있었다고는 하지만, 그것은 심각한 양극화를 수반하는 것이었다. 신자유주의가 전래의 자유방임주의보다는 그래도 복지적 함의가 있는 것이 아닌가 하는 주장이 있을 수 있으나, 사실상 사회주의 사회가 붕괴된 이후 오히려 무한경쟁의 세계화 논리가 횡행하면서 가장 급진적 우경화의 길을 걸었던 것으로 보인다. 그 결과가 양극화로 나타나는 것이며 상대적 박탈감의 위험

도 증가하고 있다고 볼 수 있다.[8]

　미국은 2005년 말 통계조사에서 빈곤 계층이 5년 전보다 무려 17%(2000여만 명)나 급증한 것으로 나타나 심각한 사회문제가 되었다. 같은 기간에 늘어나 인구가 5% 정도에 불과하다는 점을 감안하면 실로 엄청난 증가 추세이다. 같은 기간 동안에 어린이 의료보험을 지원하는 프로그램에 연방정부의 예산이 22% 증가했으며, 저소득층 대학생들에 대한 학비 보조금도 33.1% 증가했다. 빈곤가정의 아동에게 아침과 점심식사를 제공하는 프로그램에도 8.9%가 증가했다. 이렇게 빈곤계층이 확대된 것은 미국 사회의 빈익빈 부익부 구조가 점차 악화된 탓이다.

　한편 OECD국가들의 소득불평등 정도를 나타내는 평균 지니계수는 1980년대 중반 0.357에서 2000년 현재 평균 0.394로 악화되었다. 미국과 영국은 평균보다 더 소득불평등이 악화되었는데 미국은 0.376에서 0.420으로 악화되었고, 영국은 0.389에서 0.432로 가장 악화된 통계를 나타냈다. 참고로 스웨덴은 0.347에서 0.375로 큰 변화는 없었다. 한국도 1999년 0.269에서 2004년 0.306으로 지니계수가 악화되어 소득불평등이 심화되는 경향이 있음을 알 수 있다(윤상철 외, 2006: 38~39, 157~160). 한 자료에 의하면 미국은 2005년에 전체 빈곤율이 17.0%로서 그중 아동이 21.9%, 노인이 24.7%나 되었으며, 영국은 전체 빈곤율 12.1%, 그중 아동 15.6%, 노인 17.3%이고, 스웨덴은 빈곤율 6.5%, 그중 아동 4.2.%, 노인 7.7%였다(신광영, 2007: 61~62). 역시 미국이 가장 높은 빈곤율을 나타내고 있음을 알 수 있다.

---

8) Davies의 J곡선 이론에 의하면 삶의 질이 계속 향상되다가 어떤 계기로 갑자기 떨어지면 그 상대적 박탈감이 참을 수 없는 분노로 이어져 폭동이나 심지어는 혁명으로도 나타난다는 것이다(Berk: 49).

한편 한국은 1980년대 말 이후 꾸준히 좁혀져 왔던 최상위층과 최하위층 간의 소득 점유비 격차가 1997년 외환위기 이후 크게 벌어져, 최상위 10%의 경우 1996~2000년 사이에 소득점유비가 4.6% 증가한 반면, 최하위 10%는 이 기간에 소득점유비가 0.46% 감소하였다. 한국은 1997년 외환위기 이후 최상위층과 최하위층이 증가하고 중산층이 붕괴하는 양극화 현상이 나타나고 있는 것이다. 또한 외환위기 이후 비정규직이 증가하여 1999년 현재 이미 전체 노동자의 50%를 넘어서서 사회문제화되고 있다(윤진호, 2005: 115~121). 신자유주의=양극화라는 공식이 성립될 정도이다. 이제는 신자유주의의 대안을 찾아야 할 때이다.

5. 대안적 복지이념

1) 제3의 길과 사회투자국가

(1) 정의: 기든스는 사회민주주의와 신자유주의의 중간인 '제3의 길'을 제창하면서 사회민주주의를 변화된 세계에 맞추어 갱신시키고자 하는 사고와 정책의 틀로서 구사회민주주의와 신자유주의를 뛰어넘는 것이라 정의했다. 아울러 경제적 부양비를 직접 제공하기보다는 인적 자본에 투자하는 것이 사회투자국가이며, 적극적 복지는 베버리지가 제기한 소극적 요소들을 적극적인 것으로 대체하여 궁핍 대신에 자율성을, 질병이 아니라 활력적인 건강을, 무지 대신에 생활의 지속적인 일부로서의 교육을, 불결보다는 안녕을, 그리고 나태 대신에 진취성을 고취하는 것이라 하였다(Giddens, 1998: 26, 117, 128). 적극

적 복지를 성취하기 위하여 인적 자본에 투자하는 것이 적극적 복지 사회의 맥락에서 작동하는 사회투자국가라는 얘기다. 직접 부양비를 지급하는 것보다 간접적으로 인적 자본에 투자하는 것이 더 미래지향적이며 적극적이라는 뜻이다.

(2) 특성: 기든스 후 여러 학자들의 담론을 거친 사회투자국가의 주요 특성은 리스터(Lister)에 의하여 다음과 같은 여덟 가지로 정리되었다(Lister, 2004: 160). ① 세금과 지출 대신 사회투자 담론, ② 아동과 지역사회 같은 인적, 사회적 자본에 대한 투자, ③ 아동은 미래의 시민노동자이며 성인시민은 현재 노동의무 있음, ④ 미래지향성, ⑤ 사회적 포용을 위한 기회의 재분배, ⑥ 지식경제와 세계적 경쟁에서 우수한 개인과 사회 만들기, ⑦ 사회정책의 경제정책에의 통합, ⑧ 자산조사의 강조.

(3) 정책평가: 이와 같은 사회투자전략은 근래에 이르러 민영화나 근로연계복지 등의 정책 사업으로부터 주로 아동과 여성에 대한 투자로 집중되는 경향이 있으며, 근로연계복지의 강화로 취업자가 늘어나고 아동과 여성에 대한 빈곤이 감소하는 등의 일정한 효과를 나타내고 있다고 평가된다. 참고로 영국의 경우 노동정책과 아동정책의 다양한 프로그램을 실시한 결과 목표를 완전히 달성하지는 못했지만 사회 전체의 평등 수준이 향상되었다는 보고가 있다. 즉 1997년의 지니계수가 0.338이었는데 2004/5년에는 0.310으로 완화되었다는 것이다(박순우: 75). 이는 1997년부터 2007년 5월까지 블레어 10년의 통치가 성공했다는 기든스의 평가와도 어느 정도 일치되는 수치라 하겠다.

(4) 한계: 근래에는 Taylor-Gooby가 2007년 한국에서 열린 '사회투자정책 심포지엄'에서 한 논문을 발표하였는데 사회투자국가라는 말을

쓰지 않았다. 단지 "유럽의 사회투자: 과감한 계획, 늦은 진전, 한국에의 시사점"이라는 제목을 달고 있으며, 내용에 있어서도 새로운 사회적 위험에 대처하는 유럽국가들의 사회투자 사례를 분석하고 한국에의 시사점을 제시하는 데 그치고 있다(Taylor-Gooby, 2007). 그러나 그의 2004년 저서 "New Risks, New Welfare"의 1장 서론의 제목으로 '후기산업복지국가'(The Post-Industrial Welfare State)라는 표현을 쓰고 있다. 그리고 마지막 9장에서는 '북구의 복지국가가 새로운 위험과 관련되는 복지정책을 이끌어가고 있음은 놀라운 일이 아니다. …… 새로운 위험에 관한 개혁이 구사회적 위험에 대한 지급 유형을, 약간의 예외는 있으나, 따라가고 있다. …… 새로운 사회적 위험은 새로운 복지의 패러다임을 낳지는 않는다. 또한 새로운 복지국가의 정치로 이끌어지는 것도 아니다. 그것은 오히려 하나의 수정으로 간주될 수 있다'고 언급하고 있다(Taylor-Gooby, 2004: 236~237). 그런가 하면 그는 2006년의 미발간된 논문에서는 유럽 복지국가의 발전단계를 '고전적 복지국가(classic welfare state)'로부터 복지국가의 재편기를 거쳐 '사회투자국가(Social Investment State)'로 변화되었다고 표현한 바 있다(김연명, 2007: 5)고 한다. 이것을 보면 사회투자국가라는 개념은 아직도 형성 중에 있는 개념적 한계를 지니고 있음을 알 수 있다.

한편 명시적으로 사회투자국가라는 개념에 대해 회의적인 사람들도 있다. 에스핑-앤더슨은 북구의 사회민주주의자들에게 개인의 능력을 강화하기 위한 활성화 정책은 이미 오랫동안 추진된 것이며, 제3의 길이란 결국 북구 사회민주주의의 뒤늦은 영국판으로 보일 수 있다고 했으며, 제3의 길은 사회민주주의 정책 중에서 부당하게 선택적으로 전유한 것이라는 비판도 있다(Esping-Andersen, 2002: 5~6). 나아가 에스핑-앤더슨과 팔리어는 아동에 대한 예방적이고 치료적인 장기적 사회정책 전략들에 있어서 빈곤가정에 대한 적절한 소득보장프로그램이 선결조건임을 상당히 강조하였다. 즉 사회투자전략은 고전적 소득지원 프로그램과 결합되어야만 효과를 발휘할 수 있다는 점을 강조하면서 사회투자전략은 고전적 프로그램의 대체물이 아니라는 것이다. 나아가 저소득층의 자산형성 프로그램을 주장한 쉐라돈 교수도 빈곤층에 대한 생활지원 프로그램과 자산형성 프로그램이 상호보완적인 관계에 있음을 강조한 바 있다(김연명, 2007: 22~23).

(5) 국내의 논의: 국내의 사회투자국가 논의는 최근에 대체로 두 가지의 대립되는 주장이 있다고 볼 수 있다. 하나는 사회투자국가를 한국의 새로운 복지패러다임으로 보자는 입장이고, 다른 하나는 그것을 한국의 복지패러다임으로 받아들일 때의 부작용을 우려하여 반대하는 입장이다. 전자는 양재진 등의 주장으로 전략적 관점에서 사회투자국가의 개념을 수용하여 새로운 복지패러다임으로 보자는 것이다. 그는 서구 복지국가가 사회투자국가로 수렴되고 있다고 보며 유럽 사회민주주의자들이 제3의 길을 받아들이는 것으로 본다. 즉 사회민주주의의 고용보호와 소득이전을 중시했던 전통적 복지국가나 신자유주의의 작은 정부론을 동시에 극복하는 노력이 나타났는데 이것이 사회투자국가라는 것이다. 사회투자국가는 이념형적으로 영국식 자유주의형과 덴마크식 신사회민주주의형(neo-social democracy)을 볼 수 있는데 후자가 더 바람직하나 한국의 보수적 정치문화의 수용가능성을 생각해볼 때 전자를 선택하는 것이 좋겠다는 것이다(양재진: 1~9). 임채원도 사회투자국가를 수용하는 편에 서지만 서민중도주의의 입장에서 한국적 현실을 고려하여야 한다고 주장한다. 특히 사회정책전

문가 이외에 경제정책 전문가들이 사회투자국가에 대한 호의적인 관심을 기울여 주어야 제대로 된 한국형 사회투자국가가 정착될 수 있을 것이라고 보았다. 또한 한국형 사회투자는 영국과 같이 아동과 공동체에 중점을 두는 것이 아니라 최우선적으로 청장년층의 일자리 확보 정책에 두어져야 함을 강조했다(임채원a: 101, 139~144).

이에 반대하는 입장은 김영순 등의 주장인데, 그녀는 사회투자국가 담론이 정치적 유용성이 적다고 본다. 그 이유는 전통적 복지국가=소비적=낭비적=나쁜 복지국가, 사회투자국가=투자적=생산적=좋은 복지국가라는 이분법을 유포시킬 가능성이 많아서 한국의 취약한 친복지국가담론을 위축시키고 신자유주의 이데올로기를 강화할 위험이 있다는 것이다. 또한 경로의존성의 메커니즘은 한국이 일단 사회투자국가를 받아들였을 때 제도형성 단계에서부터 오도될 가능성을 내포하고 있기 때문에 복지국가의 기초를 처음부터 제대로 놓는 것이 더 중요하다고 본다. 한국은 압축성장 만큼이나 압축된 불평등의 문제가 있으며 압축적 복지투자가 필요하다는 복지근본주의적 주장을 편다. Taylor-Gooby의 충고, 즉 한국은 유럽으로부터 양성평등정책과 역동적 노동시장과 높은 수준의 복지를 결합하는 유연안정성을 배우는 것이 좋겠다는 말도 한국은 사회투자보다 소득보장에 더 신경을 써야 한다는 것으로 받아들여야 한다고 주장한다(김영순: 21~25).

김연명의 주장은 중간적 입장이면서도 사회투자국가를 비판적으로 지지하는 것 같다. 우리나라도 이제는 첨단기술의 발전에 따른 저숙련노동의 문제, 저출산 고령화 사회와 함께 등장하는 여성 직업인의 증가와 가족과 보육문제의 발생 등 후기산업사회의 특성이 나타나고 있기 때문에 사회투자국가의 패러다임을 받아들이는 것이 좋게 않겠는가 하는 견해를 표현하면서도, 단, 그럴 경우 패러다임으로서의 이론적 보완과 현실적으로 사회지출을 통한 기본소득보장체계의 확실한 보장이 필요하다고 본다. 이 경우 재정 충돌의 문제가 따르긴 하겠지만 어떻게든 해결될 수 있을 것으로 보는 것 같다(김연명, 2007).

여기서 사회투자국가 논의와는 약간 별도로 생산체제와 복지체제의 재편성 방향을 덴마크식 유연안정성(flexicurity)을 정책기조로 하여 사회정책을 펴야 한다는 신동면의 주장을 살펴보자(신동면, 2007: 134~139). 그는 아이버센과 렌(Iversen & Wren)의 트릴레마9)를 해결하기 위해서 덴마크식의 유연안정성 모델을 제안하고 있다. 오늘날 한국의 상황은 소득불균형이 심화되고 양극화가 뚜렷하게 진행되고 있어 일견 자유주의 복지체제에서 나타나는 사회적 결과를 경험하고 있다. 또 괜찮은 일자리가 줄어들고 비정규직이 늘고 있어 고용도 문제이다. 그러나 건전재정의 기조는 유지하고 있다. 최근 한국의 기업들 가운데에 노동비용의 비교우위를 추구하는 기업은 외국으로 생산시설을 옮기고자 한다. 반면에 생산시설을 국내에 유지하고자 하는 기업은 고용유연화를 추구하며 기술개발을 통한 생산성 및 품질향상을 도모함으로써 경쟁력을 확보하고자 한다. 따라서 기업들의 주 관심사는 고용관계의 유연화와 사회안전망 구축에 우호적이다. 사회안전망이 제대로 작동해야만 노동자들에 대한 구조조정도 유연하게 할 수 있기 때문에 평소에 사회보험료를 좀 많이 내도 괜찮다는 것이다. 또한 여성의 노동시장 참여를 위하여 공공보육서비스의 확대와 노동시장 활성화를

---

9) 세 가지 딜레마라는 뜻으로 탈산업화의 압력에 직면하여 복지국가는 소득평등과 고용증대, 그리고 건전재정이라는 세 마리 토끼를 잡아야 하는데, 이 세 가지 목표를 동시에 달성할 수는 없고 결국 두 가지만을 달성할 수 있을 뿐이고 한 가지는 희생될 수밖에 없다는 것이다.

위한 직업훈련에도 높은 관심을 가지게 되었다. 이와 같이 현재 기업의 요구가 변화된 상황에서 정부는 건전재정을 기조로 소득평등과 고용증대를 목표로 하는 복지체제와 생산체제의 제도적 보완을 기해야 한다고 본다. 이미 1996년 노동시장의 유연화를 위한 법적 장치는 구비했으므로 향후 사회안전망을 더욱 완비하고 학습복지체계를 시급히 구축한다면 덴마크처럼 황금 삼각형(golden triangle)을 완성해 나갈 수 있을 것으로 본다. 이와 같은 주장은 양재진의 표현을 빌리면 사회투자국가의 신사회민주주의형에 해당하는 것이라 하겠지만 결국 사회지출과 동시에 사회투자도 강화해야 한다는 뜻인 것이다.

이와 같이 사회투자국가라는 용어 대신 사회투자전략 또는 사회정책이라는 용어를 선호하는 사람들은 사실상 북구의 사회민주주의 국가에서 오랫동안 시행해 오던 정책, 예컨대 적극적 노동시장정책을 통하여 노동자들이 직업훈련이나 교육을 수시로 받게 하여 전직이 용이하게 한다든지, 여성이 직장생활을 할 수 있도록 배려하고 아동에 대한 배려를 최대한 실천하는 복지정책을 해 왔다든지 하는 정책들을 약간의 변화와 함께 지지하고 있는 것이다. 여기서 우리가 짚고 넘어가야 할 것은 그중에서 영국에서 필요한 정책만을 실용적 입장에서 선택적으로 사용하는 것이 제3의 길이자 사회투자국가라는 것이라면, 그것은 새로운 복지국가의 패러다임이나 모델로 적합하지 않다는 것이다. 여기서 중요한 점은 사회투자를 하려면 먼저 사회지출을 통한 소득보장이 선행되어야 한다는 것이다. 당장 부모의 소득보장이 안 되어 열악한 생활을 할 수 밖에 없는 아동이 사회투자의 도움을 받아 공부를 할 수 있다 해도 열악한 부모의 환경이 아동에게 긍정적인 영향을 미칠 수 없는 것이다. 그러므로 이것은 기본적으로 복지국가의 소득보장체제가 완비된 나라에서 보완적으로 실시할 수 있는 것이다. 사회투자국가로 부를 수 있는 영국이나 캐나다만 해도 소득보장체제가 이루어진 복지국가의 범주에 들어간다는 점을 간과해서는 안 될 것이다.

2) 환경복지국가와 생태복지국가

환경복지국가는 1997년에 필자가 주장한 것인데, 그동안에 생태복지라는 개념도 소개되고 또 근래에는 생태복지국가라는 말도 나왔으므로 이제는 신자유주의를 극복하자는 대안적 개념으로서 소개하는 것도 의미 있을 것이다. 생태복지(ecowelfare)라는 용어는 2000년대 전후로 등장한 개념으로 자연환경과 사회환경을 구분하지 않고 '하나로서의 생태'라는 의미로서 '사람과 사람, 그리고 사람과 자연 간의 관계의 질을 높이는데 진정한 복지가 있다는 의미'이다. 대체로 심층생태학의 입장이 반영된 것으로 볼 수 있다. 한편 환경복지는 '환경적 복지'와 '생태복지'를 다 포함하는 의미로 썼다(최경구, 1997, 2006).

환경복지국가는 환경복지자본주의를 실천하는 국가이다. 환경복지자본주의는 환경문제와 복지문제를 동시적으로 해결해 나가자는 것인데, 그렇게 함에 있어서 자본주의적 효율성의 문제를 지속가능한 선에서 유지해야 한다는 것을 전제로 한다. 대략적으로 살펴보면 18세기에 자본주의가 완성되고 19세기에는 사회주의가 등장했으며 20세기는 사회민주주의 복지국가가 등장하여 자본주의와 사회주의의 문제점을 해결하고자 하였으며, 이러한 복지국가의 이데올로기를 일컬어 마셜(Marshall)은 민주-복지-자본주의(democratic-welfare-capitalism)라 하였다. 이것은 복지국가 유형을 사회민주주의형, 보수주의형, 자유주의형으로 분류한 에스핑-앤더슨의 개념보다도 더 포괄적으로 복지국가의 이데올로기를 표현해낸 것이다. 복지국가는 민주주의의 가치인 자유와 복지주의의가치인 평등과 자본주의의 가치인 효율을 동시적으로 충족시킬 때 달성된다고 보는 것이다. 그리고 이러한 세 가지 가치의 모순과 충돌은 그 가치를 추종하는 집단들 간의 현실적이고 정치적인 대화와 타협으로 그 해결과 실천이 가능하다고 보았다.

21세기에는 20세기가 낳은 세계적 사회문제인 공해와 인간소외의 문제를 해결해야 하게 되었다. 그것은 환경문제와 복지문제의 동시적 해결을 촉구하고 있는 것이다. 환경복지자본주의는 환경주의의 공존, 복지주의의 평등, 자본주의의 효율의 가치를 동시적으로 추구한다. 공존은 인간과 생물, 그리고 무생물 간의 공존까지를 포함하여 물, 공기, 땅을 정화시키지 않으면 인류의 생존이 심각하게 위협받는다고 보는 것이며, 평등의 논리는 인간적 생활을 하기에 적정한 수준의 복지를 소득보장, 의료보장, 주거보장, 교육보장을 통하여 성취할 것을 목표로 한다. 한편 자본주의적 효율의 논리는 지속가능한 발전의 환경용량을 고려한 발전에 맞추는 중용적 노력을 통해 실천되어야 한다. 물론 이러한 가치의 조화는 각각의 가치를 추구하는 현실적인 사회운동세력이나 정치집단의 대화와 타협, 그리고 이타주의적인 도덕적 능력에 달려 있다. 자본주의의 한계를 인정하고 적정한 수준의 성장과 발전만을 추구할 수 있는 절제된 자본주의를 지혜롭게 내재화할 수 있는 노동자, 시민, 환경운동가, 기업가 그리고 정치인들의 능력과 사회의 체계적 능력이 신장되어야 문제해결이 가능하다. 이를 위하여 환경복지사회는 이타적, 도덕적, 자연순환적인 생활을 전제로 하는 도덕적으로 업그레이드된 사회가 되어야 할 것이며 이것은 단순한 이상이 아니다. 인류의 생존을 전제로 하는 것인 만큼 반드시 달성해야 할 과제인 것이다(최경구, 1997, 2006).

한편 생태복지국가는 홍성태의 주장에 잘 나타나 있다(홍성태, 2007: 5~18). 그는 한국사회가 토건국가의 패러다임을 벗어나서 생태복지국가의 패러다임을 갖추어야 한다고 주장한다. 토건국가는 정치권과 토건업이 유착해서 불필요한 대규모 개발사업을 끊임없이 벌이면서 재정을 낭비하고 국토를 파괴하고 부패를 만연하게 하는 타락한 개발국가를 뜻한다. 이러한 토건국가는 박정희의 개발독재에 뿌리를 두고 있으며 따라서 그 개혁은 민주화의 핵심적 과제이기도 하다. 2001년 주요국의 GDP 대비 건설업 비중을 부가가치 기준으로 보면 미국과 서구 4~5% 수준, 브라질·러시아·중국 7%. 일본 7.1%, 한국은 7.7%로서 대단히 높았다. 그런데다 1993년 2월부터 2005년 4월 12일까지 사법기관의 발표를 보면 뇌물사건의 55%가 건설부문에서 나타나고 있음을 알 수 있다. 이러한 문제점은 시급히 해결되어야 한다. 매년 수조 원의 혈세가 자연파괴와 불필요한 대규모 개발사업에 탕진되고 있기 때문이다. 토건국가의 문제를 해결하면 여성·아동·노인복지를 크게 증진할 수 있고 사회적 서비스의 일자리도 크게 늘릴 수 있다. 생태복지국가는 단지 생태적 향상을 추구하는 국가에서 나아가 정부조직과 재정의 생태적 전환을 통해 복지의 증진과 좋은 일자리 창출을 이루고 진정한 선진화를 추구하는 국가를 뜻한다. 이 문제를 해결하지 않고는 복지국가를 이룩할 수 없다.

그리하여 개발정책의 전환을 통하여 새만금 갯벌 살리기, 신도시 개발정책의 재고 등과 물과 에너지 정책의 대전환이 이루어져야 한

다. 이를 위해 건교부·산자부 등을 해체하고 부총리급의 '지속가능
발전부'를 설치해야 한다. 중앙부서에 건설부를 설치하고 있는 나라
는 드물다. OECD 국가 중에서는 한국뿐이다. 건교부는 개발독재시대
의 유산이며, 한국이 아직도 후진적 개발주의에 사로잡혀 있다는 생
생한 증거라는 것이다. 나아가 개발공사를 전면 통폐합해야 한다. 사
실상 모든 중앙부서가 산하에 개발공사를 설치해서 공익론을 내세워
해마다 수십조 원의 건설공사를 발주하고 있으며 불필요한 공사와
중복공사, 노골적인 부패로 혈세를 낭비하고 있다. 한전, 농촌공사,
토공, 주공, 수공의 6개 개발공사는 그 대표적인 예이다. 생태적 복지
국가로 나가는 길은 개발주의 기득권 세력과의 치열한 싸움이 예상
되는 길이다. 그러나 그 길로 나가지 않으면 좋은 사회를 만들 수 없
다. 길게 보고 공업문명의 종식까지를 염두에 두고 생태위기를 극복
하고자 의식적으로 노력하여야 한다는 것이다.

3) 신사회주의

끝으로 신사회주의(new socialism)에 대하여 살펴보자. 이것은 앞에
서 소개한 월러스틴의 새로운 사회주의와는 아주 다른 성격을 지닌
다. 월러스틴이 제시한 사회주의는 세계경제체제로서의 자본주의 문
명이 자유주의를 근간으로 발전해 왔으나 앞으로 후기산업사회의 문
명은 거시구조적 관점에서 볼 때 진정한 의미의 사회주의 문명과 같
은 것이 되지 않겠나 하는 암시를 주는 것이었다. 그러나 베네수엘라
의 차베스 정권이 보여준 것은 현실 사회주의가 붕괴하고 난 후, 그
대안을 다시는 현실에서 찾을 수 없을 것 같은 분위기에서 나타난 것

으로서 신자유주의를 종식시키고 신사회주의를 건설하겠다는 현실적 실험이라는 측면에서 주목할 필요가 있다.

1989년 2월 집권한 베네수엘라의 페레스 대통령은 취임하자마자 IMF와 협상을 한 후 IMF가 3년간 제공하는 45억 달러의 차관을 받기로 하고 신자유주의로의 대전환을 시도하였다. 즉 구조조정 프로그램 도입과 무역제한 철폐, 국영기업의 민영화 등 신자유주의 경제정책을 포괄적으로 실행하기로 한 것이다. 그러나 이 프로그램에 따라 국내시장 가격통제 제도를 폐지하자 즉시 국내 유가가 오르고 대중교통비가 며칠 만에 두 배로 뛰는 등 물가 폭등을 가져오자, 좌절한 빈민들이 수도 카라카스 일대를 중심으로 봉기에 나섰다. 1989년 2월 27일에 터진 민중 봉기는 신자유주의 경제정책을 펼쳐 온 과거 30여 년간의 기성 정치세력에 대한 민중의 반감과 불신이 표출된 것이었다. 그러나 페레스 정권은 군대를 동원하여 유혈진압을 강행했고 이 과정에서 수천의 민중이 희생되었다. 이에 영향을 받은 차베스 중령은 반미와 반신자유주의를 내걸고 1992년에 쿠데타를 일으켰으나 실패하고 감옥에 갇히는 신세가 되었지만 기존의 정치 엘리트 집단 밖에 있었던 그는 민중의 정치적 희망으로 부상하기 시작했다. 그 후 정치활동을 하게 된 차베스는 1997년 '5공화국운동'이라는 선거조직을 결성하고 대선구호 자체를 '의회의 해산'과 '새로운 나라 건설을 위한 제헌의회 소집'이라 하고 시종일관 이를 주장했다. 드디어 1998년 12월에 56.2%의 지지로 대통령에 당선된 차베스는 44세의 젊은 나이로 선거혁명을 시작한 것이다.

차베스는 당선된 지 1년 후 제헌의회 소집 여부를 묻는 찬반 투표를 실시하여 86% 찬성으로 통과시키고 바로 제헌의회 의원 선출 선거를 통해 131석 중 차베스 지지자 119명을 당선시켰다. 제헌의회는 새 헌법 제정 작업에 들어갔고 1999년 12월 새 헌법의 동의를 얻는 국민 투표를 실시하여 71.2%의 지지로 이를 통과시켰다. 새 헌법의 통과는 혁명의 시작이었다. 2000년이 되자 당시까지의 모든 헌법 기관들이 무효화되고 대법원과 기존 의회는 공식 해산되었다. 2000년 7월에 대통령선거, 국회의원 선거, 주지사 선거 등 모든 선거를 한꺼번에 치러, 차베스 정부는 행정부, 입법부, 사법부, 지방정부까지 권력 기반을 갖게 된다. 일련의 선거혁명을 치러 낸 것이다. 새 헌법은 기존의 양당체제를 해체하고 국민투표를 강화하여 국민의 직접적인 정치 참여를 최대한 강화하는 제도적 장치를 마련하고, 경제적 측면에서도 석유회사 등 국영기업의 민영화를 원천봉쇄하고 시장의 가치 대신에 연대성의 가치를 중심으로 하는 노동자 공동경영제, 협동조합 등 사회적 경제를 축으로 하는 국민경제의 원칙을 확고하게 세웠다.

그러나 이에 대한 자본가 집단과 언론집단, 그리고 이를 지지한 미국을 등에 업고 반혁명 쿠데타가 2002년 4월 발발하여 차베스가 감옥에 갇히게 되었다. 이를 알게 된 30만이 넘는 빈민들은 차베스의 복귀를 주장하며 시위를 했고 급기야 군이 움직이면서 48시간 만에 쿠데타는 실패하고 차베스는 복귀하였다. 이 사건 이후 반혁명 세력은 국영석유회사를 축으로 주요 기업들의 직장폐쇄를 감행하고 대형 유통회사를 문 닫는 등 자본의 총파업을 벌이게 된다. 자본가들은 2003년 2월 자본파업이 종결될 때를 전후로 2002~2003년의 베네수엘라 경제를 최악의 상황으로 몰아넣었다. GDP가 2002년 -8.9%, 2003년 -9.4%였다. 자본파업으로 문을 닫은 기업에 대해서는 정부가 공공적 편익과 사회적 이익의 근거를 토대로 국회의 의결을 거치고 공정한 지불을 통해서 사적 자본의 국유화 이전을 단행했다. 이 과정에서 노동자의 공동경영 제도가 정착되었다. 민중의 지지로 자본 파업을 이겨낸 차베스 정부는 2004년부터 3년간 매우 빠른 속도로 경제를 회복시켰다. 2006년 12월 대선에서 차베스는 역대 최고 득표율인 62.89%로 당선되었다. 같은 해의 경제성장률은 10.2%였다.

차베스의 경제정책은 사회적 생산기업이라는 데서 잘 드러난다. 공동경영과 협동조합형태의 기업을 포괄하여 지칭하는 용어이다. 사회적 생산기업은 "위계구조에 따라 지위와 관련된 특권이나 사회적 차별 없이 구성원들 사이에 실체적 평등이 존재하고, 계획과정의 참여가 보장되며, 국가적, 집단적 혹은 혼합적 소유 형태에 따라서 운영되고, 노동이 자신의 의미를 지니는 재화와 서비스의 생산에 복무하는 경제적 단위"라고 정의된다. 정부에 의해 사회적 생산기업으로 인정받으면 낮은 이자율로 신용을 제공받고 정부계약에 대해서 우선적인 협상 대상이 되는 특혜를 받는데 "수익성의 가치에 앞서 연대성, 협조, 보완성, 호혜성, 공평성, 그리고 지속가능성의 가치" 등의 사회적 기업의 요건을 충족해야만 한다. 이처럼 몰수 없는 혁명은 위로부터 사회적 경제에 대한 확고한 지향과 핵심 기간산업의 공공화 그리고 아래로부터의 노동자의 자발적 참여의 가속화가 동시적으로 진행되면서 현실화되는 경제 혁명의 새로운 방식이다. 이것이 한쪽에서 국영기업과 공동경영기업, 협동조합이 지속적으로 확산되면서도, 다른 한편에서 주식시장 시가 총액이 상승하고 외국인 투자가 늘어나는 혁명의 모습이다.

2005년 1월 브라질에서 열린 세계사회포럼에서 차베스는 "베네수엘라는 21세기 사회주의로 나아가야 한다"는 연설을 통해 볼리바리

안 혁명의[10] 목표가 '신사회주의'임을 분명히 선언했다. 이는 과거의
소련식 국가사회주의를 극복하고 진정한 의미의 사회주의를 추구하
는 이념이다. 베네수엘라 헌법 299조에 베네수엘라가 추구해야 할
"사회적·경제 체제는 사회정의, 민주주의, 효율성, 자유경쟁, 환경보
호, 생산성과 연대의 원칙 아래 총체적인 개인발전과 공동체를 위한
존엄하고 유익한 실존을 확보할 것"을 목적으로 한다고 명시하고 있
다. 나아가 헌법은 계속하여 "국가는 …… 부의 공평한 분배를 보장하
기 위해 사법적 안정성, 견고함, 역동성, 지속가능성, 경제성장의 항
상성과 형평성의 확립을 위해 노력한다"고 명시했다. 시장이나 자본
이 우위가 아닌 '연대성의 원칙' 아래, '사회적 시장경제'라는 새로운
경제모델을 통해 '부의 공평한 분배를 보장'하고자 한다. 신사회주의
의 복지이념이 명백하게 나타나 있는 부분이라 하겠다. 아울러 핵심
기간산업의 공공성 확대를 원칙으로 하고 노동자들의 참여를 보장하
고 창조적 연대를 모색하면서 반신자유주의, 구체제의 법적·제도적
극복, 대안경제 혁명, 진정한 참여정치의 구현, 새로운 지역 공동체와
국제관계의 건설, 20세기 국가사회주의의 극복이 신사회주의의 내용
을 이룬다.

6. 결론

이 글은 전 세계를 풍미하고 있는 신자유주의 복지 이데올로기를
비판하고 대안적 복지 이데올로기를 모색하기 위해 쓰였다. 신자유주

---

10) 남미독립을 위하여 헌신한 볼리바르의 정신을 이어받자는 뜻에서 볼리바리안 혁명이라고 한다.

의에 대한 비판은 대략 여섯 가지로 나누어 보았고 대안은 크게 세 가지로 제시하였으나 부분적으로 몇 가지 갈래는 존재한다.

1) 신자유주의 비판

(1) 첫 번째 비판은 사회정의와 자유에 관한 것이다. 신자유주의의 사회정의는 평등에 대한 자유의 우선성을 강조하는 것으로 재산권과 소유권을 지키려 하는 것이며, 자유는 강제가 없는 상태를 의미한다. 그러나 자유가 인간의 기본권이긴 하지만, 더 중요한 것은 공동체의 생존을 위하여 롤즈적 사회정의의 최소극대화 원칙에 따라 개인의 자유를 일부 제한하더라도 공익을 지켜야 한다는 점을 강조했다.

(2) 신자유주의자들은 기회의 평등을 결과의 평등보다 강조한다. 그 이유는 기회의 평등은 법 앞의 평등이고 인격적 평등을 말하며 능력이나 실적에 따라 보상이 결정되기 때문이다. 그러나 실제로는 결과의 평등이 보장되지 않으면 기회의 평등이 보장되기 어려운 것이며, 또한 결과의 평등이 개인의 잘못이나 능력이 부족해서가 아닌 경우도 많기 때문에 기회의 평등보다 결과의 평등을 시정하는 것이 현실적으로 중요하다.

(3) 신자유주의자들은 시장의 자기규제능력을 믿는다. 시장의 수요공급은 보이지 않는 손에 의해 조정되며, 인위적인 개입은 오히려 자연스러운 시장의 조절기능을 마비시키므로 바람직하지 않다는 것이다. 그러나 실제로는 시장이 자기조절능력이 없는 경우가 많으며 치명적이기까지 하다. 즉 시장에 대한 자유방임은 독점과 담합을 초래하여 공정경쟁을 저해하는 경우가 비일비재하며, 부익부 빈익빈의 모

순을 심화시킬 우려가 있으므로 공익을 대변할 수 있는 정부기구의 개입이 필요하다고 보았다.

(4) 신자유주의자들은 노조가 인위적으로 노동시장을 교란하기 때문에 이를 배제하려 한다. 그러나 노조는 후기산업사회로 넘어가는 과정에서 자본가들에게 헤게모니를 빼앗긴 상태이기 때문에 오히려 노조가 불리한 입장에 있다. 그러므로 노조는 오히려 다른 소비자집단이나 새로운 위험에 노출되어 있는 집단에 대해서도 관심을 가지고 연대를 통하여 사회적 협치를 일구어내면서 노조의 배제에 대응하여야 할 것이다.

(5) 신자유주의자들이 전가의 보도처럼 써먹는 것이 민영화이다. 이는 국가의 비효율성을 극복하고 생산성을 높이기 위함이나, 사실상 민영화를 통하여 생산성이 크게 향상된 것은 미미한 수준이다. 그에 비해 개인과 가족의 복지부담은 현저히 증가했다.

(6) 양극화 문제는 신자유주의자들이 잘 동의하지 않는 것으로 보인다. 그러나 객관적으로 미국과 영국이 세계에서 가장 양극화가 심한 나라인 것은 확실하며 한국도 그러하다. 신자유주의는 바로 양극화를 상징할 정도이다. 향후 양극화로 인한 사회갈등이 심화될 가능성이 많으므로 소득불평등을 완화하는 복지제도의 강화로 이 문제에 적극 대응해야 한다.

2) 대안적 이념

(1) 신자유주의에 대한 첫 번째 대안적 이념으로서는 무엇보다도 '제3의 길'과 '사회투자국가'에 대한 논의가 있다. 제3의 길은 영국의

기든스가 제창한 것으로 신자유주의와 구사회민주주의를 극복하기 위한 대안이며, 근래에 사회투자국가는 미국형 시장주의와 북구형 사회정책을 결합하려는 모델이라고 알려져 있다. 시장의 역동성과 사회정책의 통합성을 중시한다는 것이다. 근로연계복지는 전자를 위한 정책이며, 아동·여성 등에 대한 인적자원투자정책은 후자를 중시하는 결과이다.

'사회투자국가의 자유주의형' 개념의 도입에 대해 찬성하는 학자들은 영국보다 보수적인 한국의 정치 상황에 비추어 보아 그래도 신자유주의보다 조금 진보적인 사회투자전략을 받아들이는 것이 적실성이 있다는 주장과, 한국도 후기산업사회와 같은 구조적 문제점, 즉 노동시장의 변화로 인한 괜찮은 일자리의 부족과 청년과 여성의 실업, 여성의 일과 가정 양립의 어려움, 저출산 고령화 문제 등이 나타나고 있으므로 사회투자국가의 패러다임을 받아들여도 좋겠다는 주장이 있다. 단, 어떤 경우에도 한국의 소득보장은 똑같이 중요시되거나 선행되어야 한다고 주장한다.

'사회투자국가의 신사회민주주의형'이라고 볼 수 있는 덴마크의 '유연안정성(flexicurity) 모델'을 강조하는 학자들도 있다. 우리나라는 일단 건전재정이 유지되므로 고용유연성과 소득보장을 위해 제도적 노력을 경주하면 트릴레마를 극복하여 건전재정, 고용증대, 소득보장의 목표를 다 성취하여 황금의 삼각형(golden triangle)을 만들 수도 있다는 것이다.

한편 사회투자국가 개념의 도입에 대해 반대하는 학자들은 이 개념이 아직 복지의 패러다임이라 불릴 정도로 포괄적이지 못하며 사회투자전략이라고 불리는 것이 옳다는 점, 북구 사회민주주의 국가에서 오랫동안 실행해 오던 정책들을 선택적으로 구사하고 있다는 점, 인적 투자보다 더 시급한 양극화 해소를 위한 소득보장의 문제가 있다는 점, 우리나라가 현재 신자유주의를 극복하고 나가야 할 중요한 시점이므로 복지적 기초를 튼튼히 놓아야 한다는 점, 그리하여 자칫 친복지담론을 저해할 수 있는 사회투자국가라는 개념보다는 '복지근본주의'의 입장에서 '적극적 복지국가'라든가 '새로운 시민권국가'라는 용어가 더 나을 것이라는 견해를 제시하고 있다.

(2) 두 번째 대안적 이념으로는 '환경복지국가' 또는 '생태적 복지국가'의 개념을 소개하였다. 환경복지국가는 '환경복지자본주의'의 복지이념을 실천하는 국가로 환경문제(물, 땅, 공기)의 해결과 복지문제(소득, 의료, 주거, 교육)의 보장을 목표로 한다. 이는 사회성원들이 도덕적으로 업그레이드된 생활을 통하여 해결될 수 있으며 자본주의의 효율성의 추구를 지속가능성의 범위 안에 한정하여야 한다고 본다. 한편 생태복지국가는 현재 한국을 토건국가로 규정하고 건설부 등의 폐지, 총리급의 '지속가능부' 설치 등을 통하여 중앙부서를 생태적으로 변화시킬 것을 권고하고 있다. 새만금 갯벌 살리기, 대형 댐의 금지, 획기적인 국토청소 등을 주장하고 있다.

(3) 세 번째 대안적 이념으로는 베네수엘라의 '신사회주의'를 들었다. 차베스 대통령이 이끄는 베네수엘라는 1998년 대통령 선거 이후 1년 안에 세 차례에 걸친 국민투표를 통해 헌법을 바꾸고 국가체제를 바꿈으로써 신사회주의를 실험해가고 있다. 연대성의 원칙에 입각한 국영기업, 공동경영기업, 협동조합 등 사회적 기업들이 지속적으로 확산되면서도 다른 한편으로 주식시장 시가 총액이 상승하고 외국인 투자가 늘어나는 혁명, 외채를 계속 갚아나가는 혁명의 모습이 나타

나고 있다. 베네수엘라 헌법 299조에는 "국가는 …… 부의 공평한 분배를 보장하기 위하여 사법적 안정성, 견고함, 역동성, 지속가능성, 경제성장의 항상성과 형평성의 확립을 위해 노력한다"고 명시하였다.

3) 토론

빅조지와 폴와일딩이 '이데올로기와 사회복지'(1976, 1985)를 출간한 이래 많은 사람들이 복지 이데올로기에 대하여 관심을 가져왔다. 소련의 해체 이후 그 흐름은 대강 극좌나 극우를 배격하고 점차로 중도를 지향하여 가는 것으로 여겨진다. 위에서 소개한 내용들도 대개 중도주의에서 약간씩 우냐, 좌냐의 차이가 있을 뿐이다.

이와 같은 복지 이데올로기의 변화 과정에서 어떤 길을 택하는가는 한국인의 학습능력과 체계적인 문제 해결 능력에 달려 있다. 무엇이 좋은 길인지 또는 적당한 길인지를 가늠할 수 있는 지혜가 필요하다. 이데올로기는 바람직한 것을 믿고 실상으로 만들어내기 위한 길잡이이다. 즉 바람직하다고 생각되는 길을 가보면서 검증하고, 수정하면서 가는 데 필요한 지침인 것이다.

본문에서 제시된 '자유주의형 사회투자국가'를 택할 것인가 아니면 '신사회민주주의형 사회투자국가'를 취할 것인가, 또는 '환경복지국가'나 '생태복지국가'를 택할 것인가, 내지는 '신사회주의'를 따를 것인가 하는 것은 각 집단의 입장과 이해관계에 따라 달라질 수 있는 결단의 문제이다. 또는 이 내용들을 적절히 섞어 창조적인 비빔밥을 만들 수도 있을 것이다. 필자는 단기적으로는 '한국형 복지국가' 내지는 '한국형 사회투자국가'를, 그리고 중장기적으로는 '공생주의 환경복지국가'

내지는 '환경복지자본주의'를 한국 복지 이데올로기의 지향점으로 삼는 것이 좋다고 본다. 우리는 현실적, 단기적으로 육아와 아동교육, 취업교육 등 사회적 투자를 하면서도 동시에 당장의 빈곤이나 양극화 문제를 해결하고 사회통합을 공고히 하기 위한 소득 보장도 강화하는 정책을 취하지 않을 수 없다. 나아가 청년실업의 해소를 위한 괜찮은 사회적 일자리 창출도 해야 하며, 노인요양의 문제와 더불어 사회적 서비스를 확장해 나가야 하는 과제가 있다. 단기적으로 이러한 단계를 성공적으로 거치고 나면, 장기적으로는 미국이나 중국, 일본, 러시아와 인도 등과의 국제적 협조도 하면서 동아시아의 지도국가로 성장하여 환경복지문제를 동시적으로 해결해 나가야 할 역사적 사명도 있다고 본다. 이것은 우리에게 맡겨진 숙제이며 동시에 축복일 수도 있는 것이다.

제15장 한국사회복지의 변동과 발전방향[1]

1. 서론

사람들이 서로 돕는 것이 사회복지이다. 사회복지의 대상자를 중심으로 사회복지를 정의한다면 '사회복지란 사회적 약자와 사회적 위험에 처한 사람들을 돕는 상부상조의 체계이다'라고 할 수 있다.

이러한 의미에서는 우리나라도 사실상 오랜 옛날부터 사회복지를 실천해 왔다고 볼 수 있다. 삼국시대 이전부터 시작되었다는 환과고독(鰥寡孤獨: 홀아비, 과부, 고아, 홀로인 노인)에 대한 구휼 등은 불교를 국교로 하던 고려시대에 사찰을 중심으로 한 상부상조 활동의 중심이었다. 그러한 전통은 조선시대의 구황제도에도 이어졌다. 특히 왕은 재해나 흉작을 왕의 부덕의 소치로 돌리고 직접 빈민을 구휼하기도 했다.[2]

그러나 근대 한국사회에 이르러서는 사회복지라는 새로운 분야가 등장하면서 서양 학문의 이론과 방법론을 빌려 좀 더 체계적으로 구

---

1) 이 글은 불교평론 2012년 여름호에 실렸던 「한국복지정책의 발전과 불교계의 대응」을 한국사회에 맞게 대폭 수정한 것이다.

2) 왕이 스스로에게 '짐이 부덕하여 - '라고 빈곤의 원인을 자신에게 돌리고 백성을 구휼하는 것을 복지발달 이론에서는 책기론(責己論)이라고 부르기도 한다(하상락, 1993).

호활동을 펼치는 국가적 차원의 상부상조 제도가 나타나게 되었다. 처음에는 사회사업이란 말이 유행하여 한국 전쟁 이후 많은 고아들과 미망인을 위한 기독교 계통의 구호사업을 일컫는 것으로 알려졌으나 본격적인 근대화의 문제점을 시정하기 위한 정부 차원의 노력이 제도화되면서부터는 사회복지라는 용어가 더 많이 사용되었다.

학술적으로는 여러 가지 견해가 있으나 일반적으로 한국의 근대화는 일본 식민통치 후 한국전쟁을 겪은 뒤, 이승만 독재가 4·19혁명으로 무너지고, 1961년에 박정희 소장이 군사쿠데타로 정권을 장악한 뒤 '경제개발5개년계획'을 수립하면서부터 시작되었다고 볼 수 있다. 박정희 정권은 경제성장을 추구하면서 소위 '위로부터의 근대화'를 강력히 추진하였으며 또 상당한 성과를 올렸다. 그러나 1960~1970년대의 '밀어붙이기'식의 근대화는 한국 사회의 빈부격차를 심화시켰고 많은 사회문제를 초래하였으며, 사회적 갈등을 심화시켰다.

그리하여 1979년 박정희 대통령이 암살되는 등 혼란한 정국 속에서 1980년에 역시 군사쿠데타로 집권한 전두환 정권은 민심을 사기 위한 정권의 목표로 '민주·정의·복지 사회'를 내걸었다. 이때부터 많은 사람들이 사회복지라는 용어를 사용하기 시작하였다. 그 이후 노태우 정권과 김영삼 정권을 지나 1998년 김대중의 '국민의 정부'에 들어서서 사회복지가 정책적, 제도적으로 더욱 발전하게 되었다.

이 글에서는 먼저 이러한 한국 근대화 과정에서 국가를 대변하는 한국 정부의 복지정책이 어떤 방향으로 발전하여 왔는가, 아울러 그 특성은 무엇인가, 그리고 21세기 현대 사회의 새로운 사회적 위험과 그것에 대처하는 복지정책 방향은 어떻게 잡아가는 것이 바람직할 것인가를 생각해보고자 하는 것이다.

2. 한국사회복지의 발전 과정과 특성

1) 한국사회복지의 발전 과정

한국사회복지의 발전은 대체로 세 가지 단계로 나누어 볼 수 있다. 첫째는 자선사업 단계요, 둘째는 잔여적 복지 단계, 그리고 셋째는 제도적 복지 단계라 표현할 수 있다.

자선사업 단계는 1945년 해방 이후부터 1961년 5·16 전까지 한국사회가 구조적이고 제도적인 변동을 겪던 시대를 말한다. 즉 미국식 자본주의 제도가 개인의 인격형성은 물론 시대정신을 주도하였던 구조적 상황 속에서 사회복지 역시 자선사업 중심의 미국식 사회사업에 의존할 수밖에 없었다는 것이다. 자본주의 제도가 이식되는 과정에서 민간 복지 시설보호 중심의 미국식 사회사업이 도입된 것이다(감정기, 2002). 특히 해방 후 1950년부터 1953년까지 동족상잔의 6·25 전쟁으로 말미암아 대량의 구호대상자가 발생하자 1952년부터 1957년까지 한미 공동으로 실시되었던 난민정착사업과 UN 등 우방국가로부터 보내온 난민구호물자 등이 빈민구제에 크게 도움이 되었다. 이 시대를 자선사업 단계로 부르는 것은 그와 같은 연유에서이다.

두 번째는 잔여적 복지 단계이다. 1960년 4·19 학생 혁명을 계기로 정권을 잡았던 민주당의 장면 정권은 1년 뒤 1961년 5월 16일 박정희의 군사 쿠데타로 권좌에서 물러났다. 그 후 전두환 역시 쿠데타로 권력을 장악하고 대통령이 됨으로써 군사정권이 지속되었다. 이들은 부족한 정치적 정통성을 일을 잘함으로써 보충하고자 했다. 즉 효율성과 효과성을 강화하여 업적으로 국민의 지지를 받고자 했던 것이다. 박정희 정권은 경제성장으로, 전두환 정권은 물가안정으로 국민의 지지를 받을 수 있었다.

박정희 정권은 민정이양이라는 대국민 약속을 실천하는 과정에서 서민들의 지지를 얻기 위하여 생활보호법(1962), 산재보험법과 의료보험법(1963)에 관심을 기울였다. 물론 이 법들은 정치적 목적을 띠고 있었으므로 실제로 서민이나 중산층을 위한 내용을 지니기 어려웠을 뿐만 아니라 제대로 시행되지도 않았다. 생활보호법은 65세 이상의 고령자, 18세 미만의 아동, 임산부, 불구자, 폐질자, 기타의 요보호자 등에 한정되었고, 산재보험은 500인 이상의 종사자가 있는 대기업에서만 적용하도록 하여 사회보험으로서의 재분배 목표나 사회적 위험의 분산이라는 기본적 목적을 달성하기가 매우 어려웠다. 의료보험은 임의적용 조항으로 인하여 사회보장의 가장 중요한 원리인 강제적용의 원리가 배제된 채 1963년 통과되었다가 1977년이 되어서야 그것도 500인 이상의 사업장을 대상으로 실시하게 됨으로써 14년간이나 시행이 보류되었었다(이혜경, 2006)

전두환 정권 역시 1980년 5·18 광주 민중항쟁을 무력으로 진압하고 정권을 잡은 후 부족한 정치적 정통성을 메우려 사회복지에 관심을 보였다. 전 정권은 민주·정의·복지 사회의 실현이라는 구호와 함께 1981년 노인복지법, 아동복지법, 장애자복지법, 1982년 유아교육진흥법 등을 제정하였다. 그러나 이러한 복지 관련 법들은 실제적으로 서비스 대상 전체를 포함하는 복지의 보편성이나, 서비스 내용의 포괄성을 충족시키지 못했다.

세 번째는 제도적 복지 단계이다. 1987년 민주화 운동 이후 노태우 정부, 김영삼 정부와 김대중 정부에 이르는 이 시기는 민주화라는 시대정신이 제도와 개인에게 영향을 미쳤다. 1987년 6월 민주화운동은 군사 독재정권에 대한 민주화의 요구가 더 이상 거역할 수 없는 대세이며 시대적 과제임을 누구에게나 각인시켜 주었고 대통령 직선제를 쟁취해냈다. 1987년 민주화 운동의 파장은 그 후의 정권에서 사회복지제도의 마련에 적지 않은 영향을 미쳤다. 노태우 정부와 김영삼 정부는 지금까지의 형식적인 복지제도의 운영을 가급적 내실 있게 확대하는 정책을 시행하였다. 한편 김대중 정부에 이르러서는 '민주주의, 시장경제, 생산적 복지'를 국정의 목표로 삼아 제도적 복지시대를 확실히 했다.

특히 김대중의 '국민의 정부'는 21세기가 시작되는 2000년부터 공공부조 제도인 국민기초생활보장법을 제정 시행함으로써 국가가 국민의 최저생활을 권리로서 보장하는 정책을 펼쳤다(최경구, 2000). 공공부조는 사회보험 및 사회복지서비스와 함께 우리나라 3대 사회보장의 하나이다. 우리나라에서 공공부조 제도는 1961년 제정된 생활보호법에 의하여 생활무능력자에 대해서만 최저생활을 보장했었다. 이것이 IMF 환란위기 이후 국민의 정부에 들어와 국민기초생활보장법으로 대체되면서 최저생계비 이하의 모든 저소득층에 대하여 국가가 생계, 의료, 교육 등의 기초생활을 보장하도록 만든 것이다. 근로능력이 있는 사람도 최저생계비 이하의 생활을 하면 수급자가 될 수 있었으며, 일을 통하여 자립할 수 있도록 종합적인 자활지원도 이루어지게 되었다. 수급자 선정에서 친척 등 부양자가 있는 경우를 제외하는 등 몇 가지 문제점에도 불구하고 국가가 국민의 빈곤에 대하여 책임을 지는 이 제도는 한국이 제도적 복지의 단계에 자리 잡게 된 것을 의미한다.

나아가 1999년 1월 국민건강보험법안이 통과됨에 따라 2000년 7월부터는 모든 국민을 대상으로 하는 의료보험조합의 관리운영이 국민건강보험관리공단으로 통합되었다. 또한 1999년 4월부터는 본격적인 '전국민연금시대'가 막을 올렸고, 산업재해보상보험은 1998년 상시근로자 4인 이하의 농업, 임업, 수렵업 등 일부 업종을 제외하고는 근로자 1인 이상을 고용하는 전사업장으로 적용범위를 확대하였다. 한국은 민주화가 진행되면서 국민의 정부에 이르러 생산적 사회복지의 정책적 제도적 발전이 이루어졌던 것이다. 물론 다음과 같은 여러 가지 특성과 문제점을 지닌 것도 사실이다.

2) 한국사회복지의 특성과 문제점

이 글에서는 한국사회복지의 특성과 문제점을 별도로 나누지 않고, 특성이자 동시에 문제점으로 파악했다.

(1) 이념적 복지 혼합성

무엇보다 한국사회복지의 특성으로는 이념적 복지 혼합성의 문제를 들 수 있다. 국민의 정부 이후 국민기초생활보장법을 실시하고 사회보험제도와 사회복지서비스의 확충을 위한 노력을 경주한 결과 한국은 초보적인 수준에서나마 제도적 복지국가의 반열에 설 수 있게 되었다. 그러나 이념적인 측면에서 볼 때 국민기초생활보장을 국가가 책임진다거나 모든 국민에 대한 건강보험제도 실시 등은 사회민주주의적인 성격이 있는가 하면, IMF 구제금융을 받아들이는 과정에서 수용한 노동유연성의 확대를 통해 노동자 해고를 쉽게 한 점과 근로연계복지를 강조하는 점에서는 신자유주의적 성격을 지니고 있다. 나아가 근래에 들어와 보육정책과 아동교육에 대한 정책 등을 보면 제3의 길에서 표방하는 사회투자국가적 성격도 지니고 있음을 알 수 있다. 심지어 우리나라의 가족복지가 내용적으로는 노인과 아동을 부양하는 문제를 책임지는 것이 아직도 미덕으로 생각되는 가족제도를 유지하고 있음으로써 '유교적 복지국가'라는 칭호를 듣고 있기도 하다. 국민기초생활수급자 선정 기준의 하나로 부양가족이 있는 경우를 제외하고 있는 것도 유교적 복지국가라고 불릴 수 있는 이유 중 하나이다.

　따라서 여러 가지 이념의 혼합된 정책을 펴고 있다는 점에서 한국은 전체적으로 복지혼합(welfare mix)적 특성을 지니고 있다고 볼 수 있다. 이러한 현상을 긍정적 측면에서 평가하여 '한국적 복지모형'이란 말도 가끔 등장하고 있다. 물론 복지혼합 현상이 한국만의 특성은 아니며, 전반적으로 복지국가의 위기를 극복하는 과정에서 신자유주의 정책을 실시한 영국 등 선진복지국가에서 나타나는 현상이기는 하다. 다만 한국에서는 이러한 현상이 압축적으로 동시적으로 진행되면서도 한국적 특성이 반영되고 있기 때문에 복지혼합의 특성이 좀더 다양하게 잘 드러나 보이는 것이라 하겠다. 문제는 이러한 이념적 혼합성을 어떻게 규정할 것인가, 또는 향후의 이념적 지향을 어떻게 설정해 나갈 것인가에 있다 하겠다.

　(2) 비형평성

　두 번째 특성은 문제점에 가까운 비형평성으로, 이것은 공공부조, 사회보험(연금보험, 건강보험, 고용보험, 산재보험), 사회복지서비스에 대한 정부 지출을 비교해보면 알 수 있다. 대체로 이들을 포함하는 전체 공공사회지출은 보건복지부 자료에 따르면, GDP 대비 6.9%로서 OECD 평균 20.6%에 훨씬 못 미치는 것은 물론 OECD국가 중 최하위 수준이다(보건복지부, 2010). 그러나 우리나라의 경우 공공부조가 전체 공공사회지출에서 차지하는 비율은 10.1%로서 OECD 평균 7.3%에 비해 높은 수준이다. 이 말은 공공부조가 전체 복지 프로그램에서 차지하는 비중이 다른 국가들에 비해 큰 편이라는 뜻이다. 즉 공공부조 수급자의 가처분소득 대비 요소 소득 비율은 한국이 높다. 한국 수급자의 공공부조급여는 35%, 사회보험급여는 3%, 시장소득은 46%이다. 스웨덴의 공공부조 수급자는 공공부조 급여는 18%, 사회보험급여가 58%, 시장소득이 40%이다. 독일은 공공부조급여는 23%, 사회보험급여의 비중이 26%를 넘고 시장소득이 64%의 비중을 차지하고 있다. 미국의 수급자는 전적으로 시장에 의존하는 편이어서 공공부조급여(7%)나 사회보험급여(4%)의 비중이 모두 작다. 우리나라의 공공부조 수급자의 경우는 대부분의 선진국에 비해 공공부조급여 비중이 크고 사회보험급여가 적어서 제도 간 비형평성이 나타나고 있다고 볼 수 있다. 장기적으로 우리나라도 사회보험의 기능이 대폭 강화되는 방향으로 나가야 할 것으로 보인다(보건복지부·한국보건사회연구원, 2010).

(3) 사회적 배제

세 번째 특성은 사회적 배제의 문제로 복지제도가 있음에도 불구하고 그 혜택을 받은 사람들이 적으며, 특히 생활이 어려운 진정한 의미의 복지 대상자들의 상당수가 실제로는 제도로부터 배제되어 소외 상태에 있다는 것이다.

공공부조의 경우, 무엇보다 수급자 자격획득을 용이하게 하기 위하여 지나치게 복잡한 부양의무자 기준은 완화되거나 폐지되어야 할 것이다. 부양의무를 지닌 아들, 딸의 실제 도움도 받지 못하면서 수급자도 되지 못하는 빈곤 노인들이 방치되는 것은 도움이 필요한 노인들을 포괄하지 못하는 사회적 배제의 문제점을 잘 드러내고 있는 경우이다.

나아가 1990년대 후반부터 국민연금 가입대상을 전 국민으로 확대하고 고용보험과 산재보험의 적용 대상도 급속하게 늘렸지만, 실질적으로 비가입 상태에 있어 보험급여의 혜택을 받을 수 없는 사각지대에 속하는 인구가 많다는 점에서도 사회적 배제의 문제가 나타난다. 2008년 3월 현재 60세 이상 국민연금 수급자는 약 215만 명으로 60세 이상 노인의 29%에 이르고 있다. 한편 고용보험 가입자가 2010년 7월 현재 1,000만을 넘어섰다고 하나 가입률이 41%에 불과하여 아직도 사각지대에 있는 비정규직 내지 일용 노동자가 10명 중 6명꼴인 셈이다. 한편 산재보험은 1964년 도입돼 40년 가까이 흘렀지만 사각지대는 여전하다. 고용보험과 마찬가지로 피보험 대상자를 근로기준법의 '근로자'로 한정하고 있기 때문이다.[3] 2007년 기준 우리나라의 산재보험 피보험자는 1,253만 명으로 취업자의 50%에 불과하다(한국복지연구원, 2011).

---

[3] 근로기준법상 근로자 여부에 대한 구체적 판단은, 가) 근로자가 업무를 수행함에 있어 사용자로부터의 정상적인 업무수행과 지휘감독에 대하여 거부할 수 없어야 함. 나) 시업과 종업시간이 정하여지고 작업장소가 일정장소로 특정되어 있어야 함. 다) 업무의 내용이 사용자에 의하여 정하여지고, 업무의 수행과정도 구체적으로 지휘 감독을 받아야 함. 라) 지급 받은 금품이 업무처리의 수수료(수당) 성격이 아닌 순수한 근로의 대가이어야 함. 마) 상기 내용이 충족되고, 복무위반에 대하여는 일반근로자와 동일하게 징계 등 제재를 받아야 함.

(4) 불충분성

네 번째 특성으로는 복지 정책과 제도의 내실이 불충분한 것이 또한 문제이다. 수급자에게 지급하는 최저생계비는 최저생활을 하기에 부족하며, 차상위계층에 대한 지원도 불충분하다. 근로장려세제는 공공부조제도를 보충하기 위하여 수급자보다는 생활 정도가 낮지만 여전히 빈곤한 차상위 계층을 주 대상으로 하여 2008년 도입된 제도이다. 저소득 근로자가구가 근로를 많이 할수록 급여를 많이 받을 수 있도록 한 제도이다. 그러나 이 제도를 도입한 것까지는 좋았는데, 실제로 그 급여가 2012년 현재 연 최대 200만 원으로 제한되어 있어 빈곤을 완화하기에는 매우 불충분한 수준이며, 대상도 제한적이어서 그 기능을 다하고 있지 못한 상태라는 것이다(조세일보, 2012). 취업 근로빈곤층에 대한 지원제도로서 근로장려세제의 대상과 급여를 대폭 확대하여 근로빈곤층에 대한 일차적인 지원제도로 자리 잡게 하여 국민기초생활보장제도의 근로 동기 저하 문제를 완화해야 할 것이다.

해마다 반복되는 최저임금 문제도 2012년 현재 시급 4,580원으로 OECD 19개국 중에서 16위로 하위권에 속하고 있다(최저임금위원회, 2012). 그러나 그조차도 잘 지켜지지 않고 있는 경우가 적지 않다.

(5) 중복성

사회복지서비스 부문에서 나타나는 중복성 또한 중요한 특성이자 문제점이다. 한국사회복지협의회의 연구보고서에 따르면 과거에 장기적이고 종합적인 계획이 미비한 상태에서 복지시설이 무분별하게 양적으로 증가함으로써 업무의 중복성 문제가 발생하였다는 것이다 (한국사회복지협의회, 2012).

즉 우리나라는 1950년부터 사회복지서비스가 시작된 이래 1990년
대 이후 복지서비스의 급격한 양적 확대가 이루어졌다. 1960～1970년
대에 경제성장이 이루어지면서 다양하게 분출된 우리 사회의 복지서
비스 욕구는 1980～1990년대에 들어서면서 각종 사회복지관(종합사
회복지관, 장애인복지관, 노인복지관 등)이 들어서는 계기가 되었다.
그러나 지역복지에 대한 체계적인 욕구 조사나 계획이 선행되지 않
고 산발적으로 복지관을 설치하게 됨으로써 복지서비스의 지역적 균
형을 이룰 수 없었다. 즉 지역적 복지 욕구에 따라 복지시설이 증가
된 것이 아니라 정치적 이해관계 및 공급자 중심으로 시설이 설치되
었기 때문에 사회복지시설의 서비스 기능이 중복되는 문제가 나타나
게 된 것이다.

서비스 기능의 중복성은 시설편중에 따른 서비스의 사각지대 발생
등 복지서비스의 불균형 문제를 나타내고 있다. 특히 우리나라는 정
부가 예산을 지원하고, 민간사회복지시설 및 기관이 서비스를 제공하
는 시스템을 취하고 있기 때문에 공공과 민간의 영역 간 유기적 협력
체계가 미비하다. 정부는 예산만 지원하고 사업은 민간에 위탁함으로
써 전체적으로 효율적 관리가 이루어지지 않음으로써 서비스의 중복
성 문제가 나타나게 되는 것이다. 이것은 전반적으로 사회복지전달체
계의 미비 때문이다. 즉 공공과 민간, 민간과 민간 간의 사회복지서비
스 대상자에 대한 정보의 공유와 협조가 잘 이루어지지 않고 있기 때
문이다. 서비스 전달 과정에서의 중복과 누락은 복지비용에 비하여
복지서비스 제공의 효율성 저하, 최종적으로는 국민의 복지 체감도가
낮아지는 결과를 낳고 있는 것이다.

2000년대를 전후하여 정부의 복지 관련 예산이 해마다 증가하고

있어 과연 그 예산이 복지 대상 인구에 적절하게 전달되고 있는가에 대한 관심이 높아지게 되었다. 그러한 과정에 정부의 사회복지전달체계 개편 노력도 진행되었다. 그러나 보건복지사무소 시범사업(1995.5~1999.12), 사회복지사무소 시범사업(2004.7~2006.6) 등은 소기의 목적을 달성하지 못하였다. 그 후 2010년과 2011년에 걸쳐서 사회복지시설의 특성화와 다기능화 시범사업을 통하여 서비스의 중복과 사각지대를 해소하는 노력을 진행하였다. 복지시설의 서비스 특성화와 다기능화를 통하여 서비스 중복의 문제를 해결하고 시설 간의 경쟁 관계를 협력관계로 만들어 가는 등 새로운 가능성을 열어가고 있다(한국사회복지협의회, 2012; 348~350).

3. 한국사회복지의 발전 방향

한국의 사회복지는 위에서 언급한 바와 같이 전체적으로 복지혼합의 문제를 한국적 복지 모형으로 다듬어 내는 이념적 노력이 이루어지면서, 동시에 부문별로 공공부조와 사회보험의 비형평성과 사회적 배제, 그리고 불충분성의 문제를 해결하면서 사회복지서비스의 중복성 문제도 동시에 풀어나가야 하는 상황이라고 하겠다.

그러나 이러한 상황이 매우 어려운 이유는 이와 같은 문제가 단순한 정책의 문제이기보다는, 한 단계 더 고차적으로 미래지향적인 복지이념과 복지체제와 복지정책을 새롭게 정립하고 나가야 해결될 수 있는 문제이기 때문이다. 특히 한국은 후기 산업사회의 진입과정에서 발생하는 새로운 사회적 위험뿐만 아니라 아직도 쌓여 있는 산업사회의 문제점들과 더불어 환경문제 등 한국 특유의 사회적 위험들도 나타나고 있는 상황인 것이다.

이 글에서는 먼저 사회적 위험에 대해서 살펴보고, 그러한 위험을 극복하기 위해 한국 사회의 복지이념과 복지체제, 그리고 복지정책을 어떤 방향으로 펴나갈 것인가에 대하여 개괄적으로 고찰해보고자 한다.

1) 새로운 사회적 위험

Taylor-Gooby는 새로운 사회적 위험이란 후기산업사회로의 이행과정에서 겪는 경제사회적 변화의 결과로서 일상생활에서 직면하는 위험'이라고 정의하면서, 네 가지 위험을 들었다(Taylor-Gooby, 2010; 2~5).

첫째는 저숙련 여성 근로자들이 일과 가정을 지키기 어려운 위험이다. 후기산업사회에서는 직업을 가진 여성들이 많아지게 됨으로써 동시에 많은 저숙련 여성들이 일과 가정을 양립시키기 어려운 문제가 발생하고 있다는 것이다. 그 결과 저출산의 문제도 심각해지고 가족의 위기도 커진다.

둘째, 고령화의 위험이다. 고령화가 급격히 진행되면서 연금과 의료서비스, 그리고 사회적 보호의 필요성이 절대적으로 늘어난다는 사실이다. 2000년에서 2030년 사이에는 유럽의 노동인구 중에 65세 이상의 노인인구가 73%가 되리라는 전망이 OECD보고서에 나오고 있다. 대부분의 선진복지국가에서 연금보험의 수요 폭발로 인한 자금고갈 등의 문제로 내홍을 앓고 있다. 노인에 대한 돌봄의 문제가 여성들이 아니라 남성이나 민간부문이나 국가가 대신 노인을 돌보아야 하는 문제가 발생하고 있다.

셋째, 노동시장의 변화에 따른 비정규직 노동자의 위험이다. 이들은 저숙련과 저임금으로 고통받고 있다. 유연전문화 등 컴퓨터기술의 혁명적 발전으로 저숙련 직종이 감소하고, 나아가 국가 간 경쟁이 심화됨에 따라 저임금을 강요하는 구조가 되고 있다는 것이다. 이것은 교육과 고용의 연계를 통해 저학력 노동자에 대해 지속적인 사회적 배제의 위험을 증가시킨다.

넷째, 민영화 서비스의 증대로 시민들이 저질의 불만족스러운 서비스를 선택하지 않으면 안 되는 위험이 증대하게 되었다는 점이다. 예컨대 영리를 목적으로 하는 사보육시설보다는 공공보육시설이 일반적으로 서비스가 더 좋은 것이 사실이다.

결국 새로운 위험은 저숙련 여성, 노인, 비정규직, 민영화의 문제라 요약할 수 있겠다. 한편 에스핑-앤더슨은 복지국가 위기의 핵심은 외부적 충격으로 노동시장과 가족의 안정성이 동요하는 것이라고 본다. 후기산업사회의 노동시장은 유연성을 요구하면서도 불안정성을 창출해내고 있어, 청년과 여성들이 안정적인 직업을 갖기가 어려워 가족의 불안정이 높아지고 있다. 특히 청년과 젊은 가족이 빈곤과 저소득, 실업, 그리고 주변화의 위험에 의해 고초를 겪고 있다. 이들을 위한 복지전략이란 복지를 극대화시킬 수 있는 노동시장과 가족의 능력을 국가가 나서서 육성해야 한다고 주장한다. 그러기 위해 최적의 복지체제를 추구하자면 후기산업시대에 필요한 숙련기술을 획득할 수 있는 교육체계가 필요하다. 어떤 개인에게 숙련은 혜택받지 못한 박탈로부터 벗어나기 위한 유일하고 최선의 방책이다. 직업훈련을 통해 충분한 이론적 기초를 습득한 노동자는 승진하기가 훨씬 쉽다고 본다(박시종 옮김, 2006: 354~357).

이러한 후기 산업사회로의 구조변동과 새로운 위험 요소는 한국에서도 그대로 나타나고 있다. 컴퓨터 혁명으로 인한 기술혁신은 우리 나라를 IT강국으로 만들었으며 그로 인한 여성근로자의 일과 가정의 양립의 어려움과 저출산, 고령화 사회의 노인 빈곤과 노인 돌봄의 문제, 비정규직 노동자와 청년 실업의 문제, 민영화 서비스의 질 저하 등은 한국 사회에서도 여실히 드러나고 있다.

더 나아가 한국의 사회변동은 산업사회의 문제가 채 가시기도 전에 후기산업사회의 문제가 겹쳐짐으로써 더욱더 '비동시적인 것의 동시적 혼존 상태'를 나타냄으로써 해결이 어려운 새로운 사회적 위험을 만들어내고 있다. 즉 아직도 필요한 굴뚝산업의 비숙련노동자들이나 첨단의 IT산업에서 배제된 저숙련 비정규직 노동자들의 복지보장 문제가 다 절실한 문제로 나타나고 있다는 것이다. 특히 농촌 노동력과 중소기업 노동력의 부족으로 인하여 불가피하게 증가하는 국제결혼과 이주노동자의 증가는 다문화 사회의 문제를 제기하고 있으며, 2만 명이 넘는 북한이탈주민의 복지나 사회적응 문제도 한국 특유의 주요 과제로 등장하고 있다.

더 근본적으로는 신자유주의적 자본주의의 효율과 경쟁만을 강조하는 정부 정책으로 말미암아 지속적으로 환경이 파괴되고 있는 것과 나아가 물질주의 가치관이 팽배하고, 이기주의가 만연하며, 공생(共生)을 경시하는 5폭문화(조폭, 주폭, 성폭, 갈폭, 학폭)가 사회통합을 저해하고 있다는 사실이다. OECD국가 중 자살률 1위 국가로 매일 42명씩 1년간 15,000명이 자살로 생을 마감하는 한국의 현실은 분명히 사라져야 할 비복지국가의 모습이다.[4]

---

4) 2012년 현재 강남의 한 파출소에 붙어 있는 5폭추방의 내용이 조직폭력, 주취폭력, 성폭력, 갈취폭력, 학교폭력이다. 모든 폭력의 근원이 조직폭력으로부터 비롯되는 것이 아닐까 싶다. 뒷골목의 비합법적 조폭

이러한 한국의 복지현실에 대하여 OECD 2012년 보고서는 한국이 고소득국가군으로 성장할 것으로 전망할 수 있으나 성장만으로는 불평등 완화에 한계가 있으므로 동반성장과 사회통합을 위한 정책적 노력이 필요하다고 지적하였다(경향신문, 2012년 4월).

2) 한국사회복지의 발전방향

(1) 복지이념: 공생주의(Co-livism)

무엇보다 한국의 복지이념적 혼합성의 문제를 정리해야 할 필요가 있다. 현재 한국의 국가를 대신하는 정부의 복지정책이 어느 정도는 사회민주주의적, 제도적 복지국가의 수준에 들어서긴 했으나 여전히 신자유주의적 요소가 강하며, 사회투자국가적 성격과 함께 사회서비스의 확장 등 복지혼합이라는 특성을 지니고 있다는 것은 이미 지적한 바와 같다. 그러나 사회보장기본법을 중심으로 하는 이러한 한국의 복지체제를 한국적 복지모형(Korean welfare model)이라고 부를 수도 있으며, 한국의 이와 같은 복지 기술(WT: welfare technology)을 중국이나 동남아 국가에서 부분적으로 벤치마킹해가는 경우도 발생하고 있다. 보편적 복지로서의 건강보험은 자본주의 종주국 미국에는 없는 좋은 제도이다.

위와 같은 다양한 이념들을 포괄하고 현재 한국적 복지의 위기를 해결하는 이념으로서 필자는 '공생체주의(共生體主義, co-livism)' 또는

만이 조폭은 아니다. 민주화를 외면하고 더 근본적으로는 민주화를 유린하고 박정희 독재를 합리화한 유신헌법과 같은 것을 합법적 조직폭력의 원조라 할 수 있다. 우리 사회를 긍정적으로 볼 때 초보적 복지국가라고 부를 수도 있으나 아직까지도 폭력국가의 잔재가 남아 있음을 알 수 있다.

줄여서 '공생주의(共生主義)'를 주창하고 싶다.5) 공생주의는 좌우의
이념을 초월하여 '같이 살자'는 의미의 탈이념적 복지이념이다. 좌우
의 이념은 산업시대의 유물이다. 세상은 이미 후기산업사회로 넘어가
고 있다. 앞으로 특히 환경의 재앙이 현실로 다가오는 21세기의 위기
앞에서 인류가 지향해야 할 이념이 있다면 그것은 시대착오적인 좌
우 이념이 아니다. 그것은 모두가 함께 사는 것을 목표로 하는 공생
주의인 것이다. 공생주의는 새로운 사회의 21세기적 복지이념이자 새
로운 국가 진화의 목표가 되어야 한다. 이념보다 더 근본적인 인간의
'행복', 나만의 생존이 아닌, 우리의 '공생', 획일성을 '지닌 인간의 공
동체(共同體, community)'가 아닌 다양성을 기본으로 하는 '인간과 자
연의 공생체(共生體, co-living unity)'가 더 중요한 시대가 된 것이다.

필자는 "공생체란 인간집단의 획일성을 강조하는 '공동체'와는 달
리, 인간과 자연까지를 포함하여 다종다양한 생명활동을 근본으로 함
께 살아가는 통합체"라고 정의하고자 한다. 이글에서 '공생체'라는
개념은 공동체와는 달리 '인간과 인간은 물론, 인간과 자연이 서로
다르지만 함께 의지하면서 살아가는 생태 단위'라는 의미로 쓴 것이
다. 인간과 사회와 자연의 공생체 유지를 위한 정책은 거시적인 차원
에서 마련되어야 할 것 같다. 운동적 관점에서 보자면 실상사에서
1999년부터 주관하고 있는 인드라망생명공동체운동과 같은 것을 그
유사한 예로 들 수 있다. 이 운동은 인간과 사회와 자연의 균형을 이
루기 위한 것이라고 볼 수 있다.

---

5) 필자는 환경복지 이데올로기로서 '환경복지자본주의'를 들고 이를 21세기의 새로운 패러다임으로 설명한
   바 있다. 그러나 여기서 '환경이념'이라고 할 때는 조금 더 쉽게 추상화의 수준을 높여서 '공생주의'라고
   부르기로 한 것이다. 이데올로기가 현실 개혁의 깃발이라면 이념은 이상적 지향성이라 할 수 있겠다.

이것은 다음과 같은 논거를 지닌 주장이다. 즉 심층생태학에서는 인간과 자연이 서로 연결되어 있는 하나의 생태적 연결망으로 본다. 심층생태학은 인간중심주의(anthropocentrism)와 기술중심주의 (technocentrism)가 환경 재앙의 발생을 지연시키거나 환경문제에 의한 손실을 한 곳에서 다른 곳으로 옮길 뿐이라고 본다. 따라서 심층생태학은 인간중심주의와 기술중심주의를 포기하고 생물중심적 평등 규범을 통해 모든 생명체가 똑같이 생존하고 번창할 권리가 있다는 것을 인정해야 한다고 주장한다. 나아가 물질적 쾌락을 추구하는 이기적 자아를 벗어버리고 자연과의 합일을 추구하는 영적 성숙을 지향한다.

우리는 이러한 심층생태학적 관점에서 한 걸음 더 나아가 무생물까지도 함부로 하지 않고 존귀하게 여기는 공생체주의와 공생체 활동을 주장하는 것이다. 그 이유는 생명체가 뿌리를 내리고 있는 곳이 바로 무생물이기 때문이다. 흙이나 바위나 바다가 없다면 생명체가 존재할 수 있는 토대가 없는 것과 같다. 우리가 알고 있는 보통 나무들의 경우에 살아 있는 세포는 불과 10% 미만이며, 죽어 있는 세포는 90% 정도이다(김진수金眞水, 2002). 즉 90%의 죽어 있는 세포가 10%의 살아 있는 세포를 지탱해주고 있음으로써 비로소 나무라는 전체의 생명활동이 가능해지는 것이다. 이와 같이 이 지구상에서 인간만이 아니라 모든 생물이, 생물만이 아니라 모든 무생물이 함께 공존할 때 비로소 모든 생물과 모든 인간의 생명활동이 가능한 것임을 우리는 확실히 알아야 하는 것이다.

이러한 생명관은 심층생태학보다도 한층 더 깊은 것으로 샤카무니 붓다의 화엄경에 나오는 동체대비의 사상을 원용한 것이다. 동체대비의 사상은 이 우주의 모든 것들이 다 하나의 몸이요, 사랑이라는 붓

다의 위대한 정신이자 깊은 통찰이며, 오늘날 우리가 환경위기로 인하여 망가지는 지구를 보면서 인간 생명의 뿌리를 살려가기 위해서는 무엇을 해야 할 것인가를 알 수 있게 해주는 영감을 주는 실용적인 지식이다.

우리 사회는 그동안 경제성장을 중심으로 많은 발전을 이룩한 것이 사실이지만 어느 누구도 행복하지 않다는 주장이 설득력이 있을 정도로 문제가 많은 것 또한 사실이다. 학생들은 대학 입시 때문에 여전히 불행하고, 왕따에 시달리기도 하며, 젊은이들은 취업과 결혼과 주택 마련이 어려워짐에 또한 불행하다. 중장년은 끊임없이 다가오는 승진경쟁과 명퇴의 압박 속에서 숨쉬기가 곤란할 지경이며, 노인들은 대책 없이 다가온 노년의 생활고와 고독 속에서 헤어나기 힘들다. 노동자들은 직장폐쇄의 공포 속에서 기업가들은 세계적 경쟁에서 살아남기 위한 스트레스가 심하다. 이 시대에 행복하다고 말하는 사람이 있다면 그는 정신병자이거나 바보일 것이라는 어느 작가의 변은, '용산 참사'가 '난쏘공'이 쓰인 지 30년이 지난 오늘날에 그때보다 더 참혹한 모습으로 나타났다는 사실과 더불어 이 시대의 불행을 증명해주고 있다.[6]

다 같이 행복하게 살아가는 길은 없는 것인가? 물론 없지는 않다. 다만 실천이 어려울 뿐이다. 다음과 같이 사회정의와 환경정의를 실현하는 환경복지국가 체제를 갖추고 정의(justice)와 조화(harmony)와 보장(security)의 가치에 입각한 공생주의 환경복지정책을 실천해간다

---

6) 『난쟁이가 쏘아 올린 작은 공』이란 소설은 1960년대 개발과 성장의 시대에 횡행했던 철거민의 비극을 다룬 소설이다. 그것이 21세기가 된 지금에 와서 더욱 비참한 '용산 철거민 참사'로 나타났음을 난쏘공의 작가 조세희는 탄식하고 있다. http://www.newscham.net/news/trackback.php?board=news&id=45247

면 우리에게 내일은 있다.

(2) 복지체제: 환경복지국가 체제

환경복지국가는 사회정의를 축으로 하는 새로운 복지체제이다. 에스핑-앤더슨은 사회민주주의 복지체제, 보수주의 복지체제, 자유주의 복지체제로 서구의 복지국가체제를 분류한 것으로 유명하다. 나아가 그는 사회민주주의 인간형(Homo socialdemocraticus), 가족주의 인간형(Homo familius), 자유주의 인간형(Homo liberalismus)으로까지 각각의 복지체제를 유지하는 사람들의 성격을 제시하기도 했다. 사회민주주의적 인간형은 사회란 우리 모두가 서로 나누어 갖지 않을 수 없는 그 무엇이며, 기왕이면 사회를 잘 나누어 갖는 것이 좋다는 것이다. 집단주의적 가치가 그래도 문제 해결의 가장 지혜로운 길이라고 본다. 가족주의 인간형은 가족을 위해 봉사할 때 마음의 평정을 얻으며 가족의 안정을 중시하며 가부장주의를 선호한다. 한편 자유주의 인간형은 경제인(Homo economicus)과 유사하여, 사적인 복지 타산 이외에는 어떤 고상한 이념도 추구하지 않으며 시장에 참여할 수 없는 자만이 자선의 대상이 되어야 한다고 본다(박시종 옮김, 330~332).

에스핑-앤더슨식으로 보자면, 우리가 이 글에서 주창하는 환경복지국가의 복지체제는 '환경복지인'이 주도하는 것이다. 이들은 환경의 개념 속에 자연환경과 사회환경을 함께 두고 자연환경과 사회환경의 동시적 정화를 목적으로 하며 이를 위하여 인류의 영적 성숙이 중요하다고 본다. 오늘날 21세기의 환경문제는 자연환경과 사회환경을 동시적으로 업그레이드하지 않으면 환경 재앙으로 인류의 멸망을 초래할 것이기 때문에 미리 이에 대비하지 않으면 안 되며 이는 인류

전반의 도덕적 정신적 능력의 향상을 필요로 한다.

결국 환경복지국가의 복지체제는 20세기의 복지문제와 21세기의 환경문제를 함께 풀어가지 않으면 안 된다는 입장을 취하는 것이며, 복지와 환경이 둘이 아니라 긴밀하게 하나로 합쳐져 있다는 인식을 전제로 하는 것이다. 환경과 복지가 하나의 틀 안에서 동시적으로 추구되어야 하는 이유는 환경문제와 복지문제가 사회정의라는 기본 축을 공유하고 있기 때문이다. 사회복지적 관점에서는 기본적으로 산업사회의 발전에 따른 구조적 불평등의 문제를 시정하는 것이 사회정의라고 본다. 사회적 약자와 사회적 위험에 처한 사람들을 왜 도와주어야 하는가에 대하여는 사회복지정책의 관점과 관련된 사회양심론 등 여러 가지 설이 있다(원석조, 2001).

필자는 티트머스(Titmuss)가 주장하는 보상의 원리가 가장 타당하다고 생각한다. 그는 산업화 과정에서 개인의 의지나 능력과는 관계없이 불평등한 기회구조의 차이가 발생하게 되고 이로 인하여 빈민 등 소외계층에 속하게 된 사람들에게는 사회공동체를 대표하는 국가가 보상을 해주어야 한다는 요지의 주장을 한 바 있다(Titmuss, 1968: 132~133). 그렇게 하여 불평등을 시정하고 사회통합을 이루어야 안정된 국가 사회를 운용할 수 있는 것이다. 이런 것이 복지적 측면의 사회정의라 할 수 있다.

환경정의 문제 역시 사회정의의 실현과 밀접한 관련이 있다. 환경정의운동은 가난한 사람과 소수 인종이 산업사회에서 유발되는 환경 위험의 피해를 가장 심각하게 입는다는 관점에 입각해 있다(정승진: 310~313). 일반적으로 환경공해는 사회적 약자에게 1차적으로 집중되는 경향이 있다는 것이다. 특히 빈민 등 하층계급이나 여성, 노인, 장애인 등 사회적 약자들은 공해의 직접적인 피해를 입을 가능성이 크다.

또한 도시보다는 농촌, 선진국보다는 당연히 개발도상국의 환경문제가 심각하다. 또한 환경오염은 주로 중상계급에 의해서 발생하지만, 그 피해는 하층계급인 빈곤층에게 가중되는 경향이 있다. 예컨대 유해 폐기물 처분장으로부터의 거리에 따라 지역사회의 계층적 구성이 다르다. 소득이 높을수록 차별적으로 유해 폐기물 처리장으로부터 먼 곳에, 즉 좋은 환경에서 산다는 것이다. 대체로 중상층이 사는 교외지역과 하층민이 사는 도심지역 간에는 공기의 질도 다르며, 다른 환경오염에 노출되는 정도도 다르다.[7] 환경문제는 거기서 그치지 않고 사회적 약자들에서 더 나아가 사회구성원 모두에게 그 피해가 미친다.

환경복지국가체제는 우리의 사회과학에 대한 인식 전환을 통해 가능하다. 사회 역시 거대한 우주 자연의 일부라는 것을 인식하고, 이제는 '사회 위주의 사회과학'을 버려야 할 때가 되었다. 이제는 '자연 위주의 사회과학'을 할 때가 된 것이다. 자연과 사회의 융합이 우리가 살길이다.

융합(conversion)의 학문은 IT 등 과학기술의 발전으로 가능한 여러 가지 서비스를 다양한 망(network)을 통하여 제공하기 위한 협동적 과

---

7) 선진국의 개발도상국에 대한 환경착취 및 파괴의 역사는 자본주의의 세계화 과정과 맥락을 같이 한다. 자본주의의 세계화 과정은 흔히 제국주의적 지배를 특징으로 하기 때문에 국가 간 환경불평등은 환경제국주의라고 부른다(정대연, 2002). 환경제국주의는 주로 선진국이 정치경제적으로 다른 개발도상국을 지배함으로써 환경을 악화시키는 것을 말한다. 그 역사는 16세기부터이며, 제2차 세계대전이 끝날 때까지는 이러한 식민지적 지배가 환경제국주의의 대표적인 형태가 되었다. 선진국들은 식민지의 천연자원을 그들의 필요에 맞추어 파괴하였으며, 심지어 원주민의 멸종이나 혼혈화를 통하여 인종적 정체성을 유린하기도 했다. 식민지의 단종 식품 재배의 문제 역시 선진국의 필요에 의한 것으로 식민지 자체 내의 식량 자급체계를 파괴하는 역할도 했다. 이러한 경향은 독립국가가 된 후에도 계속되었다. 설탕, 담배, 코코아, 커피 등을 생산하는 브라질, 콜롬비아, 에콰도르, 멕시코나, 면화, 가축, 땅콩, 담배, 커피를 생산하는 소말리아, 세네갈, 수단 등의 단작화는 생태계의 파괴는 물론 경제에도 심각한 영향을 미친다. 농약오염, 열대 우림의 파괴는 물론 경제의 대외종속화를 심화시키고 교역 조건의 악화로 구조적 빈곤이 상존하는 결과를 초래할 수 있다(박재묵, 2004: 310~322). 빈민에게는 사회복지의 보장이 환경의 보장과 통한다. 빈민들은 생존을 위해 자연환경을 파괴하는 경우가 많기 때문이다. 개도국에서는 빈민복지가 환경복지가 된다.

정이라 할 수 있다. 이것은 과거의 학문이 철학으로부터 갈라져 나와 지나치게 세분되어 갈 길을 잃었기 때문에, 다시 모든 학문이 서로 융합되어 가지 않으면 인류의 살길을 찾기 어렵다는 문제의식과도 통한다고 볼 수 있다. 복지와 환경의 융합이, 자연과 사회의 융합을 통한 공생이 환경복지국가의 복지체제가 지향해야 할 목표이다. 환경복지가 토대가 되는 사회, 즉 환경복지가 우선적으로 보장되는 사회가 되어야 지속가능한 경제도, 향후의 인류 발전도 가능하다. 물론 그 발전의 내용은 이제까지의 물질문명을 대체하는 정신문명, 내지는 물질과 정신의 융합을 토대로 하는 새로운 대안적 가치를 추구하는 문명이 될 가능성이 매우 높다 하겠다.

결국 환경복지국가는 환경정의를 포함한 사회정의의 실현을 통하여 환경문제와 복지문제를 동시적으로 해결함으로써 지속가능한 발전을 지향하는 복지체제라 할 수 있다.

그래서 필자는 위험사회를 넘어서 안전을 실현할 수 있는 환경복지의 가치로서 '정의(justice)'와 '조화(harmony)'와 '보장(security)'의 가치를 제시하고자 하는 것이다. 우리의 사회적 위험을 극복하고 안전한 환경복지국가 체제를 실현하기 위해서는 무엇보다 모두가 동의할 수 있는 축인 정의와 모든 사회성원들의 조화와 모든 이들의 인간적 삶을 보장하는 가치를 중심으로 환경복지정책을 실시하자는 것이다. 이를 통하여 한국의 복지체제가 더욱 진화할 수 있을 것이다.

(3) 환경복지정책: 정의와 조화 그리고 보장

정의는 사회정의와 환경정의의 실현을 의미하며, 조화는 계층 간, 집단 간 조화, 그리고 성장과 환경의 조화를 의미한다. 그리고 보장은 위험사회를 넘어 인간적 삶의 안전을 보장하는 것이다. 이러한 가치 실현을 위한 환경복지정책은 다음과 같이 아홉 가지로 분류해볼 수 있다.

가. 정의의 가치 실현: ① 조세정의 실현, ② 범죄와 부패 척결, ③ 무분별한 자연훼손 금지
나. 조화의 가치 실현: ④ 양극화 해소, ⑤ 소수자집단 복지 강화, ⑥ 지역 환경복지 강화
다. 보장의 가치 실현: ⑦ 직업, 교육, 주거, 건강의 보장, ⑧ 적정기술 보장, ⑨ 전 국토의 대청소와 오염원 근절

가. 정의의 가치 실현

① 조세정의 실현

사회정의의 실현은 조세정의의 기본이 설 때 가능하다. 사회구성원들이 박탈감을 느끼지 않고 사회통합을 이룰 수 있기 위해서는 무엇보다 세금이 공평성 있게 부과되고 또 공평하게 세수화됨으로써 세금 누락이나 포탈이 없이 투명한 사회를 만들어야 한다.

정의로운 사회의 통합은 국가가 시장경쟁에서 패한 사람들의 삶의 질을 보장해주기 위하여 기득권자나 가진 자로부터 일정한 부분을 제도적으로 양보해냄으로써 가능한 것임은 역사가 증명하는 바이다. 그러함에 있어 복지재정의 규모를 확충하는 것이 무엇보다 중요하다. 특히 조세가 지니는 재분배적 기능을 강화하기 위하여 형평과세를 통한 탈세의 방지와 복지재정의 확보가 매우 필요하다.

과거의 어느 시대를 보더라도 세제가 공정하게 운영될 때 사회가

통합되고 번영할 수 있었다. 물론 이러한 조세정의 실현을 위해서는
어떤 형태로든지 기업인, 노동자, 농민, 상인, 시민환경단체들의 전
국민적 대타협이 필요할 것이다.

　② 범죄와 부패 척결

　정의를 실현하는 데 있어서 발등의 불은 범죄와 부패가 기승을 부
리는 사회 환경을 정화해야 한다는 것이다. 한국사회의 폭력성이 난
무하는 가장 중요한 이유 중의 하나는 범죄와 부패가 척결되지 않고
이른바 화이트칼라 범죄가 가볍게 처벌받고 있기 때문이다. 권력과
금력을 지닌 자는 가볍게 처벌받고 힘없는 백성이나 중하게 처벌받
는 유전무죄의 세상에서는 폭력과 범죄가 난무할 수밖에 없다. 도덕
이 바로 서고 자기 통제의 미덕이 존중받는 사회가 되어야 한다. 노
블레스 오블리주가 지켜지지 않는 사회에서 어떻게 아랫물이 깨끗하
기를 바라겠는가? 그러기 위해서는 무엇보다도 범죄와 부패를 올바
로 척결하여야 한다.

　아울러 우리 사회의 5폭(조폭, 주폭, 갈폭, 학폭, 성폭)문화를 추방
하여야 한다. 사회의 폭력성은 근본적으로는 군대와 경찰이라고 하는
합법적 폭력단체가 그 본분을 다하고 있지 않다는 것을 의미하기도
한다. 즉 합법적 폭력단체를 두는 이유가 불법적 폭력단체를 단속하
기 위해서인데, 군대와 검·경이 본연의 임무를 다하지 않고 사욕을
취하게 되면 온갖 불법적 폭력이 난무할 수밖에 없지 않겠는가? 나아
가 군대와 검·경 위에 군림하는 권력이 바로 서지 않으면 안 되는
것이다.

　또한 우리 사회에 자본주의의 대중문화가 폭력과 섹스를 중심으로

지나치게 범람하고 있음도 규제되어야 할 부분이다. 어디서나 향락산업이 펼쳐지고 있는 것은 분명히 문제다. 도시미관을 해치고 청소년 교육상 불필요한 부분은 환경복지 차원에서 보이지 않는 곳에 격리시킬 필요가 있다.

IT산업의 발전이 폭력과 섹스로부터 사회적 약자를 보호할 수 있도록 관련 법령이 하루속히 정비되어야 하며, 기술적으로도 아동이나 여성, 노인 등 사회적 약자를 더욱 배려하는 쪽으로 발전해야 할 것이다. 우리의 도시환경도 범죄가 유발되지 않도록 환경복지적 구조로 개선하여야 한다. 으슥한 골목길을 넓히고 가로등을 설치하고, 자연스럽고도 문화적인 거리, 쾌적하고 따뜻한 공생의 복지환경을 만들어 나가는 것이 매우 중요하다.

③ 무분별한 자연 훼손 금지

자연은 우리 삶의 최후의 보루이다. 이를 잘 보호하고 가꾸고 잘 물려주어야만 우리 후손의 미래가 밝다. 특히 현세대와 후세대의 자연환경을 균형 있게 배분하여 잘 쓰고 가꾸고 물려주는 것은 세대 간 갈등을 최소화하고 환경정의를 실현하는 길이다.

현재 환경공해 문제가 심각하다는 것은 그만큼 현세대가 후세대의 자연을 빼앗아 쓰고 있다는 뜻이다. 그러므로 단순히 현세대의 건강만을 염려해서 환경을 보호한다든가 또는 공해문제의 근원을 뿌리 뽑아야 한다는 것이 아니다. 미래 우리 후손의 자연스럽고 인간다운 삶을 누릴 수 있는 자연 자원을 탈취하는 하는 것은 이미 하나의 범죄라고도 할 수 있으며, 심각한 세대 간 갈등의 씨앗이 될 수 있는 것이다. 공생은 현세대만의 공생이 아니라, 현세대와 후세대의 공생이기도 한 것이다.

우리나라는 다행하게도 북한에 비하여 볼 때 자연의 보존이 잘 되어 있는 편이다. 그것은 과거에 박정희 대통령이 전 국토의 산림보호를 위하여 그린벨트 지대를 지정하고 절대 개발을 하지 못하도록 통제하였기 때문에 가능했던 것이다. 또한 모든 국민들이 식목일을 정해서 나무를 꾸준히 심고 가꾸는 가치관을 확대해 온 것도 큰 기여를 했다고 볼 수 있다. 지금은 누가 봐도 아름다운 녹색강산이 되었다. 근래에 신자유주의적 무한경쟁과 경제성장 위주의 정책을 펴면서 개발을 위해 그린벨트 지대가 해제되는 것을 보면 걱정이 앞선다. 수도권 위주의 개발이 인구집중과 난개발을 촉진시키는 것도 문제다. 우리나라 전체를 하나의 환경 단위로 보고 지속가능한 발전을 이루기 위해서 어느 정도의 환경용량이 필요한가를 객관적으로 산출해내고 이를 잘 지켜나가는 노력이 필요하다.

그러기 위해서는 환경복지부처에 강력한 힘을 실어주어야 한다. 과거의 사회복지가 산업화사회의 산물로서 경제체제에 예속된 속성을 지닌 것이라면, 환경복지란 지속가능한 사회복지체제(sustainable social welfare system)로서 경제체제의 토대로서의 성격을 지니는 것이다. 지속가능한 사회란 사회의 자원 토대(resource base)에 의한 구속을 받아들이는 사회이다. 이것은 소비의 감축, 환경파괴의 제한, 그리고 지구의 규모에 알맞은 적절한 미래의 설계를 의미하며, 사회의 생물학적 토대와 조화를 이룰 수 있는 경제적 정치적 질서를 수립하는 것이다(McNutt, 1994: 36~49). 지속가능한 사회를 만들기 위해서는 선진산업국가의 개인들에 의한 물질적 과소비를 줄여야 하며, 무제한의 개발에 기초한 경제성장으로는 인간의 욕구가 극대화될 수 없다는 사실을 잘 알아야만 한다(정용화, 1993: 29~30).

한국의 정부는 아직까지는 성장기조의 경제성장 정책을 지향하고 있고 또 이것이 불가피한 것도 사실이다. 또 한편으로는 '지속가능발전위원회'를 두고, 향후 성장의 동력으로서 환경산업을 지목하고 이를 발전시켜나가는 것을 목표로 하고 있다.

그러나 앞으로는 한반도의 환경용량을 잘 측정하여 그것에 부합하는 지속가능한 성장의 목표를 정하고 지역별 의제를 정하고 제대로 실천할 수 있어야 한다. 이를 위하여 정부에 크게 보아 성장과 환경의 균형을 취할 수 있도록 환경부총리제(언젠가는 환경총리제)를 두고 '지속가능발전위원회'를 더욱 확대 발전시켜 적극적인 친환경복지정책을 수립하고 실천하는 것이 바람직할 것이다.

나. 조화의 가치 실현

④ 양극화 해소

무엇보다 가진 자와 못 가진 자가 다 같이 공생하면서 사회적 조화를 이루는 것이 중요하다. 옆에서 질병과 고통을 겪는 사람들이 많다면 그런 이웃들을 두고 나만 행복해질 수는 없다. 한국보건사회연구원에서 발간된 자료에 따르면, 우리 사회는 상위 10%가 하위 10%보다 7.44배 많은 소득 격차를 나타내고 있다(한국보건사회연구원, 2009). 그 격차는 해마다 벌어지고 있으며 OECD 주요국들 중에서 멕시코 11.53배, 러시아 8.37배를 제외하고 가장 높은 격차를 보이고 있다. 불평등 정도를 나타내는 지니계수도 한국은 0.352로서 멕시코 0.494, 러시아 0.434, 미국 0.368, 에스토니아 0.361 다음으로 높다. 이것만 보더

라도 양극화를 해소하고 사회통합을 이루는 것이 가장 선결되어야
할 과제이며, 50%가 넘는 비정규직 노동자들의 삶의 질을 높이고 상
대적 박탈감을 느끼지 않도록 해야 할 것이다.

한 조사에 의하면 한국인의 98.1%가 '향후 계층 상승이 어려울 것'
이라고 생각하고 있으며, 주관적 계급이 하층이라고 응답하는 비율이
50.1%나 된다는 사실은 누구도 행복하지 않다는 우리의 현실을 반증
해주고 있다(경향신문, 2012년 8월). 우리 사회 구성원들의 반 이상이
스스로 하층이라고 평가하고 있으며, 모든 사람이 계층 상승이 어렵
다고 생각하고 있다는 것은 매우 중대한 문제이다.

일찍이 Davies는 혁명이 일어나는 상황은 사회심리학적으로 대중들
의 좌절감이 상대적으로 극대화되었을 때라는 J곡선이론을 소개한
바 있다. 즉 못사는 사람들이 많을 때 혁명은 오히려 일어나지 않는다.
그러나 해마다 조금씩 생활이 나아지는 세월이 상당기간 지속되다가
어느 순간부터 갑자기 어려워지기 시작하여 기대치보다 현실적 성취
가 뚝 떨어짐으로써 상대적 박탈감이 극대화된다면, 그리고 그런 사람
들이 많아지면서 어떤 폭동의 계기가 주어질 때 많은 사람들이 참여
하게 되고 그것이 확대되면 혁명이 된다는 것이다. 우리 사회가 지금
혁명의 전야에 있다면 물론 지나친 표현이다. 그러나 적어도 제도적으
로 그러한 사회심리학적 불만이 해소될 수 있는 기회가 있다면 그것
은 2012년 대통령 선거가 될 것이다. 이런 사회상이 선거에 반영된다
면 그것은 선거 혁명과 같은 새로운 결과를 가져올 수도 있다.

이러한 구조적, 정책적 문제는 당연히 정부와 국회가 주도해야 한
다. 전국적 국가적 차원이나 단위에서는 물론이고, 지방정부의 차원
에서도 각별한 노력을 하여야 한다. 지역사회나 기업체, 기관, 시설

등에서도 양극화를 줄이고 사회통합을 이루려는 노력을 하여야 한다
는 것이다.[8]

⑤ 소수자집단 복지 강화

다음으로 사회집단 차원에서 소수자집단의 복지를 강화하는 정책
이 필요하다. 특히 우리 사회에서 소외되고 있는 사회적 약자들인 아
동, 청소년, 노인, 장애인, 여성 집단들에 대한 사회서비스를 확대 강
화하는 것이 중요하다. 동시에 우리 사회에 새로 편입되기 시작한 결
혼이민자, 이주노동자, 북한이탈주민들과 같은 소수자집단도 사회적
약자로서 한국 사회가 품어야 할 대상들이다.

보건복지부에서는 사회보장기본법 제3조 4항의 '사회복지서비스'
를 '사회서비스'로 바꾸면서 전통적 사회복지서비스와 사회서비스의
차이를 설명하고 있다. 즉 보건복지부는 "사회서비스란 국가, 지방자
치단체 및 민간부문의 도움이 필요한 모든 국민에게 복지, 보건의료,
교육, 고용, 주거, 문화, 환경 등의 분야에서 인간다운 생활을 보장하
고 상담, 재활, 돌봄, 정보의 제공, 관련 시설의 이용, 역량 개발, 사회
참여 지원 등을 통해 국민의 삶의 질이 향상되도록 지원하는 제도"라
고 소개하고 있다. 아울러 전통적 사회복지서비스와 사회서비스의 차

---

8) 최저임금제도를 통하여 근로자의 최저생활을 보장하는 것과 함께, 최고임금제도를 두어 지나친 양극화의
   원인을 차단하는 것도 생각해 보아야 한다. 대기업 이사들에게 이익배당이 지나치게 많은 것은 국민 간의
   위화감을 조성할 가능성이 많다. 왜 최저임금제는 두면서 최고임금제는 두지 않는 것일까? 이론적·현실
   적으로 무한대로 보너스를 줄 수 있도록 하는 것은 자본주의를 썩게 만드는 일이다. 기업에서 남는 초과
   이익은 누진세 강화나 이익공유제 등 어떤 형태로든지 한계를 정하여 사회에 환원하여야 한다. 그리고 그
   것은 환경 복지의 토대를 굳건히 하는 데 쓰여야 한다. 그래야 무제한의 이윤 추구나 한탕주의 같은 비인
   간적 행태가 이 땅에서 사라질 수 있으며, 인간적인 사회, 느리지만 여유 있는 삶이 가능해진다. 절제된
   자본주의를 통하여 공생적 환경복지국가를 이루어갈 수 있다. 이미 무제한의 성장을 추구한 결과 환경의
   재앙을 맞고 있지 않은가? 이제는 천천히 사는 법을 배워야 할 때다. 자본주의도 무제한의 이윤추구를 위
   한 성장 제일주의를 버려야 살아남을 수 있다.

이점은 대상 수급자 등을 빈곤계층에서 서민·중산층까지 확대하고, 서비스 내용을 기본적 생활보장서비스에서 국민의 일상생활 지원과 인적자본 확충을 위한 다양한 서비스까지 포괄하며, 재정지원 방식을 공급자(기관) 지원에서 수요자 지원방식을 병행하는 방향으로 개선하는 것이다. 나아가 비용부담도 정부지원 중심에서 본인 일부 부담을 도입하고 있으며, 서비스 제공방식도 시설보호 중심에서 재가 서비스로까지 확대하고 있다는 것이다(보건복지부, 2012). 사회서비스의 내용이 기본적 생활보장서비스에서 나아가 일상생활 지원과 인적 자본 확충을 위한 서비스까지 확대되고 있음과 정부지원 중심에서 본인 일부 부담으로 지원정책이 바뀌고 있음을 알 수 있다.

그러나 서비스 대상을 빈곤층에서 서민과 중산층으로 확대한다고 하면서, 슬그머니 비용부담을 정부에서뿐만이 아니라 본인도 부담하도록 하고 있어, 과연 사회서비스가 얼마나 확대될 수 있을지 의문이다.

어찌되었든 아동 무상보육의 공공성 확대, 경쟁과 효율성 위주의 신자유주의 교육 정책을 안전과 창의성과 공공성 위주의 느린 교육정책으로 전환할 것, 향락문화와 폭력문화를 강력히 추방하고 자연문화와 상생문화를 진작시킬 것, 장애인 고용할당제 강화 및 노인 정년 연장 및 그들을 사회의 당당한 구성원으로 서게 하는 정책 등이 필요하다.

그리고 무엇보다도 학교폭력의 피해자나 가해자, 성폭력의 피해자나 가해자 등 폭력사회의 희생자들을 줄여나갈 수 있는 비폭력 평화 공생체의 실현을 위한 정신적 복지 프로그램과 나눔을 통한 환경생태적 공생체 훈련 프로그램 등을 개발하고 실천하여 치유와 행복의 실현을 기하여야 할 것이다.

특히 북한이탈주민에 대한 돌봄서비스는 향후 남북통일의 기초가 될 인력자원 양성이라는 측면에서 상당한 인적·물적 자원 투자를 해야 할 것으로 보인다. 2010년 현재 2만 명을 넘고 향후 더 증가할 것으로 보이는 북한이탈주민들은 심리적 괴로움과 남한문화에 대한 거부감, 남한 사회에 대한 지식이나 상식의 부족, 언어문제나 문화적 차이로 어려움을 겪는다. 그들의 고통은 사회적 편견과 부정적 시각에 의해서 더 해결하기 어려운 것이 되고 있다. 독일 통일의 교훈에서도 확인할 수 있듯이 정치경제적 통일보다는 한 민족 간의 사회문화적 통합이 우선되어야만 진정한 통일이 이루어질 수 있다는 사실을 우리는 잊어서는 안 된다. 사회복지가 이 분야에 대한 노력이 특히 부진한 것을 볼 때 향후 많은 정책적 노력을 기울여야 한다고 본다.

⑥ 지역 환경복지 강화

지역의 환경복지를 강화하는 일은 오늘날 자본주의의 대안을 찾는 노력과도 일맥상통한다. 자본주의는 영원한가? 그렇지 않을 것이다. 인간 사회에서 영원히 존재하는 것은 없다. 시작이 있으면 끝이 있는 법이다. 인류 역사 1만 년의 역사 속에서 자본주의가 지속되고 있는 것은 산업혁명 후 약 300년의 역사를 가지고 있을 뿐이다. 그리고 그 치명적 약점은 지나친 경제성장을 추구한 결과 양극화로 인한 소외와 환경 문제가 제기되고 있다는 것이다. 이를 해결하는 여러 가지 방법 중 하나가 대면적 접촉이 가능한 '지역공생체'를 중심으로 가능한 한 인간적이고 민주적인 방법으로 지역의 환경복지를 강화하여 자본주의의 문제점인 인간소외와 환경문제를 해결해보자는 시도가 있을 수 있다.

우선적으로 각 지역공생체마다 존재할 수 있는 빈민지역의 환경을 정화하고 우범지역에 대한 복지환경을 조성하여 범죄예방과 함께 건강하고 위생적인 환경을 조성하는 일에 지방정부가 앞장서야 할 것이다. 지방정부는 물론 기업과 민간의 각종 봉사단체나 시민단체나 환경단체가 함께해야 할 것이며 적극적으로 지역사회의 형편과 사정에 맞는 소규모의 환경복지 정책을 개발하여 실천하는데 앞장서야 할 것이다.

특히 지역 환경복지를 위해서는 앙드레 고르가 이미 지적하고 있다시피 복지제도가 지나치게 개인화되어 국가의 힘이 가족을 고립화시키는 경향이 있는 점에 주목해야 한다. 아동, 여성, 노인, 근로자 모두 다 국가가 따로따로 관리해야 된다면, 지역도 가족도 더욱 해체될 수밖에 없다. 이러한 문제를 해결하기 위해서는 대안가족의 '복지공생체'를 만들어 가는 노력이 필요하다고 본다. 이것은 새로운 형태의 대안가족을 지지해주는 일련의 프로그램을 요구한다. 미래는 가족구조가 바뀌는 시대이다. 1인 가족 수가 2인 가족 수를 능가하는 시대가 도래하면서 개인은 점점 외로워질 수밖에 없다. 따라서 거주는 따로 하더라도 취사와 보육과 놀이를 함께하는 작은 거주 공생체를 만들어 나가는 노력이 필요한 것이다. 이것은 농촌지역뿐만 아니라 도시지역에서 더 필요할 수 있다. 대규모 아파트가 아니라 소규모 거주 공생체 단지를 만들되 세대별 거주가 독립적으로 가능한 공간을 만들고, 취사와 위생, 보육과 놀이를 함께할 수 있는 공간을 우선적으로 배치하는 노력을 통해 얼마든지 인간적인 주거복지 환경을 만들 수 있을 것이다. 그것은 양극화와 소수자집단이 있는 지역사회에서부터 시작되어야 할 것이며 세제지원 등 각종 유인책이 마련되어야 한다.

아울러 대안가족의 복지를 강화하는 새로운 차원의 정책도 개발되어야 할 것이다. 지역사회에서 필요한 상호부조의 활동으로 노노케어나, 노인과 젊은 부부, 청소년, 아동 등이 서로의 필요에 의해 새로운 대안가족인 복지공생체를 만들어 나갈 필요도 있다. 또한 지역에서만 통용되는 신용을 근거로 하는 서비스와 물품의 교환이 이루어지도록 하는 지역화폐의 유통이라든지, 자원봉사 점수의 저축이나 또는 재능기부와 같은 방법으로 지역사회의 복지를 강화하기 위한 환경을 촉진시켜 나가는 정책이 필요하다.

다. 보장의 가치 실현

⑦ 직업, 교육, 주거, 건강의 보장

보장의 가치실현은 일자리가 보장되고, 그 일자리를 갖기 위해서 또는 유지하기 위해서 필요한 교육의 기회를 보장해주는 제도를 통해서 기본적으로 가능하다.

특히 현대 후기 산업사회의 직업은 그 속성이 컴퓨터 혁명을 통한 유연전문화를 기본으로 하고 있기 때문에 일자리를 위한 전문적인 지식이나 기술을 배우는 것은 한 단계 업그레이드된 안전한 직업생활을 위하여 반드시 필요한 교육과정이다. 이를 위하여 적극적 노동시장정책을 통하여 실업 시에는 물론이지만 평소에도 직업교육을 언제든지 받을 수 있도록 국가가 적극 지원해주는 체제를 갖추어야 한다.

또한 직업에 대한 가치관이 달라져야 한다. 단순히 몸으로 때우는 직업은 그만큼 불안정한 것이 현실이다. 그러나 직업이 귀천이 없다는 말만 하지 말고, 굴뚝산업에 종사한다고 하여 첨단산업에 종사하는 사람보다 그 보상에 있어서 지나친 차별이 있어서는 안 된다. 모든 인간은 근본적으로 생명을 지닌 존재로서 존귀하기 때문이며, 이 사회의 쓰레기를 치우는 일이 반드시 필요하고 귀중한 것은 대통령이나 장관이 필요하고 귀중한 것과 같다. 기능의 중요도만 있는 것이 아니라 기능의 존재 그 자체의 절대적 가치가 분명히 존재하는 것이다. 아울러 전문적 지식과 기술을 수행하는 데 반드시 높은 보상을 주지 않더라도 그 일을 하려고 하는 이타적 동기를 지닌 사람들은 충분하다는 사실을 기억해야 한다. 인간은 오직 이기적 동기에 의해서만 행동하는 것은 아니다.

직업과 교육기회의 보장은 자연스럽게 주거와 건강의 보장으로 이어질 수 있다. 직업교육을 언제든지 받을 수 있도록 국가적 지원체제가 이루어진다면, 개인은 일차적으로 일자리를 통하여 독립할 수 있다. 또한 주거와 건강의 문제도 해결할 수 있게 될 것이다. 그러나 직업과 교육을 통해서도 해결되지 않는 주거와 건강의 문제는 어떻게 할 것인가?

특히 환경정의의 관점에서 볼 때, 주거와 건강의 보장은 빈민들의 밀집지역에서 그 불공정함이 드러나고 있다. 빈민지역은 공기도 나쁘고, 물과 토지도 오염되어 있을 가능성이 높다는 것이다. 그러므로 이들 지역을 포함하여 전 국민의 거주가 쾌적하고 전 국민이 건강하도록 국가가 지지하고 보장한다는 것은 대단히 중요한 것이 된다.

⑧ 적정기술 보장

보장의 가치 실현을 위한 두 번째 정책은 적정기술의 보장이다. 지역사회 전체적으로 볼 때 지역사회에 필요한 생필품의 생산을 위한 적정기술의 보급과 유지는 지역공생체의 공생적 활동을 위해 매우 필요하다. 적정기술은 첨단의 고급기술이 아니라도 사용이 가능하므로 지역사회에서 필요한 각종 가재도구나 농기구를 생산하는데 유용하며 일자리 창출에 큰 몫을 한다.

적정기술의 보장을 위해서는 기업가의 역할이 중요하다. 생산과 경영에 대해 어떤 결정을 내리느냐에 따라 적정기술의 보장 여부가 결정된다. 그러므로 지역마다 지방마다 가능한 규모의 '성장·환경복지위원회'를 만들어 기업가, 노동자, 농민, 상인, 시민환경운동단체 대표들이 함께 자신들의 살길을 찾도록 해야 한다. 무조건적인 지역개발이 아니라 환경을 일차적으로 고려하고 서로가 소통하고 공감하고 가능한 한에서 지나친 성장이 아니라 지속가능한 개발을 목표로 하는 실용적인 정책을 찾아내야 할 것이다.

환경복지는 지속가능한 사회복지체제이다. 지속가능한 사회복지체제에서는 '작은 것이 아름답다'는 논리에 따라 첨단 기술의 사용을 자제하고 적정 수준의 기술을 통하여 지역중심의 친환경적 성장을 지향해야 한다. 인구의 분산정책, 재래의 전통적 생활양식의 보존과 느린 삶의 가치 확산, 적정한 성장을 위한 적절한 전통 기술의 사용과 보존, 무엇이든지 최고와 첨단을 지향하는 '빨리빨리'에 대한 반성도 필요하다. 빨리빨리 가봤자 인간의 결말은 죽음밖에 없지 않은가? 좀 천천히 가면서 왜 죽음으로 가야 하는지도 생각하면서 살자는 것이다. 전통적 적정기술이 첨단기술에 의해 보장되어야 한다.

⑨ 전 국토의 대청소와 오염원 근절

이명박 정부가 4대강 정비 공사를 시작할 때 그것을 반대하던 환경단체나 야당의 주장은 4대강 상류의 오염원을 근절하고 작은 댐을 곳곳에 만들자는 것이었다. 4대강 정비 사업의 공과는 차치하고라도 현실적으로 4대강 상류에 있는 오염원, 즉 공장이나, 숙박업소 내지 가축들을 키우는 축사의 과다한 오염방출은 분명 근원적인 문제이다. 이들을 확실하게 단속하는 것이 필요하고도 중요한 일이다.

나아가 전 국토의 대청소문제도 중요하다. 설악산 공룡능선에 쉬 파리가 날아다니는 우리의 현실은 해마다 장마가 난 후 상류에서 쓸려 내려오는 쓰레기더미가 수십 톤에 이른다는 사실과 함께 대대적으로 국토를 청소하고 깨끗하게 보전해야 할 우리의 숙제이다. 아울러 환경교육을 전 국민에게 대대적으로 확산하는 운동을 펴서 국민들의 가치관을 바꾸고 환경마인드를 심어주도록 해야 할 것이다.

4. 결론

이제까지 한국의 사회복지가 어떻게 변동 발전하여 왔는가, 그 특성은 무엇인가, 그리고 향후의 발전방향은 어떠해야 할 것인가를 논하여 보았다. 대체로 그것은 다음과 같다. 한국의 사회복지가 자선적 단계에서 잔여적 단계로 그리고 제도적 단계로 발전해 왔다는 것, 그리고 이러한 과정에서 한국의 사회복지는 복지혼합의 특성을 지니게 되었으며 구체적으로 비형평성, 사회적 배제, 불충분성, 중복성의 문제점을 나타내고 있는 것으로 보았다. 다만 이것은 또 한편으로는 한국적 복지모형으로 불릴 정도로 어느 정도 긍정적인 모습도 지니고 있는 것으로 파악했다.

이러한 점을 염두에 두고 보건복지부의 최근 복지정책의 방향을 살펴보면 공공부조와 사회보험의 경우는 이제까지의 정책방향에서 비형평성과 사회적 배제, 그리고 불충분성을 보완하는 방향으로 나갈 것으로 전망된다. 한편 사회복지서비스 분야는 대략 사회투자국가의 정책지향성을 지니고 있으며 이는 후기산업사회의 구조적 특성을 잘 반영하고 있는 것으로 볼 수 있다. 어떤 정권이 들어서더라도 이러한 기저를 유지할 가능성이 크다.

위에서 살펴본 바와 같이 한국사회복지의 방향은 대체로 근대산업사회에서 발생했던 문제점 해결과 동시에 후기산업사회로의 진입에 따른 구조적 문제의 해결도 함께 시도하는 복지정책을 취하고 있음을 알 수 있었다. 유연전문화의 생산체제와 저출산 고령화 사회가 초래하고 있는 직장여성의 일과 가정의 양립 문제를 해결하고, 특히 아동에 대한 사회적 투자를 통해 빈곤의 대물림 현상을 예방하겠다는 것은 사회투자정책의 장점이다. 한편 기초노령연금이나 장기요양보험과 같은 제도를 충실하게 보완해 나가겠다는 것은 사회민주적 정책의 장점이라 하겠다. 그러나 이러한 정책이 놓치고 있는 점은 빈곤가정의 부모에 대한 소득보장적 지원이 충분치 않다는 것이다. 우리나라의 경우 사실상 복지급여가 불충분하고 사각지대가 많아서 비정규직 노동자 등 빈곤가정에 대한 기본적 소득보장이 충분히 선행되어야 하며 그래야 아동 보육정책 등도 그 효과가 있을 것이다.

우리나라는 어떤 당이 정권을 잡더라도 우리 사회 문제의 심각성에 비추어 미래지향적 복지이념의 재정립이 필요하다. 그리하여 필자는 탈이념적 공생주의(co-livism) 복지이념을 표방하면서 동시에 복지체제로서는 환경복지국가체제를 제시하였다. 나아가 구체적 환경복지 문제의 해결을 정의, 조화, 보장의 가치를 중심으로 아홉 가지의 구체적 정책을 제안하였다. 즉 정의의 가치실현을 위해 조세정의 실현, 범죄와 부패 척결, 무분별한 자연훼손 금지를 들었고, 조화의 가치실현을 위해 양극화 해소, 소수자집단 복지 강화, 지역 환경복지 강화 정책을 강조하였다. 끝으로 보장의 가치실현을 위해서 직업, 교육, 주거, 건강의 보장과 함께, 적정기술의 보장, 전 국토의 대청소와 오염원 근절 정책을 통해 전반적으로 환경복지의 실천이 필요함을 강조하였다. 특히 21세기가 환경의 세기인 만큼 환경과 복지가 함께 중요함을 깨닫고 환경복지를 위한 공생체 활동이 중요하다는 것이다.

환경문제의 기술적 해결을 통하여 경제성장을 해야 한다고 보는 기존 정부의 입장은 기술중심주의와 인간중심주의에 입각해 있기 때문에 환경복지의 이상에 접근하자면 많이 부족한 상황임을 알 수 있다. 물론 환경문제의 해결을 위하여 기술을 개발하는 것이 중요하지 않다는 것은 아니다. 다만 지역공생체에 맞는 슬로우 시티의 적정기술의 사용이 중요하다는 것이며, 궁극적으로는 공생체망에 의해 하나가 되는 생명체의 완성이라는 목표를 잊어서는 안 되며, 그러한 노력을 꾸준히 경주해 나가야 한다고 보는 것이다.

IV.

복지이념과 환경복지국가

제16장 국민기초생활보장법 제정의 역사적 의의[1]

1. 서론

국민기초생활보장법은 1999년 9월 7일 제정되어 2000년 10월 1일부터 실시하게 되었다. 한국은 국민기초생활보장법의 제정으로 20세기 근대화의 어두운 그림자를 걷어내고 새천년의 여명을 밝히는 역사적 이정표를 갖게 된 것이다. 이것이 다소의 과장이 곁들여진 표현이라 해도 국민의 기초생활을 보장한다는 것이 본래 복지국가의 진면목임을 생각할 때 그 의의를 아무리 강조해도 지나치지 않을 것이다.

물론 아직도 국민들의 소득 파악이 제대로 이루어지지 않은 상태에서 연금이나 의료보험 통합 문제 등이 여러 가지 문제점을 노출하고 있는 사정이고 보면 국민기초생활보장을 위한 소득파악의 문제 역시 만만찮은 문제들이 도사리고 있을 것임을 짐작할 수 있다. 그러나 그렇다고 하여도 한국의 역사적 발전 방향이 잘못되었다고는 볼 수 없는 것이며, 제반 문제점들은 시행준비과정이나 시행과정에서 충분히 시정하여 나갈 수 있다고 본다.

---

[1] 이 논문은 2000년에 한국복지연구원에서 나온 『한국사회복지연감』에 실렸던 것을 약간 교정한 것이다.

이 글은 국민기초생활보장법의 역사적 의의를 밝혀보고자 하는 목적으로 쓰였다. 필자는 근래에 서구에서부터 시작하여 전 세계를 풍미하는 신자유주의의 확산과 그 퇴조에 대해 먼저 언급하고자 한다. 그리고 그것이 IMF와 더불어 한국에 미친 영향을 고찰하여 봄으로써 국민기초생활보장법이 그러한 신자유주의적 경향에 대한 반성으로서의 역사적인 자리매김을 하게 되는 점을 강조하고자 한다.

다음으로는 국민기초생활보장법이 시민운동과 사회합의주의의 결실로서 복지권(welfare right)의 확립이라고 하는 중대한 변화의 한 고비임을 강조하였다. 국민기초생활보장법은 민주적 시민권의 역사적인 확산 과정과 그 궤적을 같이 하는 것이다.

끝으로 필자는 '생산적 복지를 경제체계와 사회체계의 통합적 환류체계'로서 정의하고 국민의 기초생활보장이 '국민의 정부'의 새롭게 해석된 생산적 복지라는 국정이념을 실현할 수 있는 계기가 되었다는 점을 강조했다. 이로써 생산적 복지는 다른 국정이념들, 즉 민주주의와 시장경제와 더불어 정치·경제·사회의 이념적 삼위일체를 이루고 그 역사적 조명이 가능하게 되었다고 본다.

2. 신자유주의에 대한 반성

국민기초생활보장법의 역사적 의의는 무엇보다도 신자유주의에 대한 반성의 일환으로서 나타나게 되었다는 것이 중요하다. 신자유주의가 1980년대와 1990년대의 세계를 주름 잡은 이데올로기였다면 21세기는 그것의 부작용에 대한 시정과 보완의 이데올로기가 필요한 시대이다. 한국에서는 2000년 10월 1일부터 국민기초생활보장법이 실행에 들어감으로써 실제로 신자유주의 정책 기조에서 어느 정도 벗어나 민주적이고 실용적이며 인도적인 생산적 복지국가주의를 표방할 수 있게 된 것이다.

1) 신자유주의의 등장과 쇠퇴

1970년대에 두 차례에 걸친 석유위기는 세계적인 경제공황을 유발하면서 1980년부터 1990년대에 걸쳐 전 지구적으로 신자유주의를 유포시키는 계기가 되었다. 갑작스러운 마이너스 성장은 선진복지국가들의 복지비 지출에 바로 영향을 미칠 수밖에 없었으며, 그러한 과정에서 복지국가에 대한 시장주의자들의 공격이 거세어졌다. 레이거노믹스와 대처리즘으로 대표되는 신자유주의는 복지국가를 경험해보지도 못한 개발도상국에게까지 영향을 미쳐 복지비의 삭감이니 민영화니 하는 정책들이 난무하는 세상을 만들게 하였다(최경구, 1993). 특히 1995년 1월 1일부터 등장한 세계무역기구(WTO)는 자유무역을 위하여 모든 장벽을 철폐하고 미국식 시장자본주의를 전 세계적으로 전파하는 역할을 담당하게 됨으로써 소위 무한경쟁의 시대를 열었던 것이다.

그러나 오늘날 무한경쟁을 표방한 신자유주의는 분명히 쇠퇴의 조짐을 보이고 있다. 그것은 대체로 다음 두 가지 사실에서 확인된다. 첫째는 신자유주의적 정책의 결과로 등장한 복지비의 삭감이나 민영화, 작은 정부의 실현 등 제반 정책의 결과가 복지의 낭비적인 요소를 제거하는 것을 목표로 하였으나, 사회적 약자와 사회적 위험에 처한 사람들에 대한 공공부조나 사회보험의 기본정신이나 제도를 크게 훼손하고 있는 것은 아니라는 것이다. 복지국가의 몰락이 아니고 복지국가의 조정기를 거치고 있다는 표현이 정확한 것이다(김영순, 1996).

둘째는 신자유주의적 정책이 경제를 사회로부터 분리시킨 나머지 국가적으로나 국제적으로 빈부의 격차가 심화되어 급기야는 그러한 신자유주의의 확대에 반대하는 반세계화 시민운동이 등장하게 되었다는 사실이다. 프랑스 사회과학고등연구원 정성배 교수에 의하면 신자유주의는 몰락이라고는 할 수 없으나 그것은 분명히 쇠퇴하고 있다는 것이다(정성배, 2000). 세계의 시민운동 조직들은 격렬한 반세계화 운동을 전개하여 신자유주의를 궁지에 몰아넣고 있다. 미국 등을 위시하여 제3세계의 소비자운동이나 환경보호운동 단체들의 유력 인사들은 신자유주의를 현저히 쇠퇴시키겠다는 목표를 내걸었다. 이들은 1999년 12월 시애틀에서의 세계무역기구회의를 격렬한 데모 끝에 무산시킨 데 이어 2000년 4월에는 워싱턴에서 열린 국제통화기금과 세계은행 춘계회의 시 대규모 시위를 통하여 빈곤국가들의 채무 취소를 주장했으며, 향후 계속하여 다국적기업의 권력팽창과 금융투기 규탄, 빈곤, 실업 및 소외 문제 해결 등의 행동 목표들을 제시하고 있다.

위와 같은 사건은 신자유주의의 보루라고 할 수 있는 세계적인 금융기구의 대표들이나 정치인들에게도 영향을 미친 것으로 보인다. 국제통화기금의 총재 자리를 사퇴한 미셸 캉드쉬는 금융위기의 재발이 두렵다면서 경제도 중요하지만 교육과 보건도 중요하다고 강조하는가 하면, 세계은행의 총재 제임스 울펀슨은 다 같이 뭉쳐 세계 빈곤자들을 돕자는 감격적인 호소문을 르몽드지에 냈다. 또한 빌 클린턴 대통령도 신자유주의자 포럼인 다보스회의에 이례적으로 나타나 분배 문제를 생각하자고 언급하였다는 것이다.

이와 같은 신자유주의의 쇠퇴 조짐은 이제 명백한 세계적 추세로 등장할 가능성이 높다. 적어도 무한경쟁만을 강조하는 시대는 확실히 지나가고 있는 것이며, 문자 그대로 2000년대가 상생의 여명기로 등장하기 시작한 것이다. 역사는 돌고 도는 것이다. 이제 다시 분배와 복지를 논해야 할 때가 왔다. 그러나 그것은 21세기의 모습과 특성을 지닌 것이어야 할 것이다.

2) IMF와 한국의 신자유주의

IMF사태는 한국의 신자유주의 정책의 결과이면서 동시에 신자유주의적 치유의 대상이기도 했다. 김영삼 정부는 신자유주의적 세계화 정책을 펴면서 무한경쟁의 시장 논리를 허용했다. 그러나 국제적으로 투기성 금융자본의 전횡을 막을 수 있는 제도적 장치가 부재하였으므로 환난사태를 자초했다. 그러나 그러한 환난사태는 또한 김대중 대통령의 신자유주의적 정책 기조하에서 극복될 수 있었다. 김대중 대통령 당선자는 시장경제와 민주주의를 표방하면서 바로 국제적 신임을 바탕으로 하는 '하우스 외교'를 통하여 한국에의 효율적 투자 분위기를 고조시켜 환난을 극복할 수 있었다. 이는 구조조정으로 천민자본주의의 부정과 부패의 먹이사슬을 제거하고 건전한 시장자본주의의 토대를 마련하기 위한 정부의 개입이 성공함으로써 가능했던 것으로 판단된다. 정부의 개입 자체는 신자유주의와 거리가 있으나, 그러나 그 개입의 당위성을 뒷받침하는 이데올로기도 역시 신자유주의일 수밖에 없다는 역사의 아이러니가 있다고 하겠다. 제도나 이념보다는 이를 운용하는 인물에 의하여 그 효과가 달라진다고 하는 격언을 생각나게 하는 부분이 아닐 수 없다.

그럼에도 이념적으로 '국민의 정부'가 '문민정부'와 다른 것은 IMF 사태의 극복을 계기로 신자유주의 정책기조에 머물지 않고 한국적 '제3의 길'(Giddens, 1998)을 찾아 나선 것이라는 데 있다.[2] 그것은 '생산적 복지국가주의(productive welfare statism)'라고 표현할 수 있을 것이다. 대통령이 직접 '생산적 복지'를 국정이념으로 표방함으로써 신자유주의적 정책의 결과로 나타난 빈부격차를 시정하고 국가가 국민들의 인간다운 생활의 최소한을 보장해주겠다는 정책으로 전환하게 된 것이다. 이것은 역사적인 국민기초생활보장법의 제정을 통해서 나타났다. 이와 같은 정책의 전환은 세계적인 신자유주의의 쇠퇴 조짐과도 그 맥을 같이 하는 것이다. 비록 한국에서 신자유주의 정책 기조가 전반적으로 바뀐 것은 아닐지라도 적어도 국정이념의 하나로 민주주의, 시장경제와 같이 생산적 복지가 채택된 것은 매우 중요한 정책 기조의 변화이자 보완으로 한국적 상황을 반영한 결과이다.

3. 복지권의 확립

국민기초생활보장법의 두 번째 역사적 의의는 이것을 통하여 복지국가의 기본이라 할 수 있는 복지권을 국가가 인정하게 되었다는 사실이다. 이것은 시민운동의 직접적 결실이면서 동시에 노·사·정을 중심으로 하는 사회조합주의(또는 사회합의주의: social corporatism)의 구현으로서의 간접적 특성도 지닌다. 한국사회에서는 복지 추동세력으로서의 노동운동이 서구처럼 활성화되어 있지 않았다. 오히려 참여

---

2) 기든스의 제3의 길은 신자유주의도 사회민주주의도 아닌 중도를 지향한다고 하면서도 사실상 블레어의 신자유주의적 정책을 뒷받침하는 이데올로기였다는데 그 현실적 한계가 있는 개념이다(정성배, 2000.6.23.).

연대 같은 시민운동단체가 국민기초생활보장법의 제정에 적극적으로 관여하였으며, 1999년 2월에는 노·사·정위원회가 구성되어 구체적으로 사회적 합의를 중시하는 사회적 분위기가 조성되면서 국민기초생활보장법이 1999년 7월에 제정될 수 있었던 것이다.

1) 시민운동단체의 기여

정부는 IMF 경제위기로 인하여 생계유지가 어려운 저소득층의 생활안정을 위해 생활보호, 실업급여, 공공근로, 노숙자보호, 한시생활보호, 생업자금융자 등 사회안전망 사업을 실시하였으나, 많은 저소득층이 그러한 혜택을 받지 못하는 사각지대에 존재하게 되었다. 그리하여 국가가 모든 국민의 기본적인 생활을 제도적으로 보장해야 할 필요성이 대두하였고 급기야는 1998년 45개 시민단체가 '국민기초생활보장법 제정추진연대회의'를 구성하여 법의 제정을 청원하게 되었다. 그에 따라 1998년 10월에 국민회의 이성재 의원 외 102인이 국민기초생활보장법을 발의하였고, 다음 해 8·15 경축사에서 김대중 대통령은 '생산적 복지'를 새로운 국정이념으로 추가하면서 국민기초생활보장법의 제정 방침을 밝혔으며, 드디어 1999년 9월 7일 국민기초생활보장법이 국회를 통과하게 되었다.

'국민의 정부'에 들어서서 이루어지는 각종 생산적 복지의 프로그램들은 참여연대와 경실련 등 시민단체들이 오랫동안 주장해 오던 것들을 수용한 것이 많다. 무엇보다도 공공자금관리기금법의 개정이나 국민기초생활보장법의 제정과 실행에 있어서는 상당한 공헌을 했다.[3] 특히 참여연대는 국민기초생활보장법의 자체 초안까지 만들어서 제시하는 등 적극적인 노력을 아끼지 않았다. 시민운동 단체들의 노력이 결실을 맺어 헌법적 기본권으로서의 복지권이 국민기초생활보장을 통하여 그 자리매김을 할 수 있었던 것이다.

앞으로도 이들의 영향력은 지속적으로 확대될 것으로 보이며, 국민의 정부는 국민기초생활보장법의 제정과 실행에서 보여준 바와 같은 민주적 복지에의 의지를 계속 살려나가는 노력을 해야 할 것이다. 이것은 세계적으로 비정부조직(NGO)들의 영향력이 확대되어가는 맥락과 같은 것이다.

2) 사회조합주의/사회합의주의의 형성.

국민기초생활보장법의 제정은 물론 이미 서술한 바와 같이 참여연대 등을 비롯한 시민운동단체들의 기여가 컸다. 이러한 일련의 움직임은 우리 사회가 노사정위원회의 설립과 운영으로 환난사태를 성공적으로 극복함으로써 사회조합주의 내지는 사회합의주의의 점진적 실현을 가능하게 했던 사회적 분위기와도 관련이 있다.

노사정위원회는 IMF 사태를 맞아 우리나라가 총체적 위기에 빠졌을 때, 김대중 대통령 당선자의 제안에 따라 구성되었다. 위기극복을 위한 노사정위원회는 1998년 1월 15일 노·사·정 및 정당이 참여하는 형태로 발족되었다. 그 후 기업의 구조조정, 실업대책, 사회보장제

---

3) 참여연대의 사회복지위원회는 1994년 9월 창립 이후부터 보건의료, 주택, 교육, 노후생활 등에서 모든 국민들에게 국가가 제공하는 국민복지기본선을 확보하는 것을 목표로 했다. 그들은 비민주적이고 비합리적인 국민연금기금 운용의 문제점을 5년 동안 집중적으로 제기함으로써 국민연금기금을 민주화시키고 기금 운용 과정을 투명하게 하는 데 주도적 역할을 하였다. 이외에도 통합의료보험제도의 성립, 합리적인 의약 분업 제도의 수립 등에서 다른 시민·노동운동단체와 적극적으로 연대하여 제도의 개선을 이끌어 냈다 (김연명, 1999: 30~32).

도의 확충, 노동기본권 신장, 노동시장의 유연성 제고 등의 과업에 대
하여 20여 일간의 집중적인 난상토론 끝에 2월 6일 고용조정 법제화,
실업대책 등 10대 의제, 90개 항목에 대해 역사적인 노·사·정 대타
협을 도출하였다. 90개 항목 중에서 기업의 구조조정과 노동시장의 유
연성 부분을 제외한 실업대책과 사회보장제도의 확충, 노동기본권 신
장과 관련된 항목들은 전부 50개로써 사실상 정부의 생산적 복지와 기
조를 같이 하는 것이 대부분이다. 이를 보아도 생산적 복지를 위한 노
사정위원회의 역할이 매우 중요함을 알 수 있다(노사정위원회, 1998).
이와 같은 분위기 속에서 종전의 생활보호와 같이 국가가 시혜적 입
장에서 복지를 제공하는 것이 아니고, 국가가 국민의 기초생활 보장을
권리로 인정하고 보장함으로써 복지권이 현실화될 수 있었다.

4. 생산적 복지의 재해석

국민기초생활보장법 제정의 세 번째 역사적 의의는 이를 통하여
생산적 복지주의를 지향하는 것이 분명하게 되었다는 점이다. 이미
언급한 바와 같이 1999년 8·15경축사를 통해 김대중 대통령은 생산
적 복지를 민주주의, 시장경제와 더불어 새천년의 국정이념으로 정하
였다. 그러나 불행하게도 이 개념의 정의를 둘러싸고 아직도 통일된
견해가 없는 것 같다.

1) 생산적 복지의 개념

생산적 복지라는 개념은 김영삼 정부에서 먼저 사용했었다. 그 기

조는 당연히 신자유주의였다. 세계화 정책의 일환으로 1995년 3월에 나온 복지구상안은[4] 삶의 질 세계화 전략으로써, 첫째, 최저수준보장의 원칙, 둘째, 생산적 복지의 원칙, 셋째, 공동체적 복지의 원칙, 넷째, 정보화·효율화의 원칙, 다섯째, 안전중시의 원칙을 들었다. 특히 첫째 원칙에서 취약계층의 기본적 생활조건을 국가가 책임져야 한다고 하면서도, '근로능력이 있는 국민의 복지문제는 원칙적으로 자기책임 원리에 따라야 한다'는 점을 명시하였다. 동시에 사회보험제도와 복지서비스체계는 수익자부담 원칙에 따라야 한다고 기술했다. 특히 둘째의 생산적 복지의 원칙은 '사후적 복지가 아니라 예방적 복지이며, 소비적 복지가 아니라 생산적 복지'임을 명시하면서, '지적 자산의 수준을 높이는 투자형 복지'를 표방했다.[5]

국민의 정부에서 사용하는 생산적 복지의 개념은 문민정부의 그것과 유사한 것 같지만 다르다. 그것은 사회안전망으로서의 사회복지로 재해석할 수 있다. 그것은 근로 능력이 없는 빈민이나 근로 능력이 있는 빈민을 막론하고 최저생계비 보장을 통하여 인간적인 생활을 할 수 있도록 도와줌으로써 사회적 범죄나 일탈에 빠지지 않도록 하여 사회 전체가 생산적으로 되는 것을 지향한다. 한편 사회성원 전체를 대상으로 하는 사회보험의 강화는 의료보험통합, 국민연금의 총체적 실시 등으로 나타났다. 따라서 이러한 보장이 잘 이루어지지 않았던 과거의 한국사회복지를 비생산적인 것이었다고 표현할 수 있다면

---

4) 김영삼 정부에서 나온 복지 관련 자료 중에는 1995년 3월에 나온 '삶의 질 세계화를 위한 대통령의 복지구상', 1996년에 2월 15일 자의 '삶의 질 세계화를 위한 문화복지 기본구상', 1996년 5월 27일 자의 '한국형 사회복지체계 정립방안' 등이 있으나 전부 신자유주의를 기본으로 하고 있다.

5) 한국보건사회연구원 복지정책반에서 나온 '한국형 사회복지체계 정립방안(1995)에 따르면 생산적 복지체계의 정립을 위하여 '사회복지를 획기적인 규모로 증대하되, 그 내용을 경제성장을 지원하는 방향으로 재구조화함'이라고 되어 있다. 이는 명백히 신자유주의적 발상이라 할 수 있겠다.

‘국민의 정부’로부터 시작되는 국민기초생활보장 중심의 사회복지를 사회 전체적으로 보아 생산적인 복지라고 표현할 수 있을 것이다.

필자는 이러한 성격을 지닌 생산적 복지를 경제체계와 사회체계의 통합적 환류체계(integrative feedback system)로 정의하고자 한다. 경제체계의 효율성과 사회체계의 형평성이 상호 모순된 점을 지양하여 사회 전체적으로 통합을 이루는 것을 생산적 복지체계라고 할 수 있겠다. 경제체계는 효율성을 목표로 한다. 반면 사회체계는 성원들 간의 형평성을 목표로 한다. 생산적 복지는 통합성을 강화한다. 생산적 복지란 적절한 복지를 통하여 효율성도 높이고 형평성도 강화하는 것을 말한다. 생산적 복지주의는 경제와 사회의 통합적이고 균형적 발전을 가능하게 한다는 점에서 사회 전체적으로 생산적인 복지를 추구하는 것이라고 볼 수 있다. 이는 민주적 복지, 실용적 복지, 그리고 인도적 복지로 나누어 설명할 수 있다.[6] 그 내용은 다음에서 좀더 자세히 설명하기로 한다.

2) 생산적 복지와 기초생활보장

생산적 복지의 내용 중 민주적 복지란 모든 사회성원을 대상으로 하는 사회보험의 내실화를 지칭할 수 있다. 자본주의의 자유시장경쟁의 원리는 불가피하게 그 경쟁에서 낙오한 사회적 빈민을 낳게 마련

---

6) 대통령비서실 삶의질향상기획단에서 나온 ‘새천년을 향한 생산적 복지의 길’ 33쪽에는 ‘생산적 복지는 모든 국민이 인간적 존엄성과 자긍심을 유지할 수 있도록 기초적인 생활을 보장함과 동시에 자립적이고 주체적으로 경제사회활동에 참여할 수 있는 기회를 확대하고 분배의 형평성을 제고함으로써 삶의 질을 향상시키고 사회발전을 추구하는 국정이념’이라고 정의하고 있다. 그리고 그 내용은 시장을 통해서 이루어지는 1차적인 분배, 국가를 통한 재분배, 그리고 국가와 시장의 상호중첩 영역에서 이루어지는 자활을 위한 사회적 투자의 세 가지 축으로 구성된다고 하였다. 필자는 이와 견해를 달리 했다.

이다. 이들은 산업사회의 발전 과정에서 구조적으로 발생할 수밖에 없으며 개인적 미덕의 결함으로 인하여 빈민이 되었다고 보기만은 어려운 존재들이다. 따라서 이러한 사회적 위험에 처한 사람들을 도와주고 또 그러할 가능성이 있는 모든 사회성원들의 경우에 대비하는 민주적인 사회제도가 바로 사회보험으로서 사회통합을 위해서 매우 중요한 것이다.

국민의 정부에서는 의료보험통합, 국민연금의 전 국민 확대, 고용보험의 전 사업장 확대, 산재보험의 수혜범위 확대(2000년 7월부터 5인 미만 사업장 적용) 등을 통하여 4대 사회보험을 명실공히 실질적으로 운영하기 위한 제도적 틀을 완비했으며, 향후 4대 사회보험의 통합까지도 단계적으로 검토하고 있다. 이러한 민주적 복지는 과거 한국사회복지의 불평등성이나 비체계성을 극복하고 제도적 정비를 통하여 운영의 효율성과 효과성을 기할 수 있게 될 것으로 기대할 수 있다.

생산적 복지는 또한 실용적 복지이다. 생산적 복지가 지향하는 근로연계복지는 과거와 같이 근로능력이 없는 빈민에게만 생활보호의 최소한만을 제공하던 것과는 달리 근로능력이 있는 빈민에게도 최저 생계비에 해당하는 보호를 실시함과 동시에 그들이 시장경제체계에 잘 순응하여 갈 수 있도록 인간개발교육을 하고 이것을 고용과 연계시킴으로써 매우 실용주의적인 복지프로그램을 마련하고 있다. 비록 신자유주의적 색채가 있는 것이기는 하나 실용적인 것은 사실이다. 특히 근로능력이 있는 빈민들이 복지의존자로 장기화되는 것을 막기위한 각종 프로그램들이 있으며, 사회적 연대 강화와 관련된 프로그램의 다양한 개발도 중요하게 논의되고 있다(박능후, 1999).

국민의 정부에서는 향후 2002년까지 200만 개의 일자리를 창출하고 취업알선, 직업훈련 등 적극적 노동시장정책을 강화하여 실업을 예방하고, 이미 발생된 실업에서 하루빨리 탈출할 수 있도록 지원하고 있다. 또한 구직자에게 알맞은 취업정보를 적시에 제공하고, 희망하는 직장에 취업하기 위하여 필요한 지식과 기술을 습득, 개발하도록 하는 취업알선과 직업훈련, 즉 적극적 노동시장정책의 기능을 강화할 예정이다. 이를 위해 실업 관련 데이터베이스의 통합 및 연계작업을 진척시켜 장기실업자, 고령자, 청소년, 여성 등 실업자의 특성에 적합한 다양한 활용과 실업대책 서비스를 제공할 수 있도록 계획되었다(삶의질향상기획단, 1999).

생산적 복지는 또한 인도적 복지이다. 인도적 복지를 지향하고 있다는 것은 인간다운 기본적 삶의 수준을 모든 국민에게 보장할 수 있도록 한다는 뜻이며 가능한 한 근로생활의 질을 향상시킴으로써 인간다운 삶의 풍요로움을 누릴 수 있도록 한다는 뜻이다. 모든 국민이 인간다운 품위를 유지하기에 충분한 구매력을 갖고 있을 때 경제도 잘 돌아가는 것이며, 그래야 또다시 국민의 적절한 수준의 생산적 복지가 보장되는 것이다.

국민의 기초생활을 보장하는 것은 기존의 생활보호법에 담긴 시혜적 단순보호 차원의 시책으로부터 수급권자의 권리를 바탕으로 빈곤에 대한 국가의 책임을 강조하는 복지정책으로의 대전환을 의미한다. 국민기초생활보장은 최저생계비 이하의 모든 국민들의 의식주, 교육, 의료를 포함한 기초생활을 국가가 보장하는 것이다. 즉 소득이 최저생계비에 못 미치는 가구는 최저생계비(대도시 4인 가구 기준 월 99만 원선)에서 부족한 만큼의 생계급여를 정부로부터 받을 수 있게 된다(선한승, 2000: 34). 또한 주거급여를 신설하여 취약계층의 주거문제에 대한 지원을 강화할 수 있는 제도적 기반을 마련하였다. 주거급여제도의 실시는 최저주거기준을 도입하고 공공주택의 공급을 늘리는 등 주거복지정책을 내실화하는 계기가 될 것으로 보인다. 모든 사회복지의 출발이 기본적으로 빈곤문제에서 출발했다는 역사적 사실을 상기할 때 이제야 비로소 한국이 복지국가로서의 기본적 제도를 갖추게 되었다고 할 수 있는 것이다.

5. 결론

이 글에서 필자는 국민기초생활보장법 제정의 역사적 의의를 고찰해보고자 했다. 그것은 첫째, 신자유주의의 쇠퇴, 둘째, 복지권의 확립, 셋째, 생산적 복지의 재해석과 국정이념화이다.

1999년 9월에 제정되어 2000년 10월 1일부터 시행되는 국민기초생활보장법은 1980년대와 1990년대를 통하여 전 세계를 풍미하던 신자유주의의 쇠퇴 조짐이 한국에서도 일부 나타나기 시작했다는 뜻으로 받아들일 수 있을 것이다. 또한 국민기초생활보장법은 국가가 국민의 기본생활을 보장한다는 측면에서 빈곤에 대한 국가의 일차적 책임을 인정한다는 것이며, 이는 국민의 기본권인 복지권 확립이라는 차원에서 그 의미를 더하는 것이다. 나아가 국민기초생활보장법은 한국적 제3의 길의 내용을 제시하는 데도 결정적으로 중요한 비중을 차지한다. 왜냐하면 국정이념으로서의 생산적 복지는 기든스가 말하는 제3의 길과도 유사하지만 다르다. 즉 생산적 복지는 경제체계와 사회체계의 통합적 환류체계로서 모든 국민을 대상으로 사회보험의 충실화를 목표로 하는 민주적 복지, 근로능력이 있는 사람들을 위한 고용연

계의 실용적 복지, 그리고 근로능력이 있거나 없거나 관계없이 기초
생활을 보장해주는 인도적 복지를 그 내용으로 한다고 볼 수 있다.
그중에서도 기초생활보장의 의미는 헌법적 의미의 기본권인 복지권
을 신장시킨다는 면에서 더욱 중요하다고 볼 수 있는 것이다.

　향후 한국적 의미의 생산적 복지주의 내지는 생산적 복지국가주의
라는 용어가 성공적으로 그 적실성을 더해 갈지를 장담하는 것은 시
기상조일 것이다. 그러나 현 상태에서 한국의 민주주의와 시장경제,
생산적 복지라는 3대 국정이념의 실현을 생산적 복지국가주의라고
불러도 큰 무리는 없을 것으로 생각된다.[7]

---

7) 국민의 정부 이후 노무현의 참여정부에서는 생산적 복지의 이념을 실질적으로 계승하지 못했다. 참여복지
　라는 신조어를 만들어냈으나 새로운 것이 없었다.

제17장 생산적 복지에 관한 고찰: 한국적 복지이념의 전망1)

1. 머리말

1997년 말 외환위기를 물려받고 1998년부터 집권한 김대중 대통령은 '민주주의'와 '시장경제'를 국정이념으로 삼고 출발하였다. 당시 정부는 외환위기를 극복하기 위하여 IMF 관리체제를 받아들이지 않을 수 없었으며 이는 곧 IMF의 신자유주의 경제 노선을 우리 정부의 기본 정책에 반영시키는 결과를 낳았다. 그리하여 세계적으로 신자유주의 정책의 대부분의 결과가 그러하듯이 비록 위기는 극복하였다고는 하나 전체적으로 실업이 늘어나고 빈부의 격차가 심화되는 현상이 나타나게 되었다.2) 특히 김대중의 '국민의 정부'는 이와 같은 실업과 빈곤의 문제가 우리나라의 사회안전망이 너무 허술하여 대처하기

---

1) 이 논문은 2002년에 한국복지연구원 편, 『한국사회복지연감』에 실렸던 논문을 약간 수정한 것이다.

2) IMF가 요구하는 구조조정의 프로그램은 모든 무역제한을 철폐하여 다국적기업의 자유로운 접근을 보장하는 내용으로 이루어져 있다. 이러한 IMF체제가 강제하는 신자유주의적 정책프로그램은 일반적으로 멕시코를 비롯한 남미국가들 그리고 아프리카 국가들과 같은 제3세계의 빈곤과 실업사태를 악화시킴으로써 사회통합을 저해하는 영향을 미쳤다. 한국에서도 1997년 하반기 IMF구제금융을 신청한 이후 빈곤층이 늘어났다. 즉 1998년 9월 도시근로자 3,600여 가구를 소득수준에 따라 5분위로 나눠 분위별 소득과 지출을 조사한 결과에 따르면, 최하위 1분위부터 4분위까지 근로자 80%의 소득이 상반기에 14.9~5.5%씩 줄어든 반면 최상위 1분위만은 2.3% 증가하였다(권혁창). 실업률의 감소는 IMF위기를 극복한 것으로 평가되는 상황을 반영한 것으로 보이나 여전히 장기실업자의 문제는 미해결의 상태로 남아 있다.

어렵다는 점을 인지하고 1999년부터는 '생산적 복지'를 제3의 국정이념으로 제시하였으며 복지제도의 확대에 적극적으로 나서기 시작했다. 다만 이 당시 구상 단계에서의 개혁적인 복지 확대 의도에 비하여 실행단계에서는 보수적인 경제 관련 부처의 견제를 받아 결과적으로 제도적 복지의 틀은 갖추었으나, 부분적으로는 신자유주의 내지는 보수주의적 성향을 띠게 된 것으로 보인다.

이 논문에서는 국민의 정부가 제3의 국정이념으로 강조했던 생산적 복지가 과연 무엇인지, 어떤 특성을 지닌 것인지, 그리고 어떤 과정을 통하여 어떤 결과를 초래하였으며 그 전망은 어떠한지를 비판적으로 고찰하여 보고자 한다. 비판은 무조건 부정적으로 보는 시각만을 의미하는 것은 아니다. 정확하게 긍정적인 측면을 바로 드러내 보이는 것도 비판적 과정의 중요한 한 부분이다. 여기서는 생산적 복지를 한국적 복지체제로 보는 입장을 취하였고 그렇게 제대로 되기 위해서 노사정위원회를 업그레이드하는 대안적 전망을 제시했다.

2. 생산적 복지의 개념과 구성요소

생산적 복지가 무엇인가 알기 위해서는 불가불 국민의 정부에서 나온 '새천년을 향한 생산적 복지의 길'이라는 책자에 관해 먼저 논하지 않을 수 없다. 이 책은 대통령 비서실 '삶의질향상기획단'에서 1999년 11월에 발간한 것으로 그해 신년사에서 대통령이 '고통도 같이 나누고 성공도 같이 나누면서 나름대로 사회발전에 최선을 다할 수 있는 생산적 복지제도가 필요하다'고 언급하고, 8·15 광복절 경축사에서 '중산층 육성과 서민생활 향상을 목표로 인간개발 중심의 생산적 복지정책을 적극 펴나가겠다'고 다짐하는 것의 후속조치로 나온 것이다. 민주주의와 시장경제에 이어 제3의 국정이념으로 공식적으로 수용된 생산적 복지는 어느 개인의 작품이라기보다는 당시 복지노동 수석이 책머리에 쓴 말로 미루어보아 친정부적이고 친복지적이면서 정치적 수사에 능한 관련 인사들의 공동 작업의 결과인 것으로 보인다. 또한 이 책은 영어로 DJ Welfarism이라고 표현된 것으로 보아 김대중 대통령의 복지철학을 펴낸 것이라는 점을 암시하고 있다.

생산적 복지라는 개념은 본래 스웨덴에서의 적극적 노동시장정책을 지칭하는 용어로 쓰였다.3) 그 뜻은 완전고용을 위하여 적극적으로 취업교육을 실시하고 취업알선을 통하여 언제든지 노동자가 원하면 취직하여 생산에 종사할 수 있도록 연결하는 정책을 말한다. 그러나 1970년대 중후반 이후 신자유주의가 영국의 대처리즘과 미국의 레이거노믹스를 중심으로 근로연계복지(workfare) 또는 '복지−근로전환(welfare to work)'이라는 개념을 세계적으로 확산시키자, 생산적 복지도 그 영향을 받게 된 것으로 보인다(김기원, 2000). 그리하여 생산적 복지는 노동하지 않으면 복지가 제공되지 않는다는 부정적이고 소극적인 함의를 지니게 된 것이다.

우리나라에서 생산적 복지라는 용어는 김영삼의 문민정부에서 1995년 4월 총선을 앞두고 삶의 질 세계화를 선언하고 생산적 복지라는 용어를 사용한 바 있다. 그때는 사후복지나 소비형 복지가 아닌 생산적 복지를 최저수준보장의 원칙, 소극적 노동시장정책, 자조와 수익자부담 원칙, 공동체 참여의 원칙이라는 네 개의 원칙에 입각하

---

3) 이때는 productivist welfare라 하여 생산주의적 복지라는 뜻으로 적극적 노동시장정책의 생산주의적 성격을 지칭하는 용어였다고 생각된다.

여 실천할 것을 표방하였다(송호근, 1995: 12~18). 그러나 세인의 주목을 받지 못하고 중도 폐기되었다. 이때의 생산적 복지라는 용어는 소비적이라는 의미의 반대적 함의를 지닌 것으로 본래의 스웨덴에서의 적극적 노동시장정책을 중심으로 하는 것이 아니라 영미식의 소극적 노동시장정책을 기본으로 하는 복지혼합(welfare mix)적인 것임을 알 수 있다. 따라서 이때부터 이미 생산적 복지는 우리나라에서 소극적이고 부정적인 의미에서 신자유주의적인 내용을 지닌 것으로 간주되는 경향이 생겨났다.

그러나 DJ의 국민의 정부는 스웨덴식 적극적 노동시장정책까지는 아니라 하더라도 영미식의 소극적 노동시장정책은 뛰어넘는 내용을 기본으로 제도적 복지의 확대를 도모하면서 생산적 복지라는 용어를 쓰기 시작한 것으로 보인다.[4]

'새천년을 향한 생산적 복지의 길' 저자는 '생산적 복지는 모든 국민이 인간적 존엄성과 자긍심을 유지할 수 있도록 기초적인 생활을 보장함과 동시에, 자립적이고 주체적으로 경제·사회활동에 참여할 수 있는 기회를 확대하고, 분배의 형평성을 제고함으로써 삶의 질을 향상시키고 사회발전을 추구하는 국정이념'이라고 정의하고 있다. 그 구성요소로서는 공정한 시장 질서를 통한 분배, 국가에 의한 재분배적 복지, 자활을 위한 사회적 투자, 삶의 질 향상을 위한 투자 확대의 네 가지로 되어 있다. 이를 통하여 지속가능한 발전과 번영의 토대를 구축하고 세계적으로 생산적 복지의 이념을 확대해가자는 의지를 강

---

4) 적극적 노동시장정책이 생산적 복지의 근간이 되는 정책이라고 보는 견해도 있다. 왜냐하면 이를 통하여 근로능력이 있는 빈민 내지는 실업자를 빈곤의 덫에 안주시키기보다는 적극적으로 구출하는 정책을 지향하기 때문이라는 것이다. 이러한 적극적 노동시장정책은 정부의 재정부담과 정책뿐만 아니라 직능단체와 민간단체의 적극적 동참을 전제로 추진될 수 있다고 본다(주성수, 1999).

조한다(삶의질향상기획단, 1999: 33~41).

이와 같은 생산적 복지의 개념에 대한 해석도 학자들에 따라 다양하다. 이혜경은 생산적 복지를 인권, 노동권, 사회적 연대를 철학적 기초로 하는 민주적—복지—자본주의(democratic-welfare-capitalism) 체제로 해석하였다. 생산적 복지는 민주주의와 시장경제, 그리고 복지의 통합적 이해를 전제하는 민주적—복지—자본주의 체제로 논의의 외연을 확대하고 내용을 심화시켰다고 본다. 과거와 달리 생산적 복지는 성장과 복지 두 체계가 하나의 순환체계 속에서 운영되는 정치 경제 사회 정책의 통합적 패러다임으로서의 차별성을 가진다고 본다. 나아가 기본권보장＋인간개발＋참여복지를 근간으로 하는 생산적 복지가 온전한 청사진이 되기 위해서는 사회보장권과 인간개발의 과제를 통합 조정 협력게 하는 노·사·정 위원회의 역할부여 등 실천계획이 포함되어야 한다고 주장한다. 김대중 정부의 복지개혁의 본질 논쟁이 발생하는 것도 이러한 생산적 복지의 범위를 포괄하는 종합적인 행동계획이 발표된 바 없기 때문이라는 지적도 하였다(이혜경, 2002: 21~24).

정경배는 생산적 복지를 사회적 생산성 향상을 적극적으로 실현시키려는 일련의 복지정책으로서 경제적 가치 창출의 함의와 동시에 평등 지향성을 지닌다고 본다. 즉 생산적 복지는 모든 시민의 기본권적 생계보장을 전제로 교육과 고용기회를 통한 인간개발과 자활을 강조하며, 결과적으로 효율과 평등의 균형적 발전을 목표로 한다는 것이다. 나아가 생산적 복지는 복지비 지출을 생산적 투자로 간주하여 교육과 직업알선을 통한 인간개발을 지지하며, 근로연계복지를 통한 자조적 직업의 창출을 도모한다(Chung, 2001: 2).

필자는 생산적 복지를 '경제체계와 사회체계의 통합적 환류체계

(integrative feedback system between economic and social system)'라고 정의
한 바 있다(최경구, 2000: 226). 그리고 김대중 정부 이전과 이후를 비
생산적 복지와 생산적 복지가 나뉘는 분기점으로 보았다. 즉 과거 한
국의 복지는 경제체계와 사회체계의 통합적 환류체계로 작용할 수
없을 정도로 비민주적이고 형식적이며 비인도적 성격을 띠고 있었으
므로 비생산적이었다고 보는 것이다. 그러나 국민의 정부에서부터는
사회보험의 확대와 국민기초생활보장법의 제정과 실행 등 복지개혁
으로 경제체계와 사회체계의 통합적 환류체계가 정비되어 민주적·실
용적·인도적 성격을 띠게 되었으므로 생산적 복지가 가능하게 되었
다고 해석하였다. 민주적 복지는 사회보험의 확대를 중심으로, 실용
적 복지는 자활복지의 증대로, 그리고 인도적 복지는 국민기초생활의
보장을 그 축으로 볼 수 있다. 다시 말해 경제체계의 핵심은 효율성
의 추구에 있고, 한편 사회체계의 핵심은 형평성의 추구에 있다. 그리
고 복지체계의 핵심은 통합성의 추구에 있다. 이렇게 복지체계가 경제
체계와 사회체계의 통합적 환류체계로서 작용할 수 있도록 정비되었
을 때 이를 생산적 복지라고 부를 수 있다는 말이다. 국민의 정부는 각
종 복지입법과 제도의 정비, 예산의 확대 등을 통하여 적어도 제도적
복지의 단계에 들어섬으로써 생산적 복지체계를 갖춘 것으로 보인다.

  '생산적 복지의 길' 저자는 네 가지 구성요소를 지적하고 있다. 즉
공정한 시장 질서를 통한 분배, 국가에 의한 재분배적 복지, 자활을
위한 사회적 투자, 삶의 질 향상을 위한 투자 확대가 그것이다. 그러
나 엄밀하게 말해서 공정한 시장 질서를 통한 분배라는 것은 시장에
의한 분배로서 복지의 범주에 들어가는 것이라고는 볼 수 없다. 그러
므로 필자는 나머지 세 가지가 생산적 복지의 구성요소로 재해석할

수 있다고 본다. 첫째는 국가에 의한 재분배적 복지로서 기초생활보장과 같이 근로능력이 없는 빈민을 위한 복지이다. 둘째는 자활을 위한 사회적 투자에 해당하는 것으로 자활복지사업이나 직업개발교육과 같이 근로능력이 있는 빈민을 대상으로 하는 근로연계 복지, 또는 자활복지 등을 의미한다. 셋째는 삶의 질 향상을 위한 투자로서 '모든 국민들이 사회적 지위에 관계없이 안전하고 풍요로운 삶을 즐길 수 있도록 사회적 환경을 제공하는 것을 목표로 한다'고 되어 있다. 이것을 위하여 중요한 것은 사회보험과 같이 모든 사회성원을 대상으로 하는 통합적 복지이다.[5]

생산적 복지에 대한 여러 학자들의 부정적 견해는 자세히 다룰 여유가 없으므로 생략하고자 한다. 다만 그들의 생각은 대체로 생산적 복지가 신자유주의적 함의를 지닌 개념으로서 더 이상 지향할 것은 못 된다는 내용이 주류를 이룬다고 생각된다. 그러나 필자가 과문한 탓인지는 모르나 영어로 productive welfare라는 표현이 정확하게 신자유주의적 의미를 내포하는 것이라는 연구도 볼 수 없을 뿐만 아니라, 2001년 9월에 개최된 생산적 복지 국제 심포지엄에 참석했던 세계 굴지의 석학들은 한국의 생산적 복지(productive welfare)의 특성에 대해 다양한 토론을 전개하면서 Kuhnle는 생산적 복지의 사민주의적 요소에 주목하는가 하면, Gilbert는 자유주의적 요소에 주목하고 있음을 알 수 있다(Kuhnle; Gilbert, 2001). 이들이 한국적 복지의 성격을 파악

---

5) '생산적 복지의 길'에는 삶의 질 향상을 위한 투자로서 교육, 보건, 문화·여가, 환경 등의 분야를 들고 구체적으로 사회보험을 들고 있지는 않다. 오히려 국가에 의한 재분배적 복지에 사회보험을 예로 들고 있다. 이는 이 책이 사회복지 전문가에 의해서 최종적으로 쓰인 것이 아니기 때문일 것이다. 물론 사회보험이 재분배의 목표도 가지고는 있으나 더 큰 것은 사회적 위험에 대비하는 것이다. 또한 '모든 국민이 안전하고 풍요로운 삶을 즐길 수 있도록 사회적 환경을 제공'하는 것이 사회보험뿐만은 아니며 더욱 큰 의미에서의 환경복지(사회환경+자연환경)를 지향하는 것일 수는 있다. 이에 관해서는 별도의 논의가 필요하다.

하는 노력을 생산적 복지의 다양한 특성을 중심으로 전개하고 있는 것으로 보아 생산적 복지를 반드시 신자유주의적인 것으로 치부할 필요도 또 그럴 단계도 아닌 것으로 필자는 생각한다. 중요한 것은 한국에서 1990년대 말에 시행된 복지개혁의 내용이 어떤 것이었는지 그 과정과 결과를 정확하게 알고 평가하는 것이라고 생각한다. 생산적 복지는 한국적 상황에서 나타난 한국적 복지체계이다. 그것이 반드시 서양의 어느 복지체계 유형에 반드시 맞아 떨어져야만 존재 이유가 생기는 것도, 발전하는 것도, 의미 있는 제도가 되는 것도 아니다.[6] 다음에서 그 내용을 짚어보기로 하자.

3. 생산적 복지정책의 과정과 결과

근래에 한국의 복지국가적 성격을 어떻게 규정지을 것인가에 관한 학문적 논쟁이 있었다. 이 논쟁은 대부분 DJ정부의 생산적 복지정책을 둘러싸고 이것이 어떤 이념적 정향을 띤 복지국가 유형에 속하는가를 에스핑-앤더슨의 자유주의 모형, 보수주의 모형, 그리고 사민주의 모형의 분류 방식을 중심으로 이들 중 어느 한 가지, 내지는 두 가지, 또는 세 가지 모형의 혼합을 주장 내지는 반박, 또는 새로운 모형을 제시하는 것이었다.[7] 생산적 복지정책의 전개과정과 결과에 대해서 어떤 관점을 가지고 어떤 평가를 내릴 것인가는 학자들에 따라 다를 수 있다. 여기서는 다만 위에서 필자가 정의한 생산적 복지의

---

6) 물론 세계사회의 일원으로서 비교를 통한 발전을 위해 여러 가지 연구를 하는 것은 유용하다. 다만 그것이 지나치게 외부의 틀을 신성시(?)하는 듯한 인상을 줄 필요는 없다는 말이다.

7) 예컨대 신자유주의 모형(조영훈), 발전주의국가 모형(정무권), 보수주의 모형(남찬섭), 혼합형(김연명), 또는 아직 복지국가 유형을 논하기에는 시기가 이르다는 미성숙형(김영범) 등이 있다(비판사회복지학회, 2002).

세 가지 구성요소들이 과연 그 과정과 결과의 측면에서 어떤 특성을 나타냈는가를 파악해보고자 한다.

생산적 복지의 구성 요소를 근로능력이 없는 빈민을 위한 기초생활보장, 근로능력이 있는 빈민을 위한 자활복지, 그리고 모든 사회성원을 대상으로 하는 사회보험으로 나누어 볼 수 있다면 이것이 국민의 정부에 들어와서 어떻게 실행되었으며 그 결과는 어떠한가를 보자.[8]

먼저 국민기초생활보장과 관련하여 살펴보자. 국민기초생활보장법은 1999년 8월에 국회를 통과하여 2000년 10월부터 실시되고 있다. 이 법의 독특함은 우선 그 제정과정에 시민단체들의 연대적 힘이 크게 작용했다는 점일 것이다(문진영, 2000: 17~41). 이 법은 '국민기초생활보장법 제정추진 연대회의'가 중심이 되어 추진되었다. 우리나라의 대표적인 시민사회단체 64개가 참여하여 결성한 연대회의는 1999년 3월 발족한 이후 국민기초생활보장법의 제정이란 단일 목표를 위해 매진하였고 그해 8월에 결실을 보았다. 참여연대는 1998년 7월에 26개 시민사회단체와 연대하여 국민기초생활보장법 제정 입법청원을 주도한 바 있고 연대회의가 결성된 뒤에는 간사단체로서 결정적인 역할을 하였다. 그러나 이러한 운동이 힘을 받고 성공할 수 있었던 것은 IMF경제위기 이후 고실업 시대에 직면하여 빈곤계층에 대한 사회안전망의 필요성이 사회적 이슈로 떠올랐기 때문이다. 연대회의는 이 과정에서 여론을 환기시키고 여야의 동의를 주도적으로 이끌어내

---

8) 그렇다면 우리나라에서 사회복지라 할 때 공공부조, 사회보험, 사회복지서비스로 그 내용을 분류하는 것과 생산적 복지의 내용은 다른 것인가 하는 의문에 빠질 수 있다. 그러나 생산적 복지의 구성요소로 시장에 의한 재분배적 복지까지도 집어넣고 있는 '생산적 복지의 길'에서 사회복지서비스 분야가 빠져 있다고 볼 수는 없을 것이다. 사회복지서비스는 근로능력이 있는 빈민을 위한 자활복지 분야에도 포함되고, 또 모든 사회성원들의 안전하고 풍요로운 삶을 위한 사회적 환경을 제공하기 위한 투자의 범위에도 들어가는 것으로 해석할 수 있다. 다만 생산적 복지의 세 번째 구성요소는 특히 사회보험의 분야에서 더 두드러지게 나타나고 있으므로 사회보험을 부각시켜 고찰하는 것이 적당할 것으로 본 것이다.

고 법을 통과시키는 데 크게 기여하였다. 나아가 시행과정에서 기획예
산처 등 경제부처의 집요한 반발로 인하여 국민기초생활보장제도의
선정기준이 현행 이전의 생활보호제도보다 더욱 엄격해지는 등 일부
제도내용의 후퇴를 가져오자 이의 개선을 위한 운동을 하고 있다.

이러한 국민기초생활보장 운동과정에서 형성된 '사회연대주의'와
같은 구상단계에서의 사민주의적 생각은 제정과정과 실행과정에서
정부 관료들의 보수주의 내지는 자유주의의 견제를 받아 일정 정도
퇴색하였음을 알 수 있다. 그리하여 실제 결과는 상당한 제도적 발전
을 가져왔음에도 불구하고 여전히 빈곤과 실업의 문제를 개선하는
데는 어느 정도의 한계를 인정하지 않을 수 없는 상황인 것으로 볼
수 있겠다. 그러나 국민기초생활보장을 위하여 지출된 정부예산을 보면
1997년에 4,357억 원, 1999년에 1조 1,353억 원, 2001년에 1조 6,799억 원
으로서 4년 동안 1조 2,342억 원으로 약 세 배가 증가했음을 알 수 있
다(김연명, 2002: 56). 2000년 10월부터 실시한 국민기초생활보장법의
효과가 이렇게 크게 나타나고 있는 것이다. 국가복지가 그만큼 강화
된 것이라 하겠다. 수급권자도 50만에서 150만으로 크게 늘어났다.
이 법에 의한 수급권자는 부양의무자가 없거나 부양의무자가 있어도
부양능력이 없거나 또는 부양을 받을 수 없는 자로서 소득인정액이
최저생계비 이하인 모든 국민이다. 그러나 최저생계비를 겨우 넘는
차상위계층의 빈곤문제가 여전히 심각하다는 점과 현재의 법이 자산
조사를 요구하고 있어 수치심 때문에 이를 거부하는 등 기초보장의
사각지대에 놓이는 사람들이 광범위하게 존재한다는 점이 문제이다.
이를 위하여 무기여, 무자산조사에 의거한 아동수당, 장애수당, 노령수
당 제도 등을 도입함으로써 자산조사의 문턱에 걸려 기초보장을 받지

못하는 다수의 저소득층을 보호하도록 해야 할 것이다(박능후, 2001).

다음으로 근로능력이 있는 빈민을 위한 자활복지의 경우를 보자(이성기, 2001).[9] 자활복지는 종전의 생활보호법에 따라 자활지원센터로 시범적 운영을 하던 1996년부터 1999년까지의 빈민운동적 단계와 국민기초생활보장법 제정 이후 새로운 법에 따라 보다 적극적으로 자활 후견기관을 정하고 근로능력이 있는 빈민을 대상으로 자활사업을 전개하는 2000년 이후의 사회복지적 단계로 발전되었다고 볼 수 있다.

자활복지는 단순히 생계급여를 지원하는 공공부조보다는 확대된 개념으로 이해되고 있다. 첫째 자활복지는 적극적인 빈곤정책으로서 저소득층의 자활을 목표로 하고 있다. 즉 자활복지는 단순 생계보호를 넘어서서 자활의욕을 고취하고 자활능력을 개발하여 궁극적으로 자립을 추구하는 적극적인 빈곤정책이다. 둘째, 자활복지는 공공부문으로부터 일방적으로 급여를 받기보다는 참여와 노동이라는 비화폐적 기여를 하고 있다는 점이다. 이를 현행 제도에서는 조건부 수급이라고 표현하고 있으나, 쌍방적 의무관계를 규정했다는 점에서 자활복지사업에 참여하는 것은 조건만이 아니라 일종의 기여라고 할 수 있다는 점이다. 셋째는 생계급여 중심의 단순한 기초생활보장이 아닌 '취업지원'과 같은 노동정책과 '재활'과 같은 사회복지서비스가 혼합된 종합적인 빈곤정책으로서의 의미를 가진다는 것이다(조원탁, 2001: 10).

자활복지사업의 대상자는 2001년 7월 말 현재 전국적으로 약 7만 명 정도로 볼 수 있다. 이는 151만의 기초생활보장 수급자의 약 5%에

---

9) 이성기는 여기서 자활사업, 자활지원사업, 자활공동체사업 등 여러 용어를 자활복지라는 말로 통일하여 쓰고 있다. 근로능력이 있는 저소득층이 스스로 자활할 수 있도록 지원하는 복지체계를 총칭하여 자활복지라 한 것이다. 자활복지에 대한 견해는 이성기의 글을 거의 참조했다.

해당한다. 그러나 이들 중 자활복지사업에 참여하는 인원은 4만 8천 명이며, 일반수급자(자활사업에 참여하지 않더라도 생계급여에 영향을 받지 않는 수급자)가 8천 명, 차상위계층이 1만 4천 명으로 되어 있는 것으로 보아, 향후에는 제도개선과정에서 자활복지사업 참가자 범위를 개선하여 차상위계층도 포함해야 할 것으로 보인다. 현재 자활복지는 노동능력이 부족한 조건부수급자를 주요 대상으로 하고 있으나 현실적으로는 노동능력 있는 차상위계층을 대상으로 하여 진행될 수 있도록 개선되어야 한다.

이와 같은 자활복지의 가장 큰 문제점은 무엇보다도 근로의욕의 상실과 관련되는 점일 것이다. 기본 생활이 보장되면 거기에 안주하여 근로의욕이 저하되고 이른바 빈곤의 덫(poverty trap)에 걸리는 빈민들이 발생할 수 있다. 그러므로 이를 방지하고 노동의 동기를 유인해낼 수 있는 제도적 장치가 필요하다. 이를 위해서는 '소득공제제도'와 '실비지급형 추가임금제도'를 도입할 필요가 있다(이성기, 2001). 소득공제제도는 참여자들에게 근로에 대한 정당한 대가를 지불하는 것으로 소득인정액에서 근로소득을 공제하는 것이며, 실비지급형 추가임금제도는 지역봉사, 자활근로, 자활공동체 사업에 참여하는 수급자가 사업에 참여하는 비용이 추가로 든 경우 실비를 지급해주는 제도이다. 그 외에도 이들이 빈곤의 덫에 걸리지 않도록 다양한 노동동기 유인을 개발해야 할 것이다.

전반적으로 자활복지가 근로연계복지로서의 성격을 지니고 있는 점은 신자유주의적 요소가 강하게 반영되어 있음을 나타내는 것이라 하겠다.

끝으로 사회보험의 확대에 대해서는 더 이상 언급이 필요하지 않을 정도로 국민의 정부가 1999년 생산적 복지를 표방한 이래 빠른 시

간 내에 전 국민의 사회보험 시대를 열었음을 알 수 있다. 국민 연금
은 1988년 10인 이상 사업장에 도입된 이후 11년 만인 1999년 3월에
전 국민을 대상으로 하는 연금시대에 돌입했다. 1999년 국민연금법
개정의 핵심은 그동안 노후소득보장의 사각지대에 있던 도시지역 자
영자, 영세사업장 및 임시·일용직 근로자에게까지 제도의 적용을 확
대하여 국민연금제도가 사회복지적 이념에 충실하게 되고 나아가 국
민통합에 기여하게 된 것이다. 그럼에도 불구하고 신규가입자인 도시
지역 자영자 등에 대한 소득파악의 애로점과 보험료 부담의 적정성
문제가 아직도 제도에 대한 불신을 덜어주지 못하고 있다는 문제가
해결되어야 할 과제로 남아 있다. 향후 연금기금 운영의 전문성과 투
명성을 제고시켜야 하는 등의 과제 역시 중요한 문제이다(백화종 외,
2000: 147~151).

의료보험은 1977년 도입된 이후 그 대상범위를 계속 넓혀오다가
1989년부터 전국민의료보험시대를 열었고, 1999년 개정된 국민건강
보험법에 따라 2000년 7월부터는 과거의 조합방식을 전국단위의 통
합방식으로 바꾸어 모든 의료보험조합의 관리운영을 국민건강보험
관리공단으로 통합하였다. 완전한 재정통합은 2002년 1월부터 실시
할 예정이었으나, 직장과 지역의 재정통합 시 자영업자의 낮은 소득
파악률로 봉급생활자가 손해 본다는 논리를 내세운 한국노총과 야당
의 반대로 법적 통합은 하되, 향후 5년간 구분·계리하는 것으로 미
루어졌다(원석조, 2002). 재정통합을 포함한 완전한 통합은 다음 정권
으로 미루어졌으나 국민의 정부에서 관리운영의 통합만이라도 전국
단위로 실시한 것은 과거보다 진전된 것이며 향후 5년간의 신중한 연
구를 통하여 공정한 건강보험료의 부과체계를 개발해야 할 것이다.

이외에도 건강보험의 재정 안정을 위한 진료비의 과다 억제, 재원조
달의 확충 등 개선해야 할 것이 많다.

고용보험은 1995년 7월부터 실시되어 1998년 10월에 이르러 실시
한 지 4년에 들어서서 상시근로자 4인 이하의 농업·임업·수렵업
등 일부 업종을 제외하고 근로자 1인 이상을 고용하는 전 사업장으로
적용범위를 가장 단기간에 확대하였다. 고용보험의 급여는 고용안정
사업, 직업능력개발사업, 실업급여로 구분된다. 이들 중 소득보장과
관련된 것은 실업급여이며, 이는 근로자가 실직하였을 때 일정기간
동안 실직자와 그 가족의 생활안정을 위한 것으로 구직급여와 취직
촉진수당으로 나뉜다. 고용보험과 관련한 문제로는 영세사업장 근로
자와 비정규직 근로자가 실질적으로 소외되고 있다는 점이 지적되고
있다. 또한 본인의 의사로 이직한 경우에는 급여를 지급하지 않고 있
는 점, 실업급여의 생계보장 한계성 등도 개선되어야 할 과제로 인식
되고 있다(강욱모 외, 2002).

산재보험은 1964년에 처음 도입된 지 36년 만인 2000년 7월부터 1인
이상의 사업장 전체로 보험적용이 확대되었다. 이것 역시 주목할 만
한 생산적 복지정책의 결과로 평가할 수 있다. 그러나 많은 발전이
이루어져 왔음에도 불구하고 아직도 여타의 사회보장제도에 비하여
사회보장적 성격이 가장 약한 제도로 여겨지고 있다. 그 이유는 우리
나라의 산재보험이 사용자배상책임보험의 성격으로 출발한 역사적
배경 때문인 것으로 여겨지고 있다. 산재의 원인이 근로자에게 있지
않음이 인정되어야 하는 경직된 인정체계가 문제라는 것이다. 그리하
여 산재인정의 원인주의에서 결과주의로의 전환이 이루어지고, '선판
정 후보장'이 아니라 '선보장 후판정' 체계로 전환할 것이 요청되고

있다(석재은, 2002).

위와 같이 사회보험의 확대와 정비는 생산적 복지정책의 가장 큰 변화요 개혁이었다고 할 수 있다. 이러한 변화는 국가책임의 확대를 강화한 것으로 보는 것이 옳을 것이다. 다만 국고지원이 의료보험을 제외한 국민연금이나 고용·산재보험에서 없다든지, 국민연금에서 특히 나타난다고 보이는 내부자·외부자의 문제 등은 개선되어져야 할 사회보험의 과제로 볼 수 있겠다(김연명, 2002). 국가책임의 강화를 곧 사민주의적 정향을 띤 것으로 볼 수도 없겠지만, 동시에 사회보험을 확대 강화한 생산적 복지의 문제를 보수주의적인 것이라고 단정할 수도 없을 것이다. 또한 국민기초생활보장법에서 여전히 가족의 책임이 강조되고, 자활복지사업이 근로연계적이라고 해서 생산적 복지정책 전반이 신자유주의적이라고 규정될 수는 더더욱 없는 일이다. 다시 말해서 생산적 복지는 한국적 복지체제로서 경제체계와 사회체계의 통합적 환류체계로서 작용하는 것을 지향하고 있다고 보는 것이 좋다는 것이다.

4. 생산적 복지정책과 노사정위원회

필자는 생산적 복지주의(productive welfarism)를 인도적 복지, 실용적 복지, 그리고 민주적 복지를 그 구성요소로 한다고 주장한 바 있다(최경구, 2000). 인도적 복지는 근로능력이 없는 빈민을 대상으로 하는 국민기초생활보장, 실용적 복지는 근로능력이 있는 빈민을 대상으로 하는 자활복지, 그리고 민주적 복지는 모든 사회성원을 대상으로 하는 사회보험을 그 대표적인 예로 들었다. 결국 생산적 복지는 인도적·실용적·민주적 복지로서 경제체계와 사회체계의 통합적 환류체계인 것이다. 경제적 효율성과 사회적 평등성과 같은 상호모순적일 수 있는 가치를 지양하여 복지적 통합성이 보장되기 위해서는 노사정위원회와 같은 사회적 합의체가 절대 필요하다. 마셜(T. H. Marshall)이 민주－복지－자본주의(democraric-welfare-capitalism)의 의미를 설명하면서 그 하이픈의 의미가 집단 간의 타협을 통해서 자유와 평등과 효율의 상호모순적 가치가 실현될 수 있다고 보는 것과 같이, 경제적 효율성과 사회적 형평성 역시 사회 집단들 간의 현실적 타협으로 그 중용을 취함으로써 복지적 통합성을 이룩할 수 있는 것이다.

노사정위원회 같은 사회합의주의(social corporatism) 조직은 역사적으로 이미 사회 제 집단들의 대타협을 이끌어냄으로써 복지국가의 초석을 다진 사례들이 있다. 우리나라에서도 그와 유사한 설명이 가능하다. 1997년 말 IMF외환위기를 맞이하여 국가가 총체적 위기에 빠졌을 때 김대중 대통령 당선자는 노사단체에 위기극복을 위한 노사정 협력체를 구성할 것을 제안하였고, 1998년 1월 15일 노사정 및 정당이 참여하는 1기 노사정위원회가 발족되었다. 이후 기업의 구조조정, 실업대책, 사회보장제도의 확충, 노동기본권의 신장, 노동시장의 유연성 제고 등의 과제에 대해 20여 일간의 집중적인 난상토론 끝에 2월 6일 고용조정 법제화, 실업대책 등 10대 의제, 90개 항목에 대해 역사적인 노사정 대타협을 도출하였다. 90개 항목 중에 기업의 구조조정과 노동시장의 유연성 부분을 제외한 실업대책과 사회보장제도의 확충, 노동기본권 신장과 관련된 항목들은 전부 50개로써 사실상 사회복지와 관련된 것이 대부분이라고 하여도 과언은 아니다. 1기 노사정위원회가 등장하는 것은 IMF관리체제를 받아들인 1998년이고,

민주주의와 시장경제에 이어 생산적 복지를 제3의 국정이념으로 등장시킨 것은 1999년이다. 이를 보면 노사정위원회에서 먼저 IMF 관리체제를 극복하기 위한 사회적 합의를 도출하는 과정에서 생산적 복지의 국정이념 구상이 자리 잡게 되는 것을 알 수 있다.

이 시기의 중요한 특성은 IMF와 같은 신자유주의적 세계기구가 한국의 신자유주의적 경제구조개혁을 강제하면서도 그것의 성공을 위해서도 지나치게 취약한 한국의 사회안전망을 강화하는 것이 필요하다고 인정했다는 것이다. 나아가 그것을 정부에 권유하기도 했다는 데서 우리가 읽을 수 있는 것은 신자유주의적 개방과 국가의 적극적 개입이라는 모순적 측면이 동시적으로 요청되고 있다는 것이다. 사실은 이것을 모순이라고 표현하는 것도 썩 마땅한 일은 아닐 수도 있다. 왜냐하면 최소한의 자유주의적 개방화를 위해서도 필요한 기본적 질서는 국가에 의해서 지켜질 수밖에 없는 것이고 보면, 국가가 기본적인 사회안전망을 갖추고서야 비로소 노동시장의 유연화도 가능한 것이기 때문이다. 한국의 복지국가 성격논쟁이 일어나고 있는 것도 이와 같은 역사적 배경이 국민의 정부의 복지체계에 반영되어 있었기 때문으로 이해할 수 있다. 제도적 틀은 국가적 성격이 강하면서도 실제 내용은 신자유주의적 성격이, 그리고 발전주의 국가의 가부장적 부양자가 아직도 중요시되면서 복지제도에 반영되는 혼합적 형태는 어찌 보면 당연한 한국적 복지체제의 특성이라 할 수도 있을 것이다. 머튼(R. Merton)이 말하는 '비동시적인 것의 동시적 혼존'이 바로 발전국가들의 일반적 특성이 되고 있는 것이다. 마치 갓 쓰고 상투 튼 서당 훈장님이 최신식 핸드폰을 사용하면서도 동시에 주역 점괘를 보는 것과 같은 것이다. 그러나 그것을 이상하게 볼 필요는 없다. 그것이 우리의 현실이고 삶의 양태이니까 말이다.

어쨌든 노사정위원회는 서구의 역사 속에서도, 우리의 짧은 역사 속에서도, 그 유용성이 검증된 제도이다. 즉 사회적으로 위기가 닥치면 사회 제 집단의 협력이 가능해지는 갈등기능적 메커니즘은 복지국가의 타협적 정책을 만들어 내는데 기여하였던 것이다. 그런데 문제는 위기가 극복되고 난 뒤에나, 또는 노사정 간의 힘의 균형이 깨지기 쉬운 정보화 사회의 도래는 그와 같은 사회적 합의의 지속을 어렵게 한다는 데 있다. 그러므로 생산적 복지정책의 계속적 발전을 위해서도 노사정위원회가 잘 작동되어야만 하겠는데 과연 그것이 가능한가 하는 문제가 남는다. 현재 한국의 노사정위원회에도 민주노총이 빠져버린 상태라서 한국노총만 가지고는 노동계의 주장이 힘이 약할 수밖에 없는 상황이 전개되고 있다. 일단 IMF라는 위기를 벗어나자 사회적 합의가 다시 어려워지는 모습을 볼 수 있는 것이다. 이럴 때 우리가 지혜롭게 대처하지 못한다면 상황은 다시 어려워질 수도 있다.

생산적 복지는 삶의 질 향상을 위한 투자로 지속가능한 발전을 지향한다. 그러기 위해서는 노사정위원회만 가지고는 안 된다. 노사정위원회의 위상을 한 단계 더 높이는 발전적 확대 개편이 필요하다. 삶의 질 향상을 위한 투자라는 것은 위에서 우리가 언급한 사회보험 이외에도 더 큰 의미를 지닌다. 그것은 '생산적 복지의 길'에도 나와 있다시피 향후 21세기 지식기반 사회에서 풍요로운 삶의 질을 누리기 위한 사회적 환경의 제공을 의미하는 것이다. 그러므로 이것은 사회보험 이외에도 환경복지(자연환경＋사회환경)를 제공하는 것을 의미한다고 해석할 수 있다. 그것은 자연환경을 포함하는 보건, 교육, 문화 등의 총체적 사회환경에서 보다 더 나은 생활을 향유할 수 있어야 한다는 것이다. 과거의 노사정위원회는 생산자집단들 간의 산업사회적 이해갈등을 해결한다는 것이 주요한 목표였다. 그러나 21세기의 지식기반 정보화 사회에서는 산업사회의 생산자집단(노동자와 자본가)만이 아니라, 소비자집단(보건, 교육, 문화 영역의)들의 문제도 해결해야만 하는 다양한 이해관계가 존재하게 된다. 즉 다양한 시민단체들의 사회적 관여가 더 힘을 갖게 되는 사회로 변화하게 되면 기존의 노사정위원회에 더하여 소비자집단들의 대표도 참여하는 기구로 확대 개편하여 가칭 '국민경제환경복지위원회' 같은 것으로 바꾸어야 한다는 뜻이다. 그리하여 보다 더 비중 있는 사회적 합의기구로 만들어야 할 것이다. 격상된 '국민경제환경복지위원회'는 국회의 정책결정 기능을 일부 대신 수행할 수 있어야 하며, 행정부의 정책결정 기능도 일부 수행할 수 있어야 한다. 그것은 본래 사회적 합의주의 (social corporatism)라는 것이 국회의 기능을 일부 대신하는 성격이 있으며 동시에 정부의 기능을 일부 대신하는 특성이 있기 때문이다. 국회의 기능을 일부 대신하는 것은 이해관계 당사자 집단들의 전문가적 식견을 전제로 타협을 하기 때문에 확실하고 구체적이라는 장점이 있으며, 정부의 기능을 대신하는 것은 정부관계자가 참여하는 가운데 이해관계 당사자 집단들의 조정과 합의가 이루어지기 때문에 현실적 책임을 질 수 있다는 장점이 있는 것이다. 현재의 노사정위원회가 간혹 노동부와 국회 때문에 일을 효율적으로 하지 못하는 것은 그 위상이 낮기 때문이다. 이를 소비자단체 대표들까지를 포함하여 더욱 격상시켜 '국민경제환경복지위원회' 같은 것으로 만들어 21세기 지식기반 시민사회에 대비하여야 한다.

5. 결론

  필자는 생산적 복지를 '경제체계와 사회체계의 통합적 환류체계'로 정의하고, 이를 경제적 효율성과 사회적 형평성의 모순적 관계를 사회 제 집단들의 타협과 조정으로 복지적 통합성을 이루어내는 과정과 결과로 재해석하였다. 그리고 그 구성요소를 근로능력이 없는 빈민을 대상으로 하는 국민기초생활보장, 근로능력이 있는 빈민을 대상으로 하는 자활복지, 그리고 모든 국민을 대상으로 하는 사회보험으로 보았다. 그리고 다른 한편으로 생산적 복지의 특성을 인도적 복지(기초생활의 보장), 실용적 복지(근로연계복지 확대), 민주적 복지(사회보험의 확대)로 설명하였다. 그리고 이러한 생산적 복지는 한국적 복지체제를 일컫는 용어로 보았다. 비록 그것이 사민주의적, 내지는 신자유주의적, 또는 보수주의적이거나 발전국가적 함의를 약간씩 지니고 있어 미성숙한 점들이 나타나고 있는 것은 사실이나, 어찌되었든 국민의 정부가 IMF 위기를 극복하면서 사회안전망의 확대를 지향하여 국민기초생활의 보장, 자활복지의 확대, 사회보험의 확대 정책을 획기적으로 기획하고 실천한 것은 한국사회에서 생산적 복지라는 국정이념으로 가능했던 것이다. 이를 일컬어 '한국적 복지체제'라 하여도 이상할 것은 없다.

  다만 문제는 우리가 20세기 산업사회를 지나 21세기 지식기반 정보화 사회에 진입하고 있는 이즈음, 과거와 같은 산업사회의 복지국가 논리를 그대로 가지고서는 새로운 비전을 가질 수 없다는 데 있다. 그러면 정보화 사회의 복지국가 논리는 어떠해야 하는가? 필자는 그것을 노사정위원회의 확대 개편에 두고 설명하고자 했다. 즉 노사정위원회를 업그레이드하여 가칭 '국민경제환경복지위원회'를 두고 생산자집단뿐만 아니라 소비자집단의 대표(보건, 교육, 문화, 환경 등)들도 자리를 같이 하여 보다 중요한 사회적 합의를 필요로 하는 부분에 대하여 국회나 정부의 일정한 정책결정 기능까지를 담당하는 것이 필요하다고 보았다.

20세기가 민주-복지-자본주의 국가중심 시대였다면 21세기는 환경-복지-자본주의 시민사회중심의 시대가 될 것이다. 전자가 자유-평등-효율의 가치를 중시했다면 후자는 자유-평등-효율-조화의 가치를 중시하게 될 것이다. 향후의 환경은 자연환경뿐만 아니라 사회환경을 포함하는 개념으로 바뀔 것이다. 그리하여 자연환경과 사회환경을 정화하여 물질적 사회적으로 인간답고 쾌적한 환경을 조성하여 사회 전체적인 통합을 기하게 될 것으로 보인다.

제18장 환경복지국가: 지속가능성의 패러다임과 사회복지의 결합[1]

1. 서론

21세기는 환경의 세기라는 주장에 대하여 반대하는 사람은 없을 것이다. 특히 21세기에 들어와서 해마다 반복되는 기상 이변은 집중 폭우와 폭설, 지진과 해일을 동반하는 태풍, 황사를 확산시키는 사막화 현상 등 경우에 따라 수많은 사상자와 난민을 양산하기도 하는 문제점을 드러내고 있다. 이러한 기상 이변은 지구온난화의 결과이며 그 원인은 산업화로 인한 공해라는 것은 이미 상식이 되었다. 복지에 새로운 환경이 도래한 것이다. 환경문제에 관한 여러 가지 사상은 1980년대 후반에 들어 사회복지정책 연구에 영향을 끼치기 시작하여 신자유주의에 대해서나, 기존의 복지국가에 대해서 불만을 가진 사람들이 관심을 갖게 되었다. 이러한 환경위기의 시대는 복지국가의 위상과 어떻게 관련될 것인가? 이 논문은 이러한 거시적 문제의식의 단초를 해결해보고자 하는 시도이다.

복지국가의 변화는 일반적으로 잔여적 복지에서 제도적 복지로의

---

[1] 이 논문은 2006년 한국사회복지정책학회지 『사회복지정책』 제24호에 실렸던 글로서 약간 교정을 한 것이다.

변화를 함축하고 있으며(Wilensky & Lebeaux, 1965), 그것은 다원주의나 조합주의(Mishra, 1984), 또는 자유주의, 보수주의, 사회민주주의(Esping-Andersen, 1990)와 같은 복지 이데올로기의 변화와 함께 하여 온 것이다. 제2차 세계대전 이후 소위 복지국가의 황금기(1945~1975)를 지배한 복지 이데올로기는 사실상 사회민주주의로서 스웨덴이 그 선두 주자였다. 그러나 1970년대 중후반의 석유위기로 촉발된 복지국가의 위기는 세계적으로 대처리즘과 레이거니즘을 내용으로 하는 신자유주의의 등장을 초래하여 복지비의 삭감 등 반복지 정책을 펴게 했고, 21세기에 들어와서도 그런 추세에는 큰 변함이 없다. 최대 강국인 미국이 신자유주의를 주창하고 있으니 그럴 수밖에 없는 일이라고 생각된다. 그러나 신자유주의가 크게 성공한 것은 아니다. 신자유주의는 자유무역과 기업 위주의 성장주의 정책, 복지비 삭감, 민영화, 근로연계복지(workfare) 등을 핵심 정책으로 하면서 세계적으로 확산되었다. 그 결과 1980~1990년대를 지나 2000년대 중반에 이르는 동안 경제성장이 되었다고는 하나, 이것은 두 가지 큰 문제를 동반하는 것이었다. 첫째는 부익부 빈익빈의 양극화 내지는 세계적인 불평등 현상이다. 어느 나라나 국가이익을 위해 무한경쟁을 표방하게 됨으로써 사실상 자본주의 초기의 원시적 상태로 후퇴한 것이 신자유주의 정책의 결과라 할 수 있다.[2] 둘째는 지난 30여 년간의 신자유주의적 무역의 확대로 인하여 자연환경의 파괴가 급속히 늘어났다는 점이다. 참고로 1970년에서 1992년까지 초국적 기업의 해외직접투자는 약 12

---

[2] 원시적 자본주의란 표현은 자본주의 초기의 극심했던 노동력 착취를 회고하는 의미로 썼다. 신자유주의 종주국이라 할 수 있는 미국의 경우, 빈부격차가 심화되어 지니계수가 0.408로서 세계에서 가장 불평등 정도가 심한 것으로 나타났다(동아일보, 2006년 2월 27일자 1면).

배 증가하였고, 세계무역 거래량도 약 15배 팽창하였다는 것을 들 수 있다. 이러한 신자유주의적 세계무역과 투자의 붐은 많은 생태적 문제를 야기했다. 무역에 필요한 수송수단들은 화석연료에 의해 움직이므로 세계무역의 증대는 필연적으로 기후변화 및 대기오염의 증대, 기후온난화 등을 가속화시키는 데 기여할 수밖에 없다는 것이다(문순홍, 2006: 180~181). 실제로 그동안 지구상의 이산화탄소량이 비정상적으로 증가하여 기후 대변동의 역사는 시간문제라 할 수 있다.[3]

이와 같은 현실은 인류의 미래가 어떻게 전개될 것인지에 대하여 심히 우려하지 않을 수 없게 한다. 경제성장 중심의 국제적인 무한경쟁은 지금까지 그래왔던 것처럼 자연환경의 파괴와 사회환경의 양극화를 더욱 촉진시킬 것이 분명하기 때문이다. 더구나 한국과 같이 경제성장 제일주의로 일관하는 나라의 경우 신자유주의적 세계 질서의 가속화가 더 심각한 환경의 파괴와 양극화로 인한 체제의 생존문제를 야기할 가능성을 배제할 수 없다. 이러한 상황 속에서 단기적으로는 신자유주의적 세계 질서에 적응하면서도, 한편 장기적으로는 한반도의 생존과 인류의 생존을 위하여 세계적으로 신자유주의의 단점을 극복할 수 있는 새로운 21세기의 복지 이데올로기적 지향점이 필요하다 하지 않을 수 없다. 한국의 해묵은 이념 논쟁도 새로운 시대의 새로운 이념을 지향함으로써 변증법적 해결의 길을 발견할 수 있을 것이다. 그것은 19세기 인류 최대의 유산인 자본주의와 20세기 인류

---

3) 온난화는 최근 20년간 두드러지게 진행되었고 1990년대는 인류가 기상 관측을 시작한 이래 가장 더운 기간으로 분류되었다. 2001년 '기후변화에 관한 정부 간 패널'(IPCC)의 보고서에 따르면 20세기 지구 평균 기온은 0.6℃ 상승했고 대기 중 이산화탄소 농도는 370ppm으로 30% 상승했다. 지구는 대기 중 이산화탄소량이 420ppm에 달하는 순간 지금과 전혀 다른 기후를 경험하게 되는데, 현재 대기 중 이산화탄소 농도는 375ppm으로, 기후 대변동의 역사는 시간문제라는 것이다(환경운동연합, 2006).

의 양심인 복지주의와, 21세기 인류의 새로운 패러다임인 환경주의의 장점들이 중용적 관점에서 함께 할 수 있는 환경복지자본주의가 새로운 대안일 수 있다는 것이 필자의 생각이다. 단순화의 위험을 무릅쓰고 말한다면, 19세기가 자유자본주의의 시대였고, 20세기가 민주복지자본주의의 시대라면, 21세기는 환경복지자본주의 시대라고 전망할 수 있다. 성장의 패러다임을 강조하는 19세기의 자본주의와, 분배의 패러다임을 강조하는 20세기의 복지주의, 그리고 지속가능성의 패러다임을 강조하는 21세기의 환경주의는 서로 상충하는 속성을 지니고 있다. 그러나 이들은 21세기에 들어와서 함께 추구되지 않을 수 없는 규범적 당위성과 함께 역사적 실용성을 반영하여 환경복지자본주의로 거듭날 가능성을 지니고 있는 것이다. 이 글은 이러한 환경복지자본주의를 지향하는 국가를 환경복지국가라고 부르고 그 가능성을 고찰해보고자 하는 것이다.

한편 이 글은 월러스틴(Immanuel Wallerstein)의 역사적 사회과학의 방법론적 입장을 견지하고자 하였음을 밝혀둔다. 월러스틴은 역사학과 사회과학을 전체적이고 발견적인 측면에서 하나로 보는 세계체계 분석을 중시한다. 즉 중도적 입장에서 체계적 분석틀을 연구하되 시간적으로나 공간적으로 논리가 통하면서도 연속적 실체의 시작과 끝을 설명할 수 있는 역사적 사회과학이 되어야 한다는 것이다. 이러한 역사적 사회과학의 분석단위는 당연히 역사적 체계이다. 이것은 사회나 국가가 갖는 애매하고 설명하기 어려운 문제들을 포괄적으로 해결해준다. 역사적 체계의 다양함은 두 가지를 기준으로 한다. 하나는 논리와 형식의 연결이고, 다른 하나는 그 형식의 공존 기간이다. 논리와 형식의 기준은 일정한 체계의 성원들이 지속적인 노동 분업으로 규칙적인 재생산을 하는 것을 말한다. 그러한 역사적 체계 중에서 가장 현실적 힘을 가진 것이 최근의 세계경제체제인 자본주의로서의 논리와 형식이다. 그것은 잉여의 축적이 시장에 유리한 사람들에 의해서 불균등하게 배분되는 체제를 의미한다. 월러스틴의 역사적 사회과학은 단선적 역사발전관을 거부하고 확률론적 역사관을 제시하면서 기존의 사회과학처럼 구체에서 추상을 지향하던 것을 거꾸로 하여, 추상에서 구체적인 것으로 전체적이고도 발견적인 방법론을 지향하고 있다(Wallerstein, 2001: 244~256).

필자가 사용하는 환경복지자본주의와 환경복지국가라는 개념도 그와 같은 역사사회과학적 관점에 근거하여 이념형적으로 체계화한 것이다.[4] 즉 이 글에서는 역사사회과학적으로 볼 때 자본주의라는 현대세계체계가 자본주의 국가들을 축으로 신자유주의적 이데올로기를 추구하고 있으나, 무한 성장 위주의 경제정책이 결국 빈부 격차와 양극화 현상을 세계적으로 확대시킴은 물론 가속적인 환경 파괴를 불러 일으켜 더 큰 문제를 야기할 것으로 보았다. 그리하여 향후에는 전 세계가 신자유주의 자본주의의 결과인 공해문제와 빈곤문제를 해결하기 위하여 환경과 복지를 추구하는 환경복지자본주의와 환경복지국가를 지향하여 갈 것으로 보고 그 내용을 이념형적 측면과 전략적 측면으로 나누어 고찰해보고자 하였다.

---

4) Weber의 이념형은 어떤 현상이나 사물에 내재한 대표적 특성들의 논리적 체계적 집적으로서 사회과학적으로 새로운 모형이나 개념의 설정에 유용하다.

2. 환경복지의 이해

1) 인간과 사회

환경복지를 이해하기 위해서는 먼저 인간과 사회에 대한 이해가 선행되어야 한다. 그 이유는 인간과 사회를 어떻게 보느냐에 따라 그 다음 단계로 인간의 환경과 사회의 복지를 이해하는 데 필요한 논리가 영향을 받기 때문이다.

인간에 대한 정의는 헤아릴 수 없을 정도로 많다. 그러나 모든 정의를 다 고찰하는 것은 이 논문의 목적이 아니다. 따라서 필자는 인간을 관계적 존재로 보는 호게트(Hoggett)의 견해에 공감하고 이를 이론적 출발점으로 삼고자 한다.5) 그의 관계적 관점(relational perspective)이란 인간을 관계적 존재로 보는 것으로, 인간이란 사람과 사람 사이, 그리고 사람과 자연 사이에 가능한 관계의 실현을 통하여 생존과 생활을 추구하는 존재로 정의한다. 나아가 인간은 다음 <그림 18-1>에서 볼 수 있는 바와 같이 네 가지 능력(capacities), 즉 표현적(expressive) 능력, 영적(spiritual) 능력, 실제적·지적(practical/intellectual) 능력, 그리고 관계적(relational) 능력을 지닌 존재로 본다. 관계적 능력은 다른 세 가지 능력, 즉 표현적·영적·실제적 능력의 한가운데 위치하여 다른 능력의 실현을 가능하게 하는 핵심적 능력이다(Hoggett, 2002: 142~143). 인간의 능력은 다른 사람들과 자연과의 관계에서 형성된다는 것이다.

---

5) 많은 사회과학자들이 인간을 관계적 존재로 보는 데 동의할 수 있을 것이다. 고전 사회학자들 중에는 특히 Simmel이나 Weber가 인간의 관계로부터 인간과 사회를 이해하려는 시도를 했다고 볼 수 있을 것이다. 전자는 상호작용관계의 형식을 파악하고자 했으며, 후자는 사회적 행위의 인과관계를 연구하는 것을 중시했다(김문조 외 역, 1996).

즉 다른 사람이나 자연과의 공감과 연대감뿐만 아니라 차이와 갈등을 경험하는 관계적 맥락에서 인간의 능력이 신장된다고 본다. 이러한 관계적 능력은 일상생활에서 두 가지 형태로 나타나는데 하나는 도덕성(morality)이고 다른 하나는 생동성(conviviality)이다. 도덕성은 문화의 근간이 되는 것으로 아동의 놀이(play)의 능력이 발전함에 따라 형성되는 것이다. 생동성 역시 놀이를 통해 형성되는데 이는 타인과 어울릴 수 있는, 즉 함께 할 수 있는 능력이다.[6]

축약하자면 결국 인간은 인간과 인간, 인간과 자연 간에, 도덕성과 생동성을 근간으로 하는 관계적 능력을 중심으로 인간의 표현적·영적·실제적·지적 능력을 구현해가는 존재라 할 수 있겠다. 인간의 생명 못지않게 동물이나 식물의 생명 내지는 자연의 생명 또한 중요한 것이다. 이러한 자연 속에서 인간과 동식물이 조화롭게 그러나 먹이사슬에 따라 생동성 있게 살아가는 것이 분명하다고 하겠다. 환경복지는 이러한 인간에 대한 관계적 관점을 기초로 인간답게 사는 길을 인간과 인간, 인간과 자연 간의 환경적 조화 속에서 밝히고자 하는 것이다.

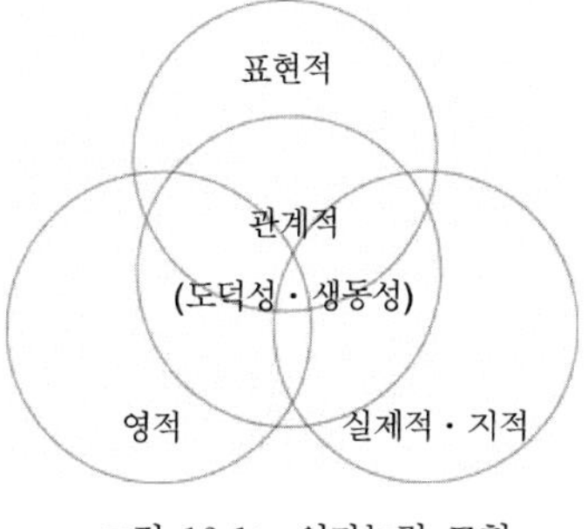

<그림 18-1> 인간능력 모형

---

6) 실제적·지적 능력은 이성적 능력으로, 표현적 능력은 감성적 능력으로 표현하는 것도 좋다고 본다. 말하자면 인간의 능력은 이성적 능력, 감성적 능력, 영적 능력, 그리고 관계적 능력으로 보는 것이 더 범주적이고 이해하기 쉽다는 것이다.

다음으로 사회에 대한 기본 전제에 대해 알아보자. 필자는 사회란 두 사람 이상이 집단을 이루고 다른 집단들과의 생존적 협동과 갈등을 반복하는 과정적 실체라고 정의하고자 한다. 그 과정에 잘 적응하여 전체 사회의 통합을 이루어내는 사회는 생존하고 그렇지 못한 사회는 소멸한다고 본다. 이렇게 사회를 정의하는 것은 코저의 갈등기능주의적 관점을 원용한 결과이다. 갈등기능적 관점은 코저(Louis Coser)가 주장한 것으로 갈등이 반드시 역기능적인 것만이 아니며 오히려 인류의 생존에 도움이 되는 순기능적 측면이 있다는 것이다 (Coser, 1956). 핵심적 내용을 간단히 말하자면, 집단 간의 갈등은 집단 내 성원들 간의 결속을 가져오며, 적당한 갈등은 사회의 통합에 기여한다는 말이다. 이 논리는 <그림 18-2>와 같이 국제사회 갈등과 협동 모형으로 나타내 볼 수 있다.

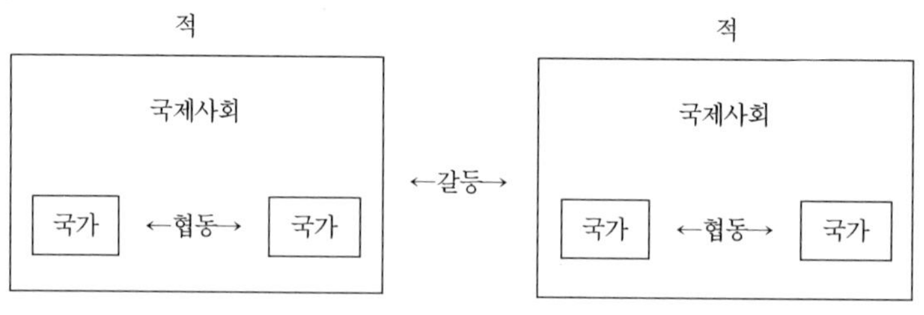

<그림 18-2> 국제사회 갈등과 협동의 모형

사회갈등과 협동 모형을 응용하여 보면 다른 국가와의 갈등은 한 국가 내의 집단들의 결속을 가져온다는 것으로 세계 정치의 메커니즘을 설명하는데 유용함을 알 수 있다. 일단 사회변동의 주체를 집단으로 설정할 때 집단 내의 협동은 '공동의 적'이 존재할 때 기능적으

로 가능한 것임을 알 수 있다. 이때 공동의 적은 또 다른 집단이나 국가가 될 수도 있고, 경우에 따라서는 공동의 가치와 생존을 위협하는 또 다른 가치이거나 생존을 위협하는 어떤 실체일 수 있는 것이다. 예컨대 제2차 세계대전 이후부터 1991년 소련이 분해되기까지의 냉전시대에는 소련 주도의 공산주의 세계와 미국 위주의 자본주의 세계는 서로 갈등관계에 있었지만 각각의 내부에서는 협동이 가능했다. 이제 공산주의가 사라진 상황에서 인류가 협동적인 세계사회를 건설하기 위해서는 세계사회의 생존을 위협하는 또 다른 적이 기능적으로 요청됨을 알 수 있다. 공상영화에서 곧잘 나타나는 외계인의 침입은 인류의 대단결을 가능하게 할 수 있을 것이다. 그러나 현실적으로 분명히 규정할 수 있는 인류의 적은 바로 인간 소외와 환경공해와 전쟁의 문제라 할 수 있다. 전쟁의 문제는 소외나 공해의 문제보다도 먼저 해결되어야 할 선결 과제이다. 전쟁이 발생하면 소외나 공해를 거론할 여지조차 없어지기 때문이다. 이 논문에서는 일단 전쟁의 문제는 따로 해결하여야 한다는 전제하에 소외와 공해의 문제를 중시하였고 소외는 곧 빈곤문제와 관련되는 것으로 파악하였다.[7]

위와 같이 인간에 대한 관계적 관점과 사회에 대한 갈등기능적 관점을 기초로 하여 환경복지의 개념을 살펴보는 것이 적절할 것이다. 관계적 관점을 취하여야 인간과 자연 간의 관계 속에서 환경복지의 길을 찾는 논리적 근거가 마련된다. 또한 갈등기능적 관점으로 볼 때 환경복지 문제의 본질을 공해와 소외의 해결에서 찾아야 하는 것이 분명해진다. 즉 인류 공동의 적이 공해와 소외라는 것이 논리적으로

---

7) 물론 현대사회에서 소외가 더 크고 포괄적인 개념이지만 여기서는 빈곤과의 복지적 맥락을 강조한 것이다.

설명된다. 공해문제의 해결은 환경에 대한 보존과 환경에 대한 가치관의 변화로, 소외문제의 해결은 사회복지의 제도적 보장과 돌봄이 필요한 사회적 약자에 대한 제도적 지지와 보장으로 가능할 것이기 때문이다.

2) 환경복지

환경복지자본주의나 환경복지국가를 논하기 전에 먼저 '환경복지'의 개념을 정의하여야 할 것이다.[8] 환경복지와 관련된 영어에는 대체로 두 가지로 대별되는 표현이 있음을 알 수 있다. 하나는 환경적 복지(environmental welfare)이고 다른 하나는 생태복지(ecowelfare) 또는 녹색복지(green welfare)이다. 전자는 로브슨(Robson)이 말하고 있는 것이 대표적이고, 후자는 호게트나 험프리 등의 논문에서 나타나고 있다(Robson, Hogget, Humphrey).[9] 시간적으로 보면 환경적 복지는 1970년대에 나온 것이고, 생태복지 또는 녹색복지는 2000년대를 전후하여 나온 것으로 보아, 환경복지의 개념이 20세기의 '환경적 복지'에서 한 걸음 더 나아가 21세기의 '생태복지', 또는 '녹색복지'로 변화된 것임을 알 수 있다. 사실 녹색 사상은 1980년대 후반에 들어 사회정책 연구에 영향을 끼치기 시작했다. 그리고 곧 급진 우파에 대해 불만을 지니면서 동시에 전통적 의미의 복지국가에 대해서도 불만을 가진

---

8) 근래에 환경사회학에서는 환경을 세 가지로 분류하여 자연환경과 물리적 인공환경, 비물리적 인공환경으로 쓰기도 한다(정대연, 2002: 54). 여기서 물리적 인공환경(도시 등)과 비물리적 인공환경(제도 등)은 사회환경을 의미하는 것이라 할 수 있다. 이미 환경이란 용어는 자연환경뿐만 아니라 사회환경을 함께 지칭하는 것으로 쓰이고 있는 것이다.

9) 험프리(Humphrey)는 녹색복지(green welfare)라는 용어를 쓴다. 내용상 의미는 생태복지와 같다(Humphrey, 2002).

사람들에게 하나의 준거가 되었다(Fitzpatrick & Cahill, 2002: 1).

즉 과거에 환경적 복지라고 쓸 때는 자연환경과 사회환경을 따로 보아 자연환경의 정화가 인간의 복지에 필요하다는 뜻으로 썼다. 환경적 복지에 대한 로브슨의 견해를 살펴보자. 그는 "최근까지도 복지국가는 주로 빈곤, 고용, 질병 등으로 고통받는 개인이나 집단에 관심을 가졌다. …… 그러나 환경의 중요성이 인식되면서부터 복지국가는 새로운 차원, 즉 공기나 바다, 강, 토지의 오염 등 전체 공동체를 위협하는 것에 관심을 갖게 되었다. …… 환경의 파괴는 모든 계급의 사회성원에 영향을 미친다. …… 단세포적 경제성장의 추구를 지고의 가치로 보는 생각은 성장의 결과를 환경 개선에 유용하게 활용하는 것으로 바뀌어야 하며, 경제성장 없이도 환경을 개선하는 생각으로 변화되어야 한다. …… 복지 시설과 동시에 환경적 맥락을 고려하여야만 모든 시민의 삶의 질이 향상될 수 있다. 도시의 물리적 구조는 '환경적 복지'에 현저한 영향을 끼친다. 도시의 건물이나 공원, 산책로 등이 아름답고 쾌적하게 구성되면 주민의 복지에 긍정적 영향을 주지만, 더러운 거리와 슬럼가, 누추한 상점, 복잡한 건물 등은 비복지(diswelfare)를 가중시킨다(Robson, 1976:112~114)"는 것이다. 로브슨의 환경적 복지는 물리적 인공환경 내지는 사회환경의 개선을 의미하는 것임을 알 수 있다.

그러나 생태복지 또는 녹색복지라고 할 때에는 자연환경과 사회환경을 구분하지 않는 '하나로서의 생태'라는 의미로 두 환경의 긴밀성과 동시적 정화의 중요성을 강조하는 의미로 쓰이고 있음을 알 수 있다. 21세기에 이르러 환경의 개념은 자연환경과 사회환경을 둘 다 포함하는 생태주의적 함의를 지닌 용어로 변화된 것이다.[10] 필자는 이 글에서 '환경복지(environment welfare)'란 '환경적 복지(environmental welfare)'
와 '생태복지(ecowelfare)'를 다 포함하는 의미로 썼다. 호게트는 관계적 관
점에서 생태복지주의(ecowelfarism)가 소비주의(consumerism)나 복지국가주
의(welfare-statism)와 다른 점을 설명하면서, '생태복지(ecowelfare)란 사
람과 사람, 그리고 사람과 자연 간의 관계의 질을 높이는 데 진정한
복지가 있다는 의미'임을 강조하고 있다(Hoggett, 2002: 145). 반면에
소비주의 사회는 소비자들이 구입하는 재화와 서비스의 양과 다양성
을 중요하게 여기는 사회이며, 복지국가주의 사회는 시민의 권리로서
누리는 공공재의 양과 다양성을 중시하는 사회라는 것이다. 소비주의
나 복지국가주의 이데올로기는 주로 생활 수준(standard of living)이라
는 양적 개념이 중심이 되어 있다. 그러나 생태복지주의는 사회적 환
경적 관계의 질에 초점을 맞춘다. 그리하여 개인적 사회적으로 양적
성장이 아니라 질적 발전을 우선시한다. 사회의 일차적 목적이 사회
적 관계를 강화하여 인간 능력의 발현을 도모하는 데 있다는 것이다.
이것은 소비를 자극하는 사회가 아니며, 끊임없이 생활 수준을 향상
시키고자 하는 욕망에 사로잡혀 있는 사회가 아니다. 이것은 인간적
관계의 질이 중시되는 생태복지 사회를 지향하는 것으로서, 환경문제
등 일상생활에의 참여 민주주주의가 이루어짐으로써 가능한 사회라
는 것이다. 결국 호게트에게 있어서 생태복지란 인간과 인간, 그리고
인간과 자연 간의 관계의 질을 향상시키는 것이다.

　이 글에서는 로브슨의 '환경적 복지(environmental welfare)'와 호게트

---

10) 1974년 호주 연방정부가 주도한 환경보호법에서 채택한 '환경'의 개념은 '국민 개인 또는 집단에게 영
　　향을 끼치는 모든 상황을 포함한다'는 포괄적 의미로 사용됨으로써 사회·문화·경제적인 상황까지를
　　포함하고 있다(김형식: 2000: 319).

의 '생태복지 (ecowelfare)'라는 개념을 다 포괄하는 의미에서 '환경복지(environment welfare)'라는 개념을 쓰고자 한다. 환경복지란 결국 물리적 사회적 환경의 개선뿐만 아니라 인간과 인간, 인간과 자연의 질적 관계를 향상시키고자 하는 과정이자, 그 결과라고 하겠다. 도브슨(Dobson)은 환경주의란 인간을 위한 환경의 관리와 보존만을 의미하는 것으로 보고, 생태주의란 인간뿐만 아니라 자연까지를 하나의 전체로 보는 것을 구분하기도 한다(정용화 역, 1993). 그러나 필자는 환경복지라는 용어를 통해 양자의 의미를 통합하여 쓰고자 하는 것이며, 환경적 복지와 생태복지를 대립적 개념으로 보기보다는 환경복지라는 용어 속에 포괄하여 자연환경과 사회환경의 연속성을 지닌 개념으로 보자는 것이다.

3. 환경복지국가와 환경복지자본주의

1) 지속가능성의 패러다임

21세기는 지속가능성의 패러다임이 온 누리에 퍼져가고 있는 시대라고 할 수 있다. '지속가능한 발전(sustainable development)'의 개념이 처음 사용된 것은 1980년 국제적 NGO들의 세계보존전략(World Conservation Strategy)회의에서였다. 이때는 주로 생태적 지속가능성과 생물자원의 보전에 주된 관심이 주어졌으며, 정치적·경제적·사회적 문제는 거의 다루지 않았다.

지속가능한 발전에 더욱 큰 사회적 의미가 주어진 것은 1987년 유엔 세계환경발전위원회(WCED: World Commission on Environment and

Development)의 보고서인 '우리 공동의 미래(Our Common Future)'라는
일명 브룬트란트 보고서(Brundtland Report)였다. 동 보고서는 지속가
능한 발전이라는 개념을 세계적으로 유행시켰으며 오늘날 모든 국제
기관이나 기구, 또는 NGO들이 이 개념을 사용하고 있다. 이 보고서
에서 '지속가능한 발전은 미래 세대의 욕구를 충족시킬 수 있는 능력
을 손상시키지 않으면서 현세대의 욕구를 충족시킬 수 있는 발전'으
로 정의되고 있다. 이 정의는 두 가지 근본적인 원칙을 내세우고 있
는데, 하나는 세대 내 형평성, 또 하나는 세대 간 형평성이다. 또한 두
개의 키워드를 중시하는데 그것은 욕구(needs)와 한계(limits)라는 개념
이다. 특히 세계 빈민들의 기본적 욕구는 최우선적으로 채워져야 하
며, 동시에 자연환경의 한계를 인정하고 현세대의 요구를 중화시켜서
미래 세대와의 형평을 유지해야 한다는 것이다. 또한 동 보고서는 빈
곤과 자원의 불평등한 분배는 환경파괴의 중대한 요인이 되고 있음
을 밝혔다. 빈민들은 생존을 위하여 무분별한 숲의 개간과 동식물의
남획 등으로 자연환경을 훼손하기 쉬우며, 한편 개도국의 자연자원
수출은 결국 환경파괴를 가속화시킬 가능성이 크다. 결국 이러한 문
제의 해결은 부유한 국가들의 소비 패턴이 조정되어야만 가능한 것
이라고 본다. 이러한 지속가능한 발전의 패러다임이 갖는 특징은 환
경보호라는 전통적 환경주의 논쟁으로부터 그 중심을 이동하여 지속
가능성이라는 더욱 복합적이면서 사회경제적이고 환경복지적인 문
제로 발전시켰다는 점이다.

　　나아가 지속가능한 발전은 규범적 개념으로서 생활의 조건을 변화
시키고 평가하고자 하는 성격을 지닌 것으로 브룬트란트 보고서는
네 가지 핵심요소를 지도노선으로 제시하고 있다. 첫째, 지속가능한

발전은 인간의 기본적 욕구와 모든 살아 있는 사람들의 복지의 적정 수준을 충족시켜야 한다. 둘째, 지속가능한 발전은 지구상의 모든 인구가 형평성 있는 생활 수준을 유지할 수 있도록 되어야 한다. 셋째, 지속가능한 발전은 생물다양성과 자연의 재순환 능력을 파괴할 가능성이 있는 경우 지방차원에서나 전 지구적 차원에서나 극히 신중하게 추진되어야 한다. 넷째, 지속가능한 발전은 미래세대의 생활 수준과 형평성의 수준을 손상시키지 않도록 추진되어야 한다. 이러한 핵심 요소 중 첫째와 둘째는 발전과 관련되는 경제사회적 원칙이라 할 수 있으며, 셋째와 넷째는 지속가능성과 관련되는 것이라 할 수 있다(Carter, 2001: 195~198; 양종회 외, 2002: 14~15; 이태건 외, 2001: 526~527).

브룬트란트 보고서에서 지적되고 있는 바와 같이 빈곤과 불평등한 자원배분이 환경파괴의 원인이 된다는 점은 환경문제와 사회복지의 결합, 즉 환경복지라는 개념의 가능성을 확인시켜 주는 근거가 되고 있다. 가난의 극복은 곧 소외의 극복과 통하며 소외의 극복을 위한 사회복지의 보장은 바로 환경문제의 예방이며 동시에 치유와 연결될 수 있는 것이다.

1992년 브라질의 리우데자네이루에서 개최된 지구정상(Earth Summit) 회담은 이러한 지속가능한 발전의 개념을 '환경적으로 건전하고 지속가능한 발전'이라는 개념으로 규정하면서 전 세계적인 확산을 가능하게 하였다. 이때 만들어진 UN의 '지속가능발전위원회(CSD: Commission on Sustainable Development)'는 자연의 생태체계를 유지시키는 환경용량의 범위 안에서 인간의 물질적 삶의 질을 향상시키는 발전이 지속가능한 발전이라는 논리와 의미를 함축하고 있다(정대연: 250). 지속가능발전위원회는 다양한 정부 간 활동에 관련된 '의제 21'과 지역공동체 수준에서 이행해야 할 '지방의제 21'의 실행에 책임을 맡았다. 비록 법적 구속력을 지닌 것은 아니었으나 CSD는 지속가능한 발전을 위한 국제적 의제나 산림과 맑은 물, 에너지 보존, 나아가 지속가능한 발전의 지표 만들기 프로그램 등의 출발에 이르기까지 매우 중요한 회의체였음을 증명하였다. 176개국의 대표들이 만나서 서명한 지속가능한 발전은 세계의 빈곤과 환경 위기의 도전을 극복하기 위한 것이었다(Cahill, 2002: 19). 이 역시 빈민들의 사회복지적 기본 욕구의 수준을 충족시켜주는 것이 환경문제의 해결과 예방에 도움이 된다는 측면을 확인시켜주고 있는 것이라 하겠다. 지속가능성의 패러다임이 확대되면서 사회복지와의 관련성이 깊어짐을 알 수 있다.

　지속가능성의 패러다임은 인간중심주의(anthropocentrism)에서 생태중심주의(ecocentrism)로의 이동과 지구의 생태학적 성장의 한계를 전제로 하는 개념이다. 인간중심주의에서 한 걸음 더 나아간 생태중심주의는 모든 생물과 무생물까지도 내재적 가치를 지니는 존재로서 전 우주를 하나의 생명체로 보는 입장까지를 포함한다. 인간중심주의가 환경에 대한 관리적 기술중심적 성격을 지니는 것이라면 생태중심주의는 환경과 관련된 사회적·정치적 생활양식에 있어서 근본적인 변화를 주장한다(Carter, 2001: 14~18). 지구는 유한하며 지속적인 경제성장만을 추구할 때 인간의 욕구가 극대화되지는 않는다는 것이다. 그러므로 소비 중심의 사회를 지속가능성의 패러다임이 지배하는 사회로 바꾸어야 한다. 무한정의 경제성장이란 관념을 추구하는 것을 포기하거나 상당 부분 늦추는 것도 필요하며, 세계적인 차원에서 인구증가를 통제할 필요도 있다고 본다(정용화 역, 1993: 26~33). 요컨대 지속가능한 사회는 자원토대의 구속을 받아들이는 사회이다. 사회생물학적 토대에 맞는 정치경제 질서를 세워야 한다(MacNutt, 1995: 42~43).

2) 환경복지국가와 녹색국가

이 글에서 필자는 환경복지자본주의 이데올로기를 지향하는 국가를 환경복지국가라고 모두에서 정의하였다. 환경과 복지문제를 함께 해결하되 자본주의의 효율성이라는 가치를 배척하지 않는다는 의미이다. 환경과 복지 문제를 결합하는 논의는 그렇게 많지 않다. 문순홍은 녹색국가를 "지속가능한 발전을 추진하는 국가로서 …… 생태중심성과 인간중심성 사이에서 인간복지와 생태복지를 동시에 추구하는 국가"라고 정의한다(문순홍, 2006: 72~73). 이러한 녹색국가는 복지국가 및 사회민주국가와 공존을 추구하면서 발전국가 및 경쟁국가와는 대결적 입장에 있다고 본다. 필자는 이와 같은 관점에 부분적으로 동의한다. 다만 복지를 강조하는 이유는 복지문제의 해결이 환경문제의 해결 못지않게 중요하다는 것과 이제는 환경의 개념이 자연환경뿐만 아니라 사회환경도 포함하고 있다는 면, 그리고 자본주의적 가치의 고려를 소홀히 하지 않기 때문이다. 여기서는 일단 문순홍의 녹색국가 유형 분류를 소개하고 필자의 환경복지국가와의 차이점에 대해 언급해보기로 한다.

녹색국가 연구는 1992년의 리우환경회의에서 경제와 환경의 통합 및 해결자로서의 국가·경제·시민사회의 3자 파트너십 논의가 주를 이루면서 나타났다고 볼 수 있다.

문순홍은 녹색국가의 논의를 대체로 4가지 유형으로 대별하였다(문순홍: 82-93). 첫째는 생태권위주의형 내지 생태관리주의형 녹색국

가로서 사회가 환경적으로 지속가능한 발전 궤도를 가도록 제도화되
며, 행정부에 환경주의자들이 참여한 국가 또는 환경거버넌스를 받아
들인 국가로 본다.11) 미도우크라프트의 생태국가 같은 것으로서 '환
경부담의 관리를 진지하게 떠맡은 국가, 인간활동이 경제·사회적 복
지의 토대를 침식하는 환경충격을 야기하지 않도록 구조와 프로그램
을 확립한 국가'를 의미한다.

　둘째는 자유주의형 녹색국가이다. 이는 허날드와 드라이젝의 견해
로서 근대국가의 핵심과제가 중복되면서 환경보호라는 과제가 수용
된 경우를 지칭한다. 그는 국가의 핵심과제가 질서유지, 생존, 자원동
원, 경제성장을 거쳐 정당성 확보로 되면서 복지국가가 발전했으며,
이제 환경보호라는 과제가 등장하면서 녹색국가가 되었다고 본다.

　셋째는 녹색사회국가로서 자유주의형 녹색국가가 생태민주화 과
정을 겪으면서 점진적으로 해체·변형된 형태이다. 이는 '환경수용력
을 강화하고 녹색경쟁전략을 개발하고, 생태적으로 민감한 민주주의
로의 촉진을 과제'로 본다. 민주주의가 강조되는 경우이다.

　넷째는 녹색복지사회국가이다. 이는 에커슬리가 녹색사회국가에
복지사회 논의를 결합시킨 것으로 기존 복지국가의 강제적 온정주의
에 더하여 생태적 덕목으로 시민사회를 훈육하고 다시 시민사회에서
이 덕목을 배양·강화하여 환경보호서비스를 사회가 담당하게 하는
국가이다. 강제적 온정주의는 공유재로서의 환경보호라는 이념으로
정당화된다.

　이들 중에서 필자가 의도하는 환경복지국가의 개념과 통할 수 있

---

11) 거버넌스(governance)는 협치라고 번역하여 쓰기도 한다. 중앙정부 기관과 지방정부 또는 NGO 등이 국
　　가적·국제적 차원에서 다양한 담론과 대안을 통해서 협동적 정치활동을 해 나가는 것을 말한다.

는 것은 두 번째 허날드와 드라이젝의 자유주의형 녹색국가와 네 번째 녹색복지사회국가라고 할 수 있다. 두 번째 자유주의형 녹색국가는 정당성 확보라는 복지국가의 실현과제 외에 환경보호라는 과제를 더하는 것으로, 복지에 대한 중요성이 그대로 유지되고 있으며, 네 번째 녹색복지사회국가 역시 강제적 온정주의로서의 복지를 공유재로서 유지하고자 하는 것이 명백하다고 보인다.

첫 번째 생태권위주의 내지 생태관리주의 국가는 경제·사회적 복지를 침식하지 않도록 환경관리를 중시하는 입장을 취함으로써 사회복지의 실현에 대해서는 소극적 입장을 보이고 있다. 또한 세 번째 녹색사회국가는 민주주의의 실현을 더 중요하게 보고 있다는 점에서 또한 필자가 의도하는 환경복지국가와 다소 다르다. 또한 위의 네 가지 중 어떤 것도 자본주의적 측면을 명시적으로 강조하고 있지 않다는 것도 필자의 입장과 다르다. 필자가 의도하는 환경복지국가는 환경문제와 복지문제의 동시적 해결을 지향하면서 아울러 자본주의의 장점인 효율성의 가치도 중시하는 입장을 취한다. 그러므로 이 글에서 환경복지국가는 환경복지자본주의 이데올로기를 지향하는 국가를 의미하는 것이다.

3) 환경복지자본주의

필자가 주장하는 이데올로기로서의 환경복지자본주의는 기존의 민주복지자본주의의 대안으로서 21세기의 새로운 환경복지국가의 이데올로기라 할 만하다.[12] 마셜(Marshall)이 주장했던 민주복지자본주의는 민주주의와 복지주의, 그리고 자본주의 각각의 가치가 서로 모순되지만 공존할 수 있다는 것이다. 그는 복지의 문제가 경제시장과 정치시장과 사회시장 간의 가치 간 대립을 조화롭게 하는 데 있다고 보았다. 즉 경제시장에서 인간의 가치(자본주의 가치), 정치시장에서 시민으로서의 가치(민주적 가치), 그리고 사회시장에서 인간 자신을 위한 가치(복지적 가치)의 가치갈등을 해결하는 것이 필요하다고 보았고 이러한 구조적 문제의 해결은 가치에 대한 태도의 변화를 통해서 가능하다고 보았다(Marshall, 1981: 12~13). 즉 실천적 측면에서는 각각의 가치를 추구하는 제 집단들 간의 대화와 타협을 통해서 그 조화를 찾을 수 있다는 뜻으로 해석할 수 있다.

민주복지자본주의의 대표적 가치는 자유와 평등과 효율이라고 해석할 수 있다.[13] 즉 자유를 무제한 추구하는 것은 이론적으로 가능하지만 그렇게 되면 이 세상은 만인 대 만인의 투쟁의 장이 될 수밖에 없다. 그러므로 불가피하게 사회적 계약에 의하여 자유는 제한될 수밖에 없다. 그러나 시민들은 그 약속을 받아들이는 한 자유롭게 행동할 수 있다. 한편 복지주의의 평등의 가치는 무한정 추구될 수 있는가? 물론 그렇지 않다. 평등이 무한정 추구된다면, 인간 사회의 창의성이나 다양성은 찾아볼 수 없으며 사회의 발전은 있을 수 없게 된다. 그러므로 평등에도 일정한 한계를 둘 수밖에 없다. 어느 정도 보상의 차이가 합리적으로 주어질 때 성취동기에 입각한 창의성의 계발이

---

12) 환경복지자본주의는 하나의 패러다임이자 이데올로기이다. 이데올로기란 일반적으로 어떤 사회나 집단의 특정한 사회적·도덕적·종교적·정치적·경제적·제도적 이익에 대한 헌신을 합리화해주고 옹호해주는 상호의존적 이념체계이다(Theodorson & Theodorson, 1969: 195). 파슨스는 이데올로기를 공동체 구성원들에 의해 공동으로 유지되는 신념체계체로서 사회통합을 추구하는 사상체계라고 보았다(김영화·이옥희, 1999: 14~18).

13) 마셜은 민주주의의 가치로 선거권과 피선거권을 들었으나, 필자는 자유를 더 중요하게 본 것으로 재해석했다. 복지주의는 최소한의 경제적 보장과 사회적 유산 향유권 등으로 평등을 의미하는 것으로 보았고, 자본주의는 경제시장에서 인간의 가치인 효율성을 의미하는 것으로 해석했다.

가능하며 사회가 역동적으로 발전할 수 있다. 그러면 자본주의의 효율성 추구는 무제한 가능한가? 물론 그것도 한계가 있다. 무제한의 효율성은 오히려 비효율을 낳는다. 그것도 인간과 자연의 환경을 고려한 일정한 정도의 조건과 한계 속에서 효율성을 추구할 수 있는 것이지 무제한으로 인간과 자연을 착취하는 효율성은 인정할 수 없는 것이다. 이와 같이 이론적으로 상충되는 자유와 평등, 효율성의 추구는 그러나 현실적으로 이를 추구하는 인간 집단들의 대화와 타협을 통하여 성취될 수 있다. 민주－복지－자본주의의 하이픈이 생기는 이유는 각각의 가치가 중용을 취할 때 조화를 이루며 바람직한 사회의 모습을 연출할 수 있다고 해석할 수 있다. 실제로 사회조합주의(social corporaism) 복지국가의 경우는 자본가 집단과 노동자집단, 그리고 정부 간의 대화와 타협을 통하여 사회적 안정과 발전을 이룰 수 있었다 (최경구, 1993).[14]

이러한 논리는 환경복지자본주의의 논리에도 그대로 적용될 수 있다고 본다. 환경주의, 복지주의, 그리고 자본주의의 중용적 접합이 그것이다. 극단적 생태주의를 추구하기보다는 지속가능한 발전을 추구하면서 현세대와 미래 세대의 공존, 그리고 인간과 자연의 하나 됨을 인정하면서 자연이 파괴될 때 인간이 생존할 수 없음을 인정하고 자연과 인간의 공존과 공생을 추구하는 것은 정말 필요한 일이다. 환경주의에서 추구하는 가치는 그래서 공존과 공생이라 할 수 있다. 극단적으로 인간의 생존만을 주장하는 것이 아니라 자연과 인간의 공생을 추구하는 것이 중요하다는 말이다.

---

14) social corporatism은 '사회조합주의', 또는 '사회합의주의'라고도 번역한다.

　복지주의와 자본주의에서도 마찬가지의 논리가 적용될 수 있을 것이다. 평등의 논리는 인간적 생활을 하기에 적정한 수준의 복지에 맞추고, 자본주의의 효율성의 논리 역시 지속가능한 발전의 환경용량을 고려한 발전에 맞추는 중용적 노력이 필요하다. 물론 이러한 가치의 조화는 각각의 가치를 추구하는 현실적인 운동적·정치적 집단의 대화와 타협의 능력에 달려 있다. 또한 환경위기를 인식하고 공존의 길을 모색하며, 인간적 수준에 대한 합의의 길을 찾는 각개 사회의 정치사회적 체계적 능력에 달린 문제이기도 하다. 아울러 자본주의의 한계를 인정하고 적정한 수준의 성장과 발전만을 추구할 수 있는, 그리하여 절제된 자본주의를 추구할 수 있는 지혜로운 자본가들과 노동자들과 환경운동가, 그리고 정치가들의 능력이 신장되어야 해결될 문제인 것이다.

　이제까지의 민주복지자본주의에서는 인간은 자기 이익을 추구하는 존재이며 이윤의 추구는 당연하다고 생각했다. 그러나 앞으로의 환경복지자본주의에서는 자기이익만을 추구해서는 안 되며, 모두의 이익을 추구하는 것을 당연하게 여기는 도덕적으로 업그레이드된 사회가 되어야 한다. 이것은 전체 사회성원들의 고도의 도덕성을 요구한다. 인간과 자연의 공존, 부자와 빈자의 공존, 효율과 보장의 공존이 결국 공생을 지향하는 것이 될 것이기 때문이다. 이와 같은 환경복지자본주의를 실현해내는 환경복지국가의 모형을 이념형적으로 나타내 보면 다음 그림과 같이 표현해볼 수 있을 것이다. 환경복지국가는 이타적·도덕적·자연순환적인 생활을 기본으로 하여 환경문제와 복지문제를 동시적으로 해결하여야 지속가능한 복지국가의 실현과 자연과 인류의 공생이 가능하다는 것을 강조하고 있다.

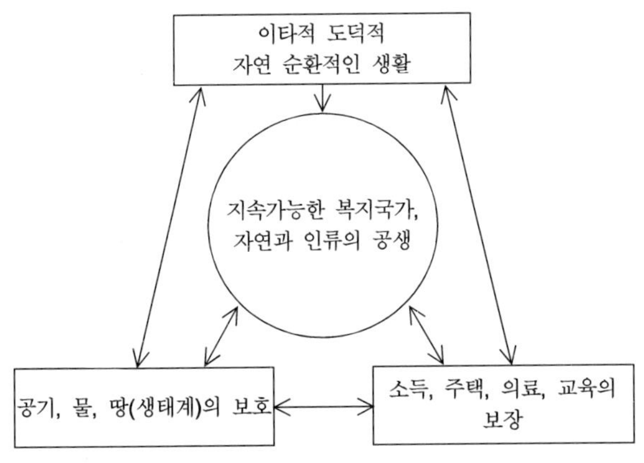

출처: 최경구, 1997 논문에서 재구성

<그림 18-3> 환경복지국가의 모형

환경공해의 문제 해결은 고도의 도덕성을 요구한다. 아무도 없는 곳에서 누가 보지 않아도 쓰레기를 버리지 않아야 하며, 비가 올 때 독성물질을 방류하지 않아야 하는 공해문제의 해결은 국민 개개인이나 개개 기업의 고도의 환경의식과 도덕성이 요구되는 것임은 아무리 강조해도 지나치지 않다. 이것은 개인의 자각이 우주론적 자아의 확장을 경험하는 영성 회복을 통하여 인간과 자연이 공생, 순환, 상생하는 존재라는 것을 깨닫는 '생태주의적 개종'을 요구하는 것이라고도 하겠다(정수복, 1996: 178).

또한 지난 세기의 과제인 소득과 주택, 의료와 교육의 보장 등 소외 계층에 대한 사회복지적 차원의 지원을 확실히 하는 것은 한걸음 더 나아가 자연순환적 생활을 행복으로 생각하는 가치관으로의 변화를 요구한다. 무조건적인 집합주의적 물질적 지원을 확대하고 보장해주는 것이 복지가 아니다. 객관적 물질적 복지 이외에도 주관적 복지

(subjective welfare)가 객관적 복지 못지않게 더 중요해지는 가치관의 확산이 필요하다.15)

　나아가 자본주의의 이기주의적 전제도 수정되어야 한다. 자본주의는 이기적 목적으로 이윤을 추구하는 것을 기본으로 발전하였다. 그러나 환경복지자본주의에서는 이기적 목적이 아닌 이타주의적 목적을 위하여 생산적 효율성을 추구하는 것이 강조되어야 한다. 무한정의 생산을 지양하고 환경용량에 맞는 정도의 생산만을 지향하기 때문에 이익이 있다고 하여 무제한 생산하려는 욕심을 버려야 지속가능한 발전이 가능하다. 그러므로 이타주의로의 도덕적 업그레이드가 요구되는 것이다.16)

　동물은 본능에 의해서 다람쥐 쳇바퀴 돌듯이 살 수밖에 없다. 그러나 인간만은 도덕적 악순환의 고리를 끊고 한 단계 더 높은 사회로의 진입을 가능하게 할 수 있다고 본다. 여기에서 환경복지국가로의 희망을 보게 되는 것이다. 혹자는 이런 주장을 지나치게 이상주의적이라고 볼 수도 있다. 그러나 과거 인류의 역사는 이상주의를 추구하는 가운데 발전이 있었다는 점을 소홀히 평가해서는 안 된다. 인간의 이기주의가 무한정 추구되는 자본주의는 이타주의적 가치관에 의해 변화되어야 한다. 그것은 제2차 세계대전 전후에 민주복지자본주의로 나타난 바 있다. 그러나 이제는 환경복지자본주의로 거듭나게 되는 것이다.

---

15) 주관적 복지는 주관적 안녕(subjective well-being)과 유사하게 쓰인다. 주관적 사회지표의 이론적 근거임.

16) 혹자는 자본주의가 이기주의를 포기하고 이타주의를 지향한다면 이미 자본주의가 아니라고 말할 것이다. 물론 그런 면이 있다. 그러나 자본주의에 대한 이타주의적 수정이 이루어진 전례는 이미 사회민주주의에서 했던 일이다. 이제 환경의 세기에 들어와서 less capitalism을 하자는 데 반대할 이유가 없다. 물질의 극대화, 소비의 극대화가 인간을 행복하게 만드는 것은 아니기 때문이다. 자본주의의 탐욕스러운 면을 절개하여 제3의 길에서 강조하는 바와 같이 인간의 얼굴을 한 자본주의를 만들자는 것이다.

4. 환경복지국가의 전략

1) 사회정의의 실현

환경과 복지가 하나의 틀 안에서 동시적으로 추구되어야 하는 이유는 환경문제와 복지문제가 사회정의라는 기본 축을 공유하고 있기 때문이다. 사회복지적 관점에서는 기본적으로 산업사회의 발전에 따른 구조적 불평등의 문제를 시정하는 것이 사회정의라고 본다. 사회적 약자와 사회적 위험에 처한 사람들을 왜 도와주어야 하는가에 대하여는 사회복지정책의 관점과 관련된 사회양심론 등 여러 가지 설이 있다(원석조, 2001). 필자는 티트머스(Titmuss)가 주장하는 보상의 원리가 가장 타당하다고 생각한다. 그는 산업화 과정에서 개인의 의지나 능력과는 관계없이 불평등한 기회구조로 인하여 빈민 등 소외계층에 속하게 된 사람들에게는 사회공동체를 대표하는 국가가 보상을 해주어야 한다는 요지의 주장을 한 바 있다(Titmuss, 1968: 132~133). 그렇게 하여 불평등을 시정하고 사회통합을 이루어야 안정된 국가 사회를 운용할 수 있는 것이다. 이런 것이 복지적 측면의 사회정의라 할 수 있다.

환경문제 역시 사회정의의 실현과 밀접한 관련이 있다. 환경정의 운동은 가난한 사람과 소수 인종이 산업사회에서 유발되는 환경 위험의 피해를 가장 심각하게 입는다는 관점에 입각해 있다(정승진: 310~313). 일반적으로 환경공해는 사회적 약자에게 1차적으로 집중되는 경향이 있다는 것이다. 특히 빈민 등 하층계급이나 여성, 노인, 장애인 등 사회적 약자들은 공해의 직접적인 피해를 입을 가능성이 크다. 또한 도시보다는 농촌, 선진국보다는 당연히 개발도상국의 환경문제가 심각하다. 또한 환경오염은 주로 중상계급에 의해서 발생하지만, 그 피해는 하층계급인 빈곤층에게 가중되는 경향이 있다. 예컨대 유해폐기물 처분장으로부터의 거리에 따라 지역사회의 계층적 구성이 다르다. 소득이 높을수록 차별적으로 유해 폐기물 처리장으로부터 먼 곳에, 즉 좋은 환경에서 산다는 것이다. 대체로 중상층이 사는 교외지역과 하층민이 사는 도심지역 간에는 공기의 질도 다르며, 다른 환경오염에 노출되는 정도도 다르다.

환경불평등은 국가 간에도 존재한다. 선진국과 개발도상국 간의 남과 북의 문제가 전형적인 예이다. 즉 북의 남에 대한 환경착취 및 파괴의 역사는 자본주의의 세계화 과정과 맥락을 같이 한다. 자본주의의 세계화 과정은 흔히 제국주의적 지배를 특징으로 하기 때문에 국가 간 환경불평등은 생태제국주의 내지는 생태식민주의라고 부른다(정대연, 2002). 환경제국주의는 주로 선진국이 정치경제적으로 다른 개발도상국을 지배함으로써 환경을 악화시키는 것을 말한다. 그 역사는 16세기부터이며, 제2차 세계대전이 끝날 때까지는 이러한 식민지적 지배가 환경제국주의의 대표적인 형태가 되었다. 주로 유럽의 스페인, 포르투갈, 네덜란드, 영국, 프랑스 등의 선진국들이 제3세계 개발도상국들의 환경착취를 주도했다. 그들은 식민지의 천연자원을 유럽의 필요에 맞추어 파괴하였으며, 심지어 원주민의 멸종이나 혼혈화를 통하여 인종적 정체성을 유린하기도 했다. 이외에도 식민지의 단종 식품 재배의 문제는 선진국의 필요에 의한 것으로 식민지 자체 내의 식량 자급체계를 파괴하는 역할도 했다. 이러한 경향은 독립국가가 된 후에도 계속되어 라틴 아메리카나 아프리카에는 현재에도 수출과 외화 획득을 단일 작물에 의존하고 있는 경우가 많다는 것이다. 설탕, 담배, 코코아, 커피 등을 생산하는 브라질, 콜롬비아, 에콰도르, 멕시코가 그러하고, 면화, 가축, 땅콩, 담배, 커피를 생산하는 소말리아, 세네갈, 수단 등이 그러하다. 단작화는 생태계의 파괴는 물론 경제에도 심각한 영향을 미친다. 농약오염, 열대 우림의 파괴는 물론 경제의 대외종속화를 심화시키고 교역 조건의 악화로 구조적 빈곤과 기아가 상존하는 결과를 초래할 수 있다(박재묵, 2004: 310~322). 빈민에게는 사회복지의 보장이 환경의 보장과 통하는 경우가 많다.[17] 이러한 불평등의 문제를 시정하는 것이 사회정의이자 환경정의이다.

결국 환경복지국가는 환경정의를 포함한 사회정의의 실현을 통하여 환경문제와 복지문제를 동시적으로 해결함으로써 지속가능한 발전을 지향하는 것이라 할 수 있다.

2) 환경정당과 정치에의 참여

환경과 복지의 문제를 동시적으로 해결하겠다고 명시적으로 나서는 정당은 아직은 없는 것 같다. 그러나 실제로 현대의 어느 정당이든 환경과 복지의 문제를 거론하지 않는 정당도 없다. 그러므로 향후 환경과 복지의 문제는 현대 정당과 정치의 기본적 틀을 좌우할 가능성이 높다. 그 이유는 점차로 환경과 복지 문제를 중요하게 생각하는 인구가 증가하기 때문이라 할 수 있다.

환경정치란 넓은 의미로 환경적 이념을 실현하기 위한 제반 정치

---

17) 가난한 사람들이 생존을 위하여 산림 훼손 등 자연환경을 파괴하는 경우가 많다. 개도국에서는 이들에게 복지적 지원을 함으로써 환경 보호가 될 수 있다.

행위이며 그 과정이다. 좁은 의미의 환경정치는 좀 더 근본적인 생태주의 이념을 사회운동의 기본원리로 실현하기 위한 정치행위를 일컫는다. 어떤 경우이든 간에 환경주의 또는 생태주의자들은 기존의 정치구조와 관련하여 세 가지 전략을 선택할 수 있다. 하나는 기존의 선거중심 정치를 거부하고, 운동중심적으로 접근하는 것이며, 둘째는 기존 정당을 녹색화하는 것이고, 셋째는 녹색당을 만들어 정당정치에 적극적으로 참여하는 것이다.

먼저 운동중심적 접근은 기존의 선거정치를 거부함으로써 정당 정치의 온건화를 지향하고 시장 지향성을 피하고자 하는 것이다. 선거정치는 기존 구조의 가치를 재확인해주기 때문에 새로운 환경가치관이 반영될 여지가 적다고 본다. 나아가 선출된 엘리트들에게 환경문제에 대한 책임의식이 넘겨지며, 이 엘리트들은 반환경집단으로부터 타협적 정책을 강요받기 때문에 환경적 정책의 입안과 집행이 어렵다고 비판한다. 또한 선거에 집중하는 것은 의회 영역 밖에서 활동하는 사회운동이 자리 잡는 데 도움을 주지 않으며, 몇몇 핵심 인물에 의존하게 되고 선거정치에 직접 관련되지 않는 다른 환경주의적 전략이 무시되는 경향이 있다는 것이다.

다음으로 기존 정당을 녹색화시키겠다는 전략은 기존 정당정치의 틀 안에서 현실적인 방안을 모색하는 것이 녹색당을 만들어 활동하는 것보다 효율적이라고 보는 것이다. 현실적으로 선거나 정당을 무시하고 환경주의를 확산시키는 것은 불가능하다. 따라서 기존 정당을 환경문제에 적극적인 정책을 다루도록 만들어야 한다는 것이다. 나아가 기존 정당들은 여론을 중시하므로 녹색정책을 위해서는 녹색 여론을 형성하는 것도 중요한 환경정치의 한 역할이라고 본다.

끝으로 녹색당 만들기 전략은 직접 당을 만들어 적극적으로 현실 정치에 참여하는 것이 환경주의 이념이 확산되는 데 지름길이라고 보는 것이다. 현대적 대중 정치 시대에 운동만 고집하는 것은 비효율적이라고 본다. 유럽의 녹색당은 새로운 사회운동을 경험한 세대가 운동 이념의 제도화를 추구한 결과 만들어진 것이다. 영국의 녹색당은 1973년 생태주의당으로 출발하여 1985년 녹색당으로 당명을 바꾼 이래 1990년대 중반까지 성공과 실패를 모두 경험하고 있으나 내부적으로 근본주의자들과 현실주의자들의 갈등으로 복잡한 양상을 띠고 있다. 독일의 녹색당도 그러하나 영국보다는 성공한 사례로 생각된다.

독일의 서독 녹색당은 1980년에 창당되었다. 이들은 풀뿌리민주주의, 사회정의, 생태주의, 비폭력을 표방하였다(이유진, 2001: 149~164). 녹색당은 기존의 좌파 생태주의자, 우파 환경주의자, 그리고 다양한 환경보호단체들이 연대하였다. 이념적 차이에도 불구하고 이들은 녹색사회의 건설을 위하여 협조하였다. 녹색당이 가장 중요하게 제시한 강령은 '핵 없는 유럽'과 '분권화된 유럽통합'이었다. 1979년에는 별다른 준비도 못하고 선거에 참여했으나 90만 표를 얻어 정당으로서 자리매김하는 데 큰 도움이 되었다. 1983년 선거에서는 유권자의 5.6% 지지를 얻었고, 1987년 선거에는 8.3%를 득표하여 연방의석 44개를 확보했다. 그 후 1991~1992년 사이에 급진적인 근본주의자들이 탈당한 후, 현실주의자들이 주도권을 가진 다음, 기존 정치 세력과의 협조와 타협을 시도했다. 그 결과 1998년 선거에서 47석을 획득하여 296석을 확보한 사회민주당과 함께 적·녹 연합정권을 출범시킬 수 있었다. 이들은 2002년 총선에서 사민당 251석, 녹색당 55석으로 다시 정권을 잡을 수 있었다. 녹색당에서는 부수상 겸 외무장관 외에도 소비자보호·식량·농업부 장관과 환경·자연보호·핵안전부 장관을 확보할 수 있었다(김철규, 2004: 380~405).

이들은 풀뿌리 민주주의, 사회정의, 생태주의, 비폭력의 네 가지 이념을 표방하였는데, 풀뿌리 민주주의는 모든 시민들이 환경·경제·사회·정치적 결정에 직접 참여할 수 있도록 필요한 정보와 교육을 받을 수 있어야 하고 동시에 지역과 공동체의 권력 강화와 함께 개인 주체에 대한 권리가 필요함을 역설한다. 또한 사회정의의 관점에서 모든 시민들의 인간으로서의 기본적 욕구가 충족되어야 함을 주장하고 사회적·자연적 자원의 공평한 분배가 중요하다고 본다. 이들은 또한 빈부 격차의 시정을 강조하고, 부국과 빈국의 균형발전을 위한 노력이 필요함을 역설한다. 생태주의는 인간중심주의가 아닌 것으로 인간은 자연의 일부로서 지구의 생태적 한계 안에서 사는 방법을 배우고 동식물의 생명을 보호해야 한다는 것이다. 끝으로 비폭력원칙은 평화를 강조하고 경제사회적 발전, 환경적 안전, 인권 존중 등을 강조하고 타문화에 대한 이해와 존중, 인종주의 철폐, 민주주의 확산, 핵과 생화학무기의 완전 금지를 추구한다.

이들이 내세운 원칙 가운데 사회정의의 원칙은 빈부 격차의 시정을 강조함으로써 사회복지적 성격을 직접적으로 표현하고 있다. 필자는 21세기에 많은 녹색당 또는 환경복지당의 출현이 있을 것으로 본다.[18]

---

18) 필자는 특히 '환경복지당' 같은 것도 출현할 가능성이 높다고 본다. 환경과 복지와 자본주의 문화가 적절하게 균형을 이루면서 함께하는 정당이 필요하다. 이를 '환경복지문화자본주의'라고 불러도 좋다.

3) 환경복지국가의 협치

　환경문제는 본질적으로 한 국가 내의 문제로 끝나지 않는다. 중국의 급속한 공업화에 따른 공해물질이 공기를 타고 한국과 일본으로 황사와 함께 날아오고 있으며, 산성비가 다른 국가의 숲이나 토지를 오염시키고 있다. 이산화탄소 방출과 이에 따른 지구온난화 문제는 오존층 파괴 등 전지구적 환경문제를 심화시키고 있으며 이러한 문제는 국제적인 협동적 통치의 문제, 즉 협치로 번역되는 거버넌스(governance)의 필요성을 국제적으로 증대시키고 있다. 이제 정책은 정부의 독점적 영역이 아니라 국제적 협력과 동시에 한 국가 내의 정부와 지방정부의 역할이 특히 중요해지고, 환경단체나 소비자 단체, 노조, 기업 등 다양한 주체들의 초국가적 시민사회의 협조가 필요하게 된 것이다(문순홍: 187~193). 이는 새로운 형태의 사회 조합주의(social corporatism)로서 전지구적 조합주의(global corporatism)라고도 부를 수 있겠다. 민주복지자본주의에서의 사회합의주의는 노·사·정 3자 협동주의에 그쳤다. 그러나 환경복지자본주의 국가에서는 INGO, IGO 등 초국가적 시민사회의 단체들이나 중앙정부 또는 지방정부가 전 지구적 환경복지 정책의 결정과정에 참여하게 되는 것이다.

　환경과 관련된 세계적 협치에 관한 논의는 1992년 리우환경정상회담에서라고 볼 수 있다. 여기서 채택된 '의제 21'은 환경에 대한 인간의 영향이 미칠 수 있는 모든 영역에서 전 지구적·국가적·지역적으로 취해야 할 정책적 내용을 담고 있다. 특별히 의제 21의 3장은 '환경적으로 건전하고 지속가능한 발전'을 달성하기 위한 주요 행위자들에 관한 것인데, 핵심적 내용은 NGO의 독자성, 진정한 파트너십과 대화를 위한 사회 각 부문의 참여, 공동의 목적을 달성하기 위한 NGO 간 국제연대, 국제조직들과 중앙 및 지방 정부들 간의 협조 등을 강조하고 있다. 27절 6항에서는 'NGO들을 사회적 파트너로 강화하기 위해 UN과 정부들이 NGO들과 협의를 통해 정책 형성과 의사결정부터 집행에 이르는 모든 수준에서 이 조직들이 참여할 수 있는 공식 절차와 기제를 검토하는 절차를 시행해야 한다'고 규정하고 있다. 나아가 28절에서는 지방정부의 역할을 강조한다. 지속가능한 발전을 추구하기 위해 공중을 교육시키고 동원하는 데 지방정부가 핵심적인 역할을 해야 하며, 이를 위해 1993년까지 국제사회는 지방정부 간 협조를 증진시키기 위한 협의를 시작하고, 1994년까지 도시연합체 및 지방정부의 대표들이 그들의 경험과 정보 교환을 증진시키는 목적으로 협동과 조정을 확대해야 한다. 그리고 1996년까지는 개별 국가들의 지역정부들은 지역민들과의 협의를 통해 '지방의제 21'에 관한 합의를 하도록 되어 있었으며 실제로 그 일정에 따라 많은 지방정부들이 지방의제 21을 채택하고 사업에 동참했다.

2002년에는 '리우+10 요하네스버그 회의'가 개최되었다. 이는 리우환경정상회담 이후 10년의 성과를 점검하고 새로운 과제를 합의하기 위하여 '지속가능한 발전을 위한 세계정상회의'였다. 특히 기억할 부분은 1997년의 교토의정서가 선진국의 온실가스 배출량을 제한하기 위하여 만들어졌지만 미국 등 몇 나라의 반대에 부딪쳐 아직 실효를 거두지 못하고 있음이 지적되었다는 점이다. 또한 지속가능한 발전을 심각하게 위협하는 극심한 빈곤과 빈부격차도 오히려 더 심각해져 양극화문제가 악화되고 있음을 우려하는 목소리가 컸다. 요하네스버그에서는 미국을 비롯한 선진국들의 무성의한 환경정책과 환경

NGO들의 거대화와 귀족화에 대한 비판도 있었다(김철규, 2004).

앞으로는 여러 가지 환경 관련 국제협약이 체결되어 지구적 차원의 환경문제를 해결하는 데 크게 기여할 것으로 보인다. 그러나 이와 같은 국제협약들이 주로 선진국에 의하여 주도됨으로 인하여 환경문제를 명분으로 기존의 세계경제질서를 강화하고자 하는 선진국들의 의도가 담겨 있음을 간과해서는 안 된다는 지적도 있다. 사실 선진국들은 그동안 환경공해를 유발하면서 현재의 산업화를 주도하여 잘 살게 된 것이지만, 개발도상국들은 이제 막 산업화를 시작하는 마당에 환경규제가 국제적으로 강화됨으로 인하여 적지 않은 타격을 받을 가능성이 있는 것이다. 그렇게 볼 때 환경문제의 기본적 책임은 선진국들에게 있다. 그러나 선진국들이 그동안 누적적으로 방출해 온 이산화탄소의 양이나 폐기물 등에 관해서는 함구한 채, 그린라운드 등을 통하여 현재의 폐기물 방출량만을 문제 삼아 개발도상국들에 대한 규제를 강화하려 한다면 이는 형평에 어긋나는 처사이다. 따라서 이러한 선진국의 환경제국주의적 발상이나 태도를 개선하여 선진국들이 개도국들의 빈곤과 열악한 생활환경에 대해서 일말의 책임의식이라도 가지고 개발도상국들의 환경과 복지의 향상을 위하여 환경 관련 기술의 무상이전이나 환경기금의 조성에 적극적으로 기여하고, 개발도상국들의 소득, 주택, 의료, 교육 등 복지문제에 대해서도 전향적인 자세로 협조하는 모습을 보여주어야 할 것이다. 요컨대 환경복지국가의 정책은 선진국들의 개발도상국들에 대한 배려와 책임, 그리고 인도주의적 협조로 이루어질 수 있다고 하겠다. 환경정의를 고려하지 않는 협치는 자칫 문제의 본질을 호도할 수 있기 때문이다. 그러나 무한정 선진국의 배려만 바라보고 있을 수는 없으며, 개도국들의 전 지구적인 노력이 적극적으로 이루어져야 할 것이다.

5. 결론

이 논문은 21세기의 지속가능성의 패러다임과 사회복지의 결합을 시도함으로써 19세기 자본주의의 생산성 문제와 20세기 사회복지의 분배 문제, 그리고 21세기의 환경문제를 동시적으로 해결해 나가는 환경복지자본주의에 관해 이념형적 이해를 시도하고 이를 실현하는 환경복지국가의 가능성을 전략적으로 탐색해보고자 한 결과이다.[19]

복지국가의 위기론이 도래한 이후 신자유주의가 전 세계를 풍미했던 지난 30여 년간 미국, 영국 등 신자유주의 정책을 취한 나라들은 복지제도를 축소하고 경제성장주의 정책을 폈다. 그러나 이들은 고실업률을 동반하는 양극화 문제에 봉착하고 있으며, 새로운 정보부자와 정보빈자의 빈익빈, 부익부의 현상을 가속화시켰다. 20세기 말의 세계화 정보화의 시대에는 자본의 해외이동이 자유로워지면서 노동의 자본에 대한 상대적 예속이 이루어짐으로써 균형 있는 사회적 분배가 힘들어졌기 때문이다. 이러한 상황은 마치 자본주의 초창기에 자본가들이 아무런 국가의 제재도 그리고 노동자들의 도전도 받지 않고 부를 축적하였던 상황과 유사하다. 마치 원시 자본주의가 다시 부활한 것 같다. 무한경쟁을 지향한다는 것 자체가 이미 빈익빈 부익부의 현상을 개인 간에 또는 국가 간에 자유방임적으로 정당화시켜 놓고 있는 것이다.

---

19) 보다 구체적인 환경복지국가의 정책적 측면은 15장 참조.

따라서 과거에 사회민주주의, 또는 민주복지자본주의가 자유자본주의의 불평등 문제를 해결하는 데 중대한 역할을 하였던 것과 같이, 어떤 새로운 이데올로기가 신자유주의라는 이름으로 다시 부활한 원시적 자본주의를 잠재우고 인간의 얼굴을 한 자본주의를 만들 필요가 있는 것이다. 그 새로운 이데올로기는 현실적으로 무한경쟁시대에 초국적 기업의 이윤추구활동을 제어할 수 있는 메커니즘을 보여주어야 한다. 필자는 그것을 환경복지자본주의의 이데올로기라고 보는 것이다. 그것을 추진할 수 있는 세력은 초국가적 시민사회의 새로운 활동 주체로서 환경복지 문제를 인류의 생존과 관련되는 문제로 인식하는 국제 비정부조직(INGO)이나 국제 정부조직(IGO)을 통해 가능할 것이다. 어차피 국경의 의미가 상대화된 시대의 힘은 세계적인 조직을 통해서 나올 수밖에 없기 때문이다.

환경복지자본주의 국가는 근본적인 패러다임의 변화를 요구한다.[20] 인류 공동의 적인 환경문제와 빈곤문제를 극복하여 모든 인류의 인간다운 생활을 보장해주는 환경복지자본주의는 이제까지의 성장의 시대에 필요했던 가치관을 대폭 수정하여 새로운 지속가능성의 패러다임으로 대체하여야 가능할 것이다. 그러나 이것은 미래세대의 기본욕구 충족이 가능하도록 환경을 보전하면서 동시에 현세대의 기본 욕구 충족도 이루어내야 하는 어려운 과제를 수반하는 것이다. 즉 환경과 복지의 동시적 충족과 이를 이루어내기 위하여 현실적으로 필요한 자본주의의 효율성이라는 가치의 조화를 목표로 하여야 한다.

---

20) 바이츠제커는 새로운 복지모델이 필요하다고 주장하면서, 그것은 자연을 훨씬 적게 소비하는 것, 즉 에너지, 물, 광물의 소비를 1/2로 줄이고, 나중에는 1/4로 줄여야 한다고 주장한다. 56억의 인구가 캐나다인과 같은 생활양식을 유지하자면 두세 개의 지구가 필요하다는 것이다(이필렬, 1999: 329~333).

이것은 세 집단, 즉 환경세력 집단과 복지세력 집단, 그리고 자본세력 집단 간의 대화와 타협을 현실적으로 요청한다. 좌우의 이념적 스펙트럼을 넘어서 전향적으로 인류 공동의 적인 공해와 빈곤, 그리고 이기주의에 대처하기 위해서는 세 집단의 대화와 타협이 필요한 것이다. 이것은 사회민주주의 시대에 사회 조합주의(social corporatism)가 자본가, 노동자, 정부의 삼자협동을 가능하게 했던 것처럼, 21세기의 새로운 전 지구적 조합주의(global corproartism)를 필요로 하고 있다. 전 지구적 조합주의는 일견 전 지구적 협치(global governance)라는 것과 같은 형태로 이미 나타나고 있는 것 같다. 리우회의에서 나타난 국제 비정부조직이나 국제 정부조직의 대화를 통한 세계적 환경복지 전략은 그 가능성을 보여주고 있다. 20세기와 다른 것은 그것이 초국가적 시민사회 주체들 간의 다자간 협의라는 세계적 운동의 결과라는 데 있는 것이다. 문제는 아직 자본세력 집단과 복지세력 집단이 이러한 21세기적 과제를 전향적으로 이해하고 적극적인 협조를 하지 않고 있다는 데 있을 것이다. 그러나 향후에는 이런 문제를 인식하고 해결하고자 하는 정당의 출현도 가능할 것이다. 유럽이나 독일의 녹색당이 성공적인 길을 가고 있는 것처럼 '환경복지당'과 유사한 목적을 가진 정당들이 가능하리라고 본다. 쉬운 길은 아니겠지만 그러나 전망이 어둡지만은 않다. 왜냐하면 그 길밖에는 길이 별로 보이지 않기 때문이다.

제19장 21세기 패러다임으로서의 생태여성주의(Ecofeminism)[1]

1. 서론

토마스 쿤이 '과학혁명의 구조'라는 책자를 발간한 이래 많은 사회과학자들이 패러다임이란 용어를 사용하게 되었다. 패러다임이란 한 시대의 과학자집단들이 동의하는 기준적인 시각, 내지는 본질적인 사유의 방식으로서 과학적 문제와 방법을 규정해주는 역할을 하는 것이라고 정의할 수 있다. 그러한 패러다임은 모든 과학 활동을 선도할 수 있는 탁월한 업적들에 기초하며 동시에 여러 가지 새로운 문제들을 제시할 수 있을 만큼 개방적인 성격을 지닌다. 이러한 패러다임에 의한 과학적 활동을 정상과학(normal science)이라 한다. 그러나 그 정상과학의 패러다임은 영원히 계속되는 것이 아니다. 시대가 변하면서 기존의 패러다임으로는 해결할 수 없는 여러 가지 새로운 예외적 문제들이 나타나게 되면서 정상과학의 위기가 도래하게 된다. 그리하여 다시 과학의 위기를 해결할 수 있는 새로운 시대의 패러다임이 등장하게 되는 것이다. 이러한 과학의 발전 과정은 가히 혁명적인 것으로

---

1) 이 논문은 경기대 『여성복지논총』(2002년)에 나온 것을 약간 수정한 것이다.

서 사회과학의 경우에도 적용될 수 있다(Kuhn: 27~28).

이 글은 20세기의 근대화의 패러다임이 21세기에 들어와서 세계화와 환경주의의 패러다임으로 바뀌는 과정에서 생태여성주의가 과연 어떤 의미와 위상을 지닐 수 있는가를 고찰해보고자 하는 것이다. 생태여성주의는 자연 생태계의 복원을 주장하는 생태주의와 남성들보다는 본질적으로 더 자연 친화적이라고 볼 수 있는 여성들이 환경운동에 더 선택적 친화력을 가진다는 여성주의적 시각이 결합한 결과이다. 생태여성주의가 더 보편적인 환경이데올로기로서의 특성을 갖추어 나간다면 향후 지속가능한 개발의 패러다임 내에서 생태여성주의가 차지하는 비중이 훨씬 더 커질 가능성도 없지 않다. 이러한 문제를 다루어 보기 위해서는 여성주의의 역사도 살펴보아야 할 것이고 생태여성주의가 어떤 시대적 맥락에서 등장하게 되었는지도 탐구해 보아야 할 것이다. 이러한 연구를 통하여 전반적으로 생태여성주의가 21세기의 패러다임으로서 어떠한 가능성을 지니고 있는지를 검토해보고자 하는 것이 이 연구의 목적이다.

2. 패러다임의 변화

1) 20세기의 패러다임

인류는 약 1만 년 동안은 생존이 문제시되는 농업, 수렵, 목축업의 시대를 지내왔으며, 산업혁명 이후 약 300년간은 자본주의적 생산의 문제가 중요한 시대를 지내왔다. 20세기 후반의 컴퓨터 혁명은 지금까지 약 50년의 세월을 거치는 동안 엄청난 사회변화를 초래하였으며 이제는 생존이나 생산의 문제보다 어떤 삶이 더 인간적이고 보람 있는 것인가 하는 삶의 질이 문제시되는 시대가 된 것으로 보인다.

이 글은 21세기 패러다임으로서의 생태여성주의의 가능성을 고찰해보고자 하는 작업이다. 그러함에 있어 우리는 먼저 20세기의 패러다임이 무엇이었느냐 하는 문제를 좀 더 구체적으로 분석하여야 할 것이다. 왜냐하면 20세기의 패러다임으로 해결이 안 되는 기본적인 문제의 제기가 다시 21세기의 새로운 패러다임을 요청하였을 것이기 때문이다.

그렇다면 20세기의 패러다임은 무엇인가? 그것은 바로 생산을 중시하는 '근대화'의 패러다임이다. 근대화는 과학기술의 발달과 더불어 시작되었다. 증기기관의 발견으로 석탄을 사용하는 에너지의 혁명이 일어나고 이를 통하여 시공간의 압축과 생활양식의 변화가 거대한 도시 공업지대를 중심으로 진행되었다. 토플러는 이를 농업중심의 제1의 물결문명시대 8천 년을 마감하고 공업을 중심으로 하는 제2의 물결문명시대가 도래한 것이라고 갈파한 바 있다. 그는 이 시대의 특징을 표준화, 대중화, 획일화, 집중화, 대형화, 동시화 등으로 불렀다.

이러한 근대화의 패러다임은 첫째로 '과학적 합리주의'를 사회 전 영역에 확장시켰다. 따라서 전통과 관습이 지니고 있는 비합리성이나 주술성은 경험 과학적 합리주의에 의해 대치되었다. 산업혁명이 가져온 과학적 합리주의의 물결은 중세시대의 신중심의 세계관과 가치관을 근본적으로 바꾸어 인간중심의 세계관과 가치관으로 세속화(secularization)시키고 보편화시키는 데 결정적인 영향을 미치게 되었던 것이다. 모든 사고의 기준으로 인간적 경험과 귀납적 논리를 중요시하는 과학적 합리주의는 또한 정치적 민주주의의 발전에도 기여하였다.

근대화 패러다임의 두 번째 내용은 '자본주의 국가의 성장'이다. 서구 합리주의 과학의 비약적 발전은 생산력을 효율화, 극대화함으로써 자본주의의 세계화가 가능하게 만들었다. 자연의 법칙을 이용하여 인간 생활의 물질적 편익을 최대한 효율적으로 추구함으로써 민족국가 단위의 자본주의가 급속하게 팽창하게 되었던 것이다. 한편 자본주의의 모순을 시정하고자 출발했던 사회주의는 근대화 패러다임의 다른 한 축을 이루고 소련과 동구 유럽, 그리고 중국과 북한 등으로 세력을 확장하였으나 공산체제의 관료적 경직성과 부패와 비능률로 몰락하고 말았다. 이제는 초국적 기업의 세계화와 함께 자본주의가 전 지구적 대안이 될 수밖에 없는 상황에 처하게 된 것이다.

그러나 이러한 근대화의 패러다임이 인류에게 긍정적으로만 작용하여 풍요로운 현실만을 안겨다 준 것은 아니었다. 근대화 패러다임에 입각한 20세기의 과학문명사회는 환경공해와 핵전쟁의 문제, 그리고 인간소외라는 근본적 문제를 발생시켰다. 그중에서도 환경공해의 문제는 인간뿐만 아니라 모든 동식물을 포함하는 지구 생태계 자체의 균형을 파괴함으로써 결국은 인류의 멸망을 초래하는 무서운 결과를 가져올 수 있는 것이다(최경구, 1993: 113~136). 근대화는 합리성에 기초한 경험과학의 발전으로 산업사회를 꽃피우는 데는 기여하였지만 이는 곧 자연에 대한 정복을 전제로 하는 것이었으며 무차별적인 자연에 대한 개발과 파괴를 자행함으로써 가능했던 것이다. 이것이 인간 생활의 기본 조건을 이루는 전 지구적 환경 자체를 오염시켜 전반적으로 인류의 삶의 질을 피폐하게 만들었을 뿐만 아니라 생존 자체를 위협하는 부정적 결과를 초래했던 것이다. 물과 땅과 공기의 오염은 우리 후손들의 삶을 결정적으로 붕괴시킬 가능성을 높였다. 이러한 지구의 환경위기는 20세기를 마감하고 21세기를 지향하는 새로운 천 년의 벽두에서 가장 먼저 해결하여야 할 과제라 아니할 수 없다.

2) 21세기의 패러다임

(1) 세계화-정보화-지방화

21세기의 첫 번째 패러다임은 '세계화-정보화-지방화'라 할 수 있다. 세계화-정보화-지방화를 연속적으로 표기한 것은 아무래도 이 세 가지가 동시적으로 21세기 사회변동의 기제로 작용할 가능성이 많기 때문이다. 세계화는 자본주의의 확대와 지구문화의 형성이라는 두 가지 내용을 지닌다. 그것은 사회주의 동구권과 소련의 몰락, 그리고 국경을 뛰어넘는 초국적 기업들의 무한경쟁과 자본주의의 무제한적 확대라는 면에서 원시자본주의가 부활한 것 같은 느낌을 주고 있다. 터보자본주의라는 용어가 등장하는 것도 이러한 맥락에서이다.

한편 정보화는 인터넷 등 교통, 정보, 통신기술의 발달로 인하여 지구 어디에서도 전 세계와 정보교환을 할 수 있게 됨에 따라 국경의 의미가 상대적으로 약화되고 세계인의 상호작용이 폭발적으로 증가하게 되는 과정에서 나타나는 일련의 가치와 규범, 그리고 생활양식의 변화를 일컫는 용어로 풀이할 수 있다.

정보화는 새로운 사회의 계급을 정보 부자(the information rich)와 정보 빈자(the information poor)로 구분하여 수많은 정보를 효율적이고 독점적으로 이용할 수 있는 능력 있는 소수가 결국은 다수의 정보로부터 소외된 자들을 통치하고 다스리는 이중사회(dual society), 또는 디지털 디바이드(digital divide)의 양상을 나타나게 하는 원인으로 작

용하고 있다. 이러한 정보화 사회에서는 가상공간의 상업적 이용가능
성과 더불어 새로운 생명공학 등의 발전에 힘입어 예측할 수 없을 정
도의 놀라운 사회변동이 일어나기도 한다.

한편 정보화는 지방화를 촉진시킨다. 국경의 의미가 약화되고 국
가의 통제가 미치지 못하는 부문이 늘어나면서 지방들끼리 국경을
넘어선 무역과 통상, 그리고 문화의 교류 등을 도모하며 세계적 상호
작용을 늘려 가는 것이다. NGO의 활동이 세계적 네트워크를 갖추고
발전해가는 것도 이러한 추세의 반영이다. 이러한 지방화는 민주주의
발전과 맥을 같이 하기도 한다. 최근 한국을 비롯한 아시아의 여러
나라들이 지방자치를 확대하여 나가는 추세도 그러한 민주화와 지방
화의 세계적 물결을 수용한 결과라고 할 수 있다.

세계화-정보화-지방화의 세 가지 현상을 하이픈으로 연결하는
의미는 이미 언급한 바와 같이 그 세 가지 현상이 동시적으로 21세기
를 풍미할 것으로 보기 때문이다. 그것은 또한 시너지 효과를 창출하
여 정보화를 통한 세방화(glocalization) 현상을 가속화시킬 전망이다.
세계적으로 사고하되 지방적으로 행동하라는 후쿠야마의 말이 의미
를 가지는 것은 세계화와 정보화 그리고 지방화의 세 가지가 빚어내
는 시너지 효과를 염두에 둔 말로 해석할 수 있다. 세방화는 그러한
동시적 발전, 즉 지방의 민주적 발전과 전 지구적 네트워크 사회의
형성을 가능하게 하면서 자본주의가 확대되는 것을 말한다.[2]

---

2) 사실 민주적 지방화가 세계화 속에서 가능한가 하는 물음은 별도의 논의가 필요한 부분이긴 하다. 그러나
   적어도 세계화가 민주화를 일정한 정도로 돕는 것은 사실이다. 세계화에 따라 자본주의가 확대될 때 지방
   의 민주적 자치권이 확대될 수 있는 가능성이 높기 때문이다. 자본주의는 기본적으로 자유자본주의로서
   자본의 자유로운 투자와 활동을 보장받기 때문에 그러한 조치는 당연히 민주화를 촉진시킬 수 있는 기제
   로 작용할 수 있는 것이다. 그러나 자본주의가 발전하면서 자본과 지방정부가 결탁하여 시민의 자치권을
   위협하는 등 왜곡된 발전을 하는 경우에는 세계화가 곧 지방적 민주화를 의미하는 것은 아니게 될 것이다.

이와 같은 세계화-정보화-지방화의 패러다임이 주목을 받게 되는 이유는 21세기에도 근대화에서와 같은 성장주의의 논리가 그대로 내재하고 있다는 점 때문이다. 동구와 소련의 몰락이 초래한 자본주의의 전 지구적 확대는 아무런 저항도 없이 급속하게 전개되었다. 그 결과 모든 국가가 무한경쟁에서 살아남기로서의 세계화 전략을 수립하게 되었고 이를 당연한 것으로 받아들이게 된 것이다. 특히 복지국가의 위기 이후 미국과 영국에서 위력을 발휘하던 신자유주의 논리는 이미 그 문제점이 드러났음에도 불구하고 전 지구적으로 그 영향력을 확대하여 나가고 있다는 점을 기억해야 할 것이다.

그러나 그렇다면 "신자유주의에 기초한 자본주의는 영원할 것인가?" 하는 물음을 던지지 않을 수 없다. 왜냐하면 소련과 동구가 몰락하였다 해도 사회주의적 평등의 가치가 이 지구상에서 사라진 것이라고 볼 수는 없기 때문이다. 적어도 인류가 자유자본주의의 병폐를 시정하기 위하여 사회민주주의 복지국가를 만들었던 수정의 경험은 현재의 신자유주의의 문제점을 시정하기 위한 '제3의 길'을 예비하고 있는 것은 아닐까. 그러나 '제3의 길은 없다'라는 저서가 출간되고 있는 오늘의 현실은 아무래도 성장지향의 자유자본주의를 기본으로 하는 사회정치체제로 지속되어 나갈 수밖에 없는 것처럼 보인다.[3] 적어도 이러한 흐름이 21세기의 중요한 한 패러다임으로써 존재할 것은 틀림없어 보인다.

이 패러다임은 과학의 발전을 통하여 20세기의 인류가 양산해 놓

---

[3] 홉스봄의 「제3의 길은 없다」라는 논문은 블레어의 관점을 비판하고 좌파의 입장을 대변한 것으로 보이나 전반적으로 신자유주의를 비판하고 있는 자체가 이미 그것의 세계화를 전제한 것이라고 해석할 수 있겠다 (Jacques, Martin, 1998).

은 공해의 문제를 해결할 수 있다고 보는 점에서는 근대화의 패러다임과 다르지 않다고도 볼 수 있으나, 기본적으로 정보화와 디지털혁명이 초래하는 비동시성과 비공간성, 그리고 비육체성을 특징으로 하는 문화적 다양성과 느슨한 조직의 그물망 사회가 네티즌의 전혀 새로운 가치관과 행동양식을 주문한다고 볼 때 세계화–정보화–지방화의 패러다임으로 불러도 충분할 것이다.[4]

(2) 지속가능한 개발

21세기의 두 번째 패러다임은 '지속가능한 개발'이다. 위에서 언급한 세계화–정보화–지방화의 패러다임은 기본적으로 과학의 발전에 기초하고 있다는 점과 성장주의를 포기하고 있지 않다는 점에서 근대화의 패러다임과 유사한 측면이 있다. 그래서 논자들에 따라서는 세계화의 담론은 사실상 근대화의 연장선에 있는 것에 불과하다는 견해를 피력하기도 하는 것이다. 그런 점을 고려한다면 지속가능한 개발의 패러다임이 더 중요해지는 이유가 명백해진다고 하겠다. 즉 환경공해 문제를 해결하기 위하여 이제까지의 근대화 패러다임이 지향해 오던 성장주의를 버리고 인류와 자연과 우주가 함께 더불어 지속될 수 있는 패러다임이 필요해지는 것이다. 환경공해의 문제를 해

---

4) '세계화–정보화–지방화'의 패러다임은 지구를 개방체계로 보는 입장과 상통하는 것이라고 볼 수 있다. 반면에 '지속가능한 개발'의 패러다임은 지구를 고립체계 내지는 폐쇄체계로 보는 입장과 통한다고 볼 수 있다. 사실 지구를 고립체계로 보는가, 또는 폐쇄체계로 보는가, 또는 개방체계로 보는가에 따라서 지구환경의 위기를 보는 기본적인 패러다임이 달라지는 것은 사실이다. 즉 고립체계(isolated system)로 볼 때는 지구가 그 어떤 에너지도 외부와 주고받는 것이 없다는 것을 전제로 한다. 그러나 폐쇄체계(closed)로 볼 때는 최소한 지구로 유입되는 태양열 등은 인정하지만 지구로부터 나가는 에너지를 없는 것으로 본다. 한편 지구를 개방체계(open system)로 볼 때에는 지구가 받아들이는 에너지도 있지만, 지구가 내보내는, 즉 외부세계와의 에너지 상호교환이 가능해지는 시스템이라는 것이다. 개방체계로 볼 때는 환경위기를 가속화시키는 엔트로피의 증대가 크게 문제가 되지 않을 수 있으나 고립체계나 폐쇄체계로 볼 때는 엔트로피의 증대가 곧바로 지구 환경의 멸망으로 이어질 수 있다.

결할 수 없다면 인류가 지구상에서 생존할 가능성이 적어지므로 이는 생존적 차원에서 추구해야 할 사안이 된다.

지속가능한 개발이란 1987년에 세계경제개발위원회(World Commission on Economic Development)에서 나온 보고서에서 최초로 정의된 후 광범위하게 인용되고 있다. 그것은 '미래 세대의 욕구를 손상함이 없이 현재세대의 욕구를 충족시킬 수 있는 개발'이라는 뜻으로 정의되고 있다. 이러한 정의를 일반적으로 받아들이는 데 문제는 없으나 다만 그 뜻을 보다 분명히 하기 위해서는 몇 가지 물음에 답할 필요는 있을 것이다. 그것은 다음과 같다(Bowers, 1997: 3~4).

① 지속가능한 개발이란 지속적인 경제성장과 양립 가능한 개념인가?
② 그것은 현재 진행되고 있는 인구 성장률과 양립 가능한 개념인가?
③ 그것은 현재 세대의 희생을 요구하는 것인가? 아니면 단순히 그들의 행동을 수정하자는 것인가?
④ 지속가능한 개발의 비용을 국가 간에 어떻게 분담할 것인가? 또한 국가 내에서는 그 비용이 어떻게 상이한 계층 간에 분담될 수 있을 것인가?
⑤ 지속가능한 개발은 제3세계 국가가 선진국과 같은 1인당 국민소득을 갖는 것을 방해하는 것인가?
⑥ 미래 세대가 필요로 하는 자원은 무엇인가?
⑦ 지속가능한 개발과 양립할 수 있는 현재의 행위들은 어떻게 결정할 것인가?
⑧ 지속가능한 개발을 성취하기 위하여 어떤 방법들을 채용할 것인가?

위와 같은 질문은 상당한 정도의 국제적 또는 국내적으로 정책적이고 도덕적인 결단을 요청하는 것으로 보인다. ①번의 질문에 대해서는 적어도 경제성장의 정도를 무조건 극대화하는 것이 아니라 지속가능한 정도의 개발을 위한 정책적 조절이 필요하며 또 가능할 것이라고 답할 수 있을 것이다.

②번의 질문도 정책적 도덕적 결단이 요구되는 부분이다. 현재 인류는 60억을 넘어서고 있으며 이를 그대로 방치할 경우 심각한 식량난 등의 문제에 봉착할 것임은 의문의 여지가 없다.

③번의 질문은 현세대의 희생을 요구하지 않고도 적절한 통제를 가하여 지속가능한 개발을 도모할 수 있는 길을 모색할 수 있다는 것이 그 대답이 될 것이다.

④, ⑤번의 질문은 새로운 분배의 문제를 국제적 차원과 국내적 차원에서 어떻게 할 것인가의 문제와 관련된다. 이는 세계적 사회정책의 개발과 국내적 사회정책의 개발을 통해서 가능할 수 있을 것이다. 이제까지의 복지국가가 지녀 왔던 분배의 원리를 사회의 지속가능성을 위하여 새롭게 연구해내는 것이 필요할 것이다.

⑥번의 질문은 미래 세대의 인간적 생존과 생활을 위하여 필요한 태양 에너지 등 대체 에너지의 문제와 관련될 것인데 그것 역시 현재 과학의 발전 수준으로 보아 해결 가능성이 있는 것으로 볼 수 있을 것이다.

⑦, ⑧번의 문제도 현재의 상태에서 해답을 제공할 수 있을 것으로 보인다. 요컨대 지속가능한 개발을 위해서는 국제적 수준에서 상당한 정도의 공감을 얻을 수 있는 세계사회정책의 개발과 국가 간 합의가 필요하며 이를 위한 노력이 간단없이 진행되어야만 한다는 점을 지

적할 수 있겠다. 이는 현재의 상황에서 보면 매우 어려운 문제로 보이지만 문제는 그러한 숙제를 해결하지 않고는 인류가 이 지구상에서 살아남을 수 없다는 데 있는 것이다.

지속가능한 개발의 패러다임은 그리하여 상당한 정도로 인류의 정치적·도덕적 결단을 요하는 것임을 확인할 수 있다.

3. 생태여성주의의 개념과 특성

1) 여성주의와 생태여성주의

쟈가에 의하면 여성주의란 '여성의 예속을 종식시키고자 하는 사회운동'으로 단순하게 정의할 수 있다. 또한 여성주의자란 여성이든 남성이든 누구든지 이러한 사회적 목표를 달성하기 위하여 진지하게 참여하는 사람들이라고 정의할 수 있을 것이다(Jaggar, 1996: 30). 이러한 운동으로서의 여성주의는 여러 학자에 따라 다양하게 분류되고 있으나 자가와 슈트룰의 분류에 따라 자유주의, 마르크스주의, 급진주의, 사회주의의 네 가지 관점으로 보는 것이 일반적이다(이혜경, 1994: 20~31; 방희정, 2001: 53~56).

자유주의적 여성주의는 성차별의 근원을 보수주의적인 관습과 제도 때문으로 보고, 이를 교육과 법개정, 재사회화 등에 의해 시정될 수 있다고 믿는다. 따라서 남녀차별을 철폐하여 남성과 같은 사회적 인권을 평등하게 누릴 수 있는 기회를 확보하고 태도를 바꾸는 재사회화가 중요하다고 본다. 자유주의적 여성주의는 여성차별이 좀 더 뿌리 깊은 사회구조에서 비롯된다는 점을 소홀히 하고 개인의 자유와 능력을 지나치게 강조한다는 비판을 받고 있다.

한편 마르크스주의적 여성주의는 여성억압의 원인을 자본주의에서 찾는다. 따라서 여성의 권리 확보를 위해서는 계급 제도와 사적 소유의 철폐가 필요하며 이를 위해 노동계급의 여성들과 다른 계급의 여성들이 참여하여 연대적 투쟁에 나서야 한다. 가사노동의 사회화, 임금화에 대한 주장도 하고는 있으나, 이 관점은 남성에 의한 여성 억압을 별도로 설명하지 않는다는 점에서 비판받고 있다.

급진적 여성주의는 여성억압의 근원이 가부장제에 있다고 본다. 여성해방은 여성의 성과 출산을 통제하는 가부장제에 대한 공격, 남성에 대한 투쟁으로 가능하다는 것이다. 여성성을 찬양하고 레즈비어니즘의 수용과 자매애를 강조한다. 여권을 획득하기 위해 여성들만의 분리주의적 운동 전략을 채택함으로써 여성주의자들 사이에서도 비판의 대상이 되기도 한다.

사회주의적 여성주의는 마르크스주의적 여성주의에서 상대적으로 소홀히 하였던 여성억압에 대한 부분을 강조하면서 여성억압의 근원이 자본주의 구조 및 가부장제 모두에 있다고 본다. 이 점에서 사회주의적 여성주의는 마르크스주의와 급진주의의 관점을 다 받아들이고 있다고 볼 수 있다. 이 관점은 공적 영역에서 성별 노동 분업의 폐지를 주장할 뿐만 아니라 여성의 출산 선택권 인정 및 남성의 육아참여를 주장한다. 나아가 두 관점의 한계를 극복하기 위하여 이원체계이론과 통합체계 이론을 발전시켰다. 전자는 자본주의와 가부장제를 별개의 현상으로 분리하여 그들이 교차할 때 여성을 억압하는 현상이 심각하게 나타나는 데 주목하는 반면에, 후자는 자본주의와 가부장제를 분리할 수 없는 것으로 보고 여성 억압 자체를 폭넓게 분석하고 있다. 이러한 통합적 성격은 여성들 사이에 존재하는 차이를 소홀히 할 수 있는 가능성을 지니고 있다.

그렇다면 생태여성주의란 무엇인가? 생태여성주의란 용어는 1974년 프랑스 작가 프랑수아 듀봉(Francoise d'Eaubonne)에 의해 처음 사용된 것으로 알려져 있다. 이 용어를 통하여 듀봉이 의미하고자 하는 바는 지구상에서 인간의 생존을 보장해줄 생태학적 혁명을 일으킬 만한 여성의 잠재적 능력을 표현하기 위한 것이었다. 한편 "Ecofemisnim"을 저술한 마리아 미즈(Maria Mies)와 반다나 시바(Vandana Shiva)에 의하면 생태여성주의는 '옛 지혜를 일컫는 새로운 용어'로서 여성운동, 평화운동, 환경운동 등 1970년대 말에서 1980년대 초반까지의 다양한 사회운동으로부터 성장해 나온 것이다. 이네스트라 킹은 1980년 3월 애머스트에서 열린 최초의 생태여성주의자들의 회의에서 생태여성주의가 기업전사(corporate warrior)와 군대전사(military warrior)들에 의하여 파괴된 지구와 핵 전면 위협에 관심을 기울일 것을 강조했다. 이와 같은 생태여성주의는 급진적 여성주의와 생태주의와의 결합의 결과라 할 수 있다. 이것은 '여성해방과 동시에 자연해방'을 추구한다. 그것은 여성에 대한 남성의 억압이나 자연에 대한 문화의 억압이다 가부장적 남성우월주의에 뿌리를 내리고 있다고 보고 남성중심사회를 변화시켜야 한다고 본다. 다만 생태여성주의에서는 급진주의처럼 남성과의 분리전략을 고집하지 않으며 이론과 실천의 총체적 관련성을 중시한다(Mies & Shiva, 1993: 25).

결국 생태여성주의란 여성운동과 환경운동의 결합으로서 모든 생명체의 상호의존성과 총체성에 입각하여 지구를 살리고 여권을 신장시키기 위하여 자본주의적 가부장제의 타파와 새로운 생존적 관점

(subsistence perspective)을 실천적 목표로 삼고 있는 대안적 이념이라고 할 수 있다.[5)]

생태여성주의를 이 글에서 특히 다루는 이유는 21세기의 패러다임으로서 그 적합성을 따져보기 위해서이다. 사실상 남성우위의 근대산업사회가 결과한 것은 인간소외와 핵전쟁의 위협과 환경공해인 것이 사실이고 보면 그러한 문제점의 극복을 위해서는 그 반대의 여성주의적 패러다임이 적절할 수 있는 것이다. 또한 생태주의는 20세기의 과학적 성장주의에 반하는 지속가능한 사회발전을 추구하는 이론적 근거를 제시하고 있다는 점에서 역시 새천년의 패러다임으로 적합한 면모가 있다고 하겠다. 생태주의가 급진적 여성주의와 결합함으로써 이제 그 사상적 출발을 시도하고 있는 생태여성주의는 또한 동양 사상의 패러다임과도 연결될 수 있는 가능성이 많으며 이미 그러한 시도도 일부 이루어지고 있는 것으로 보인다.

2) 생태여성주의의 특성

생태여성주의의 첫 번째 특성은 세상을 해방시키는 철학적 자유의 시각이 특이하다는 데에 있다. 이제까지 서구 근대화를 주도해 왔던 계몽주의적 자유의 관점은 데카르트적 이성과 합리성을 통하여 자연을 극복함으로써 인간의 자유와 행복이 가능하다고 보는 것이었다. 그러나 근대 과학과 기술의 적용이 갈수록 환경오염을 악화시킴에

---

5) 손덕수 · 이난아의 역서 『에코페미니즘』에는 subsistence perspective를 '자급적 관점'이라고 번역하고 있으나, 그것보다는 '생존적 관점'이 전 지구적 환경 위기를 벗어나는 과정에서의 여성주의의 역할을 강조하기 위해 더 적합하다고 본다.

따라 계몽주의적 해방의 논리는 자연의 재생주기를 지켜주는 환경논리와 모순적인 관계에 있음이 드러나게 되었다. 계몽주의적 해방의 개념은 필연적으로 인간성과 여성성을 포함하는 모든 자연에 대한 지배를 함축하는 것으로써 궁극적으로는 자연생태계에 대한 파괴에 대해 책임이 있는 것이다. 따라서 이들의 관점은 인류를 비롯한 자연 생명이 상호협력과 보살핌을 통하여 유지된다는 새로운 우주론과 새로운 인류학의 필요성을 제기하는 것이다(Mies & Shiva: 16). 이것은 다분히 동양적인 철학과 우주관과 흡사한 내용을 지니는 것으로 이해할 수 있겠다.

두 번째 생태여성주의의 특성은 지구상의 모든 생명체를 사람과 마찬가지로 중요한 존재로 보며 그러한 자연에 대한 무분별한 수탈을 중지하여야 한다는 것이다.[6] 나아가 그러한 지구 생명체에 대한 공격을 자연과 여성에 대한 자본주의적 가부장제의 필연적 결과로 보고 이를 타파해야 한다고 본다. 이네스트라 킹에 의하면 에코페미니즘은 살아 있는 모든 것의 온전함을 옹호한다. 물고기에게 물이 중요한 것은 어느 공동체의 물에 대한 요구와 같은 것으로 간주되어야 한다고 보며, 자본주의적 가부장적 논리에 입각한 기업전사들과 군대 전사들의 환경에 대한 공격은 마치 여성들의 신체에 가하는 공격처럼 직접적으로 감지된다. 여성의 신체를 공격하는 무리에는 남성들이나 의사들뿐만이 아니라 다국적기업도 포함되어 있으며, 실제로 환경사고나 전쟁의 피해자들은 여성과 어린이에게서 더 심각하게 나타나고 있다는 것이다.

---

6) 이는 심층생태학의 입장과 같다(정대연, 2002: 125).

셋째로 들 수 있는 생태여성주의의 특성은 이른바 '따라잡기식의 개발'을 반대한다는 것이다. 이것은 이제까지의 많은 여성운동이 남성과의 동등화 전략을 취하여 왔던 것과 달리 앞으로는 자연의 제약 안에서 자유, 행복 등에 대한 비전을 발전시켜나가는 데 초점을 맞추겠다는 것이다. 계몽주의적 자유의 허구는 백인 남성들의 행진이 결국 여성과 자연, 그리고 이민족의 희생 위에 가능한 것이었으므로 상당수의 기존 여성운동이 백인남성들과 동등한 대우를 얻어내고자 하는 전략은 결국 문제를 더 어렵게 만드는 것이며 스스로의 입장과 모순되는 것이다. 자연을 초월한다는 것은 더 이상 정당화될 수 없으며 앞으로는 자연의 제약을 전제로 하는 생존 잠재력이 모든 차원에서 발현되고 보존되어야 한다고 본다. 아직도 많은 사람들이 남성과의 동등한 권력을 얻는 전략을 여성에게 해방을 가져다 줄 것으로 믿지만, 생태여성주의에서는 자본주의 가부장제하에서 남성의 특권을 공유하는 것은 근본적으로는 의미가 없다고 보는 것이다.

넷째, 생태여성주의는 문화상대주의의 한계를 극복하자는 것이다. 지식인들이 문화상대주의를 취하여 차이에 대한 강조를 하는 동안 자본주의적 가부장제는 모든 국제자본을 동원하여 지역문화를 조각조각 나누어 상품화를 시도함으로써 문화적 다양성을 표준화하고 동질화한다. 문화상대주의는 이러한 과정을 인식하지 못하고 있으며 오히려 이 과정을 정당화하는 데 이용당하고 있다는 것이다. 그러므로 생태여성주의는 이러한 문화상대주의를 벗어나 전 세계 여성들 간의 여성과 남성 간의, 그리고 인간과 다른 생명체 간의 다양성과 상호연관성을 고려하여야 한다. 이러한 노력은 여성들의 생존 기반을 지키기 위한 칩꼬(Chipko) 운동,[7] 초대형 댐 건설에 반대한 사람들, 그리고 원자력발전소와 세계 도처의 유해폐기물 투기 반대 운동에 참여하는 여성들에서 나타난다(Mies and Shiva: 24).

다섯째, 생태여성주의에서는 자급적 관점(subsisitence perspective, 생존적 관점)을 강조한다. 이것은 경제활동의 목표를 상품생산에 두는 것이 아니라 생명의 창조, 내지는 재창조에 두는 인간 욕구의 충족을 추구한다. 자연은 이윤을 위해 착취되지 않으며, 안정되고 믿을 수 있는 공동체적 인간관계를 중시하고, 풀뿌리 민주주의에 토대를 둔다. 또한 사회문제들은 환경문제들과 함께 해결되어야 한다. 나아가 자급적 관점은 새로운 과학의 패러다임을 요구하여 생태적으로 건전하고 여성과 민중들의 오래된 생존지혜와 전통을 중시한다. 이러한 에코페미니즘의 사회에서는 공기, 물, 땅, 쓰레기, 자원 등의 공유재산을 사유화하거나 상업화하는 데 반대한다. 대신 자연의 선물에 대한 공동의 책임감을 기르며 그것을 보전하고 재생시킬 것을 요구한다(Mies & Shiva: 390~395).

위와 같은 생태여성주의의 특성은 마하트마 간디가 어느 영국 기자의 물음에 대한 답에 잘 함축되어 있다. 그 기자는 간디에게 인도를 영국과 같은 수준으로 살게 하고 싶지 않으냐고 물었다. 간디는 "영국처럼 작은 나라를 그 수준으로 살게 하는데도 지구의 절반이 착취당해야 했습니다. 인도를 그 수준으로 살게 하려면 착취할 지구가 몇 개나 더 있어야 합니까?" 했다는 것이다. 생태여성주의는 몇 개의 지구가 더 있다 해도 개발의 패러다임과는 선택적 친화력이 없다 하겠다. 더구나 지구가 현재의 인구를 쾌적하게 살게 하기 위해서도 이

---

7) 칩코운동은 tree-hugging(나무를 껴안는 운동)으로 인도 여성들이 벌목업자로부터 연료자원을 지키려는 운동이다(Diamond & Orenstein: 167).

미 현재의 다섯 배는 되어야 한다는 어느 환경학자의 말은 우리를 숙연하게 만든다(정대연: 2002).

4. 생태여성주의의 전망

1) 과학과 공해, 전쟁, 소외

생태여성주의가 어떤 전망을 가질 수 있을 것인가에 관해서는 여러 가지의 접근이 가능할 것이다. 다만 이글에서는 21세기의 패러다임이 지난 20세기의 해묵은 문제들을 해결할 수 있어야 한다는 전제하에서 그러한 문제들, 즉 공해와 핵전쟁과 인간 소외의 문제를 해결하는 21세기의 '지속가능한 개발'의 패러다임과 생태여성주의의 주장들이 어떻게 연결될 수 있는가를 고찰해보는 방법을 취하기로 한다.[8]

공해문제는 과학의 가치중립적 발전이 무제한으로 이루어짐으로써 지구의 환경용량(carrying capacity)을 생각하지 않고 자연을 훼손하고 상품생산을 가속화하여 공해를 무제한 방출한 결과 이미 세계의 기상 이변과 각종 동식물의 멸종, 기형아의 출산 등, 심지어는 인류의 유전자 변형도 이루어질 수도 있는 위급한 상황을 만들고 있다. 이러한 문제에 대한 생태여성주의의 대안적 가능성을 알아보자면 그들의 과학에 대한 관점을 살펴볼 필요가 있을 것이다.

생태여성주의의 과학에 대한 관점은 기존의 가치중립적 연구를 거

---

8) 21세기의 또 하나의 패러다임인 '세계화 – 정보화 – 지방화'는 기본적으로 20세기 성장주의와의 연결 선상에서 나타나는 것으로 생태여성주의와는 기본적으로 결맞지 않는 것이다. 따 라서 생태여성주의의 전망과 관련해서는 더 이상 논의를 하지 않았다.

부한다는 데서부터 출발한다(Mies & Shiva: 53~61). 가치중립을 거부하는 것은 이미 지구를 살려야 한다는 가치 전제가 서 있기 때문이며, 그러한 의식적 가치지향을 하지 않는다면 공해문제를 해결할 길이 없다고 보기 때문이다. 따라서 연구대상에 대한 중립과 무관심은 의식적인 연구로 대체되어야 하며 그것은 연구 대상을 연구자 자신의 일부로 인식하는 제한된 동일시를 기본으로 하여야 한다. 연구자와 대상 간에 비판적 거리를 둠으로써 연구자와 대상 간의 수직적인 관계, 즉 위로부터의 시각을 아래로부터의 시각으로 바꾸어야 한다는 것이다. 이제까지 권력의 지배와 정당화의 수단이었던 연구는 지배받고 착취당하며 억압받는 집단들의 이익을 위하여 봉사하여야 한다. 나아가 사변적이고 관찰적인 지식은 여성해방과 자연해방을 위한 적극적 참여와 운동과 투쟁으로 전환될 수 있어야 한다. 여성학 자체가 여성운동으로부터 비롯된 것인 만큼 여성 억압이나 착취에 관심 없는 강단여성학자들이 여성학을 순수한 학문적 관심으로만 축소시킨다면 운동의 목표에 대한 배반이 된다. 따라서 연구의 과정은 그대로 의식화와 여성 경험의 집단화 과정이 되어야 한다고 본다. 이와 같이 이론과 실천적 운동과의 결합을 강조하는 과학관은 더욱 분명하게 공해퇴치 운동을 실현해가는 힘이 있을 것으로 해석할 수 있다.

한편 이들은 자본주의나 사회주의가 다 마찬가지로 상품생산 체제에 내재한 식민지의 필요성과 잉여가치에 입각한 영구적 성장의 충동에 빠져 있다고 한 목소리로 비판한다. 특히 생산자와 소비자의 모순적 입장을 살아가는 현대인들의 사유와 생활방식은 바뀌지 않으면 안 된다. 지구의 총체적 환경자원은 영구적 성장을 원천적으로 불가능하게 한다. 생산자로서 이윤의 극대화를 도모하면서 공해에 허용적인 듯한 태도와 소비자로서 맑은 공기와 땅과 물을 원하면서, 자신의 집에서 멀리 떨어진 안전한 곳에 공장과 쓰레기장이 있기를 바라는 태도는 변화되지 않으면 안 된다. 그것은 자급적(또는 생존적) 세계관으로의 변화를 필요로 하며, '자본주의 시장경제로부터의 강제적인 단절'을 자발적인 사회경제적, 정치문화적 전략으로 대체함으로써 자립적 사회의 건설, 재농촌화의 필요성, 참여민주주의, 지역 간 협력 등 비착취적이고 비식민적이며 비가부장적 사회의 실현을 위한 새로운 비전을 제시해야 한다고 본다.

이와 같은 태도는 핵전쟁의 위협과 인간 소외 문제의 해결에 대해서도 생태여성주의가 이론적으로 실천적으로 적극적인 입장을 취하고 있는 것을 반증하는 것으로 볼 수 있을 것이다. 생태여성주의가 원자력 발전소와 핵폐기물 투여 반대 운동 등에서 보인 입장은 이론과 실천을 강조하는 생태여성주의의 진면목을 나타내고 있다. 또한 생태여성주의의 소외에 대한 태도도 이러한 관점의 연장선상에 있음을 알 수 있다. 생태여성주의에서는 기존의 가부장적 자본주의 구조로부터 부당하게 착취당했던 여성, 자연, 이민족들은 자급적, 생존적 관점에 입각하여 생활환경의 보전을 위한 집단적 투쟁을 통하여 존재의 의미를 찾아내면서 집단적 정체성을 확실하게 지닐 수 있어야 한다고 주장한다.

이러한 점들을 종합적으로 고찰한다면 생태여성주의의 패러다임이 21세기의 지속가능성의 시대에 큰 역할을 할 수 있을 것으로 기대된다. 다만 생태여성주의 패러다임의 특성이 운동으로부터 시작된 만큼 세계적인 운동으로 성장하기 위한 전략의 개발이 중요하다고 하겠다.

2) 영성과 지속가능성

　21세기에도 지속되고 있는 전 세기로부터의 연장선상에 세계화-정보화-지방화의 패러다임이 있다는 것은 이미 언급한 바와 같다. 우리가 주목하고자 하는 것은 이것이 현실사회주의의 몰락으로 인하여 거칠 것 없이 팽창하고 있는 물질주의적 세계화라는 사실이다. 물질주의의 세계화는 생태여성주의에서도 반대하는 관점을 취한다고 볼 수 있다. 여성과 자연에 대한 정복과 지배를 반대해 온 생태여성주의 시각에서는 이른바 영성의 문제, 또는 대지, 여신의 부활 등 인간의 온전한 신성을 개발하여 어머니인 대지, 또는 자연의 보존과 그것이 인간들에 미치는 영적 향상을 중시하고 있다(김정희, 1998: 13~18).

　그 이유는 결국 자본주의나 가부장제와 같은 인간의 이기심과 폭력에 기초한 제도는 인간의 마음을 이타주의로 재사회화시키거나 교육을 통하여 내면적 통제를 도모하지 않는 한 그 효과가 없다고 판단하기 때문이다. 중요한 것은 영성을 강조하는 생태여성주의가 모든 인간의 도덕적 향상을 목표로 하고 있다는 것이다. 이들에게 있어서 영성은 참 존재, 깨달은 존재, 정신적으로 진화한 신인간형을 의미한다고 하겠다. 이러한 신인류가 필요한 이유는 무엇일까?

　그것을 지속가능성의 패러다임에서 볼 때 환경문제의 해결은 모든 사람의 도덕성이 향상되지 않으면 해결될 수 없는 성격을 지녔기 때문이다. 많은 사람들은 여전히 님비(not in my backyard)현상에 머물러 모든 혐오시설이 필요하기는 하지만 자기 뒷마당에 들어서는 것은 반대하는 이기적 입장을 취하고 있다. 미국인의 생활기준을 중심으로 지구 상에서 살 수 있는 가장 적당한 인구의 수는 5억이다(Cuomo,

1994: 12). 그러나 이것도 다른 생물들은 고려하지 않은 것이다. 이러한 한계 속에서는 공해문제는 단순히 환경적 가치관의 변화만을 시도하는 것으로는 충분치 않다. 보다 더 깊은 종교적 체험과도 유사한 정도의 헌신과 신념이 필요한 문제라고 하지 않을 수 없다.

가치관의 변화라는 용어를 수용한다 해도 '근본적인 가치관의 변화'라는 말을 써야 할 것이다. 환경문제는 인간의 이기심을 그대로 두고는 해결될 수 없다. 모든 사람의 뒷마당에 혐오시설 자체가 들어서지 않도록 되어야 하며, 그렇게 되자면 모든 성장의 패러다임은 환경의 패러다임으로 바뀌지 않으면 안 된다(Milbraith, 2001: 219). 쓰레기를 아무 데나 버려서는 안 된다는 지식은 혼자 있을 때도 바로 행동으로 옮겨질 수 있는 인격의 변화가 필요하며 그것은 모든 사람들의 도덕심이 한 단계 더 발전한다는 것을 전제로 하는 것이다.

사실상 생태여성주의에서 영성을 강조하는 입장은 다분히 부계사회 이전에 존재했던 모계사회의 안정과 평화와 보살핌의 가치와 관련되는 것이며, 자연이 살아 있는 그대로 모든 생물체의 생존 조건을 충족시켜주는 상호성과 연대, 공유와 돌봄, 개인의 존중과 전체에 대한 책임 등이 안정적인 인간관계에서 이루어지기를 목표로 한다. 이런 새로운 진화된 인류의 출현을 강조하는 입장이 지속가능한 미래의 대안이 될 수 있을 것이다.

5. 결론

이 글에서는 21세기의 패러다임이 20세기의 한계를 극복하고 새로운 미래를 예비할 수 있는 내용을 지니는 것으로 보았다. 그러나 21

세기가 20세기와 뚝 떨어져서 존재하는 것은 아니다. 그런 면에서 20세기의 연장선상에서 새로운 패러다임의 변화가 일어나는 측면과 동시에 그것과는 전혀 다른 20세기 문제의 극복이라는 차원에서의 패러다임의 변화가 있을 수 있는 것이다. 그것을 일컬어 전자는 '세계화–정보화–지방화'의 패러다임, 그리고 후자는 '지속가능한 개발'의 패러다임이라 한 것이다.

그 둘은 서로 다른 지향성을 가진다. 첫째로 세계화–정보화–지방화의 패러다임이란 컴퓨터 혁명으로 전 세계가 시간적 공간적으로 압축됨으로써 국경의 의미가 상대적으로 약화되며 세계가 일일생활권화됨에 따라 세계인의 정보교환과 상호작용이 폭발적으로 증가하면서 지방의 자율성과 의미가 강조되는 가운데 공통의 지구문화(global culture)를 형성하여 가는 과정인 것이다. 이것은 기본적으로 근대화의 패러다임과 연결되는 성장주의를 포기하지 않고 있다. 다만 그러한 문제의 해결 역시 과학적 합리주의로 극복할 수 있다고 보는 것이다.

둘째, 세계화–정보화–지방화의 패러다임이 컴퓨터 혁명에 의한 세계 사회 전반의 변화를 지칭하는 것이라면 '지속가능한 개발'의 패러다임은 환경문제를 의식하고 이를 해결해야만 인류의 미래를 보장할 수 있다는 강력한 함의를 지닌다. 따라서 지속가능한 개발의 패러다임은 현재의 환경문제를 해결하기 위하여 성장 위주의 개발을 중지하고 자연 순환적 개발을 정치·경제·사회적 합의에 따라 이루어 내는 것을 의미한다고 할 수 있겠다.

생태여성주의는 이러한 지속가능한 개발의 패러다임과 밀접한 관련을 가진다. 생태여성주의는 자연 생태계의 복원을 주장하는 생태주의와 남성들보다는 본질적으로 더 자연 친화적이라고 볼 수 있는 여성들이 환경운동에 더 선택적 친화력을 가진다는 여성주의적 시각이 결합한 결과이다. 생태여성주의가 더 보편적인 환경이데올로기로서의 특성을 갖추어 나간다면 향후 지속가능한 개발의 패러다임 내에서 생태여성주의가 차지하는 비중이 훨씬 더 커질 가능성이 있다.

그러나 이글에서는 결론적으로 이러한 생태여성주의의 전망이 현실적으로 그렇게 밝지만은 않다는 점을 지적하고, 그와 같은 문제점을 해결하기 위한 다른 모든 유사한 세계 사회운동 단체들의 역량을 한데 모아야 한다는 점을 강조하고자 한다. 그것은 지속가능한 사회의 새로운 패러다임을 강조하는 밀브레이스(Milbraith)가 세계정부의 가능성을 아쉬워하는 것과 맥락을 같이 한다. 아무리 세계화가 진행되면서 하나로서의 지구문화가 형성되어간다고는 하지만, 그리고 국가의 경계가 약화되어 지방과 지방의 국제적 연계가 강화되어간다고는 하지만 여전히 우리 시대의 국가는 막강한 영향력을 보지하고 있다. 아직도 국가의 정책적 결정은 여전히 성장주의적 패러다임을 벗어나지 못하고 있으며 여전히 국방이라는 미명하에 핵무기를 비롯한 재래식 무기의 확보에 혈안이 되고 있으며 세계 치안 유지 차원에서 미국의 영향력은 더욱 막강해지고 있다.

세계 최대의 공해배출국인 미국이 환경 관련 조약에 소극적인 것은 이미 잘 알려진 사실이다. 그러니 다른 나라들에게서 한층 더 높은 도덕적 차원의 정치적 결단을 기대한다는 것이 현실적으로 어려운 과제로 등장하고 있는 것이다.

세계사회의 복지수준을 비교하여 적정한 세계 복지의 실현을 주장하는 미쉬라(Mishra)의 견해도 당장의 세계정부를 대신하는 UN이나 세계적인 GO나 NGO의 활약에 기대하는 수밖에 없음을 토로하고 있는 실정이다(Mishra, 1997).

그러나 그렇다고 하여 생태여성주의를 비롯한 지속가능한 사회의 실현을 위한 세계적인 노력을 포기할 수는 없는 노릇이다. 인간의 생각이 바뀌면 가치관도 바뀌고 행동도 바뀌며, 나아가 정당도 정책도 바뀔 수 있는 것이다. 특히 생태여성주의는 이제까지의 남성 위주의 과학만능, 물질만능의 자본주의 사회가 나타낸 문제점들을 근원적으로 해결할 수 있는 가치와 철학을 주장하고 있고 무엇보다도 이것이 현실적인 여성운동과 환경운동으로부터 비롯되었다는 장점을 가지고 있는 듯하다. 21세기의 패러다임으로서 기대해볼 만하다.

제20장 생태와 불교복지[1]

1. 서론

최근 들어 불교와 복지의 만남이 실천적으로뿐만 아니라 이론적으로도 확대되어 가고 있어 바람직한 현상이라 할 수 있다. 우리나라는 사회복지가 6·25전쟁 이후 고아와 미망인, 상이군인 등을 구호하기 위한 미국의 선교단체들로부터 사회사업이란 이름으로 소개되었기 때문에 불교와의 만남은 다소 낯선 것이었다고도 할 수 있다.

그러나 실제로 많은 구호사업이 이미 불교의 각 사찰에서 이루어지고 있었던 것도 사실이다. 다만 그것이 조직화된 구조와 학문적 활동으로 드러나지 않았기 때문에 일반에 널리 알려지지 않았던 것이다. 전통적으로 불교의 각 사찰에서는 갈 곳 없는 노인이나 아동, 부녀자 등을 거두어 부처의 길로 인도하는 교화사업을 해 왔으며 그것이 오늘날의 사회사업과 흡사한 것임을 알 수 있는 것이다.

불교는 삼국시대와 신라시대를 거쳐 고려시대에 와서 더욱 융성하였으며 불교의 기본 정신인 자비사상은 우리 국민의 의식구조에 뿌

---

1) 이 글은 2009년에 학지사에서 나온 『불교복지, 행복과 대화하다』에 실렸던 것을 약간 수정한 것이다. 불교가 지닌 생태적 측면과 복지적 측면을 부각시켰다. 환경복지국가의 기본 방향과 같다.

리를 내려 우리나라 구제사업에 큰 영향을 주었다. 하상락에 의하면 자(慈)는 백성에게 낙(樂)을 주는 것이고 비(悲)는 백성의 고생을 더는 것을 말한다. 이와 같은 이유로 불도들에 의한 구빈(救貧), 시료(施療) 및 고아보호와 양로사업이 성행하였다. 특히 고려 태조 이래로 역대 군주가 불교의 자비심에 입각하여 선정을 베풀게 됨으로써 구제 사업은 더 확장되고 제도화된 바 있다(하상락, 1993: 47). 위와 같은 전통적 구제 사업은 조선조에도 지속되었다. 다만 숭유억불 정책으로 어려움은 있었으며, 일제 강점기를 거치고 6·25전쟁을 거쳐 미국의 도움을 받게 되면서 구제사업도 미국식 사회사업으로 전개되게 되었다.[2]

1990년대에 들어와서 조계종의 종단 개혁 바람이 불어오면서 1사찰 1복지관 운동이 시작되고 실제로 불교와 복지의 만남이 이루어지기 시작했다. 그동안 불교계 사회복지시설 및 법인, 단체 600여 개, 불교계에 종사하는 사회복지실천가 7,000여 명, 대한불교조계종 자원봉사자 20,000여 명으로 추산되고 있는 것으로 보아 실제로 다른 종단의 복지 관련 종사자들까지 합산한다면 이보다 더 많을 것으로 생각한다. 그만큼 현실적으로 불교 사회복지의 수요도 많아지게 되었고, 드디어는 조계종에서 불교사회복지연구소를 설립하고 많은 연구를 진행하게 된 것이다. 특히 불교사회복지연구소 주관으로 개최되는 '불교와 복지 아카데미' 프로그램은 그동안 드러났던 불교와 미국식 사회사업의 특성 간에 있을 수 있는 간극을 해소하고자 하는 의도로 기획된 의미 있는 행사라고 생각된다.

---

2) 그러나 우리나라에 미국 선교사들에 의하여 소개된 사회사업은 1985년을 전후하여 사회복지라는 용어로 바뀌게 되었다. 1980년에 등장한 전두환 정권은 민주·정의·복지 사회를 지향함으로써 사회복지에 대한 관심을 고조시켰으며 드디어는 서울대학부터 사회사업학과에서 사회복지학과로 개명을 하기 시작하여 오늘날에는 모든 대학들이 사회복지학과라는 용어를 사용하고 있다.

그러한 행사의 일환으로 필자가 담당한 부분에는 '대안 복지로서의 불교'라는 제목과 부제로서 '생태와 불교 복지의 만남'이라는 것이 붙어 있다. 이 주제는 사람에 따라서는 다소 이해하기가 어려울 수도 있다고 생각한다. 그 이유는 복지를 대안으로 볼 수 있는 여지가 불교에 많이 있다면 그것은 무엇인가 하는 물음과 동시에, 생태와 불교 복지를 연결시킬 수 있는 지점은 무엇인가를 묻고 있기 때문인 것으로 풀이된다. 그러나 이를 단순화시켜 이해한다면 결국 생태와 불교와 복지의 관계는 어떤 것인가를 묻고 있는 것이라 하겠다. 또는 생태적 불교복지는 대안적 복지로서의 불교를 더욱 시대적 조류인 생태에 맞게 발전시키고자 하는 기대도 실려 있다고 볼 수 있다. 이러한 여러 가지 수사에도 불구하고 우리의 출발점은 분명히 하는 것이 좋을 것 같다. 즉 불교란 무엇인가, 생태란 것은 무엇인가, 그리고 복지란 무엇인가를 차례로 고찰해보고 그들 간의 관련성을 확인해보는 작업을 통해서 불교적 생태복지의 의미와 특성을 이해할 수 있다고 보는 것이다. 이를 고찰해가는 동안에 불교와 미국식 사회복지 간의 어색함도 해소될 수 있을 것으로 보며, 결국 생태를 통하여 불교와 복지 간의 자연스러운 만남을 시도해보는 작업이 될 것이다.

2. 불교란 무엇인가?

1) 깨달음의 종교

불교가 무엇인가에 대한 정의는 논자에 따라 종교를 어떻게 정의하는가에 의하여 여러 가지로 달라질 수 있다. 예컨대 종교에 대한 정의를 삶과 죽음의 문제에 대한 해답을 제시해주는 것으로 정의하는 사람과 종교를 유일신이 있는가 없는가에 따라서 정의하는 사람은 불교에 대한 정의가 다를 수밖에 없다. 전자의 경우는 거의 모든 종교를 포괄한다면, 후자의 경우에는 불교는 종교라기보다는 철학이라고 강변하는 경향이 있다. 그러나 일반적으로 21세기의 종교는 모든 종교를 인정하는 종교다원주의의 경향으로 나아가고 있는 것 같다(류성민, 2000: 233~248). 말하자면 교향악단 내 다양한 악기들의 조화처럼 각 종교전통들의 음색, 멜로디, 리듬의 특성이 마음껏 발휘되면서 더 높은 차원의 화음을 이루어내는 방향으로 수렴되는 것처럼 보인다. 동양과 서양의 만남이 일시적으로는 문화 갈등과 불협화음을 낼 수는 있지만 궁극적으로는 문화변용을 통하여 하나의 조화를 연출해낼 수 있는 것처럼 종교도 그러하다고 할 수 있다.

그렇다면 불교는 어떤 종교인가? 필자는 불교를 '깨달음의 종교'라고 생각하는 관점에 동의한다. 무엇보다도 불교의 시조이신 석가모니 부처님께서는 29세에 왕자의 자리를 버리고 카필라 성을 나와서 5년간 여러 가지 고행을 통하여 생로병사의 문제를 해결해보려 했으나 결국은 육체를 괴롭히는 일도 육체에 집착하는 것이라는 생각을 하게 되고, 보리수나무 아래서 일주일 동안 사즉생(死卽生)의 깊은 명상을 통하여 중도의 깨달음을 얻었던 것이다. 이것은 마음의 안녕과 함께 세상의 모든 이치를 한꺼번에 깨우쳐 영원히 의문이 사라졌다는 것을 뜻하며, 동시에 몸과 마음이 편안하여 모든 욕심이 사라졌다는 뜻도 될 것이다. 부처님의 깨달음의 경지를 어찌 헤아릴 수 있겠냐마는 적어도 깨달음이란 자신의 내면을 깊이 성찰하는 가운데 자아가 우주만큼 확대되어 자아와 우주가 동일시되는 경지에 들어서는 것이 아닐까 생각한다. 거기엔 이미 자아가 없는 것이어서 자타일체, 우아일체의 경지가 되는 것이라 하겠다. 그것을 깨닫고 그렇게 현실적으로도 되기 위하여 열심히 수행해 나가야 된다는 것이 돈오점수일 것이고, 그렇게 깨닫는 순간 그렇게 된다는 것이 돈오돈수일 것이다. 둘 중 어느 것이 맞느냐의 문제로 골치를 썩이기보다는 아마도 일반인 다수가 돈오점수의 길을 가는 것이라면, 뛰어난 소수가 돈오돈수의 길을 가는 것이라고 볼 수도 있을 것이다. 어쨌든 불교는 깨달음의 종교이다. 내가 없다는 것, 나의 본질은 우주와 닿아 있다는 것, 나는 우주와 하나라는 것을 깨닫는 것이 중요하다.

그래서 불교는 각자(覺者)의 종교이다.

2) 수행의 종교

불교는 또한 수행의 종교이다. 돈오점수든 돈오돈수든 간에 불자들은 불교에서 정한 수행 방법을 통해서 스스로의 껍질을 깨나가면서 자신의 인격을 성숙하게 하고 드디어는 안심입명의 경지에서 완전 원만한 해탈의 길을 갈 수 있다고 믿고 그 길을 수행해가는 것이라 하겠다.

왜 수행을 하는가? 인격의 완성은 물론, 그 완성의 자리에서 해탈을 함으로써 생로병사의 이 세상 고통을 벗어나서 영원한 열반에 이르고자 하기 때문이다. 불자들의 수행이나 난행고행은 스스로 경전을 읽거나 염불을 하거나 좌선이나 기도 내지는 용맹정진을 통해서 상대의 세계를 극복하여 절대의 세계를 지향하는 특성을 지닌다고 할 수 있다. 그러나 인간은 상대적 존재이다. 절대를 지향한다고 하여도 상대의 세계를 벗어날 수 없는 모순적 속성을 지니고 있다. 그러나 모순은 수행을 통해서 극복할 수 있다. 몸과 마음이 하나가 되는 수행을 하는 것이 그 길이다. 석가모니 부처님은 그러한 모순을 깨뜨리고 해탈의 길이 가능하다는 것을 몸소 보여주었고 불교는 그것을 믿고 따라가는 수행자들로 이루어져 있는 집단인 것이다.

싯다르타가 출가하고 얼마 되지 않아 마가다 나라의 수도인 라자가하 성에 머물 때 빔비사라 왕이 찾아와 무슨 목적으로 출가를 하였는가 물은 적이 있다. 싯다르타는 생로병사를 벗어나 자신과 이웃을 구하기 위해서라고 대답한다. 그것을 이룰 수 있겠는가 하는 왕의 반문에 대하여 싯다르타는 조용히 "되고 안 되고는 해보지 않고는 모릅니다. 저는 그것을 알기까지는 죽어도 물러서지 않을 각오입니다"라고 말한다(조계종, 1972: 31). 오직 죽음까지도 각오한 행을 통해서만 모순을 극복할 수 있다.

이러한 의미에서 불교는 행자(行者)의 종교라 할 수 있다.

3) 보시의 종교

깨달음과 수행과 더불어 또 하나 불교의 중요한 특성은 보시에 있다. 금강경에 무주상 보시(無住相 布施)의 복덕이 무량하다는 내용이 있다. 상에 의거하지 않는 보시, 즉 도와준다는 생색을 내지 않는 보시야말로 그 복덕이 무한하다는 뜻이다. 우리는 흔히 주위에서 내가 누구를 도와주었는데 그가 은혜를 모르고 배신했다든지 하여 원망하거나 생색을 내는 소리를 듣는다. 그러나 그러한 생색내기 보시는 아무 의미가 없다는 것이다. 생색을 내는 순간 복을 까먹게 되어 있다는 뜻이다. 그러므로 무주상 보시란 오른손이 하는 일을 왼손이 모르게 하라는 성경의 말씀과도 통하는 것이다. 남을 도와줄 때 대가를 바라고 해서는 안 된다는 교훈을 주고 있는 것이 부처님의 가르침이며, 이것이 바로 복지의 의미와도 상통하는 것이다. 불교는 보시의 종교이며 복지의 종교이다. 그러한 보시는 어떻게 가능할까? 필자의 생각으로는 다음의 세 가지 불교적 복지의 의미를 실현할 때 가능하다고 본다. 욕심을 버리고 이웃과 함께 나누면서 생명을 존중하는 복지사상이 바로 불교의 복지사상이라 할 만하다.

이를 일러 시자(施者)의 종교라 할 만하다.

(1) 욕심을 버리는 복지: 우선 무주상 보시는 욕심을 버리는 데서부터 시작된다고 볼 수 있다. 인간의 모든 불행은 자기에게 주어진 것에 감사하지 않고 분수를 지나쳐 욕심을 내는 데서부터 시작된다고 볼 수 있다. 그러므로 자신이 필요 이상으로 욕심을 내지 않을 때 비로소 세상의 불행한 사람들, 부족한 사람들에게 시선을 돌릴 수 있는 여유가 생기며 스스로도 안분지족의 현인이 될 수 있는 것이다.

어느 학자에 의하면 행복은 욕망 분의 충족(행복=충족/욕망)이라는 공식에 의해서 설명이 가능하다고 한다. 즉 행복은 욕망이라는 분모를 줄이거나, 또는 충족이라는 분자를 늘리면 커질 수 있다는 뜻이다. 전통적으로 서구인들의 행복은 충족이라는 분자를 극대화시키는 방법으로 행복을 추구해 왔다. 즉 서구인들은 과학을 발전시켜 끊임없이 물질적 부를 축적함으로써 충족을 확대하는 방법으로 행복을 추구했다는 것이다. 기독교적 적극성, 예컨대 땅끝까지 복음을 전파하라는 교리나 땅 위의 것을 정복하고 지배하라는 성경의 가르침은

서구인들의 경험과학의 발전과 물질적 부의 축적을 극대화하는 방향
과도 잘 맞아떨어졌던 것 같다.

그러나 동양인들은 그와는 반대의 방법을 구사했다고 본다. 즉 동
양에서는 분모인 욕망을 줄이는 방법을 택하였다. 욕심을 버리라는
불교의 가르침이나 무위자연의 사상을 강조한 노장철학, 인(仁)을 강
조한 공자의 가르침은 대체로 욕심을 버림으로써 행복을 극대화하는
방향을 취했던 것으로 해석할 수 있다.

(2) 이웃과 함께 나누는 복지: 욕심을 버리고 나면 이웃과 함께 나
누는 복지가 가능해진다. 불가의 평등은 모든 중생이 다 똑같이 부처
님의 성품을 지니고 있는 평등한 존재라는 데서부터 비롯된다. 본래
는 금강석과 같이 모두가 고귀한 존재인데 단지 업(業)에 따라 때가
끼어 있기 때문에 그것을 잘 닦아내면 부처의 성품과 같이 완전 원만
한 존재가 될 수 있다는 것이다.

상구보리 하화중생(上求菩提 下化衆生)이라는 말은 대승불교의 의미
를 나타내주는 말로 알려져 있다. 위로 진리를 구하고 아래로 중생을
교화한다는 보살도를 지칭하는 이 말은 부처님의 진리를 구하여 널
리 중생을 구제하는 데 쓴다는 형이상학적인 의미이다. 그러나 이것
은 형이상학적인 것만이 아니다. 동시에 배고픈 사람에게 밥 주고 옷
이 없는 사람에게 옷을 주는 것이 중생구제의 본령이다. 이러한 방편
을 쓴 다음에 부처님의 말씀을 들려주어야 진리를 믿을 수 있는 것이
보통 중생의 속성인 것이다. 그러므로 중생구제나 포교의 방편에는
언제나 이웃의 고통을 덜어주기 위하여 가진 것을 이웃과 함께 나눈
다는 복지의 의미가 있는 것이다.

(3) 생명 존중의 복지: 불교에는 불살생의 계가 있다. 모든 생명 있는 것을 죽이는 것을 가장 큰 죄로 규정하고 불상생을 제1의 계로 지키라 한다. 이것은 채식을 기본으로 하는 식생활을 권장하는 것과도 연관이 있으며, 또한 윤회를 인정하여 죄업을 지으면 축생으로도 태어난다고 하는 일련의 교리와도 상통하는 것이라 하겠다.

모든 생명은 저마다 자신의 업에 따라 이 세상에서 또는 저 세상에서 끊임없이 윤회하고 있다. 복지라는 것이 타인에 대한 배려와 존중에 기초하고 있는 것이라면 불교에서 불상생의 계를 지키도록 하고 있는 것은 단순히 다른 사람뿐만 아니라 모든 생명체에게 까지도 배려와 존중을 하고 있는 것으로써 최고의 복지 사상이라고 할 수 있는 것이다.[3]

3. 생태란 무엇인가?

1) 생태학의 정의와 분류

생태와 생태학은 약간 다르다. 여러 가지 용례를 살피건대, 생태는 '날 것', '본래의 상태'라는 뜻이라면 생태학은 그것을 연구하는 학문으로 지속가능성의 패러다임까지를 포괄하는 용어로 이해하는 것이 좋을 듯하다.

생태학이 주목을 받게 된 것은 도시의 발전과 관련이 있다. 시카고 대학의 사회학과에서 도시생태학이란 분야를 개척하면서 도시가 발

---

3) 사실은 불교의 자비는 사람에 대한 배려와 존중을 넘어서 모든 비생명체에게까지도 미치고 있음을 기억할 필요가 있다. 어떻게 보면 다음에 설명할 생태학과 가장 유사한 것이 불교의 근본교리라 할 수도 있겠다.

전해가는 모습이 흡사 하나의 생명을 지닌 유기체와도 같이 생성, 발전, 소멸의 조건을 충족시켜가는 것을 발견하게 된 것이다. 따라서 가장 사람이 살기 좋은 도시란 어떤 조건을 기능적으로 충족시켜야 하는가에 대한 연구가 그 내용이 되었다고 볼 수 있다. 그러한 연구는 크게 보아 인간중심주의적인 내용으로부터 생태중심주의적인 방향으로 바뀌어 가고 있다고 볼 수 있다. 21세기에는 생태주의적 가치의 중요성이 더 커지고 지속가능성의 패러다임이 온 누리에 퍼져가고 있기 때문이다. 그 과정은 다음과 같은 생태학의 발전과정과 맥락을 같이 한다.

인간생태학은 1920년대부터 1960년대까지 나타나 인간과 환경의 관계를 연구했고 1970년대에는 심층생태학이 출현하였으며 1980년대에는 사회생태학으로 발전해 왔다고 볼 수 있다.

먼저 인간생태학(human ecology)이란 무엇인가? 인간생태학은 환경을 자연환경과 사회환경으로 구분하면서 한 지역사회를 구성하는 인구와 학교, 상점, 공장 등과 같은 기능적 단위 간의 상호의존적 관계를 유지하는 사회생태구조를 연구하는 것으로 정의할 수 있다. 즉 인구와 기능적 단위를 나타내는 사회적 변인을 선정하여 사회생태구조와 변동에 대한 경험적 연구를 하는 것이라 하겠다. 여기서 환경문제는 오직 인간을 위한 자연의 변형을 통해서 기술적으로 해결할 수 있다고 본다.

다음으로 심층생태학(deep ecology)에 대하여 살펴보자.4) 1970년대에 환경문제가 범세계적 쟁점으로 대두하게 된 것은 인간생태학의

---

4) 역자에 따라서 근본생태학이라고 번역하기도 한다. 내용상 자연환경이 사회환경보다 근본적이라는 의미를 반영한 것이다.

틀로는 설명되지 않는 환경재앙이 문제로 드러났기 때문이다. 여기서는 자연 그 자체와 생물윤리까지를 포괄하는 차원에서 인간과 환경의 관계를 본다. 즉 심층생태학에서는 인간중심주의(anthropocentrism)와 기술중심주의(technocentrism)가 환경재앙의 발생을 지연시키거나 환경문제로 인한 손실을 한 곳에서 다른 곳으로 옮길 뿐이라고 본다. 따라서 심층생태학은 인간이 인간중심주의와 기술중심주의를 포기하고 생물중심적 평등 규범으로 모든 생명체가 똑같이 생존하고 번창할 권리가 있다는 것을 인정해야 한다고 주장한다. 나아가 물질적 쾌락을 추구하는 이기적 자아를 벗어나 자연과의 합일을 추구하는 영적 성숙을 지향해야 한다고 본다. 자연은 극복의 대상이 아니라 인간해방의 자연섭리를 가르쳐주는 적극적 주체라는 것이다. 인간과 자연 간의 잘못된 관계를 자연 우위의 관계로 보아야 문제가 해결될 수 있다고 보는 것이다.

끝으로 1980년대 초반에는 사회생태학(social ecology)이 등장하여 환경문제의 원인은 인간사회에 내재한 인간관계의 왜곡으로부터 비롯된다고 주장하였다. 북친(Bookchin)은 환경문제가 인간과 인간 간의 왜곡된 관계, 즉 인간의 인간에 대한 지배와 착취가 자연에 대한 지배와 착취로 나타난다고 보았다(노길명 외, 2000: 145~151). 남성의 여성에 대한 지배와 파괴는 여성운동으로, 국가의 인간에 대한 지배와 파괴는 민주화운동으로, 인간의 자연에 대한 지배와 파괴는 생태운동으로 나타나는 것이다. 북친은 자연을 참여적 진화로서의 자연으로 보고, 종들의 자유로운 자기선택에 의한 진화과정 그 자체를 변증법적 진화라 표현하였다. 그리하여 그의 1차 자연은 자신의 내적 동력에 의해 진화하며, 2차 자연은 인간문화전반(제도, 문화, 기술, 상징

언어, 신중한 식품관리 등)에 의해 진화하며, 3차 자연은 자유 자연으로서 2차 자연의 고통을 극복한 생태사회라는 것이다. 이를 일컬어 변증법적 자연주의라고 보았다. 북친의 변증법적 자연주의는 생성으로서의 자연관을 지칭하는 것으로서 존재와 생성, 과정과 목적, 변화와 발전이 연속적 누적적으로 이루어지면서 이분화된 세계를 통합하는 것을 의미하는 것이다. 그것은 변증법적 이성, 즉 '현재 있는 것'과 '현재 있어야 할 것'을 대비시켜 사고하는 능력을 통하여 가능하다. 변증법적 이성은 도구적 이성, 즉 경험된 것들에 대한 추론만을 지향하는 것과 다르다. 그러나 북친은 이러한 도구적 이성을 다 부정하지는 않는다는 면에서 심층생태학과 다른 입장을 취하는 것이다(문순홍, 2006: 119~155).

2) 환경운동

어떤 관점을 취하든지 환경문제는 환경운동을 통해서 극복해 나가려는 시도를 하게 마련이다. 그것은 첫째로 기본적인 환경운동으로 나타난다. 기본적인 환경운동은 우선 당장의 환경오염, 즉 공기, 땅, 물의 오염을 치유하고 정화하며, 또한 그러한 오염을 예방하여 청정한 공기, 땅, 물을 인간이 누릴 수 있도록 노력하는 민간의 사회운동이라 하겠다.

둘째로 환경운동은 자연회복운동으로 표현할 수 있겠다. 이것은 그동안 인간들이 지구상에서 파괴하고 훼손한 자연을 복원함으로써 이 지구상에서 쾌적하게 살 수 있는 환경용량을 회복하고 유지하는 것이다. 그것을 위해서는 물론 현재와 같은 무분별한 개발을 중지하여야 할 것이다. 중국의 쓰촨 성 대지진은 지각변동이 원인이라지만 인근의 대형 댐을 무차별적으로 지었기 때문이다. 최근 중국의 환경 재앙은 상상을 초월하고 있다. 2007년 6월 후난성 둥팅호수 주변에 20억 마리의 쥐떼가 민가와 농작물을 덮쳤는데 이는 주민들이 돈을 벌 목적으로 들쥐의 천적인 뱀을 모조리 잡았기 때문에 생긴 재앙이 었다. 중국 정부가 발표한 자료에 따르면 60%의 지표수는 4급 이하여 서 정화한 뒤에도 마실 수가 없다고 한다. 세계은행의 보고서에 따르 면 매년 중국에서 환경오염으로 75만 명이 조기 사망하고 있다는 것 이다(동아일보, 2007). 이 모든 것이 환경이 감당할 수 있는 자기 정화 능력인 환경용량을 초과하여 무리한 건설을 추진하였기 때문에 생기 는 재앙이다. 자연회복운동은 민간뿐만 아니라 정부나 국제기구의 전 폭적인 노력이 있지 않으면 안 된다.

셋째는 영성운동이다. 환경운동은 종국적으로는 영성회복운동이 되지 않을 수 없는 측면이 있다. 굳이 심층생태학의 관점을 빌리지 않더라도 환경오염의 문제의 치유와 예방, 그리고 자연의 회복, 무분 별한 개발의 중지와 환경용량을 초과하지 않는 발전을 추구하면서도 인류가 이 지구상에서 쾌적한 생존을 누릴 수 있기 위해서는 인간들 스스로가 영적으로 성숙하지 않으면 안 된다는 과제가 있다. 즉 환경 문제는 모든 인간이 양심적으로 지키지 않으면 안 되는 환경규제나 생활상의 규범이 있다. 즉 환경 감시의 눈을 피하여 산에 쓰레기를 마구 버린다든가 비가 많이 올 때 폐수를 흘려보낸다든가 하는 따위 의 일이 있어서는 환경문제를 해결할 수 없기 때문이다. 모든 시민들 이 시민의식을 성숙시켜 자연이 하나의 영적 신성성을 지닌 것이라고 인식하고 자연을 두려워하고 자연의 훼손을 마치 자신의 신체 일부를 도려내는 것과 같이 아프고 두렵게 생각할 수 있어야 하는 것이다.

3) 지속가능성의 패러다임

(1) 지속가능성: 지속가능한 발전에 큰 사회적 의미가 주어진 것은 1987년 유엔 세계환경발전위원회(World Commission on Environment and Development)의 보고서인 '우리 공동의 미래(Our Common Future)'라는 일명 브룬트란트 보고서(Brundtland Report)였다. 동 보고서는 지속가능한 발전이라는 개념을 세계적으로 유행시켰으며 오늘날 모든 국제기관이나 기구, 또는 NGO들이 이 개념을 사용하고 있다. 이 보고서에서 '지속가능한 발전은 미래 세대의 욕구를 충족시킬 수 있는 능력을 손상시키지 않으면서 현세대의 욕구를 충족시킬 수 있는 발전'으로 정의되고 있다. 이 정의는 두 가지 근본적인 원칙을 내세우고 있는데, 하나는 세대 내 형평성과 또 하나는 세대 간 형평성이다. 또한 두 개의 키워드를 중시하는데 그것은 욕구(needs)와 한계(limits)라는 개념이다. 특히 세계 빈민들의 기본적 욕구는 최우선적으로 채워져야 하며, 동시에 자연환경의 한계를 인정하고 현세대의 요구를 중화시켜서 미래 세대와의 형평을 유지해야 한다는 것이다.

또한 동 보고서는 빈곤과 자원의 불평등한 분배는 환경파괴의 중대한 요인이 되고 있음을 밝혔다. 빈민들은 생존을 위하여 무분별한 숲의 개간과 동식물의 남획 등으로 자연환경을 훼손하기 쉬우며, 한편 개도국의 자연자원 수출은 결국 환경파괴를 가속화시킬 가능성이 크다. 결국 이러한 문제의 해결은 부유한 국가들의 소비 패턴이 조정되어야만 가능한 것이라고 본다. 이러한 지속가능한 발전의 패러다임이 갖는 특징은 환경보호라는 전통적 환경주의 논쟁으로부터 그 중심을 이동하여 지속가능성이라는 더욱 복합적이면서 사회경제적이고 환경복지적인 문제로 발전시켰다는 점이다(이태건 외, 2001: 526~527).

브룬트란트 보고서에서 지적되고 있는 바와 같이 빈곤과 불평등한 자원배분이 환경파괴의 원인이 된다는 점은 환경문제와 사회복지의 결합, 즉 환경복지라는 개념의 가능성을 확인시켜주는 근거가 되고 있다. 가난의 극복은 곧 소외나 사회적 배제의 극복과 통하며 이를 극복하기 위한 사회복지의 보장은 바로 환경문제의 예방이며 동시에 치유와 연결될 수 있는 것이다.

1992년 브라질의 리우데자네이루에서 개최된 지구정상(Earth Summit)회담은 이러한 지속가능한 발전의 개념이 '환경적으로 건전하고 지속가능한 발전'이라는 개념으로 규정하면서 전 세계적인 확산을 가능하게 하였다. 176개국의 대표들이 만나서 서명한 지속가능한 발전은 세계의 빈곤과 환경 위기의 도전을 극복하기 위한 것이었다(Cahill, 2002: 19). 이 역시 빈민들의 사회복지적 기본 욕구의 수준을 충족시켜주는 것이 환경문제의 해결과 예방에 도움이 된다는 측면을 확인시켜주고 있는 것이라 하겠다. 지속가능성의 패러다임이 확대되면서 사회복지와의 관련성이 깊어짐을 알 수 있다.

지속가능성의 패러다임은 인간중심주의에서 생태중심주의(ecocentrism)로의 이동과 지구의 생태학적 성장의 한계를 전제로 하는 개념이다. 인간중심주의에서 한 걸음 더 나아간 생태중심주의는 모든 생물과 무생물까지도 내재적 가치를 지니는 존재로서 전 우주를 하나의 생명체로 보는 입장까지를 포함한다. 인간중심주의가 환경에 대한 관리적 기술중심적 성격을 지니는 것이라면 생태중심주의는 환경과 관련된 사회적·정치적 생활양식에 있어서 근본적인 변화를 주장한다(Carter, 2001: 14~18). 지구는 유한하며 지속적인 경제성장만을 추구할 때 인간의 욕구가 극대화되지는 않는다는 것이다. 그러므로 소비 중심의 사회를 지속가능성의 패러다임이 지배하는 사회로 바꾸어야 한다. 무한정의 경제성장이란 관념을 추구하는 것을 포기하거나 상당 부분 늦추는 것도 필요하며, 세계적인 차원에서 인구증가를 통제할 필요도 있다고 본다(정용화 역, 1993: 26~33). 요컨대 지속가능한 사회는 자원토대의 구속을 받아들이는 사회이다.

(2) 불교경제학: 불교경제학을 가장 잘 표현해주는 말은 슈마허(Schmacher)의 '작은 것이 아름답다'는 책의 제목이다. 미얀마와 인도에서의 삶이 슈마허에게 미친 영향에 바탕을 두고 있는 불교경제학은 작은 것이 좋은 이유를 설명한 책이다. 작은 것이 아름다운 이유는 작은 것이 가장 인간적이기 때문일 것이다. 즉 통제가능한 작은 것은 인류의 생존을 위협하지는 않는다. 그러나 통제할 수 없는 경제적, 환경적 문제는 인류의 파멸을 초래할 가능성이 높다는 것이다.

일반적으로 생태론에 기여한 슈마허의 논지는 적정기술론으로 알려져 있다. 그는 적정기술을 사용한 역동적 개발을 통하여 환경문제에 대비하여야 한다고 주장한다. 역동적 개발은, 첫째, 현 세계가 갖고 있는 경제성장에 대한 신념과 서구형 발전 정책은 불가능한 환상이라는 점, 둘째, 이러한 발전 전략에 따른 개도국의 근대와 비근대라는 이분법적 논리는 현실적으로 실패했다는 점, 셋째, 대도시로의 대량 이주와 대량 실업은 상호파괴적이라는 점, 넷째, 가난한 자들에게 무형의 지식(교육, 조직, 규율)을 원조하고, 지역에 적정한 기술을 활용한 정책이 필요하며, 다섯째, 이를 위한 국가 단위와 초국가 단위의 행동 프로그램이 마련되어야 한다는 주장을 하였다. '역동적 개발'이라는 개념은 나중에 '경제적으로 건강하고 지속가능한 개발(ESSD: economically sound and sustainable development)'의 기원이 되었다.

불교경제학은 아담 스미스의 고전경제학이 경제행위에서 자연과 단절되어 있으며, 다른 영역과도 분리된 부분적인 앎에 기반하고 있다고 비판한다. 현대 경제학은 새로운 경제학으로 대체되어야 하는데 이러한 경제학은 세 가지 원칙을 지켜야 한다. 첫째, 전일성의 원칙, 즉 경제학이 초경제학이라 할 정도의 통합성을 지녀야 한다는 것이다. 즉 경제학이 독립된 자율성을 가진 학문이어서는 안 되며, 인간 간 행위 영역과 동시에 인간과 자연 간 행위 영역을 다루어야 한다고 주장한다. 경제학의 목적은 인간 연구에서 도출되지만, 그 방법론의 주요 부분은 자연 연구에서 도출되어야 한다는 것이다. 둘째, 새로운 경제학이 지켜야 하는 것은 비폭력성, 즉 평화적 원칙이다. 모든 종의 평화를 중심 가치로 하고 이를 과학 기술에 적용하자면, 적정 규모의 자본, 친 생태성, 그리고 친 문화성이라는 세 가지 조건에 기반을 둔 기술이어야 한다. 이러한 기술은 생산과 소비가 간략하고 단순할 수밖에 없다. 셋째, 새로운 대안적 경제학은 일에 대한 가치관을 변화시켜야 한다. 이 말은 노동이란 일을 통해 인간성을 실현하는 것이라는 뜻이다. 일을 통해 능력 개발의 기회를 갖고, 공동작업을 통해 자기중심성을 극복하며, 일을 통해 실존에 필요한 재화와 서비스를 생산한다는 말이다.

요컨대 새로운 경제학은 경제 계획의 방향을 생산의 극대화나 이윤의 극대화에 맞추지 않고, 어떻게 하면 지역민들이 완전 고용 상태를 유지할 수 있을 것인지에 맞춘다. 그러하기 위하여 적정 생산, 적정 소비를 기본으로 하며 지역 자원의 사용을 선호한다. 이러한 새 경제학을 슈마허는 평화의 경제학, 예지의 경제학, 그리고 불교 경제학이라 불렀다(문순홍: 105~109).

4. 사회복지란 무엇인가?

1) 빈곤복지

사회복지란 용어는 사회와 복지의 혼합어이다. 사회라는 수식이 붙는 이유는 복지가 개인적 차원의 것이 아님을 나타내는 말이기도 하거니와 설사 개인적 차원의 복지가 있다 하더라도 그것이 본질적으로는 사회적임을 의미하는 것이다. '사람 人(인)'이라는 한자가 두 사람이 서로 기대고 있는 모습을 나타낸 것을 보면 인간은 혼자서는 존재할 수도 없으며 아무 의미도 없는 존재임을 알 수 있는 것이다. 만약 이 세상에 다른 인간이 아무도 없고 오직 자기만 있다고 생각해 보라. 그 누가 나의 존재 의미를 인간답게 할 수 있을 것인가? 사람은 사람과 더불어 존재할 때 사람일 수 있다. 그러므로 사람은 둘이 아니라(不二) 하나인 것이다. 그러므로 '사회복지는 곧 인간의 복지인 것이며 인간이 행복하게 몸과 마음의 건강과 평안을 누릴 수 있는 상호부조의 방법이자 제도'라 할 수 있겠다.

인류의 사회복지발달사를 살펴보면 사회복지는 빈곤문제를 해결하여 복지에 이르는 길을 발견해내는 일부터 시작되었음을 확인할 수 있다. 이는 고대 농업사회인 동서양에 공통되는 것이다. 주로 자연

재해로 인한 것이긴 하였지만 이웃이 굶고 있을 때 사람이 서로 돕는 것은 인지상정이다. 이웃이 불행할 때 혼자 행복할 수는 없다. 영국의 엘리자베스 여왕 시절에 만들어진 구빈법(1601)은 이웃의 빈곤이 사회적 문제가 됨을 방치할 수 없다는 국가적 인식의 출발이었다. 물론 교구를 중심으로 하는 지방정부 차원의 구호와 구호에 따르는 낙인의 문제가 심각하기는 하였지만 이를 빈곤복지의 출발로 보아도 무방할 것이다. 우리나라는 삼국시대부터 고려와 조선을 거치는 동안에도 환과고독(鰥寡孤獨)이라 하여 홀아비, 과부, 고아, 늙은이를 불쌍히 여기고 국가가 구호하는 제도가 있었다. 오히려 우리나라에서는 낙인이 수반되지 않는 인간적인 빈곤 복지가 있었다고 할 수 있다. 즉 왕이 백성들의 빈곤의 책임을 스스로 부덕한 소치로 돌리고 삼가고 근신하며 곡간을 풀어 백성들을 구호했던 것으로 빈곤이 빈민의 탓이라는 낙인이 존재하지 않았다.

2) 산업복지

공업의 발달과 함께 찾아온 산업사회에서는 도시로 몰려든 많은 인구 중에 직업을 구하지 못한 사람들이나 실직한 빈곤자들이 끊이지 않았다. 티트머스(Titmuss)는 이들이 인위적인 사회의 발전 과정에서 낙오한 사람들이거나 또는 개인의 능력과는 상관없이 자본주의 제도에 적응하지 못하는 사람들이 다수 발생하게 되었으므로 이들에게는 보상의 원리(compensation principle)가 적용된다고 본다(Titmuss, 1968: 132~133). 물론 개인이 게으르거나 나태하여 빈곤에 빠지는 경우도 있었겠으나 그러한 개인적 요인보다는 산업 사회 자체의 요인이 더 컸다고 보는 것이다. 산업사회의 등장으로 인하여 농촌에서 아무 문제없이 자연과 더불어 잘살던 사람들이 도시계획이나 도로의 발달, 댐의 건설 등으로 인하여 도시로 내몰리고 그중에서 도시의 빈민으로 전락한 사람들이 산업복지의 대상이 되는 것이다.

산업복지는 대체로 빈민을 대상으로 하여 국가가 이들에게 최저생활을 보장해주는 방향으로 발전되었다고 할 수 있다. 공공복지의 등장이 바로 그것으로 국가가 누진세 등으로 거둬들인 정부 예산으로 빈민의 최저생활을 보장해준다. 우리나라의 경우 국민기초생활보장법이 그것이며, 여러 선진복지국가에서 시행되고 있는 사회 부조나 각종 수당제도가 그것이라 하겠다. 나아가 각종 사회보험제도의 발전도 그와 같이 일반 국민들의 각종 사고나 사회적 위험으로부터 보호하여 빈곤의 나락으로 떨어지는 것을 방지하고자 하는 것을 목적으로 하였다. 예컨대 의료보험은 각종 질병으로부터의 보호, 산재보험은 각종 산업재해로부터 노동자를 보호하고자 하는 것이었으며, 각종 노령연금도 정년퇴임으로 인한 소득의 중단이 가져올 수 있는 노년의 빈곤에 대처하기 위한 것이었다. 아울러 사회적 약자들이라 할 수 있는 아동, 청소년, 노인, 장애인에 대한 정부의 각종 사회복지서비스 정책이나 민간의 복지사업도 모든 국민들의 복지가 요람에서 무덤까지라는 복지국가의 근본 목적에 맞는 것이다. 이 모든 것이 제2차 세계대전 이후 1945년부터 1975년까지 발전한 '복지국가의 황금기' 동안에 이루어졌다고 볼 수 있다(최경구, 1993a).

그러나 이러한 복지국가의 전성기는 1973년과 1979년의 석유위기로 인하여 선진복지국가들의 경제성장이 멈추게 됨에 따라 복지비를 삭감하고 복지제도를 정비하여 비효율과 낭비를 정리하는 방향으로 복지국가의 조정기를 거치게 되었다. 그것은 복지국가의 위기와 관련된 논의들로부터 새로운 복지국가의 대안을 찾는 노력으로 나타나게 되는 데, 이른바 신자유주의의 등장이 그것이다. 신자유주의는 작고 효율적인 정부를 지향하여 정부의 예산을 감축하고 세금을 내리고 기업들로 하여금 자유로운 기업활동을 보장하면서 새로운 경제성장을 도모하는 것이다. 그런 과정에서 복지제도의 축소와 복지급여의 삭감과 조정이 이루어진다.[5]

3) 환경복지

환경복지는 이른바 자연환경의 오염을 막고 인간의 생존을 도모하는 일련의 가치와 활동을 지향하는 환경적 복지와 그 방법론적 철학적 입장을 자연과 인간의 관계 복원에서 한 걸음 더 나아가 인간 간의 지배와 파괴의 관계까지를 철폐함으로써 환경문제를 심층적, 근본적으로 해결하고자 하는 사회생태학적 입장까지를 포괄하는 것이라 할 수 있겠다. 자연환경과 사회환경의 동시적 정화가 환경복지의 목표이며, 이를 위하여서는 인류의 도덕적 업그레이드가 필요하다고 보는 것이다.

이것은 빈민구제를 중심으로 하는 전통사회의 빈곤복지 시대를 거치고, 나아가 사회적 약자와 사회적 위험에 처한 자들을 보호하고자 하는 산업복지 시대를 마감하고, 진정한 복지를 위해서는 생태적 환

---

5) 한편 신보수주의는 작고 강한 정부를 표방하는 것으로 워싱턴 컨센서스로 불리는 것과 관련 있는 것으로 미국의 경제 관료와 금융전문가 등이 모여 개발도상국에 대한 지원조건으로 노동시장의 유연성 보장, 관세의 인하, 기업의 구조조정 등의 조건을 개도국 일반에게 제시하면서 사실상 미국 자본주의를 세계로 수출하는 일을 도모한 것을 일컫는 말이다.

경을 보호하고 동시에 인간의 인간에 대한 지배와 착취를 멈추어야한다는 환경복지의 시대가 도래했음을 의미하는 것이다. 환경의 보호는 지속가능한 발전, 즉 자연의 자정능력을 파괴하지 않는 범위 내에서 환경용량을 초과하지 않는 발전만을 추구함으로써 가능하며, 무엇보다도 적극적으로 기존의 경제성장 위주의 발전 전략을 수정하지 않으면 안 된다는 자각 위에서 가능한 것이다. 지역사회의 적정기술과완전 고용, 그리고 적정 수준의 지속가능한 발전만이 허용되는 새로운사회의 경제학과 복지학이 만나는 지점이 환경복지라 할 수 있겠다.

또한 환경복지는 후기 정보화 사회의 사회복지라 할 만하다. 20대80의 사회, 양극화가 주요 사회문제가 된 후기 정보화 사회에서 소수의 풍요와 다중의 빈곤을 넘어 모두의 생존과 번영이 화두가 되는 사회의 복지가 환경복지인 것이다. 다양성이 존중되고 인간적인 가치와자연적인 가치가 혼연일체가 되는 사회, 컴퓨터 혁명이 더 이상 비인간적인 것을 위해 봉사하지 않는 사회의 복지가 환경복지이다. 그것을 위해서는 인류가 도덕적으로 향상될 필요가 있다. 인류의 영성 회복을 통해 이타주의적 가치관이 보편화되고 모두가 양심에 따라 적정기술에 의한 완전고용과 불교경제학에서 강조하는 줄임의 철학을실천할 수 있어야 하는 것이다.

이러한 환경복지는 무엇보다도 객관적 물질적 복지의 추구와는 다소 거리가 있을 수 있다 하겠다. 주관적 정신적 복지의 추구와 오히려 더 관련이 있다고 볼 수 있다. 이미 거론한 바 있지만 욕망을 분모로 하고 충족을 분자로 할 때, 행복이란 욕망분의 충족으로서 행복을극대화하기 위해서는 분모인 욕망을 줄이는 것이 환경복지의 입장에서 볼 때 현명한 선택이 되는 것이다.

5. 불교적 생태복지와 환경복지국가

1) 불교적 생태복지

이제는 지금까지의 논의를 정리할 때다. 우리는 위에서 불교는 깨달음의 종교, 수행의 종교, 보시의 종교라고 보았고, 생태는 사회생태학, 생태적 영성운동, 지속가능성의 패러다임, 그리고 불교경제학을 포괄하며, 복지는 빈곤복지와 산업복지를 거쳐 환경복지 시대에 이르러 객관적 복지보다는 주관적 복지를 중시하는 시대에 이르렀음을 논하였다. 이러한 불교와 생태와 복지의 만남은 필연적인 것이다. 그것은 불교와 생태와 복지의 각각의 요소들 가운데 선택적 친화력이 큰 요소들 간의 연결점을 확인함으로써 알 수 있다. 즉 불교의 깨달음과 수행과 보시는 사회생태학, 생태적 영성, 지속가능성, 불교경제학과 선택적 친화력이 크며, 그것은 또한 환경복지 시대의 주관적 복지와 선택적 친화력이 크다고 할 수 있다. 그리하여 필자는 좀 더 친화력이 큰 요소들 간의 인과관계를 중심으로 불교적 생태복지를 다음과 같이 정의할 수 있다고 본다. 즉 불교적 생태복지는 깨달음과 나눔을 중심으로 자연생명의 평화적 공존과 번영을 추구함으로써 인간의 주관적 복지, 즉 행복을 도모하는 것이라 할 수 있겠다.

'깨달음과 나눔'은 수행의 의미를 이미 담고 있는 것으로 간주한 것이다. '자연생명의 평화적 공존과 번영'은 인간의 자연에 대한 내지는 인간의 인간에 대한 파괴와 수탈이 멈추어지고 다양한 종의 삶이 평화적으로 전개될 수 있도록 함으로써 사회생태학과 생태적 영성, 지속가능성, 불교경제학의 핵심적 내용을 포괄하여 표현한 것으로 본다. 그리고 궁극적으로는 '행복'이란 단어 속에 인간의 객관적 물질적 복지와 주관적 정신적 복지의 측면을 다 포함하는 것으로 보되, 인간 행복의 주관적 성격을 좀 더 강조하는 것으로 본다. 결국 생태를 중심으로 하여 불교와 복지가 제대로 연결점을 찾을 수 있게 된 것임을 알 수 있다. 이를 <그림 20-1>로 나타낼 수 있다.

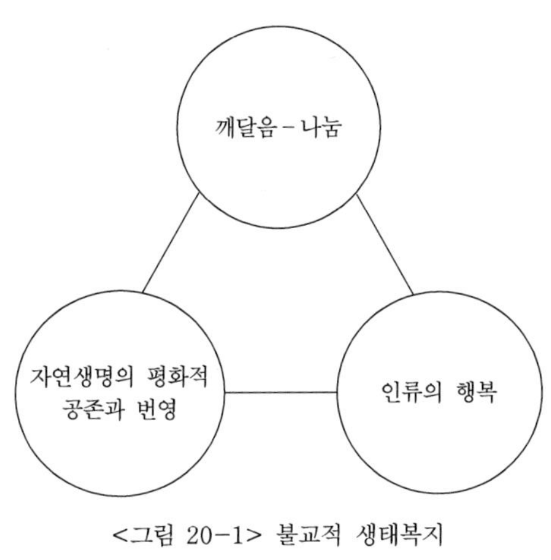

<그림 20-1> 불교적 생태복지

2) 민주복지국가에서 환경복지국가로

위에서 정의한 불교적 생태복지는 과연 자본주의와는 어떤 관계가 있을 것인가? 인간이 지금껏 발명한 사회경제적 메커니즘 중에서 자본주의만큼 위력이 큰 것은 없다. 왜냐하면 자본주의는 인간의 이기심을 최대한 이용하여 인간으로 하여금 무한한 성장이라는 환상을 갖게 만든 것이기 때문이다. 그러나 인간의 행위에는 여러 가지 다른 고상한 동기들도 있으며, 이타주의도 그러한 동기임에는 틀림없다.

다만 이기주의만큼 영향력이 크지는 않다. 심지어 이타주의로 행동해야 어떤 개인이 행복할 수 있다면 그런 의미에서라도 이타주의는 이기주의라고 강변할 수 있기 때문이다.

여하튼 자본주의는 이러한 인간의 이기주의에 기반하여 역사상 큰 성공을 거둔 생산체제이다. 자본주의를 대표하는 주자인 자본가는 이윤 있는 곳을 쫓아다니는 존재이며 노동자는 노동을 제공함으로써 생산과 이윤 추구에 기여한다. 그러나 그러한 자본주의에도 한계는 있다. 자본주의적 생산은 자연은 무한하다는 가정에 있었다. 인류는 자연이 무한하며 무한한 자기정화 능력이 있다고 믿었으나 이제는 그러한 가정이 잘못된 것이며, 지구라는 폐쇄체계에서 더 이상 지구가 소화할 수 없는 환경파괴는 자연의 대역습을 가져오는 것이란 사실을 경험적으로 알게 되었다. 자기 정화능력을 초과한 자연 파괴에 대하여 지구가 주는 지구온난화, 기상이변으로 인한 지진과 홍수 등 혹독한 시련을 인류는 겪게 되었으며 이러한 환경문제를 해결하지 못한다면 인류의 파멸은 불가피한 상황이다.

이제는 자본주의를 한 번 더 수정할 때가 되었다. 민주−복지−자본주의 국가와 같은 단순한 수정이 아니라 자본주의의 근본을 수정하여 환경복지국가를 하지 않으면 안 되게 된 것이다. 이 경우 '민주'라는 용어를 '환경'으로 대체하고 자본주의를 뺀 것은 일단 민주주의와 자본주의는 달성되었다는 전제를 하는 것이다. 즉 의회민주주의는 기본으로 하고 이제는 환경 문제를 가장 우선적으로 해결하되 자본주의적 생산체제는 환경문제를 야기하지 않는 범위 내에서 '절제된 자본주의'가 되어야 한다고 본다. 이러한 '환경복지국가'는 다음과 같이 설명할 수 있다.

환경공해의 문제 해결은 고도의 도덕성을 요구한다. 아무도 없는 곳에서 누가 보지 않아도 쓰레기를 버리지 않아야 하며, 비가 올 때 독성물질을 방류하지 않아야 하는 공해문제의 해결은 국민 개개인이나 개개 기업의 고도의 환경의식과 도덕성이 요구되는 것임은 아무리 강조해도 지나치지 않다. 이것은 개인의 자각이 우주론적 자아의 확장을 경험하는 영성 회복을 통하여 인간과 자연이 공생, 순환, 상생하는 존재라는 것을 깨닫는 '생태주의적 개종'을 요구하는 것이라고도 표현할 수 있겠다(정수복, 1996: 178).

또한 지난 세기의 과제인 소득과 주택, 의료와 교육의 보장 등 소외 계층에 대한 사회복지적 차원의 지원을 확실히 하는 것은 자연순환적 생활을 행복으로 생각하는 가치관의 변화가 요구된다. 무조건적인 집합주의적 물질적 지원을 확대하고 보장해주는 것이 복지가 아니다. 객관적 물질적 복지 이외에 주관적 복지(subjective welfare)가 객관적 복지 못지않게 더 중요해지는 가치관의 확산이 필요하다.6)

나아가 자본주의의 이기주의적 전제도 수정되어야 한다. 자본주의는 이기적 목적으로 이윤을 추구하는 것을 기본으로 발전하였다. 그러나 환경복지자본주의에서는 이기적 목적이 아닌 이타주의적 목적을 위하여 생산적 효율성을 추구하는 것이 강조되어야 한다. 무한정의 생산을 지양하고 환경용량에 맞는 정도의 생산만을 지향하기 때문에 이익이 있다고 하여 무제한 생산하려는 욕심을 버려야 지속가능한 발전이 가능하다. 그러므로 이타주의로의 도덕적 업그레이드가 요구되는 것이다.7)

---

6) 주관적 복지는 주관적 안녕(subjective well-being)과 유사하게 쓰인다. 주관적 사회지표의 이론적 근거임.
7) 혹자는 자본주의가 이기주의를 포기하고 이타주의를 지향한다면 이미 자본주의가 아니라고 말할 것이다.

동물은 본능에 의해서 다람쥐 쳇바퀴 돌듯이 살 수밖에 없다. 그러나 인간만은 도덕적 악순환의 고리를 끊고 한 단계 더 높은 사회로의 진입을 가능하게 할 수 있다고 본다. 여기에서 환경복지국가로의 희망을 보게 되는 것이다. 혹자는 이런 주장을 지나치게 이상주의적이라고 볼 수도 있다. 그러나 과거 인류의 역사는 이상주의를 추구하는 가운데 발전이 있었다는 점을 소홀히 평가해서는 안 된다. 인간의 이기주의가 무한정 추구되는 자본주의는 이타주의적 가치관에 의해 변화되어야 한다. 그것은 제2차 세계대전 전후에 '민주복지국가'로 나타난 바 있다. 그러나 이제는 '환경복지국가'로 거듭나게 되는 것이다.

6. 결론

이 글에서는 전반적으로 불교란 무엇인가, 생태란 무엇인가, 그리고 복지란 무엇인가를 논하고 그 연결점을 선택적 친화력을 중심으로 찾아보면서 논리적, 인과적 맥락을 따라 그 내용을 정리하여 보았다. 그리하여 불교적 생태복지의 의미와 '환경복지국가'에 대해 설명하고 향후 대안복지로서의 불교 내지는 대안 불교로서의 복지에 대한 준거점으로 삼고자 하였다. 복지의 대안으로서의 불교나, 불교의 대안으로서의 복지나 다 같은 내용을 지니고 있다 하겠으나 다만 전자의 경우는 불교를 강조한 것이고, 후자의 경우는 복지를 강조한 것으로 볼 수 있겠다.

물론 그런 면이 있다. 그러나 자본주의에 대한 이타주의적 수정이 이루어진 전례는 이미 사회민주주의에서 했던 일이다. 이제 환경의 세기에 들어와서 '절제된 자본주의'를 하자는 데 반대할 이유가 없다. 물질의 극대화, 소비의 극대화가 인간을 행복하게 만드는 것은 아니기 때문이다. 자본주의의 탐욕스러운 면을 절개하여 제3의 길에서 강조하는 바와 같이 인간의 얼굴을 한 자본주의를 만들자는 것이다.

이러한 노력은 불교적 생태복지의 모형과 '환경복지국가'의 모형으로 나타났다. 양자는 내용적으로는 다르지만 본질적으로는 같은 것이라 할 수 있다. 불교적 생태복지 모형에서 나타나는 깨달음과 나눔은 '환경복지국가' 모형의 도덕적이고 자연순환적인 생활과 맥을 같이 하며, 전자의 모형에서 자연생명의 평화적 공존과 번영은 후자의 모형에 공기, 땅, 물의 보호와 소득, 주택, 의료, 교육의 보장과 통할 수 있으며, 전자의 행복은 후자의 지속가능한 발전과 인류의 생존을 의미하는 것으로 해석할 수 있겠다. 상황과 맥락에 따라서 양자가 함께 추구되어야 할 것이다.

다만 이러한 목표는 무엇보다도 정부와 시민의 노력이 있어야 하겠으나 아무래도 시민운동 쪽에서 먼저 시작되어야 할 듯하다. 왜냐하면 모든 새로운 시작은 시민운동을 통하여 나타나기가 쉽고, 특히 환경운동은 '시민 전문가' 내지는 '전문적인 시민'들의 참여가 필수적인 분야이기 때문이다(Fisher, 2000: 242~245). 시민참여는 민주주의의 실행을 위해서도 필요하며, 정책 개발과 실천의 규범적 정당성에 기여할 수 있고, 무엇보다도 환경의 지속가능성을 보장하는 데 핵심적 역할을 할 수 있기 때문이다.

참고문헌

21세기위원회, 1992, 『2020년의 한국과 세계』, 서울: 동아일보사.

감정기 외, 2002, 『사회복지의 역사』 서울: 나남.

강문구 옮김(Wallerstein, Immanuel 저), 1996, 『자유주의 이후』, 서울: 당대.

강욱모 외, 2002, 『21세기 사회복지정책』, 서울: 청목.

강정구, 2000, 『현대 한국사회의 이해와 전망』, 서울: 한울아카데미.

강정인, 1994, 「세계화와 민주주의의 장래」, 한국정치학회, 제4회 한국정치세
계학술대회, 『세계화시대의 한국정치: 쟁점과 과제』, 91-133.

강혜규, 1995, 「보건복지사무소와 공공복지전달체계의 개편」, 한국사회과학연
구소 사회복지연구실, 『한국사회복지의 이해』, 한울아카데미.

경실련 정책협의회 편, 2000, 『우리 사회 이렇게 바꾸자』, 서울: 비봉출판사.

경향신문, 2012년 4월 27일/8월 20일 18면

______, 2012년 9월 28일 24면, "복지확대가 경제에 기여… '노르딕 모텔'성
고이 증명".

고성준, 1989, 「주체사상의 김일성주의화에 관한 연구」, 『주체사상연구』, 서울:
태백.

국민복지기획단, 1995, 『삶의 질 세계화를 위한 국민복지의 기본구상』.

권혁창·여유진, 1999, 「IMF가 강제하는 신자유주의 이념」, 한국사회복지연구
회, 『상황과 복지』, 제5호, 13~45.

김교성·류만희, 2000, 「IMF 이후 장기 실업자의 실태와 정책대안」, 한국사회
복지학회, 『춘계학술대회 자료집』, 337~357.

김근조, 1994, 『사회복지법론』, 광은기획.

김기원, 2000, 「Welfare to Work 정책과 생산적 복지에 관한 고찰」, 한국사회복
지정책학회, 『사회복지정책』, 10집, 61~86.

김동건, 1999, 「복지재정의 확충과 조세정의 실현」, 대통령비서실 삶의질향상
기획단 주관 생산적 복지 토론회 자료.

김동철, 1990, 「오스트리아 통일과 독일 통일 요인의 비교 분석」, 숭실대 대학
원 정치외교학과 석사학위 논문.

김두섭 역/제니퍼 메이슨, 2004, 『질적 연구방법론』, 서울: 나남.

김문조 외 역, 1996, 『사회학이론의 형성』, 서울: 일신사.

김범수, 2001, 『21세기 지역사회복지론』, 서울: 홍익재.

김범철 옮김(Lester, R. Brown, et al. 저), 1992, 『지구환경보고서』, 서울: 따님.

김병권 외, 2007, 『베네수엘라, 혁명의 역사를 다시 쓰다』, 새사연 신서 ②. 서울: 시대의 창

김상균, 1990, 『현대사회와 사회정책』, 서울대학교 출판부.

김승권 외 6인, 1999, 한국보건사회연구원, 『실업가정의 생활변화와 대응방안』.

김연명, 1993, 「한반도의 냉전체제가 남북한 사회복지에 미친 영향」, 중앙대학교 대학원 사회복지학과 박사학위 논문.

______, 1995, 「의료보험제도의 동향과 쟁점」, 『한국사회복지의 이해』, 한울아카데미.

______, 1997a, 「사회정책적 측면에서 본 남북한 삶의 질의 비교분석」, 상지대학교 사회과학연구소, 『통일문제와 남북한 비교』, 36~63.

______, 1997, 「한국 사회보험의 확대과정과 불평등」, 김영모박사화갑기념논문집간행 위원회 편, 『한국사회복지와 불평등』, 32-42.

______, 1998, 「저성장·고실업 사회에서의 사회안전망의 구축」, 『사회복지』, 제136호.

______, 1999, 「국민생활최저선에서 국민기초생활보장법까지」, 참여연대창립5주년기념, 『시민 속으로』.

______, 2002, 「국가복지 강화론 비판에 대한 재비판」, 비판사회복지학회 편, 『상황과 복지』, 제11호, 서울: 인간과 복지, 51~84.

______, 2007, 「사회복지국가, 한국사회복지의 대안인가?」, 한국사회복지학회, 『2007년도 사회투자정책심포지엄 학술대회 자료집』.

김연명·김형식, 1995, 「통일국가의 사회복지」, 『한반도 통일국가의 체제 구상』, 한겨레신문사, 159~212.

김영모 역(Robson, William A.), 1979, 『복지국가와 복지사회』, 서울: 경문사.

______, 1993, 『사회복지학』, 한국복지정책연구소 출판부.

김영순, 1996, 『복지국가의 위기와 재편』, 서울: 서울대학교 출판부.

______, 2007, 「사회투자국가가 우리의 대안인가? - 최근 한국의 사회투자국가 논의와 그 문제점」, 한국사회복지정책학회, 『2007년도 춘계학술대회 자료집』, 1~25.

김영화·이옥희 옮김(Vic George & Paul Wilding 저), 1999, 『복지와 이데올로기』, 서울: 한울아카데미.

김용일, 1986, 「사회복지의 개념에 관한 연구」, 성심여대 인간 및 사회복지연구소, 『사회과학연구』, 제2집.

김용학·전효관, 1994, 「사회과학 패러다임의 위기와 그 쟁점」, 극동문제연구소, 『위기의 세계와 한국』, 서울: 나남.

김정일, 1989, 「주체사상 교양의 문제」, 『주체사상연구』, 서울: 태백.

김정희, 1998, 「생명여성주의의 존재론적 탐구: 반야 불교와 노자의 '마음' 개념에 기초한 신인간형의 모색」, 이화여자대학교 여성학과 박사학위논문.

김종일, 1991, 「한국에서의 사회복지형성과 공장체제의 변화: 1987년 이후를 중심으로」, 한국사회학회, 『한국사회학』, 25(여름).

김진수, 1994, 「서독의 분단관리정책과 통일 후 소득보장정책에 관한 연구」, 한국보건사회연구원 정책보고서 94~14.

______, 1999, 「고용보험」, 한국복지연구원 편, 『한국사회복지연감』, 127~141.

김진수金眞水, 2002, 「나무는 죽어서도 자란다」, 산림조합중앙회, 『산림』 3월호, 52-53.

김진철 외, 2000, 『현대 사회과학의 패러다임 위기』, 서울: 세계정치경제연구소.

김철규, 2004, 「녹색정치와 지구적 거버넌스」, 한국환경사회학회, 『환경사회학』, 창비.

김태성·성경륭, 1993, 『복지국가위기론』, 서울: 나남.

김학엽·정재각, 1966, 『세계문화사』, 서울: 일신사.

김한주·최경구 역, 『복지국가 위기론』, 서울: 법문사, 1987.

김형식, 2000, 『호주의 사회와 문화』, 서울: 지구문화사.

김희자, 1996, 「한국 복지제도의 성격규정에 대한 시론」, 한국사회복지정책학회, 『사회복지정책』, 제3집, 129~144.

나병균, 1997, 「통일한국의 사회복지 공공부문 구축방안」, 한국사회복지협의회, 『통일한국의 사회복지 비전과 과제』, 67~98.

남세진, 1992, 『인간과 복지』, 서울: 한울 아카데미.

남세진·조흥식, 1995, 『한국사회복지론』, 서울: 나남.

남찬섭(빅 조지·폴 윌딩 저), 2002, 『이데올로기와 사회복지』, 한울아카데미.

노길명 외, 2000, 『현대사회학의 이해』, 일신사.

노동부, 『노동통계연감』, 1994.

노사정위원회, 1998, 『경제위기 극복을 위한 사회협약 노사정 합의전문』, 1기 노사정 위원회. http://www.lmg.go.kr/molw/owa/---.

노사정위원회, 2000, 『1999 노사정위원회 활동현황』, 노사정위원회.

노용오, 「통일과 남북한 사회복지 제도통합에 대한 연구」, 『한국동북아논총』,

제38집, 한국동북아학회, 2006, 5~29.

노인철·김수봉, 1996, 『사회보장재정의 국제비교와 전망』, 한국보건사회연구원, 동아일보, 2006.2.27.

동아일보, 2007.7.14. 하종대 베이징 특파원의 칼럼, '환경의 대역습, 신음하는 중국'.

동아출판사, 1985, 『동아대백과사전』, 서울: 동아출판사.

드 그린(De Greene, Kenyon B.), 1996, 「남북한 갈등의 구조적 복합성: 새로운 체계론적 사고」, 이용필 편저, 『남북한 통합의 복합적 체계 모델』, 서울: 신유.

류성민, 2000, 『미래사회와 종교』, 익산: 원광대학교, 105~131.

문순홍, 2006, 『생태학의 담론』, 서울: 아르케.

______, 2006, 『정치생태학과 녹색국가』, 서울: 아르케.

문진영, 2000, 「국민기초생활보장법의 제정과정」, 한국복지연구원 편, 『한국복지연감 2000』, 서울: 유풍출판사, 17~41.

문형표, 사회복지신문 1997.5.19. 2면.

민병원·김창욱 편, 2006, 『복잡계 워크숍』, 서울: 삼성경제연구소.

박경준, 2000, 「지속가능한 발전과 불교경제학」, 『지식기반사회와 불교생태학』, 서울: 아카넷, 497~528.

박길성, 1996, 『세계화: 자본과 문화의 구조변동』, 서울: 사회비평사.

박능후, 1999, 「사회적 배제 극복을 위한 근로연계복지정책의 효과성」, 한국사회보장학회 추계학술발표대회 자료집, 『생산적 복지와 사회보장』, 9~28.

박능후, 2001, 「국민기초생활과 생산적 복지: 기초보장제도 분석틀의 모색」, 한국사회복지정책학회 추계학술대회 자료집, 『생산적 복지정책의 재조명』, 15~40.

박성환, 1992, 『막스 베버의 문화사회학과 인간학』, 서울: 문학과 지성사.

박수경, 1999, 「산업재해보상보험」, 한국복지연구원 편, 『한국사회복지연감』, 113~126.

박순성, 1994, 「통일한국의 사회복지정책」, 민족통일연구원 연구보고서 94~32.

박순우, 2007, 「사회정책의 변화와 사회투자전략 – 영국의 사례」, 한국사회복지학회, 『2007년도 사회투자정책 심포지엄 학술대회 자료집』, 39~81.

박시종 옮김(Esping-Andersen 저), 2006, 『복지체제의 위기와 대응』, 성균관대 출판부, 1999, *Social Foundations of Postindustrial Economics,* London: Oxford University Press.

박영호, 1999, 『노자』, 서울: 두레.

박재묵, 2004, 「사회적 불평등과 환경」, 한국환경사회학회, 『환경사회학』, 창비.

박재환 역(Coser, Lewi 저), 1982, 『갈등의 사회적 기능』, 서울: 한길사. 1956, *The Functions of Social Conflict*, New York: Free Press.

박진, 1997, 「통일한국의 사회복지 자원동원을 위한 기본전략」, 한국사회복지협의회, 『통일한국의 사회복지비전과 과제』, 133~151.

박진·이유수, 1994, 『남북한 사회보장제도의 비교 및 통합 방안』, 한국개발연구원.

박찬용, 1999, 『경제위기에 따른 빈곤수준 및 소득불평등 변화와 정책방향』, 한국보건사회연구원.

박호성, 1991, 『사회민주주의와 민주사회주의』, 서울: 청람.

방희정, 2001, 「디지털 시대의 페미니즘과 파워」, 경기대학교 여성학연구실 여학생문화원, 『여성논총』, 제4집, 51~76.

배규한, 1995, 『미래사회학』, 사회비평사.

백화종·김수봉·김정흠, 2000, 「국민연금기금 운용체계의 효율화 방안 연구」, 한국보건사회연구원 정책보고서 2000~06.

보건복지부, 2012, 보건복지부 홈페이지, 분야별 정책소개/사회서비스.

__________, 2012, 보건복지부, 「국민기초생활보장아내」.

보건복지부·한국보건사회연구원, 2010, 『국민기초생활보장제도 10년사』.

비판사회복지학회, 2002, 「한국복지국가 성격 논쟁」, 『상황과 복지』, 11호.

사립학교교원연금관리공단 옮김(미슈라 저), 1993, 『자본주의 사회와 복지국가』, 서울: 신흥인쇄

삶의질향상기획단, 1999, 『새천년을 향한 생산적 복지의 길; 국민의 정부 사회정책 청사진』. 서울: 퇴설당.

석재은, 2002, 「산재보험의 '원인주의'적 접근방식의 문제점과 발전전망」, 한국사회복지학회 춘계학술대회 자료집, 『한국사회복지의 개혁과제와 전망』, 313-331.

선한승, 1992, 『사회적 합의주의 연구』, 한국노동연구원.

_____, 2000, 「2000년 노사관계전망과 노사관계 활동방향」, 노사정위원회 발전방향에 관한 출입기자단 워크숍 자료집.

성경륭, 1994, 「탈냉전 – 세계화 시대의 국민국가 개혁: 연방주의와 지방자치」, 한림대학교 사회조사연구소 연구논문 시리즈, 94~48.

성명재·김영준, 1998, 『소득세제의 개편방향』, 한국조세연구원.

세계화추진보고회의자료, 1995, 『삶의 질 세계화를 위한 대통령의 복지구상』, 사회보장기본법 1995.12. 법률 제5134호.

손덕수·이난아 옮김(Mies, Maria & Shiva, Vandana 저), 2000, 『에코페미니즘』,

서울: 창작과 비평사. 1993, Ecofeminism.

손장권, 1999, 「IMF와 여성불평등」, 한국사회연구소, 『한국사회』, 제2집, 55~80.

송호근, 1992. 「한국의 복지정책」, 한국사회학회, 『한국사회학』, 제26집 여름호.

______, 1994, 『열린 시장, 닫힌 정치: 한국의 민주화와 노동체제』, 서울: 나남 출판.

______, 1995, 『한국의 노동복지: 노동조합의 역할과 복지정책』, 한국노총중앙 연구원.

______, 1996. 「세계화와 한국의 사회발전」, 김경원·임현진 공편. 『세계화의 도전과 한국의 대응』, 나남, 423~450.

신광영, 1994, 『계급과 노동운동의 사회학』, 나남.

______, 2007, 「복지레짐(welfare regime)과 사회투자국가」, 한국사회복지학회, 『2007년도 사회투자정책 심포지엄 학술대회 자료집』, 53~66.

신동면, 2007, 「생산체제와 복지체제의 재설계」, 신동면 엮음, 『사회양극화 극 복을 위한 사회정책 구상』, 풀빛, 109~143.

신용철, 1985, 「산업혁명」, 『동아세계대백과사전』, 16권, 서울: 동아출판사.

신용하·박명규 역(Coser, Louis 저), 1978, 『사회사상사(상)』, 서울: 일지사.

신진규, 1987, 『범죄학 겸 형사정책』, 서울: 법문사.

안계춘, 1989, 「북한주민생활 실태조사」, 국토통일원 조사연구실.

안병영, 1993, 「2000년대를 향한 사회복지정책의 과제」, 한국사회보장학회, 『1993년도 춘계학술발표회 자료집』, 11~26.

______, 동아일보 1994.10.6.

안치민·박형신, 1999, 『비교역사사회학』, 서울: 일신사.

양재진, 2006, 「사회투자국가론과 한국에의 적용가능성 검토」, 한국행정학회 2006년 동계학술대회 발표문.

양종회 외 5인, 2002, 『아시아·태평양지역의 환경문제, 환경운동 및 환경정책』, 서울대학교 출판부.

양춘, 1999, 「한국의 계층구조의 변화: 회고와 전망」, 한국사회연구소, 『한국사회』, 제2집, 5~32.

오근식, 1997, 「국민연금제도와 불평등」, 김영모박사화갑기념논문집 간행위원 회 편, 『한국사회복지와 불평등』.

오정수, 1993, 「남북한 사회정책 변천의 비교연구」, 서울대학교 대학원 사회복 지학과 박사학위 논문.

______, 1997, 「통일한국의 사회복지 민간부문 구축방안」, 한국사회복지협의 회, 『통일한국의 사회복지 비전과 과제』, 99~118.

원석조, 1988, 「사회복지학의 정체성」, 『남송김태영교수화갑기념논문집』.

______, 1997. 「한국의 사회복지와 불평등에 관한 논의」, 김영모박사화갑기념 논문집 간행위원회 편, 『한국사회복지와 불평등』, 20~31.

______, 1999, 「국민연금의 근본적 개혁」, 한국보건복지학회, 1999년도 정책토론회 자료집, 『생산적 복지와 보건복지정책』, 31~53.

______, 2002, 「건강보험의 개혁과제: 재정통합을 중심으로」, 한국사회복지학회, 춘계학술대회 자료집, 『한국사회복지의 개혁과제와 전망』, 21~42.

______, 2006, 『사회복지정책론』, 공동체.

원석조·최경구 외. 2007. 『21세기 새로운 사회복지정책: 사회복지정책의 10대 과제』. 서울: 한국노총중앙연구원.

유재천 역(A. Toffler 저), 1981, 『제3의 물결』, 서울: 문화서적.

윤병식 외 9인, 1998, 『사회보험 통합관리체계 연구』, 한국보건사회연구원.

윤상철 외, 2006, 『더불어 사는 지혜 – 함께 푸는 양극화』, 국정홍보처.

윤진호, 2005, 「소득 양극화의 원인과 정책대응 방향」, 서울사회경제연구소, 『한국경제: 세계화, 구조조정, 양극화를 넘어』, 110-148.

이경용·김경노 옮김(Zeitlin, I. M. 저), 1985, 『사회학이론의 발달사』, 서울: 한울.

이규행 역(A. Toffler 저), 1991, 『권력이동』, 서울: 한국경제신문사.

이근창, 1991, 『홍익국가론』, 서울: 대왕사.

이내영, 1995, 「세계화와 한국정치」, 『사상』, 1995년 봄호, 111~144.

이동환, 1970, 『대학·중용』, 현암사.

이명우 외 옮김(Pepper, David 저), 1989, 『현대환경론』, 서울: 한길사.

이병남·박준식, 1994, 「미국 자동차산업의 조직혁신」, 『경제와 사회』, 22, 서울: 한울, 198~235.

이병천·박형준 편저, 1993, 『후기자본주의와 사회운동의 전망』, 서울: 의암출판.

이성기, 1998, 「새 정부의 복지정책과제: 한마음복지공동체를 위한 정책제언」, 한국보건복지학회, 『보건과 복지』, 창간호, 237~252.

______, 2001, 「자활복지의 현황과 정책과제」, 한국사회복지정책학회, 2001추계학술대회, 『생산적 복지정책의 재조명』, 1~14.

이영환, 1995, 「사회복지 예산의 추세와 과제」, 한국사회과학연구소 사회복지연구실, 『한국사회복지의 이해』, 서울: 한울, 32~51.

이영희, 1994, 『포드주의와 포스트 포드주의』, 서울: 한울아카데미.

이용필 편저, 1996, 『남북한 통합의 복합적 체계 모델』, 서울: 신유.

이용필, 1999, 『사회과학연구와 새로운 패러다임』, 서울대학교 출판부.

이원희 옮김(Peter L. Berger 저), 1987, 『자본주의 혁명』, 서울: 지문사.

이정우·김형수, 1996, 『탈북이주자 사회정착지원 개선방안』, 한국보건사회연구원.

이정우, 1997, 「통일 이후 북한지역의 체제전환과 사회통합정책과제」, 성균관대학교 사회과학연구소 통일문제 학술세미나 자료집, 『남북한 문제와 사회정책』.

이종석, 1996, 「북한경제의 '위기' 분석」, 『입법조사연구』, 통권 241호, 1-27.

______, 1997, 『현대 북한의 이해』, 서울: 역사비평사.

이종수 역(Aron, Raymond 저, 1967), 1980, 『사회사상의 흐름』, 서울: 홍성사.

이태건 외 2인 옮김(Milbraith 저), 2001, 『지속가능한 사회: 새로운 환경패러다임의 이해』, 인간사랑. Milbraith, Lester W., 1989, Envisioning a Sustainable Society.

이필렬 옮김, 1999, 『지구환경정치학』, 아르케. Weizsacker, E. U., *Erdpolitik*.

이혜경a, 1992, 「권위주의 자본주의 사회에서의 복지국가 발달: 한국의 경험」, 한국사회복지학회 국제학술회의 자료집, 『복지국가의 현재와 미래』.

______, 2002, 「한국복지국가 성격 논쟁의 함의와 연구방향」, 비판사회복지학회 편, 『상황과 복지』, 제11호, 서울: 인간과 복지, 13~50.

이혜경b, 1994, 「사회주의 여권론적 관점에서 본 한국 여성복지정책의 성격에 관한 연구」, 서울대학교 대학원 사회복지학과 박사학위 논문.

______, 2006, 「국민건강보험」, 한국복지연구원 편, 『한국의 사회복지』, 163~177.

이호재, 1974, 『약소국 외교정책론』, 서울: 동아출판사.

임채원, 2007, 『신자유주의를 넘어 사회투자국가로』, 한울아카데미.

______, 2007, 『사회투자국가 - 미래 한국의 새로운 길』, 한울아카데미.

임혁백, 1994, 『시장·국가·민주주의』, 나남.

______, 1996, 「세계화와 민주화」, 김경원·임현진 공편, 『세계화의 도전과 한국의 대응』, 서울: 나남, 105~142.

임현진·정영철, 2008, 『북한의 체제전환과 사회정책의 과제』, 서울대학교 출판부.

장원태, 1997.6, 「통일의 비용과 경제적 편익」, http://203.240.9.7/nal/3/3-1-1/leg97062.htm

장인협·김융일 역(Leonard, Peter 저), 1983, 『사회학과 사회사업』, 서울: 집문당.

전성우, 1977, 「통일독일의 사회통합」, 민족통일연구원·북한사회연구회, 『남북한 사회통합 - 비교사회론적 접근』, 1~47.

전영백 옮김(마단 사럽 지음), 2005, 『후기구조주의와 포스트모더니즘』, 서울: 조형교육.

정문길, 1978, 『소외론 연구』, 서울: 문학과 지성사.

정경배·문옥륜·김진수·박인화·이상은, 1993, 『남북한 사회보장 및 보건의
	료제도 통합방안』, 한국보건사회연구원.
정구현·배규한·이달곤·최영명, 1994, 『21세기 한국의 사회발전 전략: 성장·복
	지·환경의 조화』, 서울: 나남.
정대연, 2002, 『환경사회학』, 서울: 아카넷.
정무권, 1994, 「세계화시대와 한국의 노동·자본·국가관계: 힘의 균형과 실용
	주의적 관계를 위하여」, 한국정치학회, 제4회 한국정치세계학술대회,
	『세계화시대의 한국정치: 쟁점과 과제』, 661~697.
정성배, '쇠퇴하는 신자유주의', 한겨레신문 2000.4.20. 9쪽.
_____, '종말고한 제3의 길', 한겨레신문 2000.6.23. 9쪽.
정수복, 1996, 『녹색대안을 찾는 생태학적 상상력』, 서울: 문학과지성사.
정승진 옮김(Dryzek, John S. 저), 2005, 『지구환경정치학담론』, 서울: 에코리브
	르. 1997, *The Politics of the Earth*, Oxford University Press.
정연택, 1999, 「정부실업대책」, 한국사회복지연구회, 『상황과 복지』, 제5호, 76~125.
정용석, 1992, 『분단국 통일과 남북통일』, 서울: 다나.
정용화 옮김(Dobson, Andrew 저), 1993, 『녹색정치사상』, 서울: 민음사.
정정호·강내희 편, 1991, 『포스트모더니즘의 쟁점』, 서울: 도서출판 터.
조계종 성전편찬회, 1972, 『불교성전』, 동국역경원.
조돈문 편저, 1995, 『노동운동과 신사회운동의 연대』, 한국노총 중앙연구원.
조명래, 1994, 「지구화의 의미와 본질」, 한국공간환경연구회, 『공간과 사회』 4,
	서울: 한울, 32-78.
_____, 2006, 「신자유주의적 산업구조조정과 신빈곤」, 한국도시연구소 엮음,
	『한국사회의 신빈곤』, 한울아카데미, 49~87.
조원탁, 2001, 「자활사업의 이념과 역사」, 『전남영광자활후견기관 개관식 자료집』.
조선일보 1997.9.27.
조형 역(Kuhn, Thomas 저), 1980, 『과학혁명의 구조』, 이화여자대학교 출판부.
	1970, *The Structure of Scientific Revolutions*, Chicago: University of Chicago Press,
	Second Edition.
조흥식, 1999, 「남북한 사회통합을 위한 사회복지의 발전과제」, 서울대학교 사회과학
	대학 학술대회 자료집, 『21세기 민족통일, 어떻게 접근할 것인가?』, 9~22.
주성수, 1999, 『생산적 사회복지정책』, 서울: 한양대학교 출판부.
주은선, 2012, 「국민연금기금 지배구조개편논쟁」, 『국민연금기금의 투자전략과
	지배구조』, 김연명 외 6인, 인간과 복지.
지병문(1994), 「세계화와 지방정부의 역할: 지방의 국제화」, 한국정치학회, 제4회 한

국정치 세계학술대회, 『세계화시대의 한국정치: 쟁점과 과제』, 301~316.

참여연대, 2000.3. 참여연대 자료실, 「2000년 조세개혁의 방향과 실천과제」.

______, 2000.5. 참여연대 자료실, 「국민기초생활보장법 신청 및 조사에 대한 입장」.

최경구, 1987, 「지구문화와 복지 이데올로기에 관한 연구」, 『경기대학교 개교 40주년 기념논문집』, 제21집, 469~484.

______, 1991a, 『조합주의 복지국가』, 서울: 한나래.

______, 1991b, 「조합주의 복지국가의 모형에 관한 연구」, 한국사회학회, 『한국사회학』, 제25집 여름호, 93~112.

______, 1992, 「사회학적 상상력을 통한 북한 사회 변동의 전망」, 이순구교수 정년퇴임기념논문집, 『Max Weber와 사회학연구』, 서울: 진기획, 313~331.

______, 1993a, 『조합주의 복지국가』, 한나래.

______, 1993b, 「사회학적 상상력을 통해 본 산업문명의 변동과 산업문명 비판」, 경기대학교행정대학원, 『경기행정논집』, 7, 113~136.

______, 1994a, 「동학사상과 통일이념」, 경기대 민족문제연구소, 『동학혁명의 이념적 조명』, 99~117.

______, 1994b, 「스웨덴의 사회복지행정 기능분담」, 한국보건사회연구원, 『중앙과 지방의 사회복지행정 기능배분에 관한 연구』.

______, 1996a, 「세계화와 복지국가의 변동: 지구 자본주의의 등장과 세계 복지사회의 가능성」, 한국사회복지정책학회, 『사회복지정책』, 제3집, 65~82.

______, 1996b, 「한국사회복지의 구조와 특성」, 최경구 편, 『한국사회의 이해』, 서울: 일신사, 213~243.

______, 1997a, 「통일시대의 복지 이데올로기 - 패러다임의 전환과 환경복지자본주의」, 성균관대학교 사회과학연구소 통일문제 학술세미나 자료집, 『남북한 문제와 사회정책』, 1~17.

______, 1997b, 「21세기 민족통일운동과 사회복지의 위상」, 경기대학교 사회과학연구소 한국사회복지연구실, 『한국사회복지논총』, 제5호, 1~16.

______, 2000, 「국민기초생활보장법 제정의 역사적 의의」, 한국복지연구원 편, 『한국사회복지연감』, 3~16.

______, 2000, 「사회합의주의와 생산적 복지제도」, 김호진·임혁백 외, 『사회합의제도와 참여민주주의』, 서울: 나남, 225~256.

______, 2006, 「환경복지국가 연구: 지속가능성의 패러다임과 사회복지의 결합」, 한국사회복지정책학회, 『사회복지정책』, 24집, 337~360.

최병두, 1994, 「환경문제의 세계화와 한국의 경제·환경」, 한국공간환경연구회, 『공간과 사회』, 4, 서울: 한울, 169~208.
최장집, 1988, 『한국의 노동운동과 국가』, 열음사.
최재천 역(윌슨, 에드워드 저), 2005, 『통섭: 지식의 대통합』, 서울: 사이언스북스.
최저임금위원회, 2012, 최저임금위원회 홈페이지 http://www.minimumwage.go.kr/
최재현 역(Ritzer, George 저), 『현대사회학이론』, 서울: 형설출판사, 1987.
콘라드 H. 웨딩톤 지음, 1982, 『미래의 인류사회』, 서울: 한마음사.
통일원, 1990, 「북한사회의 변화추세와 전망-80년대 정리와 90년대 전망-」.
평화연구소·사회복지연구회(1991), 『한반도의 군축과 사회복지』, 한울.
하상락, 1989, 『한국사회복지사론』, 서울: 박영사.
한국개발연구원, 1991, 『남북한 경제관계발전을 위한 기본구상』, 서울: 한국개
        발연구원.
한국경제신문, 2000년 6월 9일 자 사설.
한국보건사회연구원, 1995, 『한국적 복지모형의 정립과 정책방향-단기정책연
        구(I)(II)-』, 서울: 한국보건사회연구원.
한국보건사회연구원, 2009, 『한국사회의 양극화와 사회자본』.
한국복지연구원, 2000, 『한국사회복지연감』, 서울: 유풍출판사.
한국복지연구원 엮음, 2011, 『한국의 사회복지 2010-2011』, 서울: 한울아카데미.
한국사회복지학회, 『2007년도 사회투자정책 심포지엄 학술대회 자료집』, 3~50.
한국사회복지협의회, 2011, 『사회복지시설의 특성화·다기능화 보고서』.
한메파스칼대백과, 1998, 인터넷사이트.
한상진 역(Giddens, Anthony 저), 1998, 『제3의 길』, 서울: 생각의 나무.
허장, 2004, 「환경정책」, 환경사회학회, 『환경사회학』, 서울: 창비.
현외성·강욱모 옮김(Christopher Pierson 저), 1999, 『전환기의 복지국가』, 경남
        대 출판부.
홍성민, 1977, 「우리나라 근로복지의 현황과 그 개선 방안」, 현대경제사회연구
        원, 『VIP Report』, 제160호.
홍선미·최명민. 2010. "사회복지교육 실태진단 및 사회복지교육의 질관리 방
        안에 관한 탐색적 연구". 한국사회복지교육협의회. 『한국사회복지교
        육』 vol. 11. 1-31.
홍성태, 2007, 「생태적 복지사회의 구상과 과제」, 2007 환경정의 포럼 자료집, 『사
        회적·환경적 불평등 해소를 위한 새로운 복지사회 패러다임』, 5~18.
환경운동연합. 2006. http://cice.kfem.or.kr/cgi/actlast.php?tb=Hissue&dc=&dc=&no

Archer, Clive. 1993. *International Organizations*. London: Routeledge.

Bell, Daniel. 1973. *The Coming of Post-Industrial Society*, London: Heinemann.

Berk, Richard A. 1974. *Collective Behavior*. Wm. C. Brown company publishers.

Bottomore, T. B.(tr.). 1964. *KARL MARX: Selected Writings in Sociology & Social Philosophy*, New York: McGraw-Hill Book.

Bowers, John. 1997. *Sustainability and Environmental Economics*. England: Addison Wesley Longman.

Burke, Peter. 1980. *Sociology and History*. George Allen & Unwin Ltd.

Cahill, Michael. 2002. *The Environment and Social Welfare*. London and New York: Routeledge.

Carter, Neil. 2001. *The Politics of Environment*. Cambridge University Press.

Chung, Kyungbae. 2001. "Generative Balanced Model of Welfare". 『생산적 복지 국제 심포지엄 자료집』.

Clarke, John. 1979. "Critical Sociology and Radical Social Work" in Parry, Noel et al.(ed.), *Social Work, Welfare and the State*, London: Edward Arnold.

__________. 2004. *changingwelfare changingstates*. Sage Publications Ltd. London. UK.

Clarke, J. Cochrane, A. et. al. 1987. *Ideologies of Welfare: From Dreams to Disillusion*. London: Hutchinson.

Coser, Lewis. *The Functions of Social Conflict*. New York: Free Press. 1956. 박재환 역, 『갈등의 사회적 기능』, 서울: 한길사, 1982.

Cuomo, Christine J. "Ecofeminosm, Deep Ecology, and Human Population". in Warren, Karen. 1994. Ecological Feminism. Routledge, London. in http://matu1.math .auckland.ac.nz/~king/Preprints/book/renewal/voic...

Dahrendorf, Ralph. 1959. *Class and Class Conflict in Industrial Society*. Standford Univ. Press

Dobson, Andrew. 1990. *Green Political Thought*, London: Unwin Hyman.

Drucker, Peter L. (1994; 1993), 이재규 역, 『자본주의 이후의 사회』, 서울: 한국경제신문사.

Eisenstadt, S. N. 1985. "The Welfare State and the Transformation of the Modern Social Order" in S. N. Eisenstadt & Ora Ashimer(eds.), *The Welfare State and its Aftermath*, London & Sydney: Croom Helm.

Esping-Andersen, G. 1990. *The Three Worlds of Welfare Capitalism*. Polity Press.

______________. 1999. *Social Foundations of Postindustrial Economies*. Oxford University Press. London.

______________. et. als. 2002. *Why We Need a New Welfare State*. Oxford University Press. Oxford.

Fisher, Frank. 2000. *Citizens, Experts, and the Environment-The Politics of Local Knowledge.* Duke University Press.

Fritzpatrick, Tony. 2002. "The New Environment of Welfare". in Fitzpatrick, T. & Cahill, M. *Environment and Welfare.* Palgrave Macmillan. 1∼20.

Forder, A. et al. 1984. *Theories of Welfare,* London: Routledge & Kegan Paul.

Furlong, James C.(1991; 1977), 양병회 편역, 『노사관계의 평화적 해결: 독일의 공동결정제도』, 서울: 범론사.

George, Peter. 1985. "Towards a Two-dimensional Analysis of Welfare Ideologies" in *Social Policy & Administration Vol. 19. No. 1.* pp.33∼47.

George, Vic. & Wilding, Paul. 1976, 1985. *Ideology and Social Welfare.* London: Routeledge & Kegan Paul.

Giddens, Anthony. (1994; 1989). 김미숙 외 옮김, 『현대사회학』, 서울: 나남출판.

____________. 1996. *Introduction to Sociology.* New York: W. Norton & Co. Inc.

____________. 1998. *The Third Way: The Renewal of Social Democracy.* Polity Press: Cambridge.

Gilbert, Neil & Specht, Harry. 1974. *Dimensions of Social Welfare Policy.* Englewood Cliffs, N.J.: Prentice Hall.

Gilbert, Neil. 2001. "Productive Welfare and the Market Economy: Korea's Enabling State". 『생산적 복지 국제 심포지엄 자료집』.

Harris, David. 1987. *Justifying State Welfare,* Oxford: Basil Blackwell.

Higgins, Joan. 1978. *The Poverty Business,* Oxford: Basil Blackwell.

____________. 1981. *States of Welfare,* Oxford: Basil Blackwell.

Hirst, Paul & Grahame Thompson. 1992. "The Problem of 'globalization': international economic relations, national economic management and the formation of trading blocs", *Economy and Society* 21(4) (Nov.): 357∼396.

Hoff, Marie D. 1995. "Environmental Foundations of Social Welfae: Theoretical Resources". in Hoff & McNutt(eds). *The Global Environmental Crisis: Implications for Social Welfare and Social Work.* Aldershot: Avebury.

Hoff. Marie D.(ed.) 1998. *Sustainable Community Development.* Lewis Publishers.

Hoggett, Paul. 2002. "Democracy, Social Relations and Ecowelfare" in Cahill, M. & Fitzpatrick, T. eds. *Environmental Issues and social Welfare.* Blackwell Publishing. 140-158.

Humphrey, Mathew. 2002. "The Ideology of Green Welfare" in Fitzpartrick, T. & Cahill, M. eds. *Environment and Welfare.* Palgrave Macmillan.

Jaggar, Alison M. 1996. "Western Feminist Ethics at the turn of the Twenty-first Century". 이화여자대학교 아시아여성학센터, 「최근 여성학의 쟁점과 여성주의 윤리학」, 초청강연회 자료집.

Jæger, Mads Meir and Kvist, Jon. 2003. "Pressures on State Welfare in Post-industrial Societies: Is More or Less Better?" in *Social Policy and Administration Vol.37, No. 6, December 2003, pp.555~572.

Jelavich. 1987. *Modern Austria.* Cambridge Univ. Press.

Jessop, Bob. 1991. "The Welfare State in the Transition from Fordism to Post-Fordism", Jessop et al. *The Politics of Flexibility-Restructuring State and Industry in Britain, Germany and Scandinavia.* England: Edward Elgar. 82~105.

Katzenstein, Peter J. 1984. *Corporatism and Change.* Cornell Univ. Press.

_______________. 1985. *Small States in World Markets.* Cornell Univ. Press.

Kuhnle, Stein. 2001. "Democracy and Productive Welfare". in 『생산적 복지 국제 심포지엄 자료집』.

Lechner, Frank J. 1992. "The Sociology of Roland Robertson", *Journal for the Scientic Study of Religion,* Sep, Vol. 31 No. 3. pp.297~323.

Leiby, James. 1985. "Moral Foundations of Social Welfare and Social Work: A Historical View". *Social Work.* vol. 30. no. 4.

Liemt, Gijsbert van. "Economic globalization; Labour options and business strategies in high labour cost countries", *International Labour Review,* Vol. 131. 1992, No. 4-5. pp.453~470.

Lister, Ruth. 2004. "The Third Way's Social Investment State". in Jane Lewis & Revecca Surender(eds). *Welfare State Change.* Oxford University Press. UK.

Loewenberg, Frank M. 1974. "Toward a Sociological Perspective on Social Welfare Strategies" in John M. Romanyshyn(ed.), *Social Science and Social Welfare,* New York: Council on Social Work Education,

MacIver, R. M. 1931. *The Contribution of Sociology to Social Work,* New York: Columbia University Press.

Marshall, T. H. 1981. *The Right to Welfare and other essays: With an Introduction by Robert Pinker.* New York- The Free Press.

McNutt, John G. 1995. "Social Welfare Policy and the Environmental Crisis", Hoff & McNutt(eds.), *The Global Environmental Crisis: Implications for Social Welfare and Social Work,* Aldershot; Avebury, 36~52.

Meadows, D. H. et al. 1972. *The Limits to Growth*, A Potomac Association, Washington D.C.: Books.

Midgley, James. 1995. *Social Development*. London: Sage Publications.

Mills, C. Wright. 1959. *The Sociological Imagination*. Oxford: Oxford Univ. Press.

Mishra, Ramesh. 1984. *The Welfare State in Crisis*. Wheatsheaf Books.

Mishra, Ramesh. *The Welfare State in Crisis*. 1984.

_____________. 1986. "Social Policy and the Discipline of Social Administration", in *Social Policy & Administration*. Vol. 20. No. 1. 28-38.

_____________. 1991. *The Welfare State in Capitalist Society*. Toronto: Univ. of Toronto Press.

_____________. 1993. "Social Policy in the Postmodern World". In Jones, Catherine (ed.) *New Perspectives on the Welfare State in Europe*. London: Routeledge: 18~42.

_____________. 1997. "Globalization and Welfare: An International Perspective on Social Rights." Presented for presentation at the 17th World Congress of the International Perspective on Social Rights.

_____________. 1999. *Globalization and the Welfare State*. Edger Elgar.

_____________. 2001.9.8. "An Alternative to Neoliberalism: Change and choice in welfare after globalization". 서울대학교 특강자료.

Nielsen, Klaus. "Towards a Flexible Future-Theories and Politics", Jessop at. al. *The Politics of Flexibility-Restructuring State and Industry in Britain, Germany and Scandinavia*. England: Edward Elgar. pp.3~30. 1991.

OECD, 2001, OECD Homepage(oecd.org).

Offe, Claus. 1984. *Contradictions of the Welfare State*, London: Hutchinson.

Ohmae, Kenichi. 1991. *The Borderless World- Power and Strategy in the Interlinked Economy*. New York: HarperPerennial.

Ollman, Bertell. 1986. *Alienation*, Cambridge: Cambridge Univ. Press.

Parsons, Talcott, *The Social System*, Glencoe, Ill.: Free Press, 1951.

Pierson, Christopher. 1991. *Beyond the Welfare State*. Cambridge: Polity Press.

Pierson, Paul. *Dismantling the Welfare State*. Cambridge: Cambridge Univ. Press.

Polanyi, Karl. 1957(1944). *The Great Transformation*, Boston: Beacon Press.

Rabinbach, A.(ed.) 1985. *The Austrian Socialist Experiment-Social Democracy and Austromarxism*. London: Westview Press.

Robertson, Roland & Lechner, Frank. 1985. "Modernization, Globalization and the Problem of Culture in World-Systems Theory" in *Theory, Culture & Society*, Vol.2, NO. 3. 103-118.

_________________________. 1987. "Globality, Global Culture and Images of World Order" in *sociological Theory and Social Change*, eds. by Neil Smelser & Hans Hafeskampf(forthcoming).

_________________________. 1992. *Globalization: Social Theory and Global Culture*. London: Sage Publications.

Robson, William A. 1976. *Welfare State and Welfare Society*. London: George Allen & Unwin Ltd.

_________________. 1979. *Welfare State and Welfare Society*.

Schmitter, Philippe C.(1974). "Still the Century of Corporatism". in *The Review of Politics*. vol. 36. no. 1. Jan.

Schutz, Alfred. 1967. *The Phenomenology of the Social World*. Northwestern University Press.

Skocpol, Theda. 1984. *Vision and Method in Historical Sociology*. Cambridge: Cambridge University Press.

Sullivan, Michael. 1987. *Sociolosy and Social Welfare*, London: Allen & Unwin.

Swedish Institute. April 1996. *<Fact Sheets on Sweden>*.

Taylor-Gooby Peter(ed). 2004. *New Risks, New Welfare-The Transformation of the European Welfare States*. Oxford University Press. London. UK.

Taylor-Gooby, Peter. 2007. "Social investment in Europe: bold plans, slow progress and implications for Korea". 한국사회복지학회, 『2007년도 사회투자정책 심포지엄 학술대회 자료집』. 3-50.

Teeple, Gary. 1996. *Globalization and the Decline of Social Reform*. New Jersey: Humanities Press.

Tester, Frank James. 1994. "In an Age of Ecology: Limits to Voluntarism and Traditional Theory in Social Work Practice". In Hoff & McNutt (eds.) *The Global Environmental Crisis: Implications for Social Welfare and Social Work*. Aldershot: Avebury.

Theodorson, George A. & Theordson, Achilles G. 1969. *A Modern Dictionary of Sociology*. New York: Harper & Row.

Titmuss, Richard M. 1968. *Commitment to Welfare*. New York: Pantheon Books.

Townsend, Peter. 1975. *Sociology and Social Policy*. Maryland: Penguin Books.

Turner, Jonathan H. 1978. *The Structure of Sociological Theory*. Homewood: the Dorsey Press.

Wallerstein, Immanuel. 1974. *The Modern World-System I-Capitalist Agriculture and The Origins of The European World-Economy in The Sixteenth Century*. New York:

Academic Press, Inc.

__________. 1979. *The Capitalist World Economy*, Cambridge Univ. Press.

__________. 1985. *The Politics of the World-Economy*. Cambridge Univ. Press.

__________. 2001. *Unthinking Social Science-The Limits of Nineteenth Century Paradigms*. Philadelphia: Temple University Press.

Weber, Max. 1968. *Economy and Society vol. 3*. edited by G. Roth & C. Wittich. New York: Bedminster Press.

__________. 1973. "The Routinization of Charisma", in Amitai Etzioni et al., eds.

Wilensky, Harold L. & Lebeaux. 1965. *Industrial Society and Social Welfare*. New York: The Free Press. *Social Change*, New York: Basic Books. 45~49.

최경구 —————————————————————————————

현재 경기대학교 사회복지학과 교수에 재임 중이다.

고려대학교 사회학과에서 학사·석사·박사학위를 취득하였다.

1981년부터 사회학개론, 사회복지정책론, 복지국가론, 한국사회복지론, 사회복지발달사 등을 강의하였으며, 한국사회복지정책학회 이사 및 회장, 최저임금위원회 위원, 경기대학교 사회과학총괄학부 학장과 사회복지대학원장, 교수회장, 일반대학원장을 역임하였다.

역서로는 『복지국가 위기론』, 저서로는 『조합주의 복지국가』, 『한국사회의 이해』, 『현대사회학의 이해』, 『사회문제론』, 『21세기 사회복지정책』 등이 있으며, 조합주의 복지국가, 통일과 사회복지, 복지 이데올로기, 세계화, 환경복지, 그리고 한국의 사회복지와 관련된 연구논문들을 썼다.

통일을 염원하며, 채식주의자가 되기 위하여 노력하고 있다.

e-mail: spacelf@hanmail.net

환경
복지
국가

공생의 길

초판인쇄 | 2013년 1월 18일
초판발행 | 2013년 1월 18일

지 은 이 | 최경구
펴 낸 이 | 채종준
펴 낸 곳 | 한국학술정보㈜
주　　소 | 경기도 파주시 문발동 파주출판문화정보산업단지 513-5
전　　화 | 031) 908-3181(대표)
팩　　스 | 031) 908-3189
홈페이지 | http://ebook.kstudy.com
E-mail | 출판사업부　publish@kstudy.com
등　　록 | 제일산-115호(2000. 6. 19)

ISBN　　　978-89-268-4038-2 93330 (Paper Book)
　　　　　978-89-268-4039-9 95330 (e-Book)

 한국학술정보(주)의 학술 분야 출판 브랜드입니다.